上海交通大学
人文社会科学成果文库

西方传播思想史

姚君喜 著

A History of
Western Communication
Thoughts

U0331407

上海交通大学 出版社
SHANGHAI JIAO TONG UNIVERSITY PRESS

内容提要

　　传播是人类进行社会活动的主要途径,与人类文化思想的发展紧密相关。本书根据历史时间顺序,梳理古希腊罗马时期以来体现传播现象、传播理论的主要学派及相关文献,并参考国内外相关研究,尝试探究西方传播思想的内在发展逻辑,从本体论、认识论和语言学三个思想认识阶段阐述西方传播思想史的发展脉络,并对相应代表人物及其理论学说展开介绍,为传播学学科的理论基础建构与思想脉络研究提供参考。

图书在版编目(CIP)数据

西方传播思想史 / 姚君喜著. —上海: 上海交通大学出版社, 2024.1
　ISBN 978 - 7 - 313 - 22672 - 3

Ⅰ. ①西… Ⅱ. ①姚… Ⅲ. ①传播学—思想史—西方国家 Ⅳ. ①G206 - 095

中国版本图书馆 CIP 数据核字(2019)第 281714 号

西方传播思想史
XIFANG CHUANBO SIXIANGSHI

著　　者: 姚君喜
出版发行: 上海交通大学出版社　　　　　地　　址: 上海市番禺路 951 号
邮政编码: 200030　　　　　　　　　　电　　话: 021 - 64071208
印　　制: 苏州市越洋印刷有限公司　　　经　　销: 全国新华书店
开　　本: 787 mm×1092 mm　1/16
字　　数: 672 千字
版　　次: 2024 年 1 月第 1 版　　　　　印　　次: 2024 年 1 月第 1 次印刷
书　　号: ISBN 978 - 7 - 313 - 22672 - 3
定　　价: 168.00 元

作者简介

　　姚君喜,男,1968 年生,甘肃通渭人,复旦大学美学博士、传播学博士后,上海交通大学媒体与传播学院长聘教授、博士生导师,上海市"育才奖"获得者;上海交通大学"中国视觉形象传播研究中心"主任、上海交通大学通识教育课程建设专家、上海交通大学"孔子学院"顾问专家;国家社科基金重大项目"汉语异域传播与中国文化影响模式研究"首席专家、国家级一流本科课程"媒介批评理论与方法"课程主持人;主持和参与国家社科基金、教育部、文旅部等科研项目 10 余项,出版《他者的镜像:外籍留学生媒介使用与中国文化》《天雨粟:汉语传播与中国文化》《中国文化的全球传播》《社会转型传播学》《媒介批评:理论与方法》(修订版)《审美与艺术研究》等专著 10 余部,发表学术论文100 余篇;主要研究方向为中外传播思想史与传播理论、文化传播与新媒体批评、视觉文化与实验美学等。

本书为国家社会科学基金重大项目

"汉语异域传播与中国文化影响模式研究"阶段性成果

（项目编号：17ZDA273）

当哲学把它的灰色绘成灰色的时候，这一生活形态就变老了。对灰色绘成灰色，不能使生活形态变得年青，而只能作为认识的对象。密涅瓦的猫头鹰要等黄昏到来，才会起飞。

——黑格尔：《法哲学原理》

Georg Wilhelm Friedrich Hegel：*Grundlinien der Philosophie des Rechts*

古者包羲氏之王天下也，仰则观象于天，俯则观法于地，观鸟兽之文与地之宜，近取诸身，远取诸物，于是始作八卦，以通神明之德，以类万物之情。

——《易经·系辞》

序

近日,拜读君喜教授的新作《西方传播思想史》,先睹为快,获益匪浅。全书从古希腊、罗马时代写起,直至当下大数据、人工智能时代,跨越三千多年,展现了一幅宏大的历史长卷。

粗粗读来,我感到,该著至少有以下几个特点。

一、重要性与基础性。作为人类生存与发展的基础性活动之一的传播,与人类如影随形,因此,两者的历史是同步的,也因此,所谓"传播思想"即有关传播活动的思考、观念、理论、学说,自然源远流长。

有意思的是,"传播思想"并不等同于"传播学",后者的内涵远远大于前者。这里,最为关键的差异在于,"传播学"以人类传播的一般规律为主要研究对象,侧重于传播结构、过程、媒介、效果研究,而其他相关学科的"传播思想"或"传播研究",则以人类传播的特殊规律为主要研究对象,偏重于传播环境、传播主体(即传者、受者)、传播技巧以及信息的形式与内容等方面的研究。

由此可知,一方面,广义的传播思想、传播研究,构成了传播学的来源;另一方面,传播学在此基础上,通过抽象化、体系化、科学化,将传播思想、传播研究提炼、上升为一门规范化、建制化的社会科学学科。也就是说,"传播思想"与"传播学"之间的互动关系,如同源和水、本和木,相辅相成,伴随始终。

既然如此,广义的传播思想其学习和研究对于传播学的重要性、基础性就不言而喻了,而后者持续不断地从前者汲取发展的动力、创新的灵感,也就成为题中应有之义。

二、丰富性与启发性。从根本上说,自古至今的传播思想本身的丰富性,预设了此书的丰富性,但实际上,史料的浩瀚、文献的庞杂,对作者的学术功力而言,是一个很大的挑战和考验。

人类传播现象无时不有、无处不在。纵贯整个历史,横跨全球社会,相关的各种传播思想,数不胜数,怎样取精用宏? 如何谋篇布局? 作者的主张是:"从有关人类传播活动的思想和观念的核心问题入手,进而探寻这些核心观念背后的社会文化脉络,前因后果的勾连,呈现基本的历史发展演变的逻辑,并由此解释思想观念与社会文化变迁之间的内在关系。"

按我的理解,这一思路其实就是基于各种"传播思想"对人类社会发展的重要性(如与政治、宗教、语言、符号相关的传播思想),及其与"传播学"的相关性(即与一般规律、结构、过程、媒介与效果研究较为相关的传播思想及其流派,如芝加哥学派、文化研究、大数据与人工智能研究),来加以铺陈、阐释、回顾、总结;同时,有一部分篇幅本身就是"传播学"的主干内容(如结构功能主义传播理论、传播批判理论)。

如此,我们不仅可以观察到"传播思想"这条大河源于何方,及其绵延数千年的大体形貌,而且还可以体悟到,"传播学"这条干流的前世今生——何以及如何从广义的"传播思想"大河中孕育成型、应时而生。这样一种整体、全面、系统、深入的论说和解析,无疑让读者大有收获。

三、严谨性与可读性。统观全书,作者既拥有广博的专业知识,又秉持严谨的治学态度,言之成理,言而有据,实事求是,客观公允,而且,在博采众长的基础上,自成一家之言,体现了史实与史识、科学精神与人文情怀的结合,难能可贵。

兼具美学、传播学学科背景的作者,善于思辨,长于表达,使得这本厚重的著作结构合理、脉络清晰、深入浅出、娓娓道来,可读性很强,还为每一章提供了延伸阅读书目,有助于读者拓展思路、开阔视野,这也可以说是作者依据"受众本位"原理而展开的一种传播实践吧。

综上,君喜教授的这部新著,堪称匠心之作,作为一位资深传播学者多年来辛勤教学、潜心研究的结晶,具有显著的理论意义和学术价值,特向广大同行及各界相关人士郑重推荐。

是为序。

张国良

写于沪上明珠苑

2023 年 10 月 20 日

前言

古希腊人认为"人是会说话的动物"，但美国传播学者约翰·杜翰姆·彼得斯则提出，直到 19 世纪后期，人们才开始用"具有相互交流的能力"来给自己下定义。彼得斯想要说明的是，交流虽然是人类的基本活动，但人们对这一本质的认识却是晚近的事情。人们认识到需要通过"相互交流"来定义自身的本质，这也体现出人类在自我本质界定和认识上的巨大变革。彼得斯紧接着也提出，对于人类自我定义的认识变化，以及交流的本质对于人类发展的影响，乃至对于人类思想、伦理道德和政治生活有何重要意义，人们至今仍在追问。① 简言之，人们对于自身作为交流的存在并未全面完整地认识。

纵览人类演化的历史，从直立行走和语言的出现，到族群、社会和国家的形成，直至当今全球化发展，无不贯穿着人类日益频繁的多维度交流传播活动。特别是当代媒介技术的发展，更为人类不同群体之间的交流和交往、信息传播提供了最大限度的可能。无疑，传播行为是人类社会发展中的重要社会活动之一。在漫长的人类历史发展过程中，人类不仅创造了丰富多彩的传播形式，也形成了丰富的传播理论、观念和思想。特别是随着信息技术革命时代的到来，针对人类传播行为研究的传播学发展成为独立的学科门类，并且在今天显出强劲的发展势头。对传播学的理论基础和基本理论、思想发展脉络等问题进行全面总结和归纳，有助于传播学基础理论建设，从而推动这一学科的全面发展。就此而言，对于西方传播思想史理论发展及特征进行归纳总结，更是传播学基础理论建设的重要内容。基于此，笔者不揣浅陋，立足于西方思想发展的宏观背景，梳理思路，搜检典籍，整理资料，总结评述，在充分借鉴前人研究成果的基础上，完成了本书。

在以往对西方传播思想史的研究中，全面整理和体系化的著述相对较少。国内外为数不多的传播思想史的研究著述，大多针对传播学学科形成后的理论发展而展开研究，或是对传播学的主

---

① 约翰·杜翰姆·彼得斯：《对空言说：传播的观念史》，邓建国译，上海译文出版社，2017 年，第 2 页。

要理论流派做出归纳总结,全面整体的西方传播思想史研究较为鲜见。美国传播学者E. M. 罗杰斯的《传播学史:一种传记式的方法》是目前较为完善的传播理论史研究著述。但遗憾的是,罗杰斯的研究仅从传播学诞生之日的理论开始入手,此前有关传播思想的内容基本没有涉及。不可否认,就其理论的体系化而言,罗杰斯的著述具有开创意义,对于西方传播思想史的研究具有重要的奠基作用。

为进一步开展系统性研究,在遵循思想史写作的基本原则下,应立足于西方思想发展的整体背景,针对不同历史时期的传播现象和传播理论,结合历史发展脉络和理论演变逻辑,对西方不同历史发展时期的传播思想进行总结和描述。本书尝试在充分忠于历史事实和遵循理论逻辑的前提下,对西方传播思想史的发展进行探究。在此基础上,本书力图在以下方面做出努力。

第一,认真梳理和科学阐释历史文献。西方传播思想史理论建立在翔实的历史文献资料的基础上。因此,本书力求最大限度地搜集和使用第一手资料,特别是外文原著资料,尽量保证全书文献资料的翔实可靠。同时,也力图对现有资料进行充分利用和重新阐释。如古希腊罗马、中世纪时期相关内容中,本书发掘了以往并未重视或是被忽视的传播思想史资料。对于中世纪至文艺复兴时期,近年来国内已有大量的研究资料,本书充分借鉴和加以使用。对20世纪以来各个传播思想流派的理论,国内的译介和外文资料也相当丰富,本书也充分使用外文资料,尽量把最新的理论观点吸收进来。在总结勾勒西方传播思想史各个时期的历史发展时,本书对于历史事实的解释和逻辑脉络的把握争取做到有理有据,尽量避免由于资料不足而导致理论阐释的片面性。

第二,科学建构理论体系和逻辑脉络。本书努力遵循马克思主义唯物史观和实事求是的科学精神,在总体理论体系和逻辑脉络指导下,坚持从传播活动的实际出发,针对西方传播思想史上各个主要时期的总体思潮、发展趋势,以及重要流派、代表人物的传播思想、理论和观点,尽量做出客观、公正的陈述和评价。本书坚持唯物史观,注意从人类传播活动的各类现象出发,总结探究理论形成的社会历史基础。但同时又不拘泥于现象本身,也注意结合每个时代传播思想的原创性,剖析这些传播思想对现实传播活动的影响和推进意义。同时本书注重立足于每个时代的社会文化背景,将各个时期的传播思想理论的演进放置于时代背景中加以考察,并与当时社会的政治、经济、社会、文化等因素的发展结合起来,尽可能全面完整地梳理、勾勒和揭示西方传播思想史发展的基本脉络和内在规律。

第三,努力吸收国内外最新研究成果。本书注重学习和吸收国内外学术界关于西方传播思想史研究的成果,特别有关西方传播思想发展的最新研究贡献,借以丰富本书内容,提升理论水平,拓展阐释视野和思路。同时本书立足于当代意识,进而审视、反思西方传播思想的发展,力争对西方传播思想有新的发现和理解,如立足现代视角阐释芝加哥学派的理论贡献,由此就芝加哥学派对于传播思想史的发展有了新的认识。此外,对于当代传播思想和理论的发展,本书重点结合互联网、人工智能等媒介技术发展的现实,进而解释传播思想的最新发展,努力与历史发展保持同步,从而使得本书富有创新性。

第四,尽量保持文字叙述的准确通畅。本书在写作语言上尽量保持准确严谨、通达顺畅,使其具有准确性和易读性。对于专有名词、专业术语,以及人名译名等,要求与学术研究中已经形成的约定俗成的用法保持统一,新的译名尽量做到规范,力求做到文通字顺,表述畅达。

至于上述这些努力,本书是否达到预期目的,还有待广大读者、专家和同行检验,期待诸位提出严格批评和指导。此外,还需要说明的是,本书引用了大量的研究成果和资料,凡引用之处,皆按照学术规范要求,力求做到注释明晰,出处了然。在此,也向本书所引述资料的所有研究者表示衷心感谢,并致以崇高的敬意!

目 录

– 上 编 –

- 下　编 -

导论

　　传播活动是人类社会的重要活动,是人类进行社会交往的主要途径。随着信息传播技术的发展,人们的社会交往活动超越了空间的限制,人类的传播活动变得愈加丰富多彩和复杂多样。作为人类基本活动方式的传播行为,不仅是人类信息交流的基本方式,还是人类建构社会文化意义的手段。通过传播活动,人类互相交换信息,建立起自己的社会关系、社会结构以及价值观念。同时,通过传播活动,人类建构了属于自身的社会文化符号系统,从而能够共享文化意义,形成人类各个群体能够共有的文化世界,并依此对自己的生活世界进行理解和阐释。人类经历了从口语传播、文字传播、印刷传播、电子传播到智能传播的不同时代,媒介技术的发展不断促使人们的传播活动变得更加丰富。媒介不仅是人的"延伸",更是人"沉浸"其中的世界。这些人类基本的传播活动,渗透在人类的语言、艺术、宗教、政治、社会、经济等各个层面。正是这些丰富多彩的人类传播活动,构成了传播学理论的宏观研究对象。

　　传播学理论研究与人类社会发展息息相关。兴起于 20 世纪美国的传播学理论研究,不仅是西方社会历史、技术、文化等发展的产物,还与西方社会思想的发展演变密切相关。由于传播学理论研究的重点主要在于对人类社会传播活动的基本规律进行探究,重点集中于大众传播、人际传播和组织传播等研究领域,在传播学理论形成之初主要基于美国社会的现实应用取向,重点关注社会现实问题,其研究重点始终着眼于实践应用层面,并形成了相对鲜明的社会科学研究方法论取向。但是,对于如何立足于人类传播活动的宏观背景,着眼人类文化思想发展的视域,从人文学科的视角探究人类传播观念的形成与发展,以及传播思想、传播理论的产生、发展与演变等理论问题,却没有全面展开。因此,立足于传播学基本理论和人类思想史发展的视野,在西方思想发展的视域下,探究西方传播思想的理论内涵、发展脉络,以及演变的背景和方向,则显得十分必要。这不仅是传播学理论自身的重要研究内容,同时也是西方思想史乃至人类思想史研究的重要议题。

一、思想史的内涵、研究取向和对象

对于西方传播思想史的探究,无疑首先要将其放在思想史的大背景下展开,同时还要和具体的现实的传播实践发展联系起来。由传播实践到传播思想,其中隐含的首要问题是:思想史究竟为何? 作为思想史的思想究竟为何? 作为基础性的概念,它们的内涵和外延是什么? 作为学科,思想史的研究目的、研究对象,以及研究范围又是什么? 这都是至关重要、首先需要厘清的问题。除此之外,思想史与其他学科,如哲学、政治学、社会学、宗教学、文学、文化研究等相邻学科的关系又是什么? 诸如此类的问题,其实都涉及思想史的“元问题”,对于政治、经济、文化、社会、法律、传播等任何领域的思想史的探究,都首先得面对这些问题。

(一) 思想史的内涵

在西方学术界,思想史一般被称为“intellectual history”或“history of ideas”,还有“history of thought”。日本学者首先将它们翻译为“思想史”,后被汉语所采用。所以,要探讨思想史,还须对西方学术界的“intellectual history”或“history of ideas/thought”研究进行了解。从表面上看,“intellectual history”与“intellectual”(知识分子)相关,主要指人的精神、心智和知识等内容;而“history of ideas/thought”更多与“thought”(思想)这样的观念性内容相关,是指经过艰深的思考而形成的理论化观念。前者似乎较后者内涵更宽泛,但实际上,西方不同称谓的思想史之间存在着一致性,即它们指代的都是一种超越现实实践层面的精神上的观念力量,同时,它们都研究思想与社会(或历史)之间的互动关系,并且多强调思想观念比物质力量更具有对社会历史的能动塑造作用,观念引发现实的变革。[①] 因此,对此概念的区分,有学者也认为“intellectual”侧重于知识精神,“thought”侧重于某一时代、某一领域的思想,“ideas”则侧重于观念,所以思想史又可以称之为观念史。[②] 就思想史研究而言,可以看出,研究者对于思想史的内涵解释不尽相同,包括心智、精神、知识、思想、观念等家族概念谱系。广义上看,学界把思想和观念等而言之,思想史即是观念史,认为思想史重点考察的是人类观念的变化以及观念变化对现实的影响。

---

① 李宏图:《西方思想史研究方法的演进》,《浙江学刊》2004 年第 1 期。
② 许正林:《欧洲传播思想史》,上海三联书店,2005,第 1 页。

部分西方思想史家同时认为,观念的创造导致现实的变化,因而,观念的力量超出于物质的力量,可以成为比物质的力量更具有决定性意义的社会变化动力。研究者以法国大革命为例,就像拿破仑曾经说过的那样,认为法国大革命就是由启蒙运动的观念变化而引发的。路易十六在阅读了伏尔泰和卢梭的著作后,叹息道:"伏尔泰和卢梭亡了法国。"法国历史学家让·饶勒斯在分析大革命的原因时也说:"社会革命将并不仅仅依靠事物的力量来实现,它要依靠意识和意志的活力。"[1]但细究的话,这只是思想史研究的一层意义,即追踪事物的原因。就思想史或者观念史研究本身来说,它应该还包含着另一层意义,即探寻思想观念的"价值"。探讨世界的真理、价值和意义,这对于人类社会来说更有意义。如果说对原因的探讨是追溯过去的话,那么,这种对"价值"的探讨则将引领人们走向未来。[2]中国思想史学者张岂之亦认为,思想史就是理论化的人类社会思想意识发展史,是研究人类历史上社会思想意识发展、演变及其规律的学科。其论述要点有三:其一,思想史的对象是以"理论形式"出现的思想;其二,由于思想是对社会现实的反映,因此,研究方法应当从社会的角度来看;其三,研究的最终目的是揭示思想演变的规律。[3]他这里所要强调的思想演变的规律,应该是人类思想的价值取向,思想史研究的目的最终还是要发现和确立人类的终极价值。由此可见,思想史不仅要探究事物的本源,即观念本身的力量,同时,还要追问本源背后的价值取向,而价值取向似乎显得更加重要。

由此观之,思想史研究者看到了思想是人的心智、知识、观念等精神层面的内容,它更多的是一种"人的观念"。但是,他们同时又看到,思想的变化会影响到社会,从而带来社会的变化,这就是思想(或观念)的力量。思想(或观念)的变化引发社会变迁和发展,也就是说,思想是推动社会进步的力量。那么,进一步的问题是:作为思想史研究,究竟是什么样的思想(或观念)引起了社会的变化,这种社会变化的背后隐含着什么价值?同时,作为思想史研究者,是通过思想家(社会精英)的观点去分析这种社会变化,还是通过纷繁复杂的社会现实(社会发展状况)观察思想(或观念)的力量?如何去选择这些资料,形成合乎历史本真的解释,从而对事实做出更加符合所谓的规律的阐释呢?这是思想史研究的核心问题,也是思想史研究者争论不断,却又不能在研究之前悬置的问题。

中国思想史学者葛兆光引用历史学家、哲学家 R. G. 柯林武德"把思想史看作唯一

① 王养冲:《十八世纪法国的启蒙运动》,《历史研究》1984 年第 2 期。
② 李宏图:《西方思想史研究方法的演进》。
③ 张岂之:《试论思想史与哲学史的相互关系》,《哲学研究》1983 年第 10 期。

的历史"的观点,认为历史"真正绵延至今而且时时影响着今天的生活的,在我看来至少还有两种东西,一是几千年来不断增长的知识和技术,……二是几千年来反复思索的问题以及由此形成的观念,多少代人苦苦追寻的宇宙和人生的意义,多少代人费尽心思寻找的有关宇宙、社会、人生问题的观念和方法,影响着今天的思路,使今天的人依然常常沿着这些思路思索这些难解的问题,正是这里,历史不断地重叠着历史。如果说前者属于技术史,那么后者只能属于思想史。"①他认为思想史不同于技术,思想是观念层面的,永恒不衰的;而技术则是物质层面的,会随着有形器物的消失而消失。显然,在这里他把思想史看作人类心灵的发展演变史。进而他认为,思想史就是"一般知识、思想与信仰的世界"的历史过程。他认为,"一般知识与思想,是指最普遍的、也能被有一定知识的人所接受、掌握和使用的对宇宙间现象与事物的解释,……是一种'日用而不知'的普遍知识和思想。作为一种被普遍认可的知识与思想,这些知识与思想通过最基本的教育构成人们的文化底色,它一方面背靠人们不言而喻的终极的依据和假设,建立起一整套有效的理解,一方面在日常生活中起着解释与操作的作用,作为人们生活的规则和理由。"②显然,他所认识到的一般知识与思想,是普遍存在于人类社会,又被人们体系化了的对世界的解释,同时也是能够被人们所认识的那种观念。由此,他的思想史研究路径是,试图通过对日常事件的描述入手,在细碎繁杂的现实中梳理出思想的头绪,进而探究人类的大历史,由此开启他对中国思想史的研究。依据他的思路,通过对第一层面(知识和技术)的描述和解释,进而要探寻的是第二层面,即人类的"一般知识、思想与信仰的世界"这个核心问题。在具体研究中,《中国思想史》的写作就是试图对历史中的知识与技术细节进行分析的过程。如早期的星占历算、祭祀仪轨、医疗方技、宫室陵墓建制,还有敦煌文书的经变、各种类书、私塾教材,以及秦汉简帛画像、魏晋南北朝隋唐的碑刻造像,甚至包括各种书札信件等基础性的材料。该书通过这些琳琅满目、丰富多彩的资料,进而描述当时人们的知识、观念和信仰。这种研究思路确实使人耳目一新,也是在独辟蹊径,并且对思想史研究者很有启迪意义。但是,《中国思想史》的问题是,其对于作为思想史的"一般的知识、思想与信仰"的核心问题,依然很难做出令人满意的回答,我们依然很难从中明确看到当时人们的"一般的知识、思想与信仰"的内容究竟是普罗大众的观念,还是古代士人的思想。诚然,《中国思想史》的研究思路确乎有重要的理论指向意义,也指出了很重要的研究重点,即思想史中的思想究竟为何的问题,同时也

① 葛兆光:《中国思想史:七世纪前中国的知识、思想与信仰世界(第一卷)》,复旦大学出版社,1998,第2—3页。

② 同上,第14页。

对此进行了全面的探索,并通过该著的写作提供了示范。

无论研究者如何努力,思想史的研究对象或研究的主要内容和范围总是显得捉摸不定,让人难以把握。可见,这确实是思想史作为学科或作为研究领域,始终存在的大问题。因此,不同争论的焦点、研究者的各种思考,最后都会指向同一个问题,还是思想(或观念)究竟如何解释和界定的问题。

历史上对于"思想"本身为何的探讨,争论就从来没有停息过。什么是思想?威尔·杜兰特就说:"这可能很难回答。因为思想包含了一切,而只有通过这'一切',思想才能得到界定。思想是我们最直接感受到的事物,但也是人类最终极的秘密。我们所了解的外在世界都是由思想构筑的,所有的人类成就都可以在思想中找出其起源和归宿。在人类历史演进的舞台上,那些伟大的转折点都是思想的产物。"[1]在这里,杜兰特把思想的概念放大、泛化为人类所有认识世界、表达世界的精神文化内容。英国的托马斯·卡莱尔被认为是赋予"思想"这个词汇以专门意义的人,他认为,"思想"是一个"理智和精神的有机体",是外部水平的内核和动力。[2] 其实,这仅仅在描述思想是一种人类内在的理智和精神,依然没有什么丰富的内容。而美国普林斯顿大学的历史学家罗伯特·达恩顿则认为思想史包括"历史观念史"(常常在哲学的阐述上系统地研究思想)、思想史自身(研究非正规的思想、观念的氛围和知识的演进)、社会观念(研究意识形态和观念的传播)和文化史(在人类学的意义上研究文化,包括对世界的观念和集体心态)等内容。达恩顿还认为,这四个不同的层面体现着从"高"到"低"的递进,因此,他用"高"和"低"两个中心概念来概括思想史所研究的全部内容。[3] 同时,罗杰尔·夏蒂埃也认为,思想史领域的研究范围事实上为所有的思想样式。[4] 达恩顿所说的四个层次的思想史,依然将思想扩展到历史、思想、社会、文化等各个层面。正如英国思想史学者斯蒂芬·柯林尼所认为的,思想史是历史学的一部分,是人们试图理解人类过往经验的一部分。思想史的功能在于理解那些共同构成以往社会思想或反思生活的观念、思想、主张、信仰、预设、立场以及成见。这种思想生活必然与该社会的政治、经济生活相一致,彼此间并无明显的界线。[5] 这些对何为思想做出的描述和解释,为思想史研究基本确定了范围。

---

① 威尔·杜兰特:《历史上最伟大的思想》,王琴译,中信出版社,2009,第9页。
② 许正林:《欧洲传播思想史》,上海三联书店,2005,第1—3页。
③ Michael Kammen ed. *The Past before Us: Contemporary Historical Writing in the Unite States* (New York:Cornell University Press,1980),p.337.
④ Dominick La Capra, Srteven L. Kaplan eds. *Modern European Intellectual History: Reappraisals and New Perspectives* (New York:Cornell University Press, 1982),p.14.
⑤ 参见丁耘主编:《什么是思想史》,上海人民出版社,2006,第4页。

19 世纪的英国哲学史家约翰·西奥多·梅尔茨在《十九世纪欧洲思想史》一书的导论中，全面论述了"思想"。首先，梅尔茨认为"思想是不能定义的"。在他看来，关于思想史中的思想问题，迄今尚在争论之中，详细阐释其内涵是不现实的。但他并不否认，思想的定义是绝对不可言说的。他认为，许多人可能要求给思想下一个定义，或者给自然界、生活和思想之间的实际关系作一比较精确的陈述，但这种定义必须留给读者自己去下。"在拒绝给我所说的思想下定义上，我采取的观点同马克斯·米勒教授在他的最新著作《思想科学》①中所持的观点相对立，他在那里说：'我说的思想是指思维活动，而我所说的思维无非就是指结合，我并不妄想说，其他人无权在他们所喜欢的任何意义上使用思想，只要他们清晰地加以定义。'就这位历史学家的这部著作的一部分是定义而言，我坚认，这是他做记叙的结果和产物。读者细心研读过这部著作后，就会留下这种印象。历史主要不是一门通过分析来研究的科学；历史试图把浩瀚的细节收集起来安排成一幅生动图景。像过分写实的明显线条那样的过分严格的定义会损害总体效果。"②在此，梅尔茨试图表述的观点是，对于思想过于明晰具体的定义，有可能影响到对思想史研究的认识，有可能过分限制了思想史的研究领域。其实，梅尔茨在他的论述中，处处在定义思想。他依然认为，所谓"'思想'这语词在我看来能作极其广泛的应用，即用来按照最普泛的精神标示一切现代志向的共同目标和努力之中可能包含的任何具有真理性和价值的东西"③。他通过总结黑格尔的"精神"、孔德的"人性"、洛采的"微宇宙"、斯宾塞的"社会有机体"等历史上的思想概念，把思想看作人们思考真理和价值的产物。也就是说，思想是精神的产物，思想是真理和价值。

其次，梅尔茨认为，思想可以把无序的世界连接成有序的存在，思想隐藏于世界背后，它使得纷繁杂乱的世界和事实有序化。他认为，在历史展现的五彩缤纷的外部事件和变化背后，有着一个隐蔽的世界，它由产生这些事件和伴随它们不断变化的欲望和动机、情感和动力组成；在光怪陆离的人世表象的背后潜藏着内在的思想区域。只有当事实和事件不再分离，只有当它们在我们看来按照某种设计和目的联结在一起，把我们带回某个原始的原因或者向前引到某个确定的终点时，我们才能从历史这个词在现代语言中获得的意义上来谈论历史；在外部事件下面的或者与之相伴随的隐蔽的动机、欲望和活力也是如此：在我们能把握和记载它们之前，先得使它们取得某种联系，使它们处于某种秩序和连贯之中。梅尔茨说："隐蔽的思想元素是这样的东西，它使事实和事件

① Max Müler. *The Science of Thought*. Adamant Media Corporation, 2001, p.1.
② 约翰·西奥多·梅尔茨：《十九世纪欧洲思想史》，周昌忠译，商务印书馆，2016，第 7 页。
③ 同上，第 32 页。

可以按年代顺序加以排列,并加以评论,它成为它们的基础并把它们连接起来,它必须由历史学家加以复现而展示给我们。思想,只有思想,作为活动的原则或事后沉思的媒介,能够安排、连接并组合孤立的东西,推动停滞的东西,推进驻留的东西。拿掉了思想,单调就变成了秩序。"①也就是说,思想隐含于事物背后,它直接与事物紧密关联,因而思想可以使杂乱的事物有序化。简言之,思想就是指我们与历史建立的一种联系、历史上各种事件之间的联系,以及所认定的这种联系的某种有序性。所以,思想的本质就是一种历史的复现,对纷繁世界的价值判断。

其三,思想包含多种意义。梅尔茨认为,"思想不仅指明确的、清晰的、有一定方式的思想,并且也指由欲望、冲动、感情和想象构成的大区域,而我们应当承认,它们全都在灵魂的内心生活和外部世界的生活中起着重要作用"②。可见,在这里,梅尔茨把作为人类思考方式的思想,还有人类思维中所体现出的情感也看作思想的构成部分。这是十分重要的看法,也就是说,情感世界依然是人类思想世界的构成部分。所以,他指出,思想以两种方式成为一个历史学家极感兴趣而又非常重要的题材。对于自然界或人类生活中的每一变化,我们都可以问道:它对思想世界产生了什么后果?它给人的心智、我们这些旁观者的心智带来了什么增益或减损、什么进步?它增加了我们的知识,丰富了我们的观念积累,加深了我们的洞见,开阔了我们的视野,增加了我们的兴趣吗?——一句话,它使我们的内心生活更广阔、更圆满了吗?也就是说,思想的根本就是开启人们的心智,改变人们的内心状态。由此,梅尔茨认为,要明晰思想的内涵,必须要明晰思想与两个世界有关联,即人们的生活世界和思想世界。他说:"我依凭思想这个词的一般的和未加定义的意义,假定每个人都将把某种可理解的意义与它相联系,这种意义将使他能够理解我们所由出发的普遍命题、外部事件和事实世界背后一个内在或隐蔽世界的存在、这内在世界的变化不驻本性,以及这两个世界之间的联系和反作用。在时间上和重要性上,外部世界还是内在世界占第一位?在内在世界里,理性的、比较清晰的领域即明确的思想、比较模糊的感情、想象的区域和无意识的冲动世界是否被赋予同等价值?这些问题现在不必加以回答,因为只要指出生活和思想这两个世界的存在就够了。"③梅尔茨在论述思想这一复杂问题时,始终坚持思想与生活的内在关联,而这种关联通过人类的情感世界发生关系。这里,他强调的其实是思想具有人类价值的意义,任何思想应该都是以人类的价值为旨归的。

---

① 约翰·西奥多·梅尔茨:《十九世纪欧洲思想史》,周昌忠译,第4—5页。
② 同上,第8页。
③ 同上,第7—8页。

此外,梅尔茨还认为,思想就是人类心智发展的历史,人类通过思维,赋予事物意义和价值,并形成普遍性的认识,这就构成了人类历史的全部。他说:"只有当从一到多的过渡或形式多样性的产生能为思维着的心智所理解,即仅当这过程的结果事关重要,仅当这结果被赋予一定意义,仅当可以记录下某种得失,这个过程才称得起是历史。……使我们能用心智复现它们,即思维它们。无限多这些基元运动的结合将了无意义,除非这种结合能产生某种新的和预见不到的东西:看起来优美或备着有用的东西、对思维者的心智来说是有价值的(在这个词的或高或低的意义上)东西。"①他在这里所指出的,就是人类面对纷杂的世界,通过思想思维它们,给予世界以意义的存在。黑格尔在《历史哲学》中也说:"要想了解历史和理解历史,最为重要的事情,就是取得并且认识这种过渡里所包罗的思想。"②在黑格尔看来,历史的精髓就是思想,历史阶段之间的连接物也是思想,也正是在历史流变的长河中显示出思想的继承性。

梅尔茨关于思想的论述丰富完整,给我们全面考察思想史研究的对象和范围提供了基本的思路和途径。虽然大多数针对思想史的研究并没有像梅尔茨所论述的这样全面展开讨论思想的内涵,但在具体的研究中,研究者其实也根据自己的立场,预设了研究对象和范围,并依此展开研究。

(二)思想史研究的不同取向

关于思想以及思想史研究对象的各种讨论,或涉及思想本身,或涉及观念层面,或讨论思想和观念对现实的意义,或是观察日常所见的技术、器物层面所体现出的一般观念,等等。这些讨论的观点不同,各自关注的重点和论述角度也有所不同。但是,这些论述中最为普遍的看法,依然是在最广泛的意义上把思想和观念等同起来,即思想史就是观念史,认为思想史重点考察的是人类观念的变化以及观念变化对现实的影响。对于思想史本身的研究集中了许多对思想史研究问题的争论,即观念和思想是否等同的问题。因此,有学者直言不讳地认为,无论是"思想史"还是"观念史",似乎都是一回事:它们类似于元历史或历史理论,是在关于"思想"和"观念"如何找到各自位置的各种理论的基础上有关历史性质的研究,最终所获得的是一种关于历史的哲学或哲学的历史。③ 很多研究最终索性把思想史指向了哲学史。这些对"思想史"或是"观念史"或

---

① 约翰·西奥多·梅尔茨:《十九世纪欧洲思想史》,周昌忠译,第5—6页。
② 黑格尔:《历史哲学》,王造时译,上海书店出版社,1999,第82页。
③ 该论点为约翰·霍普金斯大学历史学教授波考克的观点。参见丁耘主编:《什么是思想史》,《思想史研究》(第一辑),上海人民出版社,2006,第16页。

是哲学史等问题的争论,其实都反映了不同的研究取向。通过对这些不同的研究取向做一回顾我们便可以看出,对于"思想史""观念史"的区分就隐含其中。因此,基于对思想本身的不同理解,下面对关于思想史研究的不同取向作一简要的勾勒。

第一,"观念史"研究取向。

该研究立场认为,在原有的"思想史"(intellectual history)概念之外,应该另创"观念史"(history of ideas)的概念,二者有所不同,由此形成了思想史研究中的"观念史"研究导向。但是,观念本身为何,也是争论的焦点。就"观念"(idea)这个概念本身的含义而言,从古希腊柏拉图论述"理式(或理念)"概念时开始,该问题就逐渐成为西方哲学思想史研究中的核心问题。为了区别于一般意义上的观念概念,汉语多将柏拉图的 idea 翻译为"理念"。确实,柏拉图所使用的"理念"这个概念和后续的思想家论述的"观念"这个概念有所不同。① 柏拉图的"理念论"认为,万事万物都有理念(eidos,idea),或者称之为事物的"理式""形",这个超越于事物之上的理念决定了事物的存在,这就是他著名的"模仿说"。在他看来,我们所理解的客观现实世界并不是真实的世界,只是理念世界的摹本,只有理念世界才是真实的世界。对此,他用床作比喻,第一种床是床之为床的"理念",第二种是木匠依床的理念所制造出来的个别的床,第三种是画家模仿个别的床所画出来的床。这三种床之中只有床的理念,即床之为床的道理或规律是永恒不变的,为一切个别的床所自出,所以只有它是真实的。由此,柏拉图把世界分为三层:理念世界、感性的现实世界和描述的世界。他认为在物质世界以及人的情感、认识世界背后,有一个永恒的观念世界。同时,人只有通过智力,才能了解观念世界。柏拉图关于"理念世界"的论述,给我们开启了人类认识探讨的基础,即人自身的观念在认识世界时的重要意义,这是他的理论具有奠基性的地方。其后的历代思想家、哲学家们,继续沿着他的这一思考路径,探讨人类认识的问题。直至近代启蒙运动时期的认识论转向,人们对人自身的认识问题有了更加深入的认知。虽然,西方近代的洛克、贝克莱等经验主义哲学家把观念等同于人的感性经验,乃至于作为人类认知的起始,但到了 18 世纪,康德的批判哲学理论又回到了理念论的轨道。

就对"观念"本身作为研究对象而言,西方对"观念史"的探究,是从对 19 世纪历史学研究在内容上只限于政治史、在方法上只限于唯物主义或实证主义决定论的否定而

---

① 朱光潜认为,柏拉图的 idea,指的是不依存于人的意识的存在,所以只能译为"理式",不能译为"观念"或"理念"。希腊哲学研究学者陈康认为,idea 旧译为"观念""概念""理型"以及"理念"等等皆有误,主张译为"形"。因为,柏拉图所说的"理式"或"形",是超越于万事万物之上的永恒存在;万事万物从它而来,是分有了"理式"或"形"的结果。就此而言,人的观念也是从"理式"或"形"分有而来的。朱光潜:《西方美学史》(上卷),商务印书馆,2011,第 47 页。陈康:《论希腊哲学》,商务印书馆,2011,第 3—5 页。

开始的,其中英国的代表人物是阿克顿。1895 年,阿克顿在任剑桥大学近代史讲座教授的首次演讲中指出:"我们的职责是关注和指导观念的运动,观念不是公共事件的结果而是其原因。"①他主编的《剑桥近代史》就突出了观念史的主题。作为自由主义者,阿克顿坚信人类自由的观念是引领人类社会发展的核心意识,且自由的观念是在有关自由的理念而不是有关利益或传统的理念在社会生活中占优势的条件下才出现的。也就是说,只有当大多数社会成员具有了自由意识的时候,自由才得以诞生。② 德国的代表人物则是哲学家狄尔泰,他被称为近代历史观念史之父。1882 年成为柏林大学教授后,狄尔泰努力把观念史研究确立为历史研究的重要领域,并建立观念史研究的方法论。他认为观念史研究不只应重视人的理性思想,还应包括非理性的一面。他认为"人文科学"不仅仅包括文学和历史,还包括与人有关的一切科学,也就是今天的社会科学。他同时否定了自然科学的实证主义和唯心主义的形而上学倾向,从而论证了人文科学的独立性和条理性特点。19 世纪末到 20 世纪初期,德国兴起的文化社会学代表人物,从狄尔泰、文德尔班、李凯尔特到齐美尔、韦伯、宋巴特,还有法国的涂尔干,都反对实证主义或唯物主义把文化化约为"经济因素"的决定论。他们把文化看作内在于历史过程中特殊的价值观念,强调观念通过人的行动而对社会的塑造作用,这对西方观念史的研究直接或间接地起了推动作用。③

20 世纪前期,基于"观念史"的思想史研究逐渐引起西方学术界的普遍兴趣,一批历史学家、哲学家和社会学家开始进行观念史的研究。美国霍普金斯大学的哲学教授阿瑟·O. 洛夫乔伊就致力于此,并把它发展为一个学科,成为美国思想史的奠基人。1936 年,洛夫乔伊出版了《存在巨链——对一个观念的历史的研究》(The Great Chain of Being——A Study of the History of an Idea),提出从观念的角度入手,对西方思想传统里那些基本存在的、对西方思想发展有决定性影响的"观念的单元"(unit ideas)进行研究。他还在方法论上对思想史研究进行了较系统的考察,对美国甚至欧洲的思想史研究产生了重要的影响。洛夫乔伊说:"在处理各种哲学学说的历史时,这种研究按照自己的目的,把它分割成固定的独立体系,并且把它们分解成它们的组成部分,即分解成可称之为单元-观念(unit-ideas)的东西。"④这些"单元-观念"是构成各种思想和命题的基本要素和主要成分。在他看来,观念史研究的是它们的产生、演变。但对于何为"单元-观

---

① 阿克顿:《自由与权力——阿克顿勋爵论说文集》,侯健、范亚峰译,商务印书馆,2001,第 5 页。
② 杜廷广:《阿克顿史学思想初探》,《史学史研究》2008 年第 1 期。
③ 王锟:《寻求"精英思想"与"民众观念"的统一——对中国思想史的一些思考》,《南京大学学报》(哲学·人文科学·社会科学版)2005 年第 2 期。
④ 洛夫乔伊:《存在巨链——对一个观念的历史的研究》,张传有、高秉江译,商务印书馆,2019,第 5 页。

念"的问题,洛夫乔伊并没有给出定义,他只是划分了五种类型的"单元-观念":第一种指的是人们头脑中潜在的思维习惯;第二种是人们明确意识到的一些假定或者思维习惯;第三种是"形而上学的激情"的东西,如"审美的激情"和"奥秘的激情";第四种是"哲学语义学"的东西;第五种是这样一些观念——它们"存在于被早期欧洲最具影响力的哲学家所明白阐释的某种单一特殊的命题或'原则'之中,以及和那些作为,或曾被设想为它的推论的进一步的命题之中"①。《存在巨链》中的"存在巨链"便属于此类观念,其实此书意在考察"存在巨链"的产生与演变以及与此相关的充足理由原则、充实性原则以及连续性原则等原则。总体看来,洛夫乔伊的"观念的单元"主要指西方思想传统中那些基本的和经久不变的观念。虽然这些观念可以被分开和重新组织,但在实际使用中,人们形成了基本的思维定式。而且在西方思想流派的演进中,这些基本的观念成了基本的存在,影响或者决定着人类思想的发展。当然,也有学者认为,洛夫乔伊的所谓"观念的单元"仅仅是他自己建构的,历史上的思想家并没有专门讨论过这类伟大观念单元本身。但是,正如剑桥大学的昆廷·斯金纳教授所说,观念史的研究使得一些主要的经典文本被广泛地视为政治思想史唯一的研究对象。总之,洛夫乔伊所提出的"观念的单元"对思想史研究产生了很大的影响。无论是新开辟的"观念史"研究,还是原先传统的"思想史"研究,在基本的研究方法和研究重点上,都必须重视对那些经典文本的阐释。

第二,历史语境主义研究取向。

历史语境主义思想史研究的代表是剑桥学派,代表人物主要有约翰·波考克、斯金纳和约翰·达恩等学者,他们研究的重点领域是政治思想史。20世纪早期以洛夫乔伊为代表的观念学派以及其他的思想史研究者取得了许多成果,特别是对经典文本以及伟大思想家的文本的解读和阐释研究,成为思想史研究的主流。但对此研究路径,随后发展起来的以剑桥学派为代表的思想史研究者则主张,脱离具体历史语境的、无时间限制的真理是不存在的,包括那些"伟大的"经典文本也并非无时间限制的绝对真理。因此,必须在产生经典文本的社会和知识背景下研究这些思想。显而易见,思想史研究如果过分集中于社会精英或影响较大的观点的话,往往就忽视了思想史赖以发生、形成的历史背景和社会文化语境,影响了人们对思想的丰富性和复杂性的理解。在此背景下,20世纪60年代,剑桥学派开始探究历史语境主义的研究取向。

首先,在思想史研究的导向上,剑桥学派主张把思想史与每个时代的历史背景结合

---

① 洛夫乔伊:《存在巨链——对一个观念的历史的研究》,张传有、高秉江译,第19页。

起来,考察那个时代背景下思想史的形成与发展,也就是说关注思想史的历史性,而不是思想单元本身。用斯金纳的话说,"不去专门研究主要的理论家,即经典作家,而是集中探讨产生他们作品的比较一般的社会和知识源泉"①。剑桥学派的开创者波考克说:"首先,思想家变成了一个个孤立个体,被从他们所属的具体社会中分离出来,好像他们身处一切时代,在对一切时代的人发议论;他们的作品也被置于其特殊历史环境之外。再者,传统历史学家往往以哲学的方法去分析政治作品,把它们放在一种作者与过去的读者可能都未曾达到的抽象层次去研究,强加给它们一种它们实际上并未获得的逻辑连贯性。这样做,从哲学的角度看是无可非议的,但从历史的角度看很成问题。因为当历史学家以这种方式去研究政治作品时,他所关心的与其说是作品在过去曾经经历过的,不如说是他自己现在所能找到的东西。他因为热衷于找出作品中最大的理论连贯性,往往给作者添加一些明确的意图,或把作者说成在做一些在其历史条件下不可能做的事。此外,把所有作品都当作政治哲学来对待,就是忽视这样一个事实,即政治思想实际上可以在许多层次发生(从实际鼓励到哲学思辨)。也就是说,政治讨论可以为哲学性的,也可以为思辨性的。即使历史学家要加以哲学式分析的作品恰好是高度哲理性的,也不能因此就认为他的做法是历史性的。因为他提出的问题(更不用说解答)不是真正历史的问题,诸如这一作品如何在历史中产生,如何置身于历史;或作者为什么要写它,以及为什么以这种方式去写它,等等。"②

斯金纳主张思想就是一个时代精神的反映。他指出,如果我们作为政治思想的研究者继续把主要注意力放在那些以他们同时代人难以匹敌的抽象知识水平来讨论政治生活问题的人身上,我们怎么可能实现这种对历史的理解? 对此,他说道:"我对传统的'拘泥书本'的方法感到不满意的一点是:虽然这种方法的倡导者往往自称是撰写政治理论史的,但他们却很少能提供给我们真正的历史。"③可见,剑桥学派明确提出,思想史不能仅仅局限于思想家或是思想家的文本的研究,而是要探讨思想家背后的历史、社会文化因素。经典文本的思想本身也是特定时代和社会的产物,必须在产生这些经典文本的社会和知识背景中研究经典思想。

其次,在具体的研究方法上,剑桥学派也提出,政治思想史研究的根本任务,就是要探究每个时代的产生影响的"政治语言"。由此,探讨政治理论不仅仅要去研究公认的经典文本,还应在更宽广的范围探究每个社会都在谈论的不断变化的"政治语言"。为

---

① 昆廷·斯金纳:《近代政治思想的基础》,奚瑞森、亚方译,商务印书馆,2002,第3页。
② 张执中:《从哲学方法到历史方法》,《世界历史》1990年第6期。
③ 昆廷·斯金纳:《近代政治思想的基础》,奚瑞森、亚方译,第4页。

此,剑桥学派的学者们创造出了一种不同于以往的历史文本研究和解释方法,将思想史的研究重点转移到探讨每个社会与时代出现、使用的政治词汇,因为在斯金纳看来,"说明一个社会开始自觉地掌握一种新概念的最明确的迹象是:一套新的词汇开始出现,然后据此表现和议论这一概念"①。同时,有学者总结:"了解一个时代的政治语言……就等于把握了在该时代人们理解特定政治言论的方式方法。"因为"从历史角度来看,'政治语言'是该特定'时代'(一个时代可持续两年到一千年不等)内人们用以表述对政治生活看法的语言"。这样,历史学家的任务是找寻这种规定思想含义的"政治语言"或"含义的语言"的结构,其研究重点应放在分析语言,而不是运用这套语言的个人上。于是,"'思想的历史'便让位于语言、语汇、范式等思想单元的历史。剖析某个特定的思想家,可从构成其时代的特殊语言体系入手,进而发现他的真实的言论、动机和表述的结果"②。显然,他们的研究路径是通过特定的语言进入特定的历史语境,从而展现思想史的社会文化内涵。正如斯金纳等人认为的,越把文本看作在更宽广的政治话语中的基本内容,且它的内容随着变化的场景而变化,我们的研究也就越能把握住其主旨。由此,在思想史研究的方法论上,他们把注意力从经典文本或思想的连续性转移到了历史语境上。③

从斯金纳的名著《近代政治思想的基础》的重点和结论看,剑桥学派的思想史研究通过对历史语境的关注,一方面力图考察思想观念在具体历史过程中的差异、断裂和创造;另一方面关注"比较一般的社会和知识源泉",也就是关注一些所谓"二流"或"三流"思想家的思想,这样既可以给"经典作家"很好的历史定位,又可能会发现一个时代真正有影响的思想家到底是不是"经典作家"。要之,以斯金纳为代表的剑桥学派"试图写一部以意识形态史而不是以经典著作为中心的历史",其"宗旨在于构想一个可以包括那时比较杰出的理论家的总的框架。也就是说,他们要写出一部包括一般思想家和经典作家的思想史"④。

第三,新社会文化史研究取向。

思想史研究中新社会文化史取向的研究,是对法国以费尔南·布罗代尔为代表的传统年鉴学派的发展。20 世纪 60 年代,法国年鉴学派发展出心态史研究方向,重点关注民众的观念和意识,以及文化和社会心态。同年代所出现的符号学理论,特别是索绪

① 昆廷·斯金纳:《近代政治思想的基础》,奚瑞森、亚方译,第 3 页。
② 满云龙:《思想·意识形态·语言——共和修正派与美国思想史学》,载黄安年等《美国史研究与学术创新》,中国法制出版社,2003,第 110—111 页。
③ Norman J. Wilson. *History in Crisis? Recent Directions in Historiography.* Prentice Hall, 1999, pp.75 - 76.
④ 王锟:《寻求"精英思想"与"民众观念"的统一——对中国思想史的一些思考》。

尔的结构主义给历史学家提供了新的视野,并由福柯和德里达等人发展成为后结构主义理论,成为后现代主义理论的代表。由此,到了 20 世纪 80 年代,在后现代理论的影响下,历史学家把年鉴学派的心态史研究推向了被称为"语言转向"或者"文化转向"的新社会文化史研究取向。新社会文化史研究的主要代表人物和成果有:意大利历史学家卡洛·金兹伯格的《奶酪和蛆虫》,研究 16 世纪磨坊主的精神世界;法国历史学家拉杜里的《蒙塔尤》,在人类文化学的意义上考察一个村庄中人们的各种文化或观念;达恩顿的《屠猫记》,考察 18 世纪法国人的思想方式,以及他们是如何构建世界并赋予其意义的。

新社会文化史研究突破了传统思想史研究的范围。传统的思想史研究集中于经典思想家或者伟大的观念,忽视了普通人的世界,而新社会文化史研究的对象则是普通人的观念。这些普通人的观念就像大河的河床,更能体现和反映社会存在的观念系统、价值取向,以及最基本的内容和最为底层的存在。由此,该取向的研究者特别关注普通人的心理、心智、情感、态度、意见等内容,认为心态不是单一的存在,而是一种结构化的形式。在研究过程中,他们既重视人的理性的思想观念如何存在和表达,同样也重视社会中的流行观念和非理性的思想观念,极大地拓展了思想史研究的内容和范围。

在研究方法上,新社会文化史借助了符号学、结构主义的基础理论。符号学理论认为人类一切符号都是意义的建构,社会结构也生产意义,意义同时又建构社会。由此,新社会文化史研究认为,社会中的很多象征都是由人创造的,这些存在物反过来又再生产社会。它体现着人们一定的价值观念,同时,这些价值观念又不断影响着许多人,甚至控制着人们的思想。传统的思想史研究以"经典著作"作为研究文本,而在新社会文化史研究看来,人们的观念和能够体现这些观念的一切创造物都被可以被视为研究文本,并结合每个时代的语境来体现其中的意义。就新社会文化史研究的早期心态史研究而言,他们也更多地借用了人类学的理论和方法,重点关注研究普通人以什么方式制造或者建构世界的意义,如何以他们的观念来组织世界,并在他们的行为中得以体现。显然,这种研究方法与那种只研究哲学家或者思想家的思想史研究完全不同,他们把这一研究方法概括为思想史的"高"与"低"的研究:"高"为社会中的上层群体的思想观念,"低"指的是社会中下层群体的思想观念。他们还研究思想观念从"高"到"低"的传递发展过程。他们还进一步注意到,很多思想观念并不能简单地被分为"高"和"低",而是混合与交叉的。①

总之,新社会文化史研究强调文化的能动性和独立性,认为文化不仅不依附于社会

① 李宏图:《西方思想史研究方法的演进》。

和经济,还反过来建构或生产社会和经济。他们通过对普通人的生活和思想世界的描述,从中探究人类世界和文化思想的普遍意义。他们的研究立足于普通人的观念层面,探究一般的观念对社会具体的建构与塑造的意义,甚至把社会史本身也看作社会一般观念和意识的聚合体,从而考察思想与社会的内在关系,在实践方法上也属于思想史与社会史的结合。新社会文化史的研究,无论是在研究范围和研究内容上的拓展,还是在研究方法上的新突破,都给今天的思想史研究提供了另一条路径,无疑拓展了思想史的分析和观察视野,在今天看来都具有重要的理论意义和现实价值。

(三) 思想史研究的对象及范围

就历史发展角度看,关于思想史研究的基本问题,以往的研究者已经提供了基本的思路和方法,但实际上,问题依然没有解决。有学者认为,"思想史产生了两个让人颇感困难的问题:一是对象广泛无边、包罗万象,没有具体的规定性,难于研究;二是若在某个方面有所侧重的话,势必造成与某一专门思想史学科研究对象的重复"[1]。诚如其所言,就历史发展看,思想史研究对象和范围的模糊性导致研究对象的复杂化、多元化,进而使得思想史与其他学科的界限依然不明晰。这两个核心问题是任何领域的思想史研究首先遇到的问题。对此,葛兆光也在追问:"思想史真的是可以包容哲学、意识形态、逻辑学说乃至政治、法律、科学的一个'大历史'吗? 但是,又有谁能写出这样包罗万象的思想史呢?"[2]确乎如此,研究对象和范围界定,始终是困扰思想史研究的基础问题。就那些分门别类的思想史著作而言,如政治思想史、社会思想史、法律思想史等,也很难将所有的问题囊括殆尽,何况综合各类问题的思想史。但是,葛兆光也说道:"一旦教育史、技术史、建筑史、文献学史等等知识领域的问题都成了思想史解释的资源时,思想史已经开始了重写。"[3]也就是说,思想史的研究对象和范围虽然无法明确,但其研究的内容依然可以扩展辐射到人类活动的各个层面,并由此让我们窥见人类思想变迁中的蛛丝马迹和草蛇灰线,并从中发现和解读出思想史的大问题。

梁启超曾提出学术主要包含两个问题,即"学者的人格"和"学问之价值"。他指出,所谓学者的人格,就是"为学问而学问,断不以学问供学问以外之手段";而所谓学问之价值,则"在善疑,在求真,在创获"。[4] 同时,他又提出了治国学的三个标准,即求真、

---

① 赵吉惠:《试论中国思想史的研究对象与方法》,《西北师大学报》(社会科学版)1984 年第 2 期。
② 葛兆光:《中国思想史:七世纪前中国的知识、思想与信仰世界(第一卷)》,第 7—8 页。
③ 同上,第 35 页。
④ 梁启超:《清代学术概论》,东方出版社,1996,第 96 页。

求博、求通。所谓"求真"是指"凡研究一种客观的事实,须要知道他的确是如此,才能断判他为什么如此";所谓"求博"是指"我们要明白一件事物的真相,不能靠单文孤证便下武断。所以要将同类或有关系的事情网罗起来贯串比较,愈多愈妙";所谓"求通"是说"我们虽然专门一种学问,却切不要忘记别门学问和这门学问的关系。在本门中,也常要注意各方面相互之关系"。[①] 在这里,梁启超所提出的善疑、求真、求博、求通、创获等一系列原则,对于研究思想史具有相当重要的参考意义。也就是说,思想史写作者首先要有自己明晰的价值导向,即为什么写作,同时还要追求真知识,即如何探究到真知灼见。在此基础上,从怀疑反思问题开始,做到科学理性、广博融通、有所创新。这些都是思想史写作时最基本的要求,又是至关重要的立场。葛兆光在《中国思想史》的写作中也提出"具有建构性意义的'思考'",即通过对思考的确认,将思考作为思想史写作过程中的评价标准,才能保证思想史写作过程中不出现过多的枝蔓,从而将思想史的研究中心落到实处。无论是梁启超所说的学者自身的"人格"和学问本身的"价值",以及他所说的善疑、求真、求博、求通、创获等原则,还是葛兆光所说的建构性"思考",都包含了这样的意思:思想史研究是对人类思想和观念的内在价值、发展脉络、形成逻辑做出合理的描述和解释,以便人们更加明晰地认识人类思想观念演变的逻辑,并由此看到人类社会历史发展的基本规律。

关于思想史研究对象和范围的争论,可以概括为下述三个方面的问题。

第一,思想史是社会观念演变的历史。该观点认为思想史的核心是思想(或称之为观念),以及这些思想或观念产生、发展和变迁的历史脉络。人们的思想观念是个体思维的结果,但同时又是社会的产物。由此,在考察人类的思想观念的演变和内涵时,必须要对当时的社会现实发展做出观照。对此,马克思对人的观念即意识形态做了深入思考,认为人类的意识形态或观念形态,是系统地、自觉地反映一定社会的经济基础和政治制度的思想体系,是全部社会精神生活及其过程的总概括。社会意识形态是上层建筑的重要组成部分,包括占统治地位的政治思想、法律思想、道德、文学、艺术、宗教、哲学和大部分的社会科学等。马克思关于意识观念与社会存在的内在关系的经典论述,为思想史写作提供了坚实的理论基础。虽然以洛夫乔伊等为代表的观念史研究重点关注"观念的单元",把研究的重点放在那些对人类思想产生重大影响的核心观念层面,但是,如果忽视了人类发展的社会存在、那些影响人们观念的社会文化背景,思想史恐怕也只剩下没有生命的原子化的"单元"。而剑桥学派强调观念产生的"语境",即重

---

① 梁启超:《梁启超文选》,上海远东出版社,2011,第300—303页。

西方传播思想史

点探究这些思想背后的社会文化语境,从而有力地纠正了前一种观念史研究的不足。新社会文化史研究则更加强调各种类型的观念都与社会存在之间有着千丝万缕的联系,无法在隔断这些内在关系的情况下将思想或观念扩展到社会生活的各个层面。概言之,思想史研究的思想或观念就是人类作为社会化存在的普遍的思维形态。这些思维形式,无论来自普罗大众,还是产生于社会精英,都是对人类社会本身的思考和观照,都属于人类思维的范畴,都是思想史所要探究的内容。亦即,思想史不仅要关注那些"理论化"了的思想,还要关注那些作为"生活存在"的一般化的观念。其中,更为重要的也是根本性的问题是,任何思想都包含着人们对自身和社会存在的价值判断,都是人们对于自身及社会的生存状态的价值取向的思考。也就是说,思想史在关注一般人类思维观念的同时,要探究那些隐含于人类思想中的价值内涵与价值取向。因此,思想史就其社会意义而言,其根本目的在于通过对人类本身的存在意义的探寻,观照人类自身前进的方向,以及为人类发展探究社会存在意义上的价值与目的。

第二,思想史是影响社会发展的主要"社会思潮"。该观点认为思想史研究的焦点在于那些对社会现实产生巨大影响的思想。在人类社会发展的任何社会时期,都会有这样一些思想观念,它们一旦产生或孕育发展,最后都会对人类社会产生巨大的影响和推动作用,从而推动社会发生巨大的变革。这些推动人类社会重大变革和发展的思想观念就被称为"社会思潮"。比如西方近代以来的发生的文艺复兴、启蒙运动等社会运动,在这些社会运动的背后隐含着人类思想和观念的革命。当时的思想家们所倡导的人文、科学、自由、平等、博爱等思想观念,都包含着对人性本身的充分认识和深刻理解,这些思想无疑是引领人类社会进入现代文明的重要推动力,成为一种推动社会发展的思想潮流。由此,人类思想的最终目的,还是要以推动人类的"合目的性"发展为旨归。思想作为一种观念存在,无时无刻不影响人们的生活,但是,总有一些引发社会变革的思想是当时社会思想的中心和主流。它一经产生,不仅影响当时社会,而且会贯穿在历史长河之中,并不断产生影响,历久弥新。比如西方社会发展中产生的人权、自由、平等、公正等思想观念,不仅是当时社会的思想推动力,也成为今天人们所坚持和崇尚的价值维度。在全面把握这些社会思潮后,思想史研究就以此为纲领,具体考察某个历史时期社会现象发生背后的逻辑与原因。因此,思想史的重点应该探寻那些影响与推动社会发展的各种观念和思想,以及与由此引发的社会事件之间的内在关联,从而寻找解释的逻辑和建构解释的理论维度。

第三,思想史具有不同的研究取向(或范式)。该观点通过考察以往思想史研究的历史发展,可以看出不同的研究路径,并由此建构了各自的研究取向(或范式)。20世纪 60 年代托马斯·库恩在其《科学革命的结构》中提出了"范式"（paradigm）的概念。作为一种学术思维的维度，范式可指一个科学成就、一本教科书或经典著作、一个完整的传统、一种公认的模式、一种形而上学思辨、一个习惯上公认的方式、一种规范的评说、一幅"格式塔"图等等。[①] 任何思想史研究的思路和维度，都可以说包含着特定的研究范式，这种范式可以作为研究的基本思考模式和研究方式，以及研究的基本路径和手段被应用。比如，洛夫乔伊提出的"观念的单元"、斯金纳所注重的"语境"、新社会文化史研究强调的"普通人的观念"、葛兆光提出的"建构性的思考"等等，都形成了思想史研究的重要的基本范式，为后续的研究提供了思考借鉴和方法论层面的研究模板。同时，那些历史发展中形成的并产生巨大社会影响的思想观念，也成为思想史借以解读的重要范式，它们都可以作为研究者解释当时社会现实发展的重要理论模式。重要的思想范式产生并发展起来以后，就会对社会现实产生重要的影响价值，同时也会对现实存在具有明确的解释力。比如启蒙运动时期发展起来的自由主义思想，不仅是对当时产生巨大影响的社会思潮，也成为以后社会发展中新闻自由、言论自由、知情权等社会实践的最基本的解释范式，从而为其后发展形成的西方新闻自由主义思想和新闻专业主义等理论和实践奠定了坚实的基础。可以说，约翰·弥尔顿 1644 年出版的《论出版自由》、约翰·密尔 1859 年出版的《论自由》等有关新闻自由思想和实践的著述，都是新闻自由主义思想观念范式的理论化。而其后法国国民议会通过《人权和公民权利宣言》（《人权宣言》，1789 年）、《人权自由法》（1875 年制定，1881 年公布）、美国宪法第一修正案（1789 年国会通过宪法的前 10 条修正案，即著名的《权利法案》）等现实实践中有关新闻自由的具体实施，都是受自由主义思想以及自由主义新闻理念影响的结果。由此可见，思想史研究中形成的研究范式，不仅是思想史研究对社会发展现实的准确描述和解释，同时也是当时对社会现实产生重要影响的思想范式。更为重要的是，那些成为人类思想史中经典的思想范式和路径，都会成为影响社会整体人类思想发展和现实变迁的重要观念。由此，就思想史的研究路径而言，研究者应探究那些思想史研究的范式，形成自己的解释逻辑，并发展成为有价值和解释力的研究范式。

思想史学者葛兆光主张思想史的书写应该是"固有的思想资源不断地被历史记忆唤起，并在新的生活环境中被重新诠释，以及在重新诠释基础上的再度重构这样一种过程"。诚然，人们思考思想史的方式和进入思想史的思路各不相同，对固有的思想资源的阐释也会各有特点和偏向。但是，对基本的逻辑思路、基本的概念范畴的忠实和厘

---

① 伊·拉卡托斯：《批判与知识的增长》，周寄中译，华夏出版社，1987，第 77—82 页。

清,对基本的思想演变的脉络描述、社会背景的分析,以及探究思想的渊源及其对社会的影响等,依然是必须要解决的问题。既要遵循科学理性的原则、历史与逻辑的原则,同时还要对思想进行独特的阐释和历史同情式的解读,这应该是撰写思想史应有的基本立场。西方传播思想史研究同样离不开这些理论和方法的指导,也正是这些丰富的思想史研究的理论观点和方法,为西方传播思想史研究确立了基本的问题视野、研究范围、研究取向和方法。

二、西方传播思想史的研究问题和范围

传播思想史研究首先要集中描述人类社会传播思想观念演变的历史,进而探究传播观念对社会现实产生的重大影响,同时还要总结传播理论的基本范式。因此,传播思想史研究首先要有明确的问题意识,无问题则无思想。但和一般的思想史不同的是,传播思想史的研究,首先应该从有关人类传播活动的思想和观念的核心问题入手,进而探寻这些核心观念背后的社会文化脉络,以及前因后果的勾连,呈现基本的历史发展演变的逻辑,并由此解释思想观念与社会文化变迁之间的内在关系。由此,研究传播思想史首先要厘清的问题是:"传播"(communication)作为一个独立学科概念的内涵和范围。也就是说,传播思想史研究,除了遵循思想史研究基本规律之外,还要探究传播本身的内涵问题,这要从如何看待传播这个问题开始。

(一)人类传播活动的内涵

传播活动是人类的基本活动之一,那么,何为人类传播活动呢? 对此问题可以从微观层面来回答,也可以从更加宽广的社会文化意义层面来做出解释。美国传播思想史学者彼得斯在其传播思想史著作《对空言说:传播的观念史》里就有专章论述了"传播(交流)"的概念内涵及其不同时期的变迁。在这部著作里,彼得斯把"传播(交流)"概念内涵扩展为人类全部的交流和交往活动,并由此考察其概念内涵的历史演变过程。该著全面结合不同历史时期人们具体的传播实践活动,对传播概念本身的内涵演变做出了历史维度和现实层面的解释和分析。[①] 首先,从词源学角度,彼得斯认为"传播"是一个历史性的概念。它首先来自拉丁词汇 communicare,其含义是"告知,分享,使之共同"。这个词汇在 14—15 世纪进入英语,主要词根为 mun,和英语的"munificent"

---

① 约翰·杜翰姆·彼德斯:《对空言说:传播的观念史》,邓建国译,上海译文出版社,2017,第9—15页。

（丰厚）、"community"（社区）、"meaning"（意义）以及德语词"gemeinschaft"（共同体）等都有联系。还有一个拉丁词汇 communicatio 与传播有关，具体指的是与物质形态有关的交流。在彼得斯看来，英语的 communication 包含四层含义：第一，传授（imparting）、连接（connection）、链接（linkage）等含义，如信息的接收、事物的连接等；第二，迁移、传输或发射，如从物质的迁移、传输引申到观念、思想或意义的交流；第三，交换，包括物质的交换和精神内容的交流，以及共享；第四，各种符号互动（symbolic interaction），主要指的是与人类有关的意义关系的描述。彼得斯认为，在此意义上，传播包含希腊思想所指的"逻各斯"（logos）的所有含义，包括词语、论说、话语、言语、故事、书籍和理性等等。由此他认为，传播与"逻各斯"一样，应该包含广泛的意义内涵。可见，他所说的传播概念比较松散和宽泛。他反对从数学、物理学意义上理解传播学，认为传播概念应建立在关于人类境况的视野中，因为人在某种意义上而言就是"交流性"（communicative）的，正如希腊词"逻各斯"的含义一样。由此他认为，在这个意义上，传播理论和伦理学、政治哲学以及社会理论一样，具有共同的本质，其关注点都是在社会组织中的"自我"与"他者"之间、"自我"与"自我"之间以及"亲密"和"疏远"之间的关系。从这里可以看出，彼得斯所理解的传播的含义，就是建立在人类整体意义上的社会化的活动方式。在这些社会活动中，人们建立了信息交流的形式，以及通过社会活动建立了文化共享意义的过程。

学者们立足于人类信息活动行为发生、发展的视角，对"传播"的核心内涵进行了探讨。通过对学术发展史上"传播"概念界定的历史考察，我们可以看到各类观点之间有所不同。这些不同的观点具体包括："共享说"，即强调"传播"是传者与受者对信息的分享；"影响（劝服）说"，即强调"传播"是传者欲对受者通过劝服施加影响的行为；"符号（信息）说"，即强调"传播"是符号或信息的流动。通过对这些不同观点的总结，我们可以在人类信息活动的范畴中，对"传播"包含的意义进行总结，具体包括：第一，与"信息"形影相随的"传播"，同样遍布整个自然界；第二，"传播"同样可分为"物理传播""生物传播"和"人类传播"；第三，传播学的研究对象，并不是广义的"传播"，而只是其中的一部分，即"人类传播"，就此而言，所谓传播学，就是人类传播学；第四，"传播"的定义应该从两个层面理解，广义上指的是传播系统（自身及相互之间）传受信息的行为，狭义上指的是人（自身及相互之间）传受信息的行为，即人类传播。① 这些不同层面的分析和解释，将传播界定为整个人类的信息活动行为。这是在基础性的意义上界定了传播

---

① 张国良：《传播学原理（第三版）》，复旦大学出版社，2021，第5—9页。

概念,将其置于人类活动的背景下,考察人类的信息活动行为。可以说,这些研究和论述为传播思想史研究提出了基本的理论视野,为传播思想史的研究建立了坚实的理论基础,从而使得传播思想史研究能够在更为广泛的人类活动的视角下展开。

虽然论者殊异,各有偏向,但概而观之,目前比较一致的看法是:传播是人类社会的信息交流活动和行为。如"所谓传播,即传受信息的行为(或过程)"①。也有学者表述为:"所谓传播,即社会信息的传递或社会信息系统的运行。"②这两类观点,可以说是界定传播概念的普遍观点。结合这两类定义,就会看出其中主要包含的意义是:首先,传播活动是一种"信息交流";其次,这种信息交流活动是在人类社会中发生的,它是一种"社会化"的活动和行为。由此,我们可以从"信息交流"和"社会化活动"两个视角出发,进而讨论"传播"的内涵界定问题。③

传播显然是人类的信息交流活动。但是,在信息交流的背后,隐含着社会化的意义生产、传播和建构的活动。这种社会化的意义建构是多元化的活动。就信息传递过程来考察传播活动,传播就表现为信息的线形传递,但在这种在线性传递的背后,却包含着社会的、文化的和历史的内容。人类传播活动中的主要构成因素是传播主体与传播环境:传播主体指的是信息主体,包括传播者和受传者。传播环境主要是传播主体存在的情境意义,不仅指传播的具体情境,还包括社会的、文化的和历史的意义存在。在线性的信息流动过程中,传播的意义不断生成或消失,但因情境意义的不同,有可能使得传播主体建构不同的意义。这样,传播活动的过程就表现为历时性和共识性的统一。信息流动的过程是历时性的,而意义建构的过程是共识性的。传播就是信息不断流动、意义不断增减的结构化过程。

这种意义的增减显然就不再是线性的过程了,而是包含着社会、文化和历史因素的意义"场域"。这就是斯图亚特·霍尔所说的"意义的地图",他说:"符号归属于'意义的地图',任何文化都归类于其中,而所有的社会意义,实践与效用,权力和利益,都被'写入'那些'社会现实的地图'。"④随着对传播过程中传播者和受众关系认识的不断加强,受众则处于传播的中心地位。以往的受众研究,更多地倾向于受众选择什么样的信息。但是,在意义的构建活动中,受众对信息的意义不仅仅具有选择性的决定作用。更为重要的是,作为传播主体的受众,其对信息的接受不是被动的、盲目的,而是建构性

---

① 张国良:《传播学原理(第三版)》,第9页。
② 郭庆光:《传播学教程》,中国人民大学出版社,1999,第5页。
③ 姚君喜:《传播的意义》,《现代传播》(中国传媒大学学报)2006年第5期。
④ 斯图亚特·霍尔:《编码/译码》,载张国良《20世纪传播学经典文本》,复旦大学出版社,2003,第431页。

的,也就是说,受众立足于它所处的传播情境和传播视阈,接受的信息也正是他所感知到的和想要感知的信息,他对信息的意义具有明确的建构性。所以,受众不是接受,而是建构信息,也就是建构意义。由于受众的传播情境和传播视阈的差异,受众对意义的构建就呈现出多元化的特征。同一个信息极有可能在不同的受众那里建构出不同的意义来。同样,作为传播主体的传播者,也会立足于自己的传播情境对信息进行建构。这正如解释学理论所认为的,接受者对意义的理解具有多元性,在传播中就具体表现为意义建构的丰富性,对意义的理解其实正是对意义的建构。那么,对传播的意义建构起决定作用的是什么呢? 其实就是传播主体所处的传播环境,这个传播环境就是传播意义的社会情境、文化意义与历史视阈。正如殷晓蓉所指出的:"归根到底,传播之于人类历史的重要意义,在于人之不同于动物的社会性。就语词形态来说,communication 从古语词根 common 演变而出,与共性(community)相关。因此,传播的古老含义有'共有'和'共享'的意义。在此语境下,传播的前提是参与者首先具有某种共同之处;而传播的结果又必定牵连到他们后来所拥有的共同之处。这里的'共有'与'共享'指向人们在共同的活动中,某些基本的信念和观点得到了确立和加强。"[1]这种社会情境、文化意义与历史视域就构成了传播的共享意义。

　　以往的传播学研究对传播问题的认识基于微观层面,对具体的传播现象的构成性研究较多,而对深层传播意义建构研究关注较少。美国传播学者詹姆斯·W. 凯瑞把美国 19 世纪以来对传播观念的认识总结为"传播的传递观"(a transmission view of communication)和"传播的仪式观"(a ritual view of communication)两大主要倾向。他认为,相较而言,传递观的研究占有明显的主导地位。所谓传播的传递观,即把传播活动理解为"传递"这一认识,认为传播是一个讯息得以在空间传递和发布的过程,以达到对距离和人的控制。而传播的仪式观则认为,传播的起源及最高境界并不是指智力信息的传递,而是建构并维系一个有秩序、有意义、能够用来支配和容纳人类行为的文化世界。在对这两种传播观进行考察后,他指出:"传播是一种现实得以生产(produced)、维系(maintained)、修正(repaired)和转变(transformed)的符号过程。"[2]显然,他在这里很明确地指出了传播的两种属性,即作为信息传递的载体和作为意义建构的本质。既然传播包含着这样两种属性,那么,我们对传播问题的研究也应从这两方面展开,即传播模式研究和传播的意义研究,也就是说,传播研究应该包含信息传递的结构模式研究,

---

① 殷晓蓉:《传播学历史维度的特点》,《新闻记者》2016 年第 3 期。
② 詹姆斯·W. 凯瑞:《作为文化的传播:"媒介与社会"论文集(修订版)》,丁未译,中国人民大学出版社,2019,第 23 页。

以及信息传播的意义建构研究。就目前的研究看,相对而言,对传播作为信息传递的基本结构模式的研究较多,而对基于信息的流动基础的以意义研究为核心的文化生产活动关注较少。但是,被忽视了的这部分恰恰是传播研究的核心问题。从人类社会活动的视角来看,信息的物理运动显然不是传播活动的核心,仅仅是传播的过程和形式,信息流动是传播的载体;但在这种流动中,意义不断建构和生成,这就是传播的本质。传播的本体论问题,实际上就是意义的建构问题。"语言、符号、互动与意义成为这一流派传播学者关切的核心主题,他们更想问的是,人类如何通过言语以及其他符号的传播互动而建立自我、认识他人、组成社群、学习并传递知识,以及建构所谓的'客观'世界与真实。于是,传播之于人类而言,不是一种工具,而就是一种社会得以生存的本体,传播不存,社会何以附着?"①

广义上看,传播活动就是人类社会信息交流和建构意义的基本活动和过程。传播活动以交流信息为基础,以建构社会文化意义为旨归,通过对社会文化意义的建构,形成人类共有的认知模式、价值规范、情感形态等文化和社会意义。在此意义上认识传播的含义,也就可以进一步确定西方传播思想史研究的对象、问题和范围。

(二)西方传播思想史研究的问题和范围

基于人类传播活动的广泛性,对于传播的概念,除在狭义上加以界定外,还应在广义上进行理解,由此,西方传播思想史的主要研究问题和范围,也应该着眼于广义的人类传播活动,这样也便于全面理解传播思想的整体性。有学者认为,广义的传播思想史不仅要关注学术思想的发展,还应关注一般传播观念的起源、传播、接受及其影响,尤其是日常生活中传播观念的历史演变。就柯林武德的"一切历史都是思想史"的观点看,传播思想史归根到底都应该关注传播活动背后所隐含的观念与思想,而不是仅仅描述人们的行为结果。② 就此来看,西方传播思想史的研究应从下述方面展开。

第一,西方传播思想史研究以西方思想的整体发展为基础,探讨广义上的与人们传播活动有关联的核心思想和观念,总结它们的主要观点,由此建立西方传播思想观念的理论构成谱系和历史演变脉络。西方传播思想观念研究的基础是作为思想发展核心的"思想单元",比如古希腊罗马时代的"语言观""对话观""修辞学""雄辩术"等传播理论,启蒙运动时期的自由主义思想,当代法兰克福批判理论、文化研究理论、结构功能主

———————————

① 徐生权:《传播学:追溯柏拉图还是抗击柏拉图?——从一本书的大陆、台湾两个译本的差异说起》,《国际新闻界》2019 年第 5 期。

② 刘海龙:《重访灰色地带:传播研究史的书写与记忆》,北京大学出版社,2015,第 5 页。

义等等。这些思想体系都直接或间接地讨论了传播的基本问题,以及对传播活动的基本认识等。我们可以通过对这些基础性理论的梳理和阐释,从而形成西方传播思想研究的基本理论体系,勾勒其内在的逻辑关系和形成脉络,解释其发展演变的基本形态和内在缘由,并深入分析其产生的社会文化背景以及发展演变中的社会现实意义。李彬等人所著的《欧洲传播思想史》提出,思想史的写作思路大致有两种:传统思路往往以思想家个体为线索,大致按从古至今的脉络一一阐述重要思想家的思想;晚近的思路则集中于探讨不同时代的特殊主题及其勾连。本书倾向于后一种思路,同时也适当采纳前一种思路。我们认为,任何研究包括思想史研究,贵在有问题意识、有历史脉络,没有问题意识、没有历史脉络的传播研究恰似无源之水、无本之木,充其量属于学术操练,甚至自娱自乐。本书以传播研究中的重要问题及其相关议题为纲,缕析相关的学术思想及其成果,以求条理更加分明,同时更具思想的洞察力与历史的纵深感。① 由此,该著的写作遵循"以议题为脉络"的思路,以准确把握历史全局与逻辑线索,兼顾某一议题的连贯脉络。显然,西方传播思想史的研究,最为重要的就是要把这些核心的"观念单元"或思想观念的基本线索梳理出来,并对其内在的逻辑和基本的历史脉络加以描述。

但是,西方传播思想研究仅仅着眼于观念或议题本身是不够的。在对观念单元基于概念、文本层面的描述之外,还需要对这些观念单元的文本进行深度解读和阐释,特别是进行社会建构的深描。对此,黄旦就对这种选取若干文本,构成一条线索,以文本、语境和哲学评论混合而成的折中主义的研究进行了批判。对此,他提出要对作为思想观念的文本进行"社会建构"。他认为,因为受知识社会学的影响,一些研究者转从"社会建构"的视角,来探讨新闻传播思想观念(比如某一概念术语或者制度规则)的产生及其结果。他进而认为,这种社会建构指向现代社会学范畴内行动者的行动及其意向。依照社会学者的通俗解释,这种研究的特点是"主张各种社会现象(结构、组织、制度、事件等)本质上都不过是人们意向行动(或符号互动)的产物而已,社会世界是一个'意义世界'",只有"理解和掌握建构这些现象的行动者在建构它们时赋予其行动之上的主观意义",才能"确切地把握社会现象"②。简而言之,人们是积极主动地通过意义建构和分享,从而确认了自己所生存的现实实在,并确定和协调各自的行动。③ 对于西方传播思想史研究,这个看法显然具有积极的意义。如前所述,人类传播行为的背后包含着意义建构。传播行为的发生,是传播意义建构的结果。比如,自由主义新闻理念的背后,

---

① 李彬、曹书乐:《欧洲传播思想史》,复旦大学出版社,2016,第1页。
② 谢立中:《走向多元话语分析:后现代思潮的社会学意涵》,中国人民大学出版社,2009,第4页。
③ 黄旦:《增发新的"性情":关于新闻传播思想研究的对话》,《新闻记者》2017年第11期。

其实是西方文艺复兴以来所倡导的以人的解放为核心的现代人本主义思潮影响的结果,本质是人文主义背景下自由主义精神在现实中的建构。由此,传播思想史的文本和话语必须立足于语境和背景,寻求其核心意义。

第二,西方传播思想史要重点探究传播思想观念发生的社会背景,以及由此引发的社会行动,并在现实的实践层面上,对其内在逻辑做出分析和解释。西方传播思想史的研究,需要揭示那些社会事件发生的观念背景,以及传播观念所引发的社会行动和社会事件,从而阐释观念与现实之间的深层建构关系。基于上述对"传播"概念的宏观界定,就广义的人类传播实践而言,传播活动中的各种构成要素,如传播者、媒介、媒介内容、受众等等,在整体的传播活动中,也不是孤立的存在,而是在特定社会文化意义下的建构和被建构的过程。也就是说,在特定的社会文化观念影响下,人们的传播实践也会表现出结构化特征。比如,媒介技术的变化不仅会直接影响特定时期的传播形态,更为重要的是,它会对这个时期的传播关系和行为产生影响,并由此改变特定时期的传播结构。进一步而言,西方传播思想探究的是传播观念对现实的影响。在传播观念引发的现实变化背后,其实隐含着观念与现实之间复杂的共生共存的关系,包含着思想或观念所具有的历史意义和社会价值,而这些深层次问题恰恰是需要传播思想史揭示和加以阐释的。正如胡翼青等在《美国传播思想史》中所认为的,以往围绕媒介展开的传播史书写,通常有两种方法:一种是媒介机构的发展史,另一种是媒介形式的类别史。前者是那些名媒体和名媒介从业者的传记,后者则是在讨论某种媒介形式或几种媒介形式发展的历史。这些传播史的书写对于媒介的理解多建立在媒介作为一种功能实在的基础之上,因而无法呈现媒介与人类之间复杂的共生关系,也无法揭示传播真正的历史内涵和价值。当然,许多研究者包括詹姆斯·凯瑞、理查德·布茨、迈克尔·舒德森等已经开启了新的传播史写作的范式。我们希望延续这种传播思想史的书写,它不是媒介机构的发展史,更不是媒介从业者的英雄史,而是关于媒介的社会史、观念史与文化史。① 对于传播思想史,就胡翼青的观点看,也在强调传播作为社会意义建构的重要性。在他看来:"媒介……为我们建造和呈现出一个可见的非物理的观念世界和空间,并构成我们观念中生活的意义。……完全可以把媒介看成选择性的各种意义和关系汇聚的空间,通过这个窗口,我们可以看到重组着生活世界的各种社会关系并由此反观我们存在的意义。"②这里他所指的虽然是媒介研究,但无疑其观点可以被推广到人类整体的传

① 胡翼青、张军芳:《美国传播思想史》,复旦大学出版社,2019,第 190 页。
② 同上,第 189 页。

播活动,对于文化社会意义的建构也正是传播活动的根本特征。

传播思想和观念不能从现实背景中剥离出来,一切社会的思想都是在现实变迁的基础上发生和演变的。思想与现实的关系,就是建构与被建构的互动关系。米德在《心灵、自我与社会》中阐释了"符号互动论"(symbolic interactionism)的基本观点。在他看来,个人、自我与社会均产生于持续不断的对话与交往,人类交往则是通过"有意义的符号"实现的。所谓交流与传播行为,就是建构"有意义的符号"的过程。通过这样的社会过程,人获得了社会化的心灵和自我,成为理性的人。① 可见,米德强调了以交流为基础的符号建构活动,在个体的心灵和自我社会化过程中的重大意义,其实也就是传播的终极意义。由此,西方传播思想史要立足于观念—行动的实践性建构层面,对现实变迁、观念逻辑和实践行动之间的复杂互动,做出历史的、社会的和文化的描述与解释。

第三,西方传播思想史要确立基本的学术研究范式。西方传播思想史研究不论从有影响的人物或是经典文本出发,还是针对具体的历史逻辑的发展脉络,其中最重要的问题之一是要形成自己的研究范式。当然,研究范式的选择和建立可以是多维度的,或针对思想,或针对事件,或针对文本,不一而足。正如江宜桦所指出的,西方政治思想学界在近二三十年来存在所谓"文本"(text)与"脉络"(context)研究范式之争。文本研究范式认为,政治思想之研究首重是研究者的著述典籍,如果我们花工夫读通个别思想家的主要作品,则作者的原旨、意图与限制自然历历在目。相反地,脉络研究范式认为,时代脉络才是理解一个思想人物及其关怀的主要依据,唯有透过当时存在的大量历史文书、私人通信、生活记录等等,我们才能认知影响一个人物或思潮的真正因素,并由历史之中掌握其意义。② 对此,江宜桦则坚持认为,西方政治思想史的研究与教学还是应该以阅读如柏拉图的《理想国》、马基雅维里的《君主论》、卢梭的《社会契约论》、黑格尔的《法哲学原理》等历史上著名思想家的原典作为基本要求。确乎如此,他这里所讲的经典研究,看起来是着眼于思想史的文本分析本身,但其实文本分析中也包含着每一位思想家的哲思,也就是基本思想和研究范式。对此,胡翼青也认为:"所以我们需要的是一种研究范式的变革:从新闻史走向思想史。……这里所说的思想史,指的是与媒介相关的社会观念的发展史,这些观念绝不仅仅是新闻专业的观念,也不仅仅是关于媒体的学术观念,它还包括人们日常生活的行为与观念。……做思想史是一个重行思想的过程,

---

① 乔治·H. 米德:《心灵、自我与社会》,赵月瑟译,上海译文出版社,2005,第13—15页。
② 江宜桦:《导读:鉴古足以知今》,载约翰·麦克里兰《西方政治思想史》,彭淮栋译,海南出版社,2003,第3页。

其方法如柯林武德所说,是一个对历史观念重演的过程。"①因此,就西方传播思想史而言,既要通过经典文本,从中探求思想史的基本理论及其基本的研究范式,也要结合社会发展背景,探寻发展演变的脉络,从而形成以观念"脉络"为主的研究范式。

因此,无论是历史文本,还是历史发展脉络,或是生活方式、社会背景,或是某种特定的研究方法等,都可能是西方传播思想史研究可以取法的研究范式。比如,黄旦就提出西方传播思想史研究的"实践"范式,他认为自20世纪90年代以来,"实践"已经成为人文社会科学思想中的一个流行词,并形成了当代思想的"实践转向"。出于不同学科背景和不同的研究问题,研究者们对"实践"的理解及研究难以定于一尊,不过在两个要点上有最低限度的共识:第一,他们都认可实践是"具身的、以物质为中介的各种系列的人类活动";第二,他们都坚持"一种独特的社会本体论:社会是围绕着共有的实践理解而被集中组织起来的一个具身化的、与物质交织在一起的实践领域"②。黄旦进一步认为,"实践"范畴主要有四个关键点:其一,具身化,即实践与人的身体及其感知不可分离,"人类活动的形式是与人体的特征紧密联系在一起的",这不仅指"机能和活动,而且包括身体体验、外表呈现,甚至还包括身体结构";其二,物质为中介或与物质交织,这就是说,实践不是习以为常的主体作用于客体,相反,是与各种物质构造乃至与非人类实体互为构成;其三,共有的理解,说明实践离不开解释和讨论,理解(思想观念)既不在实践之内也不在实践之外,就是实践的一部分,"具有技能的身体要求实践理论关注心灵和活动、个体或是和社会的共同交会点";其四,实践为本体,社会就存在于共同的实践中并在实践中成其所是,并没有一个先在的定型了的结构。③对于西方传播思想史而言,所谓的"实践"范式,就是在人、技术、文化的现实活动的基础上,讨论传播思想的演变,这依然是一种新的思路。所以,围绕"实践"范式,西方传播思想史就可以在人的社会实践的基础上,确立人、技术、文化、观念等的实践互动的研究范式。即以人的信息传受为核心,考察传播活动中技术、文化、观念等要素的内在关系,从而全面考察人类社会的信息传播活动。还有研究者认为,传播思想史的研究应该包括三个维度:第一个维度是围绕个人传记、思想观念和体制制度的相互交织而形成的思想,第二个维度是学科之间的相互影响与竞争,第三个维度是社会的维度。④无疑这些研究维度都是传播思想史研究中的主要视角。

---

① 胡翼青、张军芳:《美国传播思想史》,第3页。
② 西奥多·夏兹金、卡琳·诺尔·塞蒂纳、埃克·冯·萨维尼:《当代理论的实践转向》,柯文、石诚译,苏州大学出版社,2010,第3—4页。
③ 黄旦:《增发新的"性情":关于新闻传播思想研究的对话》,《新闻记者》2017年第11期。
④ 石磊、李慧敏:《传播思想史书写范式与维度》,《西南交通大学学报》(社会科学版)2019年第4期。

还有学者指出,传播思想史的书写不应仅仅局限于传播思想、观念的演变史,还应将目光投向更广阔的社会思潮、历史语境、制度变迁、学科交互等维度。如此一来,既可以克服单一的写法,又可以涉及一个范围更广泛的知识、思想、观念、历史背景,还可以克服漫无边际的危险,这是传播思想史书写中可能的新的路径。[①] 因此,西方传播思想史应该是传播的观念史(观念单元)、社会史(政治、经济、技术发展与社会变迁等)、文化史(文化意义的建构)、学术史(学术理论及解释模式)共同构成的完整的学术系统。当然,对于这样的研究范式和要求,就逻辑的归纳、资料的整合、脉络的表述、观点的阐释等要求看,研究无疑具有相当大的难度。

三、西方传播思想史的发展背景、阶段和脉络

如何总结西方传播思想史的发展阶段和脉络,依然是西方传播思想史研究的难题。可能又得回到如前所述的老问题,究竟是以"思想单元"为纲,还是以思想发展的"时间进程"为线索,抑或是以"研究范式"为圭臬? 当然,理想的状态是,在具体写作中,这些要素似乎都应该被加以考虑。以思想单元为纲,较易总结思想史发展的重点;以时间进程为纲,较易总结思想史演变的路径和脉络;以研究范式为纲,较易总结思想史发展的内在逻辑。那么,就西方传播思想史研究而言,传播思想史发展与西方社会文化思想的整体发展密切相关,是西方思想发展的重要分支。同时,传播思想的发展演变,还与社会的发展状况,如与当时社会的技术发展水平、媒介形态、政治制度、经济状况、文化社会等现实因素密切相关。所以,西方传播思想史与西方社会思想文化发展的总体背景紧密相连,不可分割。西方传播思想史是西方思想史的重要组成部分,不可能脱离西方思想文化背景孤立地阐释传播思想史。同样,如果排除了西方传播思想史,西方思想文化发展的内容可能会有所缺失。因此,在西方传播思想史写作时,要力图做到一方面在思想文化史的大背景中把握传播思想史,而不是孤立地就传播而谈传播,尽量避免把传播思想史从思想文化发展的背景中游离出来;另一方面又由传播思想史切入,通过传播思想史的叙述而展示思想史的整体风貌。简言之,就是着眼于思想文化背景而落脚于传播思想史。不管是哪种写作思路,都各有特点、各显所长。因此,对于西方传播思想史的发展脉络总结和描述,应该力图将各种思路结合起来,以重大的思想单元、时间发展线索为纲领,融合各类不同的研究范式和路径,探绎逻辑关系,纲举目张,从不同的角

---

① 石磊、李慧敏:《传播思想史书写范式与维度》。

度、依据不同的思路、在不同层面上加以概括和描述。

此外,传播思想史的研究还需要借鉴其他学科研究的成果,特别是人文学科领域内的相关学科。传播学作为十字路口的交叉学科,其他人文学科的思想史研究对于传播思想史研究必然有所裨益。例如,朱光潜在《西方美学史》的写作中,首先按照时间进程,依据历史大时代的划分来组织素材,把美学思想发展的历史时期分为"古希腊罗马时期到文艺复兴""十七八世纪和启蒙运动""十八世纪末到二十世纪初"三大部分,条理清晰。而且这只是表层结构,其深层结构是三条重要线索。其中,第一条是最根本的线索:"美学发展史在大体轮廓上归根到底,总是跟着社会史走的。就欧洲来说,奴隶社会、封建社会和资本主义社会这三大阶段中的美学观点各有明显的区别,都带着社会经济基础的烙印。这是必须首先牢牢掌握的一条线索。"①这里,朱光潜从马克思主义唯物史观的"经济基础决定上层建筑、社会存在决定社会意识"这一基本原理出发,坚持美学史受制于社会史、社会发展史最终决定美学史的唯物主义立场,从而确立西方美学史发展的脉络和线索。显然,这个立场不是仅针对美学史,而是对一切思想意识、精神文化都适用。可以说,这也是对西方思想史发展线索的基本认识和立场。徐大同在《西方政治思想史》导论中也认为,西方政治思想在其长期历史发展过程中,经历了古代希腊罗马奴隶制社会、中世纪封建社会和近代以来的资本主义社会几个不同的历史阶段,在上述阶段的发展表现出较为鲜明的差异性。但他同时认为,西方政治思想的发展有其相对独立性,有其自身的规律和特点,形成了特有的传统和特征。西方政治思想的发展可以说是多元演变型的。从横向看,它在各个历史时期基本都是派别林立,诸家杂陈。从纵向看,它则经历了不同的政治观的演变。探索社会政治秩序建立的基础,或者说探讨其产生本源问题是西方政治思想的一个特点。② 无疑,西方政治思想对传播思想的发展产生着重要影响,西方思想家在论述政治思想的同时,势必会涉及与传播有关的问题,这些内在关系和影响也是需要考察的。

西方传播思想史研究不能完全等同于西方美学思想史、政治思想史或是社会思想史研究。但是,它们同时作为西方思想史的构成部分,对于西方传播思想史的脉络和线索也有重要的借鉴意义。如果西方传播思想史研究仅仅基于这个最基本的线索和脉络,显然是不够的。我们还可以将哲学、社会学、政治学、文化研究等学科的研究成果和研究理论作为西方传播思想史的理论基础。

---

① 朱光潜:《西方美学史(上卷)》,第6—7页。
② 徐大同:《西方政治思想史》,天津教育出版社,2014,第7—8页。

由于以往鲜有系统完整的西方传播思想史研究,学界对于西方传播思想史发展脉络的分期,也没有形成基本的共识。多数的研究中,学者们根据自己的理解着重对某个时期的传播思想做出勾勒。面对这些众说纷纭的争论,法国传播学者阿芒·马特拉认为传播思想史根本就无法分类,不可能严格按编年的方式写作。各种思潮此起彼伏,使学者们无法看出传播学理论发展的单纯的线索。即便如此,马特拉还是从社会有机体、经验主义、信息理论、文化工业、意识形态和权力、政治经济学、回归日常生活、支配性传播等方面对传播思想史做了梳理。①

因此,在过往传播思想史研究的基础上,本书首先立足于编年史的维度,把西方传播思想史的发展脉络分为古希腊罗马传播思想、中世纪传播思想、文艺复兴时期传播思想、启蒙运动时期传播思想、18—19世纪传播思想、20世纪传播思想;前四个阶段在本书上编展开论述,后两个阶段在下编展开。19世纪工业革命以后,随着人类社会技术突飞猛进的发展,新的传播技术不断出现。针对工业化社会发展的现实分析与批判,传播思想也呈现出多元化的特征。在此基础上,本书又按照思想史本身演变的逻辑,将西方传播思想史依据所讨论理论的维度和重点分为不同的思想专题加以介绍,如法兰克福批判学派、英国文化研究、传播政治经济学等。故此,本书将按照时间编年的脉络和思想逻辑发展相结合的方法,对西方传播思想史的发展予以全面描述。如果说历史和逻辑相结合的描述是本书的表层结构的话,那么,本书的深层结构则是从西方传播思想史发展的社会文化背景、发展阶段和发展脉络等方面展开分析和阐释。

(一)西方传播思想史发展的社会文化背景

传播思想史的形成与社会文化背景密切相关,在思想观念与社会现实的互动中,思想史的脉络才会呈现。作为社会意识形态的思想文化,其发展基本上与社会的总体发展是相适应的。西方传播思想史的形成与发展,不仅与当时社会的政治、经济、文化发展密切关联,还与当时社会的技术发展有直接的关系。因此,探究西方传播思想史,就必然要与西方社会现实的发展联系起来加以考察,把社会现实的发展作为宏观背景。总体来看,每个时代都会产生不同的思想和观念,对当时的社会发展产生影响。反之,每个时代的社会文化发展,又会对那个时代的思想的形成产生巨大的推动作用。那么,西方思想发展的理论或观念的背景究竟是什么呢?英国学者阿伦·布洛克认为,"一般来说,西方思想分三种不同模式看待人和宇宙。第一种模式是超越自然的,即超越宇宙

① 阿芒·马特拉、米歇尔·马特拉:《传播学简史》导言,孙五三译,中国人民大学出版社,2008,第2页。

的模式,集焦点于上帝,把人看作神的创造的一部分。第二种模式是自然的,即科学的模式,集焦点于自然,把人看作自然秩序的一部分,像其他有机体一样。第三种模式是人文主义的模式,集焦点于人,以人的经验作为人对自己,对上帝,对自然了解的出发点"①。虽然布洛克的概括在他自己看来也似乎过于简化,但这三类简要的划分,对于我们从总体上把握西方思想研究的不同模式或传统,并由此考察西方思想发展的文化背景,具有重要的意义。在布洛克分类的基础上,结合西方社会文化的发展现实,概括起来看,与西方传播思想发展密切关联的有三个主要的思想文化背景,分别是形而上学本体论、人文主义传统和科学主义精神。显然,这三种思想文化思潮包含着西方社会的各个时期的社会发展,这些社会文化思潮的形成也与特定时期的社会发展密切相关。

其一是形而上学本体论。它是指西方以哲学思考为核心、对人类社会和自然进行形而上探究的观念和意识。西方形而上学的传统始于古希腊哲学,随后贯穿于整个西方思想的发展中,成为西方哲学的主导性问题。亚里士多德认为,形而上学就是"寻取最高原因的基本原理","有一门学术,它研究'实是之所以为实是',以及'实是由于本性所应有的禀赋'。这与任何所谓专门学术不同;……现在因为我们是在寻取最高原因的基本原理,明白地,这些必须是禀于本性的事物。若说那些搜索现存事物诸要素的人们也就在搜索基本原理,这些要素就必须是所以成其为实是的要素,而不是由以得其属性的要素。所以我们必须认清,第一原因也应当求之于实是之所以为实是。"②概而言之,形而上学就是探究先验存在之本性的理论。形而上学就是以自身为对象和认识自身的科学,其具有先验性与普遍性。在此意义上,本体论(ontology)就是形而上学的核心,本性的先验追问落实为本体。所谓本体论,指的是西方哲学中关于"是"或"存在"(being)的学说,即"是"论或"存在"论,它是用概念的逻辑推论建构起来的、追求普遍性和必然性的纯粹原理。特定的本体论可包含和推演出相应的认识论、方法论等。希腊哲学发展的全过程都贯穿着对"是"或"存在"问题的关注和探究,在一定意义上可以说古希腊哲学中心就是"是"论或"存在"论,也即本体论。古希腊哲学家巴门尼德在哲学上首次提出"是"或"存在"范畴,并对"存在"("是")与非存在("非是")做了严格区别,肯定了"存在者存在,它不可能不存在"的探寻真理之路,而否定了"存在者不存在,非存在必然存在"的谬误之路。随后柏拉图的"理念"论,关注一般与个别的问题。亚里士多德的"实体说",把本体作为独立的最高的核心范畴。他们的认知都体现了古希腊哲学

---

① 阿伦·布洛克:《西方人文主义传统》,董乐山译,生活·新知·读书三联书店,1997,第12页。
② 亚里士多德:《形而上学》,吴寿彭译,商务印书馆,1959,第56页。

追求普遍性和统一性的原则。近代的认识论表面上关注的是"认识问题",然而在更深层次上还是在"知识"的根据上来确立"本体"或者用知识来说明本体自身优越性的地位。如从笛卡尔开始的"我思"的主体性概念的生成,就是在为"知识"奠基,知识的生成与普适性需要在"我思"的主体经验中确立下来。康德的"先验自我统觉"、费希特的"自我"、胡塞尔的"先验我思—思—思之物",都在围绕"思"来建构理论,依据人的认识来建构本体,形而上学即转化为"思之学"。因此,从根本上来看,这一转向是在形而上学内部转化生成的。其实康德为了调和经验论与唯理论各自的理论缺陷,就已经对二者做了划分。这一划分就形成了形而上学的二重维度,换言之也就是康德所说的"自然形而上学"与"道德形而上学"。① 从古希腊开始的本体论形而上学,乃至近代的认识论形而上学,都对西方传播思想史产生了重要的影响。如古希腊的对话哲学,与传播思想有直接关联的修辞学、雄辩术的兴起,就是当时的哲学被形而上学的思辨方法影响的结果。此外,形而上学本体论、认识论是探索人类传播概念内涵的基础。

其二是人文主义(humanism)传统。人文主义是对西方社会有深远影响的思想观念,主要指西方社会兴起于文艺复兴时期并产生重要影响的社会思潮,布洛克把它称之为"人文主义传统"。人文主义又称"人文精神""人道主义""人本主义"等,近代思想家为反对中世纪宗教对人的束缚,强调"一切以人为本",主张以"人道"取代"神道",以"人权"反对"君权",提倡个性解放,反对中世纪的宗教桎梏。人文主义强调人的价值、意义与尊严,相对于中世纪宗教神学思潮而言是巨大的进步,因而文艺复兴时期的西欧在文学艺术和科学等诸多领域都获得了辉煌成就。当代人文主义者继承和发扬了这一传统,并赋予人文主义以新的意义,发展出包括"以人为中心的世界观和人生观"与"对人的尊严和价值的普适性肯定"两方面的广义人文主义。自现代主义时期始,研究把握世界及其规律的科学主义就取得了对几乎所有人类研究领域的控制。与此同时,人的自主性与自足性大为削弱。为此当代人文主义强调个人的自由、全面发展,以及对社会发展需求的满足,正是对科学主义的有力制衡。② 有学者也把人文主义概括为三种不同的形式,即文艺复兴时期的人文主义、现代人本主义的人文主义和后现代主义的人文主义,认为这三种形式的人文主义,由于对"人"和"人的经验"的理解的角度有所不同,因而对科学与人文及其相互关系的理解也有所不同。③

也有学者认为,西方人文主义发展分为传统和现代两个时期,经历了人文科学、人

---

① 方熹、朱必法:《从"本体论"到"伦理学":西方形而上学的本真转向》,《学术探索》2014 年第 1 期。
② 李秀香:《人文主义语言观与西方修辞学研究》,《黑龙江教育学院学报》2016 年第 4 期。
③ 孟建伟:《科学与人文主义——论西方人文主义的三种形式》,《自然辩证法通讯》2005 年第 3 期。

文主义、人道主义和人本主义四个阶段。现代哲学人文主义的含义发生了重大变化,反对传统的主体主义,关注人的现实生存处境,从非理性到合理性。同时针对传统的人道主义和马克思主义,出现了当代人道主义的三种理论形式。传统的人文主义首先指的是古希腊的人文学科的教育,目的在于使人的身心得到全面发展和训练,在这个意义上重点强调的是人文科学。文艺复兴和启蒙运动时期,重点指的是以人为中心的含义,主要指通过文学、艺术等形式体现人性与人文精神,以及理性主义和人道主义精神等内容。到了19世纪,费尔巴哈则提出了人本主义、人本学等内容。现代人文主义主要在反对传统人文主义的基础上,提出了以神为中心的人道主义、存在主义人道主义、西方马克思主义人道主义等理论。① 虽然在不同时期对于人文主义的界定各有不同,但是,西方思想文化中关于人文主义的基本精神则是贯穿始终的。

西方人文主义传统或人本主义,在历史上主要指的是14世纪下半叶发源于意大利并传播到欧洲其他国家的哲学和文学运动,它是现代西方文化的重要要素。同时,人本主义也指承认人的价值和尊严,把人看作万物的尺度,或以人性、人的有限性和人的利益为主题的任何哲学。② 正是人文主义的文化艺术以及认知的思潮,形成了西方思想史中对人的价值、人的本性、人的认知能力等等以人自身为核心的关于人的哲学思考。显然,人文主义传统直接影响到了传播学研究中的批判学派的各位先驱。他们立足于西方启蒙运动的传统,亦即以反思性为核心的西方人文主义传统,对以大众媒介为主体的现代文化进行反思和批判。毫无疑问,批判学派之后的英国文化研究、传媒政治经济学批判、传媒技术主义批判、符号学与结构主义等思潮,无不是在人文主义传统的背景下产生的。

其三是科学主义思潮。科学主义是西方近代伴随着自然科学的发展而诞生的哲学思潮。从一般意义上看,作为哲学思潮,科学主义和人本主义传统贯穿了整个西方哲学思想的发展历程,对西方思想发展产生了重要影响。但也有学者认为,"科学主义"是一个贬义词。部分哲学家反对把自然科学看作文化中价值最高部分,把他们所反对的看法称为"科学主义"(scientism),加以贬斥和批判。但也有些不赞成科学"至高无上"的人不使用科学主义的称呼,而称之为认识论的基础主义(foundationalism)和本体论的自然主义(naturalism)。③ 即便认识论的基础主义和本体论的自然主义从不同的角度描述了科学的性质,但它们有共同的一点,即都主张"科学之外无知识",科学是唯一的认知

① 杨寿堪:《人文主义:传统与现代》,《北京师范大学学报》(人文社会科学版)2001年第5期。
② 江天骥:《科学主义和人本主义的关系问题》,《哲学研究》1996年第11期。
③ 同上。

方法,贬低甚至否定非科学主题的价值。因此,科学主义的本质属性,即认为自然科学是人类知识的典范,而且科学家描述的科学方法是获得那种能应用于任何现实的知识的唯一手段。有学者总结,科学主义的本质可以归结为科学观念、哲学原则和价值立场的统一。在科学层面,科学主义概括了科学的特征,将科学绝对化。在哲学层面,科学主义强调形而上学的无用性,而只注重对认识论和方法论的研究。在社会价值层面,科学主义则将科学神圣化,把科学看作高于人类的本体,作为评判事物的依据。^① 科学主义作为建立在近代实验科学基础之上,试图以自然为研究对象,并对其做出客观化测量和观察的方法,与人文主义传统产生了对立。科学主义和人文主义成为西方近现代思想发展中两大对立的哲学文化思潮。

有学者指出,虽然科学主义始终未能建构一种严密的逻辑形态,科学主义者也从未组织成一个有明确概念的科学共同体,但作为思想文化思潮,它对西方社会文化思想发展产生了深远影响^②,乃至对社会科学也产生了重大影响,直接影响到了社会科学中的实证主义。社会科学中的一系列思想,都是在科学主义思潮的影响下产生的,比如社会学中的功能主义,以及实证研究的偏向。这些都直接影响到传播学研究中的主导性研究和实证研究。由此,我们可以看到,传播学在建立之初为了确定自身的理论依据,始终强化科学主义导向,强化实证方法,重视效果研究,从而诸多理论都是在科学主义的框架下展开的。

要言之,形而上学本体论、人文主义传统、科学主义思潮共同构成了西方传播思想发展的基础,我们在考察西方传播思想史的时候,显然不能脱离这些思想文化背景。

(二) 西方传播思想的发展阶段

按照西方思想史本身演变发展的逻辑,西方传播思想史大致也可以分为三个阶段,即古希腊罗马及中世纪时期,文艺复兴、启蒙运动与近代社会时期,现代社会时期。这三段分期是根据西方思想发展的形而上学本体论、人文主义传统和科学主义思潮三个社会文化背景展开的。西方传播思想的形成和发展过程本身就是西方思想发展史的重要构成部分,与西方哲学、政治学、文化研究等理论有着不可分割的联系。就古希腊柏拉图、亚里士多德等思想大家的理论而言,他们的哲学思想中无不包含着对于人类交往、交流等传播思想的论述,有关人类传播的思想也是他们思想体系的重要构成部分。

---

① 曹志平、邓丹云:《论科学主义的本质》,《自然辩证法研究》2001 年第 4 期。
② 同上。

可以说,如果缺少对他们的传播思想的讨论,就无法了解他们思想体系的完整性。反之,如果离开了对他们的哲学社会文化思想背景的探究,也无法全面系统地认识他们的传播思想,他们关于人类传播行为的思考和论述,也都是从他们的思想体系中派生出来的。此外,与传播思想史相关联的是人类技术的发展,人类思想的进步和技术进步是同步的,思想革命引发技术革命,这已经被无数过往的人类社会历史所证明。由此,技术进步扩展了人们的活动范围,提升了人们的交往能力,改变了人的社会行为和社会结构,使得人们信息交流的形式和内容更为丰富,由此,技术变迁也是传播理论和传播思想发展的重要因素。下面我们将对这三个阶段分别加以界定和概述。①

第一阶段,古希腊罗马至中世纪时期(古希腊罗马至 16 世纪)。

古希腊罗马时期是西方传播思想形成发展的奠基阶段。从思想文化背景看,古希腊罗马时期是西方思想文化的形成和奠基阶段。从早期希腊神话史诗到理性主义的形成,可以说,古希腊思想经历了由基于感性的神性到基于理智的理性主义的转变。这个转变是由早期的自然哲学家开启的,由此,以理性主义为主导的形而上学本体论就成为这个时期基本的思想基础。形而上学本体论探讨的核心问题,就是世界本体为何的问题,对于这一问题的回答,就构成了本体论。所谓本体论,是指西方哲学思想中关于"是"或"存在"(being)的学说,不同的阶段对于"是"或"存在"的定义和解释有所不同。如米利都学派等提出的"始基"概念,巴门尼德对于"是"和"存在"范畴的论述,柏拉图的"理念论",亚里士多德对于"存在之存在"即存在本身的探讨,乃至古罗马时期的"太一"、中世纪的"上帝"等观念学说等,无不都是围绕形而上学本体论而展开的对世界本原问题的思考和回答。古希腊罗马至中世纪的关于传播思想的论述,依然脱离不开这个宏观的理论背景,并且这些理论也无不贯穿在传播思想的具体讨论中。

古希腊哲学思想基于形而上学本体论,探讨世界的本源问题,提出诸如运动和静止、变和不变、一和多、本质和现象等哲学的基本问题,构成了古希腊哲学的基础。无疑,这些对于本体论问题的哲学思考和探究,已经在古希腊人的宗教、城邦制度、道德伦理、宇宙论等思想和实践中得到体现。马克思指出,"希腊生活和希腊精神的灵魂是实体,这实体最初作为一种自由的实体在它们中间显露出来"②。爱德华·策勒也认为,

---

① 需说明的是,这里的时代划分就西方传播思想史而言,主要依据西方思想文化演变的过程,与历史学家根据不同的国家、地域和事件对历史时代的划分不尽相同。

② 马克思、恩格斯:《马克思恩格斯全集(第 40 卷)》,中共中央马恩列斯著作编译局译,人民出版社,1982,第63 页。

"古希腊人是最早获得充分的思想自由去寻求有关事物本性真理的人,这不是在宗教的传统中,而是在事物自身当中;在古希腊人当中,一种严格科学的方法,一种只遵循自身而非任何其他规则的知识,首先成为可能"①。在对世界本质探究的基础上,古希腊思想中围绕"语言"展开的对于传播思想的论述也不断展开,对于语言理论、对话理论、修辞学、辩论术、说服等理论的论述,构成了古希腊传播思想的核心内容。

从社会发展的现实看,古希腊的传播形式与当时的社会现实密切相关,特别是与当时的城邦政治的发展有直接的关系。古希腊人追求真理,善于思辨,通过演说、对话和辩论等交流形式探求真知。古希腊鼎盛时期形成的城邦制度所体现出来的正是希腊人对公共生活的关注和参与。城邦不仅是人们日常生活的场所,更是人们从事宗教、政治、法律等公共生活,交流、讨论和争辩的公共领域。生活在城邦的贵族统治者、知识分子、平民、哲学家、演讲家、行吟诗人等各个阶层的公民,聚集在公共广场,传播交流信息、知识和观点,进而对宗教、哲学、法律、艺术等问题的探讨成为欧洲传统的一部分。这些发生在公共生活中的自由交流,不仅体现了古希腊哲人对于哲学问题严密的逻辑思辨精神,同时也形成了以古希腊"逻各斯"为中心的对话理论。这种公共生活同时也使得古希腊修辞学成为显学,政论家和论辩家必须要熟练掌握修辞、论辩的技巧,以雄辩的演说和辩论传播自己的思想和看法,从而说服公众接受其观点和政治主张。

总体而言,与修辞学有关的语言成为古希腊传播的主要形式,因此,古希腊的修辞学传统成为西方传播思想的核心内容。可以看出,在苏格拉底、智者学派、柏拉图、亚里士多德等古希腊哲人的思想体系中,修辞学占据了重要的地位,并且成为古罗马演讲术、中世纪宗教传播的思想来源。

首先,就古希腊罗马的修辞学而言,由于古希腊的城邦民主制度,城邦公民都必须要参与城邦公共事务,城邦政治的政治说服也显得重要。除了苏格拉底、柏拉图、亚里士多德注重思辨的哲学家外,还有以智者学派为主的专门传授公共演讲、推理和说服等课程的修辞学家。政治家、律师、商人、军官等也学习公开演讲,古罗马也在不断继承和完善古希腊的传播思想。古希腊罗马修辞学派主要包括两大派别。其一为辩证学派(dialectic method),主张交流是发现真理的方式,以苏格拉底和柏拉图为代表,强调交流和传播过程中发现正确论点、以逻辑推理和理性讨论来达成共识。其二为修辞学派

---

① 爱德华·策勒:《古希腊哲学史(第一卷)》,聂敏里、詹文杰、余友辉、吕纯山译,人民出版社,2020,第89页。

(rhetorica),这里的修辞学是狭义上的,主张通过辩论说服他人,强调偏于实用辩论手段和方法,认为交流和传播的目的并非发现真理,而是如何说服别人。他们主要以智者学派为代表,被称为所谓的诡辩家(sophists),从而成为被辩证学派所批判的对象。亚里士多德将辩证学派和修辞学派联系起来,一方面强调严格的逻辑论证,另一方面也强调说服的艺术和技巧,成为古希腊传播思想的集大成者。之后的中世纪的传播思想在继承了古希腊罗马修辞学传统的基础上,主要集中于宗教领域。《圣经》以及宗教领袖们都有关于宗教教义传播的理论,奥古斯丁的宗教传播思想成为中世纪传播思想的集中体现。

第二阶段,文艺复兴、启蒙运动与近代社会时期(14 世纪至 19 世纪)。

文艺复兴、启蒙运动直至近代社会是西方传播思想史发展的第二个阶段,该阶段的思想文化特征主要突出体现为人文主义传统,以及建立在人文主义之上的认识论。以文艺复兴为标志的思想文化运动及后续的启蒙运动,是西方社会向近代社会的转变的思想推动力量。自由主义是该阶段最为重要的传播思想。

文艺复兴是发生在 14 世纪初至 17 世纪中叶欧洲的思想艺术文化运动,是欧洲新兴资产阶级在文学、艺术、哲学、自然科学以及政治学、法学、历史学、教育学等领域内开展的一场新思想、新文化的革命运动。文艺复兴是在资本主义经济萌芽的基础上产生的,以反封建、反教会的斗争为主要内容。宗教改革使得新信仰产生,天主教会的垄断地位被打破。古代民主思想的再次兴起、新武器的引入让民众更易反抗皇权,进而维护自己的权利。恩格斯评价说:"这是人类以往从来没有经历过的一次最伟大的、进步的变革。"[①]文艺复兴肇始于意大利,繁盛于西欧诸国,在东欧和北欧均得以传播并产生影响,标志着欧洲社会从中世纪文化向近代文化发展的过渡。自 13 世纪开始,随着人们开始质疑基督教神学,对人本身的反思就日益成为西方思想哲学的主题。文艺复兴时期表现在哲学、文学、艺术、教育和自然科学等方面的思想内容,通常被称为"人文主义"(又译为"人本主义"或"人道主义")。人文主义成为新兴资产阶级的思想体系,代表新兴资产阶级的思想家被称为人文主义者。彼特拉克作为第一位人文主义者,首先提出"人学"和"神学"的对立。人文主义者反对以神为中心,主张以人为中心,他们歌颂世俗生活,批判禁欲主义,摒弃来世观念,放眼现实世界,崇尚人的力量,认为人才是生活的创造者和主人。此外,在 13 世纪末在意大利等地出现的商业文化和城市公社(或共

---

① 马克思、恩格斯:《马克思恩格斯选集(第 3 卷)》,中共中央马恩列斯著作编译局译,人民出版社,1995,第 445 页。

和国)的基础上,发展出了新的"共和主义"的政治思想。它与人文主义相结合,形成了新的"公民人文主义"观念的意识形态,取代了当时混乱的教会和神圣罗马帝国的神学意识形态,并成为文艺复兴时期社会文化思想的主要内容,其主要目的是探究脱离神学控制的新的政治体制。① 这些社会文化思想领域内的巨大变革,彻底引发了欧洲社会重新认识人自身价值的全新观念,为启蒙运动及其后的近代自由主义思潮的兴起奠定了思想和理论基础。

就社会发展而言,文艺复兴无疑是西方社会一次大规模的知识传播革命。文艺复兴之所以能够在意大利率先发生,与意大利所拥有的丰饶的文化土壤和大量的知识文献资源,以及学者们对希腊、罗马古典文化的长期研究密不可分。据有关资料记载,在意大利本土各占二分之一的图书馆分别属于王公和教堂。王公的藏书室中有大量希腊、罗马的珍贵文献。由罗马教皇于14世纪建立的梵蒂冈图书馆,到15世纪末收藏的古希腊文和拉丁文的稿本已达3 650册。② 拜占庭灭亡前后,许多学者从君士坦丁堡纷纷逃亡到当时比较开明的意大利城市。他们把重要的古希腊手抄本和珍贵的艺术品带到意大利,也促进了意大利学者对古典文化的了解、整理和研究,③进一步推动了正在兴起的文艺复兴运动。意大利学者很早就对古代用羊皮纸和草纸记录的手稿、古迹和遗物做过研究,加之意大利各城市长期同拜占庭、阿拉伯有着经济和文化上的联系,使得意大利人能够熟悉了解丰富的古希腊文稿和艺术古迹。希腊、罗马古典文化的传统,在中世纪时更多地保存在意大利。此外,特别需要指出的是,中国造纸术和印刷术经阿拉伯人西传后,在意大利等西欧诸国得到广泛使用,大量的书籍和《圣经》的印刷,极大地提升了社会对于知识的传播,造就了欧洲12到14世纪的城市市民文学、艺术的发展和繁荣。16世纪以来,宣传册成为新的大众媒体,不仅提供了有关国家事务的观点,同时也传播当时社会的时政新闻和评论,还不断散播皇室的消息。这些宣传册演化为早期报纸,成为具有强大影响力的大众媒介。可以说,这些都是推动文艺复兴兴起的因素,为欧洲社会的思想革新奠定了基础。

因此,以人文主义为思想基础,对于新思想、新观念、新知识的传播成为文艺复兴时期的最强音。就传播思想而言,除了延续古希腊、罗马的演说术之外,有关人文主义的新知识传播是文艺复兴时期主要的传播活动。马基雅维利对于政治活动中舆论宣传的

---

① 余碧平:《中世纪文艺复兴时期哲学》,人民出版社,2011,第230—231页。
② 刘明翰:《世界通史(中世纪卷)》,人民出版社,2017,第443—444页。
③ Charles Van Doren. *A History of Knowledge: Past, Present, and Future* (New York: Birch Lane Press, 1991), p.142.

认识,但丁的俗语论、培根的谣言论等语言传播思想,马丁·路德、加尔文等关于宗教传播的认识,以贵族沙龙和平民咖啡馆为中心的公共舆论传播,特别是弥尔顿对"出版自由"思想的论述,直接影响到启蒙运动对自由主义思想的全面发展,这些论述都是文艺复兴时期传播思想的核心内容。

文艺复兴批判中世纪神学,弘扬人性,特别是人的感性生命的价值,使人道主义观念、人的价值与尊严得到了复苏和高扬。17世纪,随着自然科学的迅速发展,西方进入了近代社会,人的理性进一步获得解放。在理性精神的光辉照耀下,西方思想观念逐渐从关注作为世界总体的存在转向关注人本身对世界的认识,以及人获取真理的途径、过程和方法,人如何确定知识的可靠性、真理性等问题。哲学思想的重心也就从本体论转向认识论,这是西方哲学史上的第一次伟大转折,亦可被称为认识论转向。① 就思想层面而言,认识论转向是从法国哲学家笛卡尔开始的,并由大陆理性主义与英国经验主义共同发展,而最后由德国古典哲学思想最终完成。其中,笛卡尔的哲学思想为近代认识论哲学开辟了道路。

基于近代自然科学特别是数学科学的发展,笛卡尔从数学推理及其处理经验材料的精确性和可靠性出发,提出哲学思想应具备的"新科学"本质特征。他认为数学推理的精确性和可靠性,主要在于前提的"清楚明白"和同样"清楚明白"的推理,那么,知识也必须建立在数学那样的"清楚明白"的前提上,以保证哲学的确实性。在普遍怀疑的基础上,他推出唯一不可怀疑的事实是"我在怀疑",这个"自明性""最简单""最清晰"的前提,就是"不容怀疑"的前提,即"我思故我在"的命题。这是典型的由认识论推导出本体论的近代哲学的新思路。他创立了理性主义(唯理论)的认识论,认为思维是人生命中具有决定性的东西,理性是唯一能使人区别于动物而成为人的东西。笛卡尔的命题基于普遍怀疑的立场对经院哲学进行批判,对近代认识论产生了重要影响。它以自明的"我思"为起点,将作为自我意识的思维看作认识的绝对起点。"思"的本质是理性,是"逻各斯",同时,思想也是心灵实体的功能。这样,建立在人的心灵能力之上的理性主义认识论得以确立。近代认识论正是沿着笛卡尔所确定的方向向前发展的,直至康德对理性进行全面批判,这个方向都没有改变。② 无疑,基于理性主义的认识论也直接影响到传播理论和思想的发展,特别是基于理性主义认识论的语言理论,以及自由主义思想观念都在传播思想中得到体现。

---

① 蒋孔阳、朱立元主编:《西方美学通史(第一卷)》,上海文艺出版社,1999,第18页。
② 周晓亮主编:《西方哲学史》(第四卷),叶秀山、王树人总主编,江苏人民出版社、人民出版社,2011,第9页。

发端于18世纪法国并传播到欧洲各国的近代启蒙运动,高举理性主义①的旗帜,以自由主义思想为核心,强调人的尊严和独立,推动自由平等的人权观念,是西方社会迈入近现代社会的关键,也是推动人类社会进入现代文明的思想解放运动。启蒙运动思想家们秉持理性精神,弘扬自由观念,探究诸如言论自由、贸易自由、充分施展个体才能的自由、审美的自由等自由观念的内涵——要言之,自由就是一个有道德的人在世界上自行其是的自由。正如康德在1784年所指出的,所谓启蒙运动,就是人要求把自己当作一个成人,一个能够承担责任的人。正是这一声明以及启蒙哲人们对这一声明的呼应,使得启蒙运动成为西方思想史上的一个重大事件。② 无疑,启蒙运动所提出的观念成为现代社会的各类思想观念的源头,诸如依法治国而非以人治国的观念、政府分权观念、人民主权观念、统治者为人民造福观念等,这些观念与主权、政治权利和国家组织有关的现代思想所产生的影响,对于法国大革命和19世纪自由主义时代的发展都具有重大的理论和实践意义。③ 启蒙运动对自由主义理念的传播,也影响到了传播思想的发展。启蒙主义思想的先驱洛克基于自然权利、社会契约等自由主义理论,直接提出政府信息公开是公民应有的权利的论述。随后法国启蒙思想家伏尔泰、卢梭等人,倡导天赋人权的观念,认为思想自由、言论自由是人的基本权利。同时,卢梭基于对语言起源的考察,探讨了语言与人的思维、理性的关系,以及语言对社会的影响等问题。在启蒙运动影响下的北美独立革命和法国大革命也与现代传媒的发展密切相关,政治家们通过报刊传播自己的主张,现代传媒成为号召革命的工具和手段。更为重要的是,1776年北美独立革命通过《独立宣言》,宣告美国独立,建立独立的共和国。1790年美国《联邦宪法》通过修正案,将言论、出版、集会和信仰自由作为重要内容。1789年法国大革命颁布的《人权宣言》,明确规定了思想和言论的自由表达是人的基本权利,成为人类历史上第一个明确提出表达自由的法律文本。至1881年法国国民议会制定的《出版自由法》对于表达自由的具体规定,则成为现代西方国家言论表达自由的法律模式。

19世纪是现代传播思想形成时期,西方社会进入工业化社会,随之国家主义兴起,政治党派诞生,社会主义运动、人民解放运动不断发生,大众媒体则成为影响社会发展

---

① 关于启蒙运动的理性主义,有学者指出,"理性"是法国启蒙时代使用最多的关键词,但是,其含义却是"非哲学"的:既不是经院哲学意义上的理性知识,也不是思辨意义上的概念。恰恰相反,就总体而言,它的基本含义有二,其一是"感性"或自然性,其二是"合理性"。启蒙思想家在诉诸"光明"时,其"内心动作"实在太多且又纠缠不清,每当这时,"理性"是他们最常借用的词。就此而言,理性是一个非常复杂的概念。参见尚杰:《西方哲学史》(第五卷),叶秀山、王树人总主编,江苏人民出版社、人民出版社,2011,第5页。

② 彼得·盖伊:《启蒙时代:现代异教精神的兴起》,刘北成译,上海人民出版社,2015,第4页。

③ 约翰·梅里曼:《欧洲现代史:从文艺复兴到现在》,焦阳、赖晨希、冯济业、黄海枫译,上海人民出版社,2016,第303页。

的重要因素。随着人们阅读和识字率不断上升,新的印刷、造纸技术让文字传播更加方便快捷。大众传媒的发展开始面向不同群体和社会阶层。大众媒体逐步从商业、政治宣传册转移为报纸。报纸真正成为影响社会的大众媒体,其专业化程度不断提升,内容日益丰富,也更多关注社会性议题。报纸的经营形式也从依附于政府投入而转变为市场化,更多地依赖于广告和报纸销售收入,以客观性和独立性等特征为主的新闻专业主义也逐渐形成。由于社会的工业化发展,以及报纸在技术、内容、受众、经营模式等方面的变化,大众媒体日趋成为独立的市场化运作主体,同时对于政治的影响作用也愈加突出。大众媒体成为人民批评政府、行使自身权利的工具,新闻界成为政府权力之外的第四权力。大众媒体成为政府和民众之间的桥梁、公共舆论的晴雨表、政府权力的监督者。虽然19世纪早期许多国家通过媒体管控、法律惩罚来控制媒介,但这些方法无疑都以失败告终。19世纪后绝大多数国家改变了对媒体监管的立场,承认了大众媒体作为第四权力的特性,言论自由、表达自由、知情权等成为人们的基本权利,大众媒体成为在经济、政治、社会、文化具有重要影响力的机构。

第三阶段,现代社会时期(20世纪至今)。

19世纪末20世纪初,西方社会进入第二次工业革命时期,科学和技术紧密结合,西方社会由自由资本主义向垄断资本主义过渡。社会经济飞速发展,技术进步日新月异,各种新技术不断催生新发明,内燃机、发电机、电动机、电灯、汽车、飞机、电话、无线电等发明不断涌现,不一而足,进而引发了石油开采业、电力工业、电气设备工业、化学工业等新产业的出现。从1870年到1900年,全世界铣铁的生产量从1 400万吨增加到4 100万吨,钢产量从52万吨增加到2 830万吨。1876年,美国人贝尔发明了电话;1895年,俄国人波波夫发明了无线电,意大利人马可尼也有同样的研究。19世纪80年代全世界电报线的长度为150万千米,在19世纪末增长到430万千米。[①] 无疑,19世纪末至20世纪初,科学技术和生产力飞速发展,使得人类进入第二次工业革命,大规模的自动化生产极大地推动了社会生产力的提高,同时也带来社会的巨大变革。但与此同时,随着人类技术文明的飞速发展,20世纪所爆发的两次世界大战使得人类历史进程充满冲突、灾难、动荡和不确定性。文明与野蛮、进步与衰退、解放与奴役、正义与邪恶、希望和绝望都成为20世纪人类社会历史的注脚。

就哲学思潮与社会文化发展看,由17世纪笛卡尔开启的认识论转向,使得理性主义认识论占据了哲学的主导位置。到了19世纪末20世纪初,则出现了"语言学转向",

---

① 刘祚昌、光仁洪、韩承文、艾周昌主编:《世界通史》(近代卷下),人民出版社,2017,第680—681页。

使得原先从属于理性、仅仅充当工具的语言迅速崛起,并逐渐取代理性而成为哲学的核心问题。卡尔-奥托·阿佩尔把西方哲学思想的发展总结为三个阶段:古代哲学注重的是本体论,近代哲学注重的是认识论,20世纪哲学注重的则是语言。本体论要确定的是"什么东西存在"或"什么是实在的基本存在形式"。认识论要确定哪些东西是我们能认识的,我们是怎样认识这些东西的。从本体论到认识论,可以看作一种进展,我们不再独断什么东西存在,而是通过对人类怎样认识世界的判断来确定什么东西存在。沿着这样的线索,我们也可以把语言哲学(意义理论)看作一种进展:我们在何种"意义"上能够认识存在——而"意义"的首要载体就是语言。所以,阿佩尔的说法既可以被看作一种描述,也可以被看作一种主张:也就是说,哲学的问题归根到底是对语言的思考的问题。无疑,西方现代哲学发生的这种语言转向,最后使得西方主要的哲学流派都走向了通向语言的道路。[①] 对于语言问题的探究,也成为当代西方传播理论的基础。

20世纪西方哲学思想上发生的"语言转向",是当代西方思想文化发展的重要阶段,从而使得"语言"成为哲学关注的核心。本体论经由认识论而转向语言哲学,现代西方哲学思想把近代哲学的基本问题,即思维和存在的关系问题转换为思维、语言、存在三者的关系问题。语言不仅成为现代西方哲学思想探究的核心问题,语言学转向也成为传播思想的重要理论来源。"语言学转向"与西方现代科学主义相伴而生,在思想上主要体现为逻辑实证(经验)主义或分析哲学。有学者认为这一"转向"也在大陆人本主义(从现象学、存在主义到解释学)思想中也体现出来,并且延伸到八九十年代的后现代主义思潮中。"语言学转向"中以索绪尔为代表的现代语言学起到了重要的推动作用。现代分析哲学的先驱弗雷格则最早把数理逻辑引入哲学,主张对思想做出严谨的逻辑分析。在语言学转向的影响下,传播学思想和理论得到了全面发展。

20世纪技术变革推动了西方社会的全面发展,但科学和技术革命给人类带来福祉和发展的同时,也带来了苦难和悲剧,由此,重新思考和认识科学理性主义成为20世纪西方社会的思想文化发展的重要主题。西方传播思想不仅在20世纪的科学主义思潮中催生了传播学作为独立学科的建立,还在人文主义和逻辑实证主义思潮的背景下,形成了基于科学实证主义的经验研究和基于人文主义的批判理论两个重要的发展方向,同时又拓展出了文化研究、传播技术批判、传播政治经济学、结构主义与符号学传播理论、解释学与受众接受传播理论、后现代传播理论、大数据和新媒体传播理论等方向。20世纪末到21世纪初,随着全球化的发展,西方传播思想呈现出多元发展的方向。全

---

① 陈嘉映:《语言哲学》,北京大学出版社,2004,第16页。

球主义、技术主义和人文主义多元交织，呈现出全新的发展态势，新思想、新理论也不断涌现。特别要提出的是，随着认知科学的发展，认知传播理论已广泛应用于传播学研究。此外，就现实发展而言，随着人工智能等的发展，人们所处的媒介环境也发生了巨大的改变，迫切需要新思想、新理论对现实问题作出回答。

（三）西方传播思想史的发展脉络

对于西方传播思想发展脉络的总结，研究者有不同的观点和看法。罗杰斯认为，以美国为代表的现代传播学理论的形成和发展，依然是西方古希腊罗马以来的思想观念影响的结果，特别与文艺复兴以来的欧洲思想观念变革运动密切相关，其中起到重要推动作用的技术革新是印刷机的发明。印刷机的发明极大地提升了欧洲社会的识字率，推动了知识传播，从而为新观念、新思想的产生和传播创造了条件。罗杰斯从 19 世纪达尔文、弗洛伊德和马克思三位思想大师入手，分析传播学的欧洲起源。进化论、精神分析理论和马克思主义直接影响了 20 世纪传播学在美国的崛起。达尔文进化论思想经由芝加哥学派的发展进入传播学的主流学派，弗洛伊德的精神分析理论对现代心理学、社会学、政治学、人类学等有强烈的影响，批判学派、帕洛阿尔托学派和哈罗德·拉斯韦尔、卡尔·霍夫兰等的研究理论直接地影响了传播学领域，法兰克福学派将马克思主义和弗洛伊德理论结合起来，形成了传播批判理论。[1] 可见，罗杰斯立足于美国传播学偏社会科学的特点归纳和总结其思想渊源，这也与当时美国社会发展的思想文化背景有密切关系。此外，美国传播学者罗伯特·T. 克雷格把西方传播学基础理论的发展总结为七个方面，包括修辞学、符号学、现象学、控制论、社会心理学、社会文化、批判理论。[2] 在他看来，西方传播学理论的形成与这些理论不无关系，正是在这些理论基础上，传播学理论得以形成和发展。此外，斯蒂芬·W. 李特约翰将传播学理论置于本体论、认识论和价值论的宏观思想框架之中。[3] 也有学者沿着克雷格的思路，从对话理论与交往理论、传播批判理论、文化研究、媒体与资本主义、媒体与民主、媒体与文化认同、媒体与全球化、媒体与现代性等不同议题总结出欧洲传播学思想的重点内容。[4]

从罗杰斯、克雷格等学者对西方传播理论发展的总结和概括中，可以看出，他们已经着眼于影响现代传播学理论形成的思想范畴和宏观理论背景，但还显得有些不足，特

---

① E. M. 罗杰斯：《传播学史：一种传记式的方法》，殷晓蓉译，上海译文出版社，2002。

② Robert T. Craig. *Communication Theory as a Field*. Blackwell Publishing Ltd, Communication theory, No.9（Feb. 1999），pp.119－161.

③ Stephen W. Littlejohn. *Theories of Human Communication*（Cambridge：Wadsworth Publishing, 2007）.

④ 李彬、曹书乐主编：《欧洲传播思想史》，复旦大学出版社，2016，第 2 页。

别是对宏观理论进行总结时,未能系统性地将西方传播思想和理论发展的内在逻辑加以总结。

本书在前人研究的基础上,将西方传播思想史的发展脉络置于西方思想发展的本体论、认识论和语言学三个阶段的思想发展背景之下,概括为形而上学本体论、人文主义传统和科学主义思潮三个阶段的发展,追溯早期社会传播观念的出现到形成完整的传播学思想理论体系的发展过程,形成了经验研究(理性主义)和批判理论(人文主义)两条发展主线,进而拓展出结构功能主义传播、文化研究、传播技术批判、传播政治经济学、结构主义、符号学传播、叙事学传播、解释学理论与受众接受传播、认知与传播、传播与全球化、传播与现代性等多元发展的理论格局,从而展现出传播学思想色彩纷呈、蔚为大观的发展景象,演绎出了西方传播思想发展的协奏曲。由此现代传播学理论在人际传播、组织传播、大众传播领域形成了完整的理论和思想。

在以上对于西方传播思想史发展的经验研究(理性主义)和批判理论(人文主义)两条主线的总结中,结合西方传播思想史从古希腊到当代的发展,我们用理性主义和人文主义总结和描述两种不同的发展倾向,即采用偏向于科学主义和逻辑实证主义研究取向的经验研究,以及基于人文主义的批判反思精神,特别是针对人与传播的关系探讨的研究取向进行批判研究。因此,我们只是在特定意义上使用这两个术语,概括西方传播思想史发展的两条主线。我们认为,在西方传播思想史发展的不同阶段中,理性主义和人文主义始终以不同的形式出现在传播思想的论述中。

四、西方传播思想史的研究现状和方法

有关西方传播思想史的系统性研究中,作为新兴学科的传播学本身发展较晚,加之当代传播学研究更多偏向于社会实践及应用层面的探讨,以及对于基础理论特别是传播思想发展史的研究,因此,目前有关西方传播思想史的研究显得较为薄弱,是亟待加强的领域。

(一)西方传播思想史的研究现状

本书就目前对西方传播思想史的系统性研究而言,在遵循思想史写作的基本原则下,结合历史发展线索和理论演变逻辑,试图对不同时期的传播思想沿革进行总结和描述。这些不同的传播思想史的著述,在忠实于历史事实和遵循理论逻辑的前提下,对西方传播思想史发展的论述各有侧重,形成了不同的研究范式。

美国学者罗杰斯的《传播学史：一种传记式的方法》可以看作目前较为完善地介绍美国传播思想史的著述，其中也涉及传播学的欧洲渊源。该书以传播学发展的欧洲起源、四大先驱和作为集大成者的威尔伯·施拉姆为主线，从19世纪的达尔文进化论、弗洛伊德、精神分析理论和马克思主义理论三个思想流派出发，介绍了传播学理论的欧洲思想起源。在此基础上，该书对法兰克福学派、芝加哥学派和帕洛阿尔托学派三个重要的学派做了重点介绍，论述了拉斯韦尔、保罗·拉扎斯菲尔德、霍夫兰和勒温等学者对传播学的影响，最后着重介绍了传播学理论的集大成者施拉姆对于传播学发展的贡献。

作为媒介技术学派的开创者，加拿大学者哈罗德·伊尼斯立足于技术与社会发展的视角，提出"媒介决定论"。将媒介技术的发展变迁与人类文明的进程联系起来，认为媒介技术的革命推动了人类社会文明的进步。因此，他在《帝国与传播》[①]一书中，依据媒介技术的演变，将人类文明的进程划分为埃及文明（莎草纸和圣书文字）、希腊罗马文明（拼音字母）、中世纪时期（羊皮纸和抄本）、中国纸笔时期、印刷术初期、启蒙时期（报纸的诞生）、机器印刷时期（印刷机、铸字机、铅版、机制纸等）、电影时期和广播时期。由此，伊尼斯认为，媒介技术对社会形态、社会心理都会产生深刻的影响，他甚至认为一种新媒介的发展优势将导致一种新文明的产生。当然，该书不能说是严格意义上的传播思想史的著述，但是伊尼斯通过媒介技术变迁透视媒介文化和人类思想文明的演进，也为传播思想史提供了重要的视角。

美国学者彼得斯的《对空言说：传播的观念史》[②]，以传播学理论中的核心概念"传播（communication）"内涵的历史演变考察为背景，提出传播概念复杂性的观点。同时，在全面系统地考察了传播概念内涵历史演变后，重点强调了西方自古希腊和中世纪开始的"对话"和"播撒"的传播观。在此基础上，结合人类传播活动的变化，从宗教、哲学、社会、历史、文学、政治和媒介技术等视角研究传播思想史的变迁，将传播理论与实践的研究置于人类上下数千年的历史大背景中进行讨论，正如迈克尔·舒德森所言，该著"充满智慧和令人信服地将媒介研究倒了个个"[③]。同时，在研究方法上本著将传播思想的发展与文史哲等学科结合起来，体现了传播学研究的人文取向。

---

① 哈罗德·伊尼斯：《帝国与传播（第三版）》，何道宽译，中国大百科全书出版社，2021。本书此前译本还有伊尼斯：《帝国与传播》，何道宽译，中国人民大学出版社，2003。

② 约翰·杜翰姆·彼得斯：《对空言说：传播的观念史》，邓建国译，上海译文出版社，2017。本书此前译本还有《交流的无奈：传播思想史》，何道宽译，华夏出版社，2003。

③ M. Schudson，A. Hearet. *The Psychology of Literacy-Speaking into the Air*. Book Review, The Revietv of Academic Life，2001.11（8），p.15.

美国学者汉诺·哈特（Hanno Hardt）的《传播学批判研究：美国的传播、历史和理论》①，则针对美国本土传播学理论的实用主义哲学导向及由此形成的实证主义方法论取向，进而对偏向具体传播现象研究的微观方法进行批判，认为这种研究取向关注当下而忽视历史、注重工具理性而轻视交往理性、注重媒介效果研究而忽视媒介体制与意识形态研究。在此情况下，该著述立足于传播批判研究、德国法兰克福学派批判思想、英国文化研究三种范式在美国传播研究中的演变，并进而分析这三种范式在美国传播批判研究语境中的影响，试图拨正美国传播学过于注重实证研究方法的偏谬。此外，值得一提的是，舒德森的《发掘新闻：美国报业的社会史》②基于传播社会学的视角，重点对新闻客观性观念的产生和演变进行了全面探究。舒德森通过对美国新闻业一个多世纪以来的变化过程进行剖析，并从民主、市场和社会三个维度出发，阐释和探究了客观性原则作为美国新闻业价值标准的产生和发展，认为客观性原则的形成和发展，既有自身内在的发展规律，又受到社会观念发展变迁的影响。通过对客观性原则的考察和分析，舒德森开创了美国新闻史研究的社会史路径，这一路径无疑为传播思想史的研究提供了借鉴。

罗杰斯主张美国传播学研究是世界的主流，认为现代意义上的传播学就是美国传播学，美国传播学就是现代意义上的传播学。无疑，美国传播学的实证主义方法取向为传播学研究提供了经验研究的范式，但显而易见的是，美国传播研究的经验研究范式并非传播学研究的唯一范式。对此，法国传播学者阿芒·马特拉和米歇尔·马特拉在《传播学简史》③中，不仅明确对工具化、行政化的美国传播研究提出了批判，并且消解了传播学研究的"美国主流观"。该书虽然篇幅较短，但涉及内容却非常丰富，对传播学思想发展的不同范式和维度进行了总结和阐释。正如作者所言，该著"简略地描述了传播学的各种学派、潮流和趋势的发展顺序，着重描述它们发展路径的环行态势"④，由此深入浅出地概述传播理论和方法，并对各种学派出现的背景和原因做了简要的解释。本书描述和展现了传播学理论与思想的多元性，不仅对诸如芝加哥学派、无形学派（帕洛阿尔托学派）⑤，以及结构主义和民族志方法等主流的"大众传播研究"进行理论和方法的

① 汉诺·哈特：《传播学批判研究：美国的传播、历史和理论》，何道宽译，北京大学出版社，2008。
② 迈克尔·舒德森：《发掘新闻：美国报业的社会史》，陈昌凤、常江译，北京大学出版社，2009。
③ 阿芒·马特拉、米歇尔·马特拉：《传播学简史》孙五三译，中国人民大学出版社，2008。
④ 同上，第2页。
⑤ 20世纪40年代，一批来自各个学科的美国学者，如人类学、语言学、数学、社会学和精神病学的学者对香农的通讯数学理论提出了针锋相对的观点。这批学者以"无形学派"或"帕洛阿尔托学派"（Palo Alto School，得名于旧金山郊区的小镇）最为知名。1942年，人类学家格雷戈里·贝特森（Gregory Bateson）与雷·L. 伯德惠斯特尔（Ray L. Birdwhistell）、爱德华·T. 霍尔（Edward T. Hall）、欧文·戈夫曼（Erving Goffman）、瓦茨拉维奇（Watzlawick）等人组成了这个学派。参见阿芒·马特拉、米歇尔·马特拉：《传播学简史》，第40页。

探究,还涉及有关语言学、接受理论、文化全球化和政治经济学的传播思想和研究方法。此外,法国学者贝尔纳·米耶热的《传播思想》①也通过对传播概念的界定进而探讨传播思想的内涵,同时将当代传播思想的发展分为三个阶段加以阐释。还有法国学者埃里克·麦格雷的《传播理论史:一种社会学的视角》②,基于自然、文化和创造三个维度,按照时间顺序,分主题介绍了传播学理论史上出现过的各种思潮,并且结合各种思潮产生的学术背景,分析每种思潮的渊源、创新和局限,同时辅以历史的眼光,阐明理论的发展变迁和理论提出者的切入点。总之,法国传播学者的研究,立足于理性思辨的视角,善于将传播思想和观念置于社会政治文化背景中加以考察,从而也弥补了美国实证研究学派的不足。

中国学者对于西方传播思想史的研究也在不断展开。1956年由复旦大学新闻系编印的《新闻学译丛》开始介绍"大众传播学"的概念。其中,由刘同舜翻译的《拆穿自由、独立报纸的西洋镜》一文中首次将"大众传媒"及"大众传播工具"译为"群众交通机构"。1957年刊载的由郑北渭翻译的《美国报纸的职能》一文,最早正式地把"mass communication"翻译为"群众思想交通"。其后1978年复旦大学新闻系又创办了《外国新闻事业资料》,1979年刊物改名为《世界新闻事业》,1980年停刊。这两本刊物登载了许多介绍、评述"大众传播学"的文章,1978年刊载了郑北渭翻译的《美国资产阶级新闻学:公众传播(mass communications)》、陈韵昭翻译的《公众传播研究》,1980年刊载香港中文大学传播研究中心主任余也鲁译述的《传学新词》,对传播学的基本概念进行了较为全面的介绍。③ 自20世纪80年代开始,自从这个最初被称为"传学"的传播学理论被引进后,陈韵昭、居延安、徐培汀等学者陆续撰写了有关传播学研究的论文。④ 这些早期的传播学研究,为全面研究西方传播思想史奠定了基础。

此后上海大学许正林的《欧洲传播思想史》⑤是国内较早较为系统和完整论述西方传播思想史的著述。该著以历史发展为线索,探究了从欧洲文化源头开始的传播形态和思想,对古希腊罗马中世纪、文艺复兴启蒙运动、资产阶级革命直至现代时期欧洲思想家的传播思想做了全面梳理。同时,该著又基于传播思想的逻辑线索层面,重点描述

---

① 贝尔纳·米耶热:《传播思想》,陈蕴敏译,江苏人民出版社,2008。
② 埃里克·麦格雷:《传播理论史:一种社会学的视角》,刘芳译,中国传媒大学出版社,2009。
③ 刘家林、赵爽:《传学东渐简述》,《东北师大学报》(哲学社会科学版)2013年第3期。
④ 论文列举如下。陈韵昭:《传学浅谈》,《新闻大学》1981年第1期;《传与传播》,《新闻大学》1981年第2期;《传的周折》,《新闻大学》1981年第5期;《近年来国内有关西方传播学的研究概况》,《新闻大学》1981年第6期;《欧美大众传播研究的传统、特点和发展趋势》,《新闻大学》1981年第9期;居延安:《传学的若干研究课题——1980—1981年研究项目》,《新闻大学》1982年第2期;徐培汀:《什么叫传学?》,《新闻记者》1984年第3期。
⑤ 许正林:《欧洲传播思想史》。

了当代欧洲传播学派的思想理论,包括法兰克福学派、社会文化学派、结构主义和符号学、阐释学与语义学、媒介理论与大众传播理论等,将几乎近代以来所有的欧洲思想家都网罗到传播思想史的范畴内,这无疑极大地拓展了传播学的理论资源和学术视野。[①]该著是鲜见的较为完整阐述欧洲传播思想史的著述,正如作者在后记里所说的:"作为一种思想史,它应寻求描述欧洲传播理论生成的逻辑,寻求广阔而复杂的哲学与知识系统下的传播思想形态并做出解读与评析,应该估计欧洲传播理论的影响与趋势,以及把握欧洲传播理论区别于美国传播理论的独特性。"[②]

其后有宫承波和管璐主编的《传播学史》[③],该著系统梳理了传播学在人类传播活动的基础上形成发展的过程。该著体量宏大,包括北美早期传播学史、欧洲早期传播学史和传播学发展的新时期,几乎囊括了传播学发展的全过程,每部分重点介绍了主要代表人物、著作及影响传播学的理论思想,最后关注近 30 年传播学研究的发展现状。该书是国内较早全面系统完整地梳理传播学发展史的著作,综合了国内外传播学研究的最新成果,在体例和内容上更加贴近国内高等教育现状,也有利于理论学习和掌握。

此外,南京大学胡翼青的《再度发言:论社会学芝加哥学派传播思想》也是一部对西方传播思想史进行全面探究的著述[④]。芝加哥学派作为社会研究学派,在美国传播思想史发展中起到关键作用,但以往多被学者们所忽视。该著对其思想和理论贡献进行了深度挖掘和再阐释。芝加哥学派作为在 20 世纪上半叶发挥重要影响的社会研究学派,在全面建立美国社会学研究传统的同时,也全面探究了传播学理论,形成了丰富的传播思想。芝加哥学派将传播作为解决社会问题、解释人类社会本质的重要手段,在此基础上提出了一些重要的传播学理论,形成了独特的传播研究框架,并因此成为当代传播学主要理论流派的思想渊源。该著重新审视罗杰斯等学者提出的观点,对施拉姆作为早期美国传播学创始人的观点重新进行审视,在此基础上,就芝加哥学派对美国传播学所产生的影响,审视主流的实证主义研究方法对于经验主义传播学研究的意义,全面评价了芝加哥学派对传播思想的影响及对未来传播学发展的启示。同时,中国人民大学刘海龙的《重访灰色地带:传播研究史的书写与记忆》《大众传播理论:范式与流派》[⑤]等著

---

① 梅琼林、连水兴:《传播思想史:范式与流变——兼评许正林〈欧洲传播思想史〉》,《学习与探索》2011 年第 1 期。

② 许正林:《欧洲传播思想史》,第 628 页。

③ 宫承波、管璐:《传播学史》,中国广播影视出版社,2014。

④ 胡翼青:《再度发言:论社会学芝加哥学派传播思想》,中国大百科全书出版社,2007。

⑤ 刘海龙:《重访灰色地带:传播研究史的书写与记忆》,北京大学出版社,2015。《大众传播理论:范式与流派》,中国人民大学出版社,2008。《宣传:观念、话语及其正当化(第二版)》,中国大百科全书出版社,2020。

作,对传播思想史发展中的基础性理论重新进行了发掘和阐释,试图重新建构和阐释传播思想史的研究范式和问题重点。《重访灰色地带》从传播思想史上那些被有意收编或无意误读的"灰色地带"理论入手,结合新发现的材料和新语境,对传播思想史发展中的那些被忽视的或是未做深入阐释的经典文本进行再发现和再阐释,从知识社会学的角度重写传播学术思想史,从传播学史研究对拉斯韦尔、哥伦比亚学派、芝加哥学派、批判学派的忽视出发,并立足于新的视角,对传播学术史主流叙事进行再解释。《大众传播理论:范式与流派》则按照通行的社会科学的范式分类标准,将大众传播理论分成客观经验主义、诠释经验主义及批判理论三个范式,然后按照自然形成的不同流派分别加以介绍。对于这三个研究范式的区分,也给传播思想史的研究提供了新的视角。

由浙江大学黄旦主编,李彬、曹书乐撰写的《欧洲传播思想史》[1]分别从巴赫金的对话理论到哈贝马斯的交往理论、法兰克福学派与批判理论,从文化研究到受众研究、媒体与资本主义、媒体与民主、媒体与文化认同、媒体与全球化、媒体与现代性八个议题入手,系统归纳和总结了欧洲传播思想史发展中的重点领域,并通过这些议题阐述各派学者的思想、研究理论及其成果。此外,由胡翼青、张军芳完成的《美国传播思想史》[2],围绕思想史的视角与方法,展现了围绕大众传媒所形成的美国社会思想在 19 世纪和 20 世纪的演进史。全书首先围绕美国社会的政治逻辑和民主观念讨论美国新闻观念和新闻思想的发展,其次围绕媒介的市场化运作讨论了媒介技术发展对美国人的现代生活方式的影响,同时围绕自由主义报刊理念,独立报刊理念,电报对传播观念的冲击,芝加哥学派的传播思想,电影、广播、电视等的出现与影响,公共新闻理念等方面展开讨论。

通过各种不同的视角和维度,对西方传播思想史的研究正在不断展开,并且走向深入。无论是对理论发展脉络的描述,还是对具体议题的专门讨论,对于西方传播思想史所涉及的问题,各类研究都已经有意识地进行了总结和归纳。但是,相较于传播学理论研究的其他内容而言,这方面依然需要深入的探究。

(二)西方传播思想史的研究方法

对于西方传播思想史的研究理路及研究方法,除了遵循思想史研究的一般路径外,尚需结合人类传播行为本身的特征加以探究。但是,传播思想史不仅仅是简单的事件

---

[1] 李彬、曹书乐:《欧洲传播思想史》,复旦大学出版社,2016。
[2] 胡翼青、张军芳:《美国传播思想史》,复旦大学出版社,2019。

和观点的编年史,如克罗齐所言:"把编年史清除杂质、分成断简、重新加以组合和安排以后,它们永远还是编年史,就是说,还是空洞的叙述;把文献恢复过来、重现出来,加以描绘、加以排比,它们仍旧是文献,就是说,仍旧是无言的事物。"①对于传播思想史研究而言,如果仅仅立足于思想史背景,把有关人类传播活动的观点和理论选择出来,加以叙述和整理,显然是不够的。如前所述,就人类传播行为而言,传播活动除了作为交流交往的手段外,更为重要的是,还包含着社会意义的建构和表征的内涵,传播是人们赖以建构社会文化的过程。此外,不同时期的媒介技术的发展,也影响到人们传播行为的变化,同时也不断推进传播观念的变革,进而在更为广阔的社会文化视野中考察传播观念发展演变的内在逻辑。

因此,西方传播思想史的研究,必须遵循人文社会学科研究的基本方法,坚持历史变迁与内在逻辑、思想观念与现实实践、观点介绍和内涵阐释结合等方法,努力做到资料汇集严谨全面、理论架构视角多元、客观分析与科学阐释有机结合。此外,还需要充分体现传播思想史研究方法的特殊性,形成传播思想史的研究方法和研究逻辑。

首先,传播思想史研究应注重对未知的追问。这指的是需要对那些各个时期产生的基本传播观念和理论进行历史考察,也就是对各个时期的不同思想家有关人类传播行为的论述、观点和思想进行归纳和梳理。在此基础上,还要对这些传播观念和理论演变的社会现实背景、发生发展的文化情境,以及所产生的社会意义等进行内涵挖掘和讨论、逻辑阐释和理论归纳,从而阐释和发现隐含在这些观点和论述背后的更为丰富的内容,从已有的可见的传播理论和思想中发现未知的领域。对此而言,西方传播思想史不仅仅是资料的整理和堆砌,而是思想的再生产,通过传播思想观念的变迁探讨那些隐藏于思想背后未知的内容和事实。历史学家柯林武德就指出,"我认为,每一个历史学家都会同意:历史学是一种研究或探讨。……总的说来,它属于我们所称的科学,也就是我们提出问题并试图做出答案所依靠的那种思想形式。重要之点在于认识,一般地说,科学并不在于把我们已经知道的东西收集起来并把它用这种或那种方式加以整理,而在于把握我们所不知道的某些东西,并努力去发现它。耐心地对待我们已经知道的事物,对于这一目的可能是一种有用的手段,但它并不是目的本身。它充其量也只不过是手段。它仅仅在新的整理对我们已经决定提出的问题能给我们以答案的限度内,才在科学上是有价值的"②。因此,在柯林武德看来,历史或是思想史的写作,和科学精神的

---

① 贝奈戴托·克罗齐:《历史学的理论与实际》,傅仁敢译,商务印书馆,1982,第13页。
② R. G. 柯林武德:《历史的观念》,何兆武、张文杰、陈新译,北京大学出版社,2010,第10页。

本质相同,就是探索未知的事物。那么,传播思想史研究的目的和方法,也正在于通过对历史观点和看法的整理和归纳,发现那些隐含在历史观念中的未知部分,并通过逻辑加以总结和论述。"历史学……其任务乃是要研究为我们的观察所达不到的那些事件,而且要从推理来研究这些事件;它根据的是另外某种为我们的观察所及的事物来论证它们。而这某种事物,历史学家就称之为他所感兴趣的那些事件的'证据'。"①也正是在此意义上,柯林武德说:"除了思想之外,任何事物都不可能有历史。"②

其次,传播思想史研究应考察技术逻辑取向。就历史发展看,人类传播观念的形成往往伴随着传播手段和传播技术而变迁。马克思主义唯物史观坚持经济基础决定上层建筑,人类任何思想观念的形成和建立,都受制于特定时代社会生产力的发展水平,传播思想的演变也与社会生产力和生产方式的发展密切关联。如古希腊城邦社会的形态影响到社会政治、文化,由此形成以修辞学为主的传播思想。文艺复兴、启蒙运动时期的传播思想无疑是印刷革命的产物,当代传播学理论的兴起与现代媒介技术发展相辅相成,互联网技术革命更是催生了各类不同的传播观念和思想的产生。思想观念的革命又推动技术发展;同样,技术发展是新思想的孵化器。由此,传播思想史的研究必须要和当时的社会生产力发展,特别是技术进步结合起来,在技术进步的视野下考察传播思想史发展的逻辑。

最后,传播思想史研究应重视社会历史意义建构逻辑。人类传播活动是人类社会活动的重要组成部分。传播活动的目的是信息交流、情感表达和意义建构,在此过程中,人类形成了自己的文化世界。因此,传播活动与社会结构、文化、社会心理等之间都存在着互动和建构的关系。传播思想史不仅要描述思想观念层面的认识,还要结合当时人们所表现出来的传播活动和行为方式,揭示和阐释传播思想观念和传播行为之间的关系,需要研究者进入思想和历史现场,深度刻画和剖析当时人们的日常传播行为和社会心理状态,同时把它们放置在社会场景中加以探讨。对此而言,强调规范性的阐释,不仅仅提醒阐释者要专注文本本身,其意义还在于,它通过限制阐释者对文本这一历史文献的"误读"或随意解读,从而避免了非历史性,同时也摆脱了独断论,让文本呈现出更为丰富的内涵。因此,英国的剑桥学派才力主将文本放置在历史语境(historical contexts)中,实现对文本的"历史性"阐释。英国思想史家波考克明确指出,作为思想史家,我们的首要目的就是重建某一特定文本或言说的历史意义,也即作为诠释者,我们

---

① R. G. 柯林武德:《历史的观念》,何兆武、张文杰、陈新译,第249页。
② 同上,第300页。

所附加在文本或者言说中的意义必须是该文本或言说呈现在特定历史语境中的意义。斯金纳也认为,历史学家还须指出:即便是在哲学家看来最可靠的解释,也必须根据历史的证据来检验,甚至可能被抛弃。① 斯金纳以马克斯·韦伯的"清教伦理产生资本主义"为例,认为不是清教伦理产生了资本主义,而是商人在推动资本主义产生和成长的过程中遭遇了现存社会对其的道德指责,因此这些商人利用清教伦理来为自己的行为进行合法性辩护。② 正因如此,呼唤规范性的历史性解释和重回历史性研究将是未来对"文本",特别是对经典思想家文本解读研究的基本取向,也是构建阐释学理论的基础。③

正如斯金纳所说,我们要反对后现代和反后现代两种维度的非历史化倾向,带着一种获得多种可能性的开放意识,④从而获得更为宽广和深入的理解。在后现代的维度上,斯金纳以福柯为例指出,在福柯那里,讨论话语和建构主要是社会如何利用话语来建构其自身。但是,福柯抛却了对单个文本的解释以及对文本作者和作者意图的理解,仿佛社会就是在脱离了这些文本和话语主体之后的自我建构。同样,斯金纳也反对以美国的施特劳斯为代表的那种哲学性的反后现代主义的解释,即仅仅将思想家的文本诠释为对当下社会的现实意义,也可以说是在经典思想家那里找寻医治现代社会之病的良药,并且按照这个标准来阐释经典文本、褒贬人物。也正是在这一维度上,在文本和阐释者之间,在历史语境下进行历史性的研究才能避免对历史的背离,避免各种非历史甚至反历史的产生与存在,从而可以更好地把握文本的意义和作者的意图。阐释者和文本之间永远存在着一种无法逾越的限制,并在此基础上形成了一种持续性的对话关系。更为重要的是,这一历史性的阐释不是在否定哲学性和其他类型的阐释,而是成为它们的参考并为它们提供进行阐释论说的资源。⑤

总之,对于西方传播思想史的探究,既要有史实又要有史识,必须要立足于实事求是的客观主义立场,秉持理性的科学主义精神,坚持忠实于历史,有逻辑地分析问题,力求客观而不是堆砌材料,富于思想的张力而不是主观臆想,不断探寻西方传播思想史研究的方法路径。

---

① 凯瑞·帕罗内:《昆廷·斯金纳思想研究:历史·政治·修辞》,李宏图、胡传胜译,华东师范大学出版社,2005,第20页。

② Quentin Skinner. *Vision of Politics*. vol.1, Cambridge University Press, 2002, pp.156－157.

③ 李宏图:《思想史研究应基于文本的历史性阐释——以约翰·密尔〈论自由〉中文译本为个案》,《探索与争鸣》2020年第10期。

④ 达里奥·卡斯蒂廖内、伊安·汉普歇尔-蒙克:《民族语境下的政治思想史》,周保巍译,人民出版社,2014,第63页。

⑤ 李宏图:《思想史研究应基于文本的历史性阐释——以约翰·密尔〈论自由〉中文译本为个案》。

【本章延伸阅读】

1. 理查德·塔纳斯：《西方思想史》，吴象婴、晏可佳、张广勇译，上海社会科学院出版社，2007。

2. 昆廷·斯金纳：《近代政治思想的基础》，奚瑞森、亚方译，商务印书馆，2002。

3. 约翰·西奥多·梅尔茨：《十九世纪欧洲思想史》，周昌忠译，商务印书馆，1999。

4. 阿瑟·O. 洛夫乔伊：《存在巨链——对一个观念的历史的研究》，张传有、高秉江译，商务印书馆，2019。

5. 布鲁克·诺埃尔·穆尔、肯尼思·布鲁德：《思想的力量》，李宏昀、倪佳译，北京联合出版公司，2017。

6. E. M. 罗杰斯：《传播学史：一种传记式的方法》，殷晓蓉译，上海译文出版社，2002。

7. 约翰·杜翰姆·彼得斯：《对空言说：传播的观念史》，邓建国译，上海译文出版社，2017。

8. 阿芒·马特拉、米歇尔·马特拉：《传播学简史》，孙五三译，中国人民大学出版社，2008。

9. 贝尔纳·米耶热：《传播思想》，陈蕴敏译，江苏人民出版社，2008。

10. 埃里克·麦格雷：《传播理论史：一种社会学的视角》，刘芳译，中国传媒大学出版社，2009。

上编

第一章

古希腊罗马时期的传播思想

古希腊罗马时期是西方传播思想产生和形成的早期阶段,在远古文明发展演变的基础上,古希腊形成了以城邦制为主体的政治制度,由此也影响到了人们的传播活动和传播形态。人类早期的传播活动往往与人们的语言文字、宗教与神话、哲学、艺术与文学、日常生活等密切相关,古希腊的神话传说、史诗、文学等文化形式中就包含着早期的传播观念。理性主义是古希腊哲学思想的基础,古希腊哲人在思考哲学、政治学、伦理学等问题的同时,相继产生了对话理论、修辞学、辩论术、演讲术等早期的传播形式和传播观念。古罗马时代,政治制度由城邦制转向帝制,个人与国家的关系日渐疏远,人们对政治的参与度较低,更多地讨论个人生活层面的问题。因此,基于个人权利的政治主张、公民、法律等理论由此流行,而对于传播思想而言,除了继续延续古希腊修辞学传统外,有关公民演说等传播形式和传播观念也不断发展。本章通过对古希腊罗马传播观念和思想的考察,进而对西方传播思想的起源和核心要素加以探究和分析。

第一节
古希腊与西方传播思想的形成

传播活动是人类最基本的活动之一,伴随着人类交往活动本身的发展而产生和发展。人类早期存在着各种形式的传播行为和传播现象,虽然没有形成系统的现代意义上的传播理论,但与传播活动相关的传播思想观念已经出现。总体而言,人类传播思想的形成是人类思维和自我意识发展的结果。由此,对人类早期传播思想的考察,必须要与人类早期的传播活动,特别是意识活动的发展联系起来。

一、古希腊与西方传播思想的源起

古希腊是西方文明的发源地,也是西方传播思想的发源地。英国浪漫主义诗人拜伦在《唐璜》中就写道:"希腊诸岛,希腊诸岛!曾有过萨福的爱与歌,情幽绵长。曾有过战争与和平,兴衰消长。阿波罗光芒照提洛,神的故乡!年年岁岁炎炎日,海波依依映夕阳,宝岛依旧在,老去的是时光。"早在公元前7 000年前,希腊早期的文明爱琴文明即出现。大约从公元前6世纪起,古希腊出现了第一批国家,即城邦,城邦的形成对于传播思想的发展意义重大。城邦的出现极大地拓展了人们的交流范围,丰富了交流传播的形式。更为重要的是,随着城邦民主制度的发展,城邦逐渐繁荣起来并达到鼎盛。正是在城邦形成时期,希腊人摆脱了通过宗教神话等认识世界的方式,开始自觉地观察、反思、认识和研究各类社会文化现象。也正是此时,早期的传播思想逐渐形成了。

自然环境是古希腊物质生产、社会文化乃至政治发展最重要的背景,它深刻影响了地中海区域人们的日常生活,以及社会文化的形成。从地理环境上来看,希腊地区的生活以海洋为中心,古希腊人居住生活在爱琴海周边地区以及爱琴海的诸多岛屿上。无论是散布在爱琴海中各岛屿和沿地中海岸边分布的各城邦上的居民,还是希腊半岛上的居民,其生活都必然依存于海洋,深入内地而远离海洋的城邦是很少的。由此,希腊文明作为与内陆文明不同的海洋文明,具有开放、活跃和多样性的特征。人们经常提到的希腊地区的另一个突出特征是它破碎的地理版图:除了被海洋分割开的星罗棋布的岛屿和沿岸各城邦外,唯一的一块大陆——希腊半岛也被纵横交错的山川分割成一块块小的区域,使得不少地区彼此隔绝。这样的地理环境很难形成统一的政治中心,建立中央集权的国家。在这种地理环境的影响之下,古希腊形成众多城邦林立且极其多元化的政治格局。亚里士多德甚至认为,地理环境影响人们的性格,由此影响到政治制度。他认为"惟独希腊各种姓,在地理位置上既处于两大陆之间,其秉性也兼有了两者的品质。他们既具热忱,也有理智;精神健旺,所以能永葆自由,对于政治也得到高度发展;倘使各种姓一旦能统一于一个政体之内,它们就能够治理世上所有其他民族了"①。亚里士多德想要说明的是,古希腊历史上希腊人从未建立过现代意义上的国家,原因就是诸多城邦从未在政治上达成一致。这种政治格局,也形成了希腊人崇尚个性自由的传统。地中海地区曾经产生过几个重要的上古文明,同时也是上古几个重要文明碰撞和交汇的地区。在这些文明当中,希腊文明是后来者。希腊之前的埃及和西亚等地区的其他上古文明已经达到了相当高的水平。希腊人借地缘之便,吸取了毗邻的西亚和埃及文明的成果,并将其发展到一个新的水平。就此而言,希腊文明所取得的辉煌成就,是在充分继承和吸收埃及和西亚古老文明成果的基础上形成的。②

"希腊世界"并不是一个统一的国家,而是一个地理和文化概念。它以爱琴海地区为中心,包括希腊半岛、爱琴海中各岛屿和小亚细亚沿海地区,其边缘延伸到黑海沿岸和意大利南部及西西里岛等地区。古希腊文明是从爱琴文明开始的,爱琴文明也是欧洲文明的源头。自此古希腊进入五个发展时期,即爱琴文明(克里特—迈锡尼文明)时代、黑暗时代、古风时代、古典时代和希腊化时代。

所谓爱琴文明,是指南希腊和爱琴海岛屿上的文明。爱琴海位于东部地中海的西北角,处于小亚细亚和希腊半岛之间,南边则有埃及和利比亚。在青铜时代,这些地区的原始社会逐渐解体,并产生了奴隶制国家。历史上常把古希腊分成北、中、南三大块。早在公元前7000年前,这里的居民从事渔业,用黑曜石制作工具,并种植谷物、驯养猪羊。大约自公元前7000年起,爱琴地区与周边地区发生了一些联系。大约在公元前3000年初,这里进入青铜时代,爱琴文明形成。爱琴文明的中心是克里特岛和迈锡尼城,因此又被称为克里特—迈锡尼文明。从公元前2000年克里特岛上出现最早的奴隶制国家起,到公元前12世纪迈锡尼灭亡,爱琴海地区的上古国家存在约800年。

公元前12世纪末,巴尔干半岛出现了一次部落大迁徙,有一支野蛮的希腊人多利斯人南下,摧毁了迈锡尼文明,希腊文明出现了一次大的倒退,希腊世界又回到分散的

① 亚里士多德:《政治学》,吴寿彭译,商务印书馆,1965,第365页。
② 徐大同主编:《西方政治思想史》,天津教育出版社,2014,第16页。

部落生活状态。因此,公元前12到前8世纪,被史学家称为"黑暗时代",或"希腊的中世纪"。但是,数百年后,希腊人已经从这次倒退中恢复过来。至公元前8世纪,他们已经结束了部落迁徙,并且开始了由部落向民族的过渡。此时氏族制度也开始解体,阶级关系已经出现。公元前11世纪到前9世纪的希腊史,被称为"荷马时代",因《荷马史诗》是这时期唯一的文字资料。作为史料,它不仅反映了公元前11世纪到公元前9世纪的社会状况,而且也反映了迈锡尼文明。荷马时代没有产生国家,部落管理实行军事首领、议事会和民众会构成的军事民主制度。荷马时代后期,部落的管理机制开始向国家统治机关过渡,此时希腊已经处在文明时代的门槛了。

公元前8世纪到前6世纪是希腊奴隶制城邦形成时期,这一时期又被称为早期希腊或古风时代。这时希腊各地社会生产力有新的增长,工艺技术水平提高,手工业和农业分工完成,商业也发展起来,氏族社会分化解体,城邦制度开始建立,希腊世界进入了城邦形成时期。遍布希腊世界的大大小小的城邦出现在历史舞台,先后建立的奴隶制城邦达200多个。伴随着城邦的形成,希腊人的理智也开始觉醒,他们在哲学、科学以及文学艺术等领域都取得了辉煌的成就。

公元前5世纪到公元前4世纪中叶,希腊进入古典时代。它从希波战争开始,到马其顿征服希腊各城邦为止,希腊奴隶制城邦达到极盛,然后走向衰落。公元前8世纪至公元前6世纪希腊的早期文化又称古风文化,它是希腊文化的新起点,为日后古典文化的繁荣奠定了基础。到了古典时期,希腊文化在多方面取得巨大成就,尤其是在文学、艺术、史学及哲学等领域达到了古代社会的高峰。在希腊各城邦中,以雅典对文化的发展贡献最大。古代希腊文化在世界文化史上占有重要地位,并对后世特别是西方文化的发展产生了很大的影响,在宗教神话、文学戏剧、建筑雕刻、史学、哲学等方面,都取得了辉煌的成就。这些历史资料文献也包含着丰富的关于早期西方社会人们交流与传播的现实状态和思想观念,西方传播思想史研究也可以从中总结出相关的理念和思想。

二、古希腊传播思想的萌芽

在文字出现之前,口头传播是早期希腊人传播的主要形式。人们通过口语交流、吟唱等方式,讲述日常生活、人类历史和社会活动等。口头传播一般有两种形式,一是家庭中个人化的口头讲述,比如老年人特别是老祖母讲述的故事、神话等。柏拉图也说,孩子们在摇篮里就知道这些故事寓言等,这些讲述为希腊人建构了一个道德框架。二是通过行吟诗人的传播,行吟诗人传播的是更加社会化的内容,他们的传播更广泛,更具有公共性,都是在公共场合展开的。行吟诗人的传播,通过诗歌、神话等形式,起到了形成社会记忆、保存知识和日常交流的目的。通过诗人们的传播,人们建立了共有的历史记忆,形成了希腊社会的文化世界、共享意义和价值系统,亦即行吟诗人的传播具有历史价值和社会文化意义。以行吟诗人的口头传播为传播主体,形成了古希腊的神话、史诗、戏剧、诗歌等传播形式。因此,詹姆斯·格雷克认为,希腊文学兴起之初并不需要文字,学者们直到20世纪30年代初才开始逐渐意识到这个观点。因为,早期行吟诗人的传播主要是通过口头传播进行的。结构主义语言学家米尔曼·帕里通过研究波黑的口传史诗,提出《荷马史诗》最初肯定是在不借助文字的情况下创作和传唱的,因为格律、程式化的重复以及史诗本身的诗歌形式,首要的目的无非是帮助记忆。因此,朗朗上口的特性使得诗句像时间胶囊一样,可以将一部虚拟的文化百科全书代代相传。他的这个观点最初受到争议,但后来的研究表明,这些诗篇的确是在约公元前7世纪或者是公元前6世纪左右的时候被书写记录下来的,因此,他的观点开始被普遍接受了。

此外,将《荷马史诗》书写下来,是具有重大意义的事件,正如继承了帕里观点的英国古典学者艾里克·哈夫洛克所说的:"它犹如人类历史中的一声惊雷,口口相传的吟诵变成了桌面上的纸页窸窣声。它侵入口语文化,造成了不可逆转的后果。事实上,它为口语文化的生活方式和思维方式的毁灭奠定了基础。"[1]可见,古希腊经历了由早期人们口头传播而演变到书写的过程,而以行吟诗人为主的口头传播形态,是西方传播思想的重要起源。

希腊神话是早期古希腊社会文化观念的表现形式。古希腊人信奉多神教,并为诸神编制了丰富多彩的神话,而这些神话便成为西方文化思想取之不尽的题材。古希腊的生活和希腊精神与希腊神话有密切的联系,希腊神话所描绘的人物都具有独立自由的生活,因此,希腊人民从希腊神话中汲取了自由的精神,并进而追求自由的政治生活。马克思说:"希腊艺术的前提是希腊神话","希腊神话不只是希腊艺术的武库,而且是它的土壤。"[2]依据希腊神话的叙述,最初宇宙是混沌的,后来从混沌中产生地母盖娅,盖娅生天神乌喇诺斯。乌喇诺斯和盖娅结合,生下12个提坦巨神。在众多的提坦巨神中,普洛米修斯是创造人类的大神。后来提坦神族的统治被宙斯推翻,宙斯成为宇宙的主

---

① 詹姆斯·格雷克:《信息简史》,高博译,人民邮电出版社,2013,第33页。
② 马克思:《〈政治经济学批判〉导言》,载《马克思恩格斯选集(第2卷)》,人民出版社,1995,第28—29页。

宰,建立了以他为首的奥林帕斯山(在北希腊)诸神的统治。古希腊人相信神主宰人间祸福,他们为了取悦神、祭奠神而举行各种节庆。每4年一次在南希腊奥林匹亚(伊里斯境内)举行的宙斯大祭最为隆重,届时有体育竞赛和文艺表演,得胜者在全希腊享有荣誉。据说宙斯大祭第一次举行是在公元前776年,古希腊人便以这一年作为纪年的开始。其他如对阿波罗神、雅典娜神、狄奥尼索斯神等的祭奠亦相当盛行。为酒神狄奥尼索斯举行节庆的活动产生了古希腊的戏剧。这些有关节庆的集体活动,是人们交流传播活动的重要组成部分,人们的吟唱、表演等传播活动也随之展开。这些传播活动也体现了早期希腊社会的传播形态。

《荷马史诗》不仅是古希腊人从野蛮过渡到文明这一时期留下的宝贵的文学遗产,也是研究希腊上古历史的重要文献。它反映了公元前11至前9世纪所谓"荷马时代"社会面貌和人们思想观念,从中可以看出也已经产生了传播思想的萌芽。《荷马史诗》相传为盲人诗人荷马的作品,实际上在它长期流传的过程中,是由许多民间行吟歌手参与集体创作而成的。史诗包括了迈锡尼文明以来多个世纪的口头传说,大约在公元前7世纪或公元前6世纪左右才被写成文字。史诗包括《伊利亚特》和《奥德赛》两部分,分别讲述的是迈锡尼文明末期发生的特洛伊战争第10年的故事,以及特洛伊战争中的英雄伊萨卡的巴西琉斯(王)奥德赛归家途中的经历。虽然史诗中记叙的故事发生于迈锡尼时代末期,但它流传形成于荷马时代,到公元前8世纪才最后定型,所以它曲折地反映出荷马时代的人们的社会生活、社会特征和思想观念。《荷马史诗》是记载希腊人早期社会生活观念的最早的文献资料。据此书,荷马时代的希腊人尚处于氏族社会末期,氏族内部还保持着原始平等关系。[1]

希腊神话和史诗,就其本质而言,是人的观念世界的体现,希腊神话并不是超越人与人隔离和对立的宗教世界,而是对人自身世界的反映。在对神和人的关系世界的叙述中,神话和史诗包含了关于人自身的理性思考。因此,希腊的神话和史诗,不仅是希腊早期传播的最主要的形态,也包含着人们对传播问题的认识。在希腊神话和史诗中,都已经包含了早期的传播观念和思想,可以说,这些有关早期人们所从事的社会交流活动和传播的描述和认识,是西方传播思想的萌芽。同时,在希腊神话和《荷马史诗》中,也同样记录了各种口头传播的形式,比如集会、演讲、烽火传递信息等等,这些都属于早期的传播形态。《荷马史诗》中就多次提到演说家,并且就史诗的内容看,《伊利亚特》的一半和《奥德赛》的三分之二内容都是由人物的演讲组成的。这些演讲涉及当时人们

---

[1] 徐大同主编:《西方政治思想史》,天津教育出版社,2014,第16页。

生活的各个层面,如议会中军事首领的讨论、士兵们的集会、平民的会议等等,其中就呈现出各类口语传播的特征。

希腊神话里关于赫尔墨斯的传说,就隐含着西方早期人们对传播的认识,我们也可以把赫尔墨斯看作人们传播行为的隐喻。[①] 赫尔墨斯本身是希腊神话中的信使之神,他是众神的使者,但同时又是亡灵的接引神。赫尔墨斯往来于诸神与凡夫俗子之间,承担着神与神、人与神之间的信息传播任务,建立起了信息沟通的桥梁。用今天的眼光看,赫尔墨斯就担任着信息传递的职责。希腊神话中这种承担联系众神和接引凡人亡灵职责的角色,也就成了人们现实生活中信息传播沟通的象征。由此,作为神话人物的赫尔墨斯,具备了很多现代传播学意义上的象征意涵,比如他作为传递信息的诸神使者、能言善辩的演说之神、交换与财富的流通之神等等;同时又因为他狡黠、善于算计,信息经过他传播以后,又有了很多的不确定性。他经常误传信息,甚至传播虚假信息,由此,他成为典型的人类传播活动的特征的意象,包含着对人类传播的阐释。人类传播行为的构成中,需要一种传播载体的存在,赫尔墨斯本身就是这种传播载体或是媒介的隐喻。赫尔墨斯的能言善辩,就是传播活动中的技巧或是传播艺术的表征。赫尔墨斯具有极强的沟通能力,同时也是误读的象征,也就是传播活动中由于传授双方的语境差异而导致的误读等的象征。总之,赫尔墨斯本身就是人类早期传播活动和行为,以及传播特征和内涵的表征。

古希腊的神话和史诗传播,与其他的口传文本相同,作为人类的口头传播行为,其本身就构成了一种传播形态或传播方式,它包含着自己固有的特征、演变发展模式。同时,就其传播内容看,古希腊神话中就包含着丰富的传播观念。对此,有研究者认为,古希腊"神话传播原本是一种平民化的传播,任何人——只要稍懂历史、有点'诗性',都可以向人吟咏史诗,从而成为众人追捧的对象。然而,随着城邦化和社会分工的深入发展,人类最初的大众化言说方式——吟唱,逐渐演变成由少数特权人群把持的精英式言说方式——宣讲,并诞生了一种新的神话传播形态——祭仪"[②]。可见,神话和史诗是最

---

① 希腊神话中,赫耳墨斯是宙斯和迈亚之子,在众神酣睡之际降生在山洞里。他聪明而狡黠,出生当天,他就离开摇篮去皮埃里寻找其兄阿波罗的牛群。半路上,他发现一只乌龟,把它杀死掏空,留下龟壳,将七根绳紧紧绷在上面,制造出了七弦琴。他重新上路,找到了哥哥的牛群,割喉杀死了两只母牛作为牺牲,把其余五十只赶到一个山洞里藏了起来,他小心翼翼地赶着牛群倒着走,以使牛蹄印似乎朝着它们平日食草的田地的方向。阿波罗盘问时,他否认自己的罪行,在众神大会上仍然矢口否认。被逗乐的宙斯要兄弟二人和解。阿波罗羡慕他的七弦琴,于是作为交换,把荣誉让给了赫耳墨斯。后来,赫尔墨斯就成为演说之神、畜牧神、竞技之神,又成为翻译神、国界神等等。参阅克琳娜·库蕾:《古希腊的交流》,邓丽丹译,广西师范大学出版社,2005,第188—190页。

② 李智:《人类交流发生和早期发展的基本逻辑——以古希腊口语传播的历程为视角》,《厦门大学学报(哲学社会科学版)》2010年第3期。

基本的口头传播形式,最初是在大众之间口耳相传的,后来只有行吟诗人这样的社会精英才能掌握,再后发展成宗教仪式行为。从神话与史诗传播而言,一方面,它们本身就是吟唱、宣讲、宗教仪式等传播形式的体现;另一方面,我们在它们所传播的内容中也可以窥见当时人们的传播观念。

古希腊神话与史诗最初是基于口头传播展开的,主要是由那些善于歌唱和叙述的行吟诗人承担。因此,行吟诗人就是古希腊早期的传播者,而荷马则是这些众多的行吟诗人中的佼佼者。可以想见,正是以荷马为代表的这些行吟诗人,通过他们的讲述,成就了丰富多彩的希腊古代社会的传播。法国新闻史学者彼·阿尔贝指出:"新闻乃是任何社会生活的基本需要之一。在印刷术发明之前的各国古代文化中,我们都能找到与现代新闻业相似的社会现象。从古希腊的行吟诗人,到中世纪非洲的行吟艺人,人类的好奇心理曾经造就了无数讲述历史故事的职业艺人。他们担负着人类交流的重任,往往还负有传播新闻的使命。从荷马到中世纪末叶的编年史家,从希罗多德到马可·波罗,人类为了记述重大历史事件,使之传之后世,也为了描述异国风情,曾经撰写了大量的著述,有些著述类似今天的通讯报道。"[1]在书写文字出现之前,人们通过口语传播来进行传播活动,口语传播在人们的日常生活中占有重要的地位。

由于人们日常传播信息的需要,在文字书写不发达的时代,行吟诗人就通过自己口语表达交流方面的能力,进而传播神话和史诗等内容,形成了富于特色的口语传播。在传播形式上,行吟诗人通过自己超强的记忆力、绝妙的口才、富于表现力的形式,传播英雄史诗、神话等题材。正如柏拉图所指出的:"当你遇见赞颂荷马的人,听到他们说荷马是希腊的教育者,在管理人们生活和教育方面,我们应当学习他,我们应当按照他的教导来安排我们的全部生活。这时,你必须爱护和尊重说这种话的人。因为他们的认识水平就这么高。你还得对他们承认,荷马确是最高明的诗人和第一个悲剧家。但是你自己应当知道,实际上我们是只许可歌颂神明的赞美好人的颂诗进入我们城邦的。如果你越过了这个界限,放进了甜蜜的抒情诗和史诗,那时快乐和痛苦就要代替公认为至善之道的法律和理性原则成为你们的统治者了。"[2]柏拉图对荷马这样的行吟诗人的评价,就艺术层面而言,荷马作为诗歌的传播者,通过诗歌给人们带来情感的享受,所以荷马"确是最高明的诗人和第一个悲剧家";但是,就哲学层面而言,在理想化的城邦里,谬误的东西如同这些"甜蜜的抒情诗和史诗",只能危害"至善之道的法律和理性原则",

---

① 彼·阿尔贝、弗·泰鲁:《世界新闻简史》,许崇山等译,中国新闻出版社,1985,第3页。
② 柏拉图:《理想国(卷十)》,郭斌和、张竹明译,商务印书馆,1986,第406页。

因此,他又批判了作为行吟诗人的荷马传播了谬误的东西。《荷马史诗》也记录了这些行吟诗人:"还要招来通神的歌手,德摩道科斯,神明给他诗才,同行不可比及,总能欢悦我们的心怀,不管诗情催他唱诵什么事件。"①可见,在当时的人们看来,作为文化传播者的行吟诗人具有沟通神明的能力,他们的吟唱能力是神明赋予的,他们带给人们的主要是欢乐。

作为神话和史诗传播者的行吟诗人,为了将这些英雄史诗流传下来,需要有很高的传播能力和传播手段。在没有文字记录的口传时代,要试图将这么丰富、繁多的神话传说、英雄故事记住,就需要行吟诗人有超强的记忆力和高超的传播方法。因此,具有超强的记忆能力和非凡的叙事能力,显然是行吟诗人的基本传播素养。因此,良好的记忆和绝妙的口才是行吟诗人必备的素质。为了达到良好的传播效果,在具体的传播叙事形式上,行吟诗人会在作品中反复叙述一些相同的词、词组、整句诗,甚至是整首诗,并且有相当数量的定语,形容词也极为频繁地重现,从而形成了一整套固定或相对固定的饰词、短语和段落。例如,他们这样来形容史诗中的人物:"诡计多端"的尤利西斯,"头戴耀眼头盔"的赫克托耳,"手臂白皙"的瑙西卡等。这些富于特征的传播叙事形式,是与当时口语传播的现实实践相联系的。就传播受众而言,行吟诗人的听众虽然大多是贵族,但行吟诗人还会到小社团组织的"夜间聚会"上吟唱。随着城邦的发展,行吟诗人会到集市广场上吟唱,那里聚集了众多的平民。在盛大的宗教节日中,行吟诗人也会为众多的普通人吟唱。他们通过这种方式为人们传递当时的文化,并使之逐渐流传下来。行吟史诗和传播它的行吟诗人不仅促进了人们之间的口语交流,而且保留和传播了城邦的文化,使城邦的文化在普通民众中得到传播,进而扩大了交流的范围。②

在希腊神话和史诗中,作为传播的"话语"被赋予非常重要的意义,话语不仅是力量的表现,同时也是神性的表现。语言传播被认为是非常神圣的,只有神才能掌握真正的传播,而凡夫俗子只能是道听途说。比如瓦纳克斯在《献给半神的祷歌》中就说道:"告诉我,家住奥林匹斯的缪斯女神,你们无处不在,无事不晓;而我们凡夫俗子,只能满足于道听途说,对往事一无所知。"由此可见,当时人们认为传播能力是属于超凡脱俗的神的能力,非常人所能拥有。对于语言的神性的描述,《荷马史诗》里多有"有翼飞翔的话语""女神伊里斯传神的旨意"等描写,将语言传播与神性联系在一起。

---

① 荷马:《奥德赛》,陈中梅译,北京燕山出版社,1999,第116、118页。
② 李芳睿:《雅典城邦的交流》,硕士学位论文,内蒙古大学,2010。

神谕是古希腊的一种占卜方式,男祭师或女祭师是神(一般是阿波罗神)和人之间的媒介。在神的授意下,这一媒介给咨询神谕的人们提供建议,与其有关的圣殿散布于整个希腊世界。希腊神话中关于"德尔斐神谕"的传说,就是对人和神之间传播的描述,其中也包含着传播的神圣性特征。① 这种对于口语传播的神圣性的观念,反映了古希腊传播思想中对于语言作用的认识,即赋予语言神圣性以强化传播的效果和权威性。古希腊最负盛名的神示场所就是发布阿波罗神示的"德尔菲神示所"。德尔菲是阿波罗神庙所在地,传说中德尔菲是地母所在地,是大地的中心。神庙内殿有地上和地下两层,神谕由阿波罗的女祭司皮蒂亚传出。为了传递神谕,女祭司在帕耳那索斯山麓卡斯塔利亚泉沐浴净身后进入内殿地下室,并闻从地洞里冒出来的硫磺气,就受到神的灵感,祭司两眼发光,高声而断续地开始谵语。内殿上下有孔相通,女祭司的话就从此孔传到地面,由在那里担任记录的人记下来编成韵文,即神谕。古希腊神庙是人们聆听神谕之处,由于阿波罗是预言之神,德尔菲又是大地的中心点,所以这里的神谕在希腊具有极高的威信。这虽然是一种原始的巫术仪式,但却反映了那时人类对神示传播的神圣性、神秘性的观念,同时,说明那时已经出现了用笔记录的形式,以及韵文这种易于口传的传播形式。后来皮蒂亚的名字成为典故,被广泛引用。马克思在《路易·波拿巴的雾月十八日》中讲到法国1848年6月起义失败后的情形,就提到了阿波罗神庙女祭司皮蒂亚的名字。另外关于俄萨的神话,也说明了这点。古希腊神话中有一位女神叫俄萨,是宙斯的传信使者。传说她用号角以飞快的速度传送消息。俄萨在古罗马神话中叫"法玛"(Fa-ma),"法玛"是拉丁文。该词后来就转为传播迅速的消息和流言之意。马克思在《政治经济学批判序言》导言中就提到了"法玛"一词。他说:"在印刷所广场的旁边,法玛还成什么?"② 这里提到的印刷所广场,是指伦敦的一座广场,《泰晤士报》的总社就设在那里,文中说用印刷出版和报纸传播消息,其迅速的程度远非古代的传闻女神法玛或是俄萨可比,因之传闻女神也就失掉她们的作用了,后来"Fa-ma"也成为谣言的词源。在古希腊,这种语言的神圣性的观念被广泛地接受。

总之,作为口头传播的古希腊神话和史诗等形式,是西方传播思想的产生形成阶段的重要形态,通过口头传播,西方传播思想中的修辞学、论辩术、演讲术等口传形式得以形成和发展。首先,作为口头传播形态,和人类早期的认识一样,语言传播是古希腊人认识世界、描述世界存在的主要方式。他们通过口头传播,记录历史,描述现实生活,并

---

① 许正林:《欧洲传播思想史》,上海三联书店,2005,第30—31页。
② 马克思、恩格斯:《马克思恩格斯选集》(第2卷),中共中央马恩列斯著作编译局译,人民出版社,1972,第113页。

建立社会共有的价值观,建构社会文化。因此,借助这些口传文本,我们可以看到希腊世界的基本状况。正如海德格尔所说的:"我们曾说:希腊人也把语言领会为某种存在者,从而是在其对存在的理解的意义上来领会的。常住者是存在着并如此这般展示着自身者,现象者。这个现象者主要是对着表现自身。希腊人在相当广义上是从视觉来考察语言,也就是从写出来的东西方面来看,说出来的东西就来居停于此中。语言在,这就是说,语言居停于词的文字图像中,居停于字形中,居停于字母中,grammata 中。所以语法就表象出存在着的语言。反之语言通过谈话之流却逝入不持久者中去了。因而语言学就以语法方式表达出来,一直延续到我们的时代。当时希腊也懂得语言的声调性格,即懂得 phone。他们就建立了修辞学和诗学(然而此二者都没有从自身引出相应的对语言的本质规定)。"①海德格尔通过哲学的思考和描述,认为语言就是存在的表征,当语言把自身理解为对起源的提示时,语言就形成了起源的载体。由此,希腊人把语言和世界存在紧密地联系在一起。其次,在古希腊,作为口头传播形式的话语被赋予神圣性。赋予传播话语以神性则建立了话语与权力之间的关联。希腊人首先赋予语言传播以神圣性,由此将传播视为人神交流的重要形式。在古希腊,行吟诗人就是神意的传播者,是神的代言人,早期的诗人其实就是巫师,这也是早期传播思想的重要方面。正如有学者指出的:"如果要垄断政治权力,就必须首先垄断话语权,垄断秘密口传的祝词、密教仪注、口传的法律以及复杂的与日常口语相脱离的文字等。"②其实,通过控制传播,进而达到权力控制的目的,正是通过话语的神圣性来实现的。最后,古希腊口头传播经过了"诗性"到"理性"的转变。随着行吟诗人们后来被逐渐分解为抒情诗人、叙事诗人、戏剧诗人等,诗人们吟唱的内容由神话史诗转变为日常生活,进而承担起教化社会、传承文化的功能,由歌颂神转变为描述人,转化为戏剧等文学艺术形式,由此形成了希腊理性主义主导下的传播观念。

三、早期自然哲学家的传播思想

公元前 6 世纪到公元前 5 世纪中叶,古希腊出现了一大批被亚里士多德称之为"论述自然的人",以区别于"论述神的人"的自然哲学家。他们把自然作为客观的求知对象,专注于对自然现象的思考与研究,探寻纷繁复杂的自然界的"本原",试图发现其内

---

① 海德格尔:《海德格尔选集(上)》,孙周兴等译,上海三联书店,1996,第502—503页。
② 许正林:《欧洲传播思想史》,上海三联书店,2005,第83页。

在的和谐秩序与规律。在这些古希腊早期的自然哲学家的思想中,也包含着古希腊传播思想的萌芽。这其中有代表性的是赫拉克利特关于"逻各斯"(logos)的思想,它包含着早期的理性主义的传播思想观念。

古希腊自然哲学家从具体的物质角度出发,探索宇宙的本原问题。他们也把人类社会当作自然世界的构成部分,认为自然的秩序和法则也是人类社会的最高法则。赫拉克利特认为世界万物是永远变动的,而且这种变动是按照一定的程度和规律进行的,据此他提出"逻各斯"学说。"逻各斯"的含义十分丰富,它还具有"本质言说"的含义。就此意义上看,它和传播之间有着复杂的关系,通过"逻各斯"亦可考察古希腊早期的传播思想与观念。

"逻各斯"是希腊文 λόγος 的音译,这个名词由动词 λεγω(说)而来,在希腊文中是个多义词,有计算、尺度、对应关系、比例、说明、解释、论证、公式、思想、理性、陈述、演说、言词、神谕、格言、命令、对象、主题、神的智慧、神的言辞等数十种含义。① 王晓朝认为,在这些含义中,有些含义应是它的原义,比如言词、神谕、格言,有些含义是后来派生出来的,比如用来表示客观事物发展规律的尺度、比例,用来表示主观思维的思想、对象、理性等。赫拉克利特残篇中出现的"逻各斯"的含义也各不相同,我们很难找到一个适当的中文词统一翻译它。类似的情况在西方学者的研究中也存在。著名希腊哲学史专家格思里说,"逻各斯"在希腊语中虽然是一个最常用的词,但在英语中却找不到一个可以逐项对应的同义词。② 他考察了该词在公元前 5 世纪以及以前的希腊典籍中的用法,归纳出十种基本含义:① 所讲的和所写的东西;② 与评价有关的东西,如名誉和声望;③ 与感觉相对立的思考或推理(从巴门尼德开始有这种用法);④ 原因、理性或论证;⑤ 事物的真相,与空话、借口相反;⑥ 尺度;⑦ 对应关系、比例;⑧ 一般的原则或规律;⑨ 理性的力量;⑩ 定义或公式。最后三种用法直到公元前 4 世纪前后才开始出现。赫拉克利特较多地使用了这个词,但含义不固定,有"声望""话语""讲演""尺度""估计""深度""根源"等多种含义。他认为万物的运动变化都要按照一定的"逻各斯"(尺度、比例),隐含着普遍规律的意思,这是他使用"逻各斯"一词抽象程度最高的地方。③从"逻各斯"丰富的含义中,我们可以考察它与传播问题的关联。

在赫拉克利特这里,"逻各斯"并不是传播学的问题,而是一个哲学问题。从赫拉克利特开始,亚里士多德、海德格尔、马尔库塞等哲学家都曾谈论过它。但是,正如许多研

---

① 王晓朝:《希腊哲学简史:从荷马到奥古斯丁》,上海辞书出版社,2017,第 87 页。
② 同上,第 88 页。
③ 同上。

究者所看到的,这个概念本身就包含着人类的交流、对话、言说、共享等传播学的问题。因此,我们围绕"逻各斯"概念,分析其中所包含的传播观念。

首先,就其本义而言,"逻各斯"就是包含言词、神谕、格言等含义的"言说"行为。这里涉及一个很重要的问题,所谓"逻各斯",就是"言说",指向话语意义的建构。如前所述,就哲学意义上看,所谓传播,就是人类建构共享话语意义的行为,由此,作为言说的"逻各斯",也就包含有"建构共享话语意义"的意涵。彼得斯在《对空言说:传播的观念史》里也提到,英语《圣经·马太福音》里就使用 communication(传播)一词来翻译古希腊的 logos("逻各斯")。彼得斯解释说:"'逻各斯'是希腊文里意义最丰富的词语之一,其涵盖的意思包括词语、论说、话语、言语、故事、书籍和理性等等。亚里士多德曾说,人是会说话的动物。而作为一个总体性的字眼,'逻各斯'涵盖了人作为'会说话的动物'所具备的一切能力。《马太福音》里的这句话要求我们所使用的言语(speech)应该简单明了,但是从其对 logos 的使用方式,我们似乎可以看出存在着一个如何处理人和'逻各斯/传播'之间的关系的总方针。由上可见,communication 也含有和'逻各斯'类似的广泛意义。"[1]正如彼得斯所看到的,"逻各斯"所包含的也正是人类传播的基本特征。

其次,"逻各斯"包含着"共享意义"的含义。既然"逻各斯"具有"言说"的含义,那么,它又是什么样的言说呢?它不是一般意义上的说话、谈话,包含着"逻各斯"的后续含义,即理性的、一般的原则或规律的含义。在赫拉克利特看来,人们通过言说表达思想,而思想是隐含于事物中的共同之物,是需要理解和领会的东西。他认为"逻各斯"是公共的、共同的,而不是某个人或物所私有的,也就是我们今天所说的客观的、普遍的。赫拉克利特也说:"所以必须遵从那共同的东西。虽然'逻各斯'是共同的,但大多数人还是按照他们自己私自的理解那样生活着。"[2]这里,人们通过言说,从而形成共有的思想,或者共享的意义,最终实现了言说的目的。

再者,"逻各斯"作为事物的本原,包含言说事物真相的含义。"逻各斯"还有"事物的真相,与空话、借口相反"的含义,赫拉克利特所表述的"逻各斯",最为核心的含义应该是事物的本原、本质,其含义相当于老子《道德经》的"道"的含义,由此,"逻各斯"言说的是规律、道理,就有达到事物的本质的含义,我们知道,所谓传播,其实就是通过对事物的描述,而达于事物本身,描述事物的真相。

---

① 约翰·杜翰姆·彼得斯:《对空言说:传播的观念史》,邓建国译,上海译文出版社,2017,第 14 页。
② 汪子嵩、范明生、陈村富、姚介厚:《希腊哲学史(第一卷)》,人民出版社,2014,第 388 页。

最后,"逻各斯"还有尺度、比例、定义等表述规范性的含义。"逻各斯"作为一种沟通和表述,必然具有规定和约束性,这也是对传播形态的形式要求,也就是说,为了到达事物的本原,必须要理性地言说,要遵循一定的传播规则,要符合关系、比例、尺度,这样才能实现真正的交流和沟通。

总之,所谓"逻各斯",就是在理性的言说中,寻找事物真相、本原,最终达于事物之"道",达于事物之本原。在传播实践中,需要理智的对话和沟通,从而建构共享意义,以传播事物真相。赫拉克利特的"逻各斯"思想的传播意义,就是"理性地言说",它给我们提供了人类交流的哲学基础。就哲学意义看,传播就是人和人之间的理解。理解的实现,显然是离不开理性主义这一基础的,因此也可以说,赫拉克利特的"逻各斯"为其后的古希腊理性主义传播观念的发展奠定了基础。

第二节
古希腊城邦的传播及特点

古希腊城邦是一种特殊的国家形式。公元前 8 世纪,希腊氏族制度瓦解,奴隶制国家开始出现,这些国家规模小数目多,历史上被称为"城邦"(polis)。其中最强大而有代表性的是斯巴达和雅典。城邦公民参与城邦的政治生活,将自己的私人事务与公共生活结合起来,并且理性地讨论公共事务,由此形成了古希腊城邦以语言艺术应用为基础的修辞学理论,包括论辩术、演讲术、法律诉讼等传播形态与传播观念。

一、古希腊城邦的传播活动

古希腊小国林立,小国寡民是希腊城邦显著的外部特征。城邦,即城市国家,是指一种以一个独立自主的城市为中心,辐射其周围地区而形成的国家形态。有学者就认为:"城邦结合,以城为邦,这是城邦的一个基本特征。城邦主要是以一个城市为中心,结合周围地区而形成的国家,并不包括更多的城市,因而只可能出于小国寡民的状态,当它逐渐扩大,比较稳定地拥有更多的城市领土和人口时,也就不成其为城邦了。"①从本质上说,城邦就是自由公民的自治团体,是公民在法律之下分享权利和义务的政治体系。古希腊城邦法理上属于全体公民所有,城邦就是公民团体,公民团体就是城邦,公民享有参加城邦政治生活的权利。城邦的出现,使得古希腊人们的交往变得社会化,公共传播成为城邦生活的主要内容之一,由此也形成了古希腊城邦的传播形态和传播观念。城邦公民讨论公共事务,通过设立学院进行教育,进而讨论哲学、自然科学等高深知识,由此,以交流传播公共事务为主旨的修辞学、论辩术也应运而生。为了满足当时的政治生活需要,一批立法人、诉讼师、哲学家和雄辩者构成了一个知识分子阶层,以修辞学为核心的论辩术、演讲术、对话与书信等传播活动得到很大发展。希腊思想学者韦尔南就认为:"所有那些原来由国王解决的属于最高领导权范围的涉及全体人利益的问题,现在都应提交给论辩的艺术,通过论战来解决。所以这些问题必须能够用演说的形式表述,符合证明和证伪的模式。这样,政治和'逻各斯'就有了密切的相互关系。政治艺术主要就是操纵语言的艺术,而'逻各斯'最初也是通过它的政治功能认识了自己,认识了自己的规则和效用。"②可见,话语权在城邦中占据了主要的位置,由此,在城邦中更有效地传播信息和宣扬观点,就成为城邦公共生活中必不可少的内容。古希腊城邦兴起后,雅典是最重要的城邦,柏拉图和亚里士多德的思想集中体现了古希腊传播观念。

古希腊城邦的传播,主要是围绕城邦公民的公共生活内容,在城邦内的公共场所展开的。行吟诗人、演说家依然是城邦传播的主体。此外,随着文字的广泛使用,书写以及公共场所的铭文也成为重要的传播手段。古希腊的各个城邦都有公民会面、集体活动和文化娱乐的场所(被称为 agora),③包括公共广场、宗教圣殿、剧院、运动场等。此外,各城邦还有政治交流机构,包括公民大会、参政院、法庭等。在这些公共传播场所中,公共广场则具有非常重要的意义。

古希腊的广场作为城邦公民活动的公共空间,具有重要的传播学意义。城邦政治制度的公开性和公共性,决定了古希腊广场不仅具有宗教、政治、商业功能,同时也是城邦公民主要的信息交流空间。广场是所有公民的政治司法场所,戏剧、体育比赛以及宗教活动等经常在这里举行④。这样,"广场便集宗教、政治、商业三种职能于一身,每个职能都在特定的建筑物里得以实现"⑤。

希腊城邦的广场最初是宗教场所,后来发展成为宗教、政治、商业和文化传播中心。

---

① 于可、王敦书:《关于城邦研究的几个问题》,《世界历史》1982 年第 5 期。
② 让-皮埃尔·韦尔南:《希腊思想的起源》,秦海鹰译,北京大学出版社,2012,第 40 页。
③ 克琳娜·库蕾:《古希腊的交流》,广西师范大学出版社,2005,第 37 页。
④ Iris Douskou, Athens. *The city and Its Museums*. Athens, 1982, p.136.
⑤ 克琳娜·库蕾:《古希腊的交流》,第 38 页。

广场最初形成时是宗教建筑,人们在这里从事宗教仪式活动,后来随着城邦民主政治的发展,除宗教功能外,广场的主要功能演变为政治和文化交流与传播。广场具有公共空间的属性,在民主政体城邦的广场,广场是开放的,几乎所有的人都可以进去。因此,城邦的演说家为了传播其政治观点,扩大其影响,必须要在广场进行演说,"一个演说家若想引起公众的兴趣,就必须让人们在公共场所听到他的声音。尤其是在公元前的世纪,在公民大会召开前后,人们都在广场上集会"①。柏拉图曾这样描述广场上的演说家:"我的意思是通过演讲在法庭说服法官,在参政院说服参议员,在民众大会及其他由公民参加的会议说服人民,有了这种能力,你就会把医生变成你的奴隶,用体育训练你的奴隶,至于闻名遐迩的财政官,人们会发现他出的钱不是为他自己而是为别人,为你这个善于辞令并说服众人的人。"②柏拉图显然在这里批判这些善于辞令、能言善辩的演说家,但是,也侧面说明了古希腊的演说家在城邦广场中超强的传播信息、说服公众的能力。

后世仍有作品描绘相关场景。拉斐尔《雅典学院》这部画作以古希腊哲学家柏拉图举办雅典学院为题材,以兼容并蓄、自由开放的思想,打破时空界限,把代表着哲学、数学、音乐、天文等不同学科领域的文化名人会聚一堂,表达了对人类追求智慧和真理者的赞扬。作品描绘了共 11 个群组的 57 位学者名人,画面的中心是柏拉图和亚里士多德,柏拉图指着天,亚里士多德指着地。

古希腊城邦广场的商业化进一步综合了城邦广场的各类功能,使其成为真正的城邦公民的公共空间,无疑也促进了城邦的信息传播。"这里也是最大的集市,人们定期从各地汇聚于此,从事买卖","大约从公元前 6 世纪起,广场边上开始出现商铺"③。阿里斯托芬用极富表现力的手法描绘了这些去广场购物,在货架周围挤来挤去的人们。此外,广场上还有美容院,理发馆。"有人去了美容院,有人去了理发馆,有人去了修鞋铺。总之,每个人都去了各自喜欢去的地方,他们往往是去广场附近的商店,极少去相隔遥远的商店。"④人们在广场交流物品的同时也交流思想,这就使得广场的公共性更加广泛。通过商业功能的整合,广场成了城邦公民公共生活的综合体,成为公民日常生活中最不可或缺的公共场所。这种公共空间"完全属于社团,无人在广场上建立私人的住宅;再者,广场实际上被界石把它与私人领地分开;因此,人们才得以在雅典发现了几个这样的广场"。于是,"那些能去广场的人百去不厌。一大早,广场就被挤得水泄不

① 克琳娜·库蕾:《古希腊的交流》,第 41 页。
② 同上,第 72 页。
③ 吴晓群:《希腊思想与文化》,上海社会科学院出版社,2009,第 79 页。
④ 克琳娜·库蕾:《古希腊的交流》,第 39—40 页。

通……人们去广场的动机五花八门:有去公民大会厅或法庭的,有去打官司的,有去购物的,还有去柱廊阴影下休息的。这里也是人们打听最新消息的好去处——就在广场上或在周围的小店铺里。比如,有关西西里灾难的新消息首先是在理发店里传开的。广场也是聊天的地方:光顾广场上的小店铺是习以为常的事,不仅仅是为了购物或美容,也是为了闲聊"①。显然,利用人们聚集广场的机会,有关城邦事务的各类政治性的演说和辩论也经常在这里进行,各种各样的言论也在这里传播。

以广场为代表的古希腊城邦的公共传播形式,在传播日常信息、知识,推动人们理性地思考,提高民众认识等方面起到了重要的积极作用。城邦包括权贵、知识分子、平民、哲学家、演讲家、行吟诗人等各个阶层的公民聚集在广场,成为各类信息的传播者。他们拥有各自不同的信息、知识和观点,从各自的角度传播信息。涉及各类科学知识和观点的学说都能够公开在广场上得到演讲和发表,并接受人们的普遍的质疑和辩论,这对科学认知而言,具有重要意义。这对于学科的倡导者不仅是挑战,对于学科本身的缜密性、思辨性也至关重要。通过这样的学术交流和辩论,人们不断接近事物的真相,不断获得真知。这种真理不辩不明的传统,对后世西方世界影响深远。广场上的自由交流,也使得修辞学成为显学。政论家和论辩家必须要熟练掌握修辞、论辩的技巧,以雄辩的演说宣传自己的思想和观点,从而说服公众接受。

二、古希腊修辞学与传播思想

古希腊人非常重视语言的艺术,在古希腊早期口语传播发展的基础上,城邦政治对公共传播的需要促进了古希腊城邦修辞学教育和实践应用的发展。公元前 5 世纪后半叶由"智者"推动的古希腊教育,使得古希腊的修辞学、哲学教育成为重要的领域。作为职业教师,"智者"(Sophist)学派倡导"三艺"教育,包括文法学、修辞学和逻辑学。基于政治演讲的现实需要,当时的教育主要讲授演讲、辩论术以及为演讲、辩论服务的文法学、修辞学与逻辑学。古希腊"智者"作为最早的专业化教师,他们开办学校,培养学生,培养具有多种才能、能言善辩,并且善于交际的政治家和商人,特别是培养能够参与当时的城邦民主政治,具有政治主张,并且擅长演说,以期取得城邦公民的支持的演说家。由于智者的推动,在公元前 5 到前 4 世纪,修辞学成为古希腊文化的重要构成,同时也是古希腊传播思想的重要资源。

---

① 克琳娜·库蕾:《古希腊的交流》,第 39—40 页。

古希腊修辞学与古希腊人的理性思维能力和政治需要密切相关。运用语言准确表达思想,辨明真理,并在实践中服务于政治,这是古希腊修辞学的目的。就哲学意义看,古希腊修辞学也是语言和思维的关系的体现。

　　修辞学的古希腊语为"rhetorike",其本意主要指的是演说的技艺或学问。亚里士多德的《修辞学》也被看作探讨演说的专著。但是随着修辞学自身的发展,到16—17世纪时,其范围从古希腊时期的演说逐渐集中为对语言风格和辞格的研究。① 虽然,谈到古希腊修辞学时,人们依然认为这仅仅是演讲的艺术,智者认为它是"说服的技巧",亚里士多德认为它是"说服的方式",具体包括如何立论、修饰词句等。如罗念生就认为,所谓修辞学,指演说的艺术,包括立论和修饰词句的艺术。② 但是,正如王晓朝所认为的,古希腊修辞学的含义更为广泛,文辞的修饰、正确的语法、铿锵的音韵、崇高的风格等等,都是修辞学的研究对象,词源学、语法学、音韵学、论辩术、演讲术也都是修辞学的分支。概言之,古希腊人心目中的修辞学就是如何有效运用语言的技艺。古希腊人对运用语言的技能十分重视。他们认为,"人是会说话的动物",有无运用语言的技能是一个人有无智慧的重要标志。正常的人都会说话,但要在公众场合讲述自己的见解,那是要有智慧的。"做一个好的演讲者和行动者是自荷马时代以来每一个希腊人的雄心。"③ 在这一理想的推动下,希腊人在以"理论的、艺术的、宗教的、实践、精神的"方式把握世界的过程中发展了自己认识客观世界的关键性工具,即语言,提高了自己运用语言的技能。④ 由此,古希腊修辞学不仅是论辩术、演说术范畴内的说服艺术,其实更多地包含着古希腊社会的关于语言、哲学与传播的思想和文化内涵。

　　就古希腊修辞学本身的实践发展看,它从荷马时代就已经萌芽了。荷马不仅是行吟诗人,还是演说家。古罗马的演说家昆体良就说,荷马是"所有感情的——细腻的和强烈的——大师",并且本能地观察到了诸如诺言、叙述、论据和驳斥、结论、演讲的修辞等修辞手段。"它们是如此之多,以至于大多数关于修辞原理运用的作家都到他的作品中去寻找例证。"⑤亚里士多德在《修辞学》中也多次提到并引用《荷马史诗》,把它作为演讲和行为的例证。《荷马史诗》中,规劝、审慎、辱骂、叙述、情感、讥讽等用法,几乎都成为后世修辞学家研究演说理论的典范。⑥ 在罗念生看来,古希腊修辞学就是"演说的

① 高辛勇:《修辞学与文学阅读》,北京大学出版社,1997,第117页。
② 亚里士多德:《修辞学》,罗念生译,生活·读书·新知三联书店,1991,第2页。
③ 王晓朝:《论古希腊修辞学的发展与朴素辩证思维的诞生》,《杭州大学学报》1992年第2期。
④ 同上。
⑤ 胡曙中:《美国新修辞学研究》,上海外语教育出版社,1999,第9页。
⑥ 许正林:《欧洲传播思想史》,第51页。

艺术",其实是一种新的文章风格的转变,也就是说古希腊的文章风格开始由诗歌转向散文。这种散文艺术是受古希腊的民主政治、东方文化,以及城邦法律争端等现实需要而产生的。到了公元前5世纪中叶,便出现了专门教授修辞学知识及应用的"智者学派",他们主要讲授修辞学,以及文学、哲学、数学等。公元前4世纪是古希腊修辞学发展的黄金时代,出现了许多著名的演说家和修辞学家,其中最有成就的是伊索格拉底、狄摩西尼和亚里士多德。柏拉图在《高尔吉亚篇》和《斐多篇》里也论述了修辞学。亚里士多德的修辞学理论师承柏拉图,也对其有所批评和发展,由此古希腊城邦的修辞学理论就完成了。有学者认为,修辞学的兴起和发展促成了希腊人思维方式的转变和理性思维能力的提高,为希腊哲学的发展奠定了基础。

　　古希腊修辞学被称为"演说的艺术",在实践中被理解为如何更好地"说服"他人,以便其接受自己的观点。古希腊人重视语言的使用,正如色诺芬在《回忆苏格拉底》中所说的:"我们所借以认识生活的一切事物,都是通过语言学来的;我们所学得的其他一切有用的知识也都是通过语言学得的;最好的教师是最会运用语言的人。"①因此,就其理论内涵看,古希腊修辞学就是如何更好地运用语言的艺术,直至发展成为修辞学派(rhetorical tradition),中国台湾学界将其直接翻译成"语艺学派",则更加接近原意。就此意义看,修辞学就包含前述"逻各斯"的含义,即理性地言说,指谈话、论述、争论、推理、思想等含义——它们都与"言说"相关联,同时也与理性思维有关。当时希腊人也认为,有智慧的人就是能够使用语词准确表述、论证自己思想的人。在具体的实践应用层面,修辞学则包括演讲术、辩论术等形式。演说是城邦公民政治活动的主要方式,在城邦公共生活中,如公民大会、法庭诉讼、广场演讲、哲学辩论等,如果要得到成功,必须以说服的方式赢得支持。要提高演讲水平,就得探讨说话的技术,"修辞术"便应运而生。所谓"修辞术"即有效地运用语言的技术。由此形成另一种表述,"演说术",在城邦政治中,就是指在不同的场合针对不同听众的演说技术,亚里士多德把这门学科归入政治学。此外,演说术又和论辩联系起来,正如西塞罗所说的,演说术的规则作用,不在于演说家在遵循了它们之后能赢得雄辩的美名,而在于某些人注意到了一些人具有天然雄辩的能力,并对那些人的行为进行收集。因此,雄辩就不是艺术的产物,而是关于雄辩的艺术。论辩术就是争论的技艺。争论古已有之,希腊神话中就有不和女神厄里斯(Eris),论辩术(eristic)一词就是从这位女神的名字中派生出来的。但直到公元前5世纪时,论辩术才成为一门技艺。当时的自由民热衷于论辩术的学习和运用,就各种问题

---

　　① 色诺芬:《回忆苏格拉底》,吴永泉译,商务印书馆,1984,第93页。

展开讨论,论辩之风非常普遍。城邦民主制又给自由民提供了广阔的论辩场所和舞台,在人们的理性思维能力普遍有所提高的情况下,如何进行说理论证成为思想家们的研究课题,这就是论辩术的研究内容。而智者们把论辩术作为修辞学的重要内容来加以重点研究。可见,古希腊修辞学就是包含演讲术、论辩术等实用技艺的语言应用艺术;就传播学视角看,它也是如何实现有效传播的学问。

关于古希腊修辞学理论传统与西方传播思想形成发展之间的内在联系,许多传播学者也多有论述。传播学者罗伯特·克里格总结了西方传播学研究传统的七种理论起源,首先提到的就是修辞学传统。他认为在修辞理论传统中,传播(communication)通常被建构为一种实用的话语艺术,同时认为传播学的修辞学传统起源于古希腊智者学派。① 也有学者也认为,亚里士多德关于修辞术的定义是与传播相关的最早定义。② 传播学科的创立者施拉姆也认为,早期的传播学"强调传播者的信誉、对听众的情感诉求和了解听众的必要,亚里士多德早在 2 000 多年前就已经做过精辟的论述,当今风靡的使用与满足理论,亚里士多德在《修辞学》中已有所探讨"③。罗杰斯说:"如果人们以亚里士多德的《修辞学》和昆体良的《样式》开始来计算传播学历史的话,那么这个领域在时间上先于其他的社会科学。"④彼得斯把交流理论的源头追溯到柏拉图那里,并把《斐德篇》视为第一篇传播学著作,认为它对机器复制时代的启示着实令人感到震惊。⑤ 这些诸多的观点和认识,都把传播学的理论基础和古希腊思想文化联系起来。可见,古希腊以修辞学为核心的关于语言应用艺术的传播思想,是西方传播思想发展的重要基石。

三、智者学派的传播思想

公元前 5 世纪中叶之后的半个多世纪里,以雅典为中心的希腊各城邦出现了一批智者掀起的思想运动,它开启了早期希腊自然哲学向希腊古典哲学的转折。智者运动是希腊民主制全盛时期的产物,是西方思想史上最早发生的人文启蒙运动和人本主义思潮。它不仅有其哲学思想,还涉及语言学、论辩术、修辞学、政治、伦理、宗教、文学艺术、史学等许多领域。这些自称"智者"的职业教师,主要向人们传授有关辩论、诉讼、演说、修辞的技巧及相应的参政知识,并收取学费。作为早期人文学者,他们对社会文

① Robert T. Craig. *Communication Theory as a Field*. Communication Theory, Vol. 9, No. 2, 1999, pp.119 – 161.
② Luis R. Beltrán S. *Farewell to Aristotle: horizontal communication*. Idrc Bogota Co, 1979, p.1.
③ 威尔伯·施拉姆、威廉·波特:《传播学概论》,何道宽译,中国人民大学出版社,2010,第 188 页。
④ E. M. 罗杰斯:《传播学史:一种传记式的方法》序,殷晓蓉译,第 6 页。
⑤ 约翰·杜翰姆·彼得斯:《对空言说:传播的观念史》,邓建国译,上海译文出版社,2017,第 52—74 页。

化、政治伦理等问题进行了广泛的探讨，其代表人物有普罗泰戈拉、高尔吉亚、安提丰等。他们的思想构成了以柏拉图和亚里士多德为代表的希腊哲学思想的出发点和来源。就传播思想而言，柏拉图、亚里士多德的有关传播思想的论述在一定程度上可以说是对智者思想的批判性总结。这些智者对以语言艺术为主的修辞学、辩论术和演讲术等传播问题广泛探讨和实践应用，成为柏拉图和亚里士多德的修辞理论和传播思想的理论基础。

"智者"一词的希腊原文是"sophistes"，它本来的意思是指"有智慧的人""贤人""聪明有才能之人"，哲学家即"爱智慧者"也是从该词扩展而来。在希腊，"智者"一词起初含义相当宽泛，包括各方面有杰出才华的人，而到公元前5世纪中叶则有了特定的含义，即专指起初以普罗泰戈拉为代表的一批职业教师。古希腊城邦非常重视教育，而雅典的教育最为发达，同时由于雅典民主制度的发展，人们迫切需要演说、论辩、修辞、诉讼与从事政治活动的能力，因此，要求有一种探讨型的教育形式，深入探究与传播语言、政治、伦理等方面的人文社会知识，这就是智者运动出现的社会文化背景。

智者在哲学上主张以人为中心的存在论，提出"人是万物的尺度"的观点，开启了古希腊哲学的重心由自然向人转移的先河。在此基础上，智者运动对语言学、论辩术、演讲术等修辞学理论做了大量开创性的探讨和传授实践，使它们成为专门的学科，并在传播实践中起到了文化启蒙的作用。由此，智者学派不仅仅认识到语言是一种工具，他们通过语言传播实践，阐释了以语言传播为载体的话语具有更重要的政治文化意义。

首先，智者学派认为，语言具有巨大影响力，话语权力与政治权利有内在关联。就此意义看，智者学派认识到了公共传播中的话语与权力的内在关系问题，掌握了话语权，就能获得政治权利。韦尔南指出，希腊城邦具有两个显著的特征：一是话语的威力，二是公共领域的兴起。两者互相关联，一方面，在城邦制度下话语"成为最重要的政治工具"，另一方面，"城邦中最重要的社会活动都被赋予了公开性"。① 智者学派从事以语言传播为载体的人文教育活动，其在传播思想发展史上的重要意义，应从这里阐发和解释。对于智者学派而言，他们所从事的语言教育的实质，其实就是通过语言传播和话语实践，从而建立起城邦的话语权力。由此，作为语言教育的修辞学，其实就是话语能力，它是在公共性的政治辩论和演讲中建立起来的语言应用技能，它以辩驳、诘难、说服为主，掌握应用这门技艺的目的是获得话语权力。智者高尔吉亚也声称，雄辩者能够说服"议事会"采用他的政策，能够使"顾问委员会"采纳他的财政计划，能够在"审判官法

---

① 让-皮埃尔·韦尔南：《希腊思想的起源》，秦海鹰译，北京大学出版社，2012，第38页。

庭"前面成功地非难他的对手。可见，智者学派倡导的修辞学教育，其根本目的就是实现公共传播中的话语权，其中包含着政治传播的功能和效果。加之城邦的民主政治赋予他们传授修辞学技艺的条件，他们的目标就是培养政治家。智者普罗泰戈拉也说，他所传授的是"在处理私人事务中精明慎重和在城邦事务中能言善辩，行动果断"①的能力。因此智者的修辞学教学和传播实践活动与城邦公共政治密切相关。就此意义看，他们对语言的这种认识和应用，也影响到了后世语言哲学的发展。

其次，在具体的语言传播实践中，智者学派传授语言应用的逻辑和技术手段，包括演讲术、论辩术等语言应用实践技巧。智者学派的高尔吉亚就是著名的修辞学家，在雅典开设修辞学校，注重语言的修饰，注意音韵节奏和句子结构的匀称，他的演说华丽、和谐、悦耳，被称为"高尔吉亚风格"。柏拉图的《高尔吉亚》就以他命名，这是柏拉图批判修辞学的著述之一。随着民主政治的发展，城邦公民自由诉讼、交流思想，在西西里叙拉古等城邦，演说、诉讼等技能成为社会的普遍需要，从而促进了演说术的发展。西西里的科拉克斯被认为是最早进行演说修辞研究的人，他把从事这种研究的人定义为"善于说服者"。他们以杰出的演说技巧代人诉讼，向人们传授演说技巧，包括如何立论以及语言修辞等，同时也讲授哲学、自然科学知识。因此，以智者学派为主体的，基于修辞学的演说、辩论等传播形式在古希腊城邦得以快速发展。

但是，智者学派教授人们似是而非的论证，甚至玩弄诈术，混淆是非，滥用语言，由此受到柏拉图、亚里士多德的猛烈批判，称他们所教授的为"诡辩术"。但即便如此，他们对语言艺术的探讨，对城邦政治、法律等公共事务的关注，依然具有积极意义。他们对于论辩术等修辞学的实践，并非都是语言与文字游戏或者诡辩，实际上也促进了逻辑学的发展，成为逻辑学的思想渊源之一。对于传播思想的发展而言，他们基于语言本质的探讨，也确立了西方传播思想的语言学理论基础。

四、苏格拉底的传播思想

苏格拉底出生于雅典的一个工匠家庭，终其一生追求真理，思考和讨论哲学、伦理与社会政治问题。他没有留下任何著作，只有弟子柏拉图和色诺芬等人记录了他讨论的一些内容。苏格拉底同智者学派一样，推动了希腊哲学思想由自然向人和社会的转变。他是西方哲学和科学理性主义传统的开创者，对每一事物都提出"什么是……?"的

---

① A. E. 泰勒：《柏拉图——生平及其著作》，谢随知、苗力田译，山东人民出版社，1996，第345页。

思考方式,以探究事物的本性和本原。

"对话和辩论"是苏格拉底关于知识传播的方法,同时也包含着传播思想,即对话和辩论构成了人类传播思想的基础。苏格拉底重视知识的价值,他提出了"美德即知识"的著名论断。在他看来,人的灵魂和身体的善都表现为和谐有序,这是要经过知识训练才能达到的。他认为,哲学家和教师的职责,并不是臆造和传播真理,而是做一个新生思考的"产婆"。他认为,真理本来是存在于每个人心中的,智者的任务就是帮他们发现内心的真理。因此苏格拉底的学术传播方法的核心就是"对话和辩论"。他让弟子们聚集在一起讨论,相互对话。苏格拉底就根据这些对话来揭示出对话中的矛盾,通过问答、交谈或争辩达到传播知识、宣扬观点主张的目的。他向学生提出问题,学生回答错了,他也不直接指出错在哪里,而是再提出追问的问题,使对方明白错处。这种引导和暗示的方法,被称为"精神助产术"。因此,有学者指出:"对话在苏格拉底这里,已不是一种无谓的练习,而是一种能迫使处在交流中的个体主动寻求共识的方法。这种方法在缩短误解时间的期望值上显然是有意义的。"①苏格拉底的"对话和辩论"理论中,就强调了通过思想和知识的交流和传播,同时通过不断地辩论和否定,进而达到理解共识的知识传播过程。从这个过程中,我们可以清晰地看到人类传播的哲学基础,即人类传播的核心和最终目的是达成共识,建立共享意义的过程。

五、古希腊传播思想的特点

希腊文化以城邦政治制度为基础,建立了独特的政治形式,由此影响到其他文化形态。同时,希腊人形成的理性主义的思维方式,也使得希腊文化独具一格。这些不同的政治、社会、文化特征,也自然影响到古希腊传播思想的独特性。

第一,由公共空间到公共舆论的转化。在传播思想的形成中,古希腊表现出明显的公共性特征,这种公共性具体表现在由公共空间到公共舆论的转化。希腊社会由公民共同体构成,个人只有融合于整体,才能实现自己的价值。因此,公共生活在希腊公民的社会生活中具有重要意义,也成为公民身份认同的重要标志。古希腊传播的公共性,首先表现为它的传播集中在公共场所展开,以城邦的公共广场为主体,包括神殿、法庭、公民大会、体育场、剧院等等。这些公共场所,这些由城邦广场公共文化延伸出来的政治、商业、宗教等文化形式,经由进一步的公共传播形成了以公共性为特征的公共舆论。

---

① 许正林:《欧洲传播思想史》,第65页。

正如韦尔南所指出的,城邦的另一特征是社会生活的公共性。他认为,公共领域的出现是城邦存在的真正价值。① 希腊文化也正是在公共性的特征中形成的,并由宫廷走向广场,由广场形成公共领域,知识、价值和思想通过广场形成的公共领域而得以广泛传播,从而形成了以理性争辩为主,通过论证证明自己观点正确性的传统。这也是演讲术、辩论术存在的意义。

第二,理性主义的内在价值。理性主义是希腊人认识世界的基本立场,他们也以理性的态度和方式对待传播问题。乔治·萨拜因说:“哲学——科学的思考方式是在我们称之为古希腊人中间开始的。”②希腊社会通过自然科学家的倡导,使得希腊思想从以神话方式思考世界转变为以科学方式探索世界。在以修辞学为主导的传播理论和实践中,理性主义言说的“逻各斯”,始终是他们所遵循的基本原则。“逻各斯”最初只有言说、话语的含义,后有了理性、智性的含义,成为与神话对立的概念,即理性地认识世界的内涵。以苏格拉底为代表的古希腊先哲坚持理性是真理获得的途径,他所创造的以对话与辩论为主的“辩证法”,对于柏拉图的以理性思辨方法构建哲学体系具有重要的影响意义。亚里士多德使用自然科学的研究方法,也使得希腊的传播学思想富含理性主义精神和科学价值。

第三,特定的主题和范围。古希腊传播思想有着特定的研究主题,这就是以修辞学为核心的语言传播艺术。古希腊人所说的修辞学就是运用语言的技艺,文辞的修饰、正确的语法、铿锵的音乐、崇高的风格等,但凡涉及语言艺术的应用,都是修辞学所研究的对象。在此基础上,古希腊所谓的交流与传播,就是理性的言说,修辞学就是理性言说的语言表现形式。在此基础上,修辞学理论探索多样化的传播形式,包括词源学、语法学、音韵学、对话理论、辩论术、演说术等等。广义上看,修辞学以语言艺术理论和应用探讨为根本问题,从而为交流与传播建立了理论依据。修辞学进而探究传播的各类形式,这些理论也为后世的传播学理论形成与发展奠定了基础。此外,“对话”是古希腊哲学言说的基本方式,许多哲学家的著作都是通过对话方式展开的,对话就包含着古希腊哲学家对语言的看法。通过对话来探求真知,从而达到交流和传播的目的,这也是他们对语言的认识。

第四,以政治传播为主要内容。古希腊传播形式丰富多样,他们所探究的内容也非常丰富,但在具体的传播实践中,基于公共事务的政治传播是至关重要的内容。与政治生活有关的探讨公共事务、法庭诉讼、阐述政治主张等传播实践,都是需要借助公开演

① 让-皮埃尔·韦尔南:《希腊思想的起源》,秦海鹰译,北京大学出版社,2012,第41—43页。
② 乔治·霍兰·萨拜因:《政治学说史(上册)》,盛葵阳、崔妙因译,商务印书馆,1986,第7页。

说来实现的。因此,有关政治生活的公共演说显然是非常重要的传播内容。由此相关学者围绕政治议题传播,展开了对于各类相关传播内容的探究。进而言之,在公共演说中,有关政治的各类概念,在古希腊得到了广泛的探究和争论,如政体、民主、自由、正义、宪法、法治、公民等等。这些概念不仅是政治学家、哲学家讨论的议题,而且成为城邦公民传播实践中努力探讨和践行的议题。

第三节
柏拉图的传播思想

柏拉图(公元前 427—前 347)是古希腊最具影响力的哲学家和思想家,他的思想在整个西方思想史中占有极其重要的地位。黑格尔说:"哲学之发展成为科学,确切地说,是从苏格拉底的观点发展到科学的观点。哲学之作为科学是从柏拉图开始的(而由亚里士多德完成的。他们比起所有别的哲学家来,可以叫作人类的导师)。"①英国哲学家怀特海在其著作《过程与实在》中,甚至将西方两千多年来的哲学归结为对柏拉图的注释,认为"欧洲哲学传统的最稳定的一般特征,是由对柏拉图的一系列注释组成的"②。当代批判理性主义哲学家卡尔·波普尔虽然对柏拉图持否定评价,但还是认为"柏拉图著作的影响,不论是好是坏,总是无法估计的。人们可以说西方的思想,或者是柏拉图的,或者是反柏拉图的,可是在任何时候都不是非柏拉图的"③。对于柏拉图的著述,杜兰特这样说道:"在这儿,你可以了解形而上学、宗教学、伦理学、物理学、教育学、政治学、艺术理论;在这儿,你也可以发现女权主义和生育控制、共产主义和社会主义等理论的各自优点和它们面对的困境。还有优生学和自由主义教育、贵族政治和民主政治、生机论和精神分析——还有什么是书中没有的呢?"④在古希腊,人们的传播活动形式主要是口传,尽管柏拉图的著作没有专门论述我们今天狭义上的大众传播理论,但是,我们

---

① 黑格尔:《哲学史讲演录(第 2 卷)》,生活·读书·新知三联书店,1957,第 151 页。
② 怀特海:《过程与实在:宇宙论研究》,李步楼译,商务印书馆,2011,第 53 页。
③ 蒋孔阳、朱立元主编:《西方美学通史(第一卷)》,上海文艺出版社,1999,第 247 页。
④ 威尔·杜兰特:《历史上伟大的思想》,王琴译,中信出版社,2009,第 22 页。

从他的《高尔吉亚篇》《斐德罗篇》,以及《申辩篇》《国家篇》《政治家篇》《法律篇》等著述中,可以看到丰富的关于古希腊修辞学论述的传播思想,由此,以修辞学为核心的语言传播思想是柏拉图思想的重要组成部分。基于本书前面对传播理论的基本认识,下面从传播学视角对柏拉图的修辞理论及传播思想加以论述。

一、洞穴之喻:真实世界和虚拟世界

柏拉图在《国家篇》中用形象的"洞穴之喻"来说明人们对世界的理解和认识过程。"洞穴之喻"作为柏拉图关于"理念"的哲学观点的经典比喻,旨在说明"理念世界"和"现象世界"的区别,以及人们如何通过认识能力的改变,从而突破现象世界,认识事物的本质,从而使得灵魂到达理念世界。

"洞穴之喻"是柏拉图设想的一个场景,用来说明理念世界的概念。他设想了一个很深的地下洞穴,有些囚徒从小就被捆绑在洞穴中,头被绑着不能转动,眼睛只能看着洞穴的后壁。他们背后有东西燃烧而发出火光,在火光和囚徒之间有一道矮墙,像是演傀儡戏的屏幕。有人举着器物或是制作的假人假物沿墙头走过,囚徒们看到投射在洞壁上的阴影,以为这就是真实的事物。由于这些影像是他们唯一能看见的事物,他们便以为这些影像就是真正存在的世界。如果有一个囚徒得以解除桎梏,转身抬头看见火光,会感到闪耀炫目,分不清实物和影子哪个更真实。如果囚徒挣脱禁锢走出洞外,看到外面崭新的世界,他会倍感痛苦,因为这个人有生以来就习惯将洞壁内的影像当成真实的东西;当他走出洞口,才发现自己所本能认知的"洞壁世界"与"真实世界"大相径庭,"真实世界"否定了他对世界的本能认知。当他接受事实后试图返回洞穴向其他囚徒解释时,其他人并不相信其所言,并告知他,他们坚信那些影子就是真实世界。柏拉图解释说:"这可见的世界就像囚徒居住的地方,而洞中的火光就像太阳的力量。如果你把向上的旅行和学习上面的事物解释为灵魂上升到可知的世界,那么你把握了我希望表达的意思,因为这正是你想要听的。至于这个解释本身对不对,那只有神知道。但我就是这么看的:在可知的领域,善的型相是被看的最后一样东西,要看见它也是困难的。一旦有人看见它,这个人必定会得出结论,它是一切事物正确、美好的原因,它在可见领域产生了光和光的源泉,而在可知世界里它控制和提供了真理和理智,所以,凡是能在私人或公共生活中明智地行事的人必定看见过它。"①

----

① 柏拉图:《柏拉图全集(增订版)(中卷)》,王晓朝译,人民出版社,2018,第227页。

柏拉图提出的关于两个世界的观点,更多强调的是理念世界作为最高的善和真实,而且只有超越现象世界的束缚和限制才能到达。但是,就传播学意义看,他的"现象世界"和"理念世界"对于我们认识世界真实性而言,具有重要的指导意义。人类交流传播的目的,是超越现象世界,从而认识世界的本质。但是,由于传播者或者传播媒介本身的有限性,媒介所提供给人们的就是洞穴中墙壁上的影子,面对世界,人们始终就像洞穴中被捆绑的囚徒一样。媒介给我们建构了"洞壁世界",这也就是舆论学研究先驱李普曼所说的"虚拟世界",人们通过媒介所接触到的往往是"现象世界",是虚假的影像。而要真正认识真实世界,或是世界的真相,就必须要走出洞外,进入"理念世界"。也就是说,当媒介建构的现象世界和人们认识中的理念世界达于一致时,人们就认识到了真实世界,亦即哲学意义上的"主观和客观的统一"。

有学者指出,在柏拉图那里,唯有"哲学王"才能够真正认识所谓"洞中世界"和"洞外世界"的真理,所谓"洞壁世界"的影子这个角色后来为大众传媒所替代。但是,柏拉图内在的思想之脉却得到了传承和延续。1922年,李普曼在其著名的《舆论学》开篇第一章"外在世界和头脑中的图画"里,就借用柏拉图的"洞穴之喻",阐述大众传媒如何成为现实世界和我们头脑中的想象之间的主要连接物。这不仅是主流传播学的"议程设置"理论的开始,也启发了作为主流学派和文化批判研究的共同主题的广阔领域。几十年以后,李普曼的理论对主流传播学的学科建制发挥过重要作用。施拉姆也说,柏拉图的寓言是"对人类传播中发生的情况所做的极好比拟。一位参加者对于另一个人的了解,决不像那个人对他或是她对自己所了解的那样。……有了传播和观察,影影绰绰的人物可能变得越来越鲜明和越来越清晰,但是,它仍然是从现实中抽象出来的。它仍然是一出影子戏"①。这里就很明晰地分析了柏拉图的"现象世界"和"理念世界"对传播学研究的意义,就此意义看,传播学理论中的"虚拟环境""议程设置""框架建构"等媒介与真实现实关系的理论描述,都与柏拉图提出的"洞穴之喻"不无暗合之处。深入探究下去,柏拉图的两个世界的划分,为分析媒介与现实的建构关系,以及传播如何到达事物的真实提供了重要的理论基础。

二、灵魂的马车:观点与真理

在《斐德罗篇》中,柏拉图以"灵魂的马车"作为比喻,通过对人类心灵中审美过程

---

① 殷晓蓉:《传播学历史维度的特点》,《新闻记者》2016年第3期。

的描述,探讨灵魂通过追求真善美自我提升的过程。柏拉图形象地把进入真善美的理念世界的过程比喻为马车向上飞升到天庭。他将灵魂比喻为两匹飞马和一个驭手的组合,人类的灵魂驭手驾驭着两匹马,一匹驯良,另一匹顽劣。真善美使驯良之马羽翼丰满,飞驰上天,而顽劣之马蠢动不良情欲,使灵魂下坠。[①] 柏拉图以此试图说明的观点是,在人类追求真善美的过程中,始终充满着内部的理智和欲望的冲突,只有理性战胜欲望,人类才能真正认识到美的事物,到达真善美的境界,让灵魂得以滋养。

柏拉图在这里虽然描述的是灵魂追求审美的过程,但是,却包含着人们认识事物真实的基本逻辑。就传播学意义而言,人在认识事物时,由于受制于现象、受制于自身的本能欲望,往往陷入偏颇,这就是认识中所谓的"顽劣的马"。为了达到真相的境地,达到真善美的状态,就必须要超越这一切,以一种理性的立场分析事物。在信息传播过程中,人们往往仅描述现象,甚至坚持偏颇的观点,从而忽视了真正的事实。特别是在媒体发达的社会,人们更容易被"现象"和"观点"所绑架,这就需要传播者、受众保持高度的理性精神,才能够辨识事物真相,实现真正的传播,那就是真正认识事实。就修辞学而言,柏拉图也认为,真正好的修辞学是哲学(理性的辩证法)和语言的结合;"好"的修辞学的可能,就像"灵魂的马车"一样,接近真理的理性的马和代表个人意见的欲望的马总是互相约束,两者必须相辅相成,否则无法前进。因此,好的修辞学不能单独存在,它必须依靠理性的把控。由此可见,在认识和描述事物的过程中,柏拉图更重视理性思考,而反对建立在本能欲望基础上的情绪化的意见表达。也就是说,修辞学或传播的意义,不在于观点装扮得多么华丽,情绪表达得多么激昂,而在于能否引导人们真正到达事实本身。

三、对智者修辞学理论的批判

雅典城邦民主制度的发展,促进了智者学派修辞学理论的产生和成熟。战争、政治演说、公民大会、法庭辩论、体育运动、戏剧表演等,都是希腊城邦生活的重要构成部分。由此,关于语言的艺术与应用实践的修辞学也应运而生。但是,由于政治上发生的变化,城邦政治的执政基础逐渐演变成了简单依靠演说说服人民支持,从而使得一些有演说能力的人取得了重大的政治影响。亚里士多德曾把这个时期的政治看作民主暴政,他认为,雅典人民不再尊重法律,只听那些煽动家的蛊惑,从而导致政治混乱。民主派

---

① 柏拉图:《柏拉图全集(增订版)(上卷)》,王晓朝译,人民出版社,2018,第654—664页。

首领堕落为煽动家、蛊惑者,他们主观上以虚伪的演说方式获得群众的支持,同时把群众看作政治密谋的对象。于是,公民大会就失去了政治上的公平性,也失去了它特有的公权力的象征地位,变成了他们争权夺利、报复、打击异己政治力量的工具。

伴随着民主政治发展起来的智者学派修辞学,成为希腊城邦公共生活中的重要技艺,可以在公民大会、法庭等论辩中达到胜辩的目的,因此在古希腊城邦产生了重要影响。但是,智者学派在强调语言的说服艺术的同时,却忽视了语言与真理的关系,在柏拉图看来,这些只注重辩论、演说技巧的修辞艺术,违背真理、忽视正义,只为了辩论胜出而善恶不分,因此被他批判为诡辩家。对此,柏拉图在《高尔吉亚篇》《斐德罗篇》以及《申辩篇》《国家篇》《政治家篇》《法律篇》等对话中,多次批判了智者学派的所谓这些"坏的修辞",也就是智者对语言艺术的滥用违背了语言和真理的关系本质。

柏拉图批判智者修辞学的核心观点是,认为这些智者不懂得真正的美、真正的善,没有坚持真理、传播真知。他们通过演讲术、论辩术的技巧,从而把本来属于真理论辩的修辞学,变为只是表达个人意见、观点的诡辩术,从而使得人们把这些智者的主观意见当作真理。柏拉图针对智者派教师的批判,认为高尔吉亚等人的目的和方法是错误的,因为他们不顾真理与正义,只图用巧妙的言辞和虚伪的论证颠倒是非。柏拉图在《高尔吉亚》中说,智者修辞术并不是一种艺术,而是一种谄媚的手段、卑鄙的技巧,只能说服没有知识的听众。由此,柏拉图认为智者学派所传播的修辞学是奉承术、骗术和诡辩术。柏拉图严厉斥责道,他们并不是善良的和真正的学者,没有使正义在公民的灵魂中扎根,从灵魂中消除不义;他们只会为一己私利,无视事实,鄙视真理,抹杀善恶、美丑、是非的标准和界线;他们蛊惑大众,危言耸听,信口开河,哗众取宠,煽动群众,制造仇恨,愚弄和欺骗人民。

在柏拉图看来,智者修辞学的内容都不具有科学知识的特性,修辞主体没有真正的关于真理和美德的知识,也不具有关于受众(劝说对象)灵魂差异的真正知识,不懂得真正的科学论证的知识(主要指柏拉图的辩证法和亚里士多德的逻辑学),只是使用诡辩的技巧,没有真正的语言学方面的知识,以花言巧语蒙骗听众,不愿了解论题所谈论的对象世界的真正知识,以为用修辞学的技艺可以代替一切认识。

柏拉图在《斐德罗篇》中说,写文章的人必须知道所谈的问题的真理,必须用科学方法去求得事物的本质,把那些与题目有关的零星散乱的事项统摄在一个普遍的概念之下,然后进行分析,看出全体与部分、概念与现象的关系。这实际上就是"论辩术"。在柏拉图的心目中,除了论辩术以外,别无所谓的"修辞学"。总之,在柏拉图看来,真正好的修辞也就是更好地使用语言艺术,就是哲学辩证法与语言修辞的结合。柏拉图对智者学派修辞学的这些批判,在今天看来依然具有现实意义,当代社会处于所谓的"后真相时代",在自媒体高度发达的信息社会中,人们普遍能够公开表达自己的观点,但是却忽视了对于真正的包含"真善美"的知识内容的传播,从而陷入柏拉图所批判的哗众取宠的境地。

四、对修辞学理论的建构

基于其基本的哲学立场,柏拉图认为世界的本体就是"理念",唯有理念世界是最真实的存在,其余皆为理念世界所分有,这就是柏拉图著名的"理念论"。柏拉图认为,智者修辞学宣称的仅仅是观点,不是真实,真正的真实就是事物的本来真实,就是理念。这样,柏拉图就把修辞学语言问题和他的哲学"理念论"联系起来。

柏拉图认为的所谓好的修辞学究竟应该是什么? 有学者认为:"那就是把追求真理和美德的辩证法引入修辞学的领域。实际上,柏拉图认为,修辞家缺乏的就是真理和美德,而辩证法可以为解决这个问题提供思维的工具。这样的辩证法与修辞学相结合,就可以把坏的修辞改造为好的修辞。辩证法是哲学探求理念的理性工具,不受感性现象的迷惑;修辞学是把通过辩证法找到的真理公开地告诉大家,或以故事的形式,或以其他通俗易懂的修辞方式,让大家获知真理。"[①]辩证法总是理性的,而修辞学仅仅是任何可用来说服的方式,只要能达到说服的目的,什么方式都可以。但是,无论如何,修辞只要能够到达真理,就是好的修辞,而他所说的真理,即是"理念"。柏拉图的理念含有最高的善和正义的因素,因此,他认为好的修辞学就是治疗灵魂疾病的医术,可以治愈不义、纵欲、胆怯、无知、贫穷等灵魂的缺陷。即真正的修辞学能使正义和善在人们的灵魂中扎根和生长,并从灵魂中消除不义,驱除邪恶。就传播学意义看,媒介信息是人们对事物的描述,柏拉图认为,这就好像是"画家的床",属于"影子的影子"层面,它并非真实,而是真实的摹本。因此,媒介内容仅仅是一种表述的形式,甚至有时仅仅是观点陈述。那么,如何到达真实? 这就需要不断地去解释、揭示,才能不断接近事实和真实。所谓传播活动,就是"观点—表述—真实"的认知过程。柏拉图对智者仅局限于语言表述本身的批判,在当代的传播实践中依然具有现实意义。

基于理念论的哲学主张,柏拉图在《高尔吉亚篇》中对修辞学做了全面的界定。柏拉图认为,修辞学是话语的艺术。"修辞学知识的范围是'话语',或者说,修辞学是关于

---

① 宋连胜、晋伟:《柏拉图的修辞哲学思想》,《学术交流》2017 年第 5 期。

话语的艺术。"进一步而言，"修辞学是通过话语或言语来产生影响的技艺"。这里包括两方面：其一，"修辞学处理的不是这些体力活动，而是所有那些以话语为中介来完成的活动"；其二，"修辞学是完全通过话语来获得和实现其全部功能的技艺之一"。这样修辞学把"话语"作为手段和中介，而修辞学的真正目的是话语的影响效果。如果再加以深入讨论，那么"说服正是修辞学的全部和本质"，因此，"修辞学是说服的创造者，它所有的活动都与此相关，这就是修辞学的全部与本质。修辞学在听众的灵魂中产生说服，你还能说出修辞学比这更加广泛的范围吗？"这样，修辞学就成了关于说服的理论和学问。什么样的说服才是修辞学的说服？柏拉图认为，修辞学是关于确定人们的信念或信仰的说服技艺。"那么修辞学显然是确定信念的创造者，它是说服性的，而不是关于对错的一种指示。"对此，柏拉图通过关于"知识"与"信仰"的比较来加以探讨。柏拉图认为："我们是否可以确定下来，有两种说服：一种产生没有知识的信仰，另一种产生知识。"他认为，"那些学会了的人和相信了的人都是被说服了的人"。人们"学会了"的是"知识"，而"相信了"的是"信仰"；知识总是真实的，不会有虚假的知识，因为虚假的东西是不会成为知识的，而信仰有真实和虚假之分。显然，智者的修辞说服只是让他人相信即可，只是确立信念，而与传授知识无关。[①]

因此，在柏拉图看来：第一，真正的修辞学与语言艺术有关。第二，与修辞学有关的语言艺术不是纯粹的语言艺术，而是语言使用的技艺。第三，语言使用的技艺不过是修辞学的手段，真正的修辞目的是劝说，而非语言本身。第四，劝说总是劝说者对听众的劝说，所以，修辞学首先要关注劝说者的品格问题，坏的品格导致坏的修辞学，好的品格导致好的修辞学。第五，听众的心灵是修辞劝说的对象，对听众心灵的分析是修辞学的关键问题。

柏拉图坚持好的修辞就是直达理念世界的"正义的修辞"。心灵向善和正义，这是柏拉图思想的核心。善在柏拉图关于"理念"的体系中属于最高的理念，是一切理念的源泉，是本体论和认识论中最高的范畴。因此，柏拉图认为，修辞学也应该以达到正义和善为根本。这样，就为修辞学树立了伦理坐标和价值法则。柏拉图说："用来表示灵魂有组织有秩序的状况的名称是'合法'和'法律'，应引导人们变得遵守法律和循规蹈矩，也就是公正和自我节制。……这就是有技艺的、善良的演说家，当他把他的任何话语以及他的所有行为，他的所有馈赠或收取，应用于人们的灵魂的时候，他会注意到的事情。他总是关注公正如何能够在他的同胞公民的灵魂中产生和存在，不公正如何能

---

① 柏拉图：《柏拉图全集（增订版）（上卷）》，王晓朝译，第 290—393 页。

够被消除,自我节制如何产生,缺乏约束如何能够被消除,其他优点如何能够产生,邪恶如何能够离去。"①所以,正义的修辞学,不仅能拯救人们的灵魂,而且能从巨大的危险中拯救人们的身体和财物。正义的修辞学不包括任何虚假的成分,它是有规范的,而不是虚无缥缈的,使被说服者的心灵对其功能感到震撼。

总之,柏拉图立足于其哲学理念,对以修辞学为主体的希腊传播思想做了全面阐释、界定和反思、批判,对于传播的价值观、传播的伦理道德意义的充分肯定,成为柏拉图传播思想的核心内容。

第四节
亚里士多德的传播思想

亚里士多德(公元前384—前322)是古希腊百科全书式的学者和思想家,他生活在希腊城邦制日趋衰亡和奴隶制大帝国日渐形成的时期。亚里士多德是希腊古典文明终结时期的哲学巨人,对苏格拉底开拓的古希腊哲学中的理性主义传统加以继承和完成,是完成希腊古典哲学的大师。他通过反思和总结希腊古典文明,将它们系统化为不同学科,建立了百科全书式的知识体系,是物理学、天象学、动物学、逻辑学、伦理学、政治学、美学等自然学科和人文社会学科的奠基人。亚里士多德批判地总结了全部早期希腊哲学和希腊古典哲学,对他的老师柏拉图的学说既有继承,更有批判与革新,创立了一个从现实存在出发、结合经验与分析理性、深化与融会科学理性与人文精神的博大的思想体系,达到了希腊古典哲学体系化的顶峰。亚里士多德的哲学与知识成就,在希腊古典文明和希腊化文明中起有承前启后的重要作用,对西方中世纪以来直至当代的西方哲学与文化都有着复杂而深远的影响。他和柏拉图是并立于西方哲学与文化传统中的伟人,正如苗力田在《亚里士多德全集》序言中所说的:"亚里士多德是古希腊哲学的集大成者,并不是因为他建立了一个无所不包的体系,宣示了几条永恒不变的真理,而是因为他把希腊哲学爱智慧、尚思辨的精神,也就是追求知识、探索真理的精神,

---

① 柏拉图:《柏拉图全集(增订版)(上卷)》,王晓朝译,第367—368页。

西方传播思想史

充实了、具体化了,并发扬光大,亚里士多德的哲学尊重经验,跟随现象,最后归于理智和思维。"①

亚里士多德作为集希腊科学成就之大成的学者,对以往的知识进行了系统考察和全面把握,并对人类知识进行了分类,从而使得人类首次形成了自觉的学科分类意识。就传播思想而言,亚里士多德总结了柏拉图以及古希腊修辞学传统,基于古希腊修辞学论述了人类传播与交流的问题。他的著作《修辞学》成为后世传播学研究的经典文献,为传播学研究建立了重要的理论基础。此外《诗学》、讨论修辞术的对话《格律罗斯》、讨论风格安排的论文《忒俄得克忒亚》以及《修辞学课本汇编》(已失传)等,都是他关于修辞学的著述。

亚里士多德的《修辞学》共有三卷,前两卷是亚里士多德研究计划的第一部分,它阐明的是如何证明观点的方法,第二和第三部分被压缩在第三卷中,主要讨论的是修辞的风格和结构。关于第三卷的真伪尚有争议。② 亚里士多德的《修辞学》主要研究了修辞学的对象、修辞论证的特征与题材、修辞论证的主要方式;演说中的情感与性格,演说散文的风格、结构及辞章的艺术技巧。亚里士多德认为修辞学是政治学的附庸,是分析学科和伦理方面的政治学的结合,补充和完善了柏拉图所提出的如何对修辞学的原则进行科学阐述的问题。由此他认为辩证法展现了思想的形式,修辞学则展现了说服的语言形式的普遍性,即修辞学研究的是"说服的艺术的普遍原则"问题。亚里士多德为此所确立的关于修辞的论证逻辑原则,成为他的修辞学的精髓和核心内容。亚里士多德对逻辑论证内容的引入,使得修辞学成为真正合乎逻辑的"说服的艺术",因此,亚里士多德修辞学研究的重点,是探讨如何符合逻辑地说明、论证观点。

古希腊修辞学不仅是研究演说技艺的学说,也是研究散文写作的理论。亚里士多德在知识分类体系中,将修辞学和诗学都归入创制性知识。亚里士多德把人类知识划分为三类:第一类是理论性知识,如数学、物理学、哲学;第二类是实用性知识,如政治学、伦理学;第三类是创制性知识,如诗学、修辞学。他认为理论性知识是为知识而知识,亦即知识的基础,只有其他两门知识才有外在的目的。实用性知识指导行动,创制性知识指导创作活动。因此,亚里士多德把诗学和修辞学作为弟子在学业将完成时学习的功课,这两门功课的目的在于训练弟子成为诗人和演说家。

古希腊所谓的演说文体主要指的是当时的散文,所谓"演说的艺术",也就是散文体

① 苗力田:《亚里士多德全集(第一卷)序》,载亚里士多德:《亚里士多德全集(第一卷)》,苗力田译,中国人民大学出版社,1990,第2页。

② 爱德华·策勒:《古希腊哲学史(第四卷下)》,聂敏里主编,曹青云译,人民出版社,2020,第511页。

的艺术。古希腊散文的发展比诗(指史诗和抒情诗)要晚得多。公元前6世纪前,诗体写作是所有的希腊文学作品以及哲学论文、科学著作等的主要形式。公元前6世纪开始,希腊城邦出现民主政治,提倡更为实用的民间文艺,用散文体讲故事的民间艺术受到欢迎。希腊哲学家接触到东方用散文体写作的著述后,开始放弃诗体写作而改用散文写作。此外,古希腊城邦的民主政治、商业的发展,需要诉讼等方面的知识,修辞学也随即产生。于是在公元前6世纪后的古希腊,散文逐渐替代诗歌而成为流行的写作形式。

至公元前5世纪,随着希腊城邦政治生活的发展,公共演说和论辩成为政治宣传、法庭辩论的重要手段,智者由此专门教授修辞术,如著名智者高尔吉亚、普罗泰戈拉、普罗迪柯等人对修辞学发展都有贡献。然而智者以征服听众为目的,随即修辞术沦为论辩乃至诡辩的技巧。柏拉图的《高尔吉亚篇》中,苏格拉底就批判智者的修辞术混淆是非、强辩取胜,是虚伪的知识。到了亚里士多德所处的时代,修辞学鼎盛不衰,雅典的伊索克拉底、德谟斯提尼等人都流传有多篇演说。他们的修辞学注重研究演说中的情感、性格力量和散文的风格及表现手法,从而使得修辞学在表达形式的研究上日臻完善。

亚里士多德师承柏拉图的修辞学理论,又对柏拉图的理论有所批评和发展,其主要批评在于反对柏拉图否定修辞学是艺术的说法。在亚里士多德看来,所谓修辞学,主要指的是"演说的艺术",是包括立论和修饰词句的艺术。柏拉图已经认识到,演说艺术的功能与哲学的功能是不同的,后者致力于教诲,而前者致力于说服;前者的目的是可能性,而后者的目的是真理。然而,亚里士多德与他的老师的观点不同,他认为演说艺术及其理论阐述有着更高价值。他和柏拉图一样都批评一般的修辞学仅仅局限于外在目的,并且只作为激发情感和赢得诉讼的一种手段,从而忽视了演说的高级目的,只为了低级的、政治的诉讼辩论。亚里士多德既批判智者的修辞术是表面或虚假的论证,也不满意他曾师从的伊索克拉底的修辞学,认为它有逻辑薄弱的重大缺陷。因此,亚里士多德在修辞学中融入逻辑论证的内容,使修辞学真正成为一种合逻辑的"说服论证"。

一、修辞学的研究对象:说服论证

亚里士多德明确指出,"修辞学是辩证法的对应部分",亦即修辞学和辩证法都是在论辩中运用逻辑论证以形成正确的认识的过程。由此,修辞学的研究对象就是"说服论证",简言之就是研究如何在演说中运用辩证逻辑证明观点,从而以逻辑论证来说服人。为此,亚里士多德给修辞学下了明确的定义,认为修辞学有"一种能在任何一个问题上找出可能的说服方式的功能。"①所谓"说服方式"是指言之成理、合乎逻辑的论证方式，也就是"说服论证"，这是亚里士多德《修辞学》最基本的思想。

柏拉图和亚里士多德都批判智者学派对修辞学的认识，他们都认为智者学派所倡导的修辞学就是"说服的技巧"，实际上是诈术和诡辩。他批评以往的修辞学理论总是大论特论敌意、怜悯、愤怒之类的激情，而且主要热衷于研究法庭诉讼的演说，力图以激情和感人的演说技巧影响陪审员的判断。因此，这类修辞学其实阐发的是个人的观点，而不是陈述事实本身。这类修辞学理论局限于演说中的表面形式，仅仅涉及有关修辞学技艺中很小的附属部分，而"说服论证"才是修辞学的主要内容，即研究在演说中以逻辑论证说服人。由此，亚里士多德把以往局限于语言使用形式的修辞学与认识论和逻辑学联系在一起，认为修辞和逻辑是一体两面，从而把修辞活动看作是和逻辑思维不可分割的认识活动。

亚里士多德认为，一方面，演讲者的本质功能就是说服他的听众，因此真正的修辞学必须建立在辩证法和逻辑证明的技艺之上。他认为修辞学应主要研究以事实为根据、富有逻辑力量的说服论证，这样才能通过诉讼演说获得公正、适当的判决，并且这种说服论证也可以普遍应用于政治机构的议事演说和公民大会的演说。亚里士多德把修辞学论证方法分为例证法和推论法，亦即修辞式归纳和修辞式推论，也就是我们今天所言的例证归纳法和逻辑演绎法。对于修辞式推论，希腊文称之为"恩梯墨玛（enthymema）"，即专指用于演说的、有或然性论题的修辞三段论。以往的修辞学家们对三段论学说和"恩梯墨玛"一无所知，就只好借助于演说激情和技巧来说服人。就此而言，演讲者必须使用严格的逻辑演绎证明来说服听众，而不能仅仅依赖修辞技巧的诡辩。

另一方面，亚里士多德的修辞学理论并没有否认例证归纳法，他也认识到，演说的内容涉及的不是抽象的科学知识，而主要是基于常识的内容。但这种常识性的直觉，也能接近真理。因此，亚里士多德在《修辞学》中也并没有否定演讲者采用说服的方法技巧，提出在修辞艺术中为了保证证明真理而应该使用相应的说服手段，以使得演讲论证更加明晰。亚里士多德基于自己的政治、伦理、美学思想，也研究修辞学中演说者和演说对象的激情、性格、品德和演说的艺术技巧，但是他认为这些都从属于说服论证这个主旨。因此他认为"修辞学就像辩证法和伦理学说的分支"，"也可以纳入政治学的框架"，强调修辞学和辩证法"都是提出论证的某种能力"。② 亚里士多德进而指出，修辞

① 亚里士多德：《修辞学》，罗念生译，生活·读书·新知三联书店，1991，第21—24页。
② 同上，第25页。

学是有用的,可以使真理和正义获得胜利;如果判决不当,那是由于演说者不懂修辞学的缘故。因此,亚里士多德认为智者学派滥用修辞术,从而成为"诡辩者"的原因不是他们的能力,而是他们的意图,即他们故意混淆黑白、颠倒是非。

亚里士多德的"说服论证"的核心主要是修辞的逻辑论证内涵,其含义具体指的是"或然式论证",具体则分为两大类:第一类指不属于修辞学本身的或然式论证,如依据见证、契约得出的论证;另一类指属于修辞学范围的或然式论证,即修辞学的"说服论证"。他认为说服论证包括三种说服方式:第一,演说者的品格,即依靠演说者的性格而产生的或然式论证,演说者的善良的性格是最有效的说服手段;第二,使听众处于某种心境,即依靠使听众处于某种心情而产生的或然式论证,听众在某种心境下最容易被说服;第三,最重要的是逻辑论证,即演说本身所提供的或然式论证。所谓演说本身所提供的或然式论证,又可分为用修辞式推论(演绎法)推导出来的论证和用例证法(归纳法)推导出来的论证。修辞式推论的前提是或然的事情,也就是说演说中所讨论的事情都有另一种可能;而例证法中提出的"证据",有的是有必然性的,有的是没有必然性的。

根据上述观点,亚里士多德还对演说进行了分类。从前的修辞学家把演说分为诉讼演说和政治演说。亚里士多德首先按照听众的种类和演说的性质,把演说分为政治演说、诉讼演说和炫耀才华的典礼演说,以便于分析各种演说的题材、论证方法和风格。政治演说用于劝说和劝阻,演说者对政治问题加以审议,提出劝告。这种演说在公民大会上发表,听众为公民。诉讼演说指法庭上的控告与答辩,听众为陪审员。典礼演说用于称赞或谴责,通常在宗教集会等典礼场合,多数用书面形式发表,少数当众发表。演说者卖弄才华,讲究风格,听众为一般人或阅读者。这种三分法为后来的修辞学家所接受。同时,亚里士多德认为演说者要熟悉所讲的题材,例如政治演说者要熟悉财政问题、战争与和平问题等,要了解各种政体的利弊,还须知道什么是幸福、好事、美德、恶等。诉讼演说者要能分析害人者的动机、害人者的心情、受害者的性格,要能辨别正当的行动和不正当的行动等等。

亚里士多德在界定修辞学的内涵和研究对象时,立足于逻辑推论,明晰地把它界定为"说服论证",也就是说修辞学本质上就是如何遵循逻辑使用语言艺术,其目的就是揭示事物的本质,从而认识真善美。

二、说服的效果:品质、情感与逻辑

亚里士多德在讨论说服论证时也涉及修辞学的说服效果,这也是当代传播学理论研究的主要问题。亚里士多德认为,演说者要能真正地打动人、说服人,使他的演说能够证明论题,使人信服并接受,强化说服效果,主要还在于演说者的品质、听众的情感呼应和逻辑论证的严谨性等方面的实现。

首先,亚里士多德认为,演说者的品质以及了解听众的情感是决定修辞学的说服论证的重要方式。无论是政治演说还是诉讼演说,比如公民大会要作决议、法庭审判要下判决,修辞学的目的在于影响判断。因此,演说者必须考虑如何使他的演说让人接受,就必须显示他具有某种品质,并懂得怎样使作为听众的判断者处于某种心情。他说道:"演说者须显示他具有某种品质,须使听众认为他是在用某种态度对待他们,还须使听众用某种态度对待他。"①所谓说服效果,就来自演说者的品格和能使听众改变其判断的激情。在《修辞学》第二卷中亚里士多德专门就研究演说者所应具备的三种素质,即实践智慧(phronesis)、品德(arete, virtue)与善意,进而通过听众即接受者的视角,具体分析了听众可能会产生的痛苦与快乐、愤怒与温和、友谊与友爱、恐惧与怜悯、羞耻与义愤、嫉妒与奴性等激情状态,以及贵族、富人、当权者、年轻人、老年人、壮年人等不同阶层、年龄的人物,他们的不同性格也使得他们具有不同的心理状态。亚里士多德认为这些不同的心理状态会影响到人们对事物的看法和判断:"这个办法在诉讼演说中更为有用,因为当人们抱友好态度或憎恨态度的时候,抱气愤态度或温和态度的时候,他们对事情的看法不同,不是完全不同,就是有程度之差,当他们对他们所要判决的人抱友好态度的时候,他们不认为他们有罪;当他们抱憎恨态度的时候,案情就相反。"②无疑这种针对受众心理考察传播效果的角度,也是当代传播心理学研究的基本内容。亚里士多德继承了柏拉图的观点,认为听众对演说者的态度不同,他们的判断就不同,所以演说者必须懂得听众的心理,以便激发或控制他们的情感。因此,演说者要充分了解听众的不同性格,才能激发或控制他们的情感,达到说服效果。和其他修辞学家谈论激情与性格不同,亚里士多德从伦理学和心理学角度论述品德、性格和情感,可以说是他的伦理学在修辞学领域的应用,具有严谨、深刻的学理性。基于伦理的受众情感激发,也是亚里士多德修辞学说服论证的主要手段。

其次,亚里士多德强调说服论证的首要方式还在于逻辑推理。亚里士多德认为说服论证还是"应该能够进行逻辑推理",也就是运用修辞的论证。这是因为归根结底,最强的说服力量依然来自得到论证的事实和真理。正如亚里士多德所说,说服是对人的

---

① 亚里士多德:《修辞学》,罗念生译,第 69 页。
② 同上,第 69 页。

说服,人的意识是知、情、意的统一,三者密不可分。因此,说服效果来自逻辑性,这是基于人仅仅是理性的这一假设而来的。亚里士多德虽然强调演说者的品格、引发听众的激情等修辞方法具有说服力量,但归根到底,使得事物得到充分论证才能使人们达到最确定、最大限度的信服。因此,说服论证的本质、最有效力的核心内容,就是"修辞的论证"。这种论证也运用例证的归纳方法,但更主要的是运用三段论的推理论证,就如同辩证法一样,要求演说者掌握和娴熟运用三段论推理,精通三段论及其构造方式,这样他们才能成为运用修辞的推理与论证的行家里手,才能使演说者与听众实现人类趋向真理的自然禀赋,才能通过证明与反驳从正反方面辨明真实情况、证实真理。在他看来,真实和正义的东西在本性上总胜过同其对立的东西,如果法庭判决不当,原因必在于败诉者缺乏修辞的说服论证,从而证明真实和正义。

三、修辞学说服论证的方式

亚里士多德把修辞学说服论证方式分为例证法和推论法两类,如前所述,也就是修辞式归纳和修辞式推论,亦即例证归纳和逻辑演绎;两者相互关联,可以结合起来加以应用。基于此,亚里士多德在《修辞学》第二卷第 18 至 26 章中重点论述了三类修辞演说中共有的论证方式。亚里士多德围绕如何论证事实是可能的或不可能的,是发生了还是没有发生,如何使用实例、寓言、格言,修辞式推论有哪些主要形态(即他所说的部目),如何反驳对方的论证等问题,讨论了修辞学论证的方式。

对于说服论证的演说而言,其结果无疑是形成对事物的判断,亦即通过说服论证,对于事物发生的可能性和不可能性、已经发生或将会发生的状态进行判断。就事物发生的可能性和不可能性的状态而言,事物的状态包括可能性和与其相反的不可能性状态,如一个人可能维持健康,也可能发生疾病这两种状态的可能性都是存在的。就事物已经发生或将会发生的状态而言,若生成在后的事情已经发生,则在先的事情也已经发生,如已经响雷意味着已经闪电,某人行动就已先有图谋等等。实际上,亚里士多德将其因果律等哲学范畴学说运用于修辞的论证,进而对事物的状态做出逻辑判断,这也就强化了修辞学的说服论证。

亚里士多德认为:首先,例证论证包括两种方式,其一是引用已发生过的事实,这种事实的例证对政治演说尤其有用;其二是使用比喻和寓言。其次,推理论证是一种三段论论证。修辞三段论必须具备三个原则:第一,事实原则;演说者要尽可能全面地掌握和主题有关的事实,对事实无知者无法进行推论。第二,归纳原则;演说者不能只依据必然的事情推论,也应依据经常发生的事情作推论,必须涉及"必然性"与"可能性"两种状态。第三,简洁原则;演说者推出的结论力求简捷明快,前提不应遥远,也不必罗列全部推理步骤,冗长的论证会使含义模糊不清。可见,这些原则和要求既是逻辑论证的方法,又体现为文体形式表达的方法。

对于推理论证的前提,亚里士多德认为包含四个方面内容:第一,或然性事件,即多数情况下存在或伴随的事件。第二,例证。通过一个或数个类同事件归纳出普遍结论,再以此为前提用于推论部分或个别的事物。第三,肯定的证据或已证明的事实。第四,必然的表证。此外,那些关于人的行为的凝练、深刻的普遍性陈述的格言,可以看作既定的前提,如德尔菲神庙中的"认识你自己""毋过分"等箴言;格言对演说的推理论证也很有用,因为它能使听众顿悟一种普遍的道理。

亚里士多德认为,推理论证包括两种方式:其一,证明式。证明式的推理论证要从正面确证所选择的主题成立,所以选择主题相当重要。亚里士多德从哲理范畴出发,概括地分析了各种主题的来源及其可证明性,例如:各种相反的东西,相关的东西,更多与更少,时间,定义,语词的多义性,划分,归纳,对同一或相反东西的判断,事物的原因与后果,事物的存在或生成的目的,人的行为的正确与错误,等等。其二,反驳式。反驳式的修辞论证,是针对对方的三段论论证的驳论,包含四种方式:第一,正面反驳。直面驳斥对方论证自身不成立。第二,反面反驳。用相反论题的论证来反驳。第三,否定反驳。用论证相似论题不成立来驳议。第四,引言反驳。用著名人物已有的定论来驳议。总之,反驳式推理论证能明确地展示对立的论证和正反面的逻辑推理过程,往往比证明式论证更有效果。

亚里士多德提出的证明论证、推论论证,都是基于三段论的普遍规则和格式展开的,这是它们的共性。亚里士多德将哲学范畴的逻辑思想与现实的伦理、法律等结合起来,进而总结修辞学说服论证的内涵,从应用逻辑角度看,无疑对于人们如何立足于逻辑基础,实现理想的交流与理解具有现实意义。

四、演说的风格

亚里士多德认为,一个演说者只知道讲什么内容是不够的,还应该知道该怎样去讲。因此,在《修辞学》第三卷中,亚里士多德从安排和风格两个方面重点讨论了演说的形式问题。

首先,对于演说而言,亚里士多德首先提出朗读问题。演讲的朗读,重点是如何利用声音来表达各种情感。亚里士多德指出,演员的作用甚至比剧作家的作用还要大,演出的成败往往系于演员的技巧。亚里士多德指出演说应当朗朗上口,容易朗读。显然这是非常实用的演讲技巧,应用朗读提高演讲效果,依然是后世演讲实践的主要方法。

其次,对于演说的风格,亚里士多德提出了具体观点:第一,明晰。亚里士多德提出,演说不同于诗朗诵,演说的风格不同于诗朗诵的风格,不应当有诗意,因此,不能从诗里寻求标准。他认为演说的风格美在于明晰,既不能流于平凡,也不能提得太高,而是要力求适度。他说:"风格如果能表达情感而又和题材相适应,就是适合的。求其适合,就是不把重大的事情随便说说,不把普通的事情看得很严肃。"①适合的风格能提升演说者所表达的事物的可信度。对于风格明晰的具体途径和手段而言,在语言表达中,演说者应使用普通的语言,不能过于繁杂或简单,多使用隐喻字和附加词,这些都属于演说的语言使用技巧,可以使演说风格更优而不流于平凡。第二,适度。亚里士多德认为各种手法的使用都要合乎时宜,都要有分寸,适度表达,不矫揉造作。他强调说:"作家必须把手法遮掩起来,使他们的话显得自然而不矫揉造作。话要说得自然才有说服力,矫揉造作适得其反。"②这个论点成为修辞学中非常重要的原则。第三,生动。亚里士多德强调演说要生动,他说:"措辞要是能使事物呈现在眼前,也能受欢迎。"③他举《伊利亚特》第 11 卷中的"那些长枪栽在泥土里,依然想吃肉"这行诗为例,这形象地表现了那些长枪还没有达到目的就落地,但它们依然想刺杀大埃阿斯。第四,贴切。亚里士多德认为不同的演说形式应该对应不同的风格,比如诉讼演说的风格应当简洁、朴质,也要达到一定的精确和完美。政治演说的风格像一幅浓淡色调的风景画,群众越多,景色越远,所以在这种风格和情境中,过于精确是在浪费笔墨,反而糟糕。他说:"笔写的演说风格最精确不过;论战的文章最适合于口头发表。……作家的演说在论战场合显得淡薄;而演说家的演说,尽管口头发表很成功,拿在手上读,却显得平凡。"④其后的修辞学家在亚里士多德理论的基础上,把演说风格分为朴质的风格、雄伟的风格,以及介于两者之间的风格。第五,节奏。关于演说的节奏问题,亚里士多德认为:"散文的形式不应当有格律,也不应当没有节奏。演说有了格律,就没有说服力,同时还会分散听者的注意力,使他期待同样的格律何时重复。……可是没有节奏,又太没有限制,限制应当有,……因为没有限制的话是不讨人喜欢、不太好懂的。"⑤关于节奏的讨论后来也成为西方语言传播中的重要话题。

---

① 亚里士多德:《修辞学》,罗念生译,第 164 页。
② 同上,第 151 页。
③ 同上,第 177 页。
④ 同上,第 189 页。
⑤ 同上,第 167 页。

总之，亚里士多德的《修辞学》从理论的高度对修辞实践经验进行了系统总结和反思，是希腊修辞学达到自觉的表现，标志着古典修辞学的成熟。亚里士多德作为古希腊修辞学理论的集大成者，提出了一系列具有深远意义的修辞学原则，成为西方传播思想的重要理论基础。当代很多学者在讨论传播学理论的渊源时，总是把目光指向古希腊修辞学。无疑，亚里士多德提出的这些修辞学理论和实践原则，对于当代传播学理论的发展具有重要的影响和借鉴意义。

亚里士多德之后的修辞理论继承者是提奥弗拉斯特，其理论直接影响了罗马修辞学家西塞罗等人。公元前4世纪末期，希腊处于马其顿高压统治之下，政治自由受到限制，演说也随之衰落。公元前3世纪中期，修辞术成为课堂的练习内容，在小亚细亚的一些希腊城邦兴起了一种崇尚华丽而动人情感的"亚细亚风格"，这种演说注重风格，讲究规则。其后虽然希腊修辞学受到伊壁鸠鲁学派、斯多葛派的哲学家的攻击，但是在亚里士多德修辞学的基础上，以西塞罗为代表的罗马修辞学得以蓬勃发展。[1]

第五节
古罗马传播思想

古罗马帝国时期与希腊化时期是两个彼此联系和互相衔接的历史时期。公元前431年至前404年发生的伯罗奔尼撒战争，使得古希腊城邦制度衰落。公元前338年，希腊各城邦被北部边陲的马其顿占领而失去独立主权。公元前334年，马其顿王亚历山大东侵，建立了庞大的帝国，希腊化时期开始了。希腊各城邦沦为马其顿帝国之下的具有一定自治权的城市，城邦时代让位于帝国时代。此时，罗马国家也经历着由城邦向帝国的转变。罗马原为台伯河上的一个城邦，公元前3世纪后，罗马的扩张越过意大利边境。到公元前1世纪末，它的疆域已经达到从北非到莱茵河，从大西洋岸边到两河流域的广大地区，希腊世界也被纳入它的版图。[2]公元前30年罗马消灭了托勒密王国，吞

---

① 亚里士多德：《修辞学》导言，罗念生译，第17—18页。
② 徐大同主编：《西方政治思想史》，天津教育出版社，2014，第61页。

并希腊化世界,征服西欧诸地,建立了古代世界最为庞大的帝国,并发展出涵盖疆域最为广阔、延续时间近500年的罗马文明,罗马国家的政治体制也由城邦共和国转变为以官僚和军队为支柱的专制帝国。罗马帝国一直存在至公元476年西罗马帝国灭亡。古罗马历史通常分为王政时期(公元前510年共和制建立之前)、共和时期(公元前510年至前44年恺撒被刺)和帝国时期(自奥古斯都上台至公元5世纪后期西罗马帝国灭亡)。帝国时期通常又分为帝国前期(公元1至2世纪)和帝国后期(公元3至5世纪)两个分期。

一、古罗马的传播和交流方式

希腊化和古罗马时期社会发展的显著特征是由城邦时代过渡到帝国时代。与希腊城邦奴隶制社会不同,经过希腊化时期马其顿三大帝国的发展,罗马文明的政治结构转向帝国时代。罗马建立了高度中央集权的君主制统治,设立行省制,给予各行省以自主发展的自治权,逐步扩大公民权。罗马国家形态发生巨大变迁,帝国体制的政治、经济、文化结构,以及个人与国家的关系都发生了重大变化。希腊城邦体制的终结和罗马帝国的建立,使得人们的活动范围和文化眼界急剧扩大,城邦公民成为世界公民,人们认识世界的方式产生变化。正如有学者指出的:"这种社会背景对哲学的嬗变,具有双重的历史效应。从宏观的帝国集权社会政治层面而言,立足城邦共同体眼界的希腊古典哲学已不适应,而需要以顺然理性、宇宙理性的天命观解释新世界,论证帝国型君主集权政治统治的合理性,以新的社会伦理维系庞大帝国的社会体系与社会秩序,以'世界主义'的历史眼光观察社会历史的沧桑巨变。"①面对帝国的统治,罗马思想家在观念层面更关注个人的精神世界和伦理生活。同时,希腊古典文明中的科学理性精神得到传承与弘扬,并在世界性的文化交往中,推进了科学知识的系统化与创新。政治制度、文化形态和生活方式等文明转型,使得古罗马的信息传播和交流方式,以及传播思想的主题、内涵和形式都发生了前所未有的变化。

古罗马帝国通过建立城市来维护其统治,"城市性(civilitas)"是罗马文化的主要特征,其后"文明的(civilized)"和"文明(civilization)"等词就由此衍生而来。从某种意义上来看,罗马帝国就是其所有的数千座城市的联盟。每个城市都有自己的议会,在一定程度上都是自治的。每个城市都建有宏伟的建筑,各个城市的标准相当统一:有一个广

---

① 姚介厚:《西方哲学史(第二卷)》,叶秀山、王树人总主编,江苏人民出版社、人民出版社,2011,第877页。

场,周围有一些市政建筑和神庙,还有一个剧场、一个露天竞技场(只存在于西罗马),以及大浴池。从4世纪起,主教座堂和其他教堂取代了神庙。在帝国的某些地区,城市还建有城墙。这些都是"城市性"的标志物,没有它们的地方就不能算作城市。城市和建筑的形象就像银线一样贯穿了罗马文化的各个层面。高卢诗人奥索尼乌斯在4世纪50年代创作了一组名为《伟大城市的排名》的诗作。诗作中列举了罗马帝国的19座城市,排名第一的是罗马,排名最后的则是他的家乡波尔多。① 正是这种规模宏大的城市社会,形成了罗马独特的城市文化。

古罗马社会的传播和交流形式非常丰富。罗马帝国处于地中海区域,幅员辽阔,地跨欧、亚、非三大洲,首都罗马和各行省、属地之间相距很远,无论帝国的统一,还是私人交往,都需要各类信息的传播和交流。罗马贵族阶层通过社交圈组成社会网络,借助各种媒介手段,保持信息通畅,如短途的城内传递、长途的信件来往、演讲稿的分发、书籍的发布等等。大家都收集各类信息,并在过滤后互相交换。传播和交流活动对罗马帝国实现社会整合产生了重要影响。在辽阔的罗马帝国内部,新闻信息到达西边的不列颠约需5周时间,到达东边的叙利亚约7周。商人、士兵和官员把罗马的消息传播分享给自己社交圈子里的人,与朋友分享信件、演讲辞或纪事摘要,并把边疆地区的新闻和传言传给他们在罗马的关系人。② 在此背景下,以《每日纪闻》为代表的信息传播交流系统成为罗马帝国能够维持国家统一的条件,但由于庞大的帝国需要协调各类复杂的活动,仅凭这种相对落后的传播形式也是不够的。

古罗马的《每日纪闻》是公告式的官方公报。公元前59年,尤利乌斯·恺撒当选为罗马执政官后,下令每日公布元老院及公民大会的议事记录,用尖笔书写在罗马议事厅外一块涂有石膏的特制木板上,当时的名称是"阿尔布(album)",后来人们称之为《每日纪闻》。恺撒创设《每日纪闻》的目的,就是通过公布政府事务,争取舆论支持,扩大政治影响,传播成为政治斗争的工具,具有强烈的政治性。公元前6年,继任者屋大维恢复了曾中断的《每日纪闻》,时断时续地刊布会议记录、帝国政事、宗教祭祀、贵族的婚丧嫁娶、战争消息等,一直到公元330年迁都君士坦丁堡为止。《每日纪闻》除缮写在布告牌上外,还由书记员抄写多份,颁发给各地要人和驻军首长。随着罗马帝国版图不断扩张,《每日纪闻》的传播范围也越来越广。

此外,新闻信也是古罗马重要的交流方式。新闻信指传递、交流信息的公私信件,

---

① 克里斯·威克姆:《罗马帝国的遗产:400—1000》,余乐译,中信出版集团,2019,第29页。
② 汤姆·斯丹迪奇:《从莎草纸到互联网:社交媒体2000年》,林华译,中信出版集团,2015,第35—36页。

是西方古代历史上流传最广的手写传播形式。据记载,早在公元前 500 年,古罗马就开始有新闻信,直至西罗马帝国灭亡(公元 476 年),新闻信仍发挥着它的作用。官方的新闻信常常被用来传递政情军情,例如公元前 47 年恺撒由埃及进军小亚细亚,征讨支持他的政敌庞培的本都王国王子。战争顺利结束后,恺撒立即写了一封"我到、我见、我胜"的信件,传回罗马告捷。私人的新闻信主要流行于上层社会。罗马的政治家、哲学家和文学家西塞罗(公元前 106—前 43 年),一生就写过 900 多封书信,有些是写给当时的权势人物恺撒、庞培、屋大维的。其中记述了当时的许多重大事件和人物,记录了罗马的生活、外省行政、乡村情况,以及民间习俗、竞技游乐等。在西罗马之后一个多世纪里,另一位罗马作家小普林尼也写了很多新闻信。他的《通信集》10 卷中收录书信 300 多封,记述了上层社会的事件和生活情况等,其中就记录了发生于公元 79 年著名的维苏威火山大爆发的详细过程。[①]

古罗马城内的信息传播,通常依靠广场(forum,是当时政治和商业活动的中心),或在罗马人最喜爱的称之为"convivia"的宴饮上众口相传。往来快捷的短途信件则写在蜡版上,装在木框里,可以像书一样折叠起来。用铁笔的平头把有色蜡版上的字铲平后,蜡版还可以接着用。收信人的回信写在同样的蜡版上,信使立等把信带回给寄信人。在罗马城里,这个办法非常方便,给某人写信问一个问题,一两个小时内即可接到回答。长途信件写在莎草纸上,价格较贵但轻便,易于运输。一张莎草纸通常是 6 英寸宽、10 英寸长[②],够写一封短信,几张粘在一起成为一大张,可写较长的信。政治家做了一篇出色的演讲后,会把演讲词的抄本分赠给身边的密友,这些人读了演讲词后再传给别人。此外,古罗马的书籍同样是借助于社交网络的互相分享而得以传播。古罗马的书籍用的是莎草纸,但卷轴要长得多,称为书卷。一卷书卷完全打开可长达 33 英尺[③]。书籍的流传主要依靠读者互相推荐,彼此传抄,或是被私人图书馆所收藏。[④]

罗马普通市民每天使用的媒体形式是所有人都能参与的涂鸦。罗马大小城镇墙上都写满了包括广告、政治口号、各种个人信息等在内的各类消息。罗马房屋向外都有高墙,这些墙面就成了巨大的公共信息板,这些消息就刻在罗马房屋的灰泥墙上。它们有的用颜料书写,还有的用炭笔书写,有的还带有图画。现在大部分古罗马遗址墙上的灰泥及文字几乎消失殆尽,只有公元 79 年维苏威火山爆发后被掩埋多个世纪的庞培和赫

[①] 郑超然、程曼丽、王泰玄:《外国新闻传播史》,中国人民大学出版社,2000,第 9—10 页。

[②] 即 15.24 厘米宽,25.4 厘米长。

[③] 即 10.06 米。

[④] 汤姆·斯丹迪奇:《从莎草纸到互联网:社交媒体 2000 年》,林华译,第 35—36 页。

库兰尼姆两座城市保存了古罗马日常生活的内容,包括灰泥墙和墙上的涂鸦。当时的庞培城有 1 万~2 万人,墙上就留下了 1.1 万条以上的涂鸦。比如有一条广告这样写道:"阿尔尼乌斯·波里奥街有数处房屋出租,租期自 7 月 1 日始,底层店面,楼上靓屋。还有一所房子,房主是涅阿斯·阿里奥斯·尼吉迪乌斯·麦乌斯,有意者请与他的奴隶普里姆斯接洽。"①

此外,古罗马还有丰富的神话、诗歌、戏剧等口传文学,包括历史记事、演说、书面法律、条约等文字传播形式,这些都构成了古罗马传播的主要形式。特别是古罗马形成的城邦共和制,通过公民大会和元老院的民主议事、诉讼过程中的抗辩,为人们发挥演说才能提供了良好的条件,从而使政治演说和诉讼演说很早便得到发展。生动有力的演说是从政的重要条件,成为古罗马传播的重要形式。因此,在共和时期的罗马,有志于政治活动的人都很注重修辞学和演讲术。同时,古希腊的修辞学理论和教育也被罗马所继承,古希腊发达的修辞学不仅给罗马提供了大量的演讲范例,而且也为西塞罗这样的思想家创立罗马修辞学理论提供了丰富的思想资源。罗马教育中的文法学校主要偏重于学习自由诸艺的通识教育,西塞罗在《论演说家》中提到的诸艺包括哲学、文法、数学、音乐、修辞、几何、天象学,也就是中世纪所谓的七艺。无疑,修辞学作为希腊文化的重要组成部分,也对罗马社会产生了重要影响。古罗马著名的修辞学家有西塞罗、昆体良、朗格努斯等,他们都主张学习希腊古典时期的修辞学和演说风格,在理论和实践上推进了希腊修辞学的发展,和奥古斯丁一起,成为古罗马传播思想的主要人物。

二、西塞罗的修辞学理论

西塞罗(公元前 106—前 43 年)是罗马共和国晚期著名的政治家、哲学家、文学家,也被认为是罗马最著名的演说家和修辞学家。西塞罗出生于意大利阿尔皮诺的一个骑士家庭,博学多才,青年时期曾赴希腊学习,公元前 80 年在罗马法律界崭露头角,公元前 75 年担任罗马财务官,公元前 63 年当选为罗马执政官,公元前 51 年赴小亚细亚的西里西亚任行省长官。在政治立场上,西塞罗作为罗马元老院最有影响的成员,积极维护罗马共和传统、反对专制倾向。当庞培、恺撒和克拉苏结成"前三头"之后,他支持贵族共和派的庞培。在安东尼、雷必达和屋大维治下的"后三头"统治时期,他与之进行了坚决的斗争,后被"后三头"安东尼所杀。西塞罗生活于共和国末期,此时也是罗马政治制

---

① 汤姆·斯丹迪奇:《从莎草纸到互联网:社交媒体 2000 年》,林华译,第 55—38 页。

度由共和国向帝国转变的时期。作为当时罗马世界流行的折中主义哲学思潮中最有影响的代表人物,西塞罗的思想对后世产生了深远影响。

西塞罗不仅积极参与罗马的政治生活,还专门进行修辞学和演说理论的研究,其修辞学和演说理论与政治生涯密切相关,可以说是其政治主张的体现。西塞罗关于修辞学和演讲理论的著述有十余部,涉及修辞学和演讲理论的各个方面。其中公元前55—前54年的长篇演说论著《论演说家》三卷、公元前47年恺撒专政时期的演说史类研究著作《布鲁图》和公元前46年的理论著作《演说家》这三部著作,代表了西塞罗对罗马修辞学的主要贡献,其他还包括《论最好的演说家》《论公共演讲的理论》《论演讲术的分类》《论开题》《论题》等著述。[①] 这些论著从不同层面讨论了修辞学和公共演说的理论与技巧,是西塞罗对罗马修辞学理论的发展和他个人演说实践的理论总结,成为古罗马传播思想的重要经典理论。

西塞罗代表的古罗马修辞学,是在继承和学习亚里士多德的修辞学理论基础上发展起来的,并成为罗马古典教育中主要的学习内容。古希腊修辞学发展中,智者学派过分强调修辞技巧,导致苏格拉底和柏拉图对修辞学持否定态度,认为修辞学是诡辩术。亚里士多德通过《修辞学》论证了作为科学的修辞学,西塞罗则继承了亚里士多德的观点,认为修辞学和演说术是比人们想象中难得多的科学。由于深受亚里士多德修辞学的影响,西塞罗主张恢复公元前4世纪的希腊修辞学理论,认为演说是高级智力活动,演说者要熟悉演讲题材,要研究听众的性格、心理和情绪,这样才能达到说服教育的效果。西塞罗青年时期的著作《论开题》就非常推崇古希腊演讲术,认为他自己的演讲理论广泛吸收了希腊演说理论的成就,并直接从希腊修辞学家那里汲取营养。西塞罗的演说内涵丰富、通达晓畅,注重音节、押韵等语言特点,表达形式丰富多样,能够有效地传达观点、打动听众。西塞罗通过对修辞学理论的学习和实践应用,不仅成为罗马最著名的修辞学家,同时通过高超的演说技巧获得政治影响力,为其作为政治家从事政治活动建立了良好的基础。作为罗马历史上最杰出的演说家,西塞罗秉持折中主义的哲学理念,立足于维护罗马共和体制的政治立场,以其渊博的知识、演说的技巧,使其演说无论在内容还是形式等方面,都取得了极高的成就。

西塞罗的修辞理论主要集中于对演说理论和实践的总结分析。总体来看,西塞罗的演说理论主要有两个特点:其一,西塞罗主张演说理论与政治的密切结合,试图把理想的演说家与理想的政治家合二为一。西塞罗认为演说家就是政治家,他们的行动场

[①]　西塞罗:《西塞罗全集(修辞学卷)》,王晓朝译,人民出版社,2007。

所是法庭、人民大会和元老院。在《论演说家》的开篇,西塞罗就指出完美的演说家保卫着共和国的安全。他说道:"完美的演说家实施的聪明掌控主要不是为了自身的尊严,而是为了无数个人和整个国家的安全。"①西塞罗认为演讲术是所有技艺的统领,他说:"世上没有比演讲更加神奇的力量了,演讲可以掌握民众,赢得他们的善意,指引他们的行动方向。在一切自由的国度里,在所有享有和平与安宁的共同体中,这种技艺总是比其他技艺更加繁荣,成为技艺之王。"②可见,西塞罗把演讲术和国家的政治生活紧密联系起来,认为演讲术对于保证国家安全和政治稳定具有重要的现实意义。其二,西塞罗继承了亚里士多德认为修辞学应注重理性逻辑内涵的观点,将修辞学和哲学相提并论,认为二者都是人们思想中不可或缺的因素。西塞罗在《论创造》中特别关注修辞学在公民科学中的地位,他反复强调公民科学的思想由两种不可或缺的成分构成:其一是理性,这是使人们有能力揭示真理的本领;其二是修辞,这是使人们有能力以雄辩的方式展示真理的艺术。由于理性缺乏任何说服人们并把人们带向真理的内在能力,因而只有借助于雄辩术的说服力,才能使理性拥有力量并发生影响。西塞罗明确指出,公民科学中关键的内容必须是雄辩的艺术形式即修辞学,其功能是以精心设计的方式发表演说,其目的在于通过演说来完成说服。③ 因此,西塞罗认为演说术和哲学相辅相成,在《论演说家》第三卷中,他回顾了苏格拉底之前修辞学和哲学的结合,以及苏格拉底对修辞诡辩术的批判。他认为完美的演说家不仅应该掌握丰富而广阔的演讲的艺术,同时也应该掌握与其相邻的,或是与其毗连的论辩科学,使得演讲能够遵循严密的逻辑。他说道:"演讲术是一种有效的力量,可以把一切事物的起源、运作和发展,一切美德和义务,一切支配道德、心灵和人类生活的自然原则包括在内,还能决定人们的习俗、法律、权力,支配国家的统治,以优雅流利的风格表达各种主题。"④不同于苏格拉底、柏拉图对修辞学的批判,西塞罗认为优秀的演说家必须要学习哲学和其他相关知识,才能使其演说有意义有价值。

西塞罗的修辞学理论还体现为对演说家素质的讨论,提出了对理想的演说家的要求。西塞罗认为理想的演说家首先是政治家,其次必须具有较高的文化修养和全面的知识。古罗马人重视演说对于国家政治生活的影响,演说成为国家政治事务的重要构成部分,由此古罗马教育中非常重视培养"擅长演说的高贵公民"。西塞罗说:"在众多

---

① 西塞罗:《西塞罗全集(修辞学卷)》,王晓朝译,人民出版社,2007,第321页。
② 同上,第320页。
③ 王芳:《斯金纳思想史研究中的修辞理论》,《理论导刊》2009年第10期。
④ 西塞罗:《西塞罗全集(修辞学卷)》,王晓朝译,第522—523页。

的族类里,只有人类,或者只有极少数的族类,能够有效地使用这种天赋能力,还有什么事情能比这更加神奇?对于人的心智和耳朵来说,还有什么东西能比精心修饰、庄严得体的话语更加令人愉悦?由于个人的雄辩而使民众的冲动、法官的良心、元老院的法令发生变化,还有什么成就能比它更伟大,更光荣?还有什么可以超过演讲术所起的作用?它使人自由,帮助乞援者,救人于水火之中,维护人们的权利。为了保护自己、挑战恶人、必要时进行报复,还有什么样的武器比它更加不可或缺?"①在西塞罗看来,理想的政治家也必须是理想的演说家,精通演说术是理想的政治家所必备的才能,也是最重要最有力的政治手段之一。但他认为,现实中很难有这种理想的演说家,他说:"在描述完美演说家的轮廓时,我也许是在刻画一个从来没有存在过的演说家。我要问的确实不是谁是最完美的演说家,而是这位无法超越的演说家的模式是什么样的。"②实际上,西塞罗是在试图通过总结对演说家的高要求从而探究理想的演讲模式。此外,西塞罗还认为真正的演说家必须具有高度的文化修养和多方面的知识,他甚至认为,如果没有掌握自由人应该掌握的各种科学的丰富知识,就不应被视为演说家。《论演说家》的核心议题就是演说家是否需要广泛的学识,在西塞罗看来,最优秀的演说家不仅应当具有雄辩能力,还应当非常熟悉法律、政治哲学、伦理学、心理学和文学、历史等学科知识,这样才能抓住案件的细节,提出明智的公共建议,而且知道如何调度听众。因此,演说必然不仅仅是修辞学的技术能力问题。这也正是西塞罗所强调的观点,他认为这也正是希腊与罗马修辞学之间的差异或互补,希腊提供了哲学家,而罗马提供了演说家。要言之,西塞罗从政治角度把演说家等同于政治家,从知识角度把演说家等同于博学者。这些观点体现了演讲术在古罗马社会政治生活中所处的重要地位,也是对古罗马演讲术高度繁荣的反映。

对于演说家的现实作用和意义(或者用今天的学术话语所说的"传播效果")而言,西塞罗认为演说主要体现在赢得善意、指导心灵和感动听众三个方面。③但是,西塞罗也敏锐地看到,修辞学和演说理论争论的焦点,依然是修辞学是否仅仅是技巧性的问题。由此,也正是在如何感动听众上,导致了哲学家和修辞学家在理想的政治和实践的政治之间出现分歧。苏格拉底等哲学家坚持认为,说服的关键在于理性的逻辑,而不是形式上的情绪渲染。斯多葛派坚持理性的永恒性,就此批判智者注重修辞技巧。但是,西塞罗认为演说家首先需要了解哲学,他说:"我的演说能力不是来自修辞学家的工作

---

① 西塞罗:《西塞罗全集(修辞学卷)》,王晓朝译,第 320 页。
② 同上,第 773 页。
③ 克里斯托弗·罗、马尔科姆·斯科菲尔德:《剑桥希腊罗马政治思想史》,晏绍祥译,商务印书馆,2016,第 463—465 页。

室,而是来自学园的广阔天地,那里确实是一个多样化的争论场所,是柏拉图用双脚踩出来的。"①无论柏拉图或其他哲学家如何批评修辞学家,但他们的哲学思辨逻辑恰恰是修辞学的基础。西塞罗明确地指出:"没有哲学训练,我们就不能区分任何事物的属与种,不能对它进行定义和把它划分为从属性的部分,不能区分真假,也不知道'推论',更不会区分'对立面'或分析'模糊的东西'。关于学习自然哲学我该说些什么呢? 它也会给演说家提供丰富的素材吗? 还有,你认为一个人要是没有在这些问题上接受过彻底的训练,那么他会去思考生命、责任、美德、道德这一类问题吗?"②在西塞罗看来,哲学为演讲术提供了基本的逻辑论证方法和丰富的原始材料。西塞罗进而引述苏格拉底在柏拉图的《斐德若篇》中的观点,强调了基于哲学的论辩术才是真正感动听众的手段。对于演说家来说,最为重要的是从实践的目的出发,在公民大会、法庭等场合,使得政治家制定完善的政策、法律做出公正的判决。西塞罗说:"演说家的作用首先体现在激发人们内心的愤怒、仇恨、蔑视,或者使这些激情保持适度与温和。因此,除非演说者对人的性格、全部人性、使我们的灵魂产生冲动或退缩的那些动力有深刻的洞察,否则就不能用他的语词来实现他的目的。"③因此,修辞学的真正目的在于说服公民和政治家,使得国家能够坚持正确的方向。

西塞罗还探讨了修辞学的表现形式和手段等问题,主要集中于《论演说家》的第三卷中。首先,西塞罗讨论了不同类型的演说辞的特点。他指出,智者学派的演讲不在说服,而是娱乐。有些哲学家的演讲辞也很优美、庄重,但其目的在于使人理解,可称之为"对话"。历史学家也为著作中的人物杜撰演说辞,但缺乏力量和尖锐性。由此,西塞罗认为,真正的演说家的演说辞因其演说的需要可分为华丽、简朴和中间风格,以达到说服、娱悦和感动的目的。其次,西塞罗还探讨了演说语言的特征,针对语言表达的丰富性、整体性、适当性等问题,他认为优秀的演说辞的语言要求必须是纯净、明晰、华美和合适。西塞罗还针对语言使用中不同词汇的选择、修辞格的使用、语言韵律等进行了详细解释。最后,西塞罗还讨论了演说辞的结构等问题,强调演讲术的实践性和应用性。西塞罗认为完整的演说辞包括引言、说明事件、证明事件(肯定自己的观点,否定对方的观点)、结论和结束语等部分。西塞罗特别强调引言的重要性,认为引言要先声夺人、表达尖锐贴切,能够吸引听众。对于其他各个结构部分的要求,西塞罗也都详细地做了说明。这些真知灼见,无疑都是他作为富有经验的演说家对自己多年演说实践的理论总

---

① 西塞罗:《西塞罗全集(修辞学卷)》,王晓朝译,第 773 页。
② 同上,第 774 页。
③ 同上,第 327 页。

结。今天看来,这些规范的论证技巧和行文方法,依然具有强烈的现实意义,因为它们完全符合人们的思维逻辑。

此外,西塞罗还通过对古希腊修辞学风格的总结,对罗马当时流行的阿提卡派的演讲术进行了批评。西塞罗认为,古希腊修辞学有三大风格流派,分别是以明晰简朴为特点的希腊大陆本土的阿提卡风格、以丰富华美为特点的小亚细亚地区的亚细亚风格和吸收以上两个流派之长的罗得斯风格。西塞罗肯定了罗得斯风格博采众长的优点,并在此基础上形成了自己的演说风格。针对当时罗马有些演说家所标榜的阿提卡派的风格,西塞罗批判了他们偏狭的民族主义倾向和简单的模仿,认为应当学习他们演说中的力量,掌握其精髓,摒弃生硬粗糙和无力。针对罗马阿提卡派对希腊阿提卡风格的狭隘理解,西塞罗翻译了狄摩西尼和埃斯基涅斯的演说辞作为示范,并撰写了《论最好的演说家》予以勘正。

总之,西塞罗不仅反对书斋中的修辞学,倡导修辞学的政治、社会和文化功用,同时还反对流行的、技巧化的修辞教学,主张恢复真正的古希腊修辞学传统,把修辞学看作"为天地立心、为生民立命"的崇高事业。西塞罗站在苏格拉底、柏拉图、亚里士多德等巨人的肩上,继承发展了古希腊修辞学,更将古罗马修辞学推向了高峰。无疑,西塞罗充盈壮阔的人生经历,他的演说中弘扬的爱国主义和公共性、勇气、雄心和智慧、友谊、关爱和平等等主题,和他的修辞学理论及哲学、政治等思想一道,构成了罗马共和精神发展中的亮丽风景。

三、昆体良的演说理论

昆体良(Marcus Fabius Quintilianus,约 35—100)是古罗马时期著名的修辞学家、教育家和演说家、律师,也是罗马皇室委任的第一位修辞学教师。昆体良出生在西班牙,其父在罗马教授演讲术,昆体良随父亲到罗马求学并接受演讲术教育。公元 70 年他被任命为一所国立拉丁语修辞学校的主持人。罗马帝国在公元 78 年设立国家演讲术讲席职位,由于在演讲术方面的造诣以及在教学上的成就,昆体良成为该讲席职位的第一位教师。他在拉丁语修辞学校工作了 20 年左右,约在公元 90 年左右退休。昆体良退休后专门从事著述,经过两年多的努力,完成了《演讲术原理》12 卷。[①] 这部著作既是昆

---

① 关于该著的译名,英文为 *The Education of an Orator*,或是 *The Training of the Orator*,国内中文译名有《修辞术规范》《论雄辩术的培养》《论演说家的教育》《演讲术原理》《讲演术原理》《雄辩家的教育》《雄辩术原理》等。该著重点讨论的是演讲术中的辩论方法等问题,故本书统一为《演讲术原理》。——作者注

体良修辞学教育教学经验的总结，又是对古希腊、罗马修辞学理论的继承和发展。昆体良作为古罗马时代继西塞罗之后的另一位著名修辞学家，其教育理论和实践都以培养演说家为宗旨，他也主张恢复希腊古典时期的修辞学和演说风格。

《演讲术原理》约成书于公元 96 年，后失落，在文艺复兴时期的 1416 年从积尘中被重新发现，得到人文主义者的广泛推崇。《演讲术原理》不仅是昆体良 20 余年演说和修辞学教育实践的经验总结，也是西方第一部系统的关于教学方法的研究论著，不仅系统阐述了演说家培养的教育思想，还反映了公元前后 200 年间古罗马学校教育的实际状况。昆体良在该著中主要从修辞学教育和如何成为出色的演说家的角度出发，讨论了演说风格、演说流派，以及文艺理论、古希腊罗马作家评述和教育学等问题。[1]《演讲术原理》不仅是有关修辞学理论和教育的著作，也是教育方法和教育理念等教育思想的理论著作，昆体良的教育思想和理论今天依然具有现实意义。

关于演讲术，昆体良从本体论视角认为，语言和理智相辅相成，构成人类最主要的特征。因此，建立在语言实践基础上的演讲术，不仅是人类所具有的基本能力，也是一门科学。因此，昆体良通过对智者学派以来古希腊罗马有关修辞学理论和定义的历史考察，认为修辞学是"出色演讲的科学（science of speaking well）"。[2] 他认为，这个定义不仅包括语言的属性，同时还包括演说者应具备的道德品行，因此，他把演讲术主要视为有益于现实的、追求实用规则的科学。亚里士多德把科学分为理论性科学、实用性科学和创造性科学，昆体良认为演讲术属于实用性科学。在此原则指导下，昆体良认为作为语言艺术的演讲术教育非常有必要，同时还需要有灵活多样的教育原则。

昆体良继承了西塞罗对于不同的演说风格类型的评价，肯定了简明有力的古希腊阿提卡风格，认为演说要有关于现实的充实内容，反对当时修辞学校流行的脱离现实的空洞的朗诵训练。昆体良和西塞罗一样，认为演说家要有广博的知识，应该掌握的知识包括哲学（昆体良将哲学分为自然哲学、道德哲学、理性哲学）、法律、历史和文学等方面的知识，同时对于语言本身的发音、形态、手法等要有准确精深的研究，特别要从古希腊罗马古代文化中汲取营养。此外，在具体的演讲技巧方面，昆体良认为演讲者适度的幽默、手势、形体动作、着装等，都是吸引听众的重要手段。

总之，昆体良认为要成为真正的演说家，既需要掌握修辞学的基本理论和规则，同时还需要刻苦练习技能。他从培养演说家角度全面、系统提出了自己的修辞学理论，在

---

[1] 王焕生：《古罗马文艺批评史纲》，译林出版社，1998，第 201 页。
[2] 昆体良：《昆体良教育论著选》，任钟印选译，人民教育出版社，2001，第 112 页。

中世纪以后仍然受到人们的关注。作为演讲术教育理论的开拓者,昆体良在修辞学发展史上留下了光辉篇章。

  古希腊罗马的传播思想在希腊城邦政治、罗马共和思想的影响下,形成了以修辞学和演讲术为代表的古典传播学思想的重要内容。以苏格拉底、柏拉图为代表的辩证修辞学派立足于逻辑视角强调辩证法,把交流和传播看作人类发现真理的方式,注重在交流过程中发现正确论点,强调逻辑推理,坚持理性的讨论和交流,认为传播中的表达和批判是为了获得真理。反之,以智者学派为代表的诡辩修辞学派强调交流是说服的工具,认为传播的目的不是发现真理,而是说服他人。在罗马的政治辩论中,部分政治家也有这样的偏向。亚里士多德作为古希腊传播思想的集大成者,将辩证修辞学和诡辩修辞学两方面加以调和,认为在严格的逻辑论证的基础上,也要注重说服技巧的使用。他不仅注重交流过程中传播者所使用的传播方法,同时还关注接受者的理解和情感共鸣。古罗马修辞学家西塞罗则全面集成了亚里士多德的理论,使古典传播学思想臻于完善。

【本章延伸阅读】

1. 柏拉图:《理想国》,郭斌和、张竹明译,商务印书馆,1986。

2. 柏拉图:《斐德若篇》,朱光潜译,商务印书馆,2018。

3. 亚里士多德:《修辞学》,罗念生译,生活·读书·新知三联书店,1991。

4. 西塞罗:《论演说家》,王焕生译,中国政法大学出版社,2003。

5. 让-皮埃尔·韦尔南:《希腊思想的起源》,秦海鹰译,北京大学出版社,1996。

6. 克琳娜·库蕾:《古希腊的交流》,邓丽丹译,广西师范大学出版社,2005。

7. 斯蒂芬·李特约翰:《人类传播理论》,史安斌译,清华大学出版社,2004。

8. 王晓朝:《希腊哲学简史:从荷马到奥古斯丁》,上海辞书出版社,2017。

第二章

中世纪时期的传播思想

公元 476 年西罗马帝国在蛮族进攻下覆亡,欧洲社会进入新的历史时期。历史学家通常把公元 5 世纪下半叶西罗马帝国灭亡作为古代史结束和中世纪史的开端,而把 17 世纪英国资产阶级革命的爆发视为中世纪的结束,即中世纪时期经历了大约 12 个世纪。就历史发展而言,中世纪是欧洲封建化日臻完成的时代。欧洲封建社会在政治上不仅沿袭了古希腊、罗马制度的传统,同时还受到日耳曼传统的影响。在文化发展上,中世纪欧洲国家继承了罗马的基督教文化,并进一步使拉丁文学和罗马法等古典遗产基督教化,为近代西方文明的兴起做了全面准备。因此,古希腊罗马古典文化遗产、基督教信仰和礼仪、日耳曼民族文化,共同构成了中世纪欧洲文明的三大要素,也正是它们之间的融合发展,奠定了西方现代文明的思想和观念基础。

"中世纪"一词最早出现在文艺复兴时期人文主义者那里。他们崇尚希腊罗马的古典文化,认为西罗马帝国灭亡至他们所处的时代是文化衰落的"野蛮时期",而他们自己所处的时代是古典文化"复兴"的时期,于是把古典文化衰落至文艺复兴前这段时间称为"中间的世纪"即中世纪。① 由于人文主义者的界定,在人们流行的观念中,神权统治

---

① "中世纪"一词最早由文艺复兴时期意大利人文主义语言学家和历史学家比昂多等人首先提出。17 世纪末,德国历史学家克利斯托弗·凯列尔在他所著的《历史全程》(又称为《通史》)一书中,第一次把人类的全部历史划分为古代、中世纪和近代三个时期。18 世纪初,意大利历史学家詹巴齐斯特·维科在他所著的《论民族（转下页）

下的教会哲学是中世纪思想发展的主要特征,"神学的婢女"也被广泛用来描述中世纪哲学。恩格斯指出:"中世纪是从粗野的原始状态发展而来的。它把古代文明、古代哲学、政治和法律一扫而光,以便一切都从头做起。它从没落了的古代世界承受下来的唯一事物就是基督教和一些残破不全而且失掉文明的城市。"①黑格尔在其《哲学史讲演录》里对中世纪哲学思想的讨论也非常简短,他说道:"我们打算穿七里靴尽速跨过这个时期。"②借以表达对中世纪哲学较低的评价态度。但不可否认的是,中世纪基督教思想对欧洲封建化产生了重大影响,罗马天主教会成为中世纪封建统治的中心,教会僧侣们垄断知识和教育,神学成为维护封建统治的精神支柱。直到12—13世纪后,城市商品经济发展,社会矛盾不断加剧,教会内部分化,异端运动兴起,欧洲社会文化发展随后进入新阶段。由于封建教会的黑暗统治,人们把缺乏人文理性的蒙昧黑暗作为中世纪历史的全部图景。就传播思想发展而言,中世纪在继承古希腊罗马修辞学传统的基础上,依托于基督教神学的发展,在文化传播、宗教传播等方面都与西方社会整体思想变迁密切相关。除了传统的口头传播外,以教会为主体的手抄本文字传播,乃至后期大学教育中的知识传播,不仅体现了宗教传播的独特性,同时还间接地促成了文化传播的发展,这些都形成了中世纪传播思想的基本特征。

(接上页)共同性的新科学原理》(1725年)一书中,把人类历史划分为三个时代,即神祇时代、英雄时代和凡人时代。他认为各个民族都经历过类同的发展阶段,即从蒙昧、野蛮走向文明,人们都要经过"英雄时代",而维科所指的"英雄时代"主要就是封建主阶级军事统治的"中世纪"或称之为"中古时期"。"中世纪"的概念,从18世纪起便被西方学术界长期沿用下来。参见刘明翰主编:《世界通史(中世纪卷)》,人民出版社,2017,第1页。

① 恩格斯:《德意志农民战争》,载马克思、恩格斯《马克思恩格斯全集(第7卷)》,中共中央马恩列斯著作编译局译,人民出版社,1959,第400页。

② 黑格尔:《哲学史讲演录(第3卷)》,贺麟、王太庆译,商务印书馆,1983,第233页。

第一节

中世纪的思想控制与知识传播

作为西方思想史发展的重要阶段,中世纪的基督教神学思想对西方现代社会各种观念的形成产生了直接影响。中世纪思想文化的发展,构成了西方思想从古希腊罗马奠基,并经由中世纪向启蒙运动等现代思想观念转变的重要阶段。中世纪经院哲学的不断积累和思想融合,成为现代欧洲形成的重要条件。有学者就指出,所谓真正意义上的"西方"诞生于中世纪的11—13世纪,并且深受以《圣经》为主的基督教思想的影响,其深刻性及智识性堪与古希腊哲学思想比肩。中世纪形成的犹太-基督教文明与古希腊和罗马文化一道,共同构成了西方文明的核心要素。由此,欧洲倡导科学及社会进步的现代性才得以发展,国家的权力受到了限制,并以自由民主制的模式组织起来。① 也有学者认为,基督教思想是欧洲现代性思想形成的重要源泉,这些"近代欧洲启蒙思想家们有关自由、民主、理性的思想……构成了欧洲近现代社会改造运动的根据与尺度,并且最后成了构建国际法则和国际秩序的根据。……欧洲启蒙思想家们借以批判世俗专制与教会专制的那些核心思想恰恰是从基督教信仰中培育、化解出来的"②。就此而言,对于中世纪思想发展的认识,不能仅仅将其看作西方历史发展中的某个时间构成阶段,而是要将其置于西方思想发展变迁的整体脉络中加以考察。对此,有学者就指出:"中世纪不完全是一个时间概念,它主要是一个文化概念,指基督教文化。中世纪哲学指以基督教文化为背景的哲学。公元2—16世纪基督教经历了传播发展、取得统治地位、影响衰退的过程,与此过程相适应的哲学的诞生、发展、分化与衰落的全过程就是中世纪哲学。在这种意义上所说的中世纪哲学与古代哲学和近代哲学在时间上有交叉关系,2—5世纪是古代哲学与中世纪教父哲学交替时期,15—16世纪是中世纪晚期哲学向近代哲学过渡时期。"③因此,本书从作为思想文化概念的中世纪出发,将其与古希腊罗马思想和后续的启蒙主义思想连接起来,进而在中世纪思想文化与古代和近代思想发展的内在联系中,考察中世纪文化思想的特征。当然,对于西方传播思想发展的考察,也不能脱离这个总体特征。

---

① 菲利普·内莫:《古典与中世纪政治思想史》,张竝译,华东师范大学出版社,2021,第609页。
② 黄裕生主编:《西方哲学史(第三卷)》,叶秀山、王树人总主编,江苏人民出版社、人民出版社,2011,第2页。
③ 赵敦华:《基督教哲学1500年》,人民出版社,2005,第11页。

一、中世纪教会的思想控制

中世纪早期,欧洲社会经济发展水平低下,加之日耳曼统治者的征服战争和内外政策使得欧洲文化教育日渐落后停滞,辉煌的古罗马文明遭遇重创,文化发展严重衰退。基督教会的教士僧侣们垄断了知识交流和传播的权力,不断通过强制传播手段,使得基督教观念渗透到人们社会生活的各个领域。罗马教会充分利用在政治上的优势地位支配全社会意识形态领域,从而使哲学、科学、教育、文学等领域的思想观念都服务于神学。

罗马教会为了达到控制人们思想的目的,极力宣扬来世主义、禁欲主义与蒙昧主义,鼓吹"由于信仰才产生知识",把古代希腊罗马文化视为"异教"邪说,肆意摧残。教皇格里高利一世甚至说"不学无术是真正虔诚的母亲",并下令焚毁罗马一所藏书丰富的古老图书馆,严禁人们阅读古代作品、研究数学等知识。在教会的怂恿下,许多古代艺术珍品和书籍惨遭毁坏,一些僧侣把写在羊皮纸上的古代手稿文字刮去,在上面抄写神迹故事和修道院的编年史等。教会的思想专制统治,使得欧洲中世纪的政治、法律、哲学、文学、艺术等意识形态,都具有浓厚的神学色彩。教会的教条同时就是政治信条,《圣经》的词句在法庭中都具有法律效力。[①]

罗马教皇和天主教会通过宗教掌控钳制人们的思想和信仰,把其他一切与教会抵触的新思想斥为异端邪说。同时,由于在政治、经济利益上教会与世俗贵族的合流,下层普通民众遭受教会与帝国的双重压迫,社会矛盾日趋激化,各种宗教异端派别层出不穷。教会采取了公开谴责、放逐、囚禁、开除教籍、烧毁论著等各种方式对异端进行压制迫害,在1231年天主教会教皇格里高利九世决定并由道明会设立的"宗教裁判所",就是侦查、审判和裁决被天主教会认为是异端学说的法庭,负责监禁和处死异见者。教会对于思想和言论的控制还体现在出版审查上,教会通过开列各种禁书目录,从而使得思想控制变得制度化。5世纪初,教皇英诺森一世给图卢兹主教开列遭禁的伪经书目,就是教廷发布的第一份禁书目录。此后各类由教会开列的禁止阅读书目不断出现,教会命令人们不得阅读和私下研究被查禁的书籍。这种由教会掌握真理和信仰的解释权,扼杀了个人思考的权利,强化了教会在思想文化领域内的专制主义,巩固了教会对于思想领域的控制。因此,欧洲中世纪除了连绵不断的战争、此起彼伏的瘟疫之外,残酷的思想钳制和宗教迫害也充分体现了其黑暗的一面。对于思想和言论自由的控制,更是

---

① 刘明翰主编:《世界通史(中世纪卷)》,第123页。

中世纪传播思想研究中不可忽视的内容。

二、中世纪的修辞学教育

在中世纪的欧洲，拉丁语是通用的宗教语言和学术语言，拉丁语官方语言地位的确立一定程度上标志着中世纪文化的形成。拉丁语属印欧语系罗曼斯语族，最初是意大利中部台伯河下游拉丁姆部族的语言。从罗马城建立到公元前509年罗马共和国建立的这段时期被称为"王政时代"，此时罗马部落制国家的势力和拉丁语的使用范围仅限于拉丁姆平原。而此后，罗马逐渐统一了意大利半岛，向地中海地区大规模扩张，并在公元前2世纪前后，成为地中海世界的霸主。在公元前1世纪末，罗马帝国疆域西起西班牙、不列颠，东到幼发拉底河上游，南至非洲北部，北达莱茵河与多瑙河一带，地中海成为帝国的内海。随着罗马疆域和势力范围的扩大，罗马文化得到广泛的传播，拉丁语也走出了小小的拉丁姆平原，成为西欧、南欧、小亚细亚、北非的官方、行政、司法语言，而且成为主要的学术语言，甚至是罗马军队的唯一语言。

随着古罗马帝国的没落和基督教的兴起，教会逐渐控制了公共生活甚至私人生活的各个方面，知识和思想传播也不无例外，希腊罗马传统的修辞也不可避免地受到影响。詹姆斯·J.墨菲指出，中世纪三大修辞艺术形式主要体现在布道、书信艺术和诗歌艺术。这三种艺术形式都借鉴和修改了古希腊罗马修辞艺术特别是西塞罗的修辞思想，从而应用于当时的欧洲社会。修辞学教育是中世纪学校教育必须学习的内容，在罗马帝国的最后一个世纪，马尔奇安努斯·卡佩拉接受了瓦罗的分类法。卡佩拉约在410—439年写了一部教育百科全书，并在中世纪早期被指定为学校的主要教科书。书里提到的作为中世纪教育科目的"七艺"，比瓦罗早先提到的"九艺"少了医学和建筑，具体包括逻辑、语法、修辞、数学、几何、天文、音乐七门课程，其中前三项课程都是为"演讲术"而服务的。为了培养学生的演说才能，中世纪教育向学生传授修辞学和演讲术。修辞学教育依然延续古希腊罗马的修辞学传统，主要使用的教材有亚里士多德的《修辞学》、西塞罗的《论演说家》、威尔逊的《修辞术》、昆体良的《雄辩术原理》、老塞内加的《诵读集》等。此外，辩证法方面用的是波菲利的《绪论》或《导论》、亚里士多德的《范畴篇》和《解释篇》，以及波埃修斯对这两篇的评论。[①] 实际上，亚里士多德的著作是在十字军东征和威尼斯人占领君士坦丁堡后才流传到西欧的，并从希腊文译成拉丁文后得

---

① 大卫·瑙尔斯：《中世纪思想的演化》，杨选译，商务印书馆，2012，第116页。

到广泛传播,因此在中世纪的早期,西欧人可能还无法读到亚里士多德的著作。

除了世俗人文知识的学习,中世纪的修辞学还被运用到基督教宗教教育中。宗教教育一般包括三个部分:教义、教理和教礼。公元313年,罗马皇帝君士坦丁颁布《米兰赦令》,承认基督教的合法地位,并且宣布其为国教。公元529年查士丁尼大帝下令关闭最后一所雅典学园,标志着希腊罗马古典文明的终结,以信仰为核心的中世纪基督教时代的开始。中世纪时期"经过一系列的文化整合运动,逐步形成了一种新型的为欧洲所共有的中世纪宗教文化形态,希腊罗马的古典文化、基督教文化和蛮族文化共同构成了它的三大起源。其中,基督教作为旧世界文明的继承者和保存者,为中世纪文明奠定了最主要的根基,从而成为中世纪文化的核心"[①]。中世纪的修道院学校、主教学校为了培养信徒,将修辞学教育也作为教会学校的教学内容,以教会他们如何使用拉丁文起草各种教会文件和撰写政府、法律文书。奥古斯丁的《论基督教教义》标志着基督教修辞学的滥觞,被誉为"第一本基督教修辞学手册"。他的理论摆脱了古典修辞的体系框架,从基督教意识形态的总体要求出发,通过"宗教为体,修辞为用"的原则,对传统的修辞学和演说理论进行了改造,以适应基督教布道的需要。他的修辞思想影响深远,在他之后的一千多年中成为基督教话语观念的核心。

三、中世纪的学校教育与知识传播

中世纪教会和封建贵族统治者为了培养上帝和王权的服务人员,也开始兴办修道院学校。中世纪早期教会的知识控制使得罗马时代公共学校不复存在,甚至也没有什么教育和文学活动,仅有少数修道院和主教家庭内部尚保留了学术研习和知识传授的习惯。约公元529年,西派教会的隐修士本尼狄克创建了他的第一所修道院,并制定了相对完备的规章制度,在修道院的基础上建立起学术中心和图书馆。

查理大帝于公元8—9世纪时期通过立法设立修道院学校时,教育依然由教会控制。古罗马学者瓦罗讨论的罗马帝国晚期的教育包括语法、逻辑、修辞、几何、算术、天文、音乐、医学和建筑的"九艺"等内容,这些教育内容在中世纪教育并未延续,后来仅有语法、逻辑、修辞保留下来。约在公元5世纪左右中世纪的教育包括语法、逻辑、修辞、几何、算术、天文和音乐的"七艺"等内容。中世纪哲学家波伊提乌建立了中世纪教育课程设置基础,将其分为"四艺"(quadrivium,即算术、几何、天文、音乐)和"三

---

① 田薇:《西方中世纪宗教文化形态的三大起源》,《清华大学学报》(哲学社会科学版)2000年第3期。

学"（trivium，即语法、修辞学、逻辑学），并为这七门"自由技艺"撰写了拉丁文教材，此后几个世纪中教会学校均使用该教材。[①] 中世纪学校的形式主要有总教堂（或主教学校）和修道院学校。总教堂（主教学校）由主教和校长共同负责，它的学生由不同年龄段的男性教士构成，旨在培养他们成为神父，他们和教堂牧师会成员一起生活在教区总教堂。公元789年查理大帝的敕令中写道："教士非但要把身处奴隶状况的儿童，而且还要将自由人家的子弟都吸引到自己身边来……在每个主教的教区及每所修道院，均应教授圣诗、音乐、歌曲、日历推算法以及语法，并应精心修正经书。"[②]修道院学校主要承担抄写经书、研究神学、编纂地方历史等文化任务，诵读和抄写也是修道院规章中修士们必须执行的日课，修道院学校的课程设置与总教堂学校大致相同。在罗马古典学校教育彻底消亡后的7世纪至8世纪中期，教会学校是中世纪西欧唯一的学校和文化中心，有文化修养的人必定是教士或修道士。因此，教会学校成为中世纪知识传播的主体，同时也为文艺复兴后开始的欧洲大学教育做好了准备。随着社会的发展，许多修道院成为学术中心和图书馆，为保存文化典籍和兴办文化教育事业做出了贡献。例如，12世纪多米尼克建立了"多米尼克修会"，该会组织严密，规章明确，热心于学术、布道和教学，尤其注重在有大学的城镇中活动，并且有许多会员在大学里担任教职，因而传播迅速，势力强大，影响广泛。事实上，中世纪的修道士是一个非常活跃的群体，他们通过宗教隐修和禁欲获得较高的道德声望，从而吸引大批的追随者，借机传播基督教和其他文化内容。

　　中世纪的知识传播媒介主要是口语传播和手抄文字。口语传播媒介在中世纪宗教传播活动中依然扮演着主要角色，以宗教内容为主的传信、布道、祈祷、诵经等活动，都是在口语传播的基础上完成的。在印刷书籍出现之前，中世纪知识传播媒介主要有纸草书和羊皮卷等手抄书。纸草是古埃及人发明的书写材料，后来传入古希腊罗马，同时也推动了古希腊罗马文明的传播。纸的英文paper、法文papier，以及德文papier都源于纸草（papyrus）。羊皮卷是用羊皮做成的纸，故称"羊皮卷"。8世纪中叶以后，羊皮卷已基本取代纸草书而成为欧洲主要的文字传播媒介。但是，羊皮卷的成本非常昂贵，抄完一本《圣经》需要大约170张小牛皮或300张羊皮，成本很高。如果说纸草书代表了古典文明，那么羊皮卷则代表了西欧的中世纪文明，后人也正是通过保存下来的羊皮卷了解和研究西欧中世纪文明。

---

① 朱迪斯·M.本内特、C.沃伦·霍利斯特：《欧洲中世纪史（第10版）》，杨宁、李韵译，上海社会科学院出版社，2007，第44页。

② 大卫·瑙尔斯：《中世纪思想的演化》，杨选译，第112页。

通过手写使徒书信、修士抄书以及其他非教会人士抄书,知识和各类信息得以传播。早期基督教为了扩大影响,高度依赖书面文件传播教义、指导信徒、开展辩论和解决争端。公元 1 世纪中期,地中海沿岸的基督教会之间就开始不断地交流信件和其他文件。《圣经·新约》中的 27 篇中有 21 篇是信件(即使徒书信),其余 6 篇中也有 2 篇含有书信。基督教徒书写的书信流传后世的约有 9 000 余封。手写书信成为早期基督教传播的主要手段,因此基督教徒有时被称为"信书之人"。这些书信中最为著名的是由早期教会的重要首领、被称为大数城的保罗(Paul of Tarsus)所写的使徒书信,在《新约》中的 21 篇使徒书信中,就有 14 篇据说是出自保罗。显然,这些手写的使徒书信是基督教广泛成功传播的主要媒介形式。① 此外,手抄书籍也主要由修道院的修士们抄写,这一方面是因为修道院拥有大量藏书,另一方面,修士们能读会写,又有精力和兴趣抄写书籍。修道院既是知识交流活动的中心,也是知识传播的重要途径。无论基督教的经典著作,还是异教徒或世俗人士的作品,都是修士们抄写的内容。许多修道院的修士夜以继日、认真勤勉地伏案抄书,更有一些修士把抄书作为毕生事业。此外,西欧中世纪后期从事抄书活动的还有专门以抄书为业的抄书匠。贵族藏书家通常会雇用大量抄书匠,抄写书籍以增加自己私人图书馆的收藏数量,当时的图书馆都设有抄写室,专门用于书籍的抄写与装订工作。也有的书商自行开设抄写室,雇用抄书人进行抄书,从而大量复制书籍。雅各布·布克哈特在《意大利文艺复兴时期的文化》中也写道:"随着 15 世纪的到来,开始有了很多新发现,有了用抄写方法系统地制作出的许多丛书。"②在中世纪后期的欧洲,抄书活动变得非常频繁。抄书者既有教会人士,也有非教会人士。社会上有抄书活动,大学里也有抄书活动,所抄之书种类也非常繁多。

中世纪传播史学者詹姆斯·博克对中世纪后期大规模频繁抄书的原因也进行过研究。他认为 13 世纪乃至其后人们大量抄书的原因,一是不断有新的知识出现,二是当时人们的经济与文化水平都有所提高,对手抄本的需求量越来越大了。③ 这些各类的手抄文字成为中世纪信息交流和知识传播的重要媒介,反映了中世纪社会传播的基本状况,也是研究中世纪文化传播的主要途径。从其内容看,西欧中世纪后期的抄本书籍不仅有古典学者的知识成就,也有中世纪学者知识成果的总结。事实上,也正是这种对书籍、小册子、传单的需求的增加,特别是 15 世纪中叶关于文法和宗教法的书籍需求的增

---

① 汤姆·斯丹迪奇:《从莎草纸到互联网:社交媒体 2000 年》,林华译,第 62—63 页。
② 雅各布·布克哈特:《意大利文艺复兴时期的文化》,何新译,商务印书馆,1991,第 183 页。
③ David Crowley & Paul Heyer. Communication in History: Technology, Culture, Society. Longman, 1991, p.71.

加,直接导致了印刷术的发明和普及,引发了人类知识传播的革命,也极大地推进了人类文明前进的进程。① 以至于 11 世纪左右,随着城市的兴起以及反封建斗争的高涨,为了适应新兴市民阶级对文化知识的需要,西欧各地先后出现了一大批大学,逐渐成为欧洲知识传播、文化发展和推动社会进步的重要力量。

四、中世纪欧洲大学教育的兴起

作为西欧社会本土的产物,公元 12—13 世纪出现的欧洲中世纪的大学是在教育行会的基础上发展而来的。随着欧洲社会的发展,欧洲的思想和知识传播普遍恢复了活力,由教会垄断的教育无法满足人们对知识的需求,同时欧洲作为商业中心的城市、乡镇等出现了各类行会。在此基础上,由教师、学生等组成的"公共讲习所(studium generale)"也成为从事知识和思想传播的行会,这些职业化的教育行会组织则成为欧洲大学最早的形式。教育行会由国王或教皇颁发特许状,从而获得居住权、免税权、司法自治权等各类权利。这些获得特许权、由教师和学生组成的法人行会,拥有各自的法规、印章和管理机构,以及固定的课程和学位授予程序,主要从事知识的交流和传播,并在欧洲的商业城市形成了知识传播中心。②

公元 12 世纪后期,欧洲这些交通便利、商业发达、物产丰富的巴黎、博洛尼亚、牛津等城市,因其有利的地理位置和相对发达的经济,发展成为教育组织的中心。这些知识中心吸引了大批知识者的到来,也正是这些重要的学术中心孕育了新的教育组织。如牛津是英格兰境内几条道路的汇合处,属于战略要地,王权和教会也十分重视,公元1100 年国王亨利一世在牛津建立了行宫。牛津的商业活动非常活跃,城内拥有 3 个教会机构,有织工行会、皮革行会以及犹太团体等。③ 这些发达的商业活动、充裕的物质生活的保障是吸引各地教师和学生到来的基本条件。此外,相对浓厚的知识氛围、教育传统以及拥有著名的学者等,则构成了能够成为学术教育中心的根本因素。随着大学组织机构的逐渐完善,大学已经成为欧洲文化生活的重要构成,成为传播思想观念的重要组织,是真正的知识生产和交流的场所,并为欧洲社会培养训练了大批知识精英。14 世纪以后,由于大学在社会生活中发挥的作用越来越大,国王或教皇创办的大学迅速增

① 程德林:《论西欧中世纪后期基于文字媒介的知识传播》,《图书馆理论与实践》2012 年第 7 期。
② 艾伦·B. 科班:《中世纪大学:发展与组织》,周常明、王晓宇译,山东教育出版社,2013,第 26—27 页。
③ Aan B. Cobban. *The Medieval English Universities: Oxford and Cambridge to c. 1500.* Scolar Press, 1988, pp.35 - 36.

加。14 世纪由国王或教皇颁布训令而建立的大学约有 22 所,15 世纪建立的有 34 所大学。到中世纪末期,欧洲各地至少建立了 80 所大学。此后大学成为欧洲主导的、无可争议的高等教育机构,成为从事知识生产传播的中心。①

欧洲中世纪大学教育的发展,为知识的生产和传播提供了非常重要的借鉴意义。其中非常重要的是,由拥有知识的教育团体行会演变为具有法人身份的社会团体,这是现代大学教育发展的至为重要的基础条件。首先法人在法律上是一个拟制的人,故其成员的变动并不影响整个组织的生存和发展,因此法人地位的确立有利于大学的长期存在和稳定发展。此外,由于法人在法律上具有独立的人格,这个团体不仅能够得到法律的承认,其主体权利还受到了法律的保护,这也有利于大学保持独立性和自治权利。这些都是现代社会学术交流和知识传播的重要条件,其后文艺复兴和启蒙运动的发展,也充分说明了中世纪欧洲大学教育的重要意义。

第二节
《圣经》与中世纪的宗教传播

宗教文化是欧洲中世纪传播的主要内容,早期基督教主要针对下层普通民众传播,信徒之间建立平等互助、患难与共的信念,不与统治阶级合作。于是"基督教既然和国家相隔离,又不以罗马皇帝为它的绝对元首,所以它便遭到了迫害,遭到了仇视"②。但是,这种迫害和压制反之却使得基督教不断发展壮大,至公元 3 世纪末已被社会各个阶层所接受和传播。313 年君士坦丁与李锡尼乌斯共同发布《米兰敕令》,宣布基督教在罗马帝国内获得合法地位,392 年基督教成为罗马帝国唯一合法的宗教。因此"对于基督教的成长和确立的过程进行一番公正而又合理的探索,可以说是罗马帝国史至关重要的一部分"③。可见,基督教的发展不仅与罗马帝国的政治社会变迁密切相关,进而影响了罗马帝国发展的过程,同时在其传播过程中所形成的各种传播手段和形式也值得

---

① 李艳玲:《西欧中世纪的大学与社会》,东方出版社,2020,第 58、70 页。
② 黑格尔:《历史哲学》,王造时译,上海书店出版社,2006,第 307 页。
③ 爱德华·吉本:《罗马帝国衰亡史》,黄宜思等译,商务印书馆,1997,第 143 页。

关注。因此,以基督教经典《圣经》为载体的宗教传播,本身就是中世纪宗教传播的典型范例,同时也形成了中世纪神学传播的基本观念。中世纪基督教神学的传播中,释经居于首要的地位,其他的如读经、布道、制定教义、仪式、书信等传播活动都离不开它。因此,宗教传播中关于释经的宗教解释学被视为神学的基础。有学者也指出,基督教内部普遍承认,《圣经》乃永恒的神向人说的话,学习《圣经》的目的在于通过上帝之"道"去认识他的原旨,正所谓"读主言,入主心"。在《圣经》的传播中,如何解释《圣经》则是宗教传播的起点,它不仅需要准确理解《圣经》的原意,还包含如何使《圣经》重生,使死的文字充满活力,使历史性的"叙述"成为现实性的"应验"的要求。①

一、布道艺术:中世纪宗教传播的世俗化

中世纪基督教赖以建立的社会基础和传播对象主要是社会底层民众,宗教传播因此也必须要求通俗化。这一方面是因为当时人们识字率低下,除了神职人员外,掌握写作和阅读能力的人很少,另一方面,《圣经》内容中大部分都难以轻易理解,需要神职人员通过布道、传教的形式帮助信徒理解《圣经》,理解神的旨意、理解救赎之道和真理,使得民众易于接受和认可,从而最大限度地吸纳更多的信徒。因此,宗教传播者就要努力研究传播形式,尽可能地使《圣经》传播形式明白畅达、通俗易懂,便于人们接受。通俗化是宗教传播在形式上必须要达到的要求,宗教传播必须要依赖于教士的通俗布道,由此,宗教传播中对于布道艺术的研究也就随即产生。

首先,布道是《圣经》中宗教传播的重要主题,追求如何更有效地传播宗教信仰和理念。基督教在中世纪欧洲成为享有绝对支配地位的宗教和社会文化意识形态,并且拥有极大的政治影响力。布道作为教会传教的首要任务,布道艺术也随之得以发展起来。《圣经》新约中的"福音",不仅仅是耶稣生平记录的内容,它的真正含义是"好消息"。"福音"译自希腊词 evangelion,它源于两个希腊词根,一个词根的含义是"好的",另一个的含义是"新闻"或"讯息"。"福音"这个词用来指对听到的人具有正面意义的已经发生的事件,福音书就是叙述"耶稣基督的好消息的书卷"。② 耶稣基督作为基督教的中心内容,《圣经》新约认为耶稣就是上帝的窗口,通过耶稣可以直达上帝。布道是基督教的使命,福音则是布道的总纲,布道的目的是使民众成为上帝的使徒。在《圣经·马太

---

① 袁波:《基督教的传播与罗马帝国统治者的因应对策》,《世界宗教研究》2011 年第 3 期。
② 阿利斯特·E. 麦格拉思:《基督教概论》,孙毅、马树林、李洪昌译,上海人民出版社,2013,第 8 页。

福音》(第 28 章 18~20 节)中就将布道分为三个步骤,并都以分词 participle 来说明,具体包括"去,使万民作门徒""给他们施洗""教训他们"。这里就包含着基督教宗教传播的目的、方式以及效果等内容。

为了更有效地实现基督教的传播,建立在罗马修辞学基础上的布道修辞学成为中世纪大学教育的内容。对于布道修辞学的研究,14 世纪的布道修辞手册《布道之形态》就提出,布道形态就是"对所有题材进行布道的体系和方法",并将布道界定为"短时间内说服众人行善"的行为。布道以行善为目的,布道者应该具有"良心、知识和权力"。有学者研究指出,流传至今的中世纪文献中就有近 300 种由不同作者撰写的"布道手册"。这些手册对基督教的布道实践和传统进行了理论总结,系统地讨论了如何完成布道文,以及取得相应布道效果的各种相关结构形式和策略技巧。直至 12 世纪,这些手册中所提出的布道修辞方法,大都是西塞罗的修辞理论在基督教语境中的具体应用。①

13 世纪后,巴黎的大学教育中出现了名为"主题布道"或"学府式布道"的新布道修辞形式。这种布道修辞的文本结构主要包括 6 个部分,分别为:第一,主题,为引自《圣经》中的一段话;第二,预破题,简要讲解主题的要义并祈祷;第三,破题,介绍和解释布道的目的和意义;第四,分题,将主题分为三点(或三的倍数点),用权威意见证明每个分点;第五,小分题,将部分或全部分点再进一步细分为更多小点;第六,扩展,通过详细讲解每一分点或小点,将主题扩展为完整的布道文。从这个所谓的"学府式布道"修辞的文本结构可以看出,它与古典修辞学的文本结构有明显区别,这种修辞形式成为基督教话语体系中的新修辞模式。② 这种布道文修辞的出现,产生了很大的影响。当时布道文的繁荣在《大不列颠百科全书》中就有描述:"对布道文的贪求,至少在城市里,好像是永远也满足不了似的。亨利·史密斯,绰号'银舌'的作品,1589—1637 年间,至少刊印了128 版,各版所收互有出入。清教传教士威廉·泊金斯的作品在 1640 年前,也出过 128版。与此对比,在同一时期内莎士比亚的作品出了约 90 版,马娄的 31 版,斯宾塞的 19版……布道文不仅是拯救人类灵魂的工具,对当时英国人来说,布道文是政治情报和政治看法的主要来源,在革命的英国,它对民众的意义是极为可观的。"③这也就充分说明,当时的布道不仅向民众传播基督教义、传播福音,而且成为传播各种政治信息、人们借以了解政治动向的窗口。

其次,布道方式的多样化也是中世纪宗教传播的特征。基督教不仅是观念体系,还

---

① 刘亚猛:《西方修辞学史》,外语教育与研究出版社,2018,第 216 页。
② 同上,第 216—217 页。
③ 杨周翰:《十七世纪英国文学》,北京大学出版社,1985,第 112—115 页。

是人们的生活方式,布道方式也融入生活,呈现出多样性的特征,包括文本、仪式、建筑、音乐和艺术等。这些不同的形式中都蕴含着宗教观念,成为人们随时随地都能够接触到的传播形式。

除了通过语言等文本布道外,绘画、音乐等艺术也丰富了宗教传播的形式。在西方艺术史上,宗教艺术地位显赫,尤其是在中世纪,艺术更是与宗教有着千丝万缕的关系。宗教故事被艺术家反复描绘,最终成为宗教传播的生动形态。艺术史学者贡布里希在引用贾达尔的话中提道:"多亏了这些画,从天堂贬入肉体的黑洞(肉体的活动得受感官的制约)的心灵才得以看到美德和学科的美貌和形式,并因此而对美德和学科有更炽热的爱和欲望。"①这表达的就是绘画艺术对于宗教的神圣性的传达。有学者也认为,"中世纪绘画没有继承希腊罗马客观写实、典雅肃穆的艺术创作风格,而是围绕格里高利大主教所倡导的原则,即以宣传教义为第一原则,用艺术来表达对上帝的无限崇敬"②。当时著名的宗教画作有《善良的牧羊人》《面包和鱼的奇迹》《基督为使徒洗足》《圣马太像》等。这些绘画都是围绕基督教内容展开的,在形式上有壁画、圣像画、镶嵌画、抄本插画等,其目的都在于为传播宗教内容服务。在宗教音乐方面,早期基督徒以吟唱方式唱赞美诗,后来随着外邦文化的加入出现配以音乐的赞美诗,但也只是用一种简单的节奏来唱,没有和声和伴奏,这种音乐节拍自由,旋律宁静脱俗,无杂欲和刻意的夸张,全面而深邃地表达了宗教的情感。格里高利圣咏就是其中的代表作,它是西方教会单声圣歌的主要传统,是一种单声部、无伴奏的罗马天主教宗教音乐。此外,中世纪每个村庄都被教会所控制,教会是农民社交生活的中心。中世纪的教堂吸引会众,农民在此举行宴会和业余戏剧活动,甚至足球比赛。在英国的格洛斯特郡的佩恩斯维克流传着一个中世纪的仪式:农民们拉起手围住教堂,通过拥抱教堂来表达自己对教堂的热爱。因此除了用传教布道的方式,教会还会通过举办一些日常活动来培养教徒,使其将对宗教的虔诚与信仰融入血液,并世世代代流传至今。

中世纪的欧洲大多处于封建割据、战乱频繁的状态,因此,能在乱中求安的修道院,则成为教育的实际承担者和文化生活中心。当代历史学家 C. 沃伦·霍莱斯特也写道:"在政治纷扰的海洋中,作为安全与知识的避风岛,本笃会修道院是正在发展中的古典—基督教—日耳曼文化综合体的精神中心和学术中心,这个综合体构成了欧洲文明的基础。"③当时许多传经布道者兼有修士和学者两重身份,安布罗斯、奥古斯丁、哲罗

---

① 贡布里希:《象征的图像:象征的哲学及其对艺术的影响》,《新美术》1991 年第 4 期。
② 葛瑞瑞:《浅谈中世纪宗教绘画艺术赏析》,《今传媒》2015 年第 5 期。
③ C. W·霍莱斯特:《欧洲中世纪简史》,陶松寿译,商务印书馆,1988,第 54 页。

姆、大格列高利就是著名的拉丁教会"四博士",为后世留下了影响颇深的著作。可见,中世纪文化在宗教传播之外,基于宗教的文化思想观念的传播,也成为知识及文化传播的核心内容,为西方文化的发展打下了基础。正如有学者指出的,"基督教集西方文明诸多因素于一身,形成万流归宗的大一统的宗教体系,以西方中世纪以来的理性精神达其科学体系,用宗教伦理立其人际关系,靠契约法律构其立宪政体,特别是对上帝信仰的超然态度和对人之有限性的认识,使之对人类社会的一切都持批评和监督态度,否认人间力量的绝对权威,这对西方社会政治多元化和民主化之发展产生了积极促进作用。所以不少学者认为基督教在西方文明进程中起了承前启后、濡染滋润作用,西方文明实为'基督教文明'"①。

二、巴别塔:《圣经》中的传播观念

作为基督教经典的《圣经》,本身就是成功传播的经典,其中也包含着丰富的传播观念。《圣经》主要分为旧约和新约两个部分,旧约主要用希伯来文写成(其中有一小部分用亚兰语),新约则用希腊文写成。旧约内容有五卷律法书、历史书、先知书等,从耶和华如何创世开始,讲述了古代犹太人的历史,并记录下先知预言,反映的是犹太民族形成发展的历史,赞颂了犹太人民的智慧与创造力。这些美丽动人的故事蕴含着深刻的思想内涵,曾给无数的文学家、艺术家、思想家提供灵感与启迪。新约对于基督徒而言具有重要意义,因为它通过记录耶稣基督和其门徒的言行,包括早期基督教的事件记录、使徒保罗写给教会或其他人的书信、其他使徒写给教会的书信,即神借人之手而写下的话,陈述了基督福音的基本事实和基本信仰。作为犹太教、基督教的经典,《圣经》包含着许多复杂而丰富的思想,除了对西方社会价值观的形成产生深刻影响的宗教意义和文学价值等,其中蕴含的传播思想也值得关注。

首先,《圣经》中关于人类建造巴别塔的故事,象征着语言传播对于人类社会发展的重要意义。巴别塔的故事是《圣经》中的经典故事,从中人们可以认识到语言传播对社会的重要性。《圣经》创世纪第 11 章记载了巴别塔的传说,为惩罚犯下种种罪恶的人类,消灭道德败坏的恶人,万能的上帝发动了一场大洪水毁灭世界。同时他也发现人类之中有一位叫诺亚的好人,于是上帝指示诺亚建造一艘方舟拯救了他们。大洪水劫后,诺亚的子孙后代分布在世界各地,他们讲一样的语言,都有一样的口音,来自天南地北

---

① 弭希荣:《两希文化融合的历史根源》,《社会科学战线》2002 年第 4 期。

却没有交流的障碍。巴别塔的故事中就写道："那时，天下人的口音、言语，都是一样。他们往东边迁移的时候，在示拿地遇见一片平原，就住在那里。他们彼此商量说：'来吧！我们要做砖，把砖烧透了。'他们就拿砖当石头，又拿石漆当灰泥。他们说：'来吧！我们要建造一座城和一座塔，塔顶通天，为要传扬我们的名，免得我们分散在全地上。'耶和华降临，要看看世人所建造的城和塔。耶和华说：'看哪！他们成为一样的人民，都是一样的言语，如今既做起这事来，以后他们所要做的事，就没有不成就的了。我们下去，在那里变乱他们的口音，使他们的言语彼此不通。'于是，耶和华使他们从那里分散在全地上；他们就停工不造那城了。因为耶和华在那里变乱天下人的言语，使众人分散在全地上，所以那城名叫巴别（就是'变乱'的意思）。"故事中人们为了防止再次遭到洪水的毁灭，同时也使自己的命运不再依赖上帝的誓言，于是烧砖和泥，准备建造一座城和一座塔，塔顶通天，以免人们相互分散。由于大家语言相通，同心协力，建成的巴比伦城繁华而美丽，高塔直插云霄，无比壮观。此举惊动了上帝，上帝发觉自己的誓言受到了怀疑，由于上帝不允许人类怀疑自己的誓言，便决定惩罚这些忘记约定的人们。上帝看到人们齐心协力，统一强大，人类的智慧和能力让上帝感到不安，担心团结在一起的人类力量强大到足以修建起通天的巨塔，会变得目中无"主"，失去对造物主的敬仰，决心要阻止他们的计划。于是他来到人间施展法力，改变并区别开了人类的语言。由于语言不通，人类无法进行顺畅的沟通，使用不同语言的人之间逐渐产生隔阂，暗生猜忌，这就导致建塔的工程难以进行下去，最终以荒废而告终。

巴别塔的故事中的人们共同的语言被称为亚当语，历史上曾有学者提出某种语言是原始语言，例如希伯来语、巴斯克语等。人们常常认为高塔中途停工的画面在宗教艺术中有象征意义，表示人类狂妄自大最终只会落得混乱的结局。人类修建巴别塔的计划最终迎来这样的结局实际上是语言变乱所致，这揭示了语言作为重要的传播方式对人类社会的关键作用，人类的互相理解与合作需要建立在语言相通的基础上。

通往上天的巴别塔当然是不存在的，但巴别塔作为语言与文化的隐喻，却隐含了人类语言传播和文化意义建构的问题。在早期人们关于自身历史的传说中，全世界人的口音语言都一样，存在共有的语言。也就是说，人类早期没有语言的隔阂，并且存在着共同的文化，因此人类没有纷争，并且能够团结协作。当然，早期的神话传说、宗教等往往反映人类对世界的愿景和理想，这个宗教故事隐含的意义，其实就是语言对于人类认同的作用，从其中可以看出，语言是人类社会赖以存在的基本条件，共同的语言承载共享的文化；反之，人类的纷争源于文化冲突，文化冲突则表现为语言差异。

其次，约法是上帝和人之间的沟通方式。《圣经》中上帝要给人传递信息，使得人能够尊崇上帝的意愿,从而使上帝的意志在人间变成现实。因此,《圣经》中上帝和人之间的沟通和交流方式,除了派出使者直接传言之外,还有和人建立的"约"(covenant)这种特别的沟通方式和机制,以便于形成稳定的信息共享和认同关系,这也是《圣经》传播观念的重要方面。通过约定或约法,上帝将自己的意志世界和人进行有机联结,使得上帝能够嵌入人的生活,从而与人和世界建立互动和充满生机的整体。《圣经》中的"约"即为"约法""契约",这种约法的形成与古代中东地区人们的经济交往活动有关,交易双方之间必须要形成约法,以便保证互相达成和奉行的承诺具有稳定性和持续性。有学者认为,希伯来圣经将上述契约的习惯应用于上帝与人之间,在上帝与人之间以契约的形式加以制度化的联结。[①]《圣经》中叙述的上帝与人之间的约法,主要包含挪亚之约、亚伯拉罕之约、摩西之约和大卫之约四个约法。就这些约法的内容看,一方面是上帝与人在精神层面的联系和沟通,如摩西十诫主要是教导人们如何建立信仰,对人在信仰操守方面做出严格明确的规定;另一方面通过神圣的方式,在上帝与人之间建立世俗层面的功利性的联系,如上帝曾向亚伯拉罕许诺"作多国的父",并赐迦南全地。约法作为《圣经》中的核心概念,尽管在内容、形式上各有不同和侧重,但其目的和功用、指向,都无非是在上帝与人之间建立稳定牢固的信息交流和沟通机制。这些约定无疑都是上帝单方面做出的规定,因此,就传播观念而言,体现的是权力对传播机制的控制。当然这种权力可能是世俗的权力,也可能是以神之名下的权力。

最后,除了巴别塔的传说,《圣经·出埃及记》中关于摩西和其兄长亚伦的故事,则反映了语言与权力的关系。故事中的摩西作为以色列人的先知,接受了上帝的安排带领以色列人离开埃及。上帝赋予摩西和亚伦能言善辩的语言能力。最初是在亚伦的劝说下,也就是他能言善辩的兄长的劝说下,摩西才决定携妻儿回归埃及带领以色列人离开。可是后来掌握权力的摩西滔滔雄辩,亚伦却变得沉默寡言起来。这就从侧面反映了话语和权力的关系,掌握更大权力的人往往有更大的话语权。当代哲学家福柯等人对权力与话语的议题进行过深入研究,而《圣经》中的故事早就对权力与话语的关系有所折射了。

三、中世纪宗教的自我传播

自我传播又称人内传播,是指发生在个人身体内部的信息交流活动,是自己对自己的

---

① 刘洪一:《圣经的叙事话语》,《外国文学研究》2006 年第 6 期。

传播。在这个过程中，信息的发出者和接受者是同一个人。它存在的反馈，是由人的自我感觉和自我意识构成的。自我传播以自我思考为核心，是人体内的信息处理过程，其他任何传播所传递的信息在经由个体感觉器官进入大脑后的一切流动，包括选择、解码、判断、决定、编码等思考的过程，都属于自我传播的范畴。传播学者陈力丹指出："自我传播是自我认知的过程。但它的作用不仅是对自己的思想、感觉、偏好的理解，更重要的是，这些理解都需要建立在与外界相关联的基础上。人通过自我传播对外界环境中的事件、现象或者问题进行观察、分析和判断，从而找到适应环境、得以生存和发展的途径。"[①]在基督教的宗教传播中，基督教信徒通过《圣经》诵读的方式实现自我传播。

在基督教会建立的初期，还没有形成惯例的或被广泛推行的读经方式，随着基督教广泛传播，则产生了所谓"《圣经》诵读"的方法。在中世纪对正确读经方法的讨论中，最重要的讨论是由加尔都西会（Carthusian）的作家吉戈二世（Guigo Ⅱ，约 1188 年去世）提出的，这就形成了宗教传播中自我认知的基本范式。按照吉戈二世的理解，对于《圣经》文本的诵读过程应该有四个不同的阶段，分别是：第一，阅读（lectio）；第二，默想（meditatio）；第三，祷告（oratio）；第四，默观（contemplatio）。吉戈认为，第一步是诵读圣经的文本，同时全心期待在阅读圣经时能够感受上帝的存在。这进一步促使我们默想所读到的内容，这并不是倒空全部心思意念，而是使我们的思想专注在文本的意思和意象上，而且排斥所有外在的心思意念。接下来便是祷告，这是对我们所默想内容的唯一合宜的回应。最后，借着默观，我们安静地进入上帝的同在。吉戈认为，阅读而不默想没有结果，默想而不阅读易致错误，祷告而不默想只能不冷不热，默想而不祷告终归徒劳无益，全心祷告必能达致默观。吉戈的这一范式在中世纪得到广泛接受并传播，成为解读宗教经典的框架。

中世纪的人们通过宗教神学思想的传播，面对风气败坏、物质贫乏、道德沦丧的社会现实，从而去寻求心灵的慰藉，借以追求精神的解脱。一方面人类从"原罪"的角度分析自身命运，残酷的现实是对带着"原罪"的人类的惩罚与拯救。顺从与命运之神，这也是西方文化从古希腊神话以来的元主题。另一方面，人们体悟到人的灵性欲望决定了人是有罪但还是能得到救赎。上帝既受到敬畏的至高无上、神秘的"全然外在者"，又被视为聆听、关注、拯救人的灵魂的"全然现存者"。由此，这种基于命运元主题的宗教使人在内在情感上人神合一，从而达到信仰心理上的超越与升华，所谓宗教自我传播的目的也正在于此。

---

① 陈力丹：《自我传播与自我传播的前提》，《东南传播》2015 年第 8 期。

第三节
奥古斯丁的宗教传播思想

奥古斯丁(公元 354—430)是古罗马帝国晚期的神学思想家,欧洲中世纪基督教神学、教父哲学的重要代表人物,与中世纪的托马斯·阿奎那(约 1225—1274)同为基督教神学的两位大师。奥古斯丁出生于罗马帝国的北非行省塔加斯特城,即今阿尔及利亚的苏克阿赫拉斯(Souk Ahras),母亲是虔诚的基督徒,他早年攻读文法、演讲术、修辞学、哲学等并皈依摩尼教。奥古斯丁先在家乡、迦太基和米兰任修辞学和演讲术教师,在迦太基时认为摩尼教经典与当时天文学的新发现有矛盾,开始对摩尼教的真理性产生怀疑,在米兰受该城基督教主教安布罗西乌斯(Ambrosius)的影响正式脱离摩尼教,并通过对新柏拉图派著作的研读,在思想上接近基督教。公元 387 年,奥古斯丁在安布罗西乌斯的主持下接受洗礼皈依基督教,次年回到北非并成为希波教会的主教,开始他在教会中的活动,并与教内各宗派展开激烈论战,成为当时基督教学术界的中心人物。在此任职期间,他以极大的精力从事著述、讲经布道、组织修会、反驳异端异教活动。430 年汪达尔人(Vandals)攻入北非,他在希波城被围期间去世,之后汪达尔人控制的北非脱离了罗马帝国,从此不再受罗马教会的管辖。奥古斯丁是古代基督教拉丁教父中著述最多的学者,产生了广泛影响。据他本人提出修订目录的著作到 427 年已有 93 种,而书札和布道言论尚不在内。奥古斯丁是教父思想的集大成者,他的著作堪称神学百科全书,其中影响深远的著作有《忏悔录》《论三位一体》《上帝之城》等。

奥古斯丁在接受基督教信仰前爱好世俗文艺,对古希腊罗马文学有深入的研究,接受了当时完整的文法、修辞学和演讲术的教育,曾担任文学、修辞学教师。其后他痛悔被世俗文艺引入歧途,极力攻击如《荷马史诗》等世俗文艺形式。其后他把哲学和神学加以调和,以新柏拉图主义论证基督教教义。随着基督教在公元 4 世纪获得对整个欧洲社会、文化乃至政治的支配地位,宗教化的政治秩序取代了古典的世俗社会。在人们的社会文化生活中,解读、传播以及接受和理解基督教义成为生活中的自觉行动,也成为教会哲学中的重要问题。由此,西方修辞学也面临问世以来最为严重的历史性变革,亦即由哲学、政治修辞学向宗教修辞学的转变。奥古斯丁于公元 397—426 年完成的《论基督教教义》著作则标志着基督教修辞学变革的开端。

奥古斯丁的宗教修辞学思想深受米兰基督教主教安布罗西乌斯的影响,安布罗西乌斯善于运用古典修辞,而且有意识地将其转化为独特的基督教修辞来反驳异教哲学和他们的修辞学,并且善于"用其神圣的讲道陶醉人的心灵和灵魂",由此赢得信徒的支持。奥古斯丁以古希腊罗马修辞学为基础,将宗教布道、《圣经》的阐释和符号解读,以及通过阅读和沉思进行精神修养等相互关联的宗教目的融为一体,从而在修辞领域引进了神学视角或者说开创了神学传统。他的理论摆脱了古典修辞的体系框架,从基督教意识形态的总体要求出发,以"宗教为体、修辞为用"的基本态度,对希腊—罗马修辞传统进行了改造,使得其宗教修辞思想成为基督教话语观念的核心内容。[①]

奥古斯丁的宗教修辞学体现的是他对宗教传播的认识和理解,其著作《论基督教教义》集中讨论了如何对《圣经》内容进行布道和教学方法的分析。该著是古代欧洲独有的从基督教角度深入讨论修辞的理论著作,批判地继承了古希腊和古罗马修辞学发展的成果,并且全面吸收、改造和利用了亚里士多德、西塞罗和昆体良等修辞学大师的古典修辞思想精粹。不仅如此,该著还开创了圣经诠释学理论,将阐释演变为基督教修辞研究的核心内容,对后世西方哲学解释学的发展和符号学研究产生深远的影响。[②] 奥古斯丁通过对《圣经》中的辩论术的描述、西塞罗对演说者在布道中职责概念、宗教布道的三种风格、人格在说服中的作用等问题的讨论,阐释了其宗教修辞学的内容,体现出了奥古斯丁以信仰为核心的宗教传播思想。

一、修辞学在宗教传播中的意义

奥古斯丁继承和发展了古希腊罗马修辞学传统(特别是西塞罗的修辞学理论对其影响至深),并将其与基督教的布道传播结合起来,发展为宗教修辞学传播思想的核心内容。西塞罗和昆体良等古罗马修辞学家坚持认为修辞学对于罗马帝国政治有重要作用。西塞罗认为修辞学是教导公民如何在公共生活中合格得体地行动的学问,以确定公民社会、保证和平为主题。昆体良也认为修辞教育就是"善言的科学",修辞教育的目的是培养兼具高尚的品德和出色的辩论才能的演说家。奥古斯丁则继承和发扬了古希腊罗马修辞理论,并将其与宗教传播联系起来,认为修辞学是对宗教生活产生推动的力量源泉,进而专门探讨了修辞学在宗教传播中的正当性和重要性。

---

① 郭宇飞:《从圣奥古斯丁的〈论基督教教义〉看中世纪修辞》,《重庆科技学院学报》(社会科学版)2011 年第14 期。

② 姚静:《多元民族修辞的沿袭与创新——试论奥古斯丁基督教修辞理论的建构》,《佳木斯职业学院学报》2018 年第10 期。

奥古斯丁的宗教修辞学深受西塞罗的影响,年轻时他大量阅读学习了西塞罗的著作,其中影响最大的是《荷尔顿西乌斯》,可以说它转变了奥古斯丁的思想。正如这本书的副标题"哲学的劝勉"所示,它引起奥古斯丁对哲学的浓厚兴趣,使他"怀着一种不可思议的热情,向往不朽的智慧"①。有学者就指出,这本书点燃了奥古斯丁对智慧的热情和追求,并且对他产生的第一个影响就是区分了辞藻和思想内容,也就是区分了"诡辩的"和"哲学的"两种修辞。②

奥古斯丁全面继承了古希腊罗马修辞学的理论观点,认为修辞本身无关善恶,关键在于如何正确地使用它,应用于宗教传播。它是达到惩恶扬善的"中性的工具",但是他认识到"修辞能力对劝善和扬恶同样具有极大的价值。然而它本身却是中性的"。他指出:"修辞法既可用来巩固真理,也可用于加强谬误,谁敢说真理及其捍卫者就该赤手空拳面对谬误? 比如说,那些试图说服别人接受错谬的人就该知道如何介绍他们的主题,使听者处于一种友好、愿听、愿学的心理状态中,而捍卫真理的人就该对这种技巧一窍不通? 前者就该把他们的谬论说得简明、清晰、合情合理,而后者讲述真理时却冗长乏味、难以明白并且还不那么可信? 前者就该融化听众,激发他们,并使他们心情愉快,而后者在捍卫真理时却显得死气沉沉、平淡无味,并且使人昏昏欲睡? 谁会蠢到把这种说法视为智慧?"因此,他认为,修辞学能够用于各种目的,它首先是一种工具,期待使用者赋予它目的和内容。"雄辩之能力是正反双方都可得到的,并且对加强双方能力都有极大的作用,恶人既然能利用它为邪恶而卑鄙的事业的得胜服务,并且进一步推进不义和错谬,那良善的人为何就不能学会把它用于真理一边呢?"③与西塞罗和昆体良赋予修辞强烈的道德属性不同,奥古斯丁对待修辞的态度则更为理性,认为修辞艺术是一种超越具体宗教、道德观念的纯技巧。因此,奥古斯丁特别强调修辞学滥用的危害,因为这样后果会更为严重。他说:"但我们必须当心那些空有口才、夸夸其谈的人,如果听众喜欢听不值得听的话,以为讲话者富有口才,所以所讲的必是真理,那就更要当心了。"④

在奥古斯丁所处的罗马晚期社会,修辞学依然在公众的社会生活中具有重要作用,很多人把它作为获得社会地位和能力所必须具有的技艺。奥古斯丁对此并不认同,他说:"当时所推崇的学问,不过是通向聚讼的市场,我希望在此中显露头角,而在这个场

---

① 奥古斯丁:《忏悔录》,周士良译,商务印书馆,2015,第 41 页。
② 梅谦立、汪聂才:《奥古斯丁的修辞学:灵魂治疗与基督宗教修辞》,《中山大学学报》(社会科学版)2013年第 4 期。
③ 奥古斯丁:《论灵魂及其起源》,石敏敏译,中国社会科学出版社,2017,第 129—130 页。
④ 同上,第 132 页。

所越会信口雌黄,越能获得称誉。人们的盲目到达这样的程度,竟会夸耀自己的谬见,我在雄辩术学校中名列优等,因此沾沾自喜,充满着虚荣的气概。"当时大多数人学习演讲术的目的是"希望能有出众的口才,这不过是为了享受人间荣华的可鄙而浮薄的目的"①。因此,在他看来,这种以激发人的欲望为目的的演讲术教育,激发起来的是人的欲望之恶,势必把修辞学引向邪路。奥古斯丁批评这类修辞学的目的,是阐明他的宗教修辞学的内涵。他说:"还有一些规则适用于一种更加滔滔不绝的论证,也就是所谓的雄辩(修辞)。这些规则也可以用于劝人犯错,但并不影响它们的正确性,因为它们也可以用来加强真理,所以,该指责的不是这种能力本身,而是那些滥用它的人的悖逆。富有情感的表达往往能打动听众,赢得支持。叙述只要简短明晰就富有成效,换换花样总能吸引人的注意力,使他们毫无厌倦之感,这一切都不是由于人的约定形成的。诸如此类的其他用法也同样,不论使用过程是对是错,它们本身都是真的,因为它们在产生知识或信念或促使人心向往、背离中是有效的。人只是发现这些事是这样的,而不是规定它们应该这样。"②有学者指出,雄辩家们运用语言的修辞,把语言视为实现自我欲求的路径。这样,以言说者为中心的共同体就成了欲望的被役使者,恶成了共同体的特性。修辞学本身所致力的以善好为构造的共同体形式发生了变形,空间的公共性不再以普遍的善好为根源,而成为个体之恶的语言僭越:心灵向着身体臣服,内在的良善意愿向流变的世界显示其卑膝。修辞之恶虽然也以自我追求良善为名,然而却是要真理向谬论屈膝,光明向黑暗低头,使共同体的普遍公正向个体的私欲屈服。③

奥古斯丁所强调的正是将宗教智慧与修辞学技巧实现完美统一,以便于更好地传播宗教理念。他指出:"如果一个人不只是能够智慧地说话,而且还能够雄辩地说话,那就非常有益。"由此,奥古斯丁认为基督教布道者在宣讲公义、圣洁和良善之事时,要达到教导、愉悦和说服受众的目的,这也是他对修辞学在宗教传播中的具体运用的要求。

二、作为灵魂治疗的修辞学

奥古斯丁的修辞学思想继承了古希腊罗马修辞学理论中"灵魂治疗"的内容,并将其与宗教传播密切结合起来。保罗·P. 科伯特认为,从荷马到苏格拉底、柏拉图及小苏格拉底学派,以至于希腊化时期和罗马时期和奥古斯丁,修辞学理论始终沿袭古典修辞

---

① 奥古斯丁:《忏悔录》,周士良译,商务印书馆,2015,第 40—41 页。
② 奥古斯丁:《论灵魂及其起源》,石敏敏译,第 80 页。
③ 褚潇白:《修辞之恶:论奥古斯丁〈忏悔录〉对修辞学的批评》,《文艺理论研究》2012 年第 4 期。

学中关于"灵魂治疗"的认识,这在柏拉图的《斐德罗》篇中得以集中阐述。① 如前所述,在《斐德罗》中苏格拉底通过批评智者学派的诡辩修辞,提出了建立在哲学之上的理想的修辞学,他把这种修辞学称为辩证术。不同于智者们的诡辩术,辩证术是既由哲学得到补充又为哲学服务的修辞。在辩证术修辞中,以知识说服他人只是手段,目的在于劝说人们追求智慧,过哲学的生活,这种智慧的哲学生活是真正的灵魂应追求的。因此,苏格拉底认为哲学需要辩证修辞来引导青年的灵魂为之着迷,这种辩证修辞就是"某种凭借言辞来引导灵魂的技艺(psychagogy)"。② 科伯特将"psychagogy"翻译为"灵魂治疗",并定义为"那些治疗的哲学阐述传统——常见于希腊文学之中,与一个成熟的人如何引导不成熟的人通过自身领悟智慧、并将智慧内在化有关;灵魂治疗必须基于知识,并使之适应自身的具体方法,既要考虑接受者的灵魂状态(psychicstate),也要考虑特定的场合来说服"。③ 在《斐德罗》中苏格拉底认为,作为辩证修辞的"灵魂治疗",不仅需要作为灵魂治疗者的哲人拥有关于事物的真实知识、掌握修辞和演说技巧,还要拥有关于灵魂的知识,诸如灵魂的本质、差异等,这样才能做到有的放矢。苏格拉底明确说道:"真正的修辞艺术当能抓住灵魂的本质,而无论它是简单形式的还是复杂形式的。当能知晓自己是做什么的,面临什么困难;当能明白有哪几类的讲辞和灵魂及其彼此之间的影响。"④他这里就将修辞艺术直接与灵魂的健全联系起来,此后关于修辞学与灵魂问题的论述,也自然成为奥古斯丁修辞学的基本立场。

奥古斯丁的宗教修辞学思想,则直接与基督教拯救灵魂、教导真理等精神结合起来,为了宗教的目的而独特地使用修辞——为了建立基督教信仰,借助于宗教修辞而挽救听众灵魂,教导他们认识信仰真理,从而建立信仰生活。因此,有学者也指出:"奥古斯丁的宗教修辞学是一种灵魂治疗,这也延续了始自苏格拉底的古典修辞学传统,并且以信仰真理'圣化'它,而开启了基督宗教的修辞学传统。"⑤奥古斯丁在《论基督教教义》中教导讲道者要为人师表、言行合一,要真正地将真理付诸实践。他自己更是穷其一生阐释《圣经》、教导真理、驳斥异端邪说,并在罗马帝国面临各种变化和问题时,为基督教辩护,通过解经布道,将这种灵魂治疗的修辞学真正地付诸实践。

---

① Paul R. Kolbet. Augustine and the Cure of Souls: Revising a Classical Ideal. University of Notre Dame Press, 2010.
② 柏拉图:《柏拉图全集(第二卷)》,王晓朝译,人民出版社,2017,第 177 页。
③ 汪聂才:《哲学咨询的古代哲学传统》,《池州学院学报》2015 年第 2 期。
④ 柏拉图:《柏拉图全集(第二卷)》,王晓朝译,第 192—193 页。
⑤ 梅谦立、汪聂才:《奥古斯丁的修辞学:灵魂治疗与基督宗教修辞》,《中山大学学报》(社会科学版)2013 年第 4 期。

三、宗教修辞学的内容

奥古斯丁的修辞学思想集中在《论基督教教义》著述中,该著的第4卷就是完整的基督教修辞学体系。奥古斯丁通过继承和发展古希腊罗马修辞学传统,将其与宗教传播中的灵魂拯救、宣扬真理等内容结合起来,通过神圣化希腊罗马修辞学的异教因素,开创了基督教修辞学,形成了丰富的宗教传播思想,主要可从以下三个方面分析。

首先,关于宗教修辞学中的语词符号和解读。奥古斯丁认为,基督教对于《圣经》,不仅要善于发掘其中的思想,还要能够解释这些思想。为此奥古斯丁提出基督教话语体系的构成因素包括自然物体(事物)和符号两类。进而他将自然事物分为可资爱赏(包括圣父、圣子、圣灵)、可资利用(如修辞以及其他世俗知识)以及赏用兼宜三个类别,并对其进行逐条探讨分析。奥古斯丁对事物做出分类阐述之后,随后又讨论了符号问题,他认为符号有两类:一类是自然的,一类是约定俗成的。就约定俗成的符号而言,语词是最多的,也是最重要的,对于《圣经》阐释者而言,主要关注的就是语词。由此,奥古斯丁提出了"寓意解经法"(allegorical interpretation)。有学者认为,奥古斯丁"对《圣经》的诠释要分别从字面意义和寓意解读展开。这对概念同内在'逻各斯'和外在'逻各斯'相呼应。内在'逻各斯'(思想/thought)体现为一种灵意解经,而外在'逻各斯'(言语/speech)体现为一种字面解经。奥古斯丁解释圣经的最终目的是把握内在'逻各斯',即向上帝寻求信仰,培育和维护信仰,而后用外在的且被人所熟知的'逻各斯'语言表达、传授给普罗大众,促使他们接受基督教教义。为了具体说明如何阐释圣经,奥古斯丁明确指出了事物与符号的重要意义"[①]。在奥古斯丁看来,对《圣经》中那些"符号"的阐释,需要语言、自然物体、数字、音乐、历史、科学、艺术和工艺等方面的知识。这里奥古斯丁基于宗教传播学提出的有关符号学理论的认识,对于后世符号学理论的形成和发展,无疑具有重要的启迪作用。

其次,宗教修辞学的目的在于传播智慧与真理。奥古斯丁和苏格拉底、柏拉图一样,将修辞分为辩证术与诡辩术,认为修辞学的根本目的就在于传播智慧和真理。宗教修辞学中智慧是根本的、首要的,论辩要依赖于智慧,并为智慧服务。智慧就是事物本身,它的获得来自对《圣经》的研读,以及对《圣经》意义的正确理解,核心要义也就是哲学与辩证。在此基础上,修辞学只是中立的工具,它的主要目的在于将智慧与论辩结

---

① 姚静:《多元民族修辞的沿袭与创新——试论奥古斯丁基督教修辞理论的建构》。

合,从而传播真理、批驳谬误。奥古斯丁以保罗(Paul)书信和阿摩司(Amos)先知书为例,指出《圣经》文本是将智慧与论辩相结合的典型。他认为,哲人爱智慧,但他们并不能完全拥有智慧。他们爱智慧,因此他们终其一生在追求真理,但未必能抵达真理的境界。但是,真理不需要修饰就是使人愉悦的。奥古斯丁说:"当纯粹的真理毫无装饰地展示出来的时候,本身就使人愉悦,因为它是真理。"①因此,真正的智慧和真理在《圣经》中是上帝圣言,由此,基督教宗教修辞学的任务,就是将信仰真理传播给所有人。通过宗教传播中对《圣经》的阅读,普通人也能接触和熟悉真理,使得讲道者和听众所理解的也是同样的真理。这里奥古斯丁关于宗教修辞学的目的在于追求智慧、传播真理的认识,也使得其后人们能够正确认识知识、真理传播中的基本规律。

最后,宗教修辞学对修辞人格形象提出要求。奥古斯丁继承了亚里士多德修辞学关于修辞人格的观点,认为在基督教宗教传播中,传播者作为上帝的代言者,其修辞人格是上帝人格力量的折射,因而对其也有明确的要求。对此,奥古斯丁指出"言行一致"是修辞人格首要的品质,他说:"如果他们言行一致,为人师表,就能给更多的人带来更多的益处。""无论修辞者运用了多么宏伟的风格,修辞者在真实生活中是个怎样的人,对于说服听众更为重要。"②但是,奥古斯丁基于基督教传播认为,修辞人格所具有的说服力,归根结底源于上帝的智慧。因此,无论言说者本身是真心向善且言行一致,还是言善行恶,表里不一,只要他的言辞本身包含真理,就能具有相当的说服力。"真正的教徒遵从的是上帝的话,而不是某一个人的话。"由此可见,奥古斯丁最终将修辞学还是指向了上帝,修辞学的所有思想内容和形式都为宗教服务的,这也是基督教宗教传播学不可避免的。奥古斯丁引用《圣经》的话说:"那有什么妨碍呢? 或是假意,或是真心,无论如何,终究是传播了基督。"奥古斯丁接着认为:"基督就是真理,我们看到,虽然不是真心传,真理仍然可以传开去。也就是说,公义而正直的真理本身是可以由心存悖逆、充满欺诈的人传讲的。因而可以说,那些只求自己的目的而不是为了耶稣基督的人也传讲着耶稣基督。"③在奥古斯丁看来,传播基督的教义是修辞学最根本的目的。

奥古斯丁的宗教修辞学传播思想,构成了西方自古希腊罗马以来修辞学思想发展中不可或缺的环节,也与修辞思想的发展有着内在联系。西方以古典修辞学为主的传播思想,在不同的发展阶段中,由于特定的社会历史条件和环境的影响,各自形成特有的地位、作用,也包含着不同的价值。奥古斯丁的宗教修辞学传播思想,虽然其基本精

---

① 奥古斯丁:《论灵魂及其起源》,石敏敏译,第 147 页。
② 同上,第 171 页。
③ 同上。

神是围绕着中世纪基督教的内容而展开的,但与之前的修辞学传统又息息相关。中世纪基督教修辞学传播思想无疑也是对西方古典修辞学传统的继承和发展,在以宗教内容为主的基础上,也打上了西方思想本身发展演变的内在逻辑的印记。

总之,在中世纪基督教神学思想的主导下,人们的思想观念和社会行为都无不受到其思想的影响和束缚。在教会和王权控制之下,中世纪宗教传播虽然继承了古希腊罗马优秀的修辞学传统,但是它们依然是为宗教和王权服务的。不可否认,中世纪宗教传播作为西方传播思想的构成,为传播学研究提供了控制和说服的传播范式。此外,经院哲学也为传播思想的发展提供了逻辑演绎的方法,这些都间接推动了西方传播思想的发展。

【本章延伸阅读】

1. 菲利普·内莫:《古典与中世纪政治思想史》,张竝译,华东师范大学出版社,2021。

2. 布莱恩·蒂尔尼、西德尼·佩因特:《西欧中世纪史》,袁传伟译,北京大学出版社,2011。

3. 阿利斯特·E.麦格拉思:《基督教概论》,孙毅等译,上海人民出版社,2013。

4. 刘亚猛:《西方修辞学史》,外语教学与研究出版社,2018。

5. 赵敦华:《中世纪哲学十讲》,复旦大学出版社,2020。

6. 程德林:《西欧中世纪后期的知识传播》,北京大学出版社,2009。

7. 朱维之:《〈圣经〉文学十二讲》,人民文学出版社,1989。

第
三
章

文艺复兴时期的传播思想

　　文艺复兴是发生在 14 世纪初至 17 世纪中叶欧洲的思想艺术文化运动,是欧洲新兴资产阶级在文学、艺术、哲学、自然科学以及政治学、法学、历史学、教育学等领域内开展的一场新思想新文化的革命运动。文艺复兴是在资本主义经济萌芽的基础上产生的,以反封建、反教会的斗争为主要内容。恩格斯评价说:"这是人类以往从来没有经历过的一次最伟大的、进步的变革。"①文艺复兴肇始于意大利,繁盛于西欧诸国,在东欧和北欧均得以传播并产生影响,标志着欧洲社会从中世纪的文化向近代文化发展的过渡。中国近代研究文艺复兴的学者写道:"十五六世纪时,欧洲诸民族间,发生一种运动;起源于意大利,传播于英法,而终极于日耳曼;是为中古时代与近世时代之蝉蜕。历史学家名之曰 renaissance,译者再生也。东人则译为文艺复兴。"②这一介绍简要勾勒了欧洲文艺复兴运动发生的时间、地点及复兴(renaissance)的含义,总结得相当精准明确。文艺复兴时期的欧洲,商业贸易得以全面发展,同时也爆发了思想革新和宗教改革运动,标志着欧洲封建社会的解体和资本主义生产关系的形成。作为思想文化运动,文艺复兴始于彼特拉克、终于笛卡尔。文艺复兴以"人文主义"为核心,以"复兴古典文化"为宗旨,以

---

① 马克思、恩格斯:《马克思恩格斯选集(第 3 卷)》,中共中央马恩列斯著作编译局译,第 445 页。
② 蒋方震:《欧洲文艺复兴史》,商务印书馆,1921,第 1 页。

意大利为据点,是先进的资产阶级知识分子对古典文学艺术的重新掌握、模仿和重塑。此时这些知识分子对古代希腊、罗马的著述、文物进行广泛整理和研究,形成一种风尚和热潮,出现了古典文化"再生""复兴"的局面,因而被资产阶级称之为"文艺复兴"。

就文化意义看,文艺复兴并非古代文化的复活,也并非全盘复活古代希腊罗马的奴隶制文明,而是对古典作品当中的哲学、自然科学思想,以及文学艺术中世俗主义的成分进行充分发掘、阐释,进而反对中世纪封建的神学体系和经院哲学。文艺复兴结合当时社会自然科学领域的最新发展,提出了人文主义和科学主义的口号,成为文艺复兴时期的思想核心。人文主义思想在哲学上倡导人本主义,在政治上主张建立民族主义国家,在伦理上反对宗教禁欲主义,艺术上强调现实主义。文艺复兴以人为中心,其核心思想是用世俗的人代替宗教的神,把人从神学的束缚中解放出来,回归人的世俗生活。因此,文艺复兴强调作为个体的人的个性和自我发展,肯定现世的享受、歌颂享乐,支持人们追求功利和财富,反对经院哲学的禁欲和遁世,鼓励人们积极入世来服务社会、享受生活,同时也批判了宗教所要求的对僧侣、教皇和教会的绝对服从,提倡理性和对知识、技术的追求,主张以科学实验替代宗教先验论,肯定新兴资产阶级的各种表现形态。

文艺复兴的基本精神就是以人为中心的人文主义,弘扬人性、人道、人权,反对基督教会的神性、神道和神权。人文主义者所坚持的信念,核心就是人本主义,他们坚信"在命运面前,人不是束手无策的,他们有着创造性的能力,一旦释放出来,就可以掌握局面"①。人文主义思想观念在文学、艺术、宗教、哲学、科学、政治等各个领域的都取得了巨大成就。恩格斯就指出,文艺复兴是地球上从来没有经历过的最伟大的一次革命,"这是人类以往从来没有经历过的一次最伟大的、进步的变革,是一个需要巨人而且产生了巨人——在思维能力、激情和性格方面,在多才多艺和学识渊博方面的巨人的时代"②。毋庸置疑,文艺复兴运动具有明确的思想革新意义,它超越了经院哲学宗教世界观的人文主义思想,重视修辞学和道德哲学的教育理念。人文主义思想家所树立的历史观念,对古籍文献的发掘、考证与解释,都为新思想的出现打下了基础。印刷术的发明带来了文化的广泛传播和思维方式的改变,航海大发现和哥白尼革命在地理和宇宙论方面确立了新的世界观,恰如恩格斯所言——人类发现了地球。同时,新教改革突破了基督教专制,理性主义和个人自由得到全面张扬。

---

① 阿伦·布洛克:《西方人文主义传统》,董乐山译,第 280 页。
② 马克思、恩格斯:《马克思恩格斯选集》(第 4 卷),中共中央马恩列斯著作编译局译,第 261—262 页。

第一节
城市、印刷术与文化传播

布洛克总结西方思想史时认为,西方思想通过超自然的、自然的、人文主义三种不同模式来看待人和宇宙的关系,也就是通过这三种方式理解神、人、自然三者的关系。这三种模式也就是以上帝为主体的神学、以自然为主体的科学,以及以人为主体的人文主义。人文主义模式以人的经验为出发点,从而对人自身、上帝和自然进行审视和探索。在文艺复兴的影响下,人们开始从第三种角度看问题。无疑,人文主义是伴随着文艺复兴而兴起的西方文化思潮。虽然对于人文主义的理解各有不同,但是其中最为核心的内容依然是以人为中心,而不是以上帝为中心,这同时也是古希腊思想最引人瞩目的地方。因此,文艺复兴所倡导的人文主义,就是以人为本的世俗化思想解放运动。这些新思想观念的兴起也与当时欧洲社会城市商业社会的复兴、文化传播的发展等社会环境密切相关。

一、城市的复兴与人文主义

从古希腊城邦开始,到罗马帝国的辉煌,欧洲文明的发展与城市的盛衰始终密切相关,城市工商业的兴衰更替更是欧洲社会文化发展的晴雨表。古罗马城市的衰落源自工商业的衰退,中世纪城市研究学者亨利·皮雷纳就直接指出:"在任何一种文明中,城市生活的发展都必须依靠工商业。"①公元 11 世纪前欧洲的城市如罗马、雅典等相继褪去了繁盛的亮色而渐趋没落。欧洲城市文明经历的衰落过程,也印证了皮雷纳的观点。中世纪晚期到文艺复兴这几百年间,不仅是西方资本主义形成和发展的关键时期,还是欧洲城市文明的复兴期。

美国芝加哥学派的代表人物罗伯特·埃兹拉·帕克在城市社会学研究中指出,城市并不是许多个人的集合体,也不是各种社会设施的聚合体,或是各类民政机构的简单汇集。城市"是一种心理状态,是各种礼俗和传统构成的整体,是这些礼俗中所包含,并随传统而流传的那些统一思想和感情所构成的整体。换言之,城市绝非简单的物质现

---

① 亨利·皮雷纳:《中世纪的城市》,陈国樑译,商务印书馆,2006,第 84 页。

象,绝非简单的人工构筑物。城市已同其居民们的各种重要活动密切地联系在一起,它是自然的产物,而尤其是人类属性的产物"①。帕克对城市的认识无疑具有重要指导意义。这也说明,城市不是单纯地指一个物质实体,而主要是指一个文化实体,城市不仅是空间概念和功能的体现,而是人的生活的组织形式。正如卢梭所言,房子构成城镇,但市民构成城市。按照帕克的观点,城市是根植于它的居民的风俗习惯之中的。因此,城市既是物质的组织形式,也是文化的生产和传播空间,更是文明的形式。显见的是,文艺复兴时期欧洲新思想新文化的传播,几乎都是伴随着城市的复兴而发生的,如佛罗伦萨、威尼斯、罗马、巴黎、伦敦等这些发达的城市,都成为文艺复兴思想文化传播的中心,以城市为中心的人文主义思想传播,主导了文艺复兴时期社会文化发展的方向。正如 L. S. 斯塔夫里阿诺斯所说的:"文艺复兴最初起源于意大利,因此,它反映了当时意大利社会的情况和价值观。这是一个喧闹的城市社会,以繁荣的工业和西欧与富裕的拜占廷及伊斯兰帝国之间利润丰厚的贸易为基础。"②

从公元 11 世纪开始,欧洲经济不断发展制造业,市场也不断扩大。12 世纪到 13 世纪期间,商人们通过陆路和环绕地中海的大型商船,携带更多的商品进行贸易。随着商业活动规模的扩大,货币经济也在逐渐发展。此时欧洲的城镇也快速发展起来,不但数量增多,而且规模也迅速扩大。坚固的石头城墙、城门以及瞭望塔都是中世纪城镇外观上最独特的特征。市政厅和教堂是中世纪城镇的基础,城镇设有法院(包括市政法院)、医院、宗教团体或行业协会之类的兄弟会等组织机构,大多数城镇的居民除了中产阶级或市民外,还生活着数量相对较多的神职人员。今天欧洲的大部分重要城市在 1300 年就已建立,但当时城市人口所占的比例并不高。③ 濒临地中海的意大利佛罗伦萨、威尼斯、热那亚、米兰、比萨、罗马等城镇,在 1100 年左右都发展成为独立的城邦国家,并开始控制周边的城镇和村庄。由于没有封建领主的控制和束缚,这些城邦国家的工商业得以自由发展、兴旺发达,并成为西欧和东方贸易的枢纽。在 14 世纪和 15 世纪时,资本主义的生产模式出现,佛罗伦萨成为当时意大利最大的手工业中心,银行业和丝织业居全欧之首。城市的发展为文艺复兴运动的发生奠定了基础,也是意大利文艺复兴产生的必要条件。

欧洲城市的发展形成自由的城市文化,也成为文艺复兴发生的文化基础。封建时

① R. E. 帕克、E. N. 伯吉斯、R. D. 麦肯齐:《城市社会学:芝加哥学派城市研究文集》,宋俊岭、吴建华、王登斌译,华夏出版社,1987,第 1 页。

② 斯塔夫里阿诺斯:《全球通史:从史前史到 21 世纪(下)》,吴象婴、梁赤民、董书慧、王昶译,北京大学出版社,2006,第 372 页。

③ 约翰·梅里曼:《欧洲现代史:从文艺复兴到现在》,焦阳、赖晨希、冯济业、黄海枫译,上海人民出版社,2016,第 23—24 页。

代欧洲城镇的居民大多数并不需要为领主承担各种义务,城镇由此成为自由的象征。自由的观念也成为欧洲思想发展史上的重要文化传统,为欧洲现代社会的形成奠定了思想基础。恩格斯深刻地指出:"国王的政权依靠市民打垮了封建贵族的权力,建立了巨大的,实质上以民族为基础的君主国,而现代的欧洲国家和现代的资产阶级社会就在这种君主国里发展起来。"①随着文艺复兴运动的不断发展,人文主义思想文化传播到欧洲各个国家,成为新兴资产阶级的新世界观和新文化,并发展成为具有广泛影响的社会思潮。无论在政治、文化、艺术等领域,都出现了完全不同于中世纪的文化思想观念。此时,对"人"的反思日益成为西方思想的重要主题,彼特拉克首先通过阅读古希腊罗马文献,发现了古典"人"的观念。它不同于波埃修斯在《哲学的慰藉》中倡导的"服从神所安排的命运"的"人",这里的"人"是敢于向命运女神抗争并获得胜利的"人"。由此"人文主义"(即对人的研究)就在西方世界传播开来。13 世纪末在意大利等地出现的商业文化和城市公社(或共和国)也发展出了一种新的政治思想,即"共和主义"。它与人文主义相结合,形成了"公民人文主义"(civic humanism)。这种新的意识形态就取代了当时正陷入混乱的教会和神圣罗马帝国的意识形态,成了文艺复兴哲学的主要内容。② 作为新兴资产阶级的思想观念,人文主义思想的核心内容是以人为中心,强调个人的才能和自我奋斗,赞扬英雄史观,追求自由、平等和权利。

繁荣的经济和富有创造力的文化,使得佛罗伦萨成为文艺复兴运动的中心。人们开始摆脱神学的影响,崇尚自然的生命,重新发现并肯定古典时代的知识,诗歌、散文、绘画等各种文化形式得到空前发展和传播。文艺复兴文化在发现和传播古典文化的同时,强调人类个体的高贵,并赋予人上帝的形象,在建筑、绘画和雕塑、文学艺术等方面都取得了辉煌的成就。

二、印刷术的出现与思想传播

城市文化的繁荣引发社会巨大的变化。城市发达的工商业和贸易使得居住在城市中自由的人们需要了解各种不同的信息,以满足各自不同的需要。传播技术的革命,信息的自由流通是社会发展的结果,也是社会进步的条件。文艺复兴时期的欧洲人的城市生活中,信息传播不仅是工商业活动中互通有无的手段,同时还是标识城市生活和文

---

① 马克思、恩格斯:《马克思恩格斯选集(第 3 卷)》,中共中央马恩列斯著作编译局译,第 444 页。
② 余碧平:《中世纪文艺复兴时期哲学》,第 230—231 页。

化品位的行为方式。历史学家普遍认为，公元 8 世纪中国发明的雕版印刷术和纸张，经阿拉伯人在 13 世纪时通过西班牙传到欧洲，在意大利等西欧诸国得以广泛使用，从而也推动了文艺复兴新的兴起。[①] 而随之而起的欧洲 12—14 世纪城市市民文学、各类艺术的发展和繁荣，也为欧洲文艺复兴新的文学艺术奠定了基础。

繁荣的城市工商业必然依赖于全面迅速而准确的信息，这也推动了欧洲城市信息传播的专门化。发源于意大利威尼斯的手抄小报，就是早期商业信息传播的重要媒介。位于地中海北岸的威尼斯早在 10 世纪末就成为富庶的商业共和国、东西方交通枢纽和贸易中心。15 世纪时，资本主义工商业就在这里发展起来，造船、纺织、玻璃等行业相当发达，各类手工工场林立，工人达 19 万之多。这里的手工业主、商人、航海界人士都非常关心商品的销路、各地物价、来往船期等与他们息息相关的信息，于是就有人专门探听这些消息并抄写出售。随着需要消息的人越来越多，他们就不断抄写贩卖，这就是早期所谓的手抄小报的产生过程。16 世纪的意大利其他城市以及德、英、法等国都有手抄小报发行。有些大商行或银行，在总行与分支机构之间常有互通商业消息的信件，如德国富格尔家族开设的富格尔金融贸易所编集的《富格尔商业通讯》，就是这类信息的代表。[②] 这些手抄小报和商业信息的专门化发展，也是文艺复兴时期欧洲发达城市工商业的折射，同时也促进了城市信息传播的专业化，成为城市文化中不可或缺的因素。

任何传播技术的革新都会引发社会结构、人际交往等社会层面的巨大变化。15 世纪欧洲印刷术的出现，在某种程度上也标志着中世纪的彻底结束、新时代的来临。15 世纪佛兰德工匠发明了油基墨和木制的手动印刷机，推动了金属活字印刷机的诞生，从而使得欧洲社会的文化传播进入全新的阶段。1450 年德国美因茨的约翰内斯·古登堡等人发明金属活字印刷机，并印刷了拉丁语版的《古登堡圣经》。随后意大利城邦、波希米亚、法兰西、尼德兰、西班牙和英格兰在 15 世纪 70 年代以前出现了印刷厂。到了 1500 年，欧洲每年大约出版 3.5 万本书，一个世纪以后数量暴涨到 15 万到 20 万本。无疑，至此欧洲手抄书的时代已经结束，印刷术时代已开始。书籍使学者们可以研究相同的古代和中世纪的文献，并进行讨论和批评，有关新世界的发现和冒险的报道也从西班牙、

---

① 刘明翰主编：《世界通史（中世纪卷）》，第 444 页。

② 有资料证明，1536 年威尼斯已有专门采集消息的机构和贩卖手抄小报的人。1563 年同土耳其发生战争期间，威尼斯政府也曾发行手写小报。1566 年这里又出现叫作"手抄新闻"（notizie scritte）的定名小报。以上各种小报的内容主要是商品行情、船期和交通信息，间或也报道政局变化、战争消息和灾祸事件等，因为这些都会影响到贸易和交通。小报不定期发行，沿街兜售，每份一个铜元（一说张贴在公共场所，凡入内阅读须付一个铜元）。当时的铜币叫作"格塞塔"（gazzetta），后来这种小报流传到罗马以及欧洲各国，就称为"威尼斯小报"（venice gazzetta）。而随之 gazzetta 一词也就成为欧洲各国早期报纸的名称。梵蒂冈图书馆存有当时汇集的 1554—1585 年间来自欧洲的手抄小报。参见郑超然、程曼丽、王泰玄：《外国新闻传播史》，中国人民大学出版社，2000，第 10 页。

英格兰和法兰西传播至欧洲各地。同时学术性的私人藏书图书馆也越来越多,这也引发了图书馆员、书商、出版商、排字工人,以及编辑等新的职业的出现。

随着知识的大规模传播,欧洲大学也迅速增多,从1300年的20所增长到1500年的约70所。[①] 需要指出的是,关于印刷术和技术变革对于文艺复兴发生的影响,学者们也有不同看法。有学者认为,在印刷术出现之前的手抄时代,其实文艺复兴在意大利已经出现了。

印刷术的出现和普及对于文化传播的重要性是不言而喻的。以往人们主要依赖于口传和手抄方式进行信息传播,信息无疑是社会的稀缺资源。无论口传还是手抄,知识传播都需要很高的成本:一方面人们需要训练强大的记忆能力,以便于大量准确地传播信息;另一方面,知识传播的范围也非常有限,在这种条件下,不可能产生知识传播的普及。印刷机的发明、书籍印刷的普及,使得各种信息通过文字传播方便储存和复制,个人可以到图书馆并在书籍中查找和阅读自己需要的信息,知识传播不再依赖于强大记忆和拥有稀缺资源的少数人,文化传播的普及化和世俗化业已成为现实。

三、文艺复兴时期的文化传播

文艺复兴首先在意大利的佛罗伦萨发生,繁荣的城市工商业经济和富有活力的文化使得佛罗伦萨成为文艺复兴运动的中心。被誉为"文艺复兴之父"的弗兰齐斯科·彼特拉克最早开始重新发现、赞扬并研究古典拉丁语文献,开启了文艺复兴的先河,和但丁、薄伽丘一起成为文艺复兴最有影响力的学者。彼特拉克和许多文艺复兴时期的学者,通过对古典时代的手稿和书籍中古代作品的发现、抄写和整理,如对西塞罗这样的学者进行专门研究,从而使得古希腊罗马的古典文化知识逐渐在意大利各地得以传播。这不仅仅是对古希腊罗马文化的复兴,更是一种以人为中心的人文主义文化形态的确立。佛罗伦萨的人文主义者通过诗歌、散文、绘画等艺术作品对古希腊罗马文化进行赞美和崇尚,大力传播人文主义观念。佛罗伦萨、那不勒斯、威尼斯等城邦都建造了图书馆,并为学者提供学术研究所需的标准文献。

与此同时,中世纪的经院哲学也开始转向人文主义,古罗马就用人文(humanitas)一词来描述智慧与美德,后来这个词就用来指那些带来思想解放的研究成果,以及古代的语法、逻辑、算术、几何、音乐、天文以及修辞学。经院哲学家们也将学习和研究的重点转向拉丁语语法、修辞学和形而上学等理论,他们认为哲学的任务是人文学研究,人文

[①] 约翰·梅里曼:《欧洲现代史:从文艺复兴到现在》,焦阳、赖晨希、冯济业、黄海枫译,第33页。

主义研究对于公民素养的培养至关重要。人文主义者尊崇古典文明,坚信他们在复兴伟大的古典时代,并借此批判中世纪的经院哲学。他们认为经院哲学充斥着各种不相干的神学辩论,倡导苦行避世的生活方式,利用哲学思考那些和人类毫无关系的知识。相反,他们认为人文主义依然是可选择的通往知识与文化的路径,坚信人文学科能够开化人类,并使人懂得"生活的艺术"。彼特拉克就声称,学习古典诗歌和修辞学能够让人们在日常生活中也确立是非道德观念。① 由此,彼特拉克将人学与神学区别开来,宣称自己是凡人,只要求凡人的幸福,并说属于人的那种光荣对于他就够了,还主张凡人要先关怀世间的事,并通过抒情诗表达自己的情感,因而被称为第一个人文主义者。② 雅各布·布克哈特说:"虽然我们在他的诗歌中看到一些勉强的、不自然的东西","但我们仍不能不叹赏那些灵魂深处的许多美妙的图画——刹那之间的欢乐和悲哀的描写。这些一定都完全是他自己的,因为在他以前,没有一个人作过任何这种描写,而他对于他的国家和全世界的重要意义就在于此。"③文艺复兴时期的政治理论家马基雅维利通过对教会和神学束缚的反对以弘扬个性,他指责教皇:"几乎所有由北方蛮族在意大利境内进行的战争,都是教皇们惹起的。在意大利全境泛滥成灾的成群结伙的蛮族,一般也都是由教皇招进来的。这种做法仍然在继续进行,致使意大利软弱无力、动荡不安。"④在研究古典文献时,他也表达了对古代文化的崇敬之情:"每当夜色降临,我回到家中,投入我的研究。在门口,我脱掉了那泥泞不堪、浸满汗水的工作服,穿上王宫和法庭的长袍。这身庄重肃穆的长袍将我带入古人的法庭。我受到他们的欢迎,再一次品味那独属于我的知识之果,意识到我就是为此而生的。然后,我大胆地与他们对话,询问他们的行为动机,而他们非常仁慈地回复了我。在那四小时里,我将世俗的世界抛在脑后,忘却了世间各种烦恼、不再害怕贫困,甚至死亡也无法使我战栗不安。我融入了他们的世界。"⑤马基雅维利在此描述了阅读古典文献给他带来的愉悦和兴奋,以及沉浸在知识海洋的无尽快乐,这也是文艺复兴崇尚知识的真实写照。显然,在这些追求知识、探求人的世界奥秘的观念影响之下,科学主义也在此时得到了迅猛发展,特别是哥白尼、伽利略、开普勒、布鲁诺等对与天文学的各种发现和发展,从根本上揭露了经院哲学的虚妄和荒诞。同时医学特别是维萨留斯在解剖学领域的发展,让人们开始了解自我

---

① 约翰·梅里曼:《欧洲现代史:从文艺复兴到现在》,焦阳、赖晨希、冯济业、黄海枫译,第 55—56 页。
② 王锺陵:《自文艺复兴以来西方思想的总体走向及对 20 世纪西方思想与文论的总概括与展望》,《苏州大学学报》(哲学社会科学版) 2013 年第 4 期。
③ 雅各布·布克哈特:《意大利文艺复兴时期的文化》,何新译,第 343 页。
④ 尼科洛·马基雅维里:《佛罗伦萨史》,李活译,商务印书馆,1982,第 15 页。
⑤ 约翰·梅里曼:《欧洲现代史:从文艺复兴到现在》,焦阳、赖晨希、冯济业、黄海枫译,第 58—59 页。

身体的构造,使得人体不再是一种羞耻之物,而是表达自我精神的载体。

人文主义在艺术领域也得到了充分表现,随着城市的大众文化特别是工匠阶层的文化发展,艺术被分为自由艺术和机械艺术。那些突出艺术家个体思考和个性的艺术被称为自由艺术,深富哲学性和历史含义。意大利文艺复兴后期,艺术达到了前所未有的繁荣,意大利绘画、雕塑艺术的巨匠达·芬奇、米开朗琪罗和拉斐尔成为意大利文艺复兴时期的"三杰",他们各自的艺术成就独具一格,光照后世。此外,富有的贵族如著名的美第奇家族对于艺术的大量资助,客观上也促进了文艺复兴艺术的传播。

还需提及的是,由于文艺复兴时期的学者放弃了拉丁文书写的传统,开始使用意大利语、法语、德语和英语等自己的本土语言来书写,加之印刷机的发明使得他们的著述能够被印刷和广泛地传播和阅读,在此背景下,各类印刷物成为普通人获取信息的有效途径。为了满足民众知识阅读各种的需要,这些作家们也开始广泛关注各种话题。由此,以城市文明为基础在工商业的发展、文艺复兴思想的推动下,加之印刷术等文化传播手段的普及,欧洲文艺复兴时期突破了古希腊罗马以来的"人—人"为中心的传播模式,形成了以文字、印刷书籍为中介的"人—文字(印刷书籍等)—人"的传播模式。这种新的传播模式和理念的变革,不仅扩展了传播的方式,还培养了具有人文理念的受众,使得文艺复兴倡导的人文主义精神得到生动的阐释。这种以文字为中介的传播,能够跨越时空限制,最大限度地扩展信息传播的影响范围,使得古希腊罗马时代的修辞学传统日趋没落,更为重要的是,昭示了人类传播的新纪元即将开启。人类传播的本质和传播学观念,无疑在现实社会的发展中不可逆转地注入了新鲜的内容。

第二节
文艺复兴时期的主要传播思想

随着文艺复兴时期思想解放运动的发展,面对欧洲社会的战争、饥荒和瘟疫等现实的巨大危机,人文主义者寻求以新的观念来认识和解释世界。正如恩格斯所指出的,这是一个需要巨人而又产生巨人的时代。他们热情地投入到古典文献中,潜心于"人的研究",重新发现和传播古代的语言、政治、诗歌、道德、历史等文化,重新认识人的世界,超越基督教神学,重新确立世界的价值目标和道德规范。对于古典文化发现、解释和传播,成为文艺复兴人文主义研究的核心内容。15世纪末大航海引发的地理大发现和印刷机的发明推动下的知识传播,彻底改变了欧洲人文主义者对于世界的看法。对于新知识、新思想的传播成为文艺复兴时期基本的社会面貌,许多人文思想家不仅学习和传播古代知识,并且在修辞学和演讲术的基础上,不断讨论钻研文化传播的各种观念,从而使得文艺复兴时期的文化传播在学校教育、书籍印刷、图书收藏以及艺术传播等方面都得以全面发展,成为文化传播的光辉典范。

文艺复兴初期14世纪人文主义思想家彼特拉克、但丁和薄伽丘开创了人文主义思想的先河,他们摒弃了经院哲学传统,追踪古典思想和文化,力图从古代哲学精神出发重新认识人、肯定人的现世欲望和理性质疑的精神。文艺复兴最后从意大利发展至整个欧洲,期间哲学思想的主要代表人物还有意大利的科鲁乔·萨吕达提、阿尔贝蒂、洛伦佐瓦拉,荷兰的伊拉斯谟,英国的托马斯·莫尔和法国的蒙田等。其中但丁、马基雅维利、培根,以及宗教改革家马丁·路德等都提出了重要的传播思想,这些思想形成了文艺复兴时期传播理论的主要观点。

一、文艺复兴时期的修辞学教育

文艺复兴继承了古希腊罗马时期的教育特点。古希腊罗马时期将人类的知识进行了系统梳理,至罗马时代形成了基本的"四艺"(即算术、几何、天文、音乐)和"三学"(即语法、修辞学、逻辑学)的教育体系。古希腊的演讲术和辩论术,罗马时代西塞罗和昆体良的关于演讲术的论著,都是文艺复兴文化传播的重要内容。文艺复兴时期开始出现公立学校和私塾,它们继承了古希腊罗马的教育方式,重视艺术和文学,学习诗歌、修辞、语法和历史等科目。

修辞学和演讲术在文艺复兴时期具有重要的意义。有学者认为,人文主义运动诞生于修辞和语法研究中,而并非哲学、宗教和科学研究领域。人文主义者继承了早期中世纪修辞学传统,但却以古典标准来继承和发扬它们。因此,人文主义者应深入古典学术研究,以期达到古典文化的水平。人文主义者热衷于古典学术和柏拉图哲学,但并非为古典学术而学术,进而复兴古典学术和希腊哲学,而是将其当作达到其他目的的工具,他们的作品更多的是为了展示或表现读写和雄辩的技能。[①] 因此,西塞罗在他们眼

---

① 张仕颖:《马丁·路德与人文主义》,《世界宗教研究》2017年第1期。

中并非哲人,而是演说家,他们甚至未涉及柏拉图的理念论。教会史和神学家阿利斯特·麦格拉思认为:"文艺复兴人文主义不是一个哲学体系,甚至也非具有某种哲学倾向的体系,它只是一切注重于某种类型古典文艺作品研究的文化运动而已。"①可见,人文主义者是在修辞学的基础上复兴古典文化的。

修辞学被人文主义者置于首要地位,也是人文主义者学习的目标。人文主义者崇尚古典的雄辩才能,认为修辞学对于古典雄辩才能来说非常关键。人文主义者倡导以古典文学作品为对象,因此,对古典演说辞的学习成为修辞学教育的主要部分,亚里士多德的《修辞学》以及西塞罗、昆体良等关于演讲术的著作,都是修辞学的经典范本。文艺复兴时期的修辞学理论,集中在对古典文本的重新发现,以及对于古典修辞学融入教育实践的研究上。此外,文艺复兴演讲术在某种意义上也成为一种哲学,它通过选择不同的语言来表达观点,作为传播的手段,起着传播新思想、新文化的作用。文艺复兴时期的修辞学和演讲术,不仅仅是语言表达和传播思想的工具,它还意味着对各类自然科学、哲学艺术的不断探索。修辞和演说是人们认识社会的窗口,使不同人的思想得以讨论和认同,是人类社会的推动力、文明的催化剂,有学者甚至认为文艺复兴可以被称为"修辞学时代"。

二、但丁的俗语传播理论

但丁(1265—1321)出生于意大利佛罗伦萨的没落贵族家庭,作为中世纪末意大利诗人、欧洲文艺复兴时代的开拓者、现代意大利语的奠基者,以史诗《神曲》留名后世,并被称为至高诗人和意大利语之父。恩格斯评价但丁:"封建的中世纪的终结和现代资本主义纪元的开端,是以一位大人物为标志的,这位人物就是意大利人但丁,他是中世纪的最后一位诗人,同时又是新时代最初的一位诗人。"②布克哈特评价但丁时认为,他的诗歌"划出中古精神和近代精神的界限。人类精神在向意识到它自己的内在生活方面迈进了一大步"。《神曲》的"立意是属于中世纪的",但"它对于人性的每一种类型和表现都做了有力而丰富的描写,所以它仍不失为是一切近代诗歌的滥觞"。③ 发现人并讴歌人性,本来就是文艺复兴人文主义思潮的伟大成就。但丁在其诗歌中对人的内心世界的描写、情感体验的叙述,都使其成为文艺复兴时期文化的代表。为了能够更好地表

---

① Alister E. McGrath. *Luther's Theology of The Cross*. Basil Blackwell Ltd. 1985, p.40.
② 马克思、恩格斯:《马克思恩格斯选集(第1卷)》,中共中央马恩列斯著作编译局译,第269页。
③ 雅各布·布克哈特:《意大利文艺复兴时期的文化》,何新译,第341—342页。

现人的内心世界,传达真实的人的情感,但丁主张摆脱当时拉丁语的影响,提倡使用意大利俗语,进而自由表达自己的思想和情感。他身体力行,不仅使用俗语写作完成了《神曲》等伟大的作品,还写下了《论俗语》《飨宴篇》来论证俗语的地位和影响,倡导在俗语的基础上建立统一的意大利语。这些作品和论述形成了但丁关于意大利俗语对于文化传播的观点。

但丁所处的时代正是中世纪末期,拉丁语是中世纪的官方语言,俗语即意大利的方言,不像拉丁语要通过正式的学校教育专门去学习,是那些从日常生活中习得的语言。具体而言,但丁所提倡的"俗语",主要指的是罗马民间的通俗拉丁语,人们习惯称之为"罗曼语"或"新拉丁语",因为拉丁语的正统性地位,意大利人很鄙视这种民间语言,称其为"俗语"。但丁提出建立意大利语,实际上是时代的必然,其中既有文化的原因,也有政治的原因。① 文艺复兴初期,意大利出现了大量的俗语文学。针对这些俗语文学,知识分子之间也有不同认识。但丁支持俗语写作,通过《论俗语》对其进行完整全面的论述,为意大利俗语写作进行了具有说服力的辩护。但丁提出,拉丁语具有规范化、正式性和标准化的优点,但是其多用于教会、官方文本,因此脱离大多数普通民众的生活,变得僵化难懂,而且学习、掌握起来非常困难,这样拉丁语势必会成为文化发展的阻碍。同时教会将拉丁文作为正式语言,也使之成为教会控制人们思想的工具。故只有摆脱拉丁语的使用语境,才能使得语言起到解放思想、表达情感的作用。

但丁主张将拉丁文优美的语言、高雅的文字、标准的语法与俗语的使用相结合,取其精华,从而发展俗语。他认为,对于正在形成的民族国家而言,作为母语的应该是俗语,而不是夕阳西下的拉丁语。俗语将是一道新的光辉,一个新的太阳,给黑暗和迷雾中摸索的人们照出一条光明之路。② 因此,俗语作为普通民众广泛使用的语言,具有相当大的生命力和活力。它简明易懂、流畅多变,很适合表达丰富的思想感情。因此,俗语具有实用、活泼和极富亲和力等优点。他在《论俗语》中提出语言使用的光辉的、中枢的、宫廷的和法庭的四种形式,借以表达语言使用中优美高雅、通俗规范的特征。他主要结合俗语和拉丁文的各自的优点,提出一种规范又不失活力,既朗朗上口又不至于粗俗的"标准语言"。显然,但丁关于俗语使用的传播思想,对于文化传播的普及性和通俗性起到了重要影响。其中更为重要的是,这种贴近生活的俗语,正是文艺复兴时期人文主义对于俗世人生的礼赞。正如彼得·伯克所认为的,意大利文艺复兴的文化在某种

---

① 朱志荣:《论但丁的俗语观》,《外国文学研究》2001 年第 3 期。
② 吴世永:《俗语与白话:全球化中的语言突围——但丁〈论俗语〉与中国、印度白话文学观之比较》,《学习与探索》2004 年第 3 期。

程度上是"大众文化"与"精英文化"的综合体,具有双重性的特征。他指出:"研究这一时期意大利文化的历史学家必须考虑……文艺复兴的各种表现形式和思想从精英阶层向普通民众的传播。"①

三、马基雅维利的政治宣传理论

马基雅维利(1469—1527)是文艺复兴时期杰出的人文主义政治家,近代资产阶级政治学说的奠基人之一,主要有《君主论》《论李维》《论战争的艺术》《佛罗伦萨史》等著作。《君主论》是他对佛罗伦萨几百年间的"政治实验和激烈改革"、对历史和现实中各国统治者的政治经验,以及他多年从政阅历的理论总结。《论李维》则通过对李维《罗马史》的评注,颂扬平民参政的共和政体。他的政治学说主要包括人性观、国家观、政体观、权术观和自由观等方面。② 在政治观点的论述中,马基雅维利基于人性论讨论政治目标的实现时,提出了关于政治宣传的理论。

首先,马基雅维利的政治宣传理论是建立在其人性论基础之上的。他主张人性本恶的人性观,因此,他对政治概念和政治手段的阐释都是从人性本恶出发的。他认为人的共同本性是趋向于恶的,人依据恶之本性行事。关于恶之本性,他认为"一般说来:人类的本性总是忘恩负义的,是变化多端、弄虚作假、怯懦软弱、生性贪婪的"③。这个基本的认识则成为他观察政治现象的出发点。对于现实中的人性,他认为总体上偏向于性恶论。他认为人性本善的观点可能是人道的,但是不适合解释政治生活。当然这种观点也是基于当时意大利社会的现实而言的,他激烈批判了当时意大利社会个人道德败坏、公民缺乏诚实和献身精神、宗教信仰失落、社会秩序混乱、财富分配不均等社会乱象,认为人们将个人利益置于公共利益之上,由此导致社会颓坏堕落。因此,他更肯定古罗马的共和政体,主张意大利实行君主专制制度。

其次,马基雅维利主张政治宣传为达成目的可以不择手段。他认为只要最终目的是正确的、高尚的,君主甚至可以使用最卑劣的手段来实现它,这就是马基雅维利主义的中心论点,即为了达到目的,可以不择手段。马基雅维利讨论政治问题时最关注君主的统治方法,他极力主张在政治中可以不受任何道德准则的束缚,为了达到目标可以不顾任何手段,不择手段的政治宣传就是达成政治目的重要途径。他提出,君主可以在表

---

① 彼得·伯克:《文化史的风景》,丰华琴、刘艳译,北京大学出版社,2013,第142页。
② 袁继富:《马基雅维利政治学说论析》,《理论研究》2007年第5期。
③ 马基雅维利:《君主论》,李盈译,天津教育出版社,2004,第107页。

面上假装具有仁慈、忠实、虔诚和正直等美德，但实际上为了目的可以言而无信，也必须让民众恐惧。马基雅维利论证说，古代作家已经指出许多君主是由半人半马的神怪抚养、管教成人的，因此君主必须懂得如何运用人性和兽性。由此他提出了聪明的君主应该同时是狐狸和狮子的见解，因为狐狸狡猾有余但不能抵御豺狼，狮子凶猛有余但不能避免落入陷阱。君主要学会同时扮演狮子和狐狸两种角色，既要凶猛又要狡猾，也就是善于采取暴力和欺骗相结合的手段，以加强君主的统治。这种明确主张欺骗民众的宣传手段构成其政治宣传的核心内容。

最后，马基雅维利还主张利用宗教来进行政治宣传。他特别重视宗教的意义，但是他所谓的"重视"，并不在于企图通过宗教来获取真理或者出于对待宗教的虔诚敬重，而是将宗教作为世俗的工具，将它作为政治宣传手段，来维系政治统治，为君主的政治统治而服务。同时，他主张对公民进行军事爱国教育宣传，借以培养公民遵纪守法、服从权威的意识，并且逐渐深化其国家意识和对国家的使命感。此外，马基雅维利还主张利用榜样的力量进行宣传，强调优秀公民的突出道德和对国家社会做出的贡献，希望引起普通公民的竞相模仿，也可以对坏人起到教化和震慑的作用。

总之，作为近代西方首先论述政治权术的思想家，马基雅维利关于政治权术和政治宣传的主张具有双重意义。从积极的方面看，他提出君主专制的政治主张，倡导为了目的不择手段的政治权术，其目的在于促进意大利国家的统一和发展，也是对虚伪的封建道德和神学政治观的批判。但其影响却是非常消极的，他的政治权术观、国家观与政体观等都是极端功利主义的政治主张。他彻底否定对政治行为的道德评价，完全以实用主义的立场对待政治行为，主张不择手段的政治宣传观，这些都是对人类政治文明的严重玷污。对人类政治行为中的阴暗面进行大肆渲染，也使得人们对人类政治活动产生误解，其社会意义无疑是消极的。① 弗雷德里克·S.西伯特在《传媒的四种理论》中论述威权主义报刊理论时，将源头远溯至柏拉图《理想国》《法律篇》等中提出的作品审查观点，同时也讨论马基雅维利的威权主义的政治宣传观。② 无疑，人们在现实层面上批判和否定追求"目的总能说明手段正当"的政治无道德论，即所谓的"马基雅维利主义"政治观，也充分证明了人类对自由民主思想的追求必须要建立在人类道德基石之上。试想，如果政治活动中缺乏公平、正义、自由和民主，那么不管所谓的最终目的是多么正确，恐怕带来的只有灾难，历史上诸多事实不也证明了吗？但是，与此同时，马基雅维利

---

① 袁继富：《马基雅维利政治学说论析》，《理论研究》2007 年第 5 期。
② 弗雷德里克·S.西伯特等：《传媒的四种理论》，戴鑫译，中国人民大学出版社，2008，第 4 页。

反对教会专制的共和主义的思想却充满着进步性。马基雅维利的著作及思想中的不道德主义与共和主义的矛盾，既是时代发展的反映，也是他个人经历的折射。正如罗素所言："在意大利城邦制的成长与文艺复兴同时并起，因此人文主义者便能够从共和时代的希腊人与罗马人的政治理论中有所收获。对'自由'的爱好，及'约制与均衡说'，由古代传给文艺复兴时期，又主要从文艺复兴时期传给近代，固然近代也直接承继了古代。马基雅弗利的这一面，和《君主论》里那种比较闻名的'不道德的'主义，至少是同样重要的。"①

四、培根的语言传播理论

弗兰西斯·培根（1561—1662），是英国文艺复兴时期著名的文学家、哲学家。培根早年受到良好的教育，在剑桥大学学习期间开始质疑亚里士多德的哲学的社会价值，由此认为只有观察和实验的科学，才能解放人类摆脱自然的控制，提出"人是自己命运的建筑师"。培根不仅是政治家和政务活动家，他还致力于学术研究和著书立说，作为近代意义上的第一位重要哲学家，为实验科学和经验哲学的发展做出了贡献。

培根计划写作著作《伟大的复兴》来系统阐释他的哲学思想和理论，之后仅完成了部分内容，但通过已完成的内容我们也可了解其思想。培根继承文艺复兴以来的人文主义和科学传统，在新旧时代的交汇点上，对近代自然科学的发展做了乐观的预言和系统的论证，第一次明确提出自然科学是人类社会的共同事业，并从理论上对自然科学的目的、意义、任务、历史、学科分类和研究方法等做了全面、系统的阐述。培根敏锐而准确地把握了自然科学的实验特征，明确地阐述了实验科学的许多重要原则和细节。马克思、恩格斯评价培根为"英国唯物主义和整个现代实验科学的真正始祖"②。他把科学面对的世界看作物质构成的整体，并试图按照科学研究的可能程序来理解和描述人类知识的形成，开创了经验主义哲学思潮的先河。③ 培根在其《新工具》《培根论述文集》中的《论谣言》《论叛乱》等著述中，讨论了有关语言与传播、谣言传播等问题。

首先，语言对人类传播的重要意义。培根认为，语言并非只是人类认知世界的手段和工具，语言本身就构成了语言世界。"言语或论证的产生并不是一种发明，不是去恢复

---

① 罗素：《西方哲学史（下卷）》，马元德译，商务印书馆，1976，第23—24页。
② 马克思、恩格斯：《马克思恩格斯全集（第2卷）》，中共中央马恩列斯著作编译局译，第163页。
③ 周晓亮主编：《西方哲学史（第四卷）》，叶秀山、王树人总主编，第238页。

或是重新唤起我们已知的东西,而是去发现我们不知道的东西。"①语言还包含着属于语言自身的因素,因此,相对于社会活动中的人而言,语言先于人而存在,先于思想而存在。为了认识我们的世界,我们必须首先认识语言。语言本体论是把语言视为介于人与世界之间的一种中间世界(特殊实在),它是人运用时代赋予他的全部知识去解释自己和自己的世界。② 培根认为人在认识世界的过程中,由于自身心灵的局限性,会导致认识的谬误,这种妨碍人的正确认识的心灵有害性特征就是"假象"。据此,他把所谓的"假象"分为族类的假象、洞穴的假象、市场的假象和剧场的假象。其中"市场的假象"(idols of the market-place)是指人们在交流交往过程中,由于语言和文字的使用障碍而引起的"假象"。这里的"市场",意为人们的交流交往行为就像市场中的交换行为一样,其中语言扮演着重要的角色。但是,这种"假象"主要表现为名称实无所指,或虽实有所指但语义混乱,亦即人们的交往行为中,如果对名称或概念的理解、使用不当,就会导致名实不符,甚至形成错误的观念,从而形成"假象"。

从培根关于"市场的假象"的讨论,可以看出他关于语言形式与表达含义之间关系的观点,由此亦可理解培根的语言观。培根明确地认识到了语言与认识(或理智)的密切关系,并明确提出人们对语言的误用和误读,是导致错误认识和无谓争论的根源。显然,这里就包含着所谓人类交流的局限性的含义,亦即人们之间存在的语言理解的差异,使得真正的交流难以实现,其后的经验主义者也认同这一观点。显见的是,后续的传播学理论如编码/解码理论等就包含着这样的认识。而且,培根也意识到在语言或文字的使用中,可能存在不同的层次,即普通的语言和科学的语言。所谓普通的语言,"通常根据普通人的能力而构成和应用,因此它所遵循的区分线对于普通理智是最明显的",而科学的语言是人在具有"更敏锐的理智或更努力的观察力"的情况下使用的,它要求"改变那些区分线以适合自然的真正区分",因此会与日常语言发生冲突。而科学家(如数学家)则力图用"定义"的方法使语言的使用规范化。③显然,根据培根的描述可以看出,他也明确认识到了日常语言和规范语言有所不同,但他并没有对此做出进一步解释,这也与后世索绪尔语言理论中对"语言"和"言语"的区分有相似之处。

其次,关于谣言的论述。《培根论说文集》中有篇专门讨论谣言的短文生动形象地描述了谣言的特点。关于谣言,培根首先提出了严肃的思考,他认为谣言其实包含着真

---

① 培根:《学术的进展》,刘运同译,上海人民出版社,2007,第1页。
② 伍先禄:《培根的语言观及其影响》,《外语学刊》2009年第4期。
③ 培根:《新工具》,许宝骙译,商务印书馆,1984,第32页。

实和虚假的问题。他说:"何为假谣言,何为真谣言,它们最好的分辨方法是什么? 谣言如何形成,如何发展,如何传播,如何增加,以及如何控制并消灭它们?"①这些其实都是针对谣言传播需要关注的问题。培根借用古罗马诗人维吉尔(前70—前19)的诗《埃涅阿斯纪》中对谣言的描写,来说明谣言的特征。维吉尔的诗描写了神话故事中的谣言女神法玛,她是一个可怕的怪物,长着巨大的翅膀,每一根羽毛根部都有一只耳朵、一只眼睛和一张嘴巴。白天她踞于最高的楼宇顶上,观察一切。夜晚她在天空中漫游,转述一切。她从不休息,传播谎言和真话同样孜孜不倦。培根因此写到诗人们"在形容她的时候,其措辞一部分是美秀而文雅,一部分是严肃而深沉的。他们说,你看她有多少羽毛,羽毛之下有多少只眼睛,她有多少条舌头,多少种声音,她能竖起多少只耳朵来"②。他用诗人形象的语言解释谣言的特征,其根本特征就是由众人的眼睛、舌头和耳朵扩散,所谓谣言就是众口铄金。培根也提到谣言传播速度快、影响巨大等特征。特别是在战争和政治活动中,谣言往往成为政治对手借以攻击对方的工具。

此外,培根在《论叛乱》中还专门讨论了政治家面对社会冲突和叛乱时要注意谣言的传播,他提醒明智的统治者都应当留意谣言,因为谣言有可能就是真正的行动与计划本身,这也是培根所提出的信息传播对社会影响的观点。他说道:"诸如诽谤与蔑视法律、煽动叛乱的言论公然流行,还有那些不胫而走的政治谣言,特别是当人们无法辨别其真假而普遍对其津津乐道的时候,所有这一切,都可以被看作动乱即将到来的预兆。"③由此,培根认为,谣言不仅是神话传说中诸神叛乱的产物,在现实中还是未来政治动荡的前奏,因为从动荡的煽动到行动之间距离其实很短,谣言是社会政治动荡发生的前奏。培根进而提出,不能通过严控压制谣言来处理政治动荡,因为这有可能反而成为动荡的导火线,冷静处置比严格压制更有效。

总之,培根对于语言与传播的认识,以及他所提出的语言世界的观点,为后世传播符号学等理论研究提供了理论指导。对于谣言传播中所体现的信息传播的特征等问题的论述,无疑具有前瞻性,也体现了经验主义的分析方法的特征。当代学者奥尔波特和波斯特曼同样也认为,谣言与传言不同:作为信息,它赋予与现实有关的某人或某事新的因素;谣言的目的在于使人相信。这些观点与培根的认识亦有相同之处。④ 当然,作为近代实验科学观念的开创者,培根倡导的科学主义的精神,是即将到来的启蒙运动的

---

① 培根:《培根论说文集》,水天同译,商务印书馆,1958,第 208 页。部分文字略有修改。
② 同上,第 207 页。
③ 同上,第 48—49 页。部分文字略有修改。
④ Allport G. W., Postman L. *An Analysis of Rumor*. Public Opinion Quarterly, 10, hiver 1946—1947, pp.501−517.

先声,也成为传播学经验研究的逻辑基础。

五、马丁·路德的宗教传播理论

马丁·路德(Martin Luther,1483—1546)是 16 世纪欧洲宗教改革运动德国宗教的领导者和改革者。他出生于德国小城艾斯莱本,曾在埃尔福特大学学习法律,后在奥古斯丁会学习神学并任神父,随后进入维滕堡大学任神学教授。意大利文艺复兴运动北传到爱尔福特大学和维腾堡大学,德意志人文主义对路德思想的发展产生了直接而又深远的影响,路德深受人文主义文化精神的熏陶。路德在 1517 年撰写的《九十五条论纲》,反对罗马教廷出售赎罪券,贴在维滕堡教堂的大门,随后被印刷出版,揭开了宗教改革的序幕。他宣称人们直接通过《圣经》的阅读即可获得神启,提倡用民族语言举行宗教仪式,并将《圣经》翻译成德文,以《圣经》的权威对抗教皇权威。恩格斯评价说,马丁·路德的功绩在于他"不但扫清了教会这个奥吉亚斯的牛圈,创造了现代德国散文,并且撰著了成为 16 世纪《马赛曲》的充满胜利信心的赞美诗的词和曲"[1]。在宗教传播思想上,借助于 15 世纪以来印刷术的发展成就,马丁·路德得以广泛传播其宗教思想,提出了"因信称义"的神学主张,认为只要内心有信仰就能给人释罪,使人获得自由和拯救。他将人的信仰建立在理性的基础上,否定了封建教会的救赎理论,否定了教会的精神统治权和等级制度,为各国资产阶级建立廉价的民族教会提供了理论论证。他主张教徒都有赦罪权,反对教会拥有财富,倡导每个国家都有权建立自己的教会。

16 世纪是欧洲基督教"宗教改革"(the reformation)时期,这个时期发生了基督教历史上的第二次大分裂,即新教从罗马天主教中分离出来,"它为后来发展起来的现代西方基督教的许多特征奠定了基础"[2]。宗教改革运动是 16 世纪西欧社会影响最大的事件,在文艺复兴的背景下,宗教改革一方面要恢复真正的基督教信仰,另一方面是对罗马天主教会的反叛和革命,是一种宗教世俗化的尝试。运动的主要代表人物有马丁·路德、乌尔里希·茨温利、加尔文等,形成了路德宗、改革宗(亦称加尔文派)、再洗礼派(亦称激进改革派)和安立甘宗(即英国教会)四大派别。宗教改革运动使基督教产生了革命性的变化。路德作为宗教改革的领导人物,在宗教改革与传播中起到了重要的引领作用。

---

① 马克思、恩格斯:《马克思恩格斯选集(第 3 卷)》,中共中央马恩列斯著作编译局译,第 446 页。
② 阿利斯特·E. 麦格拉思:《基督教概论》,马树林、孙毅译,北京大学出版社,2003,第 293 页。

路德对教会的批判恰逢欧洲各地印刷机爆炸式增长的时期,他充分利用印刷术的便利条件,广泛传播其宗教主张,他自己也认识到,印刷术是上帝无上而终极的恩典,使福音得以广泛传播。1517年10月31日,路德把《九十五条论纲》贴在维滕堡教堂的大门上。这篇文章最先以手抄本的形式开始流传。12月,路德的朋友们出资印成小册子或大幅海报的《论纲》印刷版在莱比锡、纽伦堡和巴塞尔同时出现。此后,随着各个城镇的印刷商将其翻印出版,《论纲》迅速传遍德语地区。路德的朋友弗里德里希·米克纽斯写道:"短短14天内,《论纲》就传遍了德意志。四个星期后,几乎整个基督教世界都对它们耳熟能详。好像天使是传送它们的信使,把它们带到所有人的眼前。简直难以相信有多少人在谈论它们。"①路德的宗教改革主张借助印刷术,仿佛长上了翅膀迅速产生了广泛的影响。路德意识到直接用德文写作并通过印刷传播是非常有效的宗教传播方式,于是随后又发表了德文的《论赎罪券与恩典的布道》的小册子,仅在1518年内就印刷了18次,每次至少印刷1 000册,显然路德已经对当时的媒介环境有了清晰的认识。印刷经销商善于发现那些有市场需求的书籍,而路德的宗教小册子不但深受欢迎,而且也极有市场。1520年到1526年间,德语地区发行了7 500种小册子,其中约2 000种是路德所著的几十本小册子的不同版本,可见路德的小册子是最受欢迎的。当时有人就说,人们对他的小册子"与其说是买,不如说是抢"。这种需求在1523年到达顶峰,路德写的各种小册子出版了近400个版本,在宗教改革的动荡时代的10年间出版了600万本小册子,其中三分之一为路德所著。② 随后,路德用德语写了简易宣传册和儿童读物,以及其他图文并茂的木刻海报等,使用最为通俗的方式把自己的主张传播给更多的普通民众。无疑,印刷术的发明为宗教改革和新思想的传播提供了支持,知识存储、复制、分享的成本大大降低,这彻底改变了人类文明的进程。

立足于人文主义立场,从古典修辞学理论出发,路德的宗教传播思想主要包含下述内容。

第一,他立足于"因信称义,不靠功行"的原则,批判和否定教皇在教俗两界至高无上的统治地位,特别针对教皇通过赎罪券对于赦罪权的掌控进行批判。路德坚持认为,具有理性精神的人完全能够成为自由平等的成员,普通民众只要具有坚定的信仰,通过自己的良心和理智去理解圣经教义,都能够得到救赎,不必依靠事功。就此意义而言,路德把基督教从教会的控制中解放出来,把信仰的自由还给普通民众。路德认为:"基

---

① 汤姆·斯丹迪奇:《从莎草纸到互联网:社交媒体2000年》,林华译,第79页。
② 同上,第82页。

督教的自由,也就是我们的信,这个自由并不是叫我们过懒惰、邪恶的生活,乃是不需以律法与行为称义来得救。"①即信仰是无条件亦无自由的。因此,路德主张宗教传播的对象是普通民众,普通民众才是传播的受众主体。路德自己传播宗教时主张:"当我讲道的时候,我尽量把自己抑低,我既不注意博士们,也不顾及官长们,在我的会众中就有四十多位这样的人。我所注重的,就是许多青年人、儿童和仆役,而他们却一共有两千余。我是向这些人讲道,注意他们从我这里需要什么帮助。别的人要不要听我呢?门是大开着的,他们可以出去!我看现在讲道人野心日渐增加。这种情形要使教会受极大的害处,造成很大的骚扰和纷争。这种讲道人每每愿意讲一些和国家有关的大事,借此得到称赞和尊荣。他们只求讨世上的聪明人的欢心,忘记了那些质朴的大众。"②这种传播面向普通大众,同时也注意公众接受的传播效果,加之当时印刷术的发展,使得宗教改革迅速推进。

第二,受人文主义者对修辞术的重视的影响,路德也将其视为宗教传播的最佳方式。我们从路德的《桌边谈话录》中就可以看到他对待古希腊罗马文化和《圣经》文化等古典文化的积极态度。他认为古典文化对于神学家是好的,而且是必要的训练,接受过古典文化训练的人要比没有受过训练的人在神学研究和教牧工作上更有效力。对此,他说道:"一个懂得语言,并在人文学术上有些造诣的人要讲说和教导得更好,与一个不懂语言,且在人文学术上几无造诣的人大相径庭。"路德认为修辞学优于经院哲学辩证法,哲学思辨仅能说服理智而不能导致行动,因此不是真理本身,《圣经》是修辞性的章句,而非充满三段论的迷宫。③

第三,为了更通俗地传播宗教内容,使得普通民众能够接受,路德用德语翻译了《圣经》,使普通的德国人都能读懂教义,而且使它成为书面德语的规范,这也为德意志民族实现统一起到了重要的作用。此外,路德还用德语写了许多简易宣传册,把自己的主张传播给更多的普通民众。宣传册的观点简洁明了、通俗易懂,非常受人们欢迎,比如:第十三条,人的原罪不能被救赎;第十四条,赎罪券根本不能帮你改善自己的道德;第十六条,与其通过捐助修庙,还不如通过努力工作来帮助他人。这些内容都针对当时教会的宣称方式,对于当时人们的信仰体系产生了巨大的冲击。

第四,路德还非常强调注重受众的感受,因人施教,以增强宗教传播的效果。路德说道:"我们必须知道怎样正确传讲上帝的话,因人施教,因为听众有各种类型。有些人

---

① 马丁・路德:《马丁・路德文选》,翻译组译,第 8 页。
② 同上,第 144 页。
③ 张仕颖:《马丁・路德与人文主义》,《世界宗教研究》2017 年第 1 期。

良心受感动,惶惑不安,为罪忧伤,一想到上帝的震怒,就悔改认罪。对于这种人我们必须用福音去安慰。另有一些人则顽固强项,存心违拗。对这等人我们必须用律法和上帝的愤怒去慑服,对他们多讲以利亚的火、洪水、所多玛和蛾摩拉的毁灭,以及耶路撒冷的沦亡等。"①路德还认为,在讲道时要注重受众的感受,使得听众真正坚定内心的信仰。他说:"但真正的传基督,应该坚固人信基督的心,传他不单是基督,乃是为你、为我的基督,凡他所说的,凡他的名所指示的都能在我们里面发生效力。要产生这种信,并保存这种信在我们里面,乃是传基督为什么降世,他带了什么事,赐给人什么,我们接受他有什么益处。"因此,受众"凡听见这些事的,有什么人心里会不喜透? 他既得了这种安慰,怎会不受感动爱基督,而为什么律法或行为不能使他爱的呢? 谁还有什么能力伤害这样的心,或是可叫他害怕的呢? 若是罪的知识或死亡的恐惧,来到他心里,他立刻就仰望主。一听见什么凶恶信息,也不会惶恐,不会为这些事所摇动,他只是藐视仇敌。因为他相信基督的义是他自己的,他的罪却不是他自己的,乃是基督的。一切固然都是为基督的义所吞灭,已如上文所说。这是信基督必然的结果"②。在路德看来,布道者的传讲与说教效果应当先在于与听讲者的心灵相通,布道者应给人一种信念和信心,消除忧虑和恐惧,进而给人一种方法。他进而认为:"论到这个里面的人,他的自由与自由的根源,和由信而来的义,这义无所需的律法,亦无所需的行为,不但无所需,人若以称义是由于行为,反可为行为所害。"③路德也非常重视宗教传播者本人的道德,认为道德形象会直接影响传播的效果。他说:"我反对讲道人用长篇大论来烦恼听众,把他们羁留不放,因为这样,听道的兴趣就消失了,而讲道人也把自己伤害了。讲道人若有什么缺点,会很快地被人察知。假如一位讲道人有十样的美德,只有一个缺点,这个缺点就会把他的一切美德和长处都淹没。"④路德这里强调的宗教传播者的道德形象问题,和亚里士多德曾经提倡的德性是演讲者的人格力量之所在相似,无疑高尚的道德对宗教传播者更为重要。归根结底,核心是由信而形成义,路德认为这应该是宗教传播的根本立场。

正是在路德思想的推动下,加之印刷术的发展,人们对罗马教会越来越不满,最后发展成为声势浩大的宗教改革运动。这场源于德国,后来波及瑞士、英国、法国和北欧各国的宗教改革运动,极大地推动了欧洲社会的发展,其中路德和加尔文的宗教改革思想是重要的理论旗帜。

---

① 马丁·路德:《马丁·路德文选》,翻译组译,第 128 页。
② 同上,第 15 页。
③ 同上,第 15—16 页。
④ 同上,第 146 页。

第三节
弥尔顿的出版自由思想

约翰·弥尔顿(1608—1674),英国诗人和政治思想家,资产阶级革命的斗士和共和国事业的坚定拥护者。弥尔顿在青年时期就憎恨封建教会和专制制度,英国资产阶级革命爆发后,他积极投入革命斗争,热情为共和国事业辩护。他在革命期间写下了一系列光辉的著作,对鼓舞英国人民的斗志起到了巨大的作用,所阐述的思想和政治主张对英国革命和后来美国、法国的革命产生了重大的影响。其中《为英国人民声辩》(1651年)、《再为英国人民声辩》(1654年)是他最杰出的政治思想著作。1644年,为抗议国会恢复全面审查出版物的决定,他发表了著名的《论出版自由》,文中充满了对共和政体的拥护和捍卫公民基本人权的主张。他的文学名著《失乐园》(1665年)、《力士参孙》(1671年)奠定了其在西方文学史上的重要地位。在政治上,弥尔顿主张建立和维护共和制度,实现资产阶级所要求的自由权利,因此成为西方首位系统提出反封建专制、要求天赋自由权利的伟大思想家。[①] 他所提出的言论自由、出版自由等观念是世界新闻传播史上浓墨重彩的光辉思想,为后世政治思想和新闻传播实践所发展,成为资产阶级新闻传播理论的核心内容。弥尔顿的这些自由思想理论,直至1688年英国光荣革命后终于成为现实。

一、英国王室的出版和言论控制

15世纪印刷术传入英国,印刷业随之发展起来。16—17世纪英国陆续出现了印刷书籍和小册子,1621年英国出版商尼古拉斯·伯恩和托马斯·艾克尔在国王的特许下,创办了英国第一家定期刊物《每周新闻》(Weekly News)。

随着印刷品的不断出版和扩大发行,民众接触到越来越多的文化和新思想,这使得封建王朝感到不安。1528年英王亨利八世颁布命令限制印刷业的发展,成为第一个下令管制出版业的英王,1538年正式建立皇家特许制度,规定所有出版物须经事先许可方能出版。随后玛丽女王在统治末期的1557年成立皇家特许出版公司(Stationers Company),以便管制"异端邪说"。公司特许条例规定,除公司会员和女王特许者外,印

---

① 徐大同主编:《西方政治思想史》,天津教育出版社,2005,第201页。

刷一律禁止。王室借此可以有效管制诽谤、恶意及异教言论出版,出版商亦可借此独占出版权,同时也能管理非法出版。1570 年,伊丽莎白女王将参议院的司法委员会独立为皇家出版法庭(The Court of Chamber),1586 年颁布"出版法庭命令",也就是著名的"星法院法令"。法令规定印刷商的印刷机必须在皇家特许出版公司登记,印刷任何刊物均须事前申请许可,皇家特许出版公司对非法秘密出版物和印刷机有权管制等。该法令一直持续存在到 1640 年,成为英国出版自由的桎梏,后来的克伦威尔专政、查理二世复辟时都将其作为出版控制的基础和依据。

正如有学者指出的,弥尔顿的出版自由思想也是英国社会矛盾冲突的产物。弥尔顿所处时代的英国,正处于资产阶级革命时期,政治经济动荡,宗教斗争激烈,人文主义盛行。正是在这样的时代背景下,弥尔顿积极投身于社会变革的伟大实践,呼唤理性、自由和民主,并成为英国"文艺复兴的殿将和启蒙运动的先驱",同时也建立了西方传播思想史上具有奠基意义的出版表达自由思想。[1] 弥尔顿以国会辩论和宣传册为武器,发表了各类关于自由思想的小册子。1644 年,他因未经许可而出版书籍引起国会愤怒,被传至国会出版委员会接受质问,在国会做了长篇演讲,系统阐述了出版自由的思想。随后弥尔顿故意不征求书刊检查机构的同意,印刷了这篇演讲词,以示对书刊出版检查制度的反抗,这就是著名的政论小册子《论出版自由》。法国大革命时,该书的法文版出版,在 18 世纪英法美等国广泛流传,成为西方出版自由思想的经典论述。

二、人的理性与选择自由

在《论出版自由》开篇,弥尔顿就指出,人不仅是有理性的,还有判断是非、真假的能力;虽然这种能力对不同的人有多有少,但上帝既然赋予人们这种能力,就是要人们有选择的自由,因为理性就是选择。正因如此,在出版自由中就包含着人的真正的生命潜力。他形象地比喻说:"书籍并不是绝对死的东西。它包藏着一种生命的潜力,和作者一样活跃。不仅如此,它还像一个宝瓶,把创作者活生生的智慧中最纯净的菁华保存起来,我知道它们是非常活跃的,而且繁殖力也是极强的,就像神话中的龙齿一样。当它们被撒在各处以后,就可能长出武士来。"[2]他振聋发聩地提出,禁止好书就是扼杀理性本身,他说道:"如果不特别小心的话,误杀好人和误禁好书就会同样容易。杀人只是杀

---

① 丁俊杰:《简论弥尔顿的出版自由思想》,《现代传播》2002 年第 5 期。
② 弥尔顿:《论出版自由》,吴之椿译,商务印书馆,1958,第 5 页。

死了一个理性的动物,破坏了一个上帝的像。而禁止好书则是扼杀了理性本身,破坏了瞳仁中的上帝圣像。许多人的生命可能只是土地的一个负担,但一本好书则等于把杰出人物的宝贵心血熏制珍藏了起来,目的是为着未来的生命发展。"①限制出版和言论自由,危害的是整个世界,是对世界的大屠杀,因此人们必须要十分警惕。他说:"如果牵涉到整个出版界的话,就会形成一场大屠杀。在这种屠杀中,杀死的还不止是尘凡的生命,还有伤及了精英或第五种要素——理智本身的生气。这是杀害了一个永生不死的圣者,而不是一个尘凡的生命。"②弥尔顿使用诗化的语言,把出版自由和对人类的理性、生命的弘扬联系起来,认为扼杀出版自由就是扼杀整个人类。

在此基础上,弥尔顿进而认为,出版自由有利于帮助人们区别善恶,明辨是非。针对"某些书籍可能使毒素流传"而禁止出版自由的观点,弥尔顿强调,能够充分认识恶就能够理解善的美德,因此,出版自由对于辨别错误、肯定真理也十分必要,关键在于人自己是否具有理性认识能力。他说道:"只要心灵纯洁,知识是不可能使人腐化的,书籍当然也不可能使人腐化。书籍就像酒和肉一样,有些是好的,有些是坏的。……最好的书在一个愚顽的人心中也并非不能用来作恶。……坏的书籍……对一个谨慎而明智的人来说,在很多方面都可以帮助他善于发现、驳斥、预防和解释。"③他这里的观点也类似于传播学的涵化理论,即影响人们认知和行为的不仅是媒体,而且还与人自身的认知能力有关。但是,需要明确的是,就实践层面而言,仅仅依靠道德认知显然是无法对表达自由做出现实规定性的。

作为人文主义者,弥尔顿把人文主义看作出版自由产生和实现的条件和土壤。他说:"我们今天所以还没变成哥特族人和朱特族人,就得感谢那些时代高雅的学识和文学。"而那些时代高雅的学识和文学是什么呢?在弥尔顿看来,就是希腊的"古老高贵的人文主义文化","那时研究学问和雄辩术的人在国内外都受到极大的尊敬。如果他们公开地指责国政,自由城邦和暴君城邦都会欣然地、非常恭敬地倾听他们的意见"④。在这里他也站在文艺复兴时期人文主义的立场,明确出版自由与古典文化的联系。他认为虽然"雅典的书籍和哲人比希腊任何其他部分都要多",但是"我们从没有看到伊壁鸠鲁的学说、昔勒尼学派的放纵无度、昔尼克学派厚颜无耻的说法受到法律的干涉"⑤。弥尔顿也认识到,宽容地接受人们对法令和权威发表反对意见,也正是人文主义的传统。

---

① 弥尔顿:《论出版自由》,吴之椿译,商务印书馆,1958,第5页。
② 同上,第5—6页。
③ 同上,第15页。
④ 同上,第3页。
⑤ 同上,第6页。

他说:"我如果能够……对于你们在已经发表的一项法令中硬性规定的条款提出反对的意见,那么如果有人说我标新立异、傲慢无礼,我就能极为容易地替自己辩白。只要他们知道我认为你们如何崇尚希腊古老高贵的人文主义文化……问题就自然清楚了。"① 可见,在弥尔顿的出版自由思想中,依然包含着古典人文主义的理想化精神。

三、自由的实践意义

就弥尔顿的政治立场看,他弘扬自由主义,反对君主专制,认为政府的作用在于"不论在和平和战争时期都首先要保障人民的自由"②。由此,他对君主专制进行了猛烈的抨击,并提出人民革命的原则。弥尔顿主张建立没有国王、没有上院的议会主权的共和制度。他认为,人民只有享有充分的自由,政治生活才能完善。因此,弥尔顿赋予自由广泛的内容,他认为除了财产自由外,还包括信仰自由、言论出版自由、婚姻家庭生活自由等各种自由。对于出版自由,弥尔顿认为它也是一种人权自由,是一切自由中最伟大的自由。他形象地说出版自由"是一切伟大智慧的乳母"③"它像天国的嘉惠使我们的精神开朗而又高贵。它解放了、扩大了并大大提高了我们的见识"④。弥尔顿在文中开宗明义地说:"我们所希望的只是开明地听取人民的怨诉,并做深入的考虑和迅速的改革,这样便达到了贤哲们所希求的人权自由的最大限度。"⑤弥尔顿对"出版自由又必须用主教式的 20 人委员会加以钳制"的现象进行抨击,指出这是"侵害人权的残暴制度"⑥。弥尔顿强调自由认识、自由抒发己见并自由讨论是一切自由中最重要的自由。

弥尔顿把自由分为三类。其一是宗教信仰自由。在当时的英国这种自由实际上赋予人们选择新宗教的权利,其目的在于为清教徒争取信仰自由和思想自由的权利。其二是家庭或个人的自由。在弥尔顿看来,这种自由又可以被细分为三种,包括婚姻自由、教育自由和出版自由,后来又据此发展出新闻自由。对此,弥尔顿认为,"决定真与假,什么应该出版和什么应该禁止的权力不应该被放在少数检查图书的检查者的手里"⑦,而应该由作者或出版者自己来决定。其三是公民自由。弥尔顿主张的这三大自

---

① 弥尔顿:《论出版自由》,吴之椿译,第 3 页。
② 弥尔顿:《为英国人民声辩》,何宁译,商务印书馆,1978,第 140 页。
③ 弥尔顿:《论出版自由》,吴之椿译,第 5 页。
④ 同上,第 44 页。
⑤ 同上,第 1 页。
⑥ 同上,第 34 页。
⑦ 弥尔顿:《为英国人民声辩》,何宁译,第 263 页。

由和人的本性一样,实际上也是人类理智、尊严的体现。对此,弥尔顿警告当时的统治者克伦威尔,不要践踏自己曾经为之奋斗的自由,他义正辞严地提出:"我们没有自由,你本身也不可能得到自由,因为这是自然的规律。凡是强占他人的自由的人,必然首先成为奴隶,再也没有比这一点更公正的了。"[①]弥尔顿在这里所要捍卫的,不仅是多数人的自由,而且还包括少数人的自由。在自由权利方面,少数人与多数人是平等的。为了使人人享有自由,弥尔顿呼吁人们发扬宽宏的美德,使不同的利益和意见得以协调。在他看来,只有这样才能使人性得以升华。[②]

总之,弥尔顿史无前例地提出"出版自由"的口号,是资产阶级思想解放运动的代表,有力地推动了欧洲及世界各地资产阶级革命的发展,成为现代民主社会的理论基础。他的"真理和认识不应是靠特许、法令、标准而垄断交易的商品",而是"我们最有价值的商品"的认识,[③]则成为现代自由主义的"思想自由市场"观的思想起源。200 多年后约翰·密尔在《论自由》中则更为明确地以"自由交易"的论点来表述言论自由的价值,通过自由交易可以获得低价优质的商品。[④] 同样弥尔顿辨别善恶的方法,也表现在密尔给予谬误的特有价值,因为"真理通过与谬误的碰撞变得更加清晰生动"。[⑤] 将这些观点联系起来,我们可以看出弥尔顿在当时认识的可贵之处。在新闻传播学理论中,出版自由被视为新闻自由的理论来源之一,也有人称他为现代新闻自由运动的思想先驱。对此,弗雷德里克·S. 西伯特等在《传媒的四种理论》中,针对自由主义新闻理念评价说:"……为自由至上主义传统写下了主张思想自由的庄严一笔。这篇文章虽然没有对言论和出版自由的原则做出全面论述,但它在当时却是反抗威权主义管制的一篇强有力的檄文。弥尔顿个人对清教派审查他的著作感到愤怒,因而对新闻审查制的理论和实践展开了声讨。他的论点建立在这个假设上:人类依靠理性就可以分辨正误善恶。要运用这项才能,人在接近和了解他人思想观点时就不能受到限制。弥尔顿坚信,真理是明确的而且是可以证实的,只要允许它参加'自由而公开的斗争',它就会显示出战胜其他意见的独特力量。从弥尔顿的思想出发,当代逐渐发展出了'观点的自由市场'(open market place of ideas)和'自我修正过程'(self-righting process)两个概念:让一切有话要说的人都能自由表达他们的意见。真实的和正确的会存留下来,虚假的和错误的会被抑制。政府不能参与这一争执,也不能帮助其中任何一方。尽管

---

① 弥尔顿:《为英国人民声辩》,何宁译,第 294 页。
② 张昆:《约翰·弥尔顿的出版自由观念(上)》,《当代传播》2000 年第 4 期。
③ John Milton. Areopagitica. In Areopagitica and of Education. Michael Davis ed., Macmillan, 1963, p.42.
④ John S. Mill. On Liberty. In John Stuart Mill: Three Essays. Oxford UP, 1975, p.116.
⑤ John S. Mill. On Liberty. In John Stuart Mill: Three Essays. Oxford UP, 1975, p.24.

虚假的思想可能会取得暂时的胜利,但是真理会吸引更多的支持力量,通过自我修正过程达到最终胜利。"①

然而,不可否认的是,对于弥尔顿的"出版自由"思想,依然要放在特定的历史情境中加以考察,进而分析其观点的内在矛盾。从出版自由思想内部来看,弥尔顿对于"许可制"与"审查制"的态度并不完全统一。他既追求言论自由与出版自由,又支持出版后的审查。此外,他对自由的理解建立在对真理的狂热信仰之上,其真理观徘徊在"神学真理"与"理性真理"之间。同时,从出版自由与弥尔顿整个思想体系的关系来看,出版自由在其思想体系中显示出某种断裂和特殊性。② 由此,在弥尔顿的思想中,许可与审查、神学与真理、自由与控制始终处于暧昧状态,从而使他的思想观点难免存在矛盾和冲突。对于现代表达自由思想和实践规范而言,弥尔顿当时关于出版自由思想的论述显然是不足的,仅仅是一种理想的表达。但是,即便如此,弥尔顿发出的这些振聋发聩的呐喊,开启了启蒙运动对人类自由思想的追求,其思想启蒙意义和巨大的社会影响力是不容低估的。正如美国新闻史学者埃默里所言:"事实上,弥尔顿对改善当时情况方面很少到什么作用,他的那些言论当时并未得到广泛传播。大约过了 100 年,当全世界、特别是美洲的人们,为赢得比他们已经享有的还要更大的自由而斗争时,《论出版自由》所表述的那些思想才被重新提了出来。"③先驱者的光辉思想对于历史的意义也正在于此。

【本章延伸阅读】

1. 雅各布·布克哈特:《意大利文艺复兴时期的文化》,何新译,商务印书馆,1979。

2. 约翰·弥尔顿:《论出版自由》,吴之椿译,商务印书馆,1958。

3. 阿伦·布洛克:《西方人文主义传统》,董乐山译,生活·读书·新知三联书店,1997。

4. 彼得·伯克:《欧洲文艺复兴:中心与边缘》,刘耀春译,东方出版社,2007。

5. 刘明翰:《欧洲文艺复兴史:城市与社会生活卷》,人民出版社,2008。

6. 伊丽莎白·爱森斯坦:《作为变革动因的印刷机:早期近代欧洲的传播与文化变革》,何道宽译,北京大学出版社,2010。

---

① 弗雷德里克·S. 西伯特等:《传媒的四种理论》,戴鑫译,中国人民大学出版社,2008,第 36 页。
② 吴静:《弥尔顿出版自由思想的矛盾性解读》,《国际新闻界》2022 年第 2 期。
③ 迈克尔·埃默里、埃德温·埃默里、南希·L. 罗伯茨:《美国新闻史:大众传播媒介解释史(第九版)》,展江译,中国人民大学出版社,2009,第 12 页。

第四章

启蒙运动时期的传播思想

　　启蒙运动是欧洲 18 世纪由法国思想家推动,并在英国、荷兰等思想家的影响下,反抗教会和封建专制统治,主张建立自由、平等、幸福的资产阶级理性王国的思想解放运动。18 世纪的法国正处于封建专制主义的统治下,法国思想家伏尔泰、孟德斯鸠等人通过考察英国、荷兰的社会和政治,肯定了英国资产阶级革命建立的制度,同时也大力宣扬洛克、霍布斯和牛顿的哲学和科学思想,反对法国教会和君主专制,倡导理性精神,主张人类的文明、进步和发展。法国启蒙运动的代表人物是以百科全书派为中心的唯物主义思想家和无神论者,著名人物有狄德罗、拉梅特里、霍尔巴哈、爱尔维修、卢梭和达朗贝尔等人。

　　启蒙运动实质上是欧洲社会的思想解放运动,也是人类社会步入现代生活的标志性事件。在此过程中所产生和不断发展的启蒙思想,一方面受英国的弥尔顿、洛克、博林布罗和沙夫兹博理等思想先驱的影响,另一方面又通过广泛传播后,形成了影响德国、美国和俄国等国家乃至世界的强大思想变革运动。如德国启蒙运动的代表人物沃尔夫就致力于将英、法启蒙哲学同莱布尼茨的思想结合起来,形成沃尔夫哲学体系,德国其他著名的启蒙思想家还有康德、鲍姆加登、莱辛、赫尔德、席勒和歌德等。启蒙思想也直接传播到北美,其思想观念成为美国独立运动的思想基础。启蒙思想甚至对 19 世纪末 20 世纪初的中国学术界和思想界都起到了重要的推动作用。作为影响欧洲和世界的思想解放运动,启蒙思想所倡导的自由主义、理性主义等精神中包含着丰富的传播思想,直接影响到现代传播思想的形成,对于传播活动实践发展也产生了重要影响。

第一节
启蒙运动与自由主义思想

启蒙运动作为思想解放运动,是在欧洲资产阶级革命运动的背景下发生的。17 世纪发生的英国资产阶级革命,不仅首次在欧洲推翻了封建制度,建立了资本主义制度,还推动了法国等欧洲国家的资产阶级革命运动的发展,从而加速了欧洲封建制度的崩溃。伴随着英国革命中资产阶级政治思想、哲学思想的发展,18 世纪法国的启蒙运动也随即发生。启蒙思想家们探求人类社会进步的内在逻辑,他们所倡导的有关自然、人类、社会、制度以及自由的本质价值等观点,彻底动摇了欧洲几个世纪以来所坚持的最为基本的观念,从而带来了革命性影响。

一、启蒙运动的思想观念

启蒙(enlightenment)的本义是光明,诚如休谟所言:"幽暗对人心和眼睛诚然是痛苦的,但是我们如果能用特殊方法使幽暗中发出光明来,那却是痛快的、高兴的。"[①]启蒙就是幽暗中的光明。有学者就认为,"启蒙"象征着人类精神"方向性"的巨大变化,就像柏拉图的洞穴之喻,穴居匍行的人类,只有走出洞穴,才知异域有播撒光明的太阳,于是人从蒙昧变得有知。因此,就此而言,启蒙是一个泛文化概念,它象征着人类精神空间的拓展、延伸、变化。从暗到明,精神来到了一个陌生的空间,这是一个方向性的变化。启蒙首先是宽容精神的建立。启蒙所遇到的最大的现实问题,是世俗的统治者是否容许这样的精神变化,于是启蒙要争取精神自由,这也就是宽容的精神。其次,启蒙指在旧精神习惯束缚下的普通人适应精神自由的新风俗,这是一个渐进的过程,是伏尔泰、康德这样的天才的使命。[②] 就此意义看,启蒙的含义实际上就是通过倡导个体的自由思考和探索,不断拓展人的精神自由的空间,只有这样人类社会才有可能得到发展。在此基础上,启蒙运动塑造了现代社会的政治观念的基础,诸如依法治国、政府分权、人民主权,以及统治者应该为民众负责等观念。这些与主权、政治权利和国家组织

[①] 　大卫·休谟:《人类理解研究》,关文运译,商务印书馆,1957,第 15 页。
[②] 　尚杰:《西方哲学史(第五卷)》,叶秀山、王树人总主编,第 1、33 页。

有关的现代思想,在法国大革命和19世纪自由主义发展时代产生全面影响并在现实层面体现出来。①

启蒙运动作为思想文化运动,其观念的形成也有历史发展逻辑,它上承文艺复兴、英国科学革命,是在整个欧洲实现发展的背景下产生发展起来的。启蒙思想深受科学革命的影响,英国科学家牛顿强调科学推理和实验是理解自然的关键,由此否定宗教哲学的上帝决定论,认为人类不是通过宗教,而是通过观察分析和实验方法来发现知识的。启蒙思想家大卫·休谟提出所谓的"人的科学",主张在自然和宇宙的研究中使用科学方法。启蒙思想的先驱约翰·洛克主张哲学也是受制于科学方法和批判性探究的严谨性学科,应该使用科学方法来研究社会。② 在科学精神的指引之下,启蒙思想家否定神学,倡导人学,从而在人的视野之中探究人、自然和社会的内在规律。启蒙思想的核心目标就是要追求真正的"人的科学"。

首先,针对宗教对社会的影响,启蒙运动提倡宗教自然化,探究人的科学。与文艺复兴时期的思想家相同,启蒙思想家充分利用古典传统中的异教哲学思想,结合当时已经发展起来的经验主义和自然科学的研究方法,批判宗教天启真理观,提倡人类理性的能力,倡导回归作为世俗的人的本质。由此,以人性对抗神性,以自然的人否定抽象的人,真正从自然性或事实性来解释人,从而理解人类社会和历史。文艺复兴发现的是广义上的大写的"人",由此去发现人的个性和人的能力。启蒙运动则聚焦于大写的"人"下面无数的个体,发现的是单个的"自然人"。启蒙思想家立足于科学精神看待人,通过对不同个体的研究,借助经验主义和观察实验的方法,试图发现人性的基本特征,从而将其作为建构政治体系的基础。大卫·休谟提出"人的科学是其他科学的唯一牢固的基础"③,而人们对于人的科学的研究,又必须建立在经验和观察之上。其他启蒙思想家对于人的看法和观点,都是对人性的自然特性进行研究后提出的理论认识。

其次,启蒙运动倡导人的理性精神,为理性提供历史条件。康德认为启蒙运动并不是发现了理性,而是为理性得以运用提供了思想文化的历史条件。因此,启蒙运动倡导理性精神,更为重要的是,它为人类理性精神的运用提供了可能。就此而言,启蒙运动高于一切文化实践、政治神话和进步观念,它是一种"人认为是他自己命运的主人"的永恒哲学,其终极目的是人通过自己(而不是其他)获得解放和自由全面的发展。虽然理

---

① 约翰·梅里曼:《欧洲现代史:从文艺复兴到现在》,焦阳、赖晨希、冯济业、黄海枫译,第303页。
② 同上,第305页。
③ 大卫·休谟:《人性论(上册)》,关文运译,商务印书馆,1980,第4页。

性是法国启蒙思想家使用最多的词汇,但有学者认为其含义十分广泛。它既不是经院哲学意义上的理性知识,也不是思辨意义上的哲学概念。恰恰相反,就它的基本含义而言,其一指的是感性或自然性,其二指的是合理性。理性的实质内容更多指的是感性的自然。① 在英国经验主义哲学家看来,人的经验和观念来自对外部世界的感觉,既如此,法国启蒙思想家则认为,人的认识起点更多的是以体验和情感为依托,由此,法国启蒙思想家把理性转化为现实的生活感受等内容。

再者,启蒙运动主张建立新的道德观。启蒙思想在强调人类理性的同时,也认为人天生就有辨别是非的能力,就此建立道德乌托邦,道德变革也成为启蒙思想的重要内容。启蒙时代的道德变革首先是精神自由,认为道德就是人类的良心,只有人们纯粹基于责任而行动时,人才是自由的。因此,在道德上要求应该尊重他人,不要为了满足自己的利益而利用他人,对自己也是如此,不要把自己当成达到某种目的的手段。启蒙思想建构了理想的理性社会道德观,提出普遍人权观念,从而试图使人类实现普遍的幸福、和谐与秩序。启蒙思想坚持认为只有人们服务于道德,服务于宇宙普遍的理性,才能不受制于自己的欲望,获得独立和自由,正如康德所说的"头顶上的星空与内心的道德"。启蒙思想致力创造一个新道德体系,通过理性来修正、取代传统的宗教、风俗所形成的社会。显然,这样的理性王国仅仅是一种人类的美好的乌托邦,20世纪的人类历史,特别是两次世界大战之后的人类精神状态及思想发展表明,18世纪的启蒙精神并不能一劳永逸地解决人的精神与文明危机。

最后,启蒙运动肯定人的自然权利。对于人权的弘扬是启蒙思想的现实目的,启蒙思想家们主张自然权利,从而建立自由、平等的社会。自然权利源于人本身,符合自然与人的本性,其本质是不分人种、国家、时代的普遍观念,自由与平等和自然权利密不可分。由此,自由、平等也是人自然拥有的本质,它构成了人权的基本内容。进而启蒙思想反对精神领域的控制和不宽容,主张信仰自由、言论自由等,因此对于人权的诉求成为法国大革命的主题。在现实中,启蒙思想家反对言论管制,争取新闻自由。他们认为个人的宗教自由、道德和政治自由和言论自由也非常重要。此外,启蒙思想家还主张发展教育,认为人们之所以贫穷,是因为他们没有受到基本的教育,因而无知又迷信,儿童和一般大众的教育尤其重要。同时,他们宣称也要让女性享有参政权,提出修改婚姻法。可见,这些主张都是基于对人的自然权利的论述而形成的。

启蒙思想最为突出的地方,就是敢于挑战既定习俗的权威,试图推动人类思想、

---

① 尚杰:《西方哲学史(第五卷)》,叶秀山、王树人总主编,第5页。

文化,乃至生活习俗的改变与解放。不管是宗教、政治还是社会习俗等,都成为启蒙思想家批判和改革的领域。他们勇敢地冲破以往习惯的束缚,面对现实问题,提出现实的弊端,并进行思想实验式的批判。正如狄德罗所认为的,在任何问题上对已被接受的正统观念提出挑战,不过是打开人们的思想,接受新的可能性和令人鼓舞的猜测的第一步,而不是用新的观念来代替老的观念。[①] 显然这就是康德所说的敢于运用自己的理智去思考的勇气,如果人们能从宗教、迷信、恐惧等的束缚中解放出来,他们就会开始相信自己,相信自己才是改变一切的力量。就此而言,思想和言论自由是进步的前提,人的自我相信和理性是工具。启蒙思想家们告诉人们,人自己才是自己命运的主人。

启蒙运动发展到了 19 世纪,已经不再是一场简单的思想改革运动,而成为人类文明发展的标志。正义、法治、表达自由和宗教信仰自由、结社自由、制衡政府权力和政府分权、分立等等启蒙时代树立起来的思想不断深入人心,成为现代社会的基本规则。有学者指出,自由主义者的历史传统——公元前 5 世纪的希腊思想与实践被视为自由主义的最早渊源,可以说自由主义不过是对至少可以追溯到苏格拉底的自由思想和唯信仰主义的现代表达。以赛亚·伯林则提出人类不得不面对简单的两难选择,即所谓自由主义的消极自由概念和积极自由概念。[②] 就现实层面看,启蒙思想直接对美国独立战争、法国大革命等社会变革产生重大影响,创建美利坚合众国的杰斐逊、亚当斯、华盛顿、富兰克林、汉密尔顿等人都是启蒙思想的继承者。时至今日,启蒙思想依然具有重要的社会意义。更为重要的是,经由启蒙思想建立起来的自由主义理论,不仅限于思想领域,其影响已遍布于政治、经济、社会等各个方面,成为现代社会关于人类生存、社会和国家等的思想理论。

二、启蒙运动的影响

18 世纪 80 年代启蒙运动已接近尾声,德国《柏林月刊》就"什么是启蒙运动?"展开了讨论。对此,康德在 1784 年写了《回答这个问题:什么是启蒙运动?》一文,给启蒙运动下了一个最著名的定义:"启蒙运动是人类脱离自己所加之于自己的不成熟的状态。不成熟状态就是不经别人的引导,就对运用自己的理智无能为力。当其原因不在于缺

---

① 阿伦·布洛克:《西方人文主义传统》,董乐山译,第 86 页。
② 应奇:《从自由主义到后自由主义》,生活·读书·新知三联书店,2003,第 17 页。

乏理智,而在于不经别人的引导就缺乏勇气与决心去加以运用时,那么这种不成熟状态就是自己所加之于自己的了。Sapere aude(敢于认识)! 要有勇气运用你自己的理智,这就是启蒙运动的口号。"①康德在这里明确地指出,启蒙运动是人类脱离自己所加之于自己的不成熟的状态,随后更是明言,要敢于认识,要有勇气运用自己的理智,这就是启蒙的口号。实际上,康德在这里所指出的启蒙运动的核心意义,是鼓励每个人要敢于运用自己的理智去思考和表达。康德说:"这一启蒙运动除了自由以外并不需要任何别的东西,而且还确乎是一切可以称之为自由的东西之中最无害的东西,那就是在一切事情上都有公开运用自己理性的自由。"②根据译者的解释,这里的"公开运用自己理性的自由"实际指的是表达自由,因为在当时的欧洲封建专制体制下,教会、君主以及各级官僚到处限制人们的自由表达,不许人们争辩。就此意义而言,康德认为,虽然此时人们生活在一个启蒙的时代,但还不是一个完成启蒙的时代。

康德对于启蒙运动的振聋发聩的总结,揭示了启蒙运动的核心问题,正如康德所指出的,启蒙运动实际上强调的是人的价值认知问题,即人何为人的问题。启蒙运动并没有直接指导人们如何去思考,而是倡导、鼓励人们要拥有敢于独立和自由思考的勇气。启蒙运动想要告诉人们的是,人自己本来就具备充分的理智,不需要他人告诉你如何思考,但是封建专制的控制使得人们不会思考和不敢去思考,这才是问题的症结所在。因此,启蒙运动的根本意义在于,人们要真正明确自己所具有的"自由意志",开拓属于自己的精神家园,扩展自己的精神空间,从而实现自己。这也正是马恩所论述的"人的自由而全面发展"。马恩指出:"代替那存在着阶级和阶级对立的资产阶级旧社会的,将是这样一个联合体,在那里,每个人的自由发展是一切人的自由发展的条件。"③为了实现人的自由发展理念,启蒙思想家所推崇的,也就是人类应该充分运用知识、自由和理性去寻求自己的进步。就实践层面而言,启蒙思想家们试图通过改变人们的认识状态,从而建立批判性思维,他们试图通过启蒙使民众得到"教育",当然这里的教育不只是指学校的知识教育,而是每个人理性能力的培养和获得自身发展的教育。虽然有关启蒙运动的研究理论已经汗牛充栋,但是今天看来,对于启蒙运动的认识和判断,康德的总结依然是最为精辟和深刻的。

启蒙运动最初发源于法国,但随后扩展到西欧的大部分地区,包括德意志邦国、荷兰共和国、大不列颠,甚至远至北美洲。启蒙思想家的著作也传播到了波兰、俄国等国

---

① 康德:《历史理性批判文集》,何兆武译,商务印书馆,1990,第22页。
② 同上,第24页。
③ 马克思、恩格斯:《马克思恩格斯全集(第1卷)》,中共中央马恩列斯著作编译局译,第294页。

家,包括信奉东正教的知识分子,也将启蒙运动对于科学和人文主义正面肯定的观点传播到巴尔干半岛。至18世纪,启蒙思想家的著作使得法语被确立为欧洲高雅文化的语言,甚至导致了普鲁士腓特烈大帝的宫廷里"说得最少的是德语"。在意大利,那些受到新思想影响的人利用启蒙思想家的思想去抨击神职人员、教皇在政治生活中的影响。在英国,哲学家休谟和自由市场自由主义之父亚当·斯密的理论都成功推动了"苏格兰启蒙运动"思想的发展。[1]

根据彼得·盖伊、约翰·梅里曼等学者的研究,启蒙运动可以分为三个发展阶段。第一阶段是在18世纪上半叶,主要受洛克和牛顿的自由主义和科学革命思想的影响,以孟德斯鸠、伏尔泰为领袖,为其后的发展奠定了基础。第二阶段即启蒙运动全盛期,主要在18世纪中期趋于成熟,以1778年伏尔泰和卢梭的去世为结束标志,代表人物包括富兰克林、布丰、休谟、卢梭、狄德罗、孔狄亚克、爱尔维修、达朗贝尔等启蒙运动的中坚人物。也正是这些群星灿烂的思想家,把早期启蒙思想家提出的反对教权、倡导科学主义等思想加以充分融合和论述,从而建立起一整套现代社会的世界观。第三阶段是启蒙运动晚期,包括霍尔巴赫、贝卡里亚、莱辛、杰斐逊、维兰德、康德和杜尔哥等思想家。他们与第二代以及第一代的思想家都有密切交往,并受到前两代人的影响。总体而言,启蒙运动的三代人之间互有交集、相互叠加,并且具有密切联系和影响。启蒙运动的哲人们思考人类的命运和前途,为人类开拓了更为广阔的精神空间。就现实来看,启蒙思想家理论的广泛传播,也间接地影响到法国大革命等社会变革的发生,思想对于现实的意义也充分得以体现。[2]

彼得·盖伊总结启蒙运动是18世纪西方社会的典型标志。从爱丁堡到那不勒斯、从巴黎到柏林、从波士顿到费城,文化批判家、宗教怀疑者、政治改革者形成了一个松散的、非正式的、完全没有组织的联盟。这些启蒙哲人构成了一个喧闹的大合唱,他们之中虽然有一些不和谐的声音,但是整体上体现出的是和谐。启蒙思想家都在一个宏大的纲领之下,即倡导世俗主义、人道主义、世界主义,特别是自由主义的纲领。启蒙主义的自由包括许多具体形式,比如免于专制权力控制、言论自由、贸易自由、充分发挥自己才能的自由、审美的自由等等。总之,它倡导的是每个有道德的人在世界上自行其是的自由。正如康德所言,要敢于认识,亦即要敢于去发现,同时也要没有限制地行使自己批判的权利,要甘于自主自立的寂寞。所谓自由,就是要求把自己当作一个成人,一个

---

① 约翰·梅里曼:《欧洲现代史:从文艺复兴到现在》,焦阳、赖晨希、冯济业、黄海枫译,第302页。
② 彼得·盖伊:《启蒙时代:现代异教精神的兴起》,刘北成译,第14页。

能够承担责任的人。因此,盖伊认为,正是启蒙思想家们这些同气相求的理论认识,使得启蒙运动成为西方思想史上的一个重大事件。① 无疑,启蒙运动不仅是西方思想史上的重大事件,对于人类思想发展史而言,对于人类实现自由发展的理想而言,恐怕也是影响至深的思想革命,事实上,它指出了人类社会的一种文明形态。也正是启蒙运动使得人类真正认识到自我的价值,发现自己的理性精神,在理性主义和科学主义的旗帜下不断进步,从而推动人类走向现代社会。

三、沙龙、咖啡馆与文化传播

启蒙运动思想文化的传播,与欧洲社会城市文化的发展,及由此建立形成的以人际传播为主的社会传播网络密切相关。这些以法国贵族的沙龙、英国的咖啡馆等为代表的人际传播网络,形成人们日常的交往活动,在此基础上逐渐演化出后世所谓的市民社会,形成了哈贝马斯所说的"公共领域"的雏形。哈贝马斯认为,这种历史潮流与欧洲资本主义的发展和资产阶级取得统治地位紧密联系在一起,最后形成了一个理性的公共领域。从 17 世纪末到 18 世纪初,出现了许多新型的社会机构,据说在 18 世纪初期,英国伦敦有 2 000 多家咖啡馆。还有巴黎的沙龙,以及德国的宴会社团等都得以发展。这些 18 世纪的文学公共领域逐渐获得了一种政治权力,他们所传播的理性精神成为政治事务公众意见表达的方式。② 这些以人际传播为主的社会网络的建立,不仅借助于沙龙、咖啡馆等城市空间建构起了文化空间,同时还形成和培养了特定的城市知识阶层。在这些文化空间中,贵族、政治家、作家、艺术家等文化名流聚集一堂,他们互相议论时尚、传播新观念、探讨新思想,并对社会问题进行反思和批判,从而直接成为启蒙运动文化传播的推手,由此也形成了新的社会文化传播形式,以及与以往完全不同的社会价值取向。同时,这些独立于国家和教会的自由讨论和话语批判,通过文学界的通信、手抄新闻、文学通讯和报刊杂志等形式,从而得以广泛传播,成为法国乃至欧洲全体公众得以阅读的内容。18 世纪 60—70 年代,巴黎沙龙发展到鼎盛状态,启蒙运动也在此时臻于高峰。启蒙哲人构建起广泛的信息和思想交流网络,并进而占据了法国官方的各种文化机构,俨然成为公众舆论的引领者和裁决者,同时也体现了资产阶级登上历史舞台的政治权力形式。

---

① 彼得·盖伊:《启蒙时代:现代异教精神的兴起》,刘北成译,第 4 页。
② 尤尔根·哈贝马斯:《公共领域的结构转型》,曹卫东、王晓珏、刘北城、宋伟杰译,学林出版社,1999,第 37—39 页。

首先,就沙龙而言,法语的 salon(沙龙)原意是指宫廷中的"主厅"或"会客厅",与西班牙语 salon 一样,这个法语词源于意大利语 salone,即宽敞的 sala(正厅)。因此,在法语和西班牙语中,"沙龙"最早用来指称"主厅"里举办的社交活动。[①] 近现代所谓的沙龙主要指起源于 17—18 世纪的欧洲,上流社会人物讨论文学、艺术和社会等问题的场所,讨论的话题也多与当时社会流行问题相关联。因此,在西方文化中,"沙龙"指的是有知识、有身份的文化人物以谈论和娱乐为目的的、经常性的非正式聚会活动,当时一般在宅院的客厅中举行,由贵族女主人负责邀请和招待宾客以及主持沙龙交谈。此后"沙龙"一词还指作为"艺术品展览"的空间和制度,源于 1737 年在卢浮宫方形大厅的一次艺术作品展。[②] 17 世纪以来,法国社会由于内战而动荡不安,社会中不断产生的新思想和君主集权统治之间对抗加剧,封建领主和贵族也不断聚集到巴黎等城市生活。在这些贵族们的带动下,从而形成了以巴黎为中心的社会时尚和高雅生活的潮流中心,贵族和新兴的城市富有市民相互融合,催生了各种以贵族女性为中心的沙龙文化。著名的朗布依埃夫人在卢浮宫附近的"蓝屋"(chambre bleue)沙龙招待作家和政治家,使之成为巴黎最早的时尚圈子,也成为文化传播的公共空间。

《在若弗兰夫人沙龙里诵读伏尔泰的悲剧〈中国孤儿〉》(1812 年)这幅油画就描绘了 18 世纪法国沙龙的盛况,画面中聚集了启蒙时代法国各界的名流显要。在若弗兰夫人的沙龙中,除了当时的贵族官员外,还有启蒙思想家狄德罗、丰特内尔、爱尔维修、孔狄亚克,学者魁奈、杜尔哥等。大家围坐在伏尔泰的半身像下,聆听法兰西学院院士达朗贝朗读伏尔泰以中国戏剧《赵氏孤儿》为蓝本改编的悲剧《中国孤儿》。

在这些 17—18 世纪的巴黎沙龙,贵族、政治家、富有的市民、艺术家、作家与学者们聚集在一起,形成了与宫廷和教会不同的新的公共空间,成为思想交流场所、文艺批评中心、启蒙运动重阵,为人们的思想交流提供了最理想的场所。哈贝马斯说:"18 世纪没有一位杰出思想家不是在这样的讨论,特别是在沙龙的报告中首先将其思想的锋芒展现出来的。"[③] 与封建贵族的生活世界不同,沙龙是对社会各不同阶层开放的社交圈子,有复杂的社会构成,但在观念上他们都是平等的。沙龙无视阶层和性别的差异,成为自由思想的交流和传播场所。在这里,人们追求社交、精神和艺术等方面的创造性,并且消弭社会中的性别、种族的等级差异和歧视。沙龙作为文化活动,讨论的话题具有现实性和连续性,人们在那里畅谈文学、艺术、哲学或政治问题。17 世纪末文艺美

---

① 费冬梅:《沙龙:一种新都市文化与文学生产(1917—1937)》,北京大学出版社,2016,序言第 9 页。
② 同上,第 1 页。
③ 尤尔根·哈贝马斯:《公共领域的结构转型》,曹卫东、王晓珏、刘北城、宋伟杰译,第 39 页。

学领域发生的古今之争就发生在沙龙,这场以尼古拉·布瓦洛为代表的古典派与以丰特内尔为代表的现代派的争论发生在巴黎朗贝尔夫人的沙龙。启蒙运动的序幕由此拉开,沙龙也自然而然地成为启蒙运动的前沿阵地。在整个 18 世纪,法国沙龙对启蒙运动的发展有着非同一般的意义,并成为孕育法国大革命的土壤。著名的启蒙思想家伏尔泰、孟德斯鸠、卢梭、爱尔维修、达朗贝尔、布封、孔多塞、狄德罗等,都是这些贵族沙龙的主角,他们的思想能够传播并产生影响,与贵族沙龙的支持密不可分。孟德斯鸠奔走于巴黎各著名沙龙,借波斯人之口道出对旧制度下的法国社会的谴责。启蒙运动泰斗伏尔泰的喜剧剧本和哲理小说在夏特莱夫人的沙龙里朗诵。在百科全书派的文艺女神莱斯比纳斯小姐的沙龙里,达朗贝尔、孔多塞等百科全书的巨匠们关于经济问题和政治问题的争论取得了优秀的成果,而这些成果后来又直接指导着吉伦特派的施政方针。

因此,在 18 世纪的法国启蒙运动中,沙龙发展成为以理性交往为观念的特殊文化传播空间和政治权力空间,启蒙思想家们的很多主张都是在这里率先讨论和发表的。由于这些思想家的参与,沙龙文化与启蒙运动之间的联系彰显无遗。由此,沙龙还成了那些艺术作品展览和艺术批评的代名词。在启蒙运动的狄德罗的百科全书派中,"沙龙"发展为一种艺术批评形式,狄德罗就曾经撰写了多篇有关的艺术沙龙评论,这也是现代意义上艺术批评的起源。[1]

作为思想自由讨论的场所和公共空间,沙龙对传播新文化、新思想产生了巨大影响,而沙龙最兴盛的时期恰恰是启蒙运动发生的世纪,二者之间无疑具有重要的联系。这种非正式的学术讨论、思想碰撞从意大利传播到欧洲各地,成为人们喜欢的社交形式,其影响始终延续至今。沙龙让贵族和富裕的中产阶级聚集于私人场所进行社交讨论,最初主要集中于巴黎,但也存在于柏林、伦敦、维也纳以及一些小城镇中。英国历史学家爱德华·吉本说,他在巴黎两周内"听到的值得铭记的谈话比在伦敦两到三年的冬天里听到的还要多"[2]。巴黎的沙龙主要由女性组织并主持,并且她们也选择确定要讨论的主题。此外,在欧洲的华沙、伦敦等地,贵族女性举办的沙龙在向贵族精英阶级传播启蒙思想的过程中,也都曾经发挥了重要作用。

其次,就英国咖啡馆而言,哈贝马斯在论述近代公共领域的特征时,认为公平性是公共领域最重要的特征。哈贝马斯认为:"……首先要求具备一种社会交往方式,这种

---

① 费冬梅:《沙龙:一种新都市文化与文学生产(1917—1937)》,序言第 9—10 页。
② 约翰·梅里曼:《欧洲现代史:从文艺复兴到现在》,焦阳、赖晨希、冯济业、黄海枫译,第 322 页。

社会交往方式的前提不是社会地位平等,或者说,它根本就不考虑社会地位问题。……所谓平等,在当时人们的自我理解中即指'单纯作为人'的平等,唯有在此基础上,论证权威才能要求和最终做到压倒社会等级制度的权威。"[①]在哈贝马斯看来,所谓平等性,其实是一种观念认同上的平等,他更强调的是社会所共有的观念和价值体系。就现实发展而言,咖啡馆是否就是完全平等的体现,尚待进一步讨论,但它作为公共场所,咖啡馆确实也成为人们讨论各种观点,甚至成为巨大的观点冲突和碰撞的场所。正是这些不同意见的交流,促使人们之间形成了观点的交锋和不同观点的争辩,从而成为新思想诞生的土壤。有学者研究表明,在英国咖啡馆发展之初,社会各阶层各色人物均可入室啜饮咖啡和彼此交往,史料中也不乏这方面的生动记载。如 1673 年题为《咖啡馆的特征》的小册子写道:"每个人似乎都是平等派,都把自己看成是一介平民,完全不论地位和等级。所以你经常可以看到一个愚蠢的纨绔子弟,一个可敬的法官,一个自命不凡的家伙,一个举止得体的市民,一个知名的律师,以及四处转悠的扒手、非国教徒、虚伪的江湖骗子。所有这些人都聚在一起,组成了一个鱼龙混杂的大杂烩。"这种印象对后人的影响至深。1927 年起任剑桥大学近代史讲座教授的历史学家 G. M. 特里维廉在其《英国社会史》中也说:"英国普遍的言论自由,……是咖啡馆生活的精粹所在"。[②] 这些观点都肯定了咖啡馆的言论表达自由度。有学者的研究也表明,随着咖啡馆的发展演变,各种差异很大的利益群体的冲突、空间结构的变化、讨论话题的趋同性,以及女性缺席等明显的不平等现象也出现了。[③] 但是,即便如此,咖啡馆作为公共空间,无疑将各种不同的社会阶层纳入其中,并使得他们聚集起来。虽然他们之间有不同的利益取向,但是总能够同处一室,为形成公共空间提供条件。特别需要提出的是,伴随着咖啡馆的社交功能的形成,相关的咖啡馆刊物也随之出现,这其中具有代表性的有理查德·斯蒂尔和约瑟夫·艾迪生先后创办的《闲聊者》(the Tatler)和《旁观者》(the Spectator)。这些刊物不断刊行,对人们的新思想形成产生了重要的影响。显然,伴随着人际传播,作为大众传播媒介的杂志,也自然而然地进入公共空间。这无疑为各种思想碰撞和交流提供了媒介平台,同时也孕育着新观念和新思想的形成。

　　总之,作为法国历史进程中的产物,沙龙作为封建贵族重新界定自我身份认同的工具而诞生,同时它又作为历史的一个组成部分,也参与了历史的创造过程。可以说,不是沙龙创造了启蒙时代,而是启蒙时代成就了沙龙。启蒙与沙龙,是名副其实的相辅相

①　尤尔根·哈贝马斯:《公共领域的结构转型》,曹卫东、王晓珏、刘北城、宋伟杰译,第 41 页。
②　陈勇:《咖啡馆与近代早期英国的公共领域——哈贝马斯话题的历史管窥》,《浙江学刊》2008 年第 6 期。
③　同上。

成的共生关系。①　当然,英国咖啡馆的意义也与此类似。

第二节

启蒙运动的主要传播思想

启蒙思想最为伟大的意义就在于提出了"人的科学",把人的生活状态、生活情境和人的世俗的自然生活作为哲学思考的主要内容。在此基础上,启蒙思想家们沿袭了文艺复兴时期的人文主义主题,重点讨论人的现世价值和意义的问题。基于精神和制度的人的自由全面发展,成为启蒙思想家思考和讨论的核心问题。这些问题直接体现在政治、道德和生活习俗等现实层面的价值体系、制度和行为规范等方面。由此,以人的自然权利为主体的天赋人权等自由主义观念应运而生,成为启蒙思想的核心宗旨。在传播思想方面,启蒙运动则表现为自由主义传播观念的确立和不断完善,以及在现实层面上的实现,诸如言论自由、表达自由,以及出版自由、宗教信仰自由等现代理念相继确立,成为人的自然权利中的核心内容,这些都是自由主义观念的化身。17世纪末,随着洛克的《人类理解论》和牛顿的《原理》的出版,伦敦成为欧洲的学术中心。法国启蒙思想家伏尔泰、孟德斯鸠等人都在18世纪早期到英国游学。18世纪30年代初,从英国返回的伏尔泰和孟德斯鸠开始介绍、传播牛顿的物理学和数学、洛克的哲学以及自由思想,从而推动了启蒙运动的兴起。跨越国界的精神交流蔚为风尚,学者们崇尚出国游历。同时随着报刊业的兴盛发展,学者的名著能马上被译成外国文字流行开来。文学会、读书会、俱乐部等沙龙吸引着律师、医生、贵族、商人乃至王室官员和教士,新的思想马上会传递到外省或外国。巴黎、爱丁堡、费城、魏玛的精神世界是保持沟通的。②　哲学家罗素也说道:"在18世纪的法国,知识分子正在反抗一种老朽、腐败、衰竭无力的君主专制,他们把英国看成是自由的故乡,所以洛克的政治学说就让他们对他的哲学先偏怀好感。在大革命临前的时代,洛克在法国的影响由于休谟的影响而更加增强,因

---

①　洪庆明:《沙龙:法兰西的文化象征与民族记忆》,《光明日报》2013年01月31日。
②　阿伦·布洛克:《西方人文主义传统》,董乐山译,第69—127页。

为休谟一度在法国居住过,熟识不少第一流的学者。把英国影响传到法国去的主要人物是伏尔泰。"①这些以自由主义为基础的传播观念和思想,首先经自由主义思想家洛克论述,经过伏尔泰、卢梭等人的发展,最后成为自由主义传播思想的基本理论和现实原则。

一、洛克的自由主义思想

约翰·洛克(1632—1704)是英国经验主义哲学家和政治思想家,西方近代自由主义思想最早的代表人之一。无论对他所处的时代,还是对于当代社会而言,洛克的政治思想都产生了重大影响。洛克基于人的自然权利理论对于有关人的自由、自然法、社会契约的论述,以及法治和政府分权理论,为后世资产阶级民主国家的建立和政府分权治理建立了重要理论基础,为其后西方自由主义思想的发展提供了理论基础,成为洛克对西方政治思想的重要贡献。洛克的思想和学说对法国启蒙运动、美国独立战争等社会革命具有重要意义,直接影响了伏尔泰和卢梭等法国、苏格兰启蒙思想家以及美国革命。他的古典共和主义和自由主义理论在美国《独立宣言》中得到体现。随后孟德斯鸠在法国热烈地宣传分权学说,并将其改造为立法、司法、行政的三权分立学说,明确提出"不分权就没有自由"的思想。马克思和恩格斯在谈到法国自由思想时也明确指出,法国革命时的"自由思想正是从英国输入法国的。洛克是这种自由思想的始祖"②。时至今日,政府分权原则无疑已成为现代西方资本主义国家制度的主要原则。洛克的思想集中在《人类理解论》(1690年)、《政府论》(上、下篇,1689、1690年)、《论宗教宽容》(1689年)和《教育漫话》(1693年)等著作中。其中《政府论》论述了自由、法治和分权等政治学理论,被奉为资产阶级革命的"圣经"。

洛克的政治自由主义思想建立在其哲学思想之上。他认为可以使用科学方法来研究社会,他所强调的唯物论的经验主义是他研究社会、政治等问题的思想基础。洛克继承和发展了培根、霍布斯的唯物主义经验论,在《人类理解论》中提出,人的心灵最初就像一块白板,一切知识和观念都是从经验中获得的。在经验的基础上,通过归纳和演绎的思维活动,人就可以获得关于事物的知识和观念。由此,洛克在对人的认识起源的研究中,首次提出并论证了理性是人自身的产物,是以经验为基础的理智的认识,这对其

---

① 罗素:《西方哲学史(下卷)》,马元德译,第 175 页。
② 马克思、恩格斯:《马克思恩格斯全集(第 7 卷)》,中共中央马恩列斯著作编译局译,第 249 页。

后的康德纯粹理性批判产生了重要影响。洛克关于人的理性的思想,否定了封建教会所认为的"人存在与生俱来的能力",驳斥了教会所坚持的"人性已因原罪而蒙上污点"的观点,从而将西方近代以来对人性的认识从感性阶段提高到理性阶段。马克思和恩格斯也评价说,洛克的哲学"间接地说明了,哲学要是不同于健全人的感觉和以这种感觉为依据的理智,那是不可能存在的"①。由经验到理性,洛克在启蒙运动时期就已明确地指出人的认识能力的基本特征,从而成为启蒙运动的思想基础。

在充分强调人的理性能力的基础上,洛克进而论述了人的尊严和自由权利等政治思想,特别是他关于自由思想的论述,使他成为自由主义思想的先驱和启蒙思想家的思想源泉。洛克关于自由主义的思想主要体现在理论和实践两个方面。就理论而言,洛克论述了自由的含义、来源和条件等内容;就实践层面而言,他主要讨论了在政治社会中如何实现和保障自由的问题,进而据此又界定了政府的起源和目的等问题。

首先,洛克对于自由思想的认识,是建立在其自然权利的理论之上的。洛克认为,人们开始是处于自然状态之下的,自由是与生俱来的权利,由此人天赋自由。洛克认为这种自然状态"是一种完备无缺的自由状态,他们在自然法的范围内,按照他们认为合适的办法,决定他们的行动和处理他们的财产和人身,而无须得到任何人的许可或听命于任何人的意志"②。人们在自然状态下的自由,仅仅受到自然法的约束,而不受人间任何权力的约束。关于自由的来源,洛克在《人类理解论》第二卷第21章论述人的"能力"时提出,人具有意志力和理解力,这些都是人的感觉世界的能力,他认为,人的"自由和必然"的观念就源于人的这种能力。显然,洛克基于经验论的立场,认为自由概念也源于人对世界的经验感知。由此他认为:"一个人如果有一种能力,可以按照自己心理的选择和指导,来思想或不思想,来运动或不运动,则他可以说是自由的。……因此,所谓的自由观念就是,一个主因有一种能力来按照自己心理的决定或思想,实现或停顿一种特殊那样的动作。"③这里洛克把自由当作人的自然而然实现的能力,而不是外在作用强加的,是由内在的主因决定的,这种自然能力还因其主因的能力大小而决定,自由观念受制于主因的能力。这里洛克所指的"主因"应该包含笛卡尔的"自由意志"的含义。但在洛克看来,意志和自由是分属于人类的两种能力,不能等而论之。他认为"倘如超过主因的能力范围,倘如不是按其意欲所产生,则他便不自由,而是受了必然

---

① 马克思、恩格斯:《马克思恩格斯全集(第2卷)》,中共中央马恩列斯著作编译局译,第165页。
② 洛克:《政府论(下篇)》,叶启芳、瞿菊农译,商务印书馆,1964,第3页。
③ 洛克:《人类理解论》,关文运译,商务印书馆,1997,第208页。

性的束缚"①。这里的必然性指的是缺乏自主性,他说:"任何事物如果完全缺乏思想,没有能力按照思想的指导,来实现或阻止任何运动,那就叫作必然。"②因此,洛克认为凡无思想、无意欲的主体,在任何事情方面都受必然性所支配。"离开了思想,离开了意欲,离开了意志,就无所谓自由。"③可见洛克所谓的自由,就是不受外力强制的个体的自然状态。实际上,洛克主要通过对自由来源的描述探究了自由在自然层面的意义。

其次,洛克认为自由实现还需依靠理性和法律。如前所述,洛克在讨论自由的来源时就已经提到了自由和必然性的关系。但他进而认为,如果要实现自由,则需要前提和约束条件,这个前提就是理性,约束条件就是法律。他认为:"自然状态有一种为人人所遵守的自然法对它起着支配作用。而理性,也就是自然法,教导着有意遵从理性的全人类:人们既然都是平等和独立的,任何人就不得侵害他人的生命、健康、自由或财产。"④洛克在这里把理性的作用等同于自然法,认为其是支配人们行为的指导思想。作为自然法的理性不仅能内化人的修养,并且还影响人的行为。"人的自由和依照他自己的意志来行动的自由,是以他具有理性为基础的,理性能教导他了解他用以支配自己行动的法律,并使他知道他对自己的自由意志听从到什么程度。"⑤换言之,没有理性,人就没有自由。洛克明确强调:"我们是生而自由的,也是生而具有理性的。"⑥所谓自由,"是在他所受约束的法律许可范围内,随其所欲地处置或安排他的人身,行动,财富和他的全部财产的那种自由,在这个范围内他不受另一法律、个人的任意意志的支配,而是可以自由地遵循他自己的意志"⑦。洛克所反复强调的是,自由建立在理性的基础之上。

在理性之外,洛克认为法律是保障自由的基本条件。他指出,在自然状态下,人们依据自然法作为行动的原则,但在建立社会国家之后,人的行为就受法律的约束。他认为,所谓"人的自然自由,就是不受人间任何上级权力的约束,不处在人们的意志或立法权之下,只以自然法作为他的准绳。处在社会中的人的自由,就是除经人们同意在国家内所建立的立法权以外,不受其他任何立法权的支配。除了立法机关根据对它的委托所制定的法律以外,不受任何意志的统辖或任何法律的约束"⑧。那么,就此而言,在自

① 洛克:《人类理解论》,关文运译,第 208 页。
② 同上,第 211 页。
③ 同上,第 208 页。
④ 洛克:《政府论(下篇)》,叶启芳、瞿菊农译,第 4 页。
⑤ 同上,第 39 页。
⑥ 同上,第 38 页。
⑦ 同上,第 36 页。
⑧ 同上,第 15 页。

然法之外,洛克在社会政治领域中所指的自由,是在一定范围内的行动自由,即处置或安排他的人身、行动、财富和他的全部财产的自由。自由也意味着一定的自治领域,个体的人在这个范围内不受另一个人的任意意志的支配和任何专制权力的侵犯。这其中的保障条件是法律,这是因为"在一切能够接受法律支配的人类的状态中,哪里没有法律,哪里就没有自由。这是因为自由意味着不受他人的束缚和强暴,而哪里没有法律,哪里就不能有这种自由"①。显然,在实践层面上,自由不是绝对的,不是每个人愿意做什么就做什么的自由,而是一个人在所受约束的法律许可的范围内,自由地处置或安排自己的人身、行动、财富以及全部财产,在这个范围内不受制于另一个人的专断意志,而是自由地遵循他自己的意志。因此,有学者就明确指出,给自由限定条件,并非是限制自由,恰恰是在保障自由的实现:"由此可见,自由的条件,并非是对自由的限制或约束,其目的在于让人更多、更好地享受自由,使其能够运用自己的理性、在法律许可的范围内自由地行动而不受制于任何人专断的意志。"②

最后,洛克认为,自由在现实中的实现必须要实行法治和分权。自由思想是洛克的政治理论的基础和起点。洛克将自由分为人的自然自由和在政治社会中的自由;自由和规则是不可分割的两个方面,即使是在自然状态中人也要受到自然法的约束。因此,洛克的自由的含义,一是个人选择的自由性,二是以法律为前提的自由。故此,自由首先是个体的:个人具有理性和自主能力,个人的权利至高无上,个人空间不应受到别人干涉,要按自己的方式追求自己想要的利益。其次,自由包括各种权利,比如生命、自由和财产等,包括结社自由、选举自由、言论自由等。为了最大限度地保障人们的生命、自由和财产,实现法治原则,洛克提出了实践层面的政治分权原则。他提出国家的立法权、执行权和对外权,这些权力必须分开,并由不同的人来行使,这样才能保障人们的人身、自由和财产权利。洛克的分权思想经过孟德斯鸠的宣扬进而影响到美国的思想和政治制度,成为现代西方资本主义国家的基本政治原则。

总之,洛克宣扬个人的尊严,坚决主张每个人都有生存、自由和财产的权利。与霍布斯的权利让渡观点不同,洛克则坚持认为,人类的自由和权利源于自然法则,人生而自由,且具有理性能力,法治是自由实现的约束条件,其目的在于使人享有更多、更好的自由。同时洛克也不断倡导教育改革、新闻自由、宗教宽容和政治分权等理论和思想,为人的权利和尊严而呐喊。就此而言,对于启蒙运动和其后的资产阶级革命,洛克的意

---

① 洛克:《政府论(下篇)》,叶启芳、瞿菊农译,第 35 页。
② 高照明:《论洛克自由思想的基本要素》,《南京社会科学》2011 年第 7 期。

义可谓是非常重要的。

二、伏尔泰的言论自由思想

伏尔泰(1694—1778),原名弗朗索瓦-马利·阿鲁埃(François-Marie Arouet),是18世纪法国启蒙思想家、诗人、学者、文学家、哲学家、历史学家,启蒙运动的泰斗,被誉为"法兰西思想之王""法兰西最优秀的诗人""欧洲的良心",是后起的启蒙思想家们的精神导师,他的名字代表了革命爆发前的一个时代。伏尔泰在青年时代阅读了大量启蒙学者的著作,因反抗封建专制制度,两次被囚禁于巴士底狱,出狱后流亡英国,深受牛顿、洛克思想的影响,1746年当选为法兰西科学院院士。伏尔泰反对天主教会和教义,在哲学上坚持理性主义和怀疑主义,在政治思想上接受自然法学说,认为自然赋予人们以自由平等的权利,主张以资产阶级的私有制代替封建农奴制。他主张开明君主政治,强调自由和平等,最初拥护开明专制制度,进而赞成通过改良实行君主立宪制。伏尔泰多才多艺,著作甚丰,主要著作有《哲学通信》(1734年)、《牛顿哲学原理》(1738年)、《路易十四时代》(1751年)、《风俗论》(1756年)、《老实人》(1759年)、《哲学辞典》(1764年)等。伏尔泰的"思想不仅深入到18世纪法国第三等级人们的心里,为1789年的资产阶级革命准备了思想条件,而且对19世纪欧洲许多国家争取独立自由的斗争起过很大作用"①。

伏尔泰的思想深受当时自然法则思想的影响,也包含了某些历史主义的因素。他认为自然法"就是那种使我们知道正义的本能",所谓正义"就是通天下都认为如此的那种事情"。② 自然法作为17—18世纪欧洲广泛传播的关于天赋人权的思想,从而演绎出人的"自然权利"理论,构成了理想社会建立的基础。洛克最早对自然权利思想进行论述,认为自然状态是一种"完备无缺的自由状态",只有在自然状态中,人人才是自由平等的。在自然状态中,人类由理性精神所指导,任何人都不得侵犯他人的生命、自由和财产。当时几乎所有启蒙思想家都信奉这一观点,包括斯宾诺莎、霍布斯、孟德斯鸠等。自然法则是理性的,是社会的基本准则。如前所述,这里的理性的实质内容,主要指的是人的感性生活。伏尔泰在接受了自然权利观念的基础上,坚持认为平等也是重要的社会和政治原则。他认为,最公正的社会秩序是以自由和所有制为基础的,此外还需要

---

① 罗丹、冯棠、梦华:《法国文化史》,北京大学出版社,1997,第93页。
② 葛力:《十八世纪法国哲学》,商务印书馆,1979,第98页。

平等作为第三原则。由此,伏尔泰关于人天生平等的思想,就成为他所秉持的自由主义思想的核心内容,在启蒙思想中具有重大意义。他明确地说,难道农民的儿子生来颈子上戴着轭,而贵族的儿子生来在腿上就戴着踢马刺吗?他承认"一切享有各种天然能力的人,显然都是平等的",人在运用自己的本能和理智时也是平等的。他还指出,"使一个人从属于另一个人的,是与我们人类分不开的贫困。真正的不幸并不是不平等,而是从属"①,也就是人的尊严和权利被剥夺。但不可否认的是,伏尔泰的平等思想仅仅是在观念上承认人的天生平等,以及提倡废除等级特权,使普通人不受蔑视。

伏尔泰有关传播的思想,也集中体现在对自由主义的认识中。

首先,伏尔泰主张人的自由,接受了洛克对于自由的看法。他认为自由是除了依赖于法律之外,不受其他任何别的东西的束缚。关于自由本身,他看到自由的产生与近代商业的关系,认为商业使英国富裕起来,而且还帮助英国人获得自由,这种自由反过来又推动和扩展了商业。对于人的自由权利而言,伏尔泰认为在公民所享受的各类自由权利中,人身和财产自由是各类自由之首,是作为人的最基本的自由。但是因为事实上的不公平,每个人享受自由的能力也并不相同,进而可以说,自由并不是同等,自由是有差别的,这也是伏尔泰对于自由的更为客观的看法。因此,伏尔泰批判教会、殖民地主,认为教会僧侣、殖民者只会奴役民众。他认为,人们所拥有的财产权利有助于使自己免于奴役,并让自己获得自由,民众应该要求自由安排自己的财产。因此,商业和资本自由是自由实现的基础条件。由此,伏尔泰也重视商业活动,重视经济发展对国家发展的作用。显然,伏尔泰的这些思想观念和洛克有关自然权利的论述也并无差异。

其次,伏尔泰非常重视言论及出版自由,认为这是人们感触最深的自由形式。在《哲学辞典》《哲学书简》等著作中,伏尔泰讨论了言论自由问题,认为这是人类的特权,是第一条自然规律。伏尔泰认为,出版自由是言论自由的基础和保证,如果没有出版自由,言论自由就形同虚设,思想自由更无从谈起。同时,出版自由也是宗教及信仰自由的基础。《论宽容》批评那些遏制言论信仰自由的压制者,认为他们号称是宽容者,却鼓动极端的信仰狂热者来反对宽容和自由。他尖锐地讽刺说:"他们有权有势的当政者讨论宽容,他们收买狂热分子,让他们大声喊:'尊敬我主人的荒谬,颤抖吧,讨钱吧,但不许说话。'"②对于那些能够坚守自由的离经叛道者,并没有随风倒下的那些坚强的"芦苇",反而被另外的易变者斥责,伏尔泰用讽刺的笔调描述道:"一株被风吹倒在泥浆的

---

① 葛力:《十八世纪法国哲学》,第88—89页。
② 伏尔泰:《睿智与偏见——伏尔泰随笔集》,余兴立、吴萍选译,上海三联书店,1990,第72页。

芦苇会对附近一个倒向相反方向的芦苇说:'像我这样倒下,坏蛋,否则我要祈求把你拔掉烧成灰。'"①对于表达自由,伏尔泰说:"我的本性是热爱真理,不管你的看法如何,我都要把真理写出来。"②在思想自由上,伏尔泰富于战斗精神,终其一生都在和"愚昧无知"的教会作斗争。他认为教会的教条就是伪科学,教会借教义之名奴役民众。他大声疾呼,目的在于启蒙大众,告诉人们要免受教会的迫害,不要变成盲从的奴隶。当然,需要指出的是,伏尔泰所反对的是教会和教士,并不是宗教本身。因此,伏尔泰强调宗教自由、信仰自由和宗教宽容。他从人的自由出发,勇敢地捍卫言论自由和出版自由,认为有了这两种自由,其他一切自由就有了可靠的保障。他提倡信仰自由,呼吁人类不要因宗教偏见而自相残杀。但是,他对政治自由的理解却排斥了民主的含义,伏尔泰所描绘的理性时代并没有把广大穷苦人民的幸福和自由容纳在内。

不过,在现实中,伏尔泰积极地为普通民众的自由而呐喊,在晚年他借助自己的声望,为社会上因宗教信仰等遭受不公的民众鸣冤,如 1762 年的卡拉事件——新教徒卡拉被诬告杀死其想改信天主教的儿子,实际上卡拉的儿子是因无力还债而自杀的,当时卡拉本人已被法院的酷刑处死。伏尔泰义愤填膺,动员优秀律师为此求得重审,最终使卡拉在死后恢复了名誉。1766 年的拉·巴尔事件中,19 岁的拉·巴尔骑士被控侮辱和毁坏了一个基督像,被判活活烧死,尽管伏尔泰多方营救,最终仍未能改变结局。1770年的蒙巴依事件中,青年夫妇蒙巴依被诬告杀死了自己的母亲,法院判处蒙巴依死刑而被处决,妻子被判缓刑。伏尔泰仗义发表《阿拉斯法院的谬误》,揭露和抨击司法界的黑暗,蒙巴依的妻子最终获释。1776 年的拉里·笃朗达勒事件中,笃朗达勒原系法属印度的总督,被诬告通敌,法院严刑逼供并判处其死刑。伏尔泰奋起反对这种判决,最后得到舆论一致响应。③ 面对这些涉及普通人的宗教、政治、法律等方面的迫害和不公正,伏尔泰本着自由主义、权利平等的理念,在实践中进行大力倡导,推动启蒙时代极具影响力的现实行动。为争取自由平等而对封建专制和教会势力不懈斗争,是贯穿伏尔泰思想和经历的精神。伏尔泰热情地支持当时先进的思想家反对"没有理性的人"的斗争,坚持认为启蒙运动的成果将使"世界狂怒地挣脱愚笨的束缚"。他提出的反对教会的座右铭"踩死败类",成为当时启蒙运动的口号。④

在欧洲启蒙运动的时代,伏尔泰作为理性思想家中的伟大者,终其一生都在为法国

① 伏尔泰:《睿智与偏见——伏尔泰随笔集》,余兴立、吴萍选译,第 75 页。
② 同上,第 256 页。
③ 范明生:《西方美学史(第三卷)》,蒋孔阳、朱立元主编,上海文艺出版社,1999,第 606 页。
④ 徐大同主编:《西方政治思想史》,第 222 页。

宗教、社会、经济问题孜孜不倦地批判、探索着。他提倡自由和平等，以及追求自然的法则，以深邃的洞见和睿智的远见，为全新的法国提供了源源不断的影响和长久的动力。对于促进社会进步的手段，伏尔泰相信艺术与科学等人类精神领域的演进更有力量，而将政治性的革命仅仅看作文化进步的副产品。在他生命的晚年，伏尔泰相信启蒙之光已经普照大地，法国即将面临"一场大热闹"，他指的是启蒙运动所创造的一切，都在为必将到来的政治革命播撒种子。[①]

三、卢梭的公共舆论思想和语言传播理论

让·雅克·卢梭(1712—1778)，是法国启蒙运动的小资产阶级政治思想家、著名的文学家、激进的民主主义者。卢梭出生于加尔文教的发源地瑞士日内瓦城，幼年丧母，父亲是钟表制作匠。从 16 世纪以来，日内瓦长期实行人民主权的、独立的城市共和国制度，但权力依然掌握在贵族手中。卢梭幼时热爱读书，在自传中提到古希腊罗马的英雄故事影响了他"爱自由爱共和"的思想，养成了不受束缚和奴役的性格。10 岁时，其父诉讼失败离家出走，卢梭不久外出谋生、流浪，随后在法国乡间、巴黎等地定居。他的足迹遍于瑞士、意大利和法国的许多中小城市及广大乡村，先后做过听差、学徒、家庭教师、土地丈量员、秘书、出纳员等下层职业，管理过家庭制药业，甚至为私人抄写过乐谱。他目睹了当时法国农民穷苦生活的情景，感受到巴黎城市贫民穷困潦倒的惨状，观察到革命前法国社会的动荡和上层社会的丑恶。主人的鞭笞、贵族的凌辱和官府的欺压，使得他仇恨封建专制制度的罪恶。与法国百科全书派不同，他痛恨腐败的专制制度以及一切丑恶的社会现象，具有同情下层人民的鲜明主张。他在著作中常常把乡村和城市、自然和文明、淳朴和奢侈对照，流露出对普通人民的同情，以及批判上层社会、赞扬民主制度、反对专制的立场。其主要著作有《论科学与艺术》(1749 年)、《论语言的起源》(1753 年)、《论人类不平等的起源与基础》(1755 年)、《爱弥儿》(1761年)、《社会契约论》(1762 年)、《忏悔录》(1767 年)等，以及书信体小说《新爱洛漪丝》(1761 年)等文学作品。

卢梭和伏尔泰、狄德罗是法国 18 世纪启蒙运动中最著名的三位代表人物。如果说伏尔泰和狄德罗更多地致力于批判的话，那么卢梭更多地致力于制定与描述未来社会发展的有关正面观念。罗曼·罗兰说："只有卢梭一人描述了建设的方面，肯定了新的

[①] 徐大同主编：《西方政治思想史》，第 222—223 页。

信仰，他是共和国的宣布人。法国革命宣称他是它的肇始人，把他神化的事发生在国民议会的高峰时期。"①卢梭思想的形成时期，也正是 18 世纪中叶以后启蒙运动发展的第二阶段。随着启蒙运动的发展，对自由等观念的论述也日趋深入，卢梭所主张的平等、自由、人民主权，以及社会契约等观念成为启蒙运动的重要思想。对于平等观念的探究，可以说是卢梭思想的核心，正如恩格斯所言："平等要求的资产阶级方面是由卢梭首先明确地阐述的，但还是作为全人类要求来阐述的。"②卢梭更多地通过诉诸人的灵魂和情感，以激发起人们对自由和平等的追求。但是，后世研究者多认为卢梭自由主义思想中包含着两面性。对此，罗素评价说："他虽然是个 18 世纪法语意义上的 philosophe（哲人），却不是现在所说的'哲学家'那种人。然而，他对哲学也如同对文学、趣味、风尚和政治一样起了有力的影响。把他作为思想家来看，不管我们对他的功过有什么评价，我们总得承认他作为一个社会力量有极重要的地位。这种重要地位主要来自他的打动感情及打动当时所谓的'善感性'的力量。他是浪漫主义运动之父，是从人的情感来推断人类范围以外的事实这派思想体系的创始者，还是那种与传统君主专制相反的伪民主独裁的政治哲学的发明人。从卢梭时代以来，自认为是改革家的人向来分成两派，即追随他的人和追随洛克的人。有时候两派是合作的，许多人便看不出其中有任何不相容的地方。但是逐渐他们的不相容日益明显起来了。在现时，希特勒是卢梭的一个结果，罗斯福和丘吉尔是洛克的结果。"③因此，卢梭坚持个人权利的实现而被奉为民主主义的代表人物，但他强调整体性和统一性的一面，又使得将他的理论与极权主义联系起来。当然，卢梭的自由主义理念也影响到了自由主义传播思想，成为表达自由等基本权利的理论基础，特别是他关于公共舆论的讨论，成为其传播思想中主要的内容。

首先，基于自由主义观念，卢梭主张平等、社会契约和人民主权等理论。卢梭坚信人与人之间本来就是平等的，而人类社会的建立打破了大自然形成的平等。由此，在《社会契约论》开篇，卢梭直言："人是生而自由的，但却无往不在枷锁之中。"④在他看来，平等是实现自由的基础，没有平等，也就没有自由。基于此认识，卢梭提出了人人生而平等，财产占有尽可能地平等，以及在法律规定下人人权利平等，这些也是人民主权的理论基础。进而卢梭提出社会契约的思想，他认为，社会契约是个人权利转让给整个集体，进而从集体那里获得自己的权利，并且得以最大限度地保护自己的权利，只要人

① 罗曼·罗兰：《卢梭的生平和著作》，王子野译，生活·读书·新知三联书店，1993，第 2 页。
② 马克思、恩格斯：《马克思恩格斯全集（第 20 卷）》，中共中央马恩列斯著作编译局译，第 669 页。
③ 罗素：《西方哲学史（下卷）》，马元德译，第 225 页。
④ 卢梭：《社会契约论》，何兆武译，商务印书馆，1963，第 4 页。

民是主权者，就不会损害个人和任何人的权利。由此，卢梭在近代首次完整地提出了人民主权学说，他主张人民就是主权者，因为法律和政府服从于人民主权，所以权威和民主又是统一的。卢梭认为主权由公意构成，主权不能转移、不能分割、不能被代表。就此意义看，与霍布斯把人民排除在政治之外的专制主义，以及洛克的人民只有部分参与的自由主义相比，卢梭主张人民是政治活动不可或缺的主体。

卢梭的思想体系中对于"公意"亦即公共意志的讨论，就包含了传播学理论中的"公共舆论"的内容。"公意"是卢梭政治思想和政治哲学中最为重要和最受争议的概念之一，正如朱迪丝·施克莱所说："公意可能传递了卢梭最想表达的全部"①。关于公意的含义，卢梭在论述通过社会契约建立社会良治时指出，人民试图要最大限度地保障自己的自由，就是经过契约缔结形成政治共同体，那么，这种契约的方式，也就是政治共同体所包含的公意的方式。公意在个体意志意愿和法律表现、社会和个体、政治和道德、公共和个人之间建立了一种辩证的关联性。由此，公共意志理论成为卢梭国家学说的理论基础之一，也是自由实现的保障。卢梭说："国家全体成员的经常意志就是公意。正因为如此，他们才是公民并且是自由的。"②他所设想的是，公意既然是人民整体的意志，也就自然包含个人的意志。那么个人服从公意，服从主权，也就是服从自己的意志，也就等于保障和实现了自由。但是，公意的基本特点仍然是它的整体性，公意的基础必须在于人民的共同利益。他说："如果说个别利益的对立使得社会的建立成为必要，那么，就正是这些个别利益的一致才使得社会的建立成为可能。"③也就是说社会契约的建立基于公共利益，个体利益与整体具有统一性，个体的利益一定包含在公意之中。据此卢梭进一步论证说，公意一定不是众意，也就是不是私人利益的总和，更不是少数团体的利益，亦即公意完全不同于众意、私意和团体意志。卢梭说："公意只着眼于公共的利益，而众意则着眼于私人的利益，众意只是个别意志的总和。"④卢梭强调公意的整体性和权威性，阐明公意本身具有不可分割、不可转让和不可被代表的主权性质。

但是，问题也就随即产生：公意如何能够完全体现全体人民的意志，并能够体现全体人民的利益？卢梭说："公意永远是公正的，而且永远以公共利益为依归。但是并不能由此推论说，人民的考虑也永远有着同样的正确性。人们总是愿意自己幸福，但人们并不总是能看清楚幸福。"⑤对此，卢梭认为，公意的实现必须要在人民全面知晓的基础

① Judith N. Shklar. *Men and Citizens: A Study of Rousseau's Social Theory.* Cambridge University Press, 1985, p.184.
② 卢梭：《社会契约论》，何兆武译，第 136 页。
③ 同上，第 31 页。
④ 同上，第 35 页。
⑤ 同上，第 35 页。

上,通过人民充分的交流和讨论来实现。卢梭说:"如果人民能够充分了解情况并进行讨论,公民彼此之间又没有任何勾结,那么从大量的小分歧中总可以产生公意,而且讨论的结果总会是好的。"①卢梭强调人民必须要参与公共事务,人民要有知情和讨论的自由,同时也要避免公共舆论被一些小团体所左右,保证能最大限度地体现公意。"因此,为了很好地表达公意,最重要的就是国家之内不能有派系存在,并且每个公民只能表示自己的意见。"②无疑,这里体现的是要通过自由权利,充分保障人民的知情权和表达权。只有如此,才能最大限度地实现公共意志。那么,人民为了实现自己的权利,则需要在法律的框架下通过集会形成公意。卢梭说:"只要有若干人结合起来自认为是一个整体,他们就只能有一个意志,这个意志关系着共同的生存以及公共的幸福。"③但是,卢梭意识到,在政府中存在着不同的意志,具体包括政府官员的个人意志、政府的团体意志和人民主权的公意,他对此明确地做了区分:"在行政官个人的身上,我们可以区别三种本质不同的意志:首先是作为个人其固有的意志,这种意志倾向于个人的特殊利益。其次是全体行政官的共同意志,唯有它关系到君主的利益,我们可以称之为团体的意志,这一团体的意志就其对政府的关系而言则是公共的,就其对国家——政府构成国家的一部分——的关系而言则是个别的。第三是人民的意志或主权的意志,这一意志无论对被看作是全体的国家而言,还是对被看作是全体的一部分的政府而言,都是公意。"④卢梭在这里区分了在公意实现中的不同利益主体,并且指出,这些不同的利益主体所体现的意志完全不同,只有人民主权的意志才是公意。那么,作为人民主权的公意如何体现呢?对此,卢梭认为,人民的合法集会是实现人民主权公意的现实途径。卢梭主张集会应该以努力激活公民的公共精神和良知为目的,以防范个别意志和宗派意志泛滥成灾。人民通过集会形成公意,制定法律。在这个过程中,公民应该有发表意见、提议、分析、讨论等权利。卢梭总结说:"集会中的公共秩序的法则就不完全是要在集会中维持公意了,反而更是要对公意经常加以疑问,并由它来经常做出答复。"⑤这里,卢梭始终强调的是公共舆论的影响,以及具体实现的途径和方式,这也就成为卢梭公共舆论理论的核心内容。但是卢梭清楚,即便如此,政府总是要煞费苦心地把这些权利全部保留给它自己的成员。进而,他主张通过投票的方式合法地保障公意,这是保障人民主权实现的最后屏障。

其次,卢梭还讨论了语言传播的问题。卢梭在《论语言的起源:兼论旋律与音乐的

① 卢梭:《社会契约论》,何兆武译,第 36 页。
② 同上,第 36 页。
③ 同上,第 131 页。
④ 同上,第 78—79 页。
⑤ 同上,第 133 页。

摹仿》(1753年)、《论人类不平等的起源和基础》(1755年)等著作中,专门讨论语言的起源问题,这也是卢梭有关语言传播的重要理论。卢梭认为,语言就是符号和工具,语言具有约定性的一面,不同于言语。他同时也探讨了语言与观念间的关系,他认为,一个人对另一个人"交流感觉与思想的渴望或需要,会促使他寻找交流的方式",于是"有了表达思想的感性符号",①这就是语言。"如果说人们为了学习思维而需要语言,那末,他们为了发明语言的艺术则更需要先知道如何思维。"②卢梭把人的社会分为"自然状态"与"社会状态",他认为"自然状态"下的人是野蛮的,不需要语言,而只有"社会状态"的人才需要语言,这种语言的起源则是人的精神的需要,他称之为人的"激情"。他认为,语言就是在一定因素的刺激下显现出来的潜在能力,而这种刺激的因素就是原本离群索居的个人之间交际的需要。卢梭明确说:"语言起源于何处? 精神的需要,亦即激情。"他认为,这种对交际需要的思考会让人产生情感,即激情,古老语言是通过激情产生的。在他看来,"古老的语言不是系统性或理性的,而是生动的象征性的"③。同时,依据他提出的社会契约论,卢梭认为,语言起源于理性阶段相关的社会约定,即社会契约论,这里他就直接指出了语言的社会性,所谓语言就是人的社会化的产物。按照卢梭的社会契约论思想,一个社会要用"制定的符号来代表所有的这些观念",是一定要经过社会约定的,他认为"真正的语言不会起源于家庭,它们只能产生于更广泛的、更持久的约定"④。社会行为需要约定,语言也是社会约定的产物。由此看出,卢梭把语言和社会直接联系起来,他认为语言就是人类社会的产物。语言和人的认识紧密相关,共同构成人的世界。卢梭将语言与人类社会文化的建构联系起来,可以说,在卢梭这里,语言是人类成员之间在社会文化层面上的契约关系,这也是他社会契约论的延伸。在卢梭看来,这些语言使用的约定,也就构成了人们观念层面上的相互认同,也形成了特定的社会风俗和文化观念。

总之,卢梭基于启蒙运动时期的自由主义理念,在论述公共意志理论时,探讨了公共舆论,以及语言传播等问题,这些理论都成为其传播思想的主要内容。这些思想都是建立在其哲学及政治思想的基础之上的。作为启蒙时代的浪漫主义思想潮流的代表人物,卢梭宣扬自然权利,主张人民主权,呼吁社会良知,期待人类社会所共有的善的意志,并在法律、道德和宗教等方面都试图描绘出理想社会的图景,体现了浪漫主义的理想。然而,卢梭所期待的普遍意志很有可能被无情的政治家所操纵,最终成为统治者用

---

① 卢梭:《论语言的起源: 兼论旋律与音乐的摹仿》,洪涛译,上海人民出版社,2003,第14页。
② 卢梭:《论人类不平等的起源和基础》,李常山译,商务印书馆,1982,第90页。
③ 卢梭:《论语言的起源: 兼论旋律与音乐的摹仿》,洪涛译,第14、15页。
④ 同上,第71页。

来操纵人民的合法的公众意见。这种被操纵的公共意志,当然背离了卢梭公意思想的初衷。但是,作为启蒙思想家的卢梭,对自由主义的认识无疑是深刻的。对于自由,他深刻地反思道:"我从来不认为人的自由是在于他想干什么就干什么,恰恰相反,我认为人的自由是在于他可以不干他不想干的事。我所追求的和想保有的自由,是后一种自由。"①这正是中国儒家哲学中"己所不欲,勿施于人"的宽容精神。这位在乡间小路上孤独散步思考的哲人,其思想的影响依然指向远方。

四、北美《独立宣言》与法国《人权宣言》的自由思想

在启蒙运动思想的影响下,17—18世纪的北美、法国等地伴随着新兴的资产阶级的发展而不断孕育着新思想,特别是启蒙思想中的自由主义,更是对推动新生的资产阶级登上历史舞台产生了巨大影响。随后在18世纪末连续爆发的北美独立战争和法国资产阶级革命,不仅是启蒙思想在现实中的生动实践,还是世界近代史上两次具有重大历史意义的事件。这两次革命不仅推翻了封建君主对人民的奴役,从而使得资本主义在欧美等地区确立,并得以快速发展起来。需要指出的是,这两次革命都提出了其有历史意义的革命宣言:北美在独立战争中提出《独立宣言》,法国在革命中提出《人权宣言》。就此而言,一方面这两个宣言中所主张的人民主权的思想和观念,都是启蒙思想的延续和现实体现;另一方面,就现实意义而言,在当时的历史背景下,这两个宣言都具有很大的进步性,对于推翻封建制度、建立资产阶级民主制度具有重要意义。这些宣言通过宣扬人民主权的思想,都充分体现了启蒙思想中自由主义的传播理念。

首先,北美《独立宣言》是在北美资产阶级革命的推动下产生的。北美作为英国的殖民地,从早期移民到达北美至18世纪,接纳了欧洲不同国家的人民。除了使用相同的语言之外,殖民地移民依然保持着各自民族的文化和宗教信仰特征,这就形成了北美殖民地强大的包容性和开放性的多样统一文化。加之最早来到美国的移民是新教徒,他们主张宗教事务和政治事务的剥离,并且具有强烈的追求自由、平等、独立的精神。在这些因素的影响下,北美形成了独特的自由主义文化。18世纪时北美社会的矛盾集中体现为殖民地人民与英国政府统治的矛盾。英国政府的殖民政策严重阻碍殖民地经济的发展,损害了包括工商业资产阶级、部分大农场主、种植园主在内的广大人民的利益,终于导致了美国独立战争的爆发。1776年7月4日,大陆会议正式通过了由杰斐逊

---

① 卢梭:《一个孤独的散步者的梦》,李平沤译,商务印书馆,2012,第86页。

起草的《独立宣言》,宣告美国脱离英国而独立。1783 年英国正式承认美国独立。北美独立战争是北美历史的里程碑,通过这次革命,英属北美十三州殖民地不仅摆脱了英国的统治,建立起独立的共和国,也消除了内部的封建残余势力,促进了资本主义的成长和发展。同时,这次革命的胜利极大地推动了在西班牙和葡萄牙统治下的中南美各殖民地的民族解放运动。更为重要的是,北美独立运动推动了欧洲的革命。马克思就写道,这次战争"为资产阶级阶开辟了新的高水平时代"①,"为欧洲的中等阶级鸣起警钟"②。显然,北美独立战争和宣言的影响意义是重大的。

《独立宣言》的内容包括理论依据、现实状况和独立宣告三个方面,其核心思想在于阐明人民主权学说。宣言开篇就明确表明了该宣言的基本宗旨,宣言中写道:"我们认为下面这些真理是不言而喻的:人人生而平等,造物者赋予他们若干不可剥夺的权利,其中包括生命权、自由权和追求幸福的权利。为了保障这些权利,人类才在他们之间建立政府,而政府之正当权力,是经被治理者的同意而产生的。当任何形式的政府对这些目标具破坏作用时,人民便有权力改变或废除它,以建立一个新的政府。其赖以奠基的原则,其组织权力的方式,务使人民认为唯有这样才最可能获得他们的安全和幸福。"③无疑,这里首先就提出平等是自由的基础和核心,是人的自然权利,其中也包括生命、自由和幸福等基本形式,是不可剥夺的自然权利。进而便明确地宣言,任何时候,无论何种政权形式,只要它破坏这些目的,人民则有权改变或消灭这个政权,这也就充分体现了人民革命权利,也是人民主权思想的基本原则。北美《独立宣言》的伟大之处,在于它是人类历史上第一次以国家名义宣布人民的权利神圣不可侵犯的宣言,而且这个宣言比法国的《人权宣言》要早 13 年,所以马克思才称它为"第一个人权宣言"。这些内容无疑也是以洛克为代表的启蒙思想家的理论的现实体现。随后在 1787 年美国通过了《联邦宪法》,1790 年通过了 10 条《宪法修正案》,其中具体规定和保障了人民言论、出版、集会和信仰等自由权利。

需要指出的是,北美独立革命的发生也是启蒙思想在北美殖民地传播的结果,其间托马斯·潘恩所写的小册子《常识》起到了很重要的宣传动员作用。潘恩是来自英国的启蒙思想家,作为 18 世纪杰出的资产阶级民主主义者,他不仅是思想家,也是身体力行的革命者。北美独立战争爆发后,针对人们对于英国殖民统治的幻想,潘恩于 1776 年出版了《常识》,明确批判了英国的世袭君主制度,提出北美独立的要求,号召大家通过

---

① 马克思、恩格斯:《马克思恩格斯全集(第 13 卷)》,中共中央马恩列斯著作编译局译,第 22 页。
② 马克思:《资本论(第一卷)》,中共中央马恩列斯著作编译局译,人民出版社,1954,第 4 页。
③ 格奥尔格·耶里内克:《〈人权与公民权利宣言〉——现代宪法史论》,李锦辉译,商务印书馆,2013,第 69 页。

武力获得自由解放,将民众头脑中殖民地独立的思想具体化。在出版的 3 个月内,这本小册子已经销售超过 12 万份,一年内再版 25 次,总销售量达 59 万册。按照当时英属北美人口计算,大概平均每 5 人就拥有一本《常识》。《常识》改变了北美的公众舆论,使得广大殖民地民众倾向独立,其对普通人的影响更为强烈。"凡读过这本书的人都改变了态度,哪怕在一个小时前他还是个顽固的反对独立的人。"广大民众强烈的独立情绪和巨大的舆论洪流,也激励着大陆会议的领导者走向独立。[①] 显然,潘恩的自由主义启蒙思想是北美独立革命的助推器。

其次,法国《人权宣言》也是在法国资产阶级革命的背景下产生的。法国作为欧洲最早建立封建君主专制的国家,随着工商业的发展,其新兴资产阶级和旧的封建制度之间的矛盾日益加深。到了 18 世纪后期,法国第三等级和特权阶级的矛盾越来越激化。终于在 1789 年 7 月 14 日,巴黎人民攻占巴士底狱,法国大革命爆发。8 月 26 日制宪会议通过了《人权与公民权利宣言》,确立维护民众的人权、自由和私有财产权等基本原则。会议还废除了贵族制度,没收并拍卖教会的财产。1791 年法国国民议会通过宪法,以《人权宣言》为序言,这是法国历史上第一部资产阶级宪法。1789 年的法国资产阶级革命是欧洲历史上的里程碑,它不但在法国内部较彻底地消灭了封建制度,而且深刻地动摇了整个欧洲封建制度的基础,促进了欧洲各国革命和资本主义的发展,至此资本主义得以确立并走向快速发展的道路。

《人权宣言》作为法国大革命的纲领性文件,充分体现了 18 世纪启蒙思想家的政治思想和主张,明确宣布资本主义社会的基本原则。其核心是人民主权和法治,包括对于个人自由、公民平等的肯定,对于社团主义的斗争、不公正的特权和专制统治的反对等思想。法治思想中的"公共意志"的表达也是启蒙思想的具体化。此前 1776 年的美国独立宣言中托马斯·杰斐逊也写下了这些思想和主张。《人权宣言》首先宣称,人的自然权利"生来而且始终是自由平等的"。这种自然权利通过人们的"政治结合"就变为公民权利,"这些权利就是自由、财产、安全和反抗压迫"。《人权宣言》进而提出人民主权概念,"主权在本质上均源于国民",并明确界定了自由,认为"自由就是指有权从事一切无害于他人的行为"。[②] 同时宣言中也明确提出了言论自由的主张,"意见的发表只要不扰乱法律所规定的公共秩序,任何人都不得因其意见甚至信教的意见而遭受干涉",这充分体现了启蒙思想中的自由主义观念。宣言明确声称言论和表达自由也属于

---

① 周龙飞:《北美独立战争的历史枢纽》,《书屋》2016 年第 11 期。
② 格奥尔格·耶里内克:《〈人权与公民权利宣言〉——现代宪法史论》,李锦辉译,商务印书馆,2013,第59 页。

人的基本权利,"自由传达思想和意见是人类最宝贵的权利之一。因此,各个公民都有言论、著述和出版的自由,但在法律所规定的情况下,应对滥用此项自由负担责任"。①这里也明确指出了表达自由中的"事后担责"原则。法国资产阶级革命所提出的保护人权、法治等主张,直接针对的是封建专制和等级制度的社会不公平,以及等级之间的压迫现象。宣言中的人民主权、法治分权等观念,成为现代社会政治的基本原则。此外,宣言中关于言论、表达、出版和信仰的自由,也具有重要的社会进步意义,这些有关言论、表达、出版等的传播思想也极大地影响了其后西方社会大众媒体的发展。

《人权宣言》作为对法国大革命的经验总结,吸取了当时启蒙运动的思想精髓和美国的制宪经验。洛克的自然权利学说、孟德斯鸠的三权分立、卢梭的人民主权等思想对宣言产生了重要影响,同时宣言也不同程度地体现了重农学派、伏尔泰等人的思想。宣言的思想首先充分体现了人权与公民权的基本原则,明确提出了自由平等、财产安全、反抗压迫、表达自由等基本权利。此外,其中体现的三权分立等法治原则,对于限制君主特权、实现公民平等都具有重要意义。作为反封建反教会革命中的纲领性和总结性文件,宣言否定神权、限制君权,将人民主权置于首要地位,对此后的欧洲及世界的资产阶级革命和国家宪法的制定具有深远的意义和影响。

第三节
约翰·密尔的言论自由思想

约翰·斯图亚特·密尔(John Stuart Mill,1806—1873),也译作约翰·斯图亚特·穆勒,是英国哲学家、经济学家、政治思想家,19 世纪影响很大的古典自由主义思想家,资产阶级自由主义的典型代表人物之一。他受乔治·柏克莱、休谟、其父詹姆斯·密尔、边沁以及孔德等人思想的影响,在哲学、经济学、政治学、心理学、逻辑学等许多领域内都有辉煌的成就。其父詹姆士·密尔是英国著名经济学家,也是边沁的好友和边沁思想的传播者。密尔接受其父的严格教育和训练,并在边沁和约翰·奥斯汀门下学习,继承

---

① 格奥尔格·耶里内克:《〈人权与公民权利宣言〉——现代宪法史论》,李锦辉译,第60—61 页。

了功利主义学说传统,继边沁和其父后成为该学派的领袖。密尔17岁时随其父在英国东印度公司任职,直到1858年该公司撤销时为止。同时,作为孔德的实证主义哲学的继承者,他把实证主义思想最早从欧洲大陆传播到英国,并与英国经验主义传统相结合。密尔一生著作颇丰,以新闻记者和作家的身份写了很多著作,其中《论自由》(1859年)是其影响深远的政治和传播思想方面的著述,其他著作还有《逻辑体系》(1843年)、《政治经济学原理》(1848年)、《关于国会改革的意见》(1859年)、《论代议制政府》(1861年)、《功利主义》(1863年),以及《威廉·哈弥尔顿哲学的批判》(1865年)等。此外,密尔还发表过大量文章,这些文章和著作使他成为当时最有影响的思想家之一。

密尔的《论自由》虽然是在启蒙运动后19世纪问世的著作,但作为自由主义思想的代表,密尔的思想始终在英国乃至西方世界产生重要影响。可以说,密尔不仅继承了启蒙思想中的自由主义传统,代表了英国古典自由主义的终结,同时还是"近代自由主义发展史上最后一个全面阐述自由主义原则的思想家"①。此外,密尔也在个人和社会关系层面上修正了自由主义,对启蒙运动以来的自由主义思想做出阐释。密尔政治思想的核心在于维护和实现个人自由,这也是启蒙运动以来整个自由主义思潮的核心内容。言论表达自由思想也是密尔传播思想所关注的重要问题。在《论自由》中,密尔重点讨论的是个人和社会对于自由的影响。密尔对于个人自由的系统论证对推动自由主义的发展和传播起了重要作用,并使他在自由主义思想史上享有很高的声誉。《论自由》通过对边沁功利主义思想的修正,针对如何调和个人与社会的关系问题,集中探讨了公民自由或称之为社会自由的命题。密尔的自由思想继承了弥尔顿、洛克、卢梭等启蒙先驱的主张,但又有所发展。他强调要防止多数专制,自由不仅是真理的保障手段,也是以幸福为目的的。密尔提出个人的言论和行为只要不妨碍他人,就应该享有充分的自由,其本质仍然在于如何充分保障个人自由不受侵犯。早在1903年晚清翻译家严复就将《论自由》译为《群己权界论》,该译名准确地把握到了密尔自由思想的逻辑论证基础,但无疑也忽略了密尔个人自由主义的本质。

一、密尔自由主义思想的内涵

密尔对于自由主义思想的发展在于提出所谓的个人自由(也被称为公民自由或社会自由)的观点,这是密尔对自由理论的重要贡献。启蒙以来早期的自由主义对自由的

---

① 李强:《自由主义》,吉林出版集团有限责任公司,2007,第102页。

探讨,更多地在于个人自由和政治自由,从主张生命、自由、财产的权利,到主张通过选举权、被选举权、决策权等进入政治领域。洛克、卢梭等自由主义者主张政治自由,18世纪末19世纪初,亚当·斯密、詹姆斯·密尔、大卫·李嘉图等思想家们通过对国家经济问题的阐释论证了经济自由。[①] 可见,以往的自由理论主要是从国家与个人的关系来进行论述的,而密尔的自由主义理论则突破了这个理论框架,在个人与社会的关系层面上,将自由理论引向社会自由的探讨。也就是说,密尔从个人和社会的关系中阐释自由。和早期的自然权利学派把自由视为不依赖于社会,或独立于社会之外的天赋权利不同,密尔认为,人总是要生活在社会之中的,因此人需要服从某种权力以维持社会的存在和福利。但是,每个人的自由又是社会发展的条件和动力。所以,合理区分个人与社会之间的权力和权利界限亦即群己权界,就显得至为重要。就此意义看,严复将密尔的自由理论理解为群己权界,是对密尔自由思想的立论基础的准确理解。

那么,密尔为什么会在社会和个人层面上论述自由呢?这也是与资本主义的发展有密切关联的。在密尔所处的时代,西方资本主义开始由自由资本主义走向垄断资本主义的发展,国家在社会生活中发挥的作用越来越引起人们的重视。密尔也看到,社会的发展出现了强化社会权力而减弱个人权利的趋向。正如后来哈贝马斯论述公共领域时所认识到的,国家权力的不断扩张挤压到作为社会权力的公共领域,这样的结果是个人自由遭受了极大压制。在密尔看来这种社会权力借助于舆论和立法的途径,将控制个人的权力不断扩展,从而使得个人权利受到压制,个人自由受到严重侵犯。由此,密尔将此现象称为"多数人的暴虐",或是"社会暴虐"。[②] 密尔认为,社会暴虐是集体意见对于个体的干预社会凌驾于个人之上。通过公权力、社会舆论等形成的多数人暴虐,将那些法律之外的观念、社会习俗等强加于个体,甚至影响到人的个性发展,其本质就是对个人自由的戕害。密尔说:"这种社会暴虐比许多种类的政治压迫还可怕,因为它虽不常以极端性的刑罚为后盾,却使人们有更少的逃避办法,这是由于它透入生活细节更深得多,由于它奴役到灵魂本身。"[③]这里所涉及的核心问题就是个人与社会的关系。因此,密尔认为,要保障个人自由,仅防范来自政府的暴虐还不够,还必须防范来自习俗、多数的舆论、得势的意见等的社会暴虐。因此,密尔提出:"但实践的问题在于究竟应该把这个限度划在哪里?也就是说,究竟应该怎样在个人独立与社会控制之间做出恰当的调整?这就是一个几乎一切工作尚待着手的题目了。凡一切足使存在对人有价值

---

① 吴春华:《西方自由主义政治思潮研究》,中国社会科学出版社,2018,第192页。
② 约翰·密尔:《论自由》,许宝骙译,商务印书馆,1959,第4页。
③ 同上,第5页。

者,莫不赖对他人行动有所约束。因此,必须有某些行为准则,首先由法律来强加于某些事情,而对于许多不宜由法律来起作用的事情,还要由舆论来办。那些准则究竟应当是什么,乃是人类事务中的首要问题。"①

因此,密尔基于个人与社会的权力界限的划分,重点探讨社会所能合法地施加于个人的权力的性质和限度,从而充分保障个人自由的实现。为了明晰地分析社会与个人的自由权界,密尔首先将人的行为划分为个体自己和他人两个部分,一部分行为只关乎自己,而另一部分行为则涉及他人。在这两个部分中,每个人的自由的限度显然是不同的。为此密尔指出两个原则。第一,个人行动不涉及自身以外的他人,个人不必向社会负责。密尔说:"个人的行动只要不涉及自身以外什么人的利害,个人就不必向社会负责交代。"②进而他人若为了自己的利益而认为有必要时,可以对他人的忠告、指教、劝说以至远而避之,这就是社会要对他的行为表示不喜或非难时所仅能采取的正当步骤。第二,对他人利益有害的行动,个人则应当负责交代,假如社会认为需要用惩罚来保护他人,那么还应当承受或是社会的或是法律的惩罚。③ 也就是说,一个人的行为只要不妨害他人,就应有完全的自由;但当他的行为妨害了他人,这行为就被排除在自由的范围之外,而被放进道德或法律的范围之内了,人类就有理由干涉他的行动自由。也就是密尔所说的:"对于文明群体中的任一成员,所以能够施用一种权力以反其意志而不失为正当,唯一的目的只是要防止对他人的危害。"④就此而言,密尔敏锐地看到社会公共空间对于个体自由的侵入,其论述的根本目的在于限制社会暴政,从而保障个人自由。因此,有学者就认为,密尔针对"社会暴政"所提出的"社会自由",与托克维尔针对"多数暴政"提出的"少数权利"异曲同工,同为西方自由主义思想添加了重要的内容。密尔所提出的群己权界论正是密尔自由思想的精华。是否涉及对他人的危害就是群己权界的分界所在。密尔认为,无论社会对个人的强制手段是法律的物质力量,还是舆论的道德压力,都要以此为界,这是最基本的原则。⑤

密尔的自由思想极大地拓展了自由主义理论。他所主张的社会合作、积极发挥国家作用的新自由主义立场,逐渐成为英国乃至西方社会政治思想的主流。从这个意义上讲,密尔对自由放任理论的修正,既符合他所处的时代的需要,同时又领先于时代,为资本主义的转型提供了理论上的论证。密尔在个人与社会的关系层面上,为个人自由

---

① 约翰·密尔:《论自由》,许宝骙译,商务印书馆,1959,第5—6页。
② 同上,第112页。
③ 同上。
④ 同上,第10页。
⑤ 吴春华:《西方自由主义政治思潮研究》,第193页。

找到了基本的理论支点,也成为后续思想家论述自由的理论基础。

二、密尔言论自由思想的主要观点

密尔的《论自由》在讨论"公民自由"或"社会自由"的过程中,论证了作为保障公民自由的功利主义和群己权界原则,并重点论述了"多数人暴虐"的现实对于公民自由的压制。由此,密尔紧接着集中讨论思想言论自由的必要性问题。就思想言论自由而言,在密尔看来,这不仅是首先需要保护的个人自由,而且更为重要的是,它还是人类获得真知的途径。因此,对此问题的厘清要求政府反对腐败政府或暴虐政府,保护这一认识和获得真理的重要途径。密尔掷地有声地说道:"迫使一个意见不能发表的特殊罪恶乃在它是对整个人类的掠夺,对后代和对现存的一代都是一样。"①可见,在密尔的言论自由的理论中包含了个性自由和真理原则两个问题,密尔认为这二者之间是相辅相成的。在此基础上,密尔论证了思想言论自由的重要意义。

首先,密尔认为个体自由是社会进步的基础。因此,言论自由作为个体自由的特征,在密尔的自由主义观念中处于极为重要的位置。密尔甚至将言论自由界定为"绝对的自由"或是"完全的自由"。他指出,无论一个人持有任何意见,别人都无权压制他。他说:"假定全体人类减一执有一种意见,而仅仅一人执有相反的意见,这时,人类要使那一人沉默并不比那一人(假如他有权力的话)要使人类沉默较可算为正当。"②也就是说,如果整个人类只有一个人持有相反的意见,其他百分之九十九的人也没有完全的理由不让那一个人说话。这就好比如果那个持相反意见的一个人大权在握,他也没有完全的理由不让其他人说话一样。密尔坚持认为,如果戕害了言论自由,其严重性在于毁灭人的智性和道德。他说:"人类应当有自由去形成意见并且无保留地发表意见,……这个自由若得不到承认,或者若无人不顾禁令而加以力主,那么在人的智性方面并从而也在人的德性方面便有毁灭性的后果。"③基于人类进步和幸福的功利主义原则,密尔认为,即便这个人的意见多么不道德,他都有"完全自由"地表达它的权利。总之,在密尔看来,人们在思想言论上拥有"绝对的自由",即"在不论是实践的或思考的,是科学的、道德的或神学的等等一切题目上的意见和情操的绝对自由"④。密尔之所以将思想言论

---

① 约翰·密尔:《论自由》,许宝骙译,第19页。
② 同上,第19页。
③ 同上,第65页。
④ 同上,第14页。

自由这一"绝对的自由"赋予人们,是与他的进步历史观联系在一起的。在他看来,社会发展的动力在于"知识上的进步",而由于人们在"思辨习性上的薄弱",人们必须依靠思想言论自由来促进"知识上的进步"。①

其次,言论自由有助于人们增长知识和获取真理。密尔认为,言论自由对于获取真理具有促进作用,对此区分出四种不同的情形并做了详尽的论述。有学者将其具体概括为反对绝对无误、错误之不可避免、错误之必要性,以及教义的合法性辩护②,下面分述之。

第一,如果被压制的意见是正确的,那么压制它就剥夺了人们认识这个真理的机会。反之,那些否认这个有可能正确的意见从而去压制它的人,事实上就已经假定了自己是不可能错误的。但是,显而易见的是,这个世界上没有所谓绝对确定性这种东西,压制别人意见的人也不是不可能犯错误的。密尔认为,这些压制别人意见的人没有权利去代替全体人类做出决定,并且把每一个人排除在意见判断之外。由此,即便被压制的意见是错误的,它也能促进人们对真理的思考。反之,即便是本来正确的意见,也需要与对立的声音交锋以增强和保持自己的活力,使其能够深入人心。密尔写道:"假如那意见是对的,那么他们是被剥夺了以错误换真理的机会。假如那意见是错的,那么他们是失掉了一个差不多同样大的利益,那就是从真理与谬误冲突中产生出来的对于真理的更加清楚地认识和更加生动的印象。"③进而言之,"无论多么正确的意见,如果不能时常经受充分且无所畏惧地讨论,它都只能作为僵死的教条而不是鲜活的真理而被持有"④。显然,密尔认识到人们思想观念的表达都以自由为基础,任何人不能以真理在握而自居;如果不允许有不同意见的存在,则导致的结果就是错上加错,错误的意见更加泛滥,正确的意见也凸显不出其正确性。

第二,即便被压制的意见是错误的,它也可能而且常常含有部分的真理。反之,那些占优势的意见却并非是全部真理。既然无法确定正确与否,只有相反的或不同意见之间的对立冲突,才使得真理有机会得到完善。在此情况下,密尔则认为:"凡压默讨论,都是假定了不可能有错误性。"也就是说,任何试图禁止自由讨论的权威意见,都认为自己是绝对无误的,但事实上,"我们永远不能确信我们所力图窒闭的意见是一个谬误的意见"⑤。也就是说,我们永远不能确定地知道我们所竭力压制禁止的那个意见是

① 张继亮:《约翰·密尔思想言论自由理论新诠》,《武汉大学学报》(哲学社会科学版)2017 年第 1 期。
② 同上。
③ 约翰·密尔:《论自由》,许宝骙译,第 19—20 页。
④ 同上,第 38 页。
⑤ 同上,第 20 页。

错误的,如果是这样的话,压制它无疑就是罪恶的。因此,密尔认为,避免自己犯错误的最好办法,就是不能固执己见,要允许充分的言论表达和自由讨论,通过对立意见进而修正自己观点的不足。其实,这也源于人类的理性认知能力的有限性,对此密尔论证说:"在人类智力的现有状态下,只有通过意见分歧才能使真理的各个方面得到公平比赛的机会。如果发现有些人在什么问题上成为举世显明一致的例外,即使举世是居于正确方面,那些少数异议者也总是可能有其值得一听的为自己辩说的东西,而假如他缄口不言,真理就会有所损失。"①在人们都不是先知圣贤的状况下,不同意见的辩驳是认识真理的唯一方式,只有通过丰富多样的不同意见之间的碰撞冲突,才能形成意见公平竞争的市场,才能产生真理,正所谓真理不辩不明。因此,"在每一个可能有不同意见的题目上,真理却像是摆在一架天平上,要靠两组互由来较量"②。这里,密尔强调真理的产生就在于言论自由的保障。

第三,即便意见被公认是真理而且是完全的真理,若不容许对它进行激烈而认真的争议,那么,也会影响到接受者对它的认知。密尔认为:"接受者多数之抱持这个意见就像抱持一个偏见那样,对于它的理性根据就很少领会或感认。"③也就是说,正确的意见在与错误的意见相遇对峙时,人们可以锻炼自己的智力和判断力,因为此时人们被迫反思自身观点的理性基础或围绕自身观点进行有效的推理。在此反思与推理的基础上,他们会做出自己的观点是正确的、反对的观点是错误的判断。密尔进而指出,在可信的正确议题上,人们不论相信什么,总应当能够为它至少在普通的反驳面前做出辩护。密尔说:"假如说对于理解力的培养在一个事情中要胜于在另一个事情中,这无疑最好是在学得自己的意见的根据中来进行。在一些要有所信便首须信得正确的题目上,人们不论相信什么,总应当能够为它至少在普通的反驳面前作辩护。"④密尔认为,通过对正确或是不正确的意见的辩驳,能够培养和提升人类的智力和判断力。总之,人们在应对并回应错误论点过程中会提升自身的智力和判断能力,而智力和判断能力对每个人的发展极为重要。

第四,对于能够提升人们道德水平的宗教教义而言,如果缺乏了自由表达和讨论,也会使其失去生命力和说服力,人们也不再相信那些教义的道德合法性。因此,密尔认为,当看似无可置疑的教义遭受责难的时候,经常性公开地针对反驳意见进行自由讨论

---

① 约翰·密尔:《论自由》,许宝骙译,第 56 页。
② 同上,第 41—42 页。
③ 同上,第 61 页。
④ 同上,第 41 页。

以辩护,实际上也是维护教义合法性的手段,特别是对于有关生活考虑、生活的知识以及道德方面或宗教方面的传统教义。密尔说:"所有言语和文章中都充满着关于生活的一般议论,即讲到生活是什么,也论到在生活中怎样做人。这些议论是每人都知道的,是每人都一再称述或者闻而默许的,也是大家都当作自明的真理予以接受的,可是大多数人却只是在切身经验——一般是痛苦一类的经验——使其意义对他们成为实在的时候才开始真正学到它的意义。……但是就是对于这种真理,一个人只要经常听到懂得它的人们就它进行赞成和反对的辩论,对其意义也会了解得多得多,而所了解到的东西也会深刻得多地印入心中。"①因此,在密尔看来,即便是视为真理的教义,其意义本身也会有丧失或减弱,并且有失去其对善行的作用的危险。因为它不是从自己的理性或亲身经验中生长出来的有感于衷的坚定信念,而是变成了仅仅在形式上被宣称的东西。因此,言论思想自由有助于教义的理解,并影响到人们的生活方式。

总之,密尔坚持认为,思想自由和言论自由是人类精神所必不可少的福祉,没有思想言论自由,无论对于人们认识真理,还是提升道德,都会有毁灭性的后果。特别是在人们身处精神奴役的时代,思想言论自由更显得弥足珍贵。密尔写道:"为着使一般人都能获致他们所能达到的精神体量,思想自由是同样或者甚至更加必不可少。在精神奴役的一般气氛之中,曾经有过而且也会再有伟大的个人思想家。可是在那种气氛之中,从来没有而且也永不会有一种智力活跃的人民。……并且,只要所谓争论是避开了那些大而重要足以燃起热情的题目,人民的心灵就永不会从基础上被搅动起来,而所给予的推动也永不会把即使具有最普通智力的人们提高到思想动物的尊严。"②密尔看到,在精神奴役的状态中,思想言论无法表达,即便有再伟大的思想家,也不会出现思想活跃、创造力旺盛的民众。而且在思想奴役的状态下,人们道德中的正义感和勇敢的精神,也会付之阙如。那些思想积极的、喜好钻研探究的知识分子,也会把自己的原则、信念和思考深藏于自己的心中,而去迎合世俗的论调。这时真正需要的是不是滥调的应声虫,而是敢于探究真理的思想者。不过密尔也看到,自由的滥用也会带来危害,发表意见的自由也不是绝对的,他说:"即使是意见,当发表意见的情况足以使意见的发表成为指向某种祸害的积极煽动时,也要失去其特权的。"③他举例说,如果有个意见说粮商是使穷人遭受饥饿的罪魁祸首,若这种观点仅仅被发表在报刊上,那么就不应遭到限制。但若是对着一大群聚集在粮商门前的愤怒的群众,以口头方式或者以标语方式进

① 约翰·密尔:《论自由》,许宝骙译,第50页。
② 同上,第39页。
③ 同上,第65页。

行宣传,那对此行为加以惩罚就不失为正当。① 可见,密尔所主张言论自由只保护言论内容,而对借言论表达实施煽动、破坏等危险的违法行为,则必须予以法律制裁。这与后续有名的美国联邦最高法院霍姆斯大法官所倡导的"明显而即刻危险原则","《纽约时报》诉沙利文"案中所确立的"实际恶意原则"等表达自由的实践法则,确是有异曲同工之处。②

正如恩格斯所指出的费尔巴哈与德国古典哲学的终结,那么也可以说,约翰·密尔的学说代表了英国古典自由主义的终结。英国的自由主义经过近 200 年的发展,到了密尔达到近乎完善的地步。自由主义的几乎所有基本原则在密尔那里都得到了阐述,自由主义的所有内在矛盾、弱点在密尔那里都得以清楚地暴露。密尔之后,自由主义在一个多世纪的发展中更多的是在维护自己的原则,应付来自诸如极权主义、后现代主义,或者以更为专门化的方式深化自由主义的某些原则的挑战。③ 可以说,密尔之后的自由主义思想,真正走向了因自由而导致的不确定性的不归之路。密尔坚信思想言论自由会促使人们个性的发展,无疑,个性的发展是"个人进步和社会进步中一个颇为主要的因素"。④ 他认为,社会进步之所以成为思想言论自由,乃至个性自由的目标,其原因就在于随着民主社会的发展,社会存在着所谓"多数人暴政"的危险。这种"多数人暴政"将会束缚人们的心灵,甚至抑制个性的形成和发展,"从而迫使一切人物都按照它自己的模型来剪裁他们自己的这种趋势",⑤这样自然也就危害到社会的进步。由此,密尔进而强调,人们必须要享有思想言论自由和个性自由,这样才能在新的时代促进社会的进步和发展。在《论自由》的结尾,密尔这样写道:"国家的价值,从长远看来,归根结底还在组成它的全体个人的价值。一个国家若只图在管理技巧方面或者在事务细节实践上所表现的类似的东西方面稍稍较好一些,而竟把全体个人智力的扩展和提高这一基本利益推迟下来。一个国家若只为——即使是为着有益的目的——使人们成为它手中较易制驭的工具而阻碍他们的发展,它终将看到,小的人不能真正做出大的事。它还将看到,它不惜牺牲一切而求得的机器的完善,由于它为求机器较易使用而宁愿撤去了机器的基本动力,结果将使它一无所用。"⑥这段话至今读来依然振聋发聩,闪耀着启蒙运动以来人文主义思想的光辉。

---

① 约翰·密尔:《论自由》,许宝骙译,第 65 页。
② 邱小平:《表达自由——美国宪法第一修正案研究》,北京大学出版社,2005,第 19、428 页。
③ 李强:《自由主义》,第 102 页。
④ 约翰·密尔:《论自由》,许宝骙译,第 66 页。
⑤ 同上,第 5 页。
⑥ 同上,第 137 页。

【本章延伸阅读】

1. 洛克:《人类理解论》,关文运译,商务印书馆,1959。

2. 卢梭:《社会契约论》,何兆武译,商务印书馆,1963。

3. 约翰·密尔:《论自由》,许宝骙译,商务印书馆,1959。

4. 彼得·盖伊:《启蒙时代:现代异教精神的兴起》,刘北成译,上海人民出版社,2015。

5. 罗伊·波特:《启蒙运动》,殷宏译,北京大学出版社,2018。

6. 约翰·梅里曼:《欧洲现代史:从文艺复兴到现在》,焦阳、赖晨希、冯济业、黄海枫译,上海人民出版社,2016。

7. 约翰·麦克里兰:《西方政治思想史》,彭淮栋译,海南出版社,2003。

下 编

第五章

芝加哥学派的传播思想

芝加哥社会学派是以 1892 年美国芝加哥大学建立的世界首个社会学系为主的社会学研究流派，主要有成员有阿尔比恩·W. 斯莫尔、乔治·米德、威廉·托马斯、罗伯特·帕克、欧内斯特·W. 伯吉斯、R. D. 麦肯齐、埃尔斯沃斯·法里斯、W. F. 奥格本和路易斯·沃斯等社会学家，形成了具有特定的学术研究旨趣、支持体制、主流出版物，以及"把社会当作整体来研究的经验论方法"[1]为主导的学术共同体。在社会学理论 160 余年的发展历史上，芝加哥学派应该是以法国涂尔干为主的"社会学年鉴学派"外，唯一享有如此盛誉的学术共同体。有学者考述该学派研究的出版物更是多达 1 000 余种。[2]

"芝加哥学派"的名称最初是由卢瑟·李·伯纳德在 1930 年介绍美国社会学各学派时所提出来的。[3] 就其形成的历史看，则应该从 1892 年美国芝加哥大学首任校长威廉·雷尼·哈珀邀请社会学家斯莫尔在芝加哥大学建立起世界上首个社会学系开始。芝加哥学派开创了社会学研究的多个世界第一，如首次开设了社会学研究生教育，1894 年由斯莫尔和乔治·文森特合写了第一部社会学教科书《社会研究导论》，1895 年创办

---

① 阿兰·库隆：《芝加哥学派》，郑文彬译，商务印书馆，2000，第 71 页。
② 周晓虹：《芝加哥社会学派的贡献与局限》，《社会科学研究》2004 年第 6 期。
③ Luther Lee Bernard. *Schools of Sociology*. Southwestern Political and Social Science Quarterly, 1930(11), pp.117 – 134.

了世界上第一本社会学刊物《美国社会学杂志》(AJS)(比涂尔干创办的《社会学年刊》早一年),并在1905年创建了美国社会学学会。与此同时,学派也建立起了众多社会学者云集的强大师资团队。这些在学科建制上具有开创性的贡献,不仅影响到了美国社会学的发展,还从根本上奠定了芝加哥社会学派的学术地位和影响。①

芝加哥学派作为具有明确学术传承的知识共同体,在1915—1935年的20年间经历了其最具创造性的"黄金时代"。从其整个学术发展的脉络看,其发展最早从1892年芝加哥大学社会学系成立开始,到1945年"二战"结束,前后影响大约持续了半个多世纪。芝加哥社会学派的主要学术成就集中于1914—1945年,在此期间芝加哥大学社会学系的师生展开了一系列研究工作,开创了美国社会学研究的先河。② 芝加哥学派所开创的社会学研究,不仅从学科化和体制化两方面奠定了社会学研究的基础,使得源于欧洲的社会学思想最终在学科上发展壮大,同时还超越了其诞生的地域空间,成为在全球范围内被社会学界共享的精神财富。此外,芝加哥学派开辟的经验和实践研究方法、路径,使得社会学研究从欧洲的纯粹思辨和理论传统中走了出来,经过历史的洗礼和实践应用,成为当代社会学重要的思想和方法典范。与此同时,芝加哥学派基于社会研究对大众文化和大众媒介,以及媒介和社会关系等的探究和考察,也为传播学建立奠定了坚实基础,并成为传播学思想和理论的重要来源。此外,他们开辟了媒介社会学理论研究的先河。因此,美国学者詹姆斯·凯瑞甚至提出要恢复美国传播研究中芝加哥学派的地位,接续薪火,使其发扬光大。③

---

① 芝加哥大学社会学系是全美培养博士最多、开设课程最广、影响最大的一个社会学系,在1893年到1935年间就培养了109位博士,硕士更是不计其数,其中许多人后来都成了美国社会学的翘楚。参见 E.L.Robert Faris. Chicago Sociology: 1920-1932. Chandler Publishing Company, 1967, pp.135-140。

② 何雨:《社会学芝加哥学派——一个知识共同体的学科贡献》,社会科学文献出版社,2016,第3页。

③ James W. Carey. *The Chicago School and the History of Mass Communication Research*. Munson, E. S. and Warren, C. A.(eds.), *James Carey: A Critical Reader*, University of Minnesota Press, 1997.

第一节

芝加哥学派社会理论的形成

芝加哥学派社会学理论的形成和发展,是在欧洲社会、文化和学术传统的影响下,针对美国本土的社会现实问题所产生的社会研究理论和方法,其学理发展体现为针对美国的社会现实问题,将欧洲社会学传统美国化的过程。就其师承而言,塔尔德、齐美尔等欧洲社会学家对其产生了直接影响,同时,美国本土形成的实用主义哲学成为其理论基础。芝加哥学派本身的研究领域、问题和形成的观点虽然各有差异,但是总体而言,芝加哥学派早期针对移民社会的城市社会学研究、与此相关的社会心理学研究,以及所采用的实证研究方法,都形成了较统一的鲜明特征。此外,芝加哥学派社会理论的形成与当时美国社会发展的社会文化背景密切相关,正如阿兰·库隆所说的:"它当然并不总是指一种有着共同理论观点、前后一贯的思想潮流,但芝加哥学派确实表现出许多特点,这些特点使其无可争辩地具有极大的一致性,并使其在美国社会学中占据了一个特殊而显要的位置。"[1]

对于芝加哥社会学派发展历史的研究,研究者们根据自己的视角形成了不同的看法。谢尔登·贝尔曼撰写的专门研究芝加哥社会学派传播观念的博士论文将芝加哥社会学派的学者分为两代:其一是以杜威、查尔斯·库利为主的第一代学者,其二是以帕克、伯吉斯为主的第二代学者。[2] 切特罗姆则认为芝加哥社会学派学者只包括杜威、库利和帕克,其他如米德、赫伯特·布鲁默、欧文·戈夫曼(Erving Goffman)等以符号互动论理论为主的学者则被排除在外。[3] 詹姆斯·凯瑞则认为,芝加哥学派的理论传统主要来自杜威及其围绕着他的同事及后人关于传播的社会思想,具体包括从米德、库利到帕克,直至戈夫曼。[4] 国内学者胡翼青的界定则更为宽泛,从思想发展的脉络把与芝加哥学派有直接师承关系的学者都归入芝加哥社会学派,不仅包括齐美尔、塔尔德等影响到芝加哥社会学派思想的学者,还包括伊尼斯、约书亚·梅罗维茨等那些接受芝加哥学派

---

① 阿兰·库隆:《芝加哥学派》,郑文彬译,第 1 页。

② S.L. Belman. *The Idea of Communication in the Social Thought of the Chicago School*. Un-published Dissertation at University of Illinois at Urbana-Champaign, 1975.

③ Daniel J. Czitrom. *Media and the American Mind: From Morse to McLuhan*. The University of North Carolina Press, 1982, pp.98 – 100.

④ 詹姆斯·凯瑞:《作为文化的传播:"媒介与社会"论文集(修订版)》,丁未译,第 23 页。

理论影响的后世学者们。[1] 各学者们的研究见仁见智,从不同视角对芝加哥社会学派进行审视,这也正体现了芝加哥社会学派在社会学思想以及传播学思想和理论上所产生的广泛而深远的影响。

一、芝加哥学派理论形成的社会背景

芝加哥学派社会学理论的形成和发展与芝加哥城市和芝加哥大学独特的发展历史相联系,同时也与20世纪美国社会发展的大背景分不开的。

就宏观社会历史背景而言,19世纪末至20世纪初,欧美社会经过工业革命的浪潮后,发展形成了较为成熟的现代大工业。欧美社会真正进入现代大工业时代,在此基础上形成了包括美国、西欧和中欧在内的工业化地带。现代大工业的发展极大地刺激了工业资本的形成,欧美工业发达国家形成了空前强大的现代工业资本集团,以及控制工业资本的金融寡头。这些以金融资本集团构成的现代工业资产阶级,拥有经济、社会和政治等方面的影响力,他们全面控制了英美等国家的政治权力。同时,现代大工业的发展也造就了同样空前强大的产业工人大军,他们更加重视追求自身的政治、社会权利,形成了代表工人阶级利益的社会主义政党组织。此外,第二次工业革命还催生了新兴的现代中产阶级,他们居于工业资本家和产业工人之间,在经济、社会乃至政治生活中的影响也日渐显著。至20世纪初,欧美各国的工业和城市在整个社会生活中无疑已占据中心地位,由这三个工业城市阶级与阶层构成的工业城市社会,成为欧美社会的主要结构特征。

工业革命的发展引发了美国社会的巨变,因此,社会学理论的产生和形成也与美国社会的重大事件相适应。19世纪发生的美国南北战争、工业革命引发的都市化与大规模移民社会的形成等社会变迁,都成为美国社会学理论产生的必要条件。针对这些社会变化,有关城市社会、移民、种族和少数民族文化、社会环境等现实问题,都成为美国社会学研究必须正视的领域和议题。因此,以芝加哥学派为主的美国社会学者从美国社会实际出发,形成了独特的针对现实问题的理论和研究范式。正如有学者所指出的,早期的美国社会学家大多是从实际活动领域步入社会学界的,"他们的宗旨是把社会学变成处理社会实际政策的日常任务的手段,他们对欧洲社会学理论的重视,主要在于使之适应美国社会生活特殊应用的需要,因此,实用主义方针始终占有主导地位"[2]。也正

---

① 胡翼青:《再度发言:论社会学芝加哥学派传播思想》。
② 于海:《西方社会思想史(第三版)》,复旦大学出版社,2011,第236页。

是在此意义上,芝加哥城市的形成和发展为社会学提供了现实土壤。依据阿兰·库隆的研究,1892 年芝加哥大学建立时,芝加哥已与纽约、费城成为美国三个最大的城市。当时它的人口增长非常迅速:作为当时美国西部的一个边境小镇,1840 年仅有 4 470 名居民,而在 50 年后居民就已达 110 万人了,1930 年时更达到 350 万人。① 19 世纪下半叶,这里不仅有来自中西部的移民,同时还有大量国外移民涌入,包括德国人、斯堪的纳维亚人、爱尔兰人、意大利人、波兰人、犹太人、捷克人、立陶宛人、克罗地亚人等,芝加哥成为世界民族的大熔炉。到 1900 年时,芝加哥半数以上居民都是由在美国以外出生的人组成的。显见的是,伴随着现代工业革命的发展,芝加哥变成了一座工业城市,拥有商业中心和欣欣向荣的金融交易所。野蛮生长的资本主义在这里蓬勃发展,引发了 1886 年的城市骚乱和 1894 年的工人大罢工。同时,它也是一座文化艺术城市,受到基督教新教的影响,尊崇教育与书本知识。它还是一座现代化都市,在 1871 年的一场大火之后,竖起了钢铁与混凝土建筑,美国第一批摩天大楼也在这里出现,乃至于现代主义建筑学运动也在此发端,并以建筑学界"芝加哥学派"闻名于世。② 可见,芝加哥作为欧美社会大工业资本主义发展的产物,它集工业、商业和金融业为一身,成为人口快速增长、大量外国移民云集、追求文化与艺术创新、年轻而充满活力、沸腾而喧闹的希望之城。当然,不可避免的是,和其他快速成长的工业化城市相同,贫困、犯罪、人口拥挤等城市问题也随之暴露无遗。当时美国著名的揭露城市黑暗的新闻记者林肯·斯蒂芬斯曾写道:"无处不在的暴力、深不见底的肮脏。喧哗,无法无天,毫无爱心,气味恶臭。发育过度的乡村傻子,不计其数的城市恶棍。犯罪行径随处可见,商业欺诈厚颜无耻,毫无思想的社会伤痕累累。"③芝加哥城市的繁荣与落后、富足与贫困、发展与弊端等交织在一起,成为活生生的社会众生的"浮世绘"。也正是在这样的社会文化背景之下,1892 年诞生的芝加哥大学社会学系把如何深入准确地理解社会现实、如何为改善人们的生活提供准确的方向作为学术研究的旨归。由此芝加哥成为社会学开展城市社会文化研究的天然实验室,成为社会科学研究的鲜活样本。

此外,还需要提及的是,芝加哥学派的形成和发展也充分体现了美国社会学理论研

---

① 另据统计,1840 年,芝加哥人口不到 5 000 人。自 1850 年到 1890 年,芝加哥发展为人口超过 100 万的大都市,相继超越了 23 座美国老牌大城市,成为全美仅次于纽约的第二大城市。1890 年后的 40 年,城市人口规模超过了 1890 年的两倍,达到 337 万余人。参见何雨:《社会学芝加哥学派——一个知识共同体的学科贡献》,第 64 页。

② 阿兰·库隆:《芝加哥学派》,郑文彬译,第 3—4 页。

③ 何生海:《社会解组理论脉络与当代中国社会建设》,《北方民族大学学报》(哲学社会科学版) 2018 年第 5 期。

究学科制度建设的体制化过程。芝加哥大学成立社会学系后,就开始大力发展研究生教育、开设社会学相关课程、创办社会学专业刊物、成立研究学会等等,这些制度化的措施,都是促进学科发展的基础条件。这些措施进而形成了美国社会学能够快速发展的独特优势,特别是将大学教学和理论研究有机结合起来,这对于芝加哥社会学派的发展壮大功不可没。就此而言,苏联学者安东诺维奇就认为,美国早期的社会学史更像是"一部创立于 1905—1906 年的美国社会学协会的活动史,一部将近 2 000 个社会学高等院校、科系的社会研究工作发展史,一部设在各大公司、工业财团、政府机关和部门的数以百计的社会学中心的活动史"①。芝加哥大学社会学研究的这种制度化的优势,突出大学院系的学术创新与研究功能,使得芝加哥学派社会学研究后来居上,形成自己的研究特色,并奠定了芝加哥学派在美国社会学中的地位。此外,美国社会学研究的这种制度化优势也完全不同于欧洲学术传统,从而促进了美国社会学研究的快速发展。

二、芝加哥学派理论形成的学术基础

芝加哥学派社会学理论是在美国本土哲学和欧洲社会学传统共同影响下形成的,是美国实用主义哲学思想与欧洲经典社会学思想的共同产物。对此有学者就指出:"芝加哥学派的学者们尤其是早期的学科带头人,他们有着欧洲经典社会学的专业视角,但同时也有着美国人独有的哲学理念——实用主义(pragmatism)。欧洲视角与美国理念的成功对接,对芝加哥学派的理论建树有着重要的意义。"②无疑这些欧洲经典的哲学思想和社会学理论传统是构成芝加哥社会学理论重要的学理基础。

首先是欧洲社会学思想的影响。欧洲经典社会学理论对于芝加哥学派有着直接影响。毋庸置疑,当代社会学理论大部分内容都是欧洲学者创立的。芝加哥学派作为美国社会学的开创者,其代表人物如莱斯特·F. 沃德、斯莫尔、威廉·萨姆纳等都致力于把欧洲社会学美国化。丰富的欧洲社会学思想和理论,给美国社会学提供了可资汲取的丰饶资源。其中斯宾塞与孔德的理论对美国社会学理论的形成和发展最为重要。此外,齐美尔的形式社会学、布朗的人类学、涂尔干等也都是美国早期社会学重要的启发源泉。③ 就直接的师承关系看,欧洲社会学家尤其是德国社会学思想对芝加哥学派有着直接的影响,芝加哥学派中的许多学者包括社会学系的创立者斯莫尔、领军人物托马斯

---

① 伊·伊·安东诺维奇:《美国社会学》,范国恩、张鸿志译,商务印书馆,1981,第 2 页。
② 胡翼青:《再度发言:论社会学芝加哥学派传播思想》,第 31 页。
③ 于海:《西方社会思想史(第三版)》,复旦大学出版社,2011,第 236 页。

和帕克,甚至还有米德等,都有在德国留学或跟随欧洲社会学家学习的经历,直接受到欧洲经典社会学家的教海,帕克还在德国完成了他的博士论文《群众与公众》。1924年在芝加哥大学从事介绍社会学课程教学的伯吉斯,与帕克合编的教材《社会学导论》包括14个社会学主题,其中最频繁地引述的学者有齐美尔、达尔文、斯宾塞、涂尔干、塔尔德、勒庞、库利、托马斯、帕克和萨姆纳等。该书中提到的最具影响的人物是帕克的导师齐美尔。此外,对于达尔文和斯宾塞的引述表明,进化论思想也对帕克和伯吉斯的著作产生了重要的影响,他们的社会学著作促进了美国社会学的发展。法里斯总结说:"1921年以后,美国社会学的方向和内容主要是由帕克和伯吉斯的教科书所确定的。"①

欧洲社会学理论中的实证主义、进化论思想以及对社会构成问题的认识等理论和思想,在芝加哥学派这里得到充分体现和进一步论述。作为"社会学之父"孔德的实证主义社会学思想,主张使用自然科学的经验研究方法获得关于社会的知识,不仅开拓了欧洲社会学研究的方法论路径,还使得芝加哥学派也偏重于使用经验分析的方法。同时,斯宾塞在达尔文进化论思想影响下形成了社会达尔文主义思想。芝加哥学派的创始人斯莫尔等也接受斯宾塞等人的思想,认为社会发展是由简单到复杂的不断进步的过程。斯宾塞等学者的思想通过美国实用主义哲学家,以及第一代社会学家也间接地影响到芝加哥学派,从而使他们广泛接受了进化论思想,并以此作为解释社会现象的理论基础。虽然他们后来未必认同达尔文主义,但还是受到了其基本理论的影响。对此,罗杰斯就指出:"由赫伯特·斯宾塞的社会达尔文主义所表达的'变异'将 C. H. 库利和R. E. 帕克那样的美国早期社会学家引向社会学领域,尽管他们后来都反对社会达尔文主义。库利是帕克系芝加哥学派的领袖,而帕克是大众传播的第一个理论家。帕克关于城市生态学的著作直接受到达尔文的进化论的影响。"②显然,进化论的许多重要概念和机制也被研究社会群体行为的学者们所应用。此外,乔纳森·H. 特纳根据芝加哥学派所依据的社会进化论思想,也明确提出芝加哥学派所受到的影响。③

德国社会学家齐美尔对于人类传播的关注也以各种方式影响到芝加哥学派,他在当时芝加哥学派创办的《美国社会学杂志》发表了十多篇论文。帕克也学习过齐美尔的课程,包括在柏林大学的一门社会学课程。后来帕克在芝加哥教书时成为引入齐美尔关于人类生态学、种族关系和社会问题研究理论观点的主要人物。芝加哥学派的米德也

---

① E. M. 罗杰斯:《传播学史——一种传记式的方法》,殷晓蓉译,第195页。
② 同上,第67—68页。
③ 乔纳森·H. 特纳:《社会学理论的结构(第7版)》,邱泽奇译,华夏出版社,2006,第324—330页。

受到了齐美尔的影响,在柏林学习过齐美尔的社会学课程。①

齐美尔认为,社会学研究的中心问题是对社会化的理解,是个体与社会的关系模式、主观文化与客观文化的关系等问题。他认为社会交往是一个过程,是一种个人之间的关系网络,它会形成、消解和重新形成,从而使人们得以明确那些将社会彼此联系起来的"微观分子过程"。这些观点由库利、米德和杜威等人向前推进,最终系统地阐述发展为符号互动论,成为芝加哥学派的经典社会学理论。② 帕克也将齐美尔有关传播的理论和观点反映在他的研究和作品中,并对传播与社会之间复杂关系展开讨论。③

此外,欧洲社会学关于传统与现代社会的二元划分理论,也成为芝加哥学派的理论分析范式,比如芝加哥学派吸收了滕尼斯关于"社区—社会"的概念框架来分析农村与城市的社会结构变迁,并使用二元结构框架研究城市社会问题。需要指出的是,法国社会学家、心理学家塔尔德对芝加哥学派产生了至关重要的影响,但在以往的研究中未被重视。有学者提出:"在没有广播电视甚至连电影和照相都才蹒跚起步的时代,塔尔德几乎形成了一整套传播学的思想。他的传播研究是传播理论基因库中的瑰宝,对芝加哥学派的传播研究产生过重要影响。今天我们激活'塔尔德基因',将对当代传播学的发展提供新的推力。"④塔尔德提出的媒介技术的发展对社会的推进作用、社会构成中人际传播的"模仿规则"、媒介与社会舆论和民主发展、群体心理学等理论观点,都对芝加哥学派的理论形成产生重要影响。从现实发展看,芝加哥学派的库利、米德、帕克、罗杰斯等学者也直接或间接地强调了塔尔德理论的重要性。

其次是美国实证主义的影响。实用主义是19世纪末至20世纪40年代形成于美国并居于主导地位的哲学思潮,对美国文化思想和社会生活都发生过深刻影响,它的出现标志着美国哲学发展进入新的阶段。与其他在美国产生影响的欧洲哲学思潮不同,实用主义虽然也受到欧洲哲学思想的影响,但它基本上是在美国社会本土文化影响下形成的哲学思潮。有学者就指出,可以说"它是美国从自由资本主义过渡到垄断资本主义的产物,最充分地体现了所谓'美国精神',因此有人把它看作美国的'国家哲学'。实用主义形成之后,美国哲学在世界舞台上开始具有自己的独立地位"⑤。实用主义(pragmatism)一词源于希腊文 pragma,原义为行动、行为。与欧洲大陆以抽象思

① E. M. 罗杰斯:《传播学史——一种传记式的方法》,殷晓蓉译,第154—155页。
② 同上,第154—155页。
③ Donald N. Levine, Elwood B. Carter, Eleanor Miller Gorman. *Simmel's Influence on American Sociology*. American Journal of Sociology, 1976,84(4), pp.813–845 and 1976,84(5), pp.1112–1132.
④ 胡翼青:《再度发言:论社会学芝加哥学派传播思想》,第79页。
⑤ 涂纪亮:《美国哲学史(上)》,武汉大学出版社,2007,第487页。

辨为主的理性主义哲学不同,基于美国社会发展的现实背景,美国哲学思想的发展更重视人的尊严和价值在现实社会实践中如何实现的问题。因此,当下的现实生活替代了欧洲哲学的逻辑概念,并成为人们哲学思考的起点。人们在现实中如何行动,以及行动的效果是什么,这些问题则成为美国哲学思考的核心问题,也是实用主义哲学的逻辑起点。因此,实用主义哲学强调行动、行为、实践在哲学中所具有的决定性意义,他们认为哲学应当立足于现实生活之上,主张把确定的信念作为出发点,把采取行动看作主要手段,把获得成效看作最高目标。由此,人们有时把实用主义称为"实践哲学""行动哲学"或"生活哲学"。

美国实用主义哲学思想源于欧洲的经验主义哲学传统,以及生物进化论、自然主义、科学方法论等思想。美国先验论者爱默生被看作实用主义的先驱,因为他提出了"一个事物是好的,仅仅因为它是有用的",以及"所谓好的就是有效的"等观点。进化心理学者罗伯特·赖特后来也提出了假设要参照其后果加以检验的观点,这些思想观点对实用哲学的创始人皮尔士和詹姆斯的思想形成都有所影响。[①] 实用主义哲学的创始人是皮尔士和威廉·詹姆斯,杜威是实用主义的集大成者。作为芝加哥学派的主要人物,米德也被看作早期的实用主义者。皮尔士和詹姆斯都强调以"实验的方法"作为确立人们信念的根本方法,以现实的生活、经验、效果作为哲学思考的逻辑起点。詹姆斯把皮尔士提出的"实用主义准则"发展为一种价值形态和哲学方法。也正是从詹姆斯的理论开始,现实中行动着的人才真正地在认知过程中被看作主体,实用主义哲学也由此得以确立。作为实用主义的集大成者,杜威从社会学、人类学、心理学出发,通过对传统哲学的起源、性质的批判,指出传统哲学的虚妄和远离现实。杜威通过对达尔文进化论的解释,主张在人与环境的交互作用中探讨哲学,并且把人类的知识视作人适应环境、改造环境的工具。他通过社会环境对人的行为的影响,深入探讨了人的认识本身的方法和结构,从而使得实用主义思想得到全面发展和广泛传播。

实用主义哲学提出,生物学、心理学和伦理学是考察人类活动不可分割的方面,社会中个人的行动必然有其目标,同时也伴随着感觉和情感。因此,心理学和哲学也必须加以结合。芝加哥学派也认为,哲学和心理学都会对现实产生影响。哲学确立了理论参照系,它可以解决所有人类社群都存在的社会、教育、经济、政治或道德问题。因此,芝加哥学派也认为可以通过科学的思想方法,借助于人们的行动来解决这些社会问题。此外,实用主义强调在哲学思考中,也要关注到社会环境和改变社会的社会行动之间的

[①] 涂纪亮:《美国哲学史(上)》,武汉大学出版社,2007,第487—488页。

关系,而芝加哥学派也强调通过教育促进民主、社会公正的发展和政府行动的改变等。实用主义的实质是一种行动哲学,或者是偏重于对社会产生影响和干预的哲学形态。因此,芝加哥学派的杜威、米德等学者都把实用主义当作社会改革的工具,他们认为个人的意识是通过社会相互作用和社会过程形成的。杜威特别强调教育与民主的关系,试图通过完整的教育来实现公民的民主素养。可见,芝加哥学派的学者不仅是实用主义哲学的倡导者,还将其自觉贯穿于芝加哥学派社会理论的研究中。

三、芝加哥学派社会理论的主要贡献

芝加哥社会学派不仅在学科制度化方面为社会科学研究提供了范式,还在社会学理论和研究方法方面也产生了重要影响。芝加哥学派有关帮会、越轨、犯罪、家庭、城市、族群等经验性研究议题,都不同程度地体现了被罗伯特·金·默顿称之为"中层理论"的经验数据和理论结合的特征。这些研究理论和方法对大众传播研究的形成奠定了社会学理论的基础。

首先,就社会学理论贡献而言,芝加哥社会学派涉及的研究领域具有明确的现实实践特征。他们的研究集中于城市移民与种族关系、城市犯罪行为等问题,重点就城市社会学、社会心理学等理论进行探究。就城市社会学而言,美国社会学的许多重要观点,如社会解体、境况界定、边缘性、文化适应、城市犯罪等,都源于对美国移民的文化、族群同化问题的关注。这些理论主要由托马斯、弗洛里安·兹纳涅茨基、帕克和伯吉斯等芝加哥学派学者提出,并在后续的研究中不断被加以修正,其中帕克是城市社会学研究的奠基人。就社会心理学研究而言,如前所述,早期美国社会学研究的部分学者,都受到法国心理学家塔尔德的影响,因此心理进化论也成为芝加哥社会学派的基本理论取向。以米德等提出的"符号互动论"为主,社会心理学成为美国社会学研究的重要理论范式。总体来看,就理论贡献而言,胡翼青认为,对于芝加哥学派的理论贡献的讨论应从宏观、中观和微观三个层面展开。就宏观层面看,因为受实用主义的哲学特别是杜威哲学观点的影响,芝加哥学派立足于传播技术与现代社会变迁、传播与自由民主等宏观哲学视角,探究了大众传播对维系社会生存发展和实现民主的重要影响,这也为传播技术主义提供了理论视角。就中观层面看,芝加哥学派立足于现实社会问题,在社会进化论的影响下,以帕克为代表的芝加哥学派学者展开了传播与社会尤其是地方社区关系的中观层面的研究,针对大众传媒与城市化、传媒与移民美国化、媒介宣传与社会控制、传媒与社会行为等的关系问题进行探讨,这些研究领域也促成了结构功能主义理论的形成和

发展。就微观层面看,芝加哥学派的贡献主要体现在以米德为代表的社会心理学研究,米德等的"符号互动论"强调人与人之间的符号互动是社会运作的基础,因此,大众传播的过程也是人们通过交流活动建构社会意义的过程。[1]

其次,就方法论的贡献而言,芝加哥学派开启了社会学知识方法论上的重要转向,可以说,立足于经验论的方法取向是芝加哥学派在方法论上的显著特点。阿兰·库隆引述道:"如果有一个芝加哥学派的话,那么它的特点是一种打算把社会当作整体来研究的经验论方法。"[2]芝加哥学派不仅针对现实问题展开观察和研究,更重要的是学者们更加强调通过获得第一手经验资料进行研究,而非进行历史学的或者档案式的研究。在芝加哥学派的经验研究之前,社会学研究的所谓"社会调查"方法带有道德主义的倾向,更像是新闻调查而不是科学研究。无疑,经验论更加强调对现实社会实践的客观观察,通过获取完整的社会活动的经验材料,从而提出有助于解决社会问题的理论认识。芝加哥学派更强调通过获得第一手资料以及对各类不同的亚文化群体和社区进行民族志式的观察,针对其内在逻辑进行分析和批判性研究。显然,芝加哥学派的城市社会学研究,主要对象是当时美国新兴城市所面临的社会问题,特别是针对移民如何融入美国社会等现实问题的关注,这成为芝加哥学派的经典研究。当然这些研究还不能被称为严格的基于统计分析方法的科学研究。从伯吉斯的学生威廉·奥格本开始,芝加哥学派社会学研究转向了更加复杂的统计分析方法的研究,也为现代量化社会学研究奠定了基础。

第二节
芝加哥学派的主要传播思想

美国传播学者罗杰斯认为,芝加哥学派对于传播理论与研究形成的影响至关重要。在他看来,芝加哥学派不仅代表着美国社会科学的首次繁荣,还使得美国社会科学研究形

---

① 胡翼青:《再度发言:论社会学芝加哥学派传播思想》,第327—330页。
② 阿兰·库隆:《芝加哥学派》,郑文彬译,第71页。

成强烈的经验主义特征。同时,芝加哥学派的学者们也建构了以人类传播为中心的社会化理论体系,以及以媒体效果为重点的大众传播研究的基本模型。① 罗杰斯从理论发展脉络和理论逻辑关联方面描述了芝加哥学派的传播学理论建构贡献和影响,同时也把帕克、库利、杜威和米德作为芝加哥学派的领军人物,认为他们的理论都将人类传播活动置于人类社会活动的中心地位,由此详细介绍了他们对于大众传播理论建构的影响。

杜威和库利的实用主义哲学对于芝加哥学派产生了重要影响,他们的传播思想也是芝加哥学派传播思想的重要构成部分。但就具体的学术活动而言,杜威和库利显然不足以被称为严格意义上的芝加哥学派成员,但他们的理论却对芝加哥学派的大众传播理论研究产生了重大影响。因此,他们在学理上的贡献和意义显得尤为重要,在芝加哥传播思想形成之初起到了重要作用。

一、杜威的传播与社会建构理论

约翰·杜威(1859—1952)是美国著名哲学家,实用主义哲学的集大成者,对实用主义在美国及世界其他国家的传播起了巨大作用。杜威知识渊博,不仅在哲学领域享有盛誉,而且也是一位有影响的教育家和政治家,在心理学、伦理学、美学和社会学等领域也有重要影响。他 1894—1904 年在芝加哥大学任哲学、心理学和教育学系主任,1896—1903 年同时主持芝加哥大学实验学校,1902—1904 年任芝加哥大学教育学院院长,1919—1921 年曾来华讲学,在中国传播实用主义思想。杜威著述颇丰,著有 30 多本著作,近千篇论文,涉及哲学、心理学、社会学、教育学、美学等领域,主要著作有《心理学》(1886 年)、《应用心理学》(1889 年)、《逻辑理论研究》(1903 年)、《我们怎样思维》(1910 年)、《实验逻辑论文集》(1916 年)、《哲学的改造》(1920 年)、《人性和行为》(1922 年)、《经验与自然》(1925 年)、《确定性的寻求》(1929 年)、《艺术即经验》(1934年)、《人的问题》(1946 年)、《认知与所知》(1949 年)等。此外,还有许多关于教育学、心理学、社会学、伦理学,以及文学艺术和美学方面的著述。

杜威哲学思想的核心概念是经验,这与其实用主义哲学是分不开的。"经验概念是杜威实用主义哲学的关键性概念,他以经验概念为核心建立的经验自然主义不仅具有存在论(世界观)意义,也具有认识论、方法论、实践论、价值论等意义。"② 作为实用主义

---

① E. M. 罗杰斯:《传播学史:一种传记的方法》,殷晓蓉译,第 141—142 页。
② 刘放桐:《杜威的经验概念重释》,《江海学刊》2013 年第 1 期。

哲学家,杜威继承了哲学史上的经验论哲学观念,从经验与自然的相互统一的原理出发,批判主体与客体、心理世界与物理世界、经验与自然分裂为二的形而上学,由此提出经验的自然主义哲学。他在接受达尔文进化论思想的基础上,把人作为能动的有机体,进而认为人的行动也是有机体和环境相互适应的过程。因此,与经典的主客体二元论不同,杜威否认经验是主体对客体的认识,而认为经验是由人的行为构成、是主体与客体的相互作用的产物,也就是有机体与环境之间的相互作用的过程和结果。对此,杜威进而说道:"经验变成首先是做(doing)的事情。有机体绝不徒然站着,一事不做,像米考伯(Micawber,狄更斯小说中的人物)一样,等着什么事情发生。它并不默守、弛懈、等候外界有什么东西逼到它身上去。它按照自己的机体构造的繁简向着环境动作。结果,环境所产生的变化又反映到这个有机体和它的活动上去。这个生物经历和感受它自己的行动的结果。这个动作和感受(或经历)的密切关系就形成我们所谓的经验。"①杜威在 1917 年完成的《哲学复兴的必要》一文中从五个方面论述了他所指的经验概念。概括起来看,杜威经验概念的根本意义,最为突出地体现于强调经验就是生活,而生活就是适应环境。经验是作为生命有机体的人(生活、生命)与其环境之间的相互作用,或是互动的过程。由此,生活不是指现成已有的生存状态,而是处于活动过程中、具有能动性的生命。环境也不是指离开人的生命活动而自在地存在的物质或精神的存在物,而是与人相关,与人的具体的活动、行为、行动所由以发生的情境,亦即自然及作为自然的组成部分的社会。② 简言之,杜威的经验概念就是把人和外部世界的互动关系作为其哲学思辨的逻辑基础。

杜威强调经验是活动着的人与其环境之间的一种主动和被动的互构过程,它使有机体和环境、主体和客体、经验和自然之间建立一种"连续性"或"贯通作用"的关系,从而构成一个不可分割的整体。杜威从确立主客体、经验和自然"两者之间的连续性"出发,把经验描述为两者相互作用的整体。杜威继承詹姆斯彻底经验主义的立场,认为经验"是一个詹姆斯所谓具有两套意义的字眼。好像它的同类语生活和历史一样,它不仅包括人们做些什么和遭遇些什么,他们追求什么,爱些什么,相信和坚持些什么,而且也包括人们是怎样活动和怎样受到反响的,他们怎样操作和遭遇,他们怎样渴望和享受,以及他们观看、信仰和想象的方式——简言之,能经验的过程。……它之所以是具有'两套意义'的,是由于它在其基本的统一之中不承认在动作与材料、主观与客观之间有何区别,但认为在一个不可分析的整体中包括着它们两个方面"③。由此杜威指出,经验

① 约翰·杜威:《哲学的改造》,许崇清译,商务印书馆,1958,第 50 页。
② 刘放桐:《杜威的经验概念重释》。
③ 约翰·杜威:《经验与自然》,傅统先译,第 21—22 页。

就是与自然连续的"不可分析"却包含着主客体双方的整体存在。在这个"关于自然"的经验整体中,杜威认为:"心灵和物质乃是自然事情的两个不同的特性,其中物质表达它们的顺序条理,而心灵表达它们在逻辑的联系和依附中的意义条理。"[①]于是,经典哲学中心物二元对立的存在,在杜威这里就分别被消融为经验的两方面"特性"了。因此,杜威认为世界的本源既非物质,亦非心灵,而是超越于两者之上的对自然的经验。无疑,杜威的经验主义的自然本体论也直接影响到他对人类传播活动的理解,成为杜威传播思想的逻辑基础。

首先,人类传播活动与共享意义的建构。杜威认为,维系人类社会交往的方式有多种,传播是重要手段与最终目的。杜威认为传播活动在人类社会行为中非常重要,因此,他甚至将其哲学思想建立在人类传播行为之上,并以此作为研究的出发点。杜威说:"在一切的事情中,沟通是最为奇特的了。"[②]因此,他将传播理解为交流与共享,认为正是人类的传播行为建构了社会,人的社会意识在相互交流中被建构。作为交流工具的语言也加速了人们社会化的进程,并建立了积极的合作关系,更是改变和调整了群体关系,使得人们之间在充分交流后达成认识和行动的一致性。杜威认为,人类用来传播和交流的语言,就像人们使用的货币一样,具有物理和社会属性。他说:"语言是人类交际的自然功能,而它的后果反作用于其他的事情,物理的和人文的,给予它们以意义或含义。作为对象或具有含义的事情是存在在一个具体的关联之中的,在这儿它们获得了各种新的活动方式和新的特性。"[③]因此,语言不但传递信息,而且还建构意义。杜威的传播观引发了其后作为信息传播属性的传递观,以及作为意义建构的传播仪式观。

杜威强调,社会不仅通过传递、传播而存在,甚至可以说,社会在传递、传播中持续存在着。他指出传播活动的目的是共享意义,因此,诸如共同(common)、共同体(community)和传播(communication)这些相似的词汇,不仅在字面意思上有关联,更表明了人类活动的共享性。人们因共有的事物而生活在共同体当中,而传播则是人们享有共同事物的方式。人们必须共享某种共通的理解,即目标、信仰、愿望与知识,才可以形成共同体或社会。因此,传播是一个社会共同体共享经验的过程,直至经验成为社会共同拥有的事物。[④]其后的传播学者詹姆斯·凯瑞、约翰·杜翰姆·彼得斯等,都提出芝加哥学派所提出的传播的传递观和仪式观的研究论断。传播的终极目的在于确保人们能够参与共

---

① 约翰·杜威:《经验与自然》,傅统先译,第83页。
② 同上,第169页。
③ 同上,第176页。
④ John Dewey. *Democracy and education: an introduction to the philosophy of education*. Myers Education Press, 2018, pp.6-7.

同的理解,从而使得人们拥有相似的情绪、性情、理智、回应期望和要求的方式等。因此,在杜威的思想体系中,传播不仅是人类交往的方式,同时也是其终极目的。当然传播不仅仅是终极目标,也是人类的工具,是建立合作、管理和秩序的途径。共享的经验是人类的至善。杜威指出:"传播是工具,可以将我们从事件的各种巨大压力中解脱出来,使我们得以生活在有意义的世界中。传播是目的,体现在分享对共同体特别重要的对象与艺术上。以传播的方式,经由这一分享,意义得到强化、加深与稳固。"①而当传播的工具性和最终目的在经验中共存,就有了一种新型智识,它是共同生活的方式与奖赏,社会也就值得人们热爱、赞赏并对其保持忠诚。总体而言,杜威把传播活动和人类社会意义的建构联系起来,因此,在杜威的思想体系中,传播作为人类社会生活的方式与最终目的,在人类社会生活中具有本体论意义。

其次,传播与公共性。虽然杜威等芝加哥学派的社会学家们并未直接讨论公共性的问题,但是,在杜威关于传播与社会、国家及社会共同体形成问题的论述中,实际上已经隐含了传播与公共性的问题。杜威在论述公众、国家和政府的形成时,讨论了人类交流和传播在此过程中的重要意义。他在《公众及其问题》中,首先基于人类行为本身所具有的公共和私人的区分,论述了公众与国家的形成问题。他将人类行为的后果分为与当事人直接相关和非直接相关两个方面,这也就是他关于公共与私人的区分的前提。由此,他认为这二者之间的根本区别就在于是否要对行为后果的规模与程度进行管理,行为后果规模影响大而必须进行管理的部分就是"公共",反之则为"私人"。循此逻辑,杜威进而界定了公众、国家与政府的关系。在他看来,人类为了更好地管理这些非直接参与但又对每个人有极大影响的社会互动行为时,就形成了公众,也就是社会共同体;试图管制规范这些影响的时候,国家也就形成了,同时按照社会政治逻辑形成政府组织体系,即所谓的民众共同体。② 分析杜威关于公众、国家和政府形成的论证逻辑,我们就会发现他把人类的交往、传播行为作为问题的基础。杜威认为社会公众的形成是人类群体生活的必然结果,也正是在人类交往活动的基础上,形成了公共性及其具体形态,并由此直接影响到私人事务。杜威指出,世界的发展也证明了这个假设:人类共同交往的规模和范围,是那些带有显而易见政治性质的社会行为的决定因素。③

由此可以得出结论,在杜威看来,正是人类交往行为的特征、范围等形成了公众及

---

① John Dewey. *Experience and Nature*. George Allen & Unwin, LTD, 1925, pp.202-206.
② John Dewey. *The Collected Works of John Dewey: 1925-1927, Essays, Reviews, Miscellany, and the Public and Its Problems*. Southern Illinois University Press, 2009, pp.243-245.
③ John Dewey. *The Collected Works of John Dewey: 1925-1927, Essays, Reviews, Miscellany, and the Public and Its Problems*. Southern Illinois University Press, 2009, p.379.

其特征,国家是因公众联合而形成的共同体,进而通过公众及其特征则可以理解民主等政治问题。对此,彼得斯也认为,杜威所谓的交流、传播是让双方去参与一个共同的世界,人们通过交流建构的社会意义是人们"参与的社区""行动的方法",也是"使用事物的方式,这种使用方式将事物作为实现终极共享的手段"①。也就是说,交流和传播是构成社会的公共空间的基础,成为现代社会公共性形成的主要因素。正因为如此,杜威认为在所有的事情中传播是最奇妙的,他说道:"事物能够从在外部推和拉的水平过渡到把它们本身揭露在人的面前,因而也揭露在它们本身前面的水平,而且沟通之果实能够共同参与,共同享受,这是一个奇迹,而变质在它的旁边为之失色。"②杜威认为,在人类传播活动中,一切自然的事情都需要重新考虑和重新修订,由此,事情变成了对象,事物具有了意义。即便它们并不存在的时候,它们依然在新的媒介中,通过一种替代它的东西而呈现出来,因而可以在许多空间和时间上相隔很远的事物之中发生作用,它们的意义可以在想象中无限地被联结起来。这也正是杜威认为的人类沟通活动与意义建构的关系。因此,在杜威的传播观中,传播是参与和分享的方式与目的,由此人类才可以形成协同行动,产生互动。进而言之,对人类社会生活至关重要的共同体要在经由传播的参与和共享中形成,人类在参与协同的行为中分享着经验与意义,并且共同体同时即这一分享和参与本身。由此,杜威才认为:"因为没有一种行动方式像协作行动那样具有完满结果和报酬的性质的。它带有一种分享和融会一体的意义。"③因此,人类交往行为是人类政治行为的决定因素,也是理解人类政治行为的基点。杜威以人类交往行为来界定人类自身,交往在他看来就具有了本体论地位。他强调个人的思维、信仰和意图是在与他人的联系中塑造的,因此,个人并非仅仅在本质上与他人联系,其认知观念、情感与行为也都是社会化的。④ 无疑这也是库利、米德关于自我与社会的关系论述的理论起点。

最后,传播与民主实现。杜威通过对他身处的时代的观察和分析,强烈地认识到在大众传播快速发展、政府官僚主义化、社会复杂化、多元主义的时代,杜威理想中的公众社会共同体并未实现,而且有可能渐行渐远。关于民主未来如何发展的问题,杜威在其著作《公众及其问题》中集中加以讨论。杜威通过对公众、国家、政府、政治民主等概念的意涵和变化的阐释,论述了公民参与的重要性,强调了公众通过交流、传播、沟通和协商建立公共领域的民主理想,论述了公众运用自身的理智去处理公共事务的逻辑。

---

① 约翰·杜翰姆·彼得斯:《对空言说:传播的观念史》,邓建国译,上海译文出版社,2017,第 29 页。
② 约翰·杜威:《经验与自然》,傅统先译,第 169 页。
③ 同上,第 186 页。
④ John Dewey. *The Collected Works of John Dewey: 1925 - 1927, Essays, Reviews, Miscellany, and the Public and Its Problems*. Southern Illinois University Press, 2009, p.251.

如前所述,杜威明确地区分了公共和私人,其目的在于建立他所认为的通过交流和传播建立起来的理想的公众社会共同体。在杜威看来,所谓理想的民主社会,是社会成员通过交流和传播对信息和经验的共享,是社会成员对公共事务的广泛参与,是社会有机体的共同行为。共同体是杜威思想中的一个关键词,公众是以共同体而非个人的形式存在着并参与政治生活。杜威意识到在当时的美国社会,共同体已经衰落,公众也随之被遮蔽,因此急需填补维系人类"经验直接社区"的纽带疏松所造成的空虚。① 可见,这无疑是后世如哈贝马斯等学者讨论的公共领域解体与重建的问题。杜威意义上的公众在现代美国社会则出现了危机。他认为,公众共同体被社会所取代,现代生活的显著特征是新的、相对缺乏人情味的、机械的人类联合行为对共同体的侵蚀。杜威认为,新技术在生产和商贸方面的应用导致了社会的革新,以至于形成了"一个人类关系的新时代":"蒸汽动力和电气化创造的伟大社会也许只是一个社会,但是没有社区。新的、人类复合行为的、相对冷漠的和机械的模式向社区的渗透是现代生活最显著的事实。通过这些途径聚集起来形成的社区从严格意义上来说不再是由意识层面的志同道合者组成的,也无法对其进行直接控制。"②同时,社会政治也由于政党和政治组织的出现,而变成所谓专业化的机构,由此和公众产生对立。公众无法影响选举,导致公众与政府疏离。此外,这也导致了那些具备政治机器的"大企业家"们干预公众与政府的关系。显然这就是哈贝马斯提出的公共领域解体的标志。杜威提出,如何重建共同体,则是民主社会的根本问题。杜威始终认为民主和共同体具有因果关系。他指出,人们之间"不论存在怎样的联合行动,只要其结果被所有参与其中的个体认为是善的,同时善的实现达到了某种程度,以至激发出一个积极的意愿和努力去维系这一联合行动存在,就是因为这一联合行动是被所有人分享的善,到这个程度时,一个共同体就出现了"。那么,这些"关于共同生活(communal life)的清晰的意识在其全部意义上构成了民主的观念"③。为此,他提出借助于现代工业的成果,建立新的"大共同体"。杜威虽然提出工业发展破坏了传统的公众,但是,他依然乐观地看到"针对远方市场的批量化生产,电报和电话,廉价的印刷,蒸汽航行,成为我们生活的这个人类关系新时代的标志。……蒸汽和电力在改变人们联结在一起的条件方面,比我们时代之前的所有影响人类关系的力量的贡献都多"④。杜威坚信人类行为的社会本质,他提出通过传播复兴人类的社群生活,通过

① 约翰·杜威:《公众及其问题》,本书翻译组译,复旦大学出版社,2015,第144—145页。
② 同上,第100页。
③ 同上,第153页。
④ 同上,第143—144页。

传播激活公众。而且,他主张现代工业技术的发展,是促进人类传播、重建"大共同体"的主要手段。他乐观地说:"我们有了以前从未有过的传播物理工具。但是与它们一致的思想和愿望却没有被传播,因此思想和愿望不是共同的。没有这样的传播,公众只能继续保持模糊和无形。……在这个大社会转化成一个大共同体之前,公众将一直处于黑暗之中。传播可以单独创造一个大共同体。我们的巴别塔不是一种语言,而是符号和象征,没有它,分享经验就是不可能的。"①因此,杜威依然围绕公共领域的建构,将人类的交流和传播作为民主社会的基础。他说道:"不管什么阻隔或限制公共性,限制与扭曲公共意见,核查与歪曲关于社会事务的思考,如果没有完整的公共性以及和它有关的所有结果,就不会有公众。如果没有表达自由,社会探究就无法发展。"②这无疑是启蒙运动以来自由主义的最强音。杜威依然坚信,所谓社会是人们的联合行动不断扩张的、复杂多样化的结果,唯有如此,一个组织化的、有表达能力的公众共同体才得以出现。他说:"最高级与最困难的探究和一种微妙的、精致的、生动的与敏感的沟通艺术必须在一个传递与循环的物理机制中成为主导,并灌注生气于其中。一旦机器时代的物理机制臻于完美,这一机制将成为一种日常生活方式,而不是一个暴虐的主人。民主自然而然就会到来,因为民主就是自由而富足的共享生活的代称。"③杜威断言,当自由的社会探究与丰富而动人的沟通艺术融为一体时,民主就达到了其自身的理想状态。

总之,杜威的社会意义建构传播观通过对传播与公众关系的系统论述,赋予传播社会本体论的地位。在他看来,传播与公众、社会不可分离,传播就是社会,社会就是传播。杜威关于公共与私人问题的论述,对于当代社会公共领域的建构具有重要的现实意义。此外,他关于传播技术与社会关系的阐释,在今天媒介化的社会,更具有先见之明。杜威的传播思想无论对芝加哥学派,还是对当代传播理论的发展而言,都是值得不断探究的思想之源。

二、库利的"镜中我""首属群体"与传输理论

查尔斯·霍顿·库利(1864—1929),美国社会学家和社会心理学家,是芝加哥社会学派的思想先驱,其理论是美国传播学研究的思想来源。库利在1894年以博士论文《传输理论》(The Theory of Transportation)获得博士学位。该论文将交通运输划分为物

---

① 约翰·杜威:《公众及其问题》,本书翻译组译,第145页。
② 同上,第173页。
③ 同上。

理运输与精神交流,同时提出"传播作为观念传输组织"的观点。① 该观点成为"人类生态学"领域的奠基之作。库利被广泛传播和讨论的是"镜中我"(looking-glass self)和"首属群体"("初级群体",primary group)等概念影响了社会学、社会心理学。他关于人际传播如何建构社会的思想,也推动了米德的"符号互动论"(symbolic interactionism)的提出,以及帕克对"群体"的定义和阐释。库利主要的著作有《人性和社会秩序》(1902年)、《社会组织》(1909年)和《社会过程》(1918年)、《传输理论》(1894年)等,分别讨论了"镜中我""首属群体"概念及大众媒介对社会的整合、传播在社会中的作用等问题。库利的思想源于达尔文的生物进化论,并深受赫伯特·斯宾塞的社会进化论、杜威的实用主义、歌德的哲学等思想的影响。在美国早期的经典社会学家中,库利在芝加哥学派及其后的社会学研究中占据着重要的位置,他的理论对于芝加哥学派的城市社会学和社会心理学等产生了直接和深远的影响。

首先,库利的社会学思想主要建立在进化论基础上,其思想重点集中在社会有机体、道德主义和进步理念,以及理想的民主政治等方面。库利的进化论观念与斯宾塞、人类学家的观点不同,库利强调的是作为个体的社会存在的进化过程,具体指的是不断发展的有机体如何获得"自我"意识的过程。他形象地把每个生命有机体的发展描述为"溪流"和"道路"两个方面:前者是生命体的遗传因素,后者是沟通或社会传播因素,包括语言、互动和教育,也就是当代社会学家会称之为"文化"的因素,而文化则是使得个体与社会建立关联的基本要素。

库利进而在个人与社会的互利关系的理论假设上提出了社会有机理论。他认为,既然完全孤立的个体是个神话,那被视为与每个成员相分离的社会也就是一种幻象。因此,对于库利而言,"社会"和"个体"并非是分离的集体和个体构成两个方面,也不是经验上相互分离的两种现象。社会就是一个活生生的有机整体,它由相互区别的成员组成,每个成员都发挥着特定的功能。库利说:"我们说社会是个有机体,这意味着它是一个通过互动而存在和发展的各种过程的复合体。整个社会是一个统一体,它的一个组成部分所发生的变化都要影响到所有其他的部分。它是一个庞大的互动组织。"② 显见的是,库利的这些认识也是当时正在形成的结构功能主义理论思想的先驱。因此,库利将社会体制的形成看作公众意识组织的结果,同时也是在人们的风俗、象征、信仰和持续的情感等行动形式方面产生的思想结晶。库利将社会文化的构成要素,诸如语言、

---

① Charles H. Cooley. *The Theory of Transportation*. Publications of the American Economic Association, 1894, Vol. 9, No. 3. pp.13 – 148.

② Charles H. Cooley. *Social Process*. Southern Illinois University Press, 1966, p.28.

家庭、工业、教育、信仰和法律这些社会体系看作对人类本性的需要不断做出的反应。对于这些要素,库利将其视作公众意识的"认知系统"(apperceptive systems)。他认为,它们是相互之间不可分离、互为体系的影响因素,如果脱离相互之间的联系则皆成虚幻。显然,库利在这里已经提出了公共性的问题。面对大众媒介的快速发展,库利乐观地认为,这些因素都能够激发出人们"更高和更自由的意识"的潜能,通过不断扩展人们的意识,进而推进社会民主的发展。

其次,库利提出了"镜中我"和"首属群体"的概念,对于传播学理论的形成具有重要意义。在《人类本性与社会秩序》中,库利提出了社会自我理论。① 他借鉴威廉·冯特以及威廉·詹姆斯的观点,将"我"(I)放在日常的思想和谈话中来讨论其意义的形成。他认为这个"我"是经验性的自我,可以通过观察来检验,它既不是笛卡尔式的预设,也不是形而上学意义上的实体。库利观察发现,这个最初的观念很少指向身体,而最多的是指向"我的感觉"或"镜像自我"。由此,库利认为,自我观念是在与其他人的交往中形成的,因此个体对自己的认识是他人关于自己看法的反映,人们总是在考虑他人对自己的评价中形成自我的观念。库利说:"一个人对于自我有了某种明确的想象——即他有了某种想法——涌现在自己心中,一个人所具有的这种自我感觉是由别人思想的、别人对于自己的态度所决定的。这种类型的社会我可以称作'反射的自我'或'镜中我'。人们彼此都是一面镜子,映照着对方。"换句话说,"我是按照我认为你怎样想我的方式来感觉自身的"②。库利所说的"镜中我"具体包括三个维度:其一,我们是通过他人的目光来想象自己的外在和形象的;其二,我们想象出对这一外在的评价;其三,我们体验到的是某种诸如骄傲或耻辱的自我感觉。无疑,他人是自我形象建构的参照系,作为自我乃是他人眼中的我的折射。库利的这种认识与极端原子论的个人主义相对立,主张从相互作用或相互影响的视角去研究社会的特征。显然,与杜威的社会建构理论相同,库利把社会的意义建立在人们相互的交流和沟通之上,就此意义而言,大众传媒对社会建构则起到了积极的意义。对此,库利就说:"人们对彼此的想象是坚固的社会事实。"③库利的这些观点在欧文·戈夫曼的社会拟剧理论中得到了发展。

在《社会组织》中,通过对人们的交往形式的研究,库利提出"首属群体"的概念。④他根据人们交往的形式、内容和目的等因素,把人们的社会生活中所形成的群体分为首

---

① Charles H. Cooley. *Human Nature and the Social Order*. Charles Scribner's Sons, 1902.

② Charles H. Cooley. *Human Nature and the Social Order*. Charles Scribner's Sons, 1902, pp.151–152.

③ Charles H. Cooley. *Human Nature and the Social Order*. Charles Scribner's Sons, 1902, p.152.

④ Charles H. Cooley. *Social organization: a study of the larger mind*. Charles Scribner's sons, 1927.

属群体和次级群体。所谓首属群体,指的是社会成员之间面对面的交往与合作的群体,它是一个直接的、自然的关系世界,是人性形成与发展的土壤。这种群体是以面对面的亲密交往、温暖的情感以及合作为特征的,在个体形成其社会性,以及形成包括爱、自由和公正等基本理想方面起着基础性的作用。从这一意义上说,它是社会的温床。初级关系会造成一种"我们"感,而这种情感使自我对此群体的生活具有很强的认同感。在首属群体中,个人情感"将获得共鸣而被社会化,并且受共同精神的约束。个人可能雄心勃勃,但他的志向的主要目标是和其他人的思想相一致的"。首属群体是维护社会稳定与和谐的重要基础。在该群体中,人际关系是友谊关系而不是利益关系。"在首属群体中人性逐渐产生。人性不是生来就有的,人只有通过交往才能得到人性,而人性又可以在孤立中失去。"①库利认为,一般来说,人与人之间的交往,其目的都是获取其中的某种资源,只有在首属群体的人际交往中才不存在这种功利性。个体成功、社会统一、自由等一些和谐社会所必不可少的思想,以及忠诚、真理、服务、友善、合法等和谐社会的优良品质也只有在首属群体中才能形成。具有普遍意义的这类群体包括儿童的游戏群体、家庭、邻里和老人协会等。库利认为,在现代社会,各种首属群体则以城市或乡村中的社区(commune)的形式存在。与首属群体相对的次级群体(secondary group)则是非个人化的、契约式的、正式的和理性的社会群体,其成员间的关系是冷漠的而非温暖的,比如行业协会、公司官僚制以及民族国家等就是这类群体的经典例子。库利看来,这两类群体并非相互排斥的,互相之间有可能存在交叉关系,次级群体内部也可能包含着首属群体。

需要指出的是,库利早期在他的博士论文研究中提出"传输理论",将交通运输的含义分为物理运输与精神交流,同时也提出了"传播作为观念运输组织"的观点,但相较于上述"镜中我"和"首属群体"两种理论观点,库利的传输理论并未受到关注。② 总体而言,库利的"传输理论"受到斯宾塞社会三大"器官系统"理论的影响,在斯宾塞看来,社会作为有机体,由生产系统、分配系统和调节系统构成,交通和传播是分配系统和调节系统运行的基础,道路、运河、铁路构成流通系统执行营养配送的功能,邮政、电报和报纸等构成信息传播系统负责协调和控制。③ 依据社会有机论的思想,库利认为人类作为

---

① Charles H. Cooley. *Social organization: a study of the larger mind*. Charles Scribner's sons, 1927, pp.23 – 25.

② 黄骏:《传播是观念的交通:查尔斯·库利被忽视的运输理论及其当代启示》,《新闻与传播研究》2021年第3期。关于对库利的"transportation"概念的翻译,该概念在其著作中除了使用交通运输的本义外,还包含传播、交流、传输等引申意义,故这里按照其使用语境意义将其译为"传输",并将"The Theory of Transportation"译为"传输理论"。

③ 袁艳:《当地理学家谈论媒介与传播时,他们谈论什么?——兼评保罗·亚当斯的〈媒介与传播地理学〉》,《国际新闻界》2019年第7期。

有机体的构成包括遗传因素和精神交流,因此,库利将交通运输和精神交流、传播都包含在传播研究的范围之中。无疑,这是在广泛意义上理解传播的内涵,也就是将人类的各种活动都包含在传播概念之中,进而传播这一概念不仅包括物质的层面的传播,同时也包括精神层面的交流,这也为后续媒介地理学的发展建立理论基础。正是基于社会有机论的理解,库利以"时间—空间"和"物质—精神"两个维度将传播亦即社会组织运行的形式划分为四种机制,具体包括:物质的空间传播,如交通运输;物质的时间传播,如物品的保存;精神的空间传播,如手势、演讲、书写、印刷、电报和邮件等;精神的时间传播,如作为记录与保存手段的书写与印刷,其中的内容如惯习、模仿以及作为社会稳定因素的遗传。① 库利的这些分类方法,试图立足于时空、物质和精神维度囊括传播的各类形态,在这里明显可以看到伊尼斯、马歇尔·麦克卢汉等传播技术主义和媒介地理学等理论的来源。无疑,库利的观点作为影响芝加哥学派形成的重要理论,也影响到了后世的传播与社会理论的形成和发展。

库利继续讨论了思想观念层面的组织与传播,他认为,社会构成除了狭义上的强制性国家或社会政治组织以及工业或经济组织外,还存在着以传播思想观念为目的第三类组织。比如早期的宗教组织负责传播社会所有的理想,但随后思想观念组织以更为复杂的方式分化为慈善、教育、艺术、科学等不同的社会机制,此后形成学校、各种慈善机构,以及推动社会改革的社会机制、学术团体等。② 无疑这些精神层面的传播方式和物质层面的传输形态还是有所区别的,不能等而论之。但就技术层面而言,库利认为,在社会发展早期,物理交通与思想交流都使用相同的工具,并且在功能上都相类似,都可以称之为传输。随着技术的进步,物质传输和精神交流开始分道扬镳,越来越趋向于分离,包括作为精神传播的物理手段也产生重大变化。早期用来传播思想的书籍、报纸、信件和其他形式,都是以和普通商品相同的方式传输的。但是电报、电话等电子传播技术出现后,精神层面的传播对物质形态上传输形式的依赖降低,通信能瞬间完成。③ 从这里可以看出,库利在社会有机理论的整体思想背景下,观察到了媒介技术的发展对传播的影响,他的这些论点也促成了媒介技术理论的形成和发展。

库利将传播定义为"人类关系赖以存在和发展的机制——心灵的所有象征符号,以

---

① Charles H. Cooley. *The Theory of Transportation*. Publications of the American Economic Association, 1894, Vol. 9, No. 3, p.42.

② 黄骏:《传播是观念的交通:查尔斯·库利被忽视的运输理论及其当代启示》。

③ Charles H. Cooley. *The Theory of Transportation*. Publications of the American Economic Association, 1894, Vol. 9, No. 3, pp.69 - 70.

及穿越空间传送它们和保存它们的手段"①。显见的是,他是在人类互动和共享意义而建立有机体的基础上界定传播行为的。与杜威相同,库利立足于实用主义哲学,否定了近代以来形成的笛卡尔的心物二元论,主张社会是由互动形成的有机体。由此他提出的首属群体社会化的过程问题,以及对基于技术层面的对于传输的论述,都对后世的传播学理论产生了重要影响。可以说,在当代众多的传播学理论研究中,都可窥见库利的观点。

三、帕克的人类生态学与传播理论

罗伯特·E. 帕克(1864—1944),美国具有重要影响的社会学家,芝加哥学派的主要代表人物之一,1864 生于美国宾夕法尼亚州一个虔诚的乡村家庭。1887 年在密歇根大学获得哲学学士学位,受到杜威思想的影响。在哈佛大学师从威廉·詹姆斯学习哲学,1898 获得哲学硕士学位,其间当了 12 年的报纸记者;1892 年和杜威、富兰克林·福特一起从事《思想新闻》的出版;1899 至 1903 年在德国师从哲学家文德尔班学习,选修齐美尔的社会学课程;1904 年在海德堡大学以论文《群体和公众》获得哲学博士学位;1913 年开始在芝加哥大学社会学系担任教职,其间与伯吉斯合著教科书《社会学导论》(1924 年),对社会学理论进行系统的规范研究;1929 至 1933 年曾到中国等国家访问讲学。帕克的研究成果最后汇集为 6 部著作、3 卷本论文集和博士论文,其著作主要集中讨论社会学的一般理论、移民、报刊以及城市等议题,论文集则涵盖了更为广泛的研究,包括帕克 30 年间写作的 69 篇论文。帕克发表了数十篇有关新闻、报刊、舆论以及传播的论文,其中 9 篇被收录于三卷本论文集的最后一部《社会》(1955 年),前两卷分别为《种族与文化》(1950 年)和《人类社群》(1952 年)。② 帕克关于传播研究的《移民报刊及其控制》(1921 年),是他唯一的学术专著,其他还有《社会学导论》(合著,1924 年),以及与其他学者合著的论文集《城市:有关城市环境中人类行为研究的建议》(1925 年)等。

帕克的研究领域非常广泛,包括社会心理学与人格理论、社群研究、城市研究、人类生态学、作为社会机构的报纸、种族关系与文化冲突等。③ 帕克倡导社会调查的研究方法,有学者评价他:"一个在 50 岁的时候认定自己是失败者的人,成了一场伟大的社会

---

① Charles H. Cooley. *Social Organization: A Study of the Larger Mind*. Charles Scribner's Sons, 1927, p.61.
② 刘娜、黄顺铭、田辉:《"舆论"与"共同生活":罗伯特·E. 帕克新闻思想中两个被忽视的关键词》,《国际新闻界》2018 年第 8 期。
③ E. Faris. *Robert E. Park*, *1864 - 1944*. American Sociological Review, 1944(9), pp.322 - 325.

调查运动的中心。"①也有学者认为帕克"或许是美国社会学中的一个最有影响的人"②，"可能没有其他人如此深刻地影响了美国经验社会学所采纳的方向"③。国内有学者也总结道："无论社会学还是传播学，帕克都是芝加哥学派中的旗帜性人物。与杜威不同，帕克受过更为专业的社会学训练，帕克视野中的传播在更多的意义上指的是一种传递和一种控制，他的方法论更倾向于经验与实证的方向。另外，12年丰富的新闻传播实践经历使帕克对于传播的研究比其他芝加哥社会学者更加专门和专业。"④正如大多数社会学研究者和学科史学者所认为的，帕克和伯吉斯是芝加哥学派最卓越的导师。

帕克的理论继承了实用主义哲学思想传统，并深受齐美尔、詹姆斯，以及杜威、库利等学者思想的影响，特别是詹姆斯的心理学等理论对其影响至深。同时，帕克的研究也丰富了以托马斯为代表的芝加哥学派所开创的研究路径。帕克在接受社会有机论的基础上，延续了托马斯的巨著《身处欧洲和美国的波兰农民》的研究，重点探究社会秩序的分化和重建的问题。帕克以人类生态学（human ecology）理论作为其核心的思想体系，重点结合美国城市社会的流动与重组等现象，主张"社会学一定要把握那些城市中飘零的个体结成社区的共同纽带，和在城市中生存下去的共同记忆。一言以蔽之，社会学的关键在于破解社区何以成为共同体的问题"⑤。帕克的人类生态学视角赋予了社会控制论以互动和承接循环的特点。

面对19世纪末至20世纪初芝加哥影响巨大的城市移民潮，帕克所思考的问题是，城市发展对移民群体的组织形式、文化延续和社会关系等会产生怎样的影响，以及如何探究大量移民的涌入所带来的融入问题（assimilation）。帕克认为，城市空间和各种体制、设施等的结合是城市的生态化组织化过程（ecological organization of the city）。在与伯吉斯合著的《社会学导论》中，帕克把社会学定义为研究"集体行为的科学"，进而认为"社会控制是社会的核心事实和核心问题"。帕克由此提出导致理想社会秩序形成的社会进程的假设，具体包括竞争（competition）、冲突（conflict）、适应（accommodation）与同化（assimilation）四个阶段，这个过程的最后实现就是"个人和团体都知晓其他团体的记忆、情感和处世态度，他们共享彼此的经验，互相在一种共同的文化生活

---

① Everett C. Hughes. *Robert E. Park*. Sociological Eye 2, 1964, pp.543–549.

② Alvin Boskoff. *Theory in American Sociology: Major Sources and Applications*. Extension Journal, Inc, Journal of Extension, 1970, Vol.8 (4), p.71.

③ Ralph H. Turner. *Introduction to Robert E. Park on Social Control and Collective Behavior*. American Sociological Review, 1969, Vol.34 (6), p.748.

④ 胡翼青：《再度发言：论社会学芝加哥学派传播思想》，第142页。

⑤ 罗伯特·E. 帕克等：《城市：有关城市环境中人类行为研究的建议》，杭苏红译，商务印书馆，2020，序言第12页。

之中融合"①。因此,帕克主张城市发展的结果就是形成一种城市心物合一的机制(psychophysical mechanism)。这个所谓的心物合一机制,指的是城市包含的物质结构和道德秩序的有机结合。这两个方面亦构成了人类生态学研究的问题,今天看来,指的即是城市的自然环境和人文环境。由此城市发展的目标应该是基于人的生活的二者的有机融合。这些观点不仅是帕克的学术观念,更多地包含着作为学者对社会的责任和使命,特别是对于社会中普通人的同情和关怀。

因此,帕克提出要从人类生态学角度展开城市社会的研究。他指出,作为有机体的存在,在城市社区的范围内,或者说,在任何人类居住的自然区域的范围内,都有若干力量在起着作用,它们会使得区域内的人口和机构呈现为一种有序的、典型性的群体形态。如此"就有一门科学试图将这些作用因素从中分离出来,并试图去描述在它们的共同作用之下人口和机构呈现出来的、具有典型性的群聚形态。我们将这门科学称为人类生态学(human ecology),以示它与植物生态学的区别"②。依此认识,帕克认为城市应该是丝毫不掺杂人工痕迹的自然生长之物,是一个有机生命体(living entity),城市根植于其居民的习惯与风俗之中。也就是说,城市具有一种物理机制的同时,还应该是一种道德机体(moral organization),两者以某些特定的方式相互作用、相互形塑,并相互改变。人们可见的体态巨大、结构复杂的城市客体其实源于人性(human nature),是人性的某种表现形式。与此同时,城市反过来则会根据它内在的设计与利益塑造出属于城市的居民。帕克认为,人类生态学可以更好地厘清、阐释城市社会研究中现代城市演变的特点和规律。帕克的人类生态学在城市社会学领域形成了独具特色的研究路径和理论,他以城市的形成和发展为研究对象,进而从生态的、进化的发展模式来探索城市社会发展的规律,从生态学的视角观察现代工业社会人们的生存方式。

城市的构造与传统构成了统一的文化复合体,并由此决定了城市区别于乡村、城市生活区别于野外生活的特性。③ 由此,帕克就提出城市的流动性(mobility)概念,该概念成为帕克主导的芝加哥学派研究的核心概念。这种流动性是城市处于"紧张状态"的因素。伴随着不可抑制的流动性,城市中的那些来去随意、流动性强的社会群体就会时常处于焦虑、恐慌状态,这就使得城市社会时刻处于帕克所谓的"紧要的"(psychological)

---

① 丹尼尔·杰·切特罗姆:《传播媒介与美国人的思想:从莫尔斯道麦克卢汉》,曹静生、黄艾禾译,中国广播电视出版社,1991,第 125 页。

② Robert E. Park, Ernest W. Burgess, Robert J. Sampson. *The City: Suggestions for the Investigation of Human Behavior in the Urban Environment*. University of Chicago Press, 2019, p.2.

③ Robert E. Park, Ernest W. Burgess, Robert J. Sampson. *The City: Suggestions for the Investigation of Human Behavior in the Urban Environment*. University of Chicago Press, 2019, p.4.

状态中。① 这种"紧要状态"日益成为城市人们生活的常态。帕克认为这与城市的流动性特征密不可分,是现代城市的特点。他说道:"这种紧要状态可能在任何社会情境中出现,但在那些具有较强流动性的社会,以及那些教育得以普遍,铁路、电报与出版印刷成为社会经济重要组成部分的社会发生更为频繁。而且较之那些小社区,这种状态在城市更为频繁,在城市居民和公众中,时刻都可被称为'紧要的'(psychological)状态。"②随后帕克继承齐美尔"陌生人"理论提出"边缘人"(marginal man)的概念,认为作为移民的"边缘人"是文化混血儿,是一种新的文化人格。他们站在两种文化、两种社会的边缘,这两种文化从未完全互相渗入或紧密交融。但是,帕克认识到,更为重要的是,从边缘人身上可以看到现代社会发展的过程。"正是在边缘人的思想中,由新文化的接触而产生的道德混乱以最显著的形式表现出来。也正是从边缘人的内心——那里正在发生文化的变迁和融和——我们可以最佳地研究文明和进步的过程。"③那么如何让这些移民尽快融入美国的文化圈? 帕克将社会整合的功能赋予大众报刊,他写道:"乡村是民主的,我们的国家是一个村民的国家,我们的制度、机构基本上是乡村的制度、机构。在乡村,社会控制主要是出自公众舆论和议论。"④因此,为了探究城市社会,必须要明晰城市生活的目的是人们对生活方式的期待,进而社会学对城市流动性和陌生化的研究,就应该从公共舆论和劳动分工两个要素入手。基于此,帕克区分了信息和新闻,他认为新闻而不仅是信息,更是城市舆论最重要的载体。他认为,新闻传播恰恰体现出来的是城市民众充满紧张和不确定性的生活状态(critical situation)。⑤ 循此逻辑,帕克通过对大众报刊的形成、移民报刊社会功能的研究,进而通过考察公共舆论(public opinion)的变迁,来探究移民如何融入美国,并逐步实现"美国化"的过程。

首先是传播与社会整合的关系。帕克认为,传播是促进社会整合的重要因素。正是在人类生态学理论的背景下,帕克针对美国城市发展中的社会秩序形成的过程,进而提出了其传播理论。与芝加哥学派的杜威、库利相同,帕克把大众传播看作社会整合的

---

① Robert E. Park, Ernest W. Burgess, Robert J. Sampson. *The City: Suggestions for the Investigation of Human Behavior in the Urban Environment*. University of Chicago Press, 2019, pp.16 – 20. 此处 psychological 为双关语,引申为心理的、社会的紧张状态。

② Ernest W. Burgess, Robert J. Sampson. *The City: Suggestions for the Investigation of Human Behavior in the Urban Environment*. University of Chicago Press, 2019, p.21.

③ Robert E. Park. *Human Migration and the Marginal Man*. University of Chicago Press, The American journal of sociology, 1928, Vol.33 (6), pp.881 – 893.

④ Robert E. Park. *The Natural History of the Newspaper*. University of Chicago Press, The American journal of sociology, 1923, Vol.29 (3), pp.273 – 289.

⑤ Robert E. Park, Ernest W. Burgess, Robert J. Sampson. *The City: Suggestions for the Investigation of Human Behavior in the Urban Environment*. University of Chicago Press, 2019, p.19.

主要途径,他们都认为传播能够形成社会共识,从而建构共同的社会文化。帕克被称为"大众传播的第一个理论家",[1]他延续杜威关于传播是社会意义建构的观点,将传播界定为"一个社会心理的过程,凭借这个过程,在某种意义和某种程度上,个人能够假设其他人的态度和观点。凭借这个过程,人们之间合理的和道德的秩序能够代替单纯心理的和本能的秩序"[2]。也就是说,正因为传播能够将一种移情植入一个人所处的传播群体,才使得社会的整合性成为可能。帕克和芝加哥学派的学者们将传播看作人类意义整合的同义词,同时也认为传播是城市社会问题潜在的解决途径。帕克继承了库利的社会有机体"互动"的观点,根据该观点,作为有机体的社会是由形式或过程构成的复合体,其中每个形式或过程都在与其他形式或过程的互动过程中生存和成长。这些形式或过程一起结合为一个非常紧密的整体,在这个整体中一个部分发生的变化将会对所有其他部分产生影响。[3] 帕克也认为"社会是一个由各种形式或过程构成的复合体,它们中的每一个个体,都是在与别人的'互动'中存在和成长的。整个社会结合得如此紧密,其中一部分发生的事情,会影响其他所有部分"[4]。由此,帕克基于他的社会有机体形成的竞争、冲突、适应和同化四个阶段理论,认为传播是社会整合的中心要素,赋予传播在此过程中具有的积极意义。他认为,作为新闻的报纸正是在自然发展的过程中参与社会的竞争、冲突、适应和同化的整体进程的,传播将社会整合在一起,承担维系社会的基本功能,无论是人际间的符号互动还是以媒介为中介的大众传播,它们都促成了"人类思想的相互影响",人类的传播活动通过交流、理解与宽容缓冲了"冲突",推进了"适应",最终将有可能促成"同化"。实际上,帕克的这些观点无疑为公共舆论理论的形成提供了理论视角。

其次是传播与公共舆论的关系。帕克认为,作为大众传播的新闻具有形成舆论的社会功能。帕克通过对报纸等大众传播形态的研究,在《新闻和人类兴趣》(1940 年)、《作为知识的新闻》(1940 年)、《新闻和媒介权力》(1941 年)、《士气和新闻》(1941 年),以及《报纸的自然史》等论文中探究了大众传播与舆论之间的关系,强调新闻对舆论形成的重要影响,并进而讨论了大众传播与公共性的问题。他认为,作为大众传播的新闻

---

[1] P. Jean Frazier, Cecilie Gaziano. *Robert E. Park's Theory of News*, *Public Opinion*, and *Social Control*. Association for Education and Mass Communication, Journalism Monographs 64, 1979.

[2] Robert E. Park. *Reflections on Communication and Culture*. American Journal of Sociology, 1938, Vol. 44, No. 2, p.192.

[3] 查尔斯·霍顿·库利:《社会过程》,洪小良等译,华夏出版社,2000,第 22 页。

[4] Robert E. Park. *Sociology and the Social Sciences*. American Journal of Sociology, 1921, Vol. 26, No. 4, pp.401 - 424.

通过公开交流与传播,从而形成公共舆论,进而对人们的公共生活产生影响,并形成社会的"共同生活",也就是社会公共性的建构。新闻与信息、宣传、评论等都有所不同,新闻的本质和特征在于其"公共性"。新闻的本质是一种介于"日常熟悉知识"(acquaintance with)和"系统理解知识"(knowledge about)之间的当下社会状态的知识类型。新闻的主要特征是在传播信息的同时引发人们对公共事件的讨论和交流,并引发不同意见和情感之间的交锋和冲突,但最终会形成某种共识或集体意见,亦即所谓的舆论(public opinion)。由此,新闻能够影响人们的政治生活、政治参与行动的程度,通过舆论达成社会共识。作为社会舆论的新闻与社会公众的利益密切相关,也决定了新闻事件具有重要性、紧迫性、趣味性、人情味等特征。新闻一旦引起社会公众的普遍关注,就会形成"聚光灯"效应,直接影响社会行动的发生。[1]

对于新闻的社会影响力,帕克将其称之为"报界权力"(the power of the press),即"报纸在形塑舆论与动员社群采取政治行动方面所形成的影响力"。帕克立足于公共性来讨论以报纸为主的媒介权力问题,新闻在传播过程中无疑在不同群体中的意义是不同的,但是新闻内容本身包含着社会公意。通过新闻传播,不同的多元意见之间冲突、讨论,最后形成共识,这就是舆论产生的过程。事实上,舆论就是多元化的观点交锋、冲突和妥协达成共识的过程。[2] 有学者认为,帕克的公共性包含"多元主体""社会共识"与"集体意志"三个理论维度;在现代社会中,多元主体常态化地存在,新闻乃社会共识的主要来源之一,而集体意志形成的可能性则取决于公众注意力的集中程度。因此,新闻与舆论或多或少地指向权力、支配、集体行动等政治概念。从某种程度上讲,新闻构成了现代政治社会的基础,舆论则提供了更为直接的政治权力的来源。[3]

最后是报纸的自然发展史研究。帕克立足于其人类生态学的社会研究视角,认为报纸作为大众传播媒介,也是社会机构的构成要素。他认为社会秩序、社会制度以及社会关系都是社会进程的自然产物,因此,大众传播媒介的发展也符合他所说的社会进程的自然发展路径。帕克说道:"报纸有其历史,亦有其自然史。新闻媒介的存在并不是道德家们所设想的,是由一些小群体任意创造出来的。相反,它是一个历史进程的结果,众多个体参与其中,却丝毫没有预见到自己的劳动最终将产生何物。"他指出,报纸和现代城市一样,并不完全是一种理性构造物。它的样态并不是任何人刻意经营出来

---

① Robert E. Park. *News as a Form of Knowledge: A Chapter in the Sociology of Knowledge*. American Journal of Sociology, Vol.45, No.5, 1940, pp.669 - 686.
② Robert E. Park. *News and the Power of the Press*. American Journal of Sociology, Vol.47, No.1, 1941, pp.1 - 11.
③ 刘娜、黄顺铭、田辉:《"舆论"与"共同生活":罗伯特·E.帕克新闻思想中两个被忽视的关键词》。

的,即便不同时期的很多人都试图努力控制报纸,按照自己的意愿发展报纸,但报纸本身仍旧以某种难以预测的方式自行发展着。[①] 显然,帕克认为,新闻媒介作为社会构成因素,它的基本功能是为公众提供信息,并促成社会的演变或稳定。因此,他立足于人类生态学角度,认为新闻报纸必须在生态竞争中才能生存和发展。新闻报纸的发展史是其为适应社会政治、经济制度的变化而不断调节自身的演变史。按照帕克的竞争、冲突、适应和同化的社会进程模式,作为新闻的报纸在其发展中也遵循从竞争到同化的整个过程。其中很重要的环节之一是根据社会环境的变化,对"新闻"的内涵的界定以及对发行量的提高,从而引发受众的认同。故此,新闻机构的发展进程也是为了生存而在文化、社会和经济等层面展开竞争的过程。依据这个逻辑,帕克回顾了美国报业的发展,把它区分为新闻信(newsletter)、观点报(opinion journals)、独立报刊(independent press)和黄色报刊(yellow press)等不同的发展形态,并结合不同的历史情境来考察作为社会信息机构的新闻报刊如何利用不同的方式实现社会控制。

在人类生态学的阐释范式中,作为社会机构的大众媒介无疑也参与群体文化模式变迁的历程,报刊与移民群体的互动关系就是一个典型案例。因此,帕克针对移民报刊及其控制的研究,从现实案例出发,进一步论述了大众传播与社会同化问题,集中探究了大众传播与社会整体、各个要素之间的潜在关系。帕克是最早对少数族裔与媒介关系展开研究的学者。面对19世纪末20世纪初来到美国的大量移民,如何将这些移民同化,使其尽快融入美国社会,成为当时美国主流社会普遍关心的问题。此外,美国社会存在着排斥新移民的现象。帕克深入少数族裔社区,通过对数十种移民报刊的调查,认识到这些媒介对于移民融入美国社会的重要作用,因此反对压抑或控制这些报刊。帕克认识到,移民报刊对于移民有积极意义,有助于维护少数族裔的文化,并使得读者通过家乡的语言而接触到大都会生活,使移民顺利融入美国社会。

帕克关于移民报刊的研究是从移民群体的语言使用的差异开始的。帕克认为,移民群体主要通过语言建构起自身的社会,以及自身所属群体与其他群体的区别。"我们大部分人使用的语言有两套词汇表,一个由惯用的、个人的和有表现力的日常用语组成,狭义地解释就相当于母语,另一个由更正式、更准确但缺乏表现力的词语组成。"[②]显然,帕克认为语言体现不同的群体归属,由此通过日常口语和正式的书面语言之间的差

---

① Robert E. Park. *The Natural History of the Newspaper*. American Journal of Sociology, Vol. 29, No. 3, 1923, pp.273 – 289.

② Robert E. Park. *The Immigrant Press and Its Control*. Harper & Brothers, 1922, p.11.中译本参见罗伯特·E. 帕克:《移民报刊及其控制》,陈静静、展江译,中国人民大学出版社,2011。引文部分文字略作修改,下引同。

异,对不同的族群、文化认同等做出区分。帕克同样在语言中运用了个人化和非个人化的区分:"书面语和口头语、学校和市集语言都有清楚的区分,每个人都能看到区别存在,很少人能感知到这种区别的程度,或者明白其重要性。"①进而指出,移民群体使用口头语言进行人际交流和传播,而城市社会则需要以书面语为主的大众传播。但是,人际传播使用的口语会抵触大众传播的书面语言,从而使得大众传播很难与人际传播形成互动的整体。事实上"推行一种异于家庭和本地社区的外来语十分困难,这早在基督教知识宣传协会的理事报告中指出了"②。那么,来到美国的新移民所面对的恰恰是自己所使用方言和城市传播的书面语之间的巨大知识鸿沟。帕克指出,如果移民群体无法融入新文化,移民个体就会智识退化。现代大众传播、交通运输等因为受到语言差异的制约,无法给移民语言群体提供现代思想和文化的知识媒介。③ 因此,试图消除移民的语言,达到文化同化的目的,其实是不现实的。反之,帕克认为,乡村人群之所以支持保存农民固有的语言,不只包含语言复兴的意义,而且也是认知和知识觉醒的表现。④ 循此逻辑,帕克指出,为了消弭二者之间的隔阂,使得移民群体跨越自身的口语世界和大众传播的书面世界之间的语言鸿沟,从而真正融入美国社会,移民报刊可以起到非常重要的桥梁和中介作用。这也正是帕克对于大众传媒的社会功能的认识。

因此,帕克认为,移民报刊由于使用移民群体的语言,不但是恢复移民所继承的传统智识的工具,而且也是接受现代思想的工具。移民报刊构成了移民群体的"集体心灵",它指引移民群体的集体行动。进而,移民群体通过移民报刊,建立对"现实情境的集体定义",从而形成对美国共同体的集体想象。⑤ 帕克认为,移民进入美国后,与陌生人混杂生活,构成了一种"非个人化人际传播世界"。移民面对陌生环境,便开始在传统记忆和经验中寻找亲切感,非常依赖拥有共同记忆、语言、传统文化的"个人化人际传播世界"。作为能够连接陌生环境和固有认同的移民报刊,也是共同语言和传统文化的保存工具,从而使移民与他们的共同体,主要是和他们的族群,与当下思想和事件建立了密切联系。⑥ 在帕克看来,移民报刊引发的社会互动进一步形成移民群体多样化的人际传播网络,包括教会、学校、互助团体等。通过移民群体的各种人际传播网络,移民逐渐

---

① Robert E. Park. *The Immigrant Press and Its Control*. Harper & Brothers, 1922, p.15.
② Robert E. Park. *The Immigrant Press and Its Control*. Harper & Brothers, 1922, p.30.
③ Robert E. Park. *The Immigrant Press and Its Control*. Harper & Brothers, 1922, pp.34－35.
④ Robert E. Park. *The Immigrant Press and Its Control*. Harper & Brothers, 1922, p.38.
⑤ 郑忠明:《人际传播与大众传播的整合:罗伯特·E. 帕克的符号互动论》,《新闻与传播研究》2022 年第 5 期。
⑥ Robert E. Park. *The Immigrant Press and Its Control*. Harper & Brothers, 1922, p.79.

形成对美国的认同和想象性建构。"比起本地出生者,也许移民的更成功之处在于:意识到要在美国保存他们的语言和理想,在家庭和社区中复制祖国的文化氛围。这种成功的一个例证是,移民在这个国家经常遇见讲他自己语言的人,所以就假定美国居民是他自己种族的人民构成的。"[1]

随着美国社会工业化的发展,人们之间的语言和文化差异也在逐步缩小。帕克认为:"在美国无论书面语和口语之间差距多大,都比世界上任何一个地方的语言差异要小。"同时美国也通过印刷媒介、出版物和公共宣传等各种文化教育形式来加强移民的文化同化。"再没有一个国家能够在扩展和完善艺术方面做出如此真诚的努力,不仅体现在印刷,还体现在出版和公共宣传方面,不仅报刊的文字更简单、直接和尖锐,比任何国家都接近市井语言,而且书面语和口语的区别也在稳步减小。"[2]显见的是,移民报刊恰恰体现了美国社会移民的口语文化和书面语言文化的融合特征,移民报刊的理念也在发生改变,越来越多地服务于移民群体的实践需求(指称功能)和情感诉求(表达功能)。由此,对于移民报纸而言,帕克指出:"主编所做的第一个让步是风格和语言,为了让他的报纸有人阅读,他必须使用他所面对的公众所说的语言。他必须避免使用与当地语言大相径庭的语言,以迎合他的大多数读者所说的方言。"如此一来,移民的口语世界和报刊的书面世界逐渐融合并连为一体,形成了更大的移民群体,进而融入美国社会各个层面的生活。"为了满足读者的阅读兴趣,主编必须做出让步,这使得移民报刊远不同于欧洲新闻界的传统。……主编们为他们刊登本地方言的诗歌,廉价的小说和高调的社论充满报纸的版面,增加为双倍行距便于阅读。读者们对抽象讨论兴趣不大,因此,报纸更专注于新闻的戏剧性,以及警事新闻、劳工新闻、当地八卦等与移民生活密切相关的内容。"[3]移民报刊的这种普遍适应移民的语言和文化的做法,造就了新的社会公众群体的形成。帕克认为,移民报刊"在这个国家创造了一个公众,这个公众是由本来在他们的祖国很少读书或根本不读书的各个民族的移民组成的"[4]。显然,帕克更加强调移民报刊对于美国社会新移民的社会融合作用,这和他的社会生态理论一脉相承的,也就是说大众传播和人际传播的有效整合,使得移民可以共享同样的语言和关注的问题,从而使得移民的口语文化与书面文化结合起来,形成能够共享意义的社会群体。

---

① Robert E. Park. *The Immigrant Press and Its Control*. Harper & Brothers, 1922, p.79.
② Robert E. Park. *The Immigrant Press and Its Control*. Harper & Brothers, 1922, p.16.
③ Robert E. Park. *The Immigrant Press and Its Control*. Harper & Brothers, 1922, pp.71 - 71.
④ Robert E. Park. *The Immigrant Press and Its Control*. Harper & Brothers, 1922, p.77.

此外,帕克对于社会学的研究方法也有所推进,特别是他对于调查方法的应用,为其后社会学研究开拓了新途径。帕克在研究中注重实证分析,将解决社会现实问题作为主要研究方向,通过大量的社会调查,得以近距离观察美国社会,特别是那些城市中的边缘群体,从而展现了美国社会现实的另一面。帕克的研究内容和方法,对其后欧美学者从社会学角度研究大众传播产生了巨大的影响。

四、米德的符号互动论与人际传播

乔治·赫伯特·米德(1863—1931),美国社会学家、社会心理学家及哲学家,符号互动论的奠基人。米德是20世纪的一位重要思想家,美国实用主义的先驱,也是当代社会心理学的创始人之一。米德出生于美国马萨诸塞南哈德利的新教牧师家庭,在哈佛大学跟随著名的实证主义者威廉·詹姆斯学习了一年,随后在莱比锡大学随威廉·冯特学习手势理论,后在柏林大学学习,博士指导导师为狄尔泰,主要研究方向是儿童早期道德发展,也曾跟随齐美尔学习。他和杜威的关系十分密切,1894年他应杜威的邀请,到密歇根大学芝加哥执教37年,直至1931年逝世。米德生前未出版著作,所教授的课程主要是哲学。米德去世后,他的学生根据课堂记录和部分手稿编辑出版了《当代哲学》(1932年)、《心灵、自我与社会》(1934年)、《19世纪思想运动》(1936年)、《行动哲学》(1938年)等著作,其后在20世纪50—60年代有不同版本的《米德选集》问世。其中《心灵、自我与社会》作为符号互动论的经典之作,系统阐释了后来被其学生赫伯特·布鲁默称之为“符号互动论”的思想,本书也因此成为符号互动论的“圣经”。

米德是最早对符号互动论(Theory of Symbolic Interaction)进行系统阐述的思想家,符号互动论不仅对心理学、社会学、语言学、传播学等学科产生影响,而且对于现代哲学探讨思维起源、人类本性、社会交往等认识论、本体论、实践论等问题也有重要意义。作为芝加哥学派的主要思想家,米德的思想与詹姆斯、杜威和库利三位美国实用主义思想家直接相关。乔纳森·特纳说:“他们每一个人都为米德的理论提供了一个至关重要的概念。”① 有学者认为,米德借鉴詹姆斯的“自我”概念,认为人类具有将自己视为客体看待的能力。库利通过对“自我”概念的完善,论述了个体间的相互作用,对对方姿势的理解,以及是如何根据他人的看法认识自己的,这就成为库利的“镜中我”概念,也为米德的“概化他人”(generalized other)概念提供了温床。最后,杜威所

---

① Jonathan H. Turner. *The Structure of Sociological Theory.* Forth Edition, Rawat Publications, 2002, p.310.

提出的"精神"(mind)在社会环境中产生并在互动中发展的理论,同样对米德思想的形成起了决定性作用。[①] 在功利主义、实用主义、达尔文主义和行为主义思想的影响下,米德在理解人类行为的研究中提出基本的理论假设,从而形成了他关于心灵、自我和社会的基本思想。

米德通过融合行为主义、实用主义和进化论等思想,阐释了人类社会的发展进程。米德认为,人类社会的发展就是对周围世界的适应过程,这些适应环境的结果就体现为人类的心灵和自我的特征。心灵、自我和其他人类所独有的特征,也正是人类在社会环境中为生存而进化的结果,是人类从应对、调适、适应和生存的过程中所形成的能力。由此,米德还进一步说明了社会怎样仅仅由于众多个体所具有的心灵和自我的能力而成为可能。他认为,心灵、自我的能力是与社会内在地密切联系着的。米德通过对詹姆斯、库利和杜威的社会理论的整合,把他们的相关概念组合成浑然一体的理论体系,从而将人类心灵、社会自我、和社会结构贯穿于社会互动之中。

米德对于社会发展的研究是从两个基本的假设开始的:其一,人类有机体生理的弱点迫使他们与群体中的他人进行协作,以谋求生存;其二,人类有机体内部和有机体之间的那些有利于合作,从而有利于生存或适应的行动将会被保存下来。因此,米德认为,心灵、自我以及其他特征就是人类在社会环境内的生存斗争中逐渐产生的"生存能力"。在这两个假设的基础上,米德揭示了人类的精神、自我和社会是如何通过互动而产生和发展的。[②] 米德研究社会理论的最终目的,是试图通过对这三者关系的论述来解释社会组织及其建构逻辑。在他看来,所谓社会就是个体间有组织的、模式化的互动,在此过程中社会塑造了人的心灵和自我,但反之,社会和社会组织本身又依赖于人的心灵和自我得以维持和延续。和杜威的观点相同,他也认为社会是被建构的对象,是从个体间相互调节的互动过程中产生的。因此,在进步主义立场下,米德认为"实际上社会制度是可塑的、不断进步的,并且是有益于个性发展的"[③]。他所提到的人类借助于符号互动建构社会意义的观点,对于传播学理论产生了重要的影响。

首先,米德认为,人类心灵的独特之处在于在社会互动中建构"有意义的符号"。[④]

---

① 周晓虹:《芝加哥社会学派的贡献与局限》,《社会科学研究》2004 年第 6 期。

② George H. Mead. *Mind, Self and Society: From the Standpoint of a Social Behaviorist*. The University of Chicago Press, 1962, pp.79-80.中译本参见乔治·H. 米德:《心灵、自我与社会》,赵月瑟译,上海译文出版社,2005,第62—63页。部分文字略作修改,下引同。

③ George H. Mead. *Mind, Self and Society: From the Standpoint of a Social Behaviorist*. The University of Chicago Press, 1962, p.262.

④ George H. Mead. *Mind, Self and Society: From the Standpoint of a Social Behaviorist*. The University of Chicago Press, 1962, p.75.

他认为,人类心灵的主要特征体现为:其一,能够使用符号来表示环境中的客体;其二,能够自行预演针对这些客体可选择的行动方案;其三,能够控制不适当的行动方案,并选择一种公开行动的合适路径。米德把这种自行使用符号或语言的过程称为"想象性预演"(imaginative rehearsal),这也说明了米德的心灵概念不是结构性的而是过程性的。进而言之,社会的存在与延续,或组织群体的合作,都是建立在人们针对他人而行动的可能方案,以及选择那些有利于合作行为的"想象性预演"的基础上的。显然,米德在这里所强调的是所谓社会进程是人和社会不断交往互动的过程。在此过程中,包含着个人、自我和社会的持续不断的对话与交往,人类交往则是通过"有意义的"动作即有别于非人类行为的自觉的行动实现的。由此,米德对人类交往的分析是从"姿态"("动作",gesture)这一概念开始的。米德认为,人和动物对于姿态或动作的理解不同,动物除了本能的刺激—反应外,无法理解彼此行为的意义,因此动物之间的行为是无意义的。但是人类互动可以使得其姿态或动作具有引起确定反应的意向,并且该"动作"不但能引起对方的某种反应,而且也引起自己相同的反应。这时,人类之间的"有意义的"对话才会发生,而动作被赋予了意义。由此,姿态或动作就变成为有意义的符号(symbol)。①简言之,符号的互动正是人类社会行为的本质特点。通过符号交流,人们之间双方都能为对方换位设想,这与动物使用"动作"的对话完全不同,动物并不能够彼此互相认同。无疑,造成人和动物这种区别的根本是有意义的符号。可见,使用有意义的符号以建立互动和交流的关系,并进而形成社会、塑造自我,是人类社会发展的基本特征。

米德进而认为,形成有意义的符号是一个复杂的过程,具体涉及以下诸方面的问题。其一,人类语言使社会行动的参与者能够理解意义,并使意义得以交流和共享。米德通过对语言的讨论,认为语言是社会的黏合剂,使人类能够形成拥有共享意义的共同体成为可能。其二,人类抽象思想的出现,使得人能够进入一个纯用符号操作的世界,能在想象中预演各种角色和情境。其三,主体成为一个他自己的客体,对他自己的刺激做出反应,并与自己对话,把自己当作行动的目标,解释和反思他自己的行为等。其四,人类能够建立互动的社会机制。没有这种相对稳定的社会结构,有意义的对话是不可能的。可见,在通过符号意义互动的过程中,主要包含两类不同的交流与对话:一类是"外在的对话",即我们一同创造共同的世界的互动过程;另一类是"内在的对话",即自我的两个不同面向之间的对话产生了"自我"。②

---

① George H. Mead. *Mind, Self and Society: From the Standpoint of a Social Behaviorist*. The University of Chicago Press, 1962, pp.76 – 77.

② 于海:《西方社会思想史(第三版)》,第252—253页。

其次，米德认为在人们的社会行为过程中，"自我"的形成是借助于符号互动产生的过程，这一过程是自我不断与宾我(me)、他人(the others)以及普遍化的他人(the generalized other)的对话互动的过程。米德说："自我所由产生的过程是一个社会的过程，它意味着个体在群体内的相互作用，意味着群体的优先存在。它还意味着群体的不同成员都参与其内的某种合作性活动。……因此存在一个自我从中产生并在其中进一步演化、发展、组织的社会过程。"[1]米德认为，自我源于社会，因为自我是由对话互动和交流形成的。一切思考均为"内心的对话"，为了懂得怎样与自己对话，人必须首先要与他人对话。个人是在社会经验中发现对话者的，在其经验中首先被给予的正是那些他人，在这个意义上，只有通过他人，个人才知道他自己的经验。他以盲人海伦·凯勒的案例说明该观点："对于交流来说必不可少的是，符号应当对人的自我引起它在其他个体身上引起的反应。它必须对任何处于相同情境的人具有那种普遍性。当一种刺激能够像影响他人一样影响个体时，就存在语言的可能性。对于像海伦·凯勒这样的一个盲人来说，可以像给予她自己那样给予另一个人的经验乃是触摸的经验。海伦·凯勒的心灵是用那种语言构成的。正如她所承认的，直到她能运用能在她自身引起在其他人身上引起的反应的符号与他人发生交流为止，她才获得了我们所说的心理内容，或者说，获得了一个自我。"[2]这里米德借助于经验观察分析了人们之间使用符号交流并建构共享意义从而形成自我的过程。他认为，这并不意味着个人本质上是由其社会环境决定的，社会并非完全客观的存在，也并非从外部单向地决定个人的东西。进而言之，社会既非一套现成的迫使个人接纳的标准和模式，个人也非一切外部刺激的被动接受者。恰恰相反，正是在社会和个人的互动过程中，主体可以把一切变成有意义的符号，从而在自己的想象中加以选择、组合并排演。可以看出，自我和社会的形成，都是在动态的互动交流和传播过程中建构起来的。其中最为重要的因素就是社会互动和符号意义的建构。由此可以看出，米德在这里所描述的社会互动就包含传播的不同形态，从作为内心互动的人内传播，到与他人互动的人际传播，直至通过人际传播建立社会意义的构成，在人和社会的关系建立过程中，无疑交流和传播起到了非常重要的作用。

米德把自我的形成分为玩耍(play)、游戏(game)和普遍化的他人(the generalized other)三个阶段，每一阶段不仅体现了个体从角色获得(role taking)中实现短期自我想

---

[1] George H. Mead. *Mind*, *Self and Society: From the Standpoint of a Social Behaviorist*. The University of Chicago Press, 1962, p.164.

[2] George H. Mead. *Mind*, *Self and Society: From the Standpoint of a Social Behaviorist*. The University of Chicago Press, 1962, p.149.

象的演变,而且标志着更为稳定的自我概念的进一步明确化。米德认为,玩耍阶段仅仅是有机体社会角色获得的初始阶段,游戏阶段是有机体开始体会和理解处于有组织活动他人的角色的阶段,米德以棒球比赛的角色设定为例,说明该阶段能从协作群体中获得重塑自我形象的能力。在这之后,当一个人能体会并理解社会中"一般他人"的角色或明确的"共有态度"时,就标志着自我的发展进入了最后阶段。在这一阶段,个体能够对社会或信仰、价值观和社会规范做出整体性的设定反应。这样一来,一方面,人们能够提高对他们必须交往的他人所做出反应的适当性的理解;另一方面,人们能够将可评价的自我形象,从对特定他人的期望扩展到更为广泛的社会共同体的标准和观点。由此,随着"他人"总量的不断扩大,角色获得的能力也不断提高,这个过程表征着自我发展的阶段。于是,这种针对"他人"的角色获得的进一步发展,便是把整个社会群体当作"他者",也就是将社会其他人的态度一般化、概念化了,而主体表现为民族、社会、国家、道德或上帝等。在"普遍化的他人"阶段,个人行为则要符合一般规则,使自己的行为适应整体的行为。米德说:"在第一种玩耍的意义上玩游戏的儿童,并未得到基本的组织。在那个初始阶段,他从一个角色变到另一个角色,不过是随兴所至。而在涉及许多人的游戏中,担任一个角色的儿童必须准备担任其他所有人的角色。如果他参加棒球比赛,他在自己的位置上必须具备各个位置上的反应。为了完成他自己的动作,他必须知道其他每个人准备做什么。他必须扮演所有这些角色。他们并不是全都必须在同一时间出现在他的意识中,但是在某些时刻,他采取的态度必须考虑到三四个人的情况,例如那个准备把球投出去的人,那个准备接住球的人,等等。这些反应必须以某种程度表现在他自己身上。因此,在游戏中,必然存在这样一些有组织的针对他人的一套反应,一个人的态度唤起与其他人适当的态度。"[1]"普遍化的他人"概念与库利的"镜中自我"概念有相似之处,米德也承认受到库利的概念影响,但他认为"普遍化的他人"思想内涵更为丰富。其中更为明确的是,"普遍化的他人"概念不仅包含着社会互动的变化过程,同时还包含社会意义建构的过程,亦即自我和社会如何在互动关系中赋予意义。

米德把社会看作一种动态发展的构成性现象,源自个体间的调适性互动。因此,通过心灵和自我概念表征的过程,社会也就能够被改变和重新建构。米德进一步强调,这种动态变化往往是不确定的、难以预测的。为了说明这种不确定性,米德使用了詹姆斯

---

① George H. Mead. *Mind, Self and Society: From the Standpoint of a Social Behaviorist*. The University of Chicago Press, 1962, p.151.

提出来的"主我"（I）和"宾我"（me）的概念："'主我'是有机体对他人态度的反应,'宾我'则是个人所想象的一套组织化的他人的态度。他人的态度构成了组织化的'宾我',进而有机体作为一个'主我'对'宾我'做出反应。"①可见,在米德这里,"主我"指的是个体的能动倾向,而"宾我"表示的则是行为发出之后的自我形象的设定,自我的发展同等地包括"主我"与"宾我"两个方面。当有机体作为"主我"时,他意识到自己是一个主体,代表了人的冲动倾向和自发性行为,并且它是不可计算、不可创造和不可预测的。当有机体作为"宾我"时,他将按照他人对他的态度来左右自己,或针对自己做出反应,他的自我评价是他所设想的他人对他的评价的结果。也就是说,"宾我"是按照有意义的他人和共同体的观点来设想和认识自我的,它反映的是法律、道德及共同体的组织规范和期望。正因为有了独一无二的"主我","宾我"才能成为一个客体。亦即作为具有独立人格的"自我"其实是"主我"与"宾我"不断互动的过程,这也与有机体与环境不断互动的过程相似。

总之,米德强调"自我"是在社会性、开放性的互动和对话交流中形成发展的,赋予人类思想以互动的结构,又给人们的互动形式注入有意义的符号内容。对此,有学者认为,也正是在这个意义上,米德为从社会学角度具体研究社会和思想过程之间的关系奠定了基础。米德的社会互动理论为解释原子个体与社会结构之间的联系提供了思路,否定了古典哲学家把思想与行动对立的观点。他通过"普遍化的他人"概念,把自我意识看作运用有意义的社会符号进行内心对话的过程,同时也把社会情境纳入个体主观意义的建构中,为现代社会学中的角色理论提供借鉴。② 此外,米德的符号互动论在方法论上也产生重要影响。符号互动论在社会学理论中将社会行为视为社会解释的单元,并将作为周围世界解释者的社会行动者看作重要的研究主体,从而试图揭示社会行动者如何通过建构有意义的符号世界,形成属于他们自己的社会的过程。这些研究取向,无疑对后世社会学理论具有重要启迪。更为重要的是,米德提出的"社会过程是有意义的符号建构的互动过程"的观点,以及通过个体与社会的互动从而建构主我、宾我和自我的过程,为传播学研究中立足于意义建构考察传播主体之间的互动关系,特别是人际传播中通过语言符号和非语言符号如何实现有效的人际交流,从而实现社会意义的共享等理论研究,奠定了非常重要的理论基础。

---

① George H. Mead. *Mind, Self and Society: From the Standpoint of a Social Behaviorist*. The University of Chicago Press, 1962, p.175.

② 于海:《西方社会思想史(第三版)》,第 255 页。

第三节
芝加哥学派的影响与发展

　　芝加哥社会学派作为松散的学术共同体,虽然没有形成统一的理论主张和观点,但是该学派的多数学者所关注的问题、提出的思想和理论,以及采用的研究路径都是一致的。他们都体现出实用主义的哲学立场,都具有进步主义的态度,都立足于人文主义的研究范式,试图对他们所处的美国工业化社会发展的现实状况做出理论解释。因此,他们所要回答的研究问题,提出的许多理论观点,以及采用的研究方法和路径等,都是为工业化社会所面临的问题,诸如城市化、民主化和社会变迁等提出解释逻辑和方案。对于传播思想而言,他们关注大众传播在塑造社会心理、形成社会共同体方面所具有的重要影响,从而也把大众传播置于整个社会发展的大背景中,通过对大众传播与其他作为社会构成要素如政治、社会、文化等影响关系的分析,试图回答大众传播在建构社会共同体中的作用和意义。由此可见,芝加哥社会学派不仅开拓了社会学研究的理论领域,也为传播思想和现代传播学理论的建立奠定了基础。因此,在考察传播思想发展的历史时,芝加哥学派的重要作用是不能忽视的。

　　第一,就其影响而言,作为世界上首个社会学系,芝加哥社会学派对社会学科发展所做出的贡献是不言而喻的,也成为对西方传播思想产生重要影响的学术思想渊源。正如许多学者所肯定的,芝加哥学派的突出贡献就是为社会学这门学科奠定了最初的学科化和制度化的基础。尽管孔德最早提出了"社会学"的概念,并为创建一门实证化的社会科学提出了完整的构想,但是,由于欧洲的学术传统和大学体制的影响,社会学在欧洲始终没有找到合适的发展空间,许多社会学研究学者尚依附于其他经典学科之下,并未得到合法的学科体制的认同,不利于从事专门的研究。因此,芝加哥大学社会学系的成立和芝加哥社会学派的出现彻底改变了欧洲社会学研究的体制约束,从而使得社会学有关学科获得巨大的发展潜能。同时,伴随着工业革命带来的美国社会快速的都市化、工业化,以及随之引发的移民、城市和劳工等问题,当时美国社会迫切需要针对这些现实社会问题做出理论解释和提出应对方案。由此,应运而生的芝加哥大学社会学系成功囊括了社会学研究的许多世界第一,并成为孕育社会学理论和思想的重要平台。

　　第二,就理论贡献而言,芝加哥社会学派的学者们提出了富于创建性的理论观点和体系。正如罗杰斯所总结的,芝加哥社会学派对于美国社会科学的主要理论贡献是在社会问题的研究方面,为它奠定了经验的基础,还赋予美国式的社会科学一种应用的、改良的影响,主张阐述一个社会问题有助于它的解决。芝加哥社会学派还具有其他的影响,"第一,它使符号互动论概念化了,符号互动论是一种将传播置于人性如何形成和变化的中心的理论观点。第二,它认为大众传播是美国民主社会面临城市社会问题而生存下去的一个可能的手段"①。正是在米德的影响之下,符号互动论在其后发展起来,成为影响深远的社会科学中的重要理论。随着布鲁默将该理论定名,以及进一步的倡导和发展,符号互动论发展成为体系完整的理论,并形成了以布鲁默及芝加哥学派、M. 库恩及衣阿华学派、戈夫曼的拟剧论为主的三种形态。② 布鲁默的符号互动论主要认为,人类社会是由具有自我的个人组成的,人类创造并使用符号来表示周围的世界。社会互动是个人、他人和群体之间意义理解和角色扮演的持续过程,符号互动创造维持和改变社会结构。因此,社会学方法必须着重于研究人们做出情境定义和选择行动路线的过程,并且理论能够解释互动过程,并能指出一般行动和互动发生的条件。对于此过程,只有持续的参与观察—检验方法才适合于互动分析。③ 可见,布鲁默强调对于互动过程的观察与解释。与之不同的是,库恩则坚持社会学方法应追求以可靠的手段对行动者的符号过程加以测量。因此,在研究中,他们对诸如"自我""社会行动"和"普遍化的他人"等符号互动论的基础概念制定了严格的方法论上的操作定义,并发展出结构化的测量手段如问卷表等,以便对关键变量进行可靠和有效的测量。此外,戈夫曼所提出的拟剧论(dramaturgical theory)也属于符号互动论传统理论的发展,与库利的"镜中我"、米德的"扮演他人角色"都有相似之处。进而,在此基础上,戈夫曼发展出了符号互动论的"情境定义"和"角色表演"的概念,并提出"印象管理"的观点,这三个概念成为戈夫曼拟剧理论的核心概念。其中"情境定义"是符号互动论中居于首位的重要概念,从早期托马斯提出情境定义,到米德的人的自我互动和互相扮演他人角色的符号性互动的思想,乃至布鲁默对上述概念尤其是米德思想所作的系统化阐释,都强调了人的行为主要是基于个人经验和价值以及社会常识和规范,并由此所产生的基于社会意义建构的基础上的互动行为。因此,这些理论都认为,作为持续有效社会互动的社会秩序,则产生于和实现于行动者们能够一致的"情境定义"中。由此,戈夫曼从更为复杂的社会结构中探寻互动论的内涵。毫无疑问,这些理论都是芝加哥社会学派关于人类社会的互动行为、社会组织形成与变迁等理论与方法的拓展。

---

① E. M. 罗杰斯:《传播学史:一种传记的方法》,殷晓蓉译,第 207 页。
② 于海:《西方社会思想史(第三版)》,第 262 页。
③ Herbert Blumer. *Symbolic Interactionism: Perspective and Method*. Prentice-Hall, 1969.

第三，就研究方法而言，芝加哥社会学派在研究方法和研究取向上也形成了自己的特色。芝加哥社会学派将经验研究和实践应用融入社会学理论研究，这也极大地改变了欧洲社会学理论的思辨性和纯理论的特征，无疑也使得孔德的社会学真正成为科学的设想得以在现实层面加以实践。当然，这种研究取向的形成也与19世纪末美国社会的发展密切相关。美国现实社会的发展需要全新的理论去阐释它并提出应对方案，因此，时代呼唤能够针对现实切中肯綮的理论。显然立足于现实的经验研究是最为直接的方法。如托马斯的《欧洲和波兰的美国农民》可以说是"美国经验社会学第一部伟大的经典著作"①，是"反对扶手椅中的社会学的里程碑式的范例"②。而帕克社会学的经验研究不仅在于他自己关于少数族裔社区的研究，也影响到他的学生采用经验调查的方法展开研究。芝加哥学派的研究者们深入到城市贫民窟，关怀普通人的生活经验，通过深入调查发现社会，观察人们的日常世界，形成芝加哥大学社会学系的鲜明特征。

第四，芝加哥社会学派的发展影响深远。虽然到了20世纪40年代左右，美国出现了以塔尔科特·帕森斯为代表的结构功能主义社会研究范式，并逐渐取代芝加哥社会学派，成为美国社会学新的主流范式。与此同时，定量研究的方法与技术也得到发展并日趋成熟，逐渐取代了社会学的定性研究，而且成为主导性的研究方法。处于冷战中的美国社会需要普遍性的理论来论证美国价值，这些都使得芝加哥社会学派不再成为美国社会学研究的主流。但是，在符号互动论等理论的影响下，布鲁默、埃弗里特·休斯、霍华德·贝克尔、欧文·戈夫曼和大卫·里斯曼等社会学者在战后的近20年间仍在继续发展芝加哥大学社会学研究，并因此形成了"第二个芝加哥学派"，芝加哥社会学派的影响和意义是不能忽视的。詹姆斯·凯瑞在了解传播思想中的"传递观"和"仪式观"后就指出，虽然"传播的传递观自20世纪20年代开始，一直占据美国思想的主流地位。……行为主义或功能主义术语对这一观点的表达已经黔驴技穷，已经成为一种经院式的东西：一再重复过去的研究，对明确无误的事加以验证。……我认为有必要重新开启对传播的分析，借助杜威的著作使这一研究重获生机，最重要的是，我们应该从生物学、神学、人类学及文学中的一些知识材料中另辟蹊径，以免像现在一样原地打转"③。凯瑞始终在强调杜威以及芝加哥社会学派所提出的传播与社会共享意义的建构作为传播的仪式观，还需要通过对芝加哥社会学理论的进一步研究和挖掘，以丰富美国的传播学理论的研究。凯瑞从传播

① Lewis A. Coser. *Masters of Sociological Thought: Ideas in Historical and Social Context*. Rawat Publications, 2001, p.518.

② H. E. Barnes. *An Introduction to the History of Sociology*. University of Chicago Press, 1948, p.804.

③ 詹姆斯·凯瑞：《作为文化的传播："媒介与社会"论文集（修订版）》，丁未译，第22页。

的共享意义入手提出传播的"仪式观",进而深入分析杜威、库利等学者的传播思想。这些研究不仅富有新意,而且能够启迪当代传播思想的研究。此外,从交流的本质而言,彼得斯也把芝加哥社会学派所提出的符号互动论作为传播思想中重要的理论构成。

总之,芝加哥社会学派对于人、社会和传播之间关系的研究、所提出的人和社会建构共享意义的社会互动过程的观点,可以说是后世传播思想发展的重要思想源泉。芝加哥社会学派的符号互动论与其说是社会学的主要理论,倒不如说是西方传播思想中主要的奠基理论——在后续的发展中,符号互动论在传播学研究中的影响也远大于社会学对其理论的重视。

第四节
李普曼的舆论研究

沃尔特·李普曼(1889—1974)是美国著名政治家、专栏作家、新闻评论家,也是美国传播思想史上具有重要影响的人物。李普曼毕业于哈佛大学,跟随实用主义思想家威廉·詹姆斯等人学习,在政治民主、宣传、舆论等领域提出了重要的理论观点和具有重要影响的看法,对美国传播思想的形成和发展产生了深刻影响。李普曼终身专注于大众传播事业,并未在高校从事教育和大众传播研究。他于1958年、1962年两次获得普利策新闻奖,《时代周刊》称他为"他们的摩西,他们的自由主义的伟大倡导者"。从24岁参与创办《新共和》直到离世,李普曼在其60余年的职业生涯中完成了多达1 000万字的上万篇时政评论文章,出版了30多种著作,成为西方传播思想史上无法回避的具有重要地位的人物。他撰写的《舆论》(The Public Opinion,1922)一书产生了广泛的影响,其中提出的"拟态环境""议程设置""刻板印象"等许多观点都成为传播思想中影响深远的理论,被公认为传播思想领域的奠基之作。① 罗杰斯也认为,"就大众媒体在构

---

① "public opinion"以往多译为"公众舆论",或"公众意见""公共意见"等,就汉语"舆论"一词而言,据《汉语大词典》(四川辞书出版社、湖北辞书出版社,1993年)"舆"即为"多""众"之义,所谓舆论,即为"众论",为公众之论。对此,很多学者已提出并加以订正,如清华大学常江主持翻译的新版李普曼该著作即译为"舆论",复旦大学殷晓蓉在罗杰斯的《传播学史》中亦译为"舆论",其他有关论述不再一一赘述,因此,本书将该词翻译统一为"舆论"。

成舆论方面的作用而言,他是最有影响的一个作者,他开创了今天蓬勃发展的议程设置过程的研究传统。毋庸置疑,李普曼对传播学产生了最重要的、非学院式的理智的影响。《舆论》被詹姆斯·凯瑞认为是传播学领域的奠基之作"①。

一、李普曼与芝加哥社会学派

就李普曼的经历和社会活动而言,他虽然不是芝加哥社会学派的成员,其理论思想的形成与芝加哥社会学派也没有直接的师承关系,但其所处的时代正是杜威、米德等主导的芝加哥社会学派的勃兴时期,其实和芝加哥社会学派有很多思想和理论的交集,从而也是芝加哥社会学派活动时期美国传播思想中极为重要的构成部分,与芝加哥社会学派的传播理论同样影响后世的传播学研究。

首先,李普曼也受到了詹姆斯等美国实用主义思想家的影响,在哈佛大学就读期间,亦深受威廉·詹姆斯实用主义哲学的影响。罗斯·波斯洛克的研究中列举了大量受到威廉·詹姆斯影响的美国文化名人,其中就包括"沃尔特·李普曼、社会学家罗伯特·帕克、约翰·杜威、G. 赫伯特·米德、查尔斯·库利"②等。而更为重要的是,就在詹姆斯辞世前两年,他被哈佛校刊上本科学生沃尔特·李普曼的文章所吸引,于是登门拜访了这位年轻人。此后,詹姆斯"以自己的著作,尤其是通过每周一次与李普曼茶桌上的交谈……使李普曼的意识王国超越了日常的经验"③。在詹姆斯思想的影响之下,李普曼从心理学视角审视作为政治学者和新闻记者的工作,开始从社会心理学纬度对大众传播问题的探究。在詹姆斯去世不久,李普曼相继出版了《新闻与自由》《舆论》《幻影公众》等著作,无疑这些著作都不同程度地打上了詹姆斯思想的印记。可以说,李普曼"延续了詹姆斯的实用主义遗产""对整整一代人的思想解放都产生了巨大影响"④。尤其在《舆论》一书中,以詹姆斯提供的心理学、哲学作为指导,李普曼最终完成了詹姆斯·凯瑞所说的美国大众传播研究的心理学和认识论转向。有学者也指出,对于身处20世纪上半叶的那些美国社会科学家来说,詹姆斯对李普曼的影响自然也不例外。特别是对于大众传播研究而言,詹姆斯理论的影响主要通过帕克和李普曼体现出来,从而使得他们成为美国早期大众传播研究最重要的两位学者。在他们的大众传播研究理论

① E. M. 罗杰斯:《传播学史:一种传记式的方法》,殷晓蓉译,第 243—244 页。
② Ross Posnock. *The influence of William James on American Culture*. The Cambridge Companion to William James,1997, p.322.
③ 罗纳德·斯蒂尔:《李普曼传》,于滨、陈小平、谈锋译,中信出版社,1982,第 33—34 页。
④ David K. Perry. *American Pragmatism and Communication Research*. Erlbaum, 2001, p.13.

中,具有非常明显的詹姆斯思想的内容,可以说,詹姆斯的哲学和心理学是帕克和李普曼的大众传播和舆论理论研究的重要思想来源。①

其次,在李普曼的《舆论》发表后,围绕该书的观点,作为芝加哥社会学派的领袖人物杜威就大众媒介与社会民主的观念与李普曼之间展开了思想交锋,詹姆斯·凯瑞将其称为"杜威—李普曼之争"。② 在凯瑞看来,所谓杜威和李普曼的理论争论,其核心是大众传播能否培养社会公众,从而推进社会民主的发展。凯瑞认为,对于杜威等芝加哥社会学派学者而言,传播是推动社会进步的重要力量,而李普曼的观点则更多强调了大众传播的认识功能,即把媒介看作认识论层面上有关知识、真相和环境建构等的手段,特别是李普曼关于舆论的观点,如认为媒介发布的个人意见仅仅是统计学上的数据集合,同时大众传播的效果与媒介本身的认识论局限有关,以及有关拟态环境、刻板印象、偏见与受众选择性认知等。李普曼进而认为,如果要发掘真相,知识分子的政治偏向行为就必须要转向专业化手段。凯瑞则认为,李普曼重点讨论的是大众媒介应该从公众、权力、自由等问题转向知识、真相和环境建构等问题的研究。对此,杜威在1922年发表了对《舆论》的评论文章,他承认《舆论》中观点的合理性,但认为李普曼的《舆论》实际上有违美国的民主价值体系下对公众的基本认识。随后杜威于1927年出版了《公众及其问题》一书,对李普曼的观点进行了全面回应。在凯瑞看来,杜威的观点与李普曼有所不同:杜威认为李普曼关于大众媒介对社会现实世界的建构等观点其实是一种去政治化的观点,把公众排除在新闻与社会的影响之外,成为旁观者的旁观者,而杜威自己则主张新闻必须要通过对社会的描述、真相的发现、故事的讲述等形成,从而形成能够产生公共意见的公共生活机制,这样才能塑造出民主社会的公众。简言之,李普曼主张从认识论视角观察大众媒介,而杜威则从媒介的政治民主视角出发,赋予大众媒介对民主发展影响的社会功能。杜威认为大众媒介不是社会的旁观者,而是民主社会的参与者和推动者,是建构社会公意,形成具有民主意识和行动的公众的重要手段。③ 当然,正如舒德森所指出的,所谓的"杜威—李普曼之争",仅仅是凯瑞自己的理论建构而已。④ 凯瑞不仅误读了李普曼,也误读了杜威,他们之间只是意见的交流(exchange),争论并非是不可调和的(debate)。国内学者也专门讨论了凯瑞建构"杜威—李普曼之争"

---

① 王颖吉:《威廉·詹姆斯对大众传播研究的影响——以李普曼和帕克为中心的研究》,《当代传播》2009年第6期。

② John Pauly. *James Carey: In Praise of the Popular*. Popular communication, 2007, Vol.5 (1), pp.11 - 12.

③ 詹姆斯·凯瑞:《作为文化的传播——"媒介与社会"论文集(修订版)》,丁未译,第72—73页。

④ M. Schudson. *The Lippmann-Dewey Debate and the Invention of Walter Lippmann as an Anti-Democrat 1986 - 1996.* International Journal of Communication, Vol.2, 2008, pp.1 - 20.

的过程。① 事实上,杜威和李普曼的观点并没有泾渭分明、水火不容,只不过是在民主社会背景下对于大众媒介的不同角度的理解而已。但不管如何,李普曼关于媒介的观点源于他在长期的媒介实践中的经验观察,也包含着对当时美国社会大众媒介发展现实的深刻认识,指出了大众媒介存在的另一面向,与杜威的理论并没有本质上的对立。

因此,不论李普曼是否为芝加哥社会学派的成员,其学说中关于新闻生产、宣传控制、媒介内容及受众心理的分析,与芝加哥社会学派关于传播理论的研究并无本质区别。国内传播研究学者将李普曼视为美国传播思想流变中从芝加哥学派到大众传播研究确立的关键一环。② 舒德森也认为,李普曼是"第一位也是最杰出的一位将民主的现实主义模式与新闻媒体联系起来的思想家"③。就是说,李普曼对于大众媒介和公众意见形成的分析,与美国现实民主社会的发展并无相悖之处,反而也使他成为西方现代民主理论史、政治学研究上的重要代表人物。此外,值得一提的是,李普曼关于大众传播与宣传的实际工作,也为结构功能主义拉斯韦尔的大众传播研究提供了素材。李普曼在一战期间作为美国陆军上尉在法国的美国陆军远征军宣传部门服役,其间制作战争宣传的传单,这些传单资料也成为后来拉斯韦尔传播理论研究的素材来源。④

二、媒介、公众及舆论

芝加哥社会学派的传播思想立足于进步主义的立场,对美国社会的大众媒介与民主社会的发展持有明确的肯定态度,重点强调媒介对于社会共享意义的建构以及社会共同体形成的作用。以杜威为代表的芝加哥社会学派通过发现个人与群体的不可分割的特征,为传播或交流确立了社会本体地位,坚持认为社会就是在交流中存在着的,或者说社会就是交流本身。但是与杜威等学者的观点不同,李普曼通过对舆论、公意和媒介关系的考察,认为这种理想化的社会共同体,对于传播或交流的本体化认识,在现代社会中根本无法实现,人们所认识到的也就是间接的拟态环境,所谓社会化的公众也纯属幻影。因此,李普曼明确提出:"对舆论的分析就必须从厘清下述三者之间的关系开始:行动的环境、人们头脑中关于那个环境的图景,以及人对于从环境中滋生出来的那幅图景做出的反应。这一切就像一出要求演员本色出演的戏剧,剧中情节并不仅仅是

---

① 方师师、於红梅:《詹姆斯·W. 凯瑞版本的芝加哥学派及其建构》,《国际新闻界》2010 年第 12 期。
② 黄旦:《美国早期的传播思想及其流变——从芝加哥学派到大众传播研究的确立》,《新闻与传播研究》2005 年第 1 期。
③ 迈克尔·舒德森:《新闻的力量》,刘艺娉译,华夏出版社,2011,第 187 页。
④ E. M. 罗杰斯:《传播学史:一种传记式的方法》,殷晓蓉译,第 244 页。

虚构的表演,而且深深嵌入了表演者的真实生活。电影这种艺术形式便时常以高超的技巧去展现同时包含了内在动机与外部行为的双重戏剧效果。"①基于此,李普曼从认识论角度展开了以舆论为核心的社会建构与大众媒介之间关系的探究。

首先,李普曼认为,现代社会影响人们认知、情感和行为的是人们所处的"拟态环境"和人们内心对世界的认知。"人类会在特定情况下对虚构出来的事件做出和真实事件一样剧烈的反应。而在很多时候,那些虚构出来的事件恰恰就是在人类自己的参与下建构出来的。"②李普曼通过对于媒介报道和现实关系的对比观察的案例分析,提出了"拟态环境"(pseudo-environment)的概念:"在所有这些事例中,我们必须格外注意一个共同因素的存在,那就是人与其所处的环境之间存在的那个拟态环境。人的所有行为都是针对这一拟态环境做出的。"③因此,李普曼认为我们人类生活在两种环境当中:一是现实环境,即独立于人的意识、体验之外的客观世界;二是虚拟环境,即被人意识或体验到的主观世界,存在于人与其所处的环境之间,也就是"拟态环境"。李普曼认识到,现代社会已经超越了个人直接经验的范围,因此每一个人做什么并不以直接和确凿的对于真实世界的认识为基础,而是以他自己想象或别人告诉他的情况为基础。李普曼说:"真实的环境在总体上过于庞大、复杂,且总是转瞬即逝,令人难以对其深刻理解,我们实在没有能力对如此微妙、如此多元、拥有如此丰富可能性的外部世界应付自如。而且,尽管我们必须在真实环境中行动,但为了能够对其加以把握,就必须依照某个更加简单的模型对真实环境进行重建。这就像一个人若想环游世界,就必须有一张世界地图。"④李普曼在这里实际上已经涉及了人们通过媒介认识世界时的最重要的特征:其一是外部世界的复杂化、多元化以及丰富性等特征决定了人们不可能,同时也没有这个能力去全盘接受这个世界的所有信息;其二是人们认识世界的方式是对世界的简化,也就是像地图一样对信息进行抽象化。这些观点无疑是非常重要的,且不断由其后发展的心理学理论得到验证。此外,李普曼还明确区分了拟态环境和虚构事实。就此意义看,由于人们认知的差异,人们虽然生活在同一个世界里,但是思考的和感觉的却是不同的世界。既然人们在现实生活中缺乏共享经验,那么芝加哥社会学派所说的理想的社会共同体自然也就无法形成。

事实上,这里也就隐含着李普曼对于大众媒介和民主发展的关系的担忧,既然人们认识到的世界充满片面性和不确定性,那么媒介是否能够推进民主发展恐怕是需要怀

---

① 沃尔特·李普曼:《舆论》,常江、肖寒译,北京大学出版社,2018,第 15 页。
② 同上,第 14 页。
③ 同上。
④ 同上,第 15 页。

疑的问题。正如有学者指出的,李普曼所阐释的两个环境的理论是符合实际的观点,但"仅此并无新意。而李普曼的创造性在于,强调大众传播的作用。即现代社会中,'虚拟环境'的比重越来越大,它主要有大众媒介造成。换言之,现代人和现实环境之间,插入了一个由大众媒介构筑的巨大的'虚拟环境'或'媒介环境'"①。这也为李普曼进而分析公众和舆论等问题确定了理论前提和基础。

其次,李普曼认为,人们在认识周围世界时,为了自身利益的需要,通过"刻板印象"建立起了属于自己的世界图景。李普曼认为,刻板印象是人们无法避免的认知特征,虽然人们要求客观、公正地认识事物,但实际上这是无法实现的。李普曼认为,人们在接受外部信息时,受到人的大脑内部已经存在的先入之见、偏见等认知图景的影响,它们对信息进行诠释、加工,最后又反过来操纵我们的注意力和意识。"刻板印象就是由从外部世界进入个体意识的有限的信息所构成的。我们会考察个体如何从自己的立场出发去对这些信息加以感受和认识。"②所谓的舆论也就是在国家意志、群体心理和社会目的等观念的基础上形成的刻板认识。李普曼进而认为,人们认识到的世界其实仅仅是人们想认识的世界,他说:"我们每个人都借助习惯、偏好、能力、心理舒适度、内心期待等因素实现对于外部世界的某一部分的充分的适应。把我们的刻板印象组接起来,就是有关这部分世界的一幅连贯有序的图景。这幅图景或许不能完整地反映整个世界,却能反映我们所适应的那一部分世界。"③在人们建构起来的世界中,万事万物都按照我们预期的方式运行。人们在属于自己的这部分世界中感到心安理得,感觉自己就是它的一分子。人们已经顺利融入它的环境,对它的一切轻车熟路。这部分世界使人们感觉亲切、寻常和可靠,人们对其每个角落都熟稔于胸。人们生活在自己所构建的世界中,自得其乐,所以,当自己的刻板印象面临质疑时,人们会感到整个世界的根基都被撼动了。李普曼说:"事实上,被质疑所撼动的,只不过是我们自己的世界而已。"④显然,李普曼质疑大众媒介给人们所传达的世界仅仅是一种主观认知时,无疑与持进步主义观念的杜威等学者的乐观主义理念产生了分歧。

在此基础上,李普曼接着又讨论了公意、国家意志和舆论的关系。他认为,舆论是社会群体关于公共事务的公共意见。他基于对公共事务的理解进而界定舆论内涵,并认为人们的行为与他人的行为之间无疑是相互联系的,人们的行为之间势必会产生相

---

① 张国良:《传播学原理(第三版)》,第38页。
② 沃尔特·李普曼:《舆论》,常江、肖寒译,第25页。
③ 同上,第77页。
④ 同上,第77页。

互影响。因此,他将这些关乎社会中我们和他人生活的事情,概称为公共事务,公共事务构成人们所处世界中的另一重要层面。公共事务与舆论有密切的关系,李普曼认为,"'他人'头脑中关于自我,关于其他人,以及关于自身需求、目标和社会关系的认知图景,就构成了他们个人的意见。而这些图景一旦成为社会中某个群体的行动指南,或以社会群体的名义由一些个体去付诸实践,那么就成了更宏大意义上的舆论"①。他强调,在现实的政治生活中,人们所面对的世界是不可触摸、无形无边、难以把握的,因此,对于这样的世界,人们只能去探索、描摹和设想,从而形成对于世界的可靠的认识。有学者就指出,如果李普曼所认为的民主政治是以参与式民主或"公民共和"为首要的定义的话,那么,从这个认识延伸出去,也就可以进入李普曼整个思想学说的核心起点。② 反之,因为人们主要以语言作为认识世界的方式和手段,也就是语言符号作为中介,所以由于现代社会中呈现的复杂的多元化特征,人们往往用固定的成见代替语言在具体情境中的实际使用。因此,在李普曼看来,现代社会中公众对环境、经验和事实本身的认识把握,已然成为舆论以及现代民主社会所遇到的中心难题。詹姆斯·凯瑞也认为,李普曼从道德和政治转向了认识论,并重新界定了大众传媒所研究的问题。诚如其所言,李普曼也正是从认识论的角度对舆论的内涵进行界定的。

李普曼基于拟态环境、刻板印象等概念进而认识公众,探究舆论的意义。在李普曼看来,所谓"公众"并不是社会统计学或社会类型的概念,也不是作为规范性的概念。李普曼是从社会位置、舆论形成的具体过程等群体心理学角度定义公众的,从中明显可以看出受到詹姆斯心理学理论的影响。对此,李普曼认为,"公众并不是个体公民的集合体",而是由一些"对某一公共事务感兴趣"的人们"随机聚合的旁观者"。③ 他由此指出公众在形成过程中,其成员的社会位置具有不确定性。对此,他认为,"公众的组成人员并非一成不变,他们随事件变化而变化,一个事件的参与者可能是另一个事件的旁观者。在不同领域里,人们变换着身份,忽而是事件的决策者,忽而是一个普通的旁观公众。这两种身份的区别不是绝对的"④。这里李普曼所强调的是,公众是由于公共事务或某一公共话题聚合而成的群体,但涉及事务和讨论话题的不同,会使得公众具有不同的利益取向。因此,处于公众事务或话题中的公众,可能处于该事务或话题中不同角色的位置。但更为重要的是,公众其实是公共事务的"旁观者",根本无法参与公共事务的

---

① 沃尔特·李普曼:《舆论》,常江、肖寒译,第 24 页。
② 戴元光主编:《影响传播学发展的西方学人(2)》,中国大百科全书出版社,2015,第 121 页。
③ 沃尔特·李普曼:《幻影公众》,林牧茵译,复旦大学出版社,2013,第 51、90 页。
④ 沃尔特·李普曼:《幻影公众》,林牧茵译,第 78 页。

讨论或者是干预。李普曼说:"对于行政行为,作为一名普通公众,我们中的每一个人都永远处于这一领域的外围。""局外人除了在现代生活的少数方面以外,我们每一个人几乎总是局外人。"①李普曼深刻地认识到,在所谓强调公意的民主社会,其实公众根本无法参与到政治生活中去,反而成为"旁观者"和"局外人"。也就是说,在高度依赖分工的复杂现代社会和行政体系中,尽管存在着各种不确定性,但对社会成员的大多数人而言,其实很少有机会进入到行政组织中成为"决策者"。李普曼对于公众认识的这一观点,引发了杜威的严重不满,他甚至使用"旁观者"的"旁观者"对其进行批评。

　　李普曼深刻地认识到,在所谓的有关舆论的事件中,大多数人只能在少数方面作为"当事人"能够参与其中。他由此出发,剖析了舆论背后所隐藏的操控性特征。李普曼明确认为,舆论不能等同于公意,应该给舆论一个"正确的定位":"我们的舆论,由其本质决定着,总是,甚至永远只是,停留在试图从外部控制他人采取行动的层面上",因而所谓舆论承担的社会角色是由"它处于事件外围这一事实决定的"。② 因此,一方面是公众的社会位置决定了其无法真正参与到公共事务中,另一方面,面对超出自身经验的不可见的环境,当问题涉及公共事务时,作为旁观者的社会公众既没有时间精力和兴趣,也没有特别专业的手段来认识判断这些问题,因此,他们又不得不借助于"刻板印象"。李普曼认为刻板印象意味着"我们并不是先理解后定义,而是先定义后理解",这些成见先于理性发挥作用,"在我们所意识到的信息尚未经我们思考之前就把某种性质强加给这些信息"。③ 同时,正如有学者指出的,由于各种控制干预因素的存在,那幅原本就残缺的舆论图像又被涂抹上了五颜六色的颜料,愈发变得无法识其面目。④ 至此,李普曼将舆论的本质从公众的社会位置和舆论的社会结构两个方面做出了深刻的剖析。无疑,李普曼看到了所谓民主社会的公众以及舆论的虚幻性。

　　李普曼主要怀疑的是公众是否有能力获得对世界的真实认识,从而对公共事务做出正确的决策。这一怀疑的前提是公众都是着眼于个人利益的个体,充满对事物的刻板成见,甚至他们对于公共事务的关注也源于他们牢固而自我的观念图像;同时,他们借以认识世界的媒介作为"拟态环境"的来源,又制造了许多的噪音。因此,李普曼指出舆论具有容易被操纵的局限性,这样民主政治也就难以实现。而为了解决这些问题,李普曼又回到柏拉图式的理性主义道路上来,把希望寄托于具有专业能力的专家们,认为

---

① 沃尔特·李普曼:《幻影公众》,林牧茵译,第33页。
② 同上,第33、35页。
③ 沃尔特·李普曼:《舆论》,常江、肖寒译,第67、79页。
④ 戴元光主编:《影响传播学发展的西方学人(2)》,第124页。

这些专家掌握着专门的知识技能,能够准确地把握事实,有能力描绘真实世界。李普曼乐观地预言:"人对外部世界的注意力正在极速增加。随着现有社会结构被逐渐打破和重组,原本根植于人们心中牢固而简单的世界观也终将分崩离析,那将是一幅既生动又完整的图景。正是在这样的前提下,人们开始在内心深处呼唤科学方法时代的到来。"[1]李普曼依然坚信基于科学的理性主义乃是民主的救赎之道。

总之,李普曼不仅提出了拟态环境、刻板印象等对足以影响后世传播学理论形成的重要观点,同时也阐释了议程设置、"把关人"等理论的基本思想,把大众媒介对社会的影响置于至关重要的地位。同时,李普曼的理论也是联系芝加哥学派和结构功能主义传播理论的关键环节。芝加哥学派所开创的经验主义研究方法,而后发展的结构功能主义实证主义研究方法,以及李普曼所观察到的传播效果问题,都成为结构功能主义传播理论研究的重点。此外,作为著名的新闻人,李普曼也对美国新闻业产生了深刻影响,正如罗纳德·斯蒂尔所言,李普曼以文字、交谈、电视传播的方式,深深地介入到美国舆论和政治权力的漩涡中。在学术研究之外,李普曼的思想影响着几代新闻人对新闻记者形象的理解和想象,并塑造现实中新闻实践的模式。[2] 有学者就提出:"讨论李普曼和杜威及现代公众的本质成了美国新闻界人士的事业。"[3]

【本章延伸阅读】

1. 杜威:《经验与自然》,傅统先译,商务印书馆,2014。

2. 查尔斯·霍顿·库利:《社会过程》,洪小良等译,华夏出版社,2000。

3. 罗伯特·E. 帕克:《移民报刊及其控制》,陈静静、展江译,中国人民大学出版社,2011。

4. 乔治·H. 米德:《心灵、自我与社会》,赵月瑟译,上海译文出版社,1992。

5. 阿兰·库隆:《芝加哥学派》,郑文彬译,商务印书馆,2000。

6. 周晓虹:《芝加哥社会学派》,参见《社会学家茶座》,山东人民出版社,2003。

7. 胡翼青:《再度发言:论社会学芝加哥学派传播思想》,中国大百科全书出版社,2007。

8. 何雨:《社会学芝加哥学派:一个知识共同体的学科贡献》,社会科学文献出版社,2016。

9. 于长江:《从理想到实证:芝加哥学派的心路历程》,天津古籍出版社,2006。

10. 伊莱休·卡茨等:《媒介研究经典文本解读》,常江译,北京大学出版社,2010。

---

[1]　沃尔特·李普曼:《舆论》,常江、肖寒译,第317页。
[2]　罗纳德·斯蒂尔:《李普曼传》,于滨、陈小平、谈锋译,第33—34页。
[3]　罗森:《理念的行动——公共新闻业的建筑形式》,载西奥多·格拉瑟主编:《公共新闻事业的理念》,邬晶晶译,华夏出版社,2009,第21—48页。

第六章

结构功能主义传播理论

    20 世纪美国传播思想的形成和发展始终与美国社会学的发展紧密联系在一起。随着芝加哥社会学派的影响力日益减弱,加之美国社会学研究取向也发生了变化,芝加哥学派不再垄断美国社会学学会和会刊。除原有的《美国社会学杂志》之外,新的社会学刊物《美国社会学评论》也应运而生,标志着美国社会学的全面发展,其中产生重大影响的是哈佛大学社会学与结构功能主义的兴起。特别是 1937 年帕森斯的《社会行动的结构》出版,标志着美国社会学理论转向结构功能主义研究的新方向。至此,美国社会学经历了方法论上的转折,从早期美国社会学以微观取向为主导的社会心理学方法转向了社会整体分析方法。二战以后,结构功能主义成为美国主导的社会学研究范式,其影响一直延续到 20 世纪 60 年代。美国传播学理论也深受社会学影响,从而导致了美国传播学研究的结构功能主义范式的形成。为此有学者指出,深受社会学理论影响的美国传播学,在很长的时间里深受功能主义的影响,功能主义观念几乎决定了美国传播学研究的主流面貌。① 汉诺·哈特也认为,美国传播研究的主要取向始终以功能主义为理论前提,并且始终处在帕森斯、哈佛大学社会学、默顿等人的研究成果的影响之下。其原因之一是功能主义以社会结构和社会为焦点,另一个原因是它

---

    ① 吴予敏:《功能主义及其对传播研究的影响之审思》,《新闻大学》2012 年第 2 期。

提供了强大的方法论支持,保罗·拉扎斯菲尔德及其在哥伦比亚大学的研究成果尤其以方法论见长。[①] 虽然汉诺·哈特批评了结构功能主义对美国传播学理论的过度影响,认为它导致了美国传播学理论研究的片面化倾向,但是不可否认的是,结构功能主义确实成为主导美国传播学研究的基础理论。

---

① 汉诺·哈特:《传播学批判研究:美国的传播、历史和理论》,何道宽译,第16页。

第一节
结构功能主义理论的形成

结构功能主义作为现代西方社会学中重要的理论流派,主张从结构与功能以及二者的相互联系出发,展开对社会系统构成及其变迁的动态过程进行描述和分析。结构功能理论认为,社会系统是具有特定结构或组织化形式的构成,构成社会系统的各个组成部分以其有序的方式相互关联,并对社会系统整体发挥相应的功能。社会整体系统以平衡的状态存在着,其组成部分虽然会发生变化,但经过自我调节整合演化,仍会趋于新的平衡。结构功能主义理论把社会视为整体系统的动态构成,并由此分析它的结构模式和功能模式。

一、结构功能主义的理论基础

社会科学中的结构功能主义作为一种理论范式,有着长期的发展历史,现代社会学中的结构功能主义也是在以往功能主义思想基础上形成和发展起来的。结构功能主义理论的形成,首先源于孔德、斯宾塞和涂尔干等人的理论著述,其次也受到 A. R. 拉德克利夫-布朗和 B. 马林诺夫斯基等人类学理论的影响。孔德为社会学确立了"秩序和进步"的基本原则,以及把社会学这门学科分为社会静力学(结构、制度)和社会动力学(功能、过程),使得社会学从创立之日起就与结构功能主义联系在一起。孔德开启的这个思路经过斯宾塞、涂尔干、布朗、马林诺夫斯基等学者的发展,成为社会学理论中分析社会现象和社会生活的基本视角,也是不同时期社会学研究的重要内容。帕森斯是结构功能主义的领袖人物,其后默顿又将结构功能主义理论加以发展。

孔德作为社会学之父,最先借助生物科学理论来解释人类社会,他把生物学中作为有机体构成的细胞、器官、组织等概念应用到社会学理论,以此来类比社会构成中的家庭、阶级、城市等社会组织。孔德认为,社会学的研究必须在认识到社会是一个有机的整体的前提下,才是科学的和有意义的。社会有机体是靠精神因素或力量实现其各部分之间的联系的,语言、宗教和劳动分工等社会制度具有维护社会秩序的广泛功能。因此,孔德被认为是对社会进行功能分析的最早的社会学家。[①] 无疑这些认识也就构成了

---

① A. Comte. *System of Positive Pofity*. Longmans Green, 1975, pp.241 - 242.

结构功能主义的基本思维模式。斯宾塞立足于社会进化的角度,主张社会学与自然科学的性质和方法是相通的,针对人类社会提出了普遍的进化框架,认为社会进化是不断个性化的过程。他论证了生物有机体和社会超有机体都表现出"类似的有机原理",进而把结构差异与功能分化联系起来。他还对"功能主义需求"的思想做了阐发,认为一个系统的存在和发展必须满足某些基本的需求,任何一个系统里的动力过程都可被视为做满足这些基本需求的功能过程;一个系统对其环境的适应程度,取决于它满足这些功能需求的程度。斯宾塞所提出的结构、系统、功能、需求、适应等概念也成为功能分析的基本概念。随后涂尔干完善和传播了孔德、斯宾塞的理论观点,延续了孔德等人通过生物有机体论述社会的路径,认为社会是一个整体性的实体,社会学应该首要关注社会整体的团结。涂尔干把社会系统的组成部分看作完成整体系统基本功能、满足整体需要的基本条件,亦即各种社会组织的存在是为了满足特定的社会整体需要。因此,在对社会现象的分析中,必须要将产生这种社会现象的原因和所实现的功能两者区分开来。可见,涂尔干更关注社会系统分析中的社会因果与社会功能这两个概念的区分。

随着人类学家把功能主义应用到社会分析中,结构功能主义得以发展起来,作为一种社会分析方法占据了 20 世纪的前半个世纪,代表人物是人类学家拉德克利夫-布朗和马林诺夫斯基。这两位思想家都深受涂尔干有机体论的影响,在对土著部落社会的研究中,他们创造性地运用了结构功能分析方法。拉德克利夫-布朗与涂尔干观点相同,都强调把社会本身看作一种事实。因此,他认为可以用社会结构对团结和整合的需求来解释社会中的血缘、宗教礼仪等形态。

拉德克利夫-布朗认为,社会学的功能方法是以生物有机体的类比为基础的,从而导致的根本问题就是对于社会的目的论假设。那么,要避免这种类比带来的问题,并合乎逻辑地避免目的论解释,他建议用"生存的必要条件"来代替"需求"概念,从而从这些分析假设出发分析社会:其一,社会存在的必要条件之一就是使其组成部分实现最低限度的整合;其二,功能一词是指维持这种必要整合或必要团结的过程;其三,可以用对维持社会必不可少的一致来说明每一社会的结构特征。在这种分析中,社会结构和社会结构生存所必要的条件是不可还原的。[①] 因此,一个社会系统的整体社会结构同社会习惯的整体构成了一个"功能的统一体"。在这一"功能统一体"中,各组成部分以一种充分和谐和内部一致的方式发挥作用。既然文化是一个统一的整体,要想解释任何信仰、准则、习俗和制度,就要从功能方面把它们同作为一个系统的文化结构联系起来进

[①] 乔纳森·H. 特纳:《社会学理论的结构(第 7 版)》,邱泽奇、张茂元等译,第 28—29 页。

行分析。马林诺夫斯基的功能分析基于斯宾塞的两个重要观点：其一,系统层次观点；其二,各层次上需求多样性观点。由此,马林诺夫斯基认为,系统存在生物学、社会结构和符号性三个层次。如果每个层次上相应存在着生理上的健康、结构上的完善和文化上的统一的问题的话,那么这些系统构成的各个层次都存在着一定要满足的需求或生存的必要条件,每一个层次都有俨然不可替代的实存独特性,以及满足各自独特需求的独特过程。同时,系统层次又呈现出轻重高低的层面分级。马林诺夫斯基所强调的系统层次是社会学功能分析的重点,这一思想对帕森斯关于系统整体的四个普遍的功能需要理论具有启发性。马林诺夫斯基的工作使得结构功能方法对后来的社会学理论家更具吸引力。[①]

当代美国新功能主义的代表人物杰弗里·C. 亚历山大将功能主义分为古典功能主义和新功能主义两个阶段。他认为古典功能主义阶段从 1930 年到 1960 年,以帕森斯为代表。帕森斯继承了涂尔干、帕累托、韦伯和布朗的人类学-社会学的功能主义思想传统,发展出系统全面的功能主义理论框架,并深刻影响到默顿。默顿随后将社会功能主义系统论发展为实证研究的方法论框架。1980 年以后,帕森斯功能主义社会思想又开始复活,并转化为所谓的"新功能主义"。在这个转变中,德国社会思想家卢曼所提出的"系统功能主义"具有代表性。卢曼作为系统哲学的主要代表,是德国社会系统理论的奠基者。他在德国现代思想发展过程中,继承了德国本体哲学、现象学、语言学、诠释学和社会理论等固有思想传统,又吸收了 20 世纪自然科学和社会科学如信息论、系统论等理论,以及帕森斯的社会学的思想,从而形成了特有的社会系统理论。有学者认为,如果说古典功能主义基于实在论哲学,其社会结构和文化结构超然于人之上,那么新功能主义则基于主体论和主体间性哲学,人的能动性体现为交流和反思的互渗。对于结构功能主义的社会哲学传统,我们要有一个比较全面的观察和理解,既要看到它的实体论哲学和实证主义传统,也要看到它在对于现代性问题的回应中所发生的新的变化。[②] 这些认识无疑对于理解结构功能主义理论很有启发。

二、帕森斯的结构功能主义理论

塔尔科特·帕森斯(1902—1979)是美国哈佛大学的社会学者,美国现代社会学的

---

① 于海：《西方社会思想史(第三版)》,第 268—269 页。
② 吴予敏：《功能主义及其对传播研究的影响之审思》,《新闻大学》2012 年第 2 期。

奠基人，美国二战后整合社会学理论的重要思想家，也是结构功能主义的领袖。帕森斯早期的主要理论偏向建构宏大的社会理论，后期主要从宏观转向微观层面的理论分析，他对社会学的发展做出了重要的贡献。其主要著述有《社会行动的结构》（1937年）、《社会系统》（1951年）、《社会：进化的与比较的观点》（1966年）、《社会学理论与现代社会》（1967年）和《现代社会体系》（1971年），其他还有与R. F. 柏里斯、E. A. 希尔斯合著的《行动理论手稿》（1953年），与N. 斯梅尔瑟合著的《经济与社会》（1956年）等。

帕森斯从早期就开始着手研究社会秩序问题，并着力探究"社会是如何维系的"这一根本的社会问题，进而对当代西方社会的知识和政治问题进行回应。在基本理论主张上，帕森斯坚持社会规范和价值观在社会生活中的重要作用，并从宏观和微观两方面入手对社会系统进行分析，通过探究个体所处社会结构、个人和组织的行动，以及这些行动为了实现其目标如何去选择有意义的行动路径等问题，以期建构社会系统理论，从而对人类社会进行全面描述和解释。①

帕森斯结构功能主义理论的逻辑起点是"社会行动"和"社会系统"两个基本概念，这也是针对社会学中"结构—行动者困境"这一基本问题展开的。结构—行动者困境问题的核心议题是：个人和群体的行为是由社会生活的宏观结构所决定的，还是行动者根据自己的价值观或目标而做出的自愿（voluntary）选择？为此，帕森斯提出自愿行动理论（voluntaristic theory of action）对该问题展开讨论。他认为，社会行动无疑确实涉及个人和团体在追求目标时的自愿选择，亦即社会行动必须对参与这种行动的人有意义。但是，对于人们社会生活的阐释，还必须要涉及三个重要因素：其一，自愿行动的构成，包括特有的动机形式等。帕森斯虽然承认经济学家普遍的功利主义取向的观点，但认为这种关于人的社会行动的核心假设，其根本问题在于忽视了人类互动中的价值观和社会规则对个人需要和欲望的影响。其二，功利主义困境，即社会行动的随意性（arbitrary）导致的社会失序。功利主义的问题不仅仅是对行动的简化理解，或是忽略了人类生活的文化丰富性，其不足之处根本就在于无法解释社会秩序问题。他由此提出，应该将社会价值观和行为准则（或规范）充分融入对于社会行动和社会生活的阐释中。社会行动的目的来源在于社会的共同价值体系，而不是个人的偏好和欲望。其三，系统化（systematizing）。需要对个人参与的社会行动类型，亦即所有人类社会必须面对的约束或挑战类型进行系统化观察。对于这些社会生活因素的考察，使得帕森斯立足于社会系统而不仅是社会行动去探究社会问题，从而也构成了其结构功能主义理论的基本特征。显然，帕森斯

---

① T. Parsons. *The Structure of Social Action*. McGraw-Hill, 1937.

在探究社会问题时,认为社会系统的整体结构和功能先于社会行动。

帕森斯认为,可以将系统视为相对于其他实体而言的、相对独立的任何实体。比如国家是社会系统,是指它们按照社会产生的模式运行,并由不同的组成部分如经济、政府、法律等要素构成,且这些要素之间相互配合。帕森斯的社会系统概念源于他对生物学尤其是对人体的兴趣。在他看来,正如人体由一系列如心、肺、肝等不同器官组成,进而履行生存和发展所必需的重要功能,社会也需要家庭、公司、政府等能履行社会平衡和发展所必需的功能要素。帕森斯的理论模式的重点在于强调专门化的各种社会功能与社会组织之间分化的重要性,也就是说,社会是由不同的机构或组织履行不同功能的系统。

帕森斯认为,社会系统的存在和发展在于基本的社会功能的实现。由此,他考察并论述了社会系统的四种功能提出了"AGIL"理论,具体包括:第一,适应(adaptation,A)功能,指的是社会系统适应外部或自然环境的功能,社会从这些环境中获取稀缺的物质资源,简言之就是社会的经济功能;第二,目标实现(goal,G)功能,指的是为满足特定目标而对资源进行政治动员和利用;第三,整合(integration,I)功能,指的是通过合法规则或规范实现对整个系统的规制和调节,亦即法律应具有和实现的功能;第四,潜在的模式维持(latent pattern maintenance,L)功能,指的是将个人价值观转换为特定系统共享和稳定的价值模式的功能。它们作为一个整体构成,可以解释不同规模大小的社会系统中行动者所面临的各类问题。帕森斯认为,对于社会系统的界定,但凡任何相对于更大的环境而言具有相对独立性和自治性的社会实体,都可以被视为一个社会系统。因此,帕森斯这里所研究和考察的社会系统,不仅是作为民族-国家形态的社会系统,也包括那些微观层面组织层次上的社会系统,同时还包括那些最为宏观层面的全球社会系统。可见,帕森斯关于社会系统概念的含义极为宽泛,只要是各类独立的和能够自我控制运行的社会有机实体,都属于社会系统。对于传播学理论而言,帕森斯有关社会系统的结构和功能的理论论述,成为结构功能主义传播理论的渊源。在此基础上,结构功能主义传播理论通过结构功能分析,进而探究作为社会系统存在的大众传播媒介的基本构成要素,以及在社会环境中的运行规则和整体功能。在结构功能主义研究取向的影响下,美国传播理论形成了以媒介社会效果为重点的大众传播核心理论,这也使得美国传播学研究形成了偏向于实证研究的特征。

三、默顿的结构功能主义理论及大众传播研究

罗伯特·默顿(1931—2003)是美国著名的社会学家,科学社会学的奠基人和结构

功能主义流派的代表性人物之一,和拉扎斯菲尔德合作共事多年,并共同成为哥伦比亚学派的"双子星座",其理论对大众传播研究产生了非常重要的影响。1931年默顿在坦普尔大学获得学士学位,随后进入哈佛大学,师从著名社会学家 P. A. 索罗金、帕森斯和科学史家 G. A. L. 萨尔顿等学者。1936年他获得社会学博士学位后留校任教3年,之后在图兰恩大学任教,1941年至哥伦比亚大学度过了他此后全部的社会学生涯。他先后担任过哥伦比亚大学社会学系主任、应用社会研究所副所长、美国社会学协会主席、美国东部社会学协会主席、美国科学社会学研究会主席、社会科学研究院院长等职,1979年在哥伦比亚大学退休并荣膺特殊服务教授和荣誉退休教授。默顿的主要著述有《社会理论和社会结构》(1949年)、《理论社会学》(1967年)、《科学社会学》(1973年)等。

默顿发展了结构功能主义理论和方法,是继帕森斯之后在结构功能主义分析典范化、系统化方面做出重大贡献的社会学家。默顿的理论直接影响到拉扎斯菲尔德及哥伦比亚学派的大众传播效果的研究。拉扎斯菲尔德的人际传播与社会结构传播效果研究取向依然将大众媒介作为社会系统中的构成因素,进而探究其功能与效果。对此,默顿的理论产生了深远的影响。但是,在目前的传播学科的研究中,由于默顿的社会学家身份,其在北美传播学思想发展史上的重要影响往往被忽视。正如有学者看到的,默顿和拉扎斯菲尔德等人合作完成的或是在前者影响下形成的大众传播效果研究的经典理论、实证研究和方法论著作等,都明确地在宏大理论层面上体现了默顿的结构功能主义和中层理论对于大众传播效果研究的突出影响。① 但需要指出的是,对于默顿对北美传播思想和理论发展的影响,目前的研究尚未有足够的关注。在分析结构功能主义与大众传播的内在关系时,还需理清和肯定默顿的思想对于传播研究的重要意义。

首先,默顿通过对结构功能主义经典的假定的批判,提出了他自己关于结构功能主义的修订观点,从而赋予结构功能主义理论以新的活力及持续的影响力。② 所谓结构功能主义的流行性假设包括三种:其一,社会功能统一性假设,即认为所有标准化的社会与文化的信仰及措施对社会整体和社会中的个体都具有功能。默顿认为,事实上,一个社会完整的功能统一性常与事实相悖,对某个群体的功能有可能对其他群体是反功能,而该假设只看到社会中积极功能,而无视反功能的存在。其二,普遍功能主义假设,即认为所有的标准化的社会或文化形式与结构,皆具有正功能。默顿引进与"正功能"相

① 周葆华:《效果研究:人类传受观念与行为的变迁》,复旦大学出版社,2008,第136—137页。
② 罗伯特·默顿:《社会理论和社会结构》,唐少杰、齐心等译,译林出版社,2006,第114—130页。

对的"反功能"概念,提出运用"功能结果的净平衡"概念,来衡量文化与社会形式的积极的和消极的功能,从而"避免了那种集中于正面功能的功能分析倾向,并把研究者的注意力同样对准其他类型的后果"[①]。其三,必要性假设,即认为所有标准化的社会与文化形式,不仅具有积极功能,同时也是一个整体中不可或缺的一部分,简言之,所有的结构与功能对社会整体而言都是功能上必要的。但默顿认为,关于功能不可或缺的界定存在着模糊性,对此他提出经验检验和功能替代概念加以解释。

其次,在对结构功能主义经典假设批判的基础上,默顿提出了他的结构功能分析范式。相对于帕森斯宏大的理论建构,默顿则提出了具体的研究路径。他强调:"应该详细分析社会文化事件,对人、群体及较大的社会结构和文化,以及造成的各种结果或功能,无论是正功能还是反功能,显功能还是潜功能。"[②]他为此归纳整理了"功能分析"主要的概念或问题,[③]具体包括:第一,功能归因事项。强调分析的对象必须是标准化的,亦即模式化的和重复的事项,如社会角色、制度模式、社会过程、文化模式、文化模式化情绪、社会规范、群体组织、社会结构、社会控制手段等。第二,主观意向(动机、目的)概念。认为应区分社会体系中个人动机概念与态度、信仰、行为等客观后果等的差异。第三,客观效果(正功能、负功能)概念。功能就是所观察到的有助于系统调适的后果,正功能有助于体系的适应或顺应,负功能则削弱体系的适应或顺应,而同一"事项"可能兼有正功能和负功能的后果。为避免常见的"后果"与"动机"的混淆,默顿提出引入一对概念加以区分,即显性功能(主观目标与客观后果相符的情况)和隐性功能(两者不相符的情况),要探究的基本问题是"若本来是隐性功能,转变为显性功能时,其结果如何?"。第四,功能所促进的单元。需要区分"事项"各种单元存在于不同地位的个人、亚群体、较大的社会系统和文化系统的不同后果,具体包括心理功能、群体功能、社会功能、文化功能等概念。第五,功能需求(需要、前提)。建立体系功能需求的类型(普遍的与特定的),以及证明这些需求假设的程序等,核心问题是功能需求变量的有效性如何确定。第六,功能实现机制。要求对实现特定功能的那些机制予以"具体而详细"的说明,主要指的是那些角色分裂、制度性要求的隔绝、价值的高低、社会分工、仪式和典礼的规范等社会机制。第七,功能选择(功能等同或功能替代)概念。需要某种功能选择、功能等同或功能替代的概念,从而把重点集中在实现某一功能需求事项可能的变异范围。第八,结构语境(结构约束)。一个社会结构中诸因素的相互依存,限制着变异的实际可能性

① 罗伯特·默顿:《社会理论和社会结构》,唐少杰、齐心等译,译林出版社,2006,第124页。
② 同上。
③ 同上,第151—158页。

　　　　　　　　　　　　　　　　　　　　　　　　西方传播思想史

或功能选择,其核心问题在于,特定结构语境是如何严密限定那些能有效满足功能需求事项的变异范围的。第九,动态与变迁。默顿认为,功能分析学者倾向于注重社会结构的静态研究而忽视对结构变迁的研究。静态研究源于早期人类学功能主义者的分析方法且具有局限性。其导致的问题在于,功能分析研究偏重于社会均衡而容易忽视不均衡现象,以及社会学家对于社会体系中积累的紧张与压力进行评估,利用结构语境的知识以预测最可能的社会变迁方向,其准确性程度不够明确等等。第十,功能分析的效度。需要对社会学的分析程序有严格的规定,必须要最接近实验逻辑,并且需要系统地探讨不同文化与不同团体中比较研究的可能性。第十一,功能分析的意识形态。默顿认为,功能分析在本质上并没有意识形态立场,但并不否认功能论者所提出的特定功能分析,或是特定假设可能具有明显的意识形态色彩。

总体而言,默顿认为在结构功能分析上,应该注意分析社会文化事项对个人、社会群体所造成的客观后果,由此,他提出显性功能和隐性功能的概念,前者指那些有意造成并可认识到的后果,后者则相反。同时,在进行功能分析时,应确定所分析对象系统的性质与界限,因为对特定系统具有特定功能的事项,对其他系统就可能不具备这样的功能。此外,功能还有正负之分,对群体的整合与内聚有贡献的是正功能,而影响群体解体的则是负功能。由此,默顿主张根据功能后果的正负净权衡来考察社会文化事项。其中,他针对正功能与负功能、显性功能与隐性功能的分析,可以说是对结构功能主义分析范式最为重要的贡献。默顿的理论使得对文化模式与社会制度的结构功能分析更有意义,也更趋于科学。科塞甚至认为,默顿的分析方案比帕森斯的宏大理论的影响更为显著。[①]

默顿的结构功能主义理论对大众传播研究产生了重要影响,使功能主义成为基本的分析范式。大众传播效果研究作为传播研究理论产出最为丰富的领域,这与结构功能主义作为研究范式的影响分不开。也正是结构功能主义提供了基本的理论基础、分析路径及研究方法,使得大众传播研究也将媒介作为社会结构中的有机构成部分加以考察,从而形成了结构功能的分析模式。在此逻辑下,对媒介效果进行考察,也自然就成为大众传播研究的核心话题。在结构功能主义理论背景下,作为较早明确涉及大众传播负功能的研究,拉扎斯菲尔德和默顿在《大众传播、流行品位和有组织的社会行动》中就提出大众传播的社会功能。[②] 研究表明,大众传播有三种社会功能:其一是社会地位赋予,无论个人、组织或事件,一旦进入大众媒体的视野,即可获得社会认同;其二是

---

① 刘易斯·A. 科塞:《社会思想名家》,石人译,上海人民出版社,2007,第 642 页。

② P. F. Lazarsfeld, R. K. Merton. *Mass Communication*, *Popular Taste*, *and Organized Social Action*. In L. Bryson (ed.). The Communication of Ideas. Harper and Brothers, 1948, pp.95–118.

促进社会规范,那些违背社会规范并且坚持不改的社会"越轨"行为,经媒介曝光就有望迅速有效地得以制止;其三是麻醉精神,现代社会的人们长期与大众传播媒介的接触耗费了大量时间,使之越来越疏于行动却还自得其乐,误以为参与了社会实践的过程。在默顿和拉扎斯菲尔德看来,"麻醉"作为社会负功能,是传播"应付环境"功能的异化。认识世界的目的,本来在于通过社会行动改造世界,若仅仅是停留在认识上,就失去了通过传播认识世界的本来意义。可见,默顿的结构功能主义分析框架对于大众传播效果研究的影响极其重大,这些影响具体表现在下述方面。[1]

首先,结构功能主义分析范式为传播效果研究提出了明确具体的研究对象和研究问题。默顿的结构功能主义分析框架主要是从社会学研究视角展开的,但是,媒介特别是大众传播媒介作为现代社会生活中的有效构成部分,始终无法与社会整体脱离开来。因此,作为社会分析的研究,也完全适用于大众传播效果研究。"功能归属事项""主观意向""客观后果""功能机制""功能选择"等,都完全成为或者可以成为大众传播媒介效果需要讨论的议题,并都包含许多不同的层面和类别,如果按照默顿的框架建构"效果研究"的"地图",它将比拉扎斯菲尔德的效果"地图"还要宽广。

其次,结构功能主义为效果研究提供了认识框架和研究路径。结构功能主义理论假定,社会系统由具有稳定关系的部分因素构成。那么,这也意味着传播现象作为社会的构成,被视为社会系统中有关信息交换的部分。因此,大众媒介因素作为社会系统中的"社会结构"被加以研究,其重点则着眼其"功能—效果"。由此,在拉扎斯菲尔德和默顿合作的经典论文《大众传播、流行品位和有组织的社会行动》中,默顿所提出的"社会结构""社会功能"概念占据主要位置。同时,结构功能主义强调社会分析中使用"系统"概念,而将社会结构和社会整体作为基本的分析单位,坚持社会优于个体的立场,这在效果实证研究中同样有所反映。拉扎斯菲尔德等在《人民的选择》中认为,在选举中所谓理性独立、仔细考察所有问题并做出相应投票行为的选民,实际上并不存在:"真正的怀疑者,那些从国家整体利益出发认真冷静地衡量议题与候选人的明智的投票者,主要存在于讨好的选举宣传活动中、公民课本中、电影里,以及一些政治理想主义者的脑海里。在实际生活中,他们几乎不存在。"[2]这个判断可谓是对李普曼揭示的所谓理性公民存在的虚妄性的注脚。但是,对于拉扎斯菲尔德而言,这样的现实实际上对社会系统整体稳定是有益的。作为结构功能主义分析者,他们强调分析民主的单位应该是作为

---

① 周葆华:《效果研究:人类传受观念与行为的变迁》,复旦大学出版社,2008,第139—144页。

② P. F. Lazarsfeld, B. Berelson and H. Gaudet. *The People's Choice: How the Voter Makes up His Mind in a Presidential Campaign*. Columbia University Press, 1944, p.100.

系统的社会,而非个体行动者,个体对政治的漠不关心,也避免了对政治的极端的狂热,这反而有助于政治系统的稳定。他们以诗化的语言写道:"理性的公民似乎不见了,然而天使也正迎面而来。"这种"个体的'不完美'对社会却是正面的"①。这也充分体现了拉扎斯菲尔德等的"民主观"和"效果观"深受结构功能主义的影响。

最后,默顿的结构功能主义思想中对于"功能分析范式"的阐释,也提醒我们正确、全面地理解这一理论。默顿所提出的结构功能分析的核心取向是研究"某一社会文化事项对于所属之较大结构的后果",并将"结构情境"列为研究的重要主题,因此尽管偏好实证的考察,但大众传播效果研究绝对不仅仅意味着个人主义的微观研究,而是有着对社会组织、社会结构等中观、宏观层面的观照和追求。同时默顿在"功能分析范式"中强调"动态与变迁"分析,明确针对那些对功能主义抱有"静态"模糊认识的指责,也提醒效果研究者注意研究大众媒介与社会变迁、社会结构变动之间的互动关系。由此,功能分析指导下的效果研究也绝不应等同于保守的、维护现存体制与利益团体的角色。相反,默顿首先强调功能分析持客观中立立场,认为:"功能分析可以被某些人认为在本质上是保守的,而被另外一些人认为在本质上是激进的,这一事实表明,功能分析在本质上既非保守,也非激进,并且暗示,功能分析并未在内部真正有意识形态投注,虽然像其他形式的社会学分析一样,它可以被注入各色各样的意识形态。"②

总之,默顿的结构功能主义思想中提出的功能分析富于创见性,在西方资本主义对社会现代大众媒介的社会角色与功能的认识上,不仅是基于客观立场的理性中立者或旁观者,通过实证研究方法揭示大众传播的现实,同时还具有重要的批判精神和价值。正如有学者所言,默顿和拉扎斯菲尔德非但没有为媒介维护资本主义社会结构和文化结构的倾向"美化"或"遮掩",反而呈现出较为浓烈的批判色彩,明确提出大众媒介具有社会"麻醉"的负面功能。因此,尽管他们的实证研究并不直接表达明显的价值判断,但在指导实证研究的宏观理论层面上,还是坚持从公众民主理念出发对社会意识形态霸权进行批判,因此可以说是具有"批判精神的结构功能主义"③。

四、结构功能主义的基本观念

在帕森斯的理论影响下,社会学理论中的结构功能主义方法主张重点根据社会现

---

① B. Berelson, P. F. Lazarsfeld and W. McPhee. *Voting: A Study of Opinion Formation in a Presidential Campaign.* University of Chicago Press, 1954, pp.311－316.

② 罗伯特·默顿:《论理论社会学》,何凡兴、李卫红、王丽娟译,华夏出版社,1990,第132、124页。

③ 周葆华:《效果研究:人类传受观念与行为的变迁》,第139—144页。

象与某种系统的关系来理解人类社会生活。其理论核心包含两个方面:其一是评价一种行为模式在维持某个更大的系统中所发挥的作用;其二是解释一种行为模式之所以能够持续存在的原因。总体来看,结构功能主义理论的基本观点主要包括下述方面。

第一,结构功能分析强调系统整体优先于其组成部分。功能主义的基本分析模式,是将社会系统作为有机体加以认识的。因此,结构功能主义认为系统整体大于其组成部分的总和,同时也意味着它的组成部分之间存在各种关系。而结构功能分析的首要目标是探讨系统的各个组成部分对于维持系统整体运行,或导致系统解体的作用。

第二,系统整体的组成部分在功能上是相互联系的。社会系统作为一个有机体构成,它是由功能相互联系的各个部分组成的整体系统,每个部分如同一个特定器官各司其职,各自执行着对于系统存在必不可少的功能。

第三,系统整体的每个部分都具有特定功能。这些功能或是有助于系统持续运作的积极功能,或是造成系统解体和变异的消极功能。因此,结构功能主义的核心问题也在于分析这些正功能或反功能对于系统的作用。

第四,每个系统都是由各个部分良好整合而形成的有机整体结构。虽然就现代社会而言,其复杂性体现为由不同质的各个部分构成,以及其结构高度分化,但依然是由各部分相互依赖而构成的整体系统。

第五,每个社会都是具有相对稳定的自我调节机制的结构,可以自发调节来自内部和外部干扰力量的系统平衡,从而使得系统保持相对的稳定性。也就是说系统具有适应环境变化的内部自调节机制。

第六,社会系统的功能实现,主要取决于社会共同目标,以及与社会基本需要相关的价值立场上,整体系统的社会成员具有统一的观念。帕森斯认为,整个社会体系主要依赖于社会共享价值体系,这也是帕森斯结构功能主义理论的核心观点。

第七,社会的主导状态是由稳定与信念一致性所支持的秩序,而不是基于强力与分歧的冲突状态。

第八,如果系统要生存下去,就必须具备必要的基本功能,而这些功能就构成了整体系统维系的必要条件。当然,对于这些必要条件的具体内容,不同的研究者也形成了不同看法,具体包括积极的条件和消极的条件等,积极条件包括人们共享的认知路径、传播和交流、社会化等因素。①

---

① 于海:《西方社会思想史(第三版)》,第 270—272 页。

总之,结构功能主义的这些理论观点都作为传播思想形成的重要理论视域,直接影响传播理论的形成和发展。

第二节
结构功能主义的主要传播思想

大众传播作为社会结构中的有机组成部分,传受信息是其基本功能。立足于不同的视角,大众传播还包含更多的社会功能,结构功能主义社会理论视角下的大众传播研究就此应运而生。从芝加哥社会学派到结构功能主义,对于大众传播媒介的结构与功能的理论探究日趋明确,立足于社会学视角的大众传播和媒介研究也成为结构功能主义无法忽视的领域。也正是在这样的理论背景下,大众传播学理论形成了结构功能主义的研究范式和理论逻辑,并由此形成了重点以大众媒介的社会影响和效果为主的早期传播理论。罗伯特·默顿作为二战以后美国结构功能主义的代表,认为功能分析在很大程度上是考察社会现象的结果,这些社会现象影响到一个既定体系,包括个体、亚群体、社会和文化体系的正常运转、适应与调整。结构功能主义假定任何再现的和制度化的活动都履行某种长期的功能,并为社会的正常运转做出贡献。[①] 当社会各个部分所承担的功能都正常发挥时,社会就能维持稳定并和谐运转。结构功能主义传播理论经由默顿、拉斯韦尔、拉扎斯菲尔德等学者应用到大众传播研究,在传播学理论中发展为传播社会功能的研究重点,并且强调以经验研究为基本取向,最后成为传播学理论中的重要构成。

一、拉斯韦尔的宣传、传播模式与社会功能理论

哈罗德·拉斯韦尔(1902—1978)是美国著名的政治学家、社会学家、心理学家和传播学者,也是传播学科的主要奠基人之一、美国行为主义政治学创始人之一,被传记作

---

① Robert K. Merton. *Social Theory and Social Structure.* Free Press, 1957, p.120.

家称为"犹如行为科学的达尔文"。1922 年拉斯韦尔在芝加哥大学获哲学学士学位；1923—1924 年赴欧洲英、法、德等国著名大学攻读研究生课程、考察搜集研究资料，受到马克思和弗洛伊德思想的影响，并最先向美国学界引介了弗洛伊德心理分析理论。在芝加哥大学期间，他深受杜威、帕克、米德等实用主义哲学家的影响，1926 年时年 24 岁在芝加哥大学政治学系完成学位论文《世界大战中的宣传技巧》并获得博士学位；1927 年该书出版。1922—1938 年拉斯韦尔在芝加哥大学教授政治学，1939 年在纽约社会研究新学院执教，同年被任命为美国国会图书馆战时传播研究委员会主任，1947 年任美国"新闻自由委员会"委员，1952 年任耶鲁大学法学院法学教授，1954 年任行为科学高级研究中心研究员，1955 年当选美国政治学会会长。拉斯韦尔主要传播学著述除《世界大战中的宣传技巧》《传播在社会中的结构与功能》外，还包括《宣传与独裁》（1936 年）、《世界革命宣传：芝加哥研究》（与 D. 布卢门斯托克合作，1939 年）、《宣传、传播与舆论》（1946 年）、《世界传播的未来：生活的质量与方式》（1972 年）、《世界历史上的宣传与传播》（与丹尼尔·勒纳、H. 斯佩尔合作，1979—1980 年）等。此外，他还有政治学著述《世界政治与个人不安全》（1935 年）。

拉斯韦尔作为宣传分析方法的创始人，在传播内容与效果研究方面贡献重大。他在 1948 年发表的论文《传播在社会中的结构与功能》中，首次完整地提出闻名遐迩、影响深远的"5W"传播模式，被认为建构了传播学的学科框架，开辟了分门别类、深入研究人类传播现象的广阔道路。同时，他还开创性地总结了大众传播的环境监测、社会协调、文化传承三类功能。

首先，拉斯韦尔通过对欧洲世界大战宣传的内容分析，探究了宣传问题。拉斯韦尔深受其导师查尔斯·E. 梅里亚姆的影响，将世界大战中各国的宣传内容分析作为博士论文选题。梅里亚姆是 20 世纪早期美国政治学领域的重要人物，他曾参与战时宣传机构的工作，提倡政治学的行为主义科学方法，主张政治学家重点研究政治行为而不是思想，同时他还将定量分析引入政治行为的研究。拉斯韦尔在 1923—1925 年到欧洲进行了实地考察，访问有关学者和官员，查阅大量文献资料，通过内容分析方法，系统分析了第一次世界大战中德国、英国、法国和美国等国家所采用的各种宣传技巧，探讨了宣传的概念、宣传策略分类、影响宣传效果的因素等问题，最后完成了影响深远的论著《世界大战中的宣传技巧》。拉斯韦尔看到了媒介宣传的魔力，对于战争宣传的力量深感震惊，他说："国际战争宣传在上一次战争中扩大到了如此令人震惊的范围，是因为战争蔓延到了如此广阔的地区，它使得动员人民成为必要。没有哪个政府奢望赢得战争，除非有团结一致的国家作后盾。没有哪个政府能够享有一个团结一致的后盾，除非它能控制国民的头脑。"①

　　拉斯韦尔立足于理性中立的立场认识宣传,他认为宣传"仅仅指通过重要的符号,或者更具体但是不那么准确地说,就是通过故事、谣言、报道、图片以及社会传播的其他形式,来控制意见"②。他认为宣传本无好坏,关键在于所宣传的事实是否真实,让人可信。研究宣传的目的仅仅是"发展出一个关于国际战争宣传如何能够成功实施的精确理论"③。受到米德的自我理论的启发,拉斯韦尔认识到强调宣传者及受众的身份十分重要。因此,他首先将宣传活动的参与者分为"我们"国内的受众、"我们的敌人"、"我们的(或他们的)盟友"和"中立者"四个主要群体。进而他探讨了宣传的组织、宣传符号的运用、宣传的作用等问题。他认为,宣传的组织是政治体系层面的构成,有效的宣传必须在外交、军队和政治领导等方面加以整合。这里强调了对宣传本身的有效管理。同时,拉斯韦尔通过内容分析方法,重点探究了战争中报纸、宣传手册、传单、书籍、海报、电影、图片等宣传符号的使用,分析这些战争宣传内容如何激起仇恨、如何维系友谊、如何瓦解斗志等具体效果。但是,他反对无限制地夸大宣传作用的做法:"人们谈起宣传的时候,常常把它当作一种神奇的力量,似乎它可以不受时间、地点及身份条件的制约。《宣传技巧》一书强有力地反驳了这一观点,而且我的反驳是有充分根据的。"④但他也看到,宣传依然具有强大的效果:"但是,即使在考虑了这些限制因素并彻底去除了所有过高的估计之后,事实仍然是:宣传是现代社会最强有力的工具之一。宣传取得现在这样显著的地位是对改变了社会本质的环境变化综合体的回应。"⑤受到杜威的影响,拉斯韦尔对于宣传对促进民主发展的正面意义也多加肯定,认为"宣传是对现代社会的广阔性、理性和随意性的本能反应。它是新的社会发动机",甚至宣称"宣传的运作机制就是揭示社会行为的秘密原动力,就是将我们盛行的有关主权、民主、诚实和个人意见神圣性的学说置于最尖锐的批评之下"⑥。但正如李普曼所批评的,美国民主社会的发展事实其实并非如此。

　　其次,拉斯韦尔基于结构功能主义理论,探究了人类传播活动的结构与社会功能。他提出了传播学理论中耳熟能详的传播的"5W"模式,即谁(who)—说什么(says what)—通过什么渠道(in what channel)—取得了什么效果(with what effects)—对谁(to whom)。

---

① 哈罗德·拉斯韦尔:《世界大战中的宣传技巧》,张洁、田青译,中国人民大学出版社,2003,第 22 页。
② 同上,第 22 页。
③ 同上,第 24 页。
④ 同上,第 5 页。
⑤ 同上,第 176 页。
⑥ 同上,第 177 页。

这五个方面分别涵盖了人们传播行为中的传者、讯息、媒介、受众和效果这五个构成因素,同时也形成了传播控制、传播内容、媒介、受众和效果五个研究领域。因此,5W模式的理论意义在于它第一次较为详细科学地分解了传播的结构和过程,即传播结构和传播过程中的五个重要环节,为传播学理论研究确立了总体构架。此外,拉斯韦尔将传播的功能概括为监视环境、协调社会以及传承文化。其后查尔斯·赖特又补充了娱乐功能,由此形成了传播学中经典的大众传播四功能说。作为人类社会的信息交流活动,传播有着多方面的社会功能,但拉斯韦尔的阐述为全面揭示大众传播的功能提供了理论基础。有学者就指出:"拉斯韦尔对传播效果概念的强调,更突显了认识的飞跃。作为传播过程运动的结果,'效果'往往即是出发点(动机、目的),又是归宿(意义、价值),因此,凡忽略或无视'效果'的传播活动,都难免失败。"[①]总之,正如罗杰斯所言,拉斯韦尔对传播学理论的政治宣传、传播结构与效果、内容分析方法等领域做出了永久性的贡献。[②]

二、拉扎斯菲尔德的传播结构与效果理论

保罗·拉扎斯菲尔德(1901—1976)是美国著名数学哲学家、社会学家、心理学家与传播学者,美国哥伦比亚学派的主要人物,传播学科的主要奠基人之一。拉扎斯菲尔德是美籍奥地利人,毕业于维也纳大学,先后获哲学、人文学和法学博士学位。他在普林斯顿大学创办"广播研究所",后移至哥伦比亚大学并更名为"应用社会研究所",并与社会学家默顿成为社会学系成员长期保持合作。拉扎斯菲尔德重点研究传播效果达30余年,建立传播学领域中享有盛誉的"哥伦比亚学派"。就定量研究方法而言,它是迄今为止最有影响力的研究机构,也成为大众传播研究的诞生地。[③] 拉扎斯菲尔德1937年开展的"广播研究项目"、1944年"伊利县调查"项目,使他成为传播效果研究的开创者,并对现代大众传播研究产生了重要影响。他的主要著述有《人民的选择》(与伯纳德·贝雷尔森、黑兹尔·高德特合著,1944年)、《人际影响》(与伊莱休·卡茨合著,1955年)等。

与早期孔德、斯宾塞、涂尔干等实证主义社会学家重视自然科学、经验与观察方法不同,拉扎斯菲尔德将数学与统计分析方法运用于社会科学研究,为社会学科提供了全新的方法论与可操作的研究方法,也为传播学研究方法产生了重大影响,被称为传播学

---

① 张国良:《传播学原理(第三版)》,第22页。
② E. M. 罗杰斯:《传播学史:一种传记的方法》,殷晓蓉译,第242—243页。
③ 同上,第304页。

研究的"工具制作者"。拉扎斯菲尔德的效果研究,首先通过创建"两级传播"理论,从而破除了大众传播的"魔弹论",使得深入探讨传播的效果及其机理成为可能。该理论后经罗杰斯发展为"多级传播"学说,为传播效果、传播机制研究开辟了方向。其中提出的"选择性接触机制""意见领袖"等成为传播学理论中影响深远的理论。其次他倡导实地调查法,并将其确立为传播学研究的基本方法之一,对于传播研究的科学化意义重大而深远。此外,他开创了以大学为基础的研究机构的原型。在他和默顿的共同领导下,哥伦比亚大学在20世纪40年代取代芝加哥大学成为研究社会与大众传播的重镇。他的大众传播研究具体有以下几个方面。

首先,拉扎斯菲尔德开创了大众传播的有限效果论研究,在传播学研究中建立了"两级传播""意见领袖"等理论观点。20世纪初至30年代,大众报刊、电影、广播等大众媒介迅速普及和发展,并形成了人们关于大众传播效果的"魔弹论"的认识,强调大众媒介具有无孔不入影响人们的直接效果。此外,二战中出于宣传动员的需要,出现了社会心理学家对于战争政治宣传的应用和效果研究。[①] 在此背景下,拉扎斯菲尔德于1944年在美国俄亥俄州的伊利县进行了关于选民投票意愿的调查,并最后和同事贝雷尔森、高德特共同完成了《人民的选择》的著述。该研究试图观察在大众媒介、人际关系影响下选民的投票意愿,探究大众媒介对政治活动的影响。历时半年的研究对600名访问对象进行了7次追踪调查,研究结果发现,选民们的投票意愿在竞选开始前就已经确定。通过竞选宣传,除了8%的人之外,大部分人始终没有改变投票意向,在这些转变者中间也仅有少部分人是因为媒介影响而改变的。研究结果表明,大众媒介显然并非影响选民投票意愿变化的主要因素。受众在媒介使用时并非没有个性、消极被动的接受者,而是积极活跃、并受人际传播影响的主动者。进而言之,在影响选民的投票意愿方面,人际接触的影响显然比大众媒介更加有效。研究也发现,特别是其中的少数个人对选民施加的影响非常之大,而这些人通常是群体中的意见领袖(opinion leader)。由此,该研究得出结论,认为大众传播的信息并不直接"流"向一般受众,而是有一个中间层,也就是经过意见领袖这个中间环节。大众传播具有"两级传播"模式,即媒介信息的流动形成了"大众传播——意见领袖——一般受众"的结构形态。这个研究结论揭示了大众媒介和人际传播的关系,也指出了大众传播信息过程的复杂性。该研究结论也明确否定了早期的宣传理论家片面相信大众媒介的强大力量,认为那种通过大众媒介试图左右

---

① Shearon Lowery, Melvin L. De Fleur. *Milestones in Mass Communication Research Media Effects*, Longman, 1983, p.85.

人们的政治行为几乎是不可能的。也正是从拉扎斯菲尔德主导的研究开始,传播学研究对大众媒介强大效果论的观点产生了怀疑,并打破了由"魔弹论"主宰传播效果研究领域的局面,从而开创了传播效果研究的第二阶段即有限效果理论时期。①

此外,该研究使用创新性的调查设计研究方法,也为后世传播学研究提供了范本。本研究采用小组样本设计,即通过跟踪同一组实验对象的整个过程,重复对同一组实验对象进行评估,从而获得完整数据,这就有效地减少了传统研究方法的局限性。在研究中拉扎斯菲尔德也使用访谈法、小组实验法、抽样调查法等多种方法,为社会学在特定时间范围内进行社会行为的调查提供了研究范式。

其次,拉扎斯菲尔德对两级传播理论进行了更为深入的研究,进而考察社会关系、人际互动行为及其在大众媒介中的作用。拉扎斯菲尔德在宾夕法尼亚州的伊利县的研究中发现,意见领袖在他们所处的人际网络中拦截、解释、扩散他们的所见所闻,并结合选择性接触、选择性理解、选择性记忆的"选择性"(selectivity)特征,从而导致"积极的受众"的产生。可见,媒介效果在某种程度上有赖于人际影响的"补充"。在此基础上,拉扎斯菲尔德于1944—1945年又在美国伊利诺伊州进行了迪凯特研究(Decatur Study),考察了信息是如何从媒介到达意见领袖,然后再通过人际网络继续传播的问题。拉扎斯菲尔德通过对迪凯特的800名女性对象进行研究,调查她们获得"看电影""投票""购买时装"等方面的观点及信息的渠道,最后这部和卡茨合作的研究成果《人际影响:个人在大众传播中的作用》于1955年出版。研究结果表明,群体影响对于个人决定具有重要意义,在信息流通中人际传播和大众传播属于同一领域。调查对于受媒介影响的"意见领袖"及"追随者"之间的人际交流过程,以及人际交流过程对人们有关电影、时装等消费决定的影响行为进行整体描述,并论证了来自小型群体研究的理论可以被扩展到对大众传播过程的研究等问题。② 在这项研究中,拉扎斯菲尔德也发现,人们之间的关系和纽带被看成是影响大众传播过程的最重要的因素,与人们所一直认为的信息刺激物的结构、传播者的个性或是接受者的心理构成等因素是影响大众信息传播过程的主要因素有所不同。③

拉扎斯菲尔德在迪凯特研究中,关于"两级传播"的概念得到了进一步阐释,并引发了创新扩散,以及传播过程中的扭曲效应等的研究。此外,哥伦比亚大学应用社会研究

---

① Shearon Lowery, Melvin L. De Fleur. *Milestones in Mass Communication Research Media Effects*, Longman, 1983, p.111.

② Shearon Lowery, Melvin L. De Fleur. *Milestones in Mass Communication Research Media Effects*, Longman, 1983, p.184.

③ 宫承波、管璘:《传播学史》,第69页。

所围绕该理论进行了大量后续研究。罗伯特·默顿在 1949 年进行了"非本地事务"方面的意见领袖(cosmopolitan opinion leaders)研究,讨论了这些意见领袖如何向他人转述新闻类周刊内容。伯纳德·贝雷尔森等人在 1954 年对 1940 年选举研究又做了后续探究。丹尼尔·勒纳在 1958 年进行了现代化过程中意见领袖作用的研究。这些结论也引起了愤怒的"强效果论"提倡者的反对,比如托德·吉特林就认为意见领袖的概念不过是媒介直接效果的另一种表现,朗(Lang)、阿多诺和麦克卢汉等学者坚信媒介的力量存在于缓慢渐变或"长期"影响之中,而不在于影响选举或购买行为的短期宣传中。① 但是,拉扎斯菲尔德的研究仍然说明,大众媒介并非洪水猛兽、万恶之源,或现代民主社会的唯一解药,所谓大众媒介具有无限效果的"魔弹论"观点显然是站不住脚的。人们认识到,大众媒介对人的影响毕竟有限,大可不必为此心生恐惧,甚至由此污名化大众媒介的影响。

总之,拉扎斯菲尔德不仅开创了媒介效果研究的传统,从而使得媒介效果成为大众传播理论关注的中心问题。同时在传播研究方法方面也开创了一系列研究路径和技术手段。如前所述,拉扎斯菲尔德将数学与统计分析方法运用于社会科学研究,从而使得大众传播研究真正走向科学化的道路。他在研究中有效地将定量和定性研究方法结合起来,这些研究方法的使用成为其后传播学研究的典范。同时在具体研究中使用的焦点访谈法、节目分析仪,以及小组调查的研究设计、内容分析法、滚雪球式抽样等方法和技术,也使得大众传播研究方法更为科学和规范。② 可见大众传播研究之所以能够蓬勃发展,与拉扎斯菲尔德对于研究方法的规范和科学化分不开的。此外,拉扎斯菲尔德所进行的研究与美国企业和政府的实际需求相结合,具有很强的实用价值,因此在美国也产生了重大影响。正如希伦·A. 洛厄里和梅尔文·A. 德弗勒所说:"《人民的选择》仍然是社会科学史上最成熟的调查研究之一。在大众传播理论的发展中,它的地位无可争议。它迫使传播理论学家们重新思考大众社会的概念、媒体影响无所不能的观念、社会属性的作用以及人际联系的重要性,在大众传播研究的历史中,没有哪个研究能有如此大的影响。"③在进入 21 世纪的互联网时代,活跃在网络上的各类"意见领袖",通过两级传播甚是至多级传播影响到社会舆论的形成,其作用更为显著,这也充分证明了拉

---

① 伊莱休·卡茨、保罗·F. 拉扎斯菲尔德:《人际影响: 个人在大众传播中的作用》,张宁译,中国人民大学出版社,2016,第 2 页。

② Shearon Lowery, Melvin L. De Fleur. *Milestones in Mass Communication Research Media Effects*, Longman, 1983, pp.201 – 202.

③ 希伦·A. 洛厄里、梅尔文·L. 德弗勒:《大众传播效果研究的里程碑(第三版)》,刘海龙等译,中国人民大学出版社,2009,第 58 页。

扎斯菲尔德理论的重要价值。

三、勒温的"把关人"和群体传播理论

库尔特·勒温(1890—1947),又译为卢因,是德裔美国心理学家,拓扑心理学的创始人,实验社会心理学的先驱,格式塔心理学的后期代表人,传播学理论的开创者之一。勒温最早研究群体动力学和组织发展,是现代社会学、组织学以及应用心理学的开创性人物,也是现代心理学的奠基人,特别是在社会心理学研究理论与实践上都做出巨大贡献,被称为"社会心理学之父"。他在柏林大学师从恩斯特·卡西尔完成博士学位后,1921 年在柏林大学心理学研究所任教,在格式塔心理学的影响下提出"场论"和"群体动力论"。因二战德国政治形势恶化,勒温于 1933 年移居美国,并在 1940 年加入美国国籍,先后在康奈尔大学、衣阿华州立大学任教,并从事社会过程以及战争宣传和食品消费习惯等的研究。他于 1945 年在麻省理工学院成立群体动力研究中心(The Research Center for Group Dynamics)并任主任,将传播研究设为六个研究领域之一。有学者指出:"我们现在比以往任何时候都更加相信: K. 勒温是现代社会心理学的开创性人物。"[①]勒温的主要著述有《人格的动力理论》(1935 年)、《拓扑心理学原理》(1936 年)、《对心理学理论的贡献》(1938 年)、《解决社会冲突》(1948 年)、《社会科学中的场论》(1951 年)等。

勒温通过实地试验研究等方法,将场论、群体动力论等社会心理学理论应用到大众传播学研究。他虽然没有全面展开传播学研究,但为传播研究提出了许多理论假设和思路。勒温除提出传播学中重要的"把关人"理论("守门人"理论,gate keeper)之外,还对信息与说服、演讲与讨论、讨论与承诺等传播问题进行研究。

在教学和研究中,勒温培养了 A. 巴弗拉斯、D. 卡特赖特、L. 费斯廷格、哈罗德·凯利、斯坦利·沙克特等众多有重要影响的社会心理学家和传播学者。其中巴弗拉斯通过对团体交往的沟通网络分析,探究小团体中成员间相对固定的沟通模式,费斯廷格通过对社团间谣言流动的研究提出认知失调理论。凯利从事群体社会心理学研究、提出社会交换理论。他们都受到了勒温的场论、格式塔心理学理论的影响。[②]

在理论研究中,勒温提出场论(Field Theory)和群体动力论(Group Dynamics)用来解释个体和环境之间及群体之间的关系模式。勒温在格式塔心理学的基础上,借助物

---

① E. M. 罗杰斯:《传播学史:一种传记的方法》,殷晓蓉译,第 374 页。
② 宫承波、管璘:《传播学史》,第 54 页。

理学中电磁场的概念,认为所谓"场"就是相互依存的整体,或是一种生活空间,具体而言指的是个体行为的私人环境,或是围绕个体的社会环境构成。① 勒温的场论认为,个人行为取决于其所处的环境。人的行为是个人及其环境的函数或"场",其理论的核心要素是处于"场"中的个体。勒温由此认为,人的行为是个人内心张力和周围环境互相作用的结果,个体的生活空间又受到其他各种向量和力场(force field)的影响。场论理论的要点在于强调人的内在需要和周围环境的相互作用,由此对人的心理和行为的影响。在后期的研究中,勒温又将影响群体活动的因素引入场论,从而形成了"群体动力论"。

勒温认为,在社会心理研究中如果关注群体因素的话,那么也就必须要考虑大众传播有关的问题。也就是说,对于群体行为而言,大众传播是不可忽视的重要影响因素。对此,勒温通过对二战初期食品短缺如何导致食品消费行为取向的研究,将传播研究纳入群体结构和群体功能的研究中。② 在该研究中,勒温不仅提出了"把关人"理论,同时也发现,就信息传播的群体之间的相互影响而言,人际传播和大众传播明显有所不同。勒温认为,在改变和维持人们的行为方面,群体中的其他成员对个体行为的影响是重要因素。群体决策影响着个体行为变化,进而群体的决定对于人们未来的行为具有某种"固化"作用。③ 此外,勒温在关于工厂人性化管理,以及领导能力培训等研究中也提出,群体研究应主要针对人们的活动、相互影响和情绪因素;群体中个体的活动、相互影响和情绪综合构成了群体行为,群体行为呈现为相对平衡和稳定的场,这又与他的场论结合起来。

勒温最早在1947年的《群体生活的渠道:社会计划与行为研究》中论述了"把关人"理论。④ 他认为在信息流动过程中,根据某些标准对信息进行选择的"把关"现象无所不在,即大众媒介作为"把关人"发挥着重要的信息过滤作用。同时,"把关"现象也并不限于大众传播,而是遍布组织传播、人际传播,乃至每一个体的社会化过程。由于世界是无限的,人的认识是有限的,因此在认识/传播(信息传受)过程中,"把关"现象是必然发生的。⑤ 简言之,"把关人"在社会系统中决定商品或信息能否进入该社会系统,进而"把关人"控制公众对真实事件的认知度。同时,"把关人"不仅是个人,还包括

---

① E. M. 罗杰斯:《传播学史:一种传记的方法》,殷晓蓉译,第281页。

② Wilbur Schramm. *The Beginnings of Communication Study in America: A Personal Memoir*. Steven H. Chaffee, Everett M. Rogers Eds. Sage publications Inc, 1997, p.80.

③ E. M. 罗杰斯:《传播学史:一种传记的方法》,殷晓蓉译,第353页。

④ Kurt Lewin. Frontiers in Group Dynamics: II. *Channels of Group Life; Social Planning and Action Research*. Human relations, Vol.1(2), 1947, pp.143-153.

⑤ 张国良:《传播学原理(第三版)》,第111页。

某些机构和组织。他们在社会系统中担任着各种角色,他们的选择性描述直接影响到人们对于周围世界事件的认知和行动取向。勒温最初通过对家庭主妇选择家庭食物消费的作用考察,认为家庭妇女是家庭食物消费的"把关人"。可见,"把关人"是控制信息流通的个体,他们可以扣除信息、重构信息、扩展信息或者是重复信息。简言之,"把关人"就是那些决定商品或信息能否进入流通渠道,或能否继续在渠道流通下去的人。勒温指出,信息传播网络中布满了各种类型的"把关人",信息总是沿着含有不同门区的某些渠道在流动。那些处于把关位置的或是公正的规定性,或是"把关者"个人的意见。在群体传播过程中,因为有"把关人"存在,因此,只有那些符合群体规范,或者"把关人"价值标准的信息内容,才能最后进入传播渠道。勒温的研究对传播结构中的把关过程做了系统梳理,从而为后续研究指明了方向,开拓了传播力研究的新领域。

勒温提出"把关人"理论之后,大卫·曼宁·怀特在 1950 年将"把关人"理论运用到大众媒介环境的研究中,并探究了"把关人"在报纸新闻编辑,以及国内国际新闻流向中的作用。至 20 世纪 70 年代,"议程设置"理论的创始人马克斯韦尔·麦库姆斯和唐纳德·肖对"把关人"决策的影响力做了不同方向的研究。他们发现,受众对新闻重要性的认知,取决于媒介对该新闻的重视程度。就此麦库姆斯和肖认为,"把关人"理论和议程设置之间存在着联系。此后,美国传播学者约翰·麦克内利(1959)设计了新的把关模式来研究国际新闻的流动,试图克服怀特研究的缺点。在此基础上,亚伯拉罕·Z. 巴斯(1969)又提出"双重把关"模式补充麦克内利模式,并区分了新闻生产不同阶段的"把关人"的性质。还有约翰·盖尔顿和玛丽·H. 鲁奇(1965)也提出了新闻选择的模式,R. V. 埃里克森(1987)等学者提出"新闻生产过程"模式,涵盖报纸、电视媒介的工作流程。此外,瑞安和彼得森(Ryan and Peterson,1982)也总结出"音乐生产过程"模式。特别需要指出的是,在总结前人研究的基础上,美国传播学者帕梅拉·休梅克(1991)从个体、工作惯例、组织、社会机构和社会体系五个层面对"把关人"理论进行了较为全面、系统的综合研究。休梅克从微观、中观到宏观,从个体、组织到社会,以其合理的思路,有效地完善了"把关人"理论,并得到了广泛认同。[1]

从勒温将"群体"(group)概念引入传播学,提出"把关人"理论,并将这些概念转变为传播研究的重要组成部分。[2] 在过去的 50 多年历史中,"把关人"已经成为揭示传播过程内在控制的重要理论,该概念在传播学理论中得到广泛应用。无疑,在当代自

---

① 张国良:《传播学原理(第三版)》,第 114—120 页。

② Wilbur Schramm. *The Beginnings of Communication Study in America: A Personal Memoir*. Steven H. Chaffee, Everett M. Rogers Eds. Sage publications Inc, 1997, p.84.

媒体人层出不穷,乃至媒介社会化、社会媒介化的语境中,对于"把关人"的研究则显得更为迫切。

四、霍夫兰的劝服理论

卡尔·霍夫兰(1912—1961)是美国实验心理学家,社会心理学家,宣传与传播研究的杰出人物,也是传播学理论的主要奠基人之一。他生于美国芝加哥,从美国西北大学毕业后,1936 年在耶鲁大学获得博士学位,此后在该校心理学系执教。二战期间,霍夫兰参与美国陆军部新闻与教育署工作,指导和研究美军思想训练计划。二战结束以后,他重返耶鲁大学出任心理学系的系主任,主持"传播与态度改变研究"课题,并形成以他为核心的影响深远的耶鲁学派。该学派形成了传播研究领域中以控制实验方法为特色,以传播与劝服、劝服技巧与效果为重点的研究理论。由霍夫兰主导引入的控制实验方法和相关理论,为传播学科的兴起做出了重要贡献。在拉扎斯菲尔德开创美国大众传播效果研究之后,霍夫兰通过对媒介影响态度改变和评估媒介内容、说服效果等方面的研究,从而不断拓展。霍夫兰的主要论著有《大众传播实验》(合著,1949 年)、《传播与劝服》(与欧文·贾尼斯、哈罗德·凯利合著,1953 年)、《说服的表达顺序》(1957 年)、《个性与可劝服性》(合著,1959 年)、《态度的形成和改变》(合著,1960 年)等。主持出版了《美国军人》(全 4 卷,1949 年)、《耶鲁大学关于态度和传播研究丛书》(全 5 卷,1953 年)等。

霍夫兰对传播学研究的突出贡献,首先是将实验心理学中的控制实验等研究方法应用到传播学研究,使得传播学学科朝着科学化的道路又迈进了一步。其次,霍夫兰通过传播与说服的研究,建立了传播学中的"说服理论",从而揭示了传播效果形成的条件性和复杂性,也推进了拉斯菲尔德开创的传播效果研究。

霍夫兰从战时宣传说服研究中发现影响态度改变的诸多因素,随后通过耶鲁大学的传播研究项目,重点观察传播者、传播内容和受众等核心要素对态度改变的影响。与战时实用性宣传研究不同,该研究属于以阐述和检验有关传播效果假设的基础性研究。研究通过 50 多项实验,完成了大量关于态度及态度改变的重要著作,其中以霍夫兰、贾尼斯和凯利(H. Kelley)合著的《传播与说服》最为著名。该研究通过对以往相关理论框架和研究结论的描述,重点就"信源的可信性""恐惧诉求的分析"及"正反陈述和单面陈述"等问题的进一步探究,从而探究了影响态度改变的诸多传播要素,不仅拓展了对于传播者研究的视域以及受传者态度和行为改变的内在原因,还为传播策略和传播技巧研究提供了新的视角。霍夫兰的传播与说服研究主要包括信息可信度、信息内容和组织方式及受众倾向性等方面。

首先,就信源可信度而言,霍夫兰的实验研究发现,高可信度来源的信息会明显导致态度改变,而低可信度来源对态度改变影响较低。随着时间的推移,这种差异也会逐渐减弱并消失。可信度实验是霍夫兰诸多传播实验中最著名的实验研究,它为其后众多的说服研究构建了研究的基础理论模型。

其次,霍夫兰对信息诉求内容和诉求的组织方式进行了考察。对于诉求内容而言,"恐惧唤起"诉求对受众态度的有积极的影响,即更强的恐惧唤起在某种程度上将导致更大的态度改变,但对涉及那些威胁描述的生动程度、受众的惊慌状态、对传播者的评价、对现有命题的已有知识等变量而言,也可能会减弱或加强态度的改变。而相应地,较为温和程度的恐惧诉求更有说服力。因此,霍夫兰的研究认为,恐惧唤起诉求的使用要做到易于抓住受众注意力的作用,也要注意"度"的把握,要恰如其分,否则过犹不及。就诉求的组织方式对受众态度的影响看,一般意义而言,传播者明确地陈述观点结论更有效,但事实上,其他如传播者本身的可信度、受众的认知水平、话题本身的特点,以及该话题对受众的重要性和相关性、受众和传播者对该话题的观点的一致程度等等因素,都可能对传播讯息的说服效果产生更为显著的影响。

最后,霍夫兰对受众的倾向性和态度改变进行了研究。研究发现,即便是某些精心设计制作的说服性信息,也会因为受众的倾向性差异从而导致不同程度的影响效果。研究通过对群体成员身份、个人特质差异等受众个体因素的调查,发现这些都可能影响到受众对于说服的"易感性"(susceptibility)。所谓说服和态度研究中的"易感性",指的是那些使个体更易被影响的性格等方面的个体差异,如人们通常认为智力更高的人对于被劝服的论点具有较低的"易感性",亦即智商高的人不容易被劝服,但事实上并非如此。此外,积极的参与者较之那些消极参与者态度更易变化。霍夫兰的研究发现,人们对他们所属群体的评价越高,他们的态度和所在群体则越紧密一致,因此,观点越是与该群体标准相反,则该个体的态度也越难被改变,这种现象被霍夫兰称为"反规范传播"(counternorm communications)的力量。

总之,霍夫兰对于说服的研究成为大众传播研究的重要课题,研究中提出的可信度、对宣传的免疫力、恐惧诉求、睡眠效果等概念,成为后续传播学研究的起点。就其研究内容的构成而言,霍夫兰通过传播者、信息内容、信息传播方式,以及受众效果等内容进行实验研究,清晰地阐释和回应了拉斯韦尔提出的"5W"模式。更为重要的是,霍夫兰把心理学控制实验的方法完整地运用于传播效果研究,使得他的研究方法更为严谨和科学。这些研究模式和研究手段的应用,不仅为大众传播的说服实验树立了典范,也深刻影响了传播学其他领域的研究。① 正如传播学者所言："与勒温相同,霍夫兰也从心理学角度'切入'传播学领域,着眼于微观层次(而非宏观),对传播的具体技巧(而非过程原理)进行了深入细致的总结。其采用的主要方法是'控制实验法',也正是霍夫兰的身体力行,使之成为传播学的又一种基本研究方法,为推动传播学的产生和成长起到了重要而独特的作用。"②

第三节
结构功能主义与传播效果研究

大众传播效果研究是在结构功能主义理论影响下,对于大众传播构成因素中的受众及其特征和影响因素的研究。传播效果指传播者发出的信息经媒介传至受众而引起受众思想观念、行为方式等的变化,在狭义上指具有宣传或说服目的的传播行为在传播对象上引起的认知、态度、意愿和行动的变化,通常意指传播行为在多大程度上实现传播者的意图;在广义上指报刊、广播、电视、互联网等大众传播媒介和社交媒体、移动终端等新媒体的活动对受众和社会产生的一切影响和结果的总和,无论这些影响和结果是有意的还是无意的,直接的还是间接的,显在的还是潜在的。传播效果研究是 20 世纪大众传播研究关注度最高、理论产出最丰富的领域,其中不仅有针对个体效果的微观分析,还有偏向于社会效果的宏观研究。正如传播理论研究所认识到的,尽管不同的专业或组织对大众传媒的重视程度不同,但是有一些极其重要的问题亟须得到全面的解答,并且还要有客观的论据加以支持。这些问题是:"无论是在个人层面还是在集体层面上,大众传媒到底对我们做了些什么? 大众媒介是否拥有强大的影响力,能够令每个人都必须关注其信息? 它们传递的信息能否深刻地影响我们的感知,形成我们对事物的意见,引导我们的行为(或好或坏)? 抑或它只对娱乐感兴趣,传播一些逸闻趣事,做名不副实的广告,看上去花里胡哨——只不过是一个传递信息的渠道,对我们的所感所

---

① E. Everette Dennis, E. Wartella. *American Communication Research: The Remembered History*. Erlbaum, 1996, p.57.

② 张国良:《传播学原理(第三版)》,第 60 页。

想所做产生的影响极其有限?"①简言之,这些问题的核心就是大众媒介的效果研究。事实上,自 20 世纪以来,为数众多的社会科学家和传播学者借助于不同视角的研究方法,特别是定量研究方法,展开了大众传播效果的研究。

作为大众传播研究中具有独特取向的领域,传播效果研究重点针对受众而展开,并试图探究确认各种影响受众效果的核心因素,同时使用实证科学研究的方法手段,对其理论进行有效证明。因此,有学者认为,根据研究重点或是问题指向的差异,对于大众传播效果研究的内容和范围,也存在不同的分类维度。包括微观与宏观、变化与稳定、累积与非累积、短期与长期、认知—态度—行为、离散一般型与内容具体型、直接效果与条件效果等不同研究取向和类型。用这些维度及其类别来建构一个矩阵,就会得到 100 多种不同类型的大众传播效果。因此,在上述共享的话语特征之外,对于传播效果的研究,其实很难被归类到同一个"范式"或"模式"中。② 因此,对于以北美为主的大众传播研究理论而言,只能将效果研究放在特定的历史和社会语境中,考察这些理论是如何形成和发展的。否则,无论从任何角度切入考察,始终会陷入挂一漏万的境地。总体而言,按照大多数研究者目前较为认同的看法,大众传播效果研究理论包括强效果、有限效果和多元效果等不同的研究发展阶段。

一、"中层理论"与大众传播效果研究

19 世纪以来,孔德、斯宾塞等社会学家受到欧洲哲学思想传统的影响,试图建构以哲学为基础的社会学理论,从而把社会学作为哲学思想的构成部分。因此,社会学也试图建立起具有普遍性的哲学逻辑理论体系,而不再是动态的、变化的并以专门问题为导向的社会学研究理论。在这种背景下,大多数社会学先驱都试图建立他们自己的理论体系,并且都宣称自己是真正的社会学,各学派都有自己赖以支撑的理论体系。但是,默顿认为,对于作为新兴学科的社会学而言,目前并不需要以往通行的宏大理论的建构,这是因为实现宏大理论体系建构所必需的理论和经验基础都尚未完成,因此,过早地提出包罗万象的概念系统既无意义也无效果。他以自然科学的发展历程来比喻,认为社会科学"还没有出现社会学的开普勒,更不用说牛顿、拉普拉斯、吉布斯、麦克斯韦和普朗克"③。为此他提出,社会学研究只有把主要关注点(不是全部)放在中层理论的

---

① 希伦·A. 洛厄里、梅尔文·L. 德弗勒:《大众传播效果研究的里程碑(第三版)》,刘海龙等译,第 1 页。
② 周葆华:《效果研究:人类传受观念与行为的变迁》,第 6—7 页。
③ 罗伯特·默顿:《社会理论和社会结构》,唐少杰、齐心等译,第 70—71 页。

研究上,才会取得进步;只注重发展大而全综合性的社会学理论体系,反而会导致社会学停滞不前。"我们今天的主要任务就是创立能适用于有限概念范围的特殊理论——例如越轨行为、目的性活动的非预想结果、社会知觉、参考群体、社会控制、社会制度的相互依存等等理论,而不是直接寻求可以推出这些或其他中层理论的总概念结构。"①默顿提出,通过对专门理论的研究,社会学将能更有效地构建一个有效概念框架的道路,由此必须立足于提出社会学的中层理论。社会学理论要想获得有意义的进步,必须要求中层理论要有两个相互联系的进展:第一,发展特殊理论,即创立可以推导出能够接受经验研究的假设的特殊理论;第二,发展概念体系,即逐步发展出能够综合各种具体理论的概括化概念体系。如果说结构功能主义提供了大众传播效果研究的基本框架,那么,中层理论就是效果研究的基本模式。

默顿指出,"社会学理论一词是指逻辑上相互关联并能推导出试验一致性的一组命题",而他主要关心的是中层理论,即"既非日常研究中大批涌现的微观而且必要的操作性假设,也不是一个包罗一切,用以解释所有我们可观察到的社会行为、社会组织和社会变迁的一致性的自成体系的统一论,而是指介于这两者之间的理论"。进一步而言,"中层理论是由某些有限的假定构成的,可以逻辑地从这些假定推导出可为经验调查所验证的具体假设。这些理论不再是分离的,而是被结合为更加广泛的理论网络"。同时"这些理论的抽象概括可以应用于社会行为和社会结构的不同方面,因此,它们优于纯粹的描述或经验概括"②。

在实际应用方面,中层理论原则上应用于社会学中对经验研究的指导,并且介于社会系统的一般理论和对细节的详尽描述之间。也就是说,就其理论形态看,它实际上是一种介于宏观和微观之间的中间理论。默顿认为,社会系统中的宏观理论由于远离特定类型的社会行为、社会组织和社会变迁而难以解释所观察到的事物,相反,微观理论则对细节的详尽描述则完全缺乏一般性概括。"中层理论也涉及抽象,但是这些抽象是与观察到的资料密切相关的,是结合在允许进行经验检验的命题之中的。中层理论涉及的是范围有限的社会现象,正像它的名称所表明的一样。一个人谈论参考群体理论、社会流动理论、角色冲突理论和社会规范形成理论,就好像一个人谈起价格理论、病菌理论或气体动力理论一样。"③显见的是,中层理论是对存在于人们社会生活中的各种现象背后的规律的总结和归纳。"这种例子的特殊性不应模糊中层理论更为普遍的特性。

---

① 罗伯特·默顿:《社会理论和社会结构》,唐少杰、齐心等译,第74—75页。
② 同上,第59、100页。
③ 同上,第60页。

显然,人们面临巨大灾难时的行为只是参考群体理论能够合理应用的众多情境之一,这就像社会分层变迁理论、权威理论、制度相互依赖理论与失范理论一样。但是,同样很清楚,这些中层理论并不是从一个包罗万象的关于社会系统的单一理论中逻辑地推导出来的,虽然它们一旦发展起来可能会与其中的一个系统相一致。进而,每一理论都不只是一个纯粹的经验概括,即概括观察到的两个或更多变量之间关系一致性的孤立命题。一个理论包含了一组能推导出经验概括自身的假设。"①因此,默顿对于将社会学理论过度理论化(宏观)和过度现象化(微观)的两种倾向都进行了说明,并提出要避免这两种偏向。"比起对无所不包的统一理论的探索,对中层理论的探索要求社会学家信奉完全不同的东西。以下论述认为对一种社会学理论总体系的研究与那些已经遭遗弃的、无所不包的哲学体系一样具有同样令人兴奋的挑战和同样渺茫的前途。在这种研究中,对社会行为、组织和变迁每一方面的观察都会迅速地找到它们预先注定的位置。这一问题必须被摆在一个恰当的地位。有些社会学家似乎仍然是抱着这种希望在著述,即这种社会学一般理论足以囊括观察到的社会行为、组织和变迁的所有细节,并且足以指导研究者注意经验研究的一系列问题。我认为这是一个不成熟的和有害的信条。我们还未准备好,还没有做出充分的准备工作。"②概而言之,"在中层社会学理论中展现的分析逻辑完全是按照社会结构的因素,而不是按照对特定社会系统的具体历史描述发展起来的。所以,中层理论能够使我们超越那种在普遍与独特之间、一般与特殊之间、概括性社会学理论与历史主义之间的理论冲突的虚假问题"③。

因此,默顿所指的中层理论,是指在社会学研究中,如何通过现象到达理论,而不仅仅是在抽象理论的思辨中转圈。反之,也不仅仅是单一的、孤立的现象描述。因此,对于社会科学研究,中层理论强调的是现象层面的经验与理论层面的抽象的结合,两者不可或缺。基于现象的经验和基于理论的抽象必然要相互影响相互印证,这样形成的理论范式才具有解释经验和扩展知识的效用,否则仅仅是概念的重复或是资料的堆积,对社会学科的发展没有实质意义。在默顿看来,社会学中的"参考群体理论""社会流动理论""角色冲突理论",以及"社会规范形成理论"等都属中层理论的经典范式。

事实上,传播效果研究的发展,甚至整个社会科学的发展,都深受中层理论思想的影响。就其基本理论研究范式看,所谓实证研究的基本方法路径,即发现问题—建立假设—资料搜集—数据分析—验证(修订)假设—证实(证伪)问题的路径,已然成为社会

---

① 罗伯特·默顿:《社会理论和社会结构》,唐少杰、齐心等译,第62页。
② 同上,第67页。
③ 同上,第65—66页。

学研究的基本范式。这种研究范式的背后,遵循的就是中层理论思想的逻辑。只有应用这样的研究范式,才能面对人们生活世界中的现象进行有效解释,同时也会发现隐含在现象中的一般性规律。作为大众传播研究卓有成效的领域,传播效果研究其主要理论的方法论范式都遵循了经验现象与抽象理论相结合的中层理论研究路径。由此,基于中层理论范式的实证研究方法,成为传播学乃至社会学通行的研究范式。正如有学者指出的,默顿中层理论的思想对大众传播效果研究是有相当启发性的,它提醒研究者注意理论概念的概括与实证资料的收集,努力在理论与经验之间寻求结合点。默顿坚信"功能主义不仅能建立中层理论,而且能够建立包括中层理论的宏大理论"[1]。同时,还有两个尚需注意的问题:一是必须要有批判精神的结构功能主义的宏大理论思想为指导,强调理论的抽象与概括;二是中层理论也探究效果研究对宏大理论层面的突破,可以发展出统摄整个研究领域的基本概念和逻辑架构。[2] 由是观之,传播效果研究也必须要考虑中层理论与宏大理论之间的联系,将作为单元的社会现象的理论描述相互连接,形成具有内在逻辑统一的理论体系,从而实现理论的整合。

二、大众传播的强效果和有限效果论

传播学理论研究在 20 世纪 20 年代兴起,至 40 年代发展形成大众传播学,在随后得以全面发展,并在传播效果领域取得了独特的丰富成果。总体而言,大众传播效果研究的发展过程可分为三个阶段。第一是强效果论阶段(20 世纪初至 40 年代)。早期的大众传播效果观源于大众社会理论,认为大众传播媒介对每个人都具有强大的效果,而且效果都是相同的。第二是弱效果论阶段(20 世纪 40 年代至 60 年代)。随着研究的积累,学界对此逐渐产生疑问,并提出新的理论,认为大众传播媒介的效果是弱小的、有限的,受众是具有选择性的。第三是回归强效果论阶段(20 世纪 60 年代至今)。随着研究的深入,过于偏重短期、直接效果的研究也遭到质疑,学者们从而转向了对媒介间接、长期效果的研究。在此过程中,大众传播效果理论的演变形成了强效果论—有限效果论—多元效果论的脉络,展现了一致性效果论—选择性效果论—间接性效果论的研究形态。[3]

其中的强效果论阶段,通常也被称为的"枪弹论""魔弹论"或"皮下注射器理论",

---

① 乔纳森·H. 特纳:《社会学理论的结构(第 7 版)》,邱泽奇、张茂元等译,第 23 页。
② 周葆华:《效果研究:人类传受观念与行为的变迁》,第 147 页。
③ 张国良:《传播学原理(第三版)》,第 295 页。

指向了一致性效果论。该理论基于早期心理学所主张的"刺激—反应"理论,立足于传播者与接受者的二元对立逻辑,认为大众媒介有强大的威力,在形成意见信仰、改变生活习惯,并且依照媒介控制者的意图支配受众的行为等各个方面几乎无所不能。其核心观点认为,大众媒介具有不可抵抗的强大力量,传递的信息在受众身上如同子弹击中躯体、药剂注入皮肤,可引起直接快速的反应,并能够左右人们的态度和意见,甚至直接支配他们的行动。该理论源于公众与研究者对大众媒介迅速普及所造成的负面影响的感受,并依据生物学关于有机体的认识,基于人们的直观体验而非科学调查研究所提出的对于大众媒介效果的认识。从方法论角度看,它属于默顿所说的早期以思辨性探讨为主的宏观理论,尚未达到严格意义上的科学化的研究。

另外,有限效果论阶段也被称为"弱效果论",指向了选择性效果论。所谓有限效果,并非指媒介毫无影响力,而指的是媒介总是在一个现存社会关系的结构和一个特定的社会文化情境中运行。对此,伯纳德·贝雷尔森和约瑟夫·克拉伯有两段经典性的论述:"某些传播在某些问题上,被某些人在某些情况下所注意,有某些作用。"[1]"大众传播通常并不是一个可以对受众发生影响的充分且必要的起因,它其实通过许多中介因素的联络环节而发挥着各种功能。"[2]

有限效果论的研究,是从 20 世纪 30 年代初美国佩恩基金会有关电影对儿童影响的系列研究开始的。儿童与电影研究"被认为是社会科学界第一次用科学的实证方法进行的大众传播效果研究"[3]。研究者运用典型调查和实地调查方法,大量借鉴社会心理学的成果,侧重研究利用媒介积极主动地告知消息并进行劝服的可能性,以及出于防范的动机而测定大众媒介在造成青少年犯罪、社会偏见、暴力和性刺激方面的消极影响,但其结果很难证明媒介所具有的"枪弹"效果。此外,还有"火星人入侵"的恐慌研究,是对 1938 在美国的电视台播放的火星人入侵恐慌事件进行的。该研究既发现了可以印证"枪弹论"的事实,又提出了足以挑战"枪弹论"的证据。此后,20 世纪 50 年代,"选择论"即选择性接受论作为一种新的受众研究视角逐步形成。选择论包括"个人差异论""社会类型论"和"社会关系论"三个方面。从效果研究角度看,选择论构成了一种新的效果研究视角或知识框架。至此,选择论为否定一致性效果论并迎接有限效果论阶段的到来开辟了通路。[4]

---

① B. Berelson. *Communication and Public Opinion*. In W. Schramm (ed.), Communications in Modern Society. University of Illinois Press, 1948.

② J. T. Klapper. *The Effects of Mass Communication*. Free Press, 1960.

③ 张国良:《传播学原理(第三版)》,第 296 页。

④ 同上,第 297—298 页。

在强效果论的理论背景下,20世纪40—50年代开始,随着拉扎斯菲尔德等人对"信息流程""创新与扩散"和"劝服"研究的展开,传播效果形成的过程和机制在科学方法基础上得到了揭示和探索,终于导致了对强效果论的否定。美国传播学者克拉伯通过对有限效果论的总结认为,"其主要观点归纳起来无非两点:首先,大众传播不是产生效果的唯一和充分条件,它只能在各种中间环节和连锁关系中,并通过这种关系才能发挥作用;其次,大众传播最明显的作用,不是引起受众态度的转变,而是对他们既有态度的强化,即是在这种强化过程中,大众传播也不是作为唯一的因素而发挥作用"①。有学者也认为:"克拉伯不自觉地为第二个阶段的研究画上了句号。不久就孕育出了第三个阶段的研究思路,即被称作'多元效果论'的一系列充满创新活力的理论和学说。"②

三、大众传播的多元效果研究

自20世纪60年代以来,大众传播效果研究进入被称为"回归强效果论"的多元效果论时期。1973年德国学者E.诺埃尔-纽曼最早明确提出回归强效果论的观点,批评有限效果论"扭曲了对数年研究发现的解释",而"媒介无力量之说不再站得住脚"。③她认为大众媒介的累积性、普遍性、和谐性的有机结合就能产生强大效果和引导舆论。同时她提出的"沉默的螺旋"理论在某种程度上接近强效果论,但是该理论研究认为,这种效果变化重点并不在于态度改变而在于增强优势意见的效果。

20世纪60年代以来,许多学者试图摆脱美国经验学派的研究框架,从不同的角度,采用不同的方法,探寻媒介影响力的因素,从而形成了名目繁多的效果研究流派。其中以卡茨、丹尼斯·麦奎尔为代表的"使用与满足理论"、以麦库姆斯和肖为代表的"议程设置理论"、以G.格伯纳为代表的"培养(涵化)分析理论"等,共同构成了大众传播效果研究的新领域。该时期的研究重点,由"验证个人对媒介内容的接触程度与个人态度、意见、行为等变量的相关性",转向了考察媒介的长期、潜在和间接的效果,以及信息认知、社会环境等中介因素、舆论气候、信仰结构、文化模式乃至社会制度等的研究。总体而言,该阶段无论在考察包括个人、群体、组织、国家、社会、文化等传播影响力的范围,还是时间上的短期与长期,以及认知、态度、行为、情感不同层次,还是显性、隐性的方式,直接、间接、积累、非积累等机制,乃至于量化、质化方法等方面,相对于前两个阶

---

① J. T. Klapper. *The Effects of Mass Communication*. Free Press, 1960, p.8.
② 张国良:《传播学原理(第三版)》,第299—311页。
③ E. Noelle-Neumann. *Return to the Concept of Powerful Mass Media*. Studies of Broad-casting, 1973, 9(1), 67-112.

段,都更为多样、丰富与多元。因此,该阶段又被称作多元效果论时期。

需要指出的是,20世纪60年代末的强效果论的回归,既非对第一次转折的简单否定,也非对早期强效果论的简单重复,而是效果研究取向与维度的又一次革命性转折,其意义甚至超过第一次转折,具体而言主要反映在以下两个变化。第一,研究重心的转变。它不再仅仅测定直接、短期的效果,而把更多的注意力集中于间接、潜在和长期的影响,同时,也不再仅从传播者出发研究媒介的效果,而同时强调从受众出发探索媒介的影响潜力,此外不再仅仅关注态度、行为方面的效果,也同样关注认知方面的效果。第二,研究方法的转变。它避免了过分注重微观现象考察的机械经验主义方法,在微观研究的基础上,转而把传播过程置于整个社会的政治、经济、文化结构中加以考察的中层理论上来,同时还出现了方法论多元化的倾向,各种新兴的科技手段也不断被用到传播研究中来。

多元效果论产生的社会背景主要包括六个方面:一是媒介环境。大众信息来源的中心由报纸转向电视。二是信息剧增。这使得人们的注意力从"态度—行为"层次转向了"信息—认知"层次。三是意识形态。政治意识形态的淡化和多样化,使得预设立场等观点失去了充分的根据。四是全球化。美国以外各国研究的勃兴给大众传播效果研究带来了生机与活力。五是多学科。政治学、社会学、心理学等相关学科持续的与传播学积极互动,对传播学的启迪意义尤为显著。六是实践性。许多媒介从业人员转型加入传播学界,为效果研究注入了新的力量。在以上各种因素的综合作用下,多元效果论中的各个理论让人们重新发现了大众传播媒介的强大效果。具体而言,该时期的效果研究理论主要包括下述方面。①

第一,议程设置理论。议程设置理论的基本思想源于李普曼的舆论研究。李普曼提出媒介构建人的拟态环境的观点,②但具体由麦库姆斯和肖于1972年的研究中正式提出,该理论是20世纪70年代以来大众传播研究的主要成就之一。③ 议程设置理论的中心观点,是通过对那些反复报道的新闻的考察,进而探究这些持续不断强化的某些话题在受众心目中的重要程度。其贡献主要包括两方面:一是为研究传播效果开辟了新的路径。该理论从认知角度出发,证实了媒介对社会的冲击可能是巨大的,这也是效果研究第三个阶段的开始。二是为认识媒介功能提供了新的视角。议程设置表明媒介促

---

① 张国良:《传播学原理(第三版)》,第312—340页。

② W. Lippmann. *Public Opinion*. Free Press, 1922.

③ M. E. McCombs, D. L. Shaw. *The Agenda-setting Function of Mass Media*. Public Opinion Quarterly 1972(36), pp.176–187.

成了人们对何谓社会重大问题的认识,因此该理论对于提升社会各界的媒介素养有重要意义,并且证实和强调了大众媒介及其传播者的社会意义和社会责任。

第二,涵化理论,也称为培养理论或教化理论。该理论由格伯纳等人在 1969 年提出,主要指受众在大众媒介长期影响下形成的社会认知模式。[①] 涵化理论提出后主导了大众传播效果研究的重要方面,即大众媒介(主要是电视)如何影响受众的社会现实观念。格伯纳的研究最终证明,作为娱乐提供给受众的电视剧等媒介内容,有力地影响着人们对现实的认知和态度。此外,20 世纪 80 年代以来,涵化理论增加了主流化过程和共振化过程两个关于效果形成过程的概念,由此,涵化理论也趋于更关注"潜移默化"的长期、积累、整体的大众传播效果,强调了受众的无选择性,从而突出了大众媒介的强大影响。到了 20 世纪 90 年代,格伯纳等人又将电视对人们产生的可能效果划分为"第一级信念效果"和"第二级信念效果"两种变量,分别指人们由于看电视而形成的对于现实世界一些普遍事实的基本认识,以及从第一级信念的事实推论出的、涉及人们对法律和秩序,以及个人安全等形成的一种特别态度。可见,涵化理论自产生后不断在更新和发展。

第三,知识沟理论,也称知沟理论,最早是由美国传播学者 P. J. 蒂奇纳等人在 20 世纪 70 年代提出的。[②] 该研究从宏观社会结构层面出发,考察大众传播过程中不同经济社会地位群体在知识获取方面的差异性,为传播效果研究开辟了一条新的路径。蒂奇纳等人认为,社会经济状况是导致知识沟产生的主要因素,具有更高经济地位的人将比其他人从大众媒介获得更多更好的信息。随着时间的流逝,获得更多信息和获得更少信息的群体间的知识差距日益增长,他们之间的知识沟就会变得越来越宽。知识沟理论提出后,后续研究对其进行了修正和拓展,其中上限效果假说和信息沟理论最具代表性。上限效果也称天花板效应,即人对特定知识的追求并非无止境,一旦到达某一上限,知识量的增加就可能减速甚至停止。上限效果提出后受到了普遍关注,也有学者提出了不同意见,认为上限是否存在还需要进一步考察。1974 年美国传播学者 N. 卡茨曼又提出了信息沟理论,其主要观点认为,新的传播技术的应用必然使整个社会的信息流量和信息接触量都有所增大,但这并不意味着每个社会成员都能均等地获得新技术应用带来的利益。显然,知识沟理论的研究重点是大众媒介作为机制或是技术,能够给社

---

① G. Gerbner. *Toward "Cultural Indicators": The Analysis of Mass Mediated Public Message Systems.* AV communication review, 1969, Vol.17 (2), pp.137 - 148.

② P. J. Tichenor, G. A. Donohue, C. N. Olien. *Mass Media Flow and Differential Growth in Knowledge.* Public opinion quarterly, 1970, Vol.34 (2), pp.159 - 170.

会和个人带来哪些和怎样的变化。因此,具有突出的学术价值和实际意义,也对传播效果研究第三阶段的兴起和繁荣做出了重要贡献。

第四,沉默的螺旋理论。1973年德国传播学者纽曼提出沉默的螺旋理论。① 纽曼发现,大多数人在表明态度或做出选择时存在趋同心理,当个人的意见与所述群体或周围环境发生背离时,个人会产生孤独和恐惧感。因此,对具有争议性的议题,人们总要对舆论(民意、多数意见、优势意见)的状况形成判断或印象,以确定自己的意见是否与大多数人保持一致。如果不一致的话,他们会观察舆论是否将朝自己的意见方向改变。如果他们觉得自己的意见与舆论一致,就毫无顾忌地大声发言,如果不一致并处于少数地位,就倾向于保持沉默。如果他们觉得舆论将离他们的意见越来越远,也倾向于保持沉默,乃至最后转变方向,最后与优势群体、优势意见保持一致。沉默的螺旋融合了诸如大众社会论、社会关系论等受众研究的成果,包括了认知、判断(意见)乃至行为的全过程,与议程设置、涵化等理论相比,它反映的大众传播效果更为强大。由于沉默的螺旋理论对舆论形成机制的深入分析,以及对大众媒介营造的意见环境等具有巨大的效果的详细考察,它在效果研究史上成为不可忽略的重要理论。

第五,第三人效果理论。该理论在1983年由美国传播学者 W. 菲利普斯·戴维森提出,认为人们倾向于高估大众传播对他人态度和行为的影响。② 该理论重点探究的是间接的强大媒介效果,有助于人们理解、解释现实中的许多传播现象。所谓第三人,指的是受到媒介内容影响的认知主体,受媒介影响最大的主体不是你和我,而是他/他们,亦即第三人。第三人效果研究经历了三个发展阶段。首先,自20世纪80年代至90年代初,相关研究主要论证假设是否成立。在30多个国家和地区开展的同类研究,绝大多数证实了其正确性与适用性。其次,自20世纪90年代初至2000年前后,重点研究第三人效果的影响因素、内部机理等。最后,自2000年前后至今,第三人效果研究进一步深化,尤其重视第三人效果认知与行为之间的关系,以及行为层次的运行机理等问题。在人类的认识史和行为史上,"高估自己、低估他人"的现象由来已久,但由此来解释媒介发生作用的心理机制,在传播效果研究史具有新意。

第六,框架理论。该理论在1974年由社会学家欧文·戈夫曼在维特根斯坦的语言哲学,特别是关于语言游戏的观点的基础上提出。③ 框架理论是基于社会建构理论而展

① E. Noelle-Neumann. *The Spiral of Silence: Public Opinion-our Social Skin*. 2nd edn. University of Chicago Press, 1993.

② W. Phillips Davison. *The Third-Person Effect in Communication*. The Public Opinion Quarterly, 1983, Vol. 47 (1), pp.1 – 15.

③ E. Goffman. *Frame Analysis: An Essay on the Organization of Experience*. New York: Harper and Row, 1974.

开讨论的。该理论认为，人们对自己、他人或社会世界的期望（expectation）是社会生活的核心因素。诸如刻板印象、态度、典型化图式、种族歧视等类似的概念其实都假定人们的期望是一种社会建构。形成并使用这些期望概念，是人们日常生活中司空见惯的常规行为。人们以此审视外界环境并获取和建构意义，进而对这些预期的理解采取行动。框架理论对于人们如何运用自己的期望，进而理解日常生活情境和身处其中的人提供了系统阐释。因此，源于社会学和心理学领域的框架概念，后来逐渐被引入大众传播研究中。在大众传播理论中，框架概念实际上包含着两层含义，即作为现实存在的框架，以及通过界定外部事实，进而通过心理活动再造真实的构建框架的动态过程。就大众传播理论研究而言，所谓框架，是指传播效果的产生不仅源于信息的不同内容的影响，还在于信息的不同呈现方式。因此，框架理论和议程设置理论之间存在着关联，它们都关注媒介信息与受众认知之间的相互影响，因此能够相互补充。作为重要的传播效果理论，框架理论的核心是如何更深入地认识和理解客观现实、媒介现实和受众现实之间的复杂关系。

第七，敌意媒介理论。敌意媒介理论在 1985 年由美国传播学者 R. P. 瓦伦、L. 罗斯和 M. R. 莱珀等人提出。该理论认为，所谓媒介偏见不仅存在于媒介的立场和信息内容之中，同时也存在于受者对媒介的认知、态度和行为之中。[1] 与以往的媒介效果研究大多聚焦于媒介内容或形式对个人的影响不同，它着眼于对媒介的认知及其引发的后果的研究。因此，敌意媒体效果重点在于受众认知的间接媒介效果，并非直接媒介效果，其研究的内容重点是人们如何感知媒体内容而非媒体内容本身。敌意媒介理论的假设是，对某一事件或一体持不同意见的对立双方，都认为平衡的媒介报道是不利于自身的，对己方带有敌意。该理论包括三个核心要素：一是均衡媒体，媒体对这一议题的报道是客观均衡的。二是偏激受众，持有强烈对立观点的受众具有主观偏见。三是偏见媒介效果，双方均认为媒体报道对己方带有偏见。敌意媒介效果，也称为敌意媒体感知。该理论因富于创新性和实用性，自其诞生以来，受到广泛的关注和认同，并已成长为传播效果研究领域的重要理论。同时，敌意媒体效果也衍生出了许多后续研究，拓展了效果研究的思路和视野。特别是互联网时代的后真相、网络暴力、舆论极化等媒介现象，无疑都需要深入研究，而敌意媒介理论为此提供了富有解释力的研究视角。

通过对各种传播效果理论的总结，可以看出，大众媒介效果研究从思辨到科学，从

---

① R. P. Vallone, L. Ross, M. R. Lepper. *The Hostile Media Phenomenon: Biased Perception and Perceptions of Media Bias in Coverage of the Beirut Massacre*. Journal of Personality and Social Psychology, 1985, 49(3), pp.577 – 585.

单一到多元,从个体到社会,形成了丰富的理论,堪称西方传播理论研究的重要领域。20世纪60—70年代兴起的大众传播效果研究,由偏重验证个人对媒介内容的接触状况和个人态度、意见、行为等层面的变化,转向更加全面综合地考察媒介长期的、潜在的和间接的宏观效果,以及信息认知、社会环境、舆论气候、信仰结构、文化模式,乃至社会制度等维度和因素对于媒介效果的影响等问题,这个转变具有革命性意义。① 传播效果研究也进一步引发了在以互联网为主体的新媒介环境,以及全球化的社会文化背景下,如何更深入全面探究媒介效果的问题。

总之,结构功能主义传播理论作为北美传播理论的主要研究领域,是在结构功能主义思想影响下形成的。就其历史发展而言,以北美为学术起点的传播研究兴起于20世纪40—60年代,这正是美国社会科学中功能主义的鼎盛时期,也是社会科学开始全面引入科学方法的时期,甚至可以说传播理论的兴起和发展,也是结构功能主义社会学理论和方法在大众媒介研究领域的延伸。就其现实发展看,不仅哥伦比亚学派,整个大众传播效果研究都深受帕森斯、默顿等人提出的结构功能主义分析范式,以及中层理论等社会科学思想和理论的影响。从拉斯韦尔、拉扎斯菲尔德、勒温等传播研究奠基人对传播理论的研究开始,结构功能主义就成为他们赖以建立传播学的理论支柱和思想圭臬。他们的研究把大众媒介置于社会系统之中,考察它对于受众个体、群体、组织乃至社会结构、社会变迁的影响,从而开启了结构功能主义传播理论研究的基本方向,为大众传播效果研究奠定了坚实的基础。

汉诺·哈特认为,结构功能主义对北美传播研究产生了重要影响,这些影响可以概括为以下几点。第一,从功能角度界定媒介和信息传达系统与全社会系统的关联性,即关注媒介对于社会发展、社会整合的功能。第二,从受众传播效果追溯传播行为、信息内容、传播制度或渠道,形成经验性观察和效果统计测量评估模式,这一方面深受默顿的中层理论和库恩的"范式论"的科学哲学的影响。第三,从传播机制的控制到社会控制目标的设定,这显然是实用主义和功能主义观念的结合的产物。第四,注重传播过程对于个体社会化的功能;注重各个社会层面的沟通功能(个体、家庭、社会组织、城市和国家),描述系统沟通的模型。这一方面体现了从社会学走到人类学,从社会结构系统的功能分析转向文化系统的"维模"功能分析。② 20世纪中叶以后,结构功能主义在以北美传统为主流的传播研究中达到顶峰,但是随着欧洲大陆的文化研究、结构主义等思

---

① 张国良:《传播学原理(第三版)》,第360页。
② 吴予敏:《功能主义及其对传播研究的影响之审思》,《新闻大学》2012年第2期。

潮的发展,特别是传播批判理论、大众文化研究等不断产生影响,过分强调社会结构—
功能研究的理论和方法取向也因缺乏社会批判精神而遭受诟病。来自现象学批评、文
化研究、符号互动论、权力话语分析、意识形态分析、女性主义批判、后现代理论等理论
视角的社会批判研究,深度剖析了社会系统本身的各类权力控制、价值影响等社会意义
建构,从而使得结构功能主义的远离价值批判的研究取向受到挑战。此外,有学者也指
出,片面从效果观察入手的大众传播研究,使得结构功能主义分析走向功利主义、工具
主义和形式主义分析,看起来在使得传播研究更接近于科学主义的同时,其实对于人的
社会实践的价值选择、价值批判未必能够产生积极影响。因此,各类批判理论在传播研
究中的兴起,也是对结构功能主义保守性的批判。[①]

【本章延伸阅读】

1. 塔尔科特·帕森斯:《社会行动的结构》,张明德、夏遇南、彭刚译,译林出版社,2012。

2. 罗伯特·K. 默顿:《社会理论和社会结构》,唐少杰、齐心译,译林出版社,2015。

3. J. C. 亚历山大:《新功能主义及其后》,彭牧、史建华、杨渝东译,译林出版社,2003。

4. 哈罗德·拉斯韦尔:《社会传播的结构与功能》,何道宽译,中国传媒大学出版社,2013。

5. 伊莱休·卡茨、保罗·F. 拉扎斯菲尔德:《人际影响:个人在大众传播中的作用》,张宁译,中国人民大学出版社,2016。

6. 卡尔·霍夫兰、欧文·贾尼斯、哈罗德·凯利:《传播与劝服:关于态度转变的心理学研究》,张建中、李雪晴、曾苑等译,中国人民大学出版社,2015。

7. 张国良:《传播学原理(第三版)》,复旦大学出版社,2021。

---

① 吴予敏:《功能主义及其对传播研究的影响之审思》。

第七章

传播批判理论

　　传播批判研究是在西方马克思主义社会批判理论思潮的影响下,针对现代社会大众媒介对人的影响和控制,立足于人类解放和进步的立场,揭示大众媒介对人的权力控制关系的反思性研究。批判理论试图通过对社会、政治内涵的解释,从而肯定人类价值的意义,其重点并不仅仅在观察、描述或阐释社会,而是在于揭示社会的不平等和压迫关系。因此,传播批判理论"关心权力、压迫和特权如何成为全社会中特定传播形态的产物",①以及这些传播形态如何使一个群体永久地支配另一个群体。进而在认识论立场上,批判理论认为知识具有实践解放特征,知识进步的意义在于将人从权力奴役关系中解放出来。要言之,传播批判理论的核心是通过特定的价值立场和视角,从而透视大众媒介中隐含的权力关系。故此,传播批判理论立足于人类价值目标,并以此为基础和出发点,通过相关的分析框架和逻辑,建立起思想和理论体系,其目的在于反思和批判大众媒介对社会公众日常生活中存在的各种压迫和不平等关系,以及探究其形态和过程等。由此,传播批判研究不只是考察媒介现象,更重要的是反思、剖析和揭示现象中隐含的潜在权力关系。

---

　　① 斯坦利·巴兰、丹尼斯·戴维斯:《大众传播理论:基础、争鸣与未来(第五版)》,曹书乐译,清华大学出版社,2014,第14页。

传播批判理论的批判研究取向和结构功能主义的经验研究取向在目的、问题和方法形成了不同特点,主要体现在:第一,目的的差异。经验研究认为大众媒介能够帮助改进社会中的社会问题,目的是维护现存的社会制度和传播制度,具有明确的实用性。批判理论则坚持大众媒介是被现存的制度用来控制社会的工具,其理论研究更为宏观,同时反对实证主义方法,旨在对现存的大众传播状况进行批判并促进社会变化。第二,焦点的差异。经验研究的焦点在大众传播效果和受众研究,而批判理论则更关注宏观的传播体制、传播者和传播与社会结构各要素的权力关系。第三,方法的差异。经验研究主要使用社会学、心理学的定量研究方法,注重实证、经验、微观层面的研究路径。批判理论则更多从哲学、政治经济学、文学、社会学等人文学科领域出发,注重思辨性、理论性和宏观视角。

传播批判理论作为西方传播思想的重要构成,与西方思想发展中的批判传统密切相关。正如杜威所说,哲学的固有属性是批判。作为人类认识事物的思维方式,批判性思维在人类思想发展之初就已形成,但把它作为对人类认识能力本身进行反思和批判并对其进行重点论述,则是从 18 世纪康德的批判哲学开始的,其随后也产生了巨大影响。马克思主义立足于社会批判,通过对意识形态、异化劳动、阶级等概念的批判性分析,为传播批判理论建立了重要的学科基础,其后法兰克福学派则全面建立了传播批判理论宏观体系。

传播批判理论广义上包含许多不同的研究流派与理论观点。广义的批判理论指的是与社会批判理论相类似的,立足于批判思维对大众媒介与社会文化关系的考察,主要在大众媒介领域内的实践性活动,其中包括德国法兰克福学派、英国当代文化研究、法国结构主义与符号学理论,以及传播技术批判、政治经济学批判、解构主义和后现代主义研究,还包括国际传播及新媒体影响下的媒介帝国主义批判等理论形态,各类研究侧重点虽然有所不同,但其核心的问题都聚焦于解构媒介和控制的权力结构和虚假幻象,以及如何发现主体的自我能动性。因此,传播批判理论具有明确的辩证立场,旨在通过价值和逻辑演绎发掘大众媒介的内在特征。传播批判理论在解释主体—结构的二元关系上,明显从决定论转向辩证性,从解构转向行动,从批判转向对话。传播批判理论就狭义而言,主要指的是以马克思主义理论为基础的法兰克福学派的批判理论,包括马克斯·霍克海默、阿多诺、本雅明、马尔库塞、哈贝马斯等学者的社会批判理论,特别是他们关于文化工业、大众文化批判、公共领域等理论的论述,成为传播批判研究的重要理论。

第一节

传播批判理论的思想渊源

批判理论主要指的是 20 世纪以来德国法兰克福学派基于对当代工业文明发展现状的批判、进而对启蒙思想的反思建立起来的理论体系。法兰克福学派的阿多诺、霍克海默等社会批判学者就针对资本主义社会大众媒介和大众文化的发展现实提出著名的"文化工业"（cultural industry）批判。经过半个多世纪的发展，特别是二战以后，传播批判理论在 60—70 年代得到广泛重视，得以全面发展，并形成了与北美经典的实证研究相对峙的发展路径，这也有其社会历史及学术背景的原因。对于其思想渊源，有学者总结道："西方马克思主义的认知模式，法西斯主义带给他们的痛苦回忆，美国大众文化蓬勃发展的势头——至少有这么三个相互关联的因素构成了法兰克福学派大众文化理论得以形成的逻辑前提。"①

首先，就法兰克福社会批判理论而言，早期法兰克福学派主要针对西方现代社会大众媒介及大众文化建立起批判理论。随着 20 世纪以来资本主义的经济、政治、社会文化的发展，特别是垄断资本主义社会条件下的文化发展、消费社会以及大众媒介及其文化现象，并由此出现的各种西方文化思潮，共同构成了法兰克福批判学派的现实环境和理论背景。法兰克福学派对现代社会大众文化本来就持否定和反对的态度，加之二战期间他们其中的大多数成员深受德国纳粹的迫害，被迫迁至美国，同时也对美国大众文化的发展深感忧虑。因此，纳粹德国的法西斯社会及文化集权、战后美国的垄断资本主义消费社会及其文化现象，共同构成了法兰克福学派对大众文化批判的现实土壤。由此，法兰克福学派立足于马克思主义理论思想，形成了对当代大众文化进行反思的批判理论。同时，在 20 世纪50—60 年代的北美社会，大众媒介的发展对人们社会生活产生了重大影响。特别是电视的普及使大众媒介成为拥有强大信息的机构，对社会、政治、经济和文化的影响无所不在。20 世纪 60 年代欧美各国陆续发生社会暴动、种族冲突、劳资纠纷、学生运动、反战示威，乃至政治丑闻等政治事件和社会冲突，大众媒介在其中产生了不可低估的作用，从而极大地引发了学界对媒介与社会运动之间影响关系的关注。由此也使得大众传播

---

① 赵勇：《整合与颠覆：大众文化的辩证法——法兰克福学派的大众文化理论》，北京大学出版社，2005，第18 页。

效果研究从有限效果论转向对长期效果的研究,也有不少学者开始转向欧洲业已形成的传播批判研究传统,试图通过不同的理论和方法探讨当代大众传播与社会之间的内在影响关系。对于大众媒介的无边际的权力扩展,有学者指出:"批判理论家看到资本主义公司遍布全世界并拥有不受控制的权力,为此深感困扰。他们将媒体视作公司精英用来约束人们看待社会世界的方式,以及限制人们在其中的中介作用的基本工具。"①

其次,传播批判理论在方法论上,主要反对结构功能主义研究的量化实证研究。批判理论不但质疑实证研究所谓客观中立的立场和路径,更批评其孤立于反思和批判的社会情境之外,甚至由于研究源于政府、企业的资助而导致学术服务于政治、经济权力的问题。传播学奠基人拉扎斯菲尔德在 1941 年就针对大众传播领域中美国和欧洲研究的不同,把它们区分为"批判研究"和"行政研究"不同取向。② 美国批判传播研究学者詹姆斯·凯瑞也区分了行为主义量化研究传统和传播批判研究的马克思传统,指出两者对社会及大众媒介的认识各有差异。③ 有学者也认为,在研究方法取向上,传播批判理论脱胎于马克思主义理论,同时也广泛吸收了各家学说,如弗洛伊德的精神分析,以及存在主义、现象学、结构主义、语言学、后结构主义、后现代主义,甚至美国实用主义等,同时也包含着对马克思主义加以重构或转化。④ 总体而言,传播批判理论已成为西方传播思想发展中的重要研究领域。

批判理论的"批判"概念内涵,一般指的是"批判哲学"或"批判理论"。它不但指理论体系,同时也指方法论取向,它们都涉及哲学和社会思想研究的基本理论视角和方法。在康德看来,作为方法的批判理论,不仅要从肯定的方面,还要从否定的方面理解现有的理论形态,因此只有通过对理论的扬弃才能把握它们的真实意义。就此而言,有学者认为:"批判理论的'批判性'表现在两个方面:一是历史性,二是情境性。它把科学理论看作特定时代的特定分工部门(即精神生产部门)的劳动产品,要求通过理论的超越来超越现存的人类生命活动状态。"⑤同时,霍克海默也指出,传统理论和批判的社会理论立足于两种不同的认识方式,"一种是以笛卡尔的《方法谈》为基础,另一种是以马克思的政治经济学批判为基础"⑥。就此意义看,霍克海默把批判理论的本质与他所

---

① 斯坦利·巴兰、丹尼斯·戴维斯:《大众传播理论:基础、争鸣与未来(第五版)》,曹书乐译,第 14 页。

② Paul F. Lazarsfeld. *Remarks on Administrative and Critical Communications Research.* Zeitschrift für Sozialforschung, 1941, Vol.9(1), pp.2–16.

③ 詹姆斯·凯瑞:《作为文化的传播:"媒介与社会"论文集(修订版)》,丁未译,第 67 页。

④ 张锦华:《传播批判理论:从解构到主体(增修版)》,台湾黎明文化,2013,第 19—20 页。

⑤ 陈学明、张双利、马拥军、罗骞等:《二十世纪西方马克思主义哲学》,人民出版社,2012,第 167 页。

⑥ 马克斯·霍克海默:《批判理论》,李小兵等译,重庆出版社,1989,第 230 页。

理解的马克思主义理论联系起来。

一、近代康德的批判哲学

作为近代哲学思想的奠基人,康德(1724—1804)及其哲学思想产生了深远的影响,特别是他的批判理论成为具有划时代意义的思想理论和方法。近代启蒙运动通过对批判精神的倡导,大力弘扬理性精神,借以批判和否定限制人类自由的教权和传统。康德的批判理论,则又对理性本身进行批判性考察。从近代笛卡尔提出"我思故我在"的命题开始,西方思想转向了认识论,经由康德批判哲学的全面总结,从而形成了对人类理性认识能力的反思和批判,不仅确立了人类各种理智能力的范围,还划定了人类各类知识的边界。批判也成为一种理论和方法,康德认为:"所谓批判,并不是批判各种书籍和学说,而是着眼于理性有可能不依赖于任何经验去追求的一切知识,来批判一般理性能力,因而是判定一般形而上学是否可能,并确定其源泉、范围和界限——所有这些都是从原理出发的。"①故此康德的批判的含义主要就是研究、考察。"批判(critique)"这个词的希腊语字根(crit)原是区分、辨别和判断、断定的意思。康德在这里用来指这样一种批判的研究,通过对理性的各种概念区分,以确定理性的种类、功能、条件、范围和界限等,因而是一种通过区分以达到肯定的、积极的和确定无疑的结果的研究。康德用"批判"来指一种方法路径,即对于纯粹理性的训练或锻炼,将它限制在应有的范围内。② 和笛卡尔对人类知识的怀疑精神相似,康德对于"批判"精神的强调和推崇,依然隐含着近代以来对于人类认知能力的怀疑精神,通过否定和怀疑陈见来探求真知。

康德批判哲学思想的核心,主要为对西方传统所崇尚的"理性"进行自我反省式的批判,即理性对自己的含义和本质、对自己的活动范围和界限、对自己的不同维度(思辨理性、实践理性和判断力)的解析。这种分析反思构成了康德批判思想的核心内容。康德自己也说过:"我们的时代是真正的批判时代,一切都必须经受批判。通常,宗教凭借其神圣性,而立法凭借其权威,想要逃脱批判。但这样一来,它们就激起了对自身的正当的怀疑,并无法要求别人不加伪饰的敬重,理性只会把这种敬重给予那经受得住它的自由而公开的检验的事物。"③康德所处的时代也正是一个以理性作为法则去看待和判断世界万物的时代。康德比其他启蒙思想家更为深刻的地方在于,他对理性本身展开

---

① 康德:《任何一种能够作为科学出现的未来形而上学导论》,庞景仁译,商务印书馆,1997,第161页。
② 杨祖陶、邓晓芒:《康德〈纯粹理论批判〉指要》,湖南教育出版社,1996,第39页。
③ 康德:《纯粹理性批判》,邓晓芒译,人民出版社,2004,序言第3页。

了批判性考察。

康德立足于"批判"方法，以其《纯粹理性批判》《实践理性批判》《判断力批判》三部巨著建立了其完整的批判哲学体系，分别涉及哲学、伦理、审美三个领域，构成了他关于真、善、美的思想理论体系，因此人们把他的哲学称为"批判哲学"，又称为"先验唯心论"。康德哲学是对近代唯理论和经验论的发展。康德认为，唯理论主张真理出自理性，知识是从先天的公理中推演出来的，这样不足以说明知识的丰富多彩。而经验论只承认感觉，否认理性的推演作用，无法说明知识的普遍性和必然性。唯理论和经验论者所犯的错误都在于在得出自己的结论之前，没有"批判"地考察人的认识能力。因此，康德给自己的哲学确定的任务是，在进行实际活动之前，先要对人的认识能力进行"批判的"考察分析，以确立其范围和界限。这就是康德使用"批判"一词的原因和建立批判哲学的基本动机。

对于康德批判理论的影响，有学者就认为，"'批判'本身是一个辩证的概念，它没有绝对否定的意思。……正像康德在《纯粹理性批判》中认为的：批判的目的并非是要否定，而恰恰相反，是要确立作为一门科学坚实基础的原理。……近代人文知识分子的批判，其根本目的不是单纯的否定，而是积极的建设性的肯定；或是要确立新的原则，或是要通过反思批判将原理建立在更为牢靠的新的基础之上。这也就是人文知识分子批判活动的深层意义所在"①。这里所指的康德的批判理论，不仅仅是古典时期的康德所使用的认识世界的方法，它包含着对人类认识的细致和严谨的剖析。借助于批判的理论和方法，人类也许能够更能深入地接近事物的实然状态，更全面地把握人类的世界以及文化。究其本质，康德的批判理论从理性思辨的角度为人文社会科学的规范性确立了基本标杆。康德批判理论建立的批判性思维、批判理论和方法，成为传播批判理论研究的基本理论和方法范式。正如海涅所指出的："康德引起这次巨大的精神运动，与其说是通过他的著作的内容，倒不如说是通过在他著作中的那种批判精神，那种现在已经渗入于一切科学之中的批判精神。所有的学科都受到了它的侵袭。"②

在康德之后，"批判"这个词成了人文社会科学中频繁出现的词语和主要的研究范式之一。就传播批判理论而言，马克思主义批判理论和法兰克福社会批判理论都深受康德的批判理论的影响。"批判"也成为马克思主义的基本理论工具，马克思的主要著作和手稿的正副标题几乎都有"批判"这个词。马克思驳斥青年黑格尔主义者的著作就

---

① 张汝伦：《思考与批判》，上海三联书店，1999，第525页。
② 张玉书编选：《海涅选集》，人民文学出版社，1983，第304—305页。

是《神圣家族,或对批判的批判所做的批判》,《资本论》的副标题就是"政治经济学批判"。法兰克福学派的理论核心是"社会批判理论",无疑康德的批判理论构成了广义上传播批判理论的基本范畴,从而成为各种大众媒介批判研究的理论基础。此外,需要提及的是,法兰克福学派的奠基人霍克海默无疑也深受康德哲学的影响,正如马丁·杰伊所认为的,从霍克海默对《判断力批判》的分析来看,"霍克海默基本上没有放弃或绝望的意思,相反,倒显示出对实践可以克服社会秩序中的矛盾并导致文化更新的确信,他从康德那里得到了一些他从未放弃过的信仰","阅读康德,增加了霍克海默对个体重要性的敏感,作为一种价值,个体性从未被总体性的要求完全淹没,这同时也增强了他对认识过程中活动要素的欣赏"①。

二、马克思主义社会批判理论

法兰克福学派作为西方马克思主义的重要流派,深受马克思和早期西方马克思主义思想的影响。马克思的哲学批判精神、异化劳动理论、意识形态理论等思想观点,以及卢卡奇的物化理论、葛兰西的文化霸权理论及其他西方马克思主义的文化批判理论,都构成了法兰克福学派传播批判理论的基础和渊源。马克思主义是对传播批判理论产生直接影响的理论基模,对西方传播批判理论的建立和发展具有奠基作用。在马克思主义批判理论的直接影响下,法兰克福社会批判理论、意识形态批判、传播政治经济学、媒介与文化研究、媒介帝国主义理论等,在社会批判理论上都具有开创性意义。无论是法兰克福学派阿多诺等人的"文化工业"理论、葛兰西的"文化霸权"理论,还是阿尔都塞的"意识形态"等有关媒介与文化、社会批判理论,都直接源于马克思主义理论和马克思主义大众媒介批判理论。

马克思的思想是在批判中展开的,批判意识是马克思主义学说的灵魂,批判理论构成马克思主义思想的核心,马克思主张要对现存的一切进行无情的批判。在马克思主义理论中批判无处不在,如对德国古典哲学的批判、对宗教的批判、对国民经济学的批判、对物化和异化的批判、对蒲鲁东的批判、对拉萨尔的批判、对哥达纲领的批判、对各种非科学社会主义思潮的批判、对资本主义社会结构的批判、对巴枯宁无政府主义的批判等等。可以说,马克思通过批判理论从而实践地改造社会,对社会进行全方位的解剖,从而实现对社会的全面把握。可见,这种"批判旧世界,创造新世界"的批判精神贯

---

① 马丁·杰伊:《法兰克福学派史(1923—1950)》,单世联译,广东人民出版社,1996,第 56 页。

穿于马克思思想发展的始终。

马克思社会批判理论的内涵,首先体现为批判理论的逻辑前提,即物质存在决定精神意识的判断;其次是唯物主义方法论,即事物处于不断生成与灭亡的变化过程中,同时也处于系统的联系中;再次是对现实的具体分析;最后是社会批判,认为人类社会通过实践不断改变自己的生存条件,以实现自己的全面发展,同时人类社会生活不断趋向普遍的丰富性、多样化。概而言之,人的社会实践活动、人在社会中的生活方式,就是批判理论的逻辑起点。因此,霍克海默认为"批判的社会理论则把在其整体性中作为他们自身历史生活方式之生产者的人,作为它研究的对象"。作为科学探究出发点的现实情境,并不仅仅被看作原始的自然材料,而是人类实践活动的产物。对象、知觉的类型、所提及的问题以及答案的意义,都与人类活动联系在一起。① 由此,马克思关于人与环境的关系原理,构成了批判理论的要点。在《关于费尔巴哈的提纲》中,马克思论述了他的哲学与旧唯物主义、唯心主义的关系。霍克海默认为,批判理论"与德国唯心主义具有某种契合之处"。从康德开始,唯心主义就强调关系中的动态成分,反对事实的崇拜以及由此带来的社会调和主义。唯心主义的不足之处在于,它只是把人的活动看作精神性的活动。"相反,在唯物主义的思想中,所谈及的基本活动是产生于社会之中的劳动,这种劳动所具有的阶级形式,在所有人类行为的形态上(包括物理)都打上了烙印。"因而,把理性灌注到知识及其对象得以构成的过程中,或把这些过程隶属于意识的控制之下——所有这些活动都并非发生于一个纯粹精神的世界,而是与为某种真正的生活方式所进行的斗争相伴随。②

大众媒介研究的传播批判理论,也是马克思社会批判理论的重要构成部分。关于马克思主义大众媒介研究的传播批判理论内涵,首先是世界"交往"理论。马克思经常使用德语"交往"一词。在他看来,"交往"既是指物质意义上的商业贸易、交通运输等,也指精神意义上的信息传播。因此,马克思主义对于媒介的社会作用的认识上升到了"世界交往理论"的层面。其次,针对媒介技术的发展,马克思主义传播批判理论提出"技术决定论"的观点,针对技术发展对现代社会的影响展开论述。恩格斯就指出:现代社会的发展"依靠了现代的交往方式,依靠了铁路、电报、巨大的工业城市、报刊和有组织的人民集会。"③现代社会正是通过各类交往方式得以联系起来的。马克思看到了

---

① 马克斯·霍克海默:《批判理论》,李小兵等译,第230—231页。
② 陈学明、张双利、马拥军、罗骞等:《二十世纪西方马克思主义哲学》,第170页。
③ 马克思、恩格斯:《马克思恩格斯全集》(第22卷),中共中央马恩列斯著作编译局译,人民出版社,1965,第537—538页。

人类媒介技术的迅猛发展："自然界没有制造出任何机器,没有制造出机车、铁路、电报、走锭精纺机等。它们是人类劳动的产物,是变成了人类意志驾驭自然的器官或人类在自然界活动的器官的自然物质。它们是人类的手创造出来的人类头脑的器官,是物化的知识力量。……社会生产力已经在多么大程度上,不仅以知识的形式,而且是作为社会实践的直接器官,作为实际生活过程的直接器官被生产出来。"①马克思充分认识到现代交往媒介的实质,是科学技术的发展所带来的科学技术和知识的力量,这无疑是媒介技术理论提出的"媒介是人的延伸"的理论预言。在 19 世纪中叶,马克思就预见到人类未来社会将是信息化的社会。他认为,媒介技术所带来的交往革命将在个人、民族、世界层面上展开,并重点论述了在后两者层面上的交往革命。人类社会的交往在马克思看来经历了一个从狭隘到广泛、从局部到全球的发展历程。媒介技术首先深刻地改变了人与人之间的交往形式。在交往中,人的力量与角色深刻变化,限制在不断消解,变化在不断发生。技术的发展又深刻改变了民族层面的交往模式。为此,有学者总结说:"历史上的民族交往十分有限,主要通过战争(民族大迁徙、十字军东征等等)、贸易两大途径实现。自从现代市场经济逐步形成世界市场以来,民族交往的方式开始转向以物流(贸易)、信息流(现代新闻业和其他信息传播渠道)为主。"②个人和民族层面的交往革命由于技术的发展,在马克思时代开始显现。而世界交往革命则是他们对于未来世界的一种设想,这种设想建立在由传播技术带来的世界紧密联系所需要的"世界思维"基础上。

马克思立足于阶级批判的立场,对资本主义私有制社会制度下的报刊进行了批判。首先,马克思从人的权利角度出发,指出使用新闻媒介是人的神圣权利,从而将媒介的使用及其背后的新闻自由看作"解放的手段",是人类精神的特权,是反抗压迫的斗争武器,同时"报刊是工人的必要生活资料"。同时,马克思也提出"新闻自由不是万能医生"的观点。其次,在具体的传播实践中,马克思总结了新闻的规律与报刊的本质,将媒介置于批判的视域,形成了"报刊是社会舆论的工具""媒体的意识形态性质"的判断。马克思批判了报刊的"欺骗性",认为反动报刊是"掩盖政治倾向的报刊""伪善的受检查的报刊""伪造社会舆论的报刊""卖身求荣的下流报刊"。③ 马克思认为反动报刊对舆论的错误引导的机制背后,是反动阶级严密的意识形态控制,继而指出,人民的报刊具有揭露专制统治的使命,拥有批判精神。总之,马克思主义的批判精神直接影响了其

① 马克思、恩格斯:《马克思恩格斯全集》(第 46 卷),中共中央马恩列斯著作编译局译,人民出版社,1979,第 219—220 页。
② 陈力丹:《马克思主义新闻观教程》,中国人民大学出版社,2010,第 21 页。
③ 刘建明:《马克思主义新闻观基础理论》,清华大学出版社,2010,第 164—175 页。

后法兰克福学派的批判理论,是传播批判理论的思想渊源。从葛兰西到法兰克福学派的批判理论,可以说都是马克思主义批判理论的发展。

三、葛兰西的文化霸权理论

安东尼奥·葛兰西(1891—1937)是意大利共产主义革命家,马克思主义批判理论家,他的理论对法兰克福批判理论的形成产生了直接的影响。葛兰西出生在意大利,家境贫寒,靠勤工和奖学金读完都灵大学,1913年大学期间加入意大利社会党,毕业后担任都灵社会周报《人民呼声报》主编。第一次世界大战爆发后,葛兰西发动都灵工人举行反战武装起义,被选为社会党都灵支部书记,1926年被意大利法西斯逮捕并判刑20年。他在法庭上对法西斯分子义正词严地说:"你们把意大利引向毁灭,我们共产党人一定要挽救它。"葛兰西在狱中完成了长达2 800多页共33本的《狱中札记》笔记手稿,对以往的革命活动进行了总结。这部作品是意大利现代思想史上的重要著作,也是马克思主义理论的重要文献。葛兰西常用"实践哲学"概念来指称马克思主义,并提出影响深远的"文化霸权"(cultural hegemony,又译为文化领导权)理论,不但发展了马克思主义意识形态理论,也为后人分析社会文化提供了宏观的理论视角,成为影响传播批判理论的重要思想。

葛兰西从马克思意识形态理论发展出"文化霸权"理论,在学术界被广泛接受并产生重要影响,成为文化批判理论的核心概念。他将马克思意识形态理论中的上层建筑分为两个层面:一是市民社会,对应"霸权功能";二是政治社会,对应"直接支配"。他由此形成"文化霸权"理论,这也是对马克思"意识形态合理化"理论内涵的具体阐释。有学者就指出,文化霸权理论"致力于去理解统治集团如何能通过大众的同意来组织他们的统治的,但这其中充满着斗争、谈判、妥协与让步。这样,统治者与被统治者之间就不是简单的单向的压制与被压制的关系,而是一个动态的相互制约的过程,统治者也会不断受到挑战"[①]。

葛兰西将霸权(或称"领导权")作为其理论的核心。葛兰西使用"文化霸权"概念的目的,是解释在资本主义制度的剥削和压迫之下,为何西方资本主义民主国家之内无法发生社会主义革命。文化霸权中的"霸权"不是意识形态本身,不是阶级意识的简单再现,也不是由统治阶级强加的,而是由大众媒介等通过日常的新闻报道、宣传、广告活

---

① 和磊:《葛兰西与文化研究》,中国社会科学出版社,2011,第2页。

动,把支配阶级的利益描述为社会的普遍利益,目的是制造"社会同意"(社会共识、宿命),即通过操纵"精神及道德领导权"的方式,对社会加以引导而非统治的过程。因此,"霸权"是指一种权力,它不是仅仅来自经济、政治或文化领域,而是来自每个领域的因素结合和相互补充的方式。在葛兰西看来,文化就是一张由社会关系和思维习惯织成的厚网,这张网使资产阶级能在不经常诉诸暴力的情况下能够进行有效统治。葛兰西写道:"我们必须为新的文化而斗争,即为一种新的道德生活而斗争,这种生活必须与一种新的生活直觉紧密相连,直到它成为新的感受和观察现实的方式。"①

首先,就"霸权"的含义而言,"霸权"(hegemony)在汉语语境中的含义带有强烈的情感倾向,经由古典马克思主义霸权理论的解读,特别是在文化研究中成为批判文化殖民主义立场的主要概念。但在葛兰西这里,所谓的霸权其实就是文化的"领导权"。葛兰西的"文化霸权"指的是社会集团、阶级、国家之间存在的领导、支配和被领导、被支配关系的文化机制。霸权结构中的支配与被支配关系并非截然对立的二元关系,而是具有平衡性、互动性和间接性的特点。"霸权"用以分析国家、阶级之间的经济、政治、军事、文化关系的理论也起源于马克思,在他那里已经具有了文化领导权的含义。葛兰西的"霸权"的含义,就包含着统治阶级为获取被统治阶级的认同而采取的形形色色的统治手段,其中意识形态是重要的组成部分,也被葛兰西界定为"含蓄地表现于艺术、法律、经济活动和个人与集体生活的一切表现之中"的世界观。②

因此,霸权在葛兰西的话语中是一种统治阶级、统治意识形态对自己地位与利益维护的一种能力,以及这样的过程与情境。在他的理论阐释中,文化和意义的问题不是简单的经济基础与上层建筑之间的关系问题,改变了马克思关于社会结构的经典分析模式。"马克思主义关于社会结构的分析模式是:经济基础—上层建筑—意识形态。葛兰西的模式是:经济基础—意识形态—上层建筑。"③因此,统治阶级在思想意识上维系霸权统治,使被支配者在思想上对于文化霸权自愿地认同,成为建构霸权平衡性、互动性、文化性的目标。意识形态成为社会的统治阶级维系其统治权的策略,利用教育机制和教育方式、文学、影视艺术作品等大众传媒,以及集会、宗教、语言、阶级之间的交流等隐性方式,将统治阶级的意识形态内化为各个集团所普遍接受的常识,建构标准性的或支配性的文化观念,从而对被统治者建立起文化领导权和意识形态领导权,并不断维持和强化,最终使其在一定时期内成为超越阶级意义上的人的行为准则和标准性的常识。可见,葛

---

① Thomas Meaney, The Unlikely Persistence of Antonio Gramsci, The New Republic, March 30, 2022 Issue.
② 安东尼奥·葛兰西:《狱中札记》,曹雷雨、姜丽、张跣译,中国社会科学出版社,2000,第237页。
③ 李岩:《媒介批评:立场、范畴、命题、方式》,浙江大学出版社,2005,第44页。

兰西在分析意识形态的本质时,认为大众传播媒介在意识形态建构中起到重要的作用。

其次,在葛兰西的文化霸权理论中,作为对社会概念的分析,认为社会主要由市民社会和政治社会两部分组成。政治社会即一种强制力的体现,指的是国家和政府的政治活动领域;市民社会则是指除国家之外的社会其他参与者。大众传播媒介也属于市民社会,是一种服从性的力量,但同时也包括对抗、妥协等力量。不同于马克思主义以经济关系界定市民社会,葛兰西的市民社会概念在经济决定论的基础上,更强调其在形成社会文化、参与社会政治中的作用。在他的理论中,市民社会被作为上层建筑的一部分,在论述社会斗争和权力分离时,葛兰西直接以"霸权(市民社会)和权力的分离"作为标题,[1]同时,教会、学校、工会等也被认为是由"市民社会"产生的机构。[2] 葛兰西对市民社会概念的拓展,使之与社会政治的概念相联系,并在上层建筑领域中体现出市民社会在意识形态形成过程的参与性,无论这种参与是积极的还是消极的。在资本主义社会中,资产阶级的统治地位在暴力机构的强制力之外,还有对意识形态的掌控和领导权,并通过大众媒介的宣传使民众接受维护统治阶级的意识形态,这也是权力的体现。在葛兰西看来,这就是文化霸权的具体体现。

最后,葛兰西认为意识形态的形成是支配者和被支配者"合谋"的结果。在现实生活中,统治阶级可以通过媒介宣扬代表自身利益的意识形态,在言说中将阶级利益诉求到社会层面,将自己的利益说成是他人的利益,或者是说成普适的、全民的利益,从而掩盖其中的权力事实,使得其更容易被民众接受。这样一个言说过程是公民社会参与的过程,被支配者可以选择接受或者拒绝某种意识形态,支配者会根据情况调整自己的诉求。在被统治者无意识地接收或者有意识地协商接受后,阶级的意识形态上升到社会的普遍意识形态,完成一个文化霸权的施行过程。在领导权的垄断专有的前提下,统治者和被统治者完成"合谋",然后形成意识形态的暂时稳定状态,直到下一次社会变革的来临并带来新的意识形态。因此,霸权的施行和公民社会主动或被动的参与在社会生活中时刻进行着。需要注意的是,葛兰西指出资产阶级意识形态宣传并使民众接受霸权,同时还提出这一过程需要被支配者的参与并在一定程度上获得民众的赞同。他认为意识形态领导权被垄断之后,在意识形态的形成过程中会有支配者与被支配者的冲突、协商、妥协过程,这不同于马克思主义的意识形态理论的决定论观点。这样的观点为考察特定阶级的媒介如何宣扬意识形态,以及"社会合意"如何形成提供了重要的理论视角。

---

① 安东尼奥·葛兰西:《狱中札记》,曹雷雨、姜丽、张跣译,第 201 页。
② 阿尔都塞:《哲学与政治:阿尔都塞读本》,陈越译,吉林人民出版社,2003,第 334 页。

无疑葛兰西将马克思的经济基础—上层建筑模式转化为马克思自己也曾追随黑格尔思考过的模式,即"国家=政治社会+公民社会"。在这个著名的公式中,政治社会指社会整体中的强制元素,而公民社会指那些非强制元素,它们会产生一定的条件,吸收并广泛传播价值观、行为和信仰。而这其中的传播有一部分是通过葛兰西所说的"有机知识分子"实现的,有机知识分子可以通过给予"它同质性和对自身作用的了解"建构群体认同。[1] 葛兰西寄希望于工人阶级有机知识分子的反抗,但是文化研究扩大了这种解放主义的范畴,特别是通过认同建构与其他形式的流行文化政治的拓展。正如霍尔所言,在许多方面,文化研究知识分子是在寻找与他们所研究的寻常人们日常实践的共同基础。[2] 他们试图从被压迫阶级的声音中提炼出理论,以帮助他们疾呼。换句话说,在意义生成的激烈竞争中,他们希望自己成为引领抗争的有机知识分子。[3]

总之,葛兰西对文化霸权的分析对传播批判理论的意义十分重大。尤其是他对文化霸权结构中的教育、文学、传媒、语言等文化和意识形态建构作用的分析,为传播批判理论提供了全方位批判媒介的重要理论源泉。同时,文化霸权的结构内部与外部互动的关系分析,又为传播批判理论提供了研究范式,使得传播批判融合结构主义与文化主义两种范式,形成科学的方法论体系。葛兰西的文化霸权理论提出的阶级、种族和性别等核心范畴,也成为大众媒介批判的主要理论范畴。最为关键的是,文化霸权理论认为,霸权概念的关键不在于强迫大众违背自己的意愿和良知,屈从统治阶级的权力压迫,而是让个人"心甘情愿"积极参与,被同化到统治集团的世界观或霸权中来。文化霸权的核心是统治阶级将自身的利益"普世化",将之表述为整个社会的利益。通过妥协、协商等文化策略,使冲突隐而不显,仿佛是自然而然的过程,被统治者也参与了这个过程。其本质是霸权从来不是简单的自上而下的权力,而是统治阶级和被统治阶级互相"协商"的结果,是一个同时包含着"抵抗"和"收编"的过程。

四、阿尔都塞的意识形态理论

路易·阿尔都塞(1918—1990)是法国著名结构主义、马克思主义哲学家。在20世

---

① A. Gramsci. *Selections from the Prison Notebooks*. trans. Q. Hoare and G. Nowell Smith, Lawrence and Wishart, 1971, p.5.

② S. Hall. *Cultural Studies and Its Theoretical Legacies*. in D. Morley and K. H. Chen, (ed.), Stuart Hall: Critical Dialogues in Culture Studies, Routledge, 1996, pp.261–274.

③ 杰夫·刘易斯:《文化研究基础理论(第二版)》,郭镇之、任丛、秦洁、郑宇虹译,清华大学出版社,2013,第66页。

纪 50 年代中后期,阿尔都塞围绕马克思主义与人道主义和黑格尔哲学的关系问题,认为对意识形态的阐释是媒介意识形态研究重要的理论基础,提出意识形态是"个人同他所存在于其中的现实环境的想象性关系的再现"等意识形态理论。[①] 他的主要著作有《孟德斯鸠、卢梭、马克思:政治与历史》(1959 年)、《保卫马克思》(1965 年)、《读〈资本论〉》(1965 年)、《哲学与政治》(1970 年)等。德里达对其的评价是:阿尔都塞是"某些马克思主义者(显然是法国的马克思主义者和阿尔都塞周围的马克思主义者)对马克思主义所作的最为警觉和最为现代的再阐释"[②]。在阿尔都塞的所有理论中,影响最大是意识形态理论。作为西方马克思主义理论家,意识形态理论也成为传播批判的重要理论基础。

阿尔都塞认为,意识形态不同于科学,具有其独立的逻辑和规律的表象体系,如形象、神话、观念或概念体系等,是历史地存在于特定的社会之中,并作为历史而起作用的。意识形态具有将具体的个人建构为主体的功能,亦即意识形态的主体性。意识形态一方面确实是指一系列存在的现实,但另一方面不同于科学概念,并不提供认知这些现实的手段,故此也并不说明这些存在的本质。一般认为,阿尔都塞的意识形态概念的含义包括:① 意识形态具有构建主体的普遍功能;② 意识形态作为生活经验是正确的;③ 意识形态作为存在之真实条件的错误认知本身是错误的;④ 意识形态涉及社会构成及其权力关系。总体上看,阿尔都塞认为上述意识形态的内涵都是反人道主义的。

首先,阿尔都塞提出意识形态是国家机器的观点。他认为"马克思主义的危机"问题已经十分迫切。他对马克思主义的研究在当时的学术界也产生了广泛影响,引起西方马克思主义的主要代表思潮。阿尔都塞对马克思主义的意识形态的研究,从马克思主义的国家理论出发,在对国家政权和国家机器论述的基础上,提出了"意识形态国家机器"(AIE)的概念。[③] 其定义是"我所说的意识形态国家机器是这样一些现实,它们以一些各具特点的、专门化的机构的形式呈现在临近的观察者面前"。阿尔都塞还为这些现实"开出了一个经验性的清单",包括宗教的 AIE(由不同教会构成的制度)、教育的 AIE(由不同的公立和私立"学校"构成的制度)、家庭的 AIE、法律的 AIE、政治的 AIE(政治制度,包括不同党派)、工会的 AIE、传播的 AIE(出版、广播、电视等等)、文化的 AIE(文学、艺术、体育等等)等。[④]

---

① 罗刚、刘象愚主编:《文化研究读本》,中国社会科学出版社,2000,前言第 14—15 页。
② 雅克·德里达:《马克思的幽灵》,何一译,中国人民大学出版社,1999,第 126 页。
③ 在英语中"意识形态国家机器"被翻译为 ideological state apparatuses,简称 ISAs。
④ 路易·阿尔都塞:《哲学与政治:阿尔都塞读本》,陈越译,第 335 页。

阿尔都塞的意识形态国家机器是相对于"镇压性"的国家机器(即通过暴力发挥功能的国家机器)概念的。在阿尔都塞看来,该观点也是对葛兰西思想的深入阐释。"意识形态国家机器"不同于单一的、完全属于公共领域的国家机器,是多样的并且绝大多数是私人领域的组成部分。"区分开 AIE 与(镇压性)国家机器的基本差别是:镇压性国家机器'运用暴力'发挥功能,而意识形态国家机器则'运用意识形态'发挥功能。"① 意识形态国家机器的作用是显而易见的,"任何一个阶级如果不在掌握政权的同时对意识形态国家机器并在这套机器中行使其领导权的话,那么它的政权就不会持久"②。在阿尔都塞的观点中,意识形态的形成中,或是如他所说的"实践的意识形态"③中,人是有意识或是无意识地参与的。该观点部分解释了被控制者接受非己方的意识形态的过程,即一种意识形态在非镇压性国家机器的推动下成为统治者与被统治者共享的理念。这样的意识形态生产过程,在传统马克思主义者看来只是意识形态"虚伪性"的表现,阿尔都塞揭示的是这种"虚伪的意识形态"能够达成的机制及过程。

其次,在人与意识形态的关系中,阿尔都塞认为,存在着被控制的人的"主体性"。弗洛伊德在认识个体时提出本我、自我、超我三个阶段,其中的本我、自我阶段受到意识形态隐蔽的控制,但这样的控制不是通过显在的强制力量实现的,甚至在被控制者看来是理所当然的。在这样的观点中,阿尔都塞看到了意识形态对人认识自己的控制,意识形态国家机器对生活在其中的人的控制力量。由此,作为意识形态国家机器其中部分大众媒介在建构事件、建构个人对自己的认识等的时候,是对个体主体性的控制。人在实践过程中表现出来的能力、作用、地位,受制于意识形态控制,人的主体性不是完全为自己控制的,其意识中存在着意识形态的控制,无意识也是内化了的意识形态。简言之,意识形态建构了人的社会存在,亦即建构了人的社会的主体性。阿尔都塞认为,意识形态对于人的控制并不是公开的,而是隐蔽的。意识形态从外部构筑了我们的"本质"和"自我"。因此,我们所说的"本质"和"自我"都是虚构的,占据在"本质"和"自我"之上的是一个拥有社会身份(文化身份)的社会存在,亦即一个主体性的个体。这个主体性与过去的主体性不同,它不是统一的、个性化的和独立的,而是矛盾的,并且伴随着环境和条件的改变而发生变化。

总之,阿尔都塞的意识形态理论将大众媒介作为意识形态建构的主要手段,将大众传播媒介的意识形态问题提到了传播批判理论的重要位置。由此,传播批判理论通过

---

① 路易·阿尔都塞:《哲学与政治:阿尔都塞读本》,陈越译,第 336 页。
② 同上,第 338 页。
③ 同上,第 19 页。

对意识形态的分析从而发现大众媒介的内在结构,则具有重要的理论和现实意义。

五、法兰克福学派的社会批判理论

作为 20 世纪传播批判理论的主要流派,法兰克福学派不仅是西方马克思主义的重要组成部分,也是当代西方的重要思想。法兰克福学派的研究领域非常广泛,涵盖政治学、经济学、史学、哲学等领域,具有深刻的理论意义和现实影响。该学派起源于成立于 1923 年法兰克福大学的"社会研究所",它的创始人是费利克斯·韦尔、库尔特·格拉赫等人,研究所第一任所长为卡尔·格吕堡。1931 年霍克海默担任第二任所长后,把研究方向调整到哲学与社会科学研究领域,并以社会批判理论为研究重点,其思想发展贯穿于整个 20 世纪,其中经历了现代性向后现代性的转变、马克思主义的兴起到发展、法西斯主义的狂澜和倾覆,在这过程中也见证了西方社会历史的巨大变革。1933 年纳粹在德国上台后,社会研究所被查封,法兰克福学派成员大多流亡海外,并于 1934 年在纽约恢复研究所,1949 年后重返联邦德国。在几代理论家的努力下,通过把马克思主义理论与各种理论思潮相结合,他们发展出"批判理论"的社会理论思想,从而影响了包括人文学科与社会科学的各个领域,使得法兰克福学派成为西方马克思主义的重要理论基础。该学派的主要代表人物有霍克海默、阿多诺、本雅明、马尔库塞、洛文塔尔、哈贝马斯等。

法兰克福学派的发展历史可简要划分为三个阶段。第一阶段,从 1923 年到 1949 年,为法兰克福学派的创立时期和早期。在此期间,法兰克福学派逐步发展和建立起自己的社会批评理论,开始对发达资本主义社会进行全方位的文化批判。第二阶段,从 1950 年至 1960 年代末,为法兰克福学派的鼎盛时期。该时期法兰克福学派发展了社会批判理论,进一步强调辩证的否定性和革命性,深刻揭示了现代人的异化和现代社会的物化结构,特别是意识形态、技术理性、大众文化、大众传播等异化的力量对人的束缚和统治。第三阶段,从 1970 年代起,由于阿多诺、霍克海默和马尔库塞等人的相继去世,加上社会批判理论自身的局限性,尤其是第二代主要代表人物之间存在严重分歧,法兰克福学派不可避免地走向了衰落。[①]

法兰克福学派的真正发展是在霍克海默担任研究所所长后,此时法兰克福学派"把研究重心从经验的、具体的政治经济学、工人运动史研究转到了哲学和社会科学研究上

---

① 潘知常、林玮:《传媒批判理论》,新华出版社,2002,第 57 页。

来,并把'批判理论'作为'研究所'的指导思想"①。霍克海默在题为《社会哲学的现状和社会研究所的任务》的就职演说中指出,社会研究所的任务是建立一种社会哲学,它不满足于对资本主义社会进行经济学和历史学的实证分析,而是以"整个人类的全部物质文化和精神文化"为对象来揭示和阐释"作为社会成员的人的命运",对整个资本主义社会进行总体性的哲学批判和社会学批判。② 在这样的理论研究定位下,加之以后加入的具有跨学科、多元视角的核心成员,决定了"他们的意识形态是左派马克思主义的,但也是弗洛伊德主义的、哲学的、文学的、人道主义的和理智的"③。

　　批判理论是法兰克福学派的思想基础,其理论重心在于对以大众媒介为主的资本主义文化及其逻辑的批判。法兰克福学派最大的特点就在于批判,不懈的、绝不妥协的批判。从早期的霍克海默、阿多诺、本雅明,到马尔库塞、哈贝马斯等学者,从启蒙运动、理性主义到大众文化等各个领域,法兰克福学派通过批判方法建立理论框架,通过批判为资本主义制度把脉疗伤。法兰克福学派的批判理论,主要指的是一种解释性的、规范性的、实践性的和自我反思性的社会理论。这里的"批判"一词最先由霍克海默重点加以阐释,用于法兰克福学派思想家团体,主要指的是与法兰克福社会研究所成员有关的一种社会批判的理论形态。霍克海默在 20 世纪 30 年代就致力于建立社会批判理论,试图开创把哲学理论和经济理论结合起来,并直接进入社会现实批判的"新型理论",在1937 年正式提出"社会批判理论"的主张。他坚持认为马克思主义本身就是批判理论,因此,他提出要恢复马克思主义的批判性,对现代资本主义社会从哲学、社会学、经济学、心理学等方面进行多方位的研究批判。霍克海默的观点核心在于把"批判理论"与所谓的"传统理论"对立起来,从而对传统理论进行反抗,对资本主义现存社会文化进行全面批判与否定。他和阿多诺合著的《启蒙辩证法》开创了法兰克福学派对现代资本主义的批判,为社会批判理论提供了范式和基础。

　　在此基础上,法兰克福学派针对现代资本主义社会的发展,对所谓的资本主义文明进行了无情的批判。他们所批判的领域,包括对以商品拜物教为主的消费主义的批判、对以文化工业为主的大众文化的批判、对制造虚假需求的异化劳动的批判、对消灭人的自由和解放的工具理性的批判,以及对实证主义、日常生活、生态危机、爱欲压抑等资本主义文明的弊端进行了全面剖析和诊断,从而试图寻找解救这些重症的良药。德国学者格尔诺特·伯默认为:"批判理论利用的是规范的概念,……批判理论的原型是马克

---

① 赵勇:《整合与颠覆:大众文化的辩证法——法兰克福学派的大众文化理论》,第1页。
② 潘知常、林玮:《传媒批判理论》,第56页。
③ E. M. 罗杰斯:《传播学史:一种传记的方法》,殷晓蓉译,第117页。

思的政治经济学批判。借助于政治经济学批判，马克思得以恰当地描述资本主义经济体系的功能，同时着眼于资本主义经济体系的变化，认为它是值得批判的。为此，马克思使用了双重概念，如价格/价值、剩余价值/利润、生产/再生产等。借此，他不仅能够描述资本主义的必然过程，而且能够描述资本主义的灭亡趋势。批判理论作为一个学派表明，批判理论作为方法，不仅可用于社会理论，而且可用于社会心理学（霍克海默、阿多诺语）、政治心理学（弗洛姆语）以及科学理论（哈贝马斯语）。"①不仅如此，马克思主义批判理论在今天依然具有强大的生命力。同时，法兰克福学派的批判理论也成为传播批判研究的重要基础。

就其理论形态总体而言，批判理论的优势包括明确的价值批判立场、明确的政治意识导向、通过理论研究改变现实世界、提出媒介控制和所有权的问题等方面。其不足之处在于过度主观价值化、泛政治意识化，其理论缺乏科学基础而建立在主观观察的基础之上，同时用以证明的工具缺乏科学性。

第二节
传播批判理论的主要传播思想

社会批判理论是法兰克福学派的核心理论，也是传播批判理论的基础。社会批判理论的发展虽然各不相同，批判学派学者的研究取向也各有差异，但对当代资本主义社会文化形态的"批判性"始终是他们理论的核心范畴。批判理论以其明确的价值立场和批判精神，对资本主义社会的哲学理论、政治社会问题、文化形态以至日常生活等维度进行了全方位的反思和批判，涌现出一大批关注社会现实问题的公共知识分子。法兰克福社会批判学派的核心人物有霍克海默、阿多诺、本雅明、马尔库塞、哈贝马斯等。他们的批判理论涉及大众文化理论、大众媒介文化等的批判，形成了"文化工业""大众文化""机器复制""单向度的人"以及"公共领域"和"交往行为"等核心理论范畴。

---

① 格尔诺特·伯默：《自然批判理论》，载［德］格·施威蓬豪依塞尔等：《多元视角与社会批判：今日批判理论（下卷）》，张红山、鲁璐、彭蓓、黄文前、王小红译，人民出版社，2010，第5页。

一、霍克海默与批判理论的形成

马克斯·霍克海默(1895—1973)是法兰克福批判学派的创始人,德国首位社会哲学教授,西方马克思主义思潮的主要代表人物。他先后在慕尼黑、弗莱堡、法兰克福大学研究哲学,1922 年以论文《康德的判断力批判》获得哲学博士学位,1925 年起在法兰克福大学任教,1931 年出任法兰克福大学社会研究所第二任所长,同时参与创立《社会研究杂志》,以对社会的现实问题做哲学研究为目标,以对人的具体实践形式的批判为任务,发表了系列有关批判理论的文章,为之后的法兰克福学派奠定了理论基础。霍克海默的主要著作有《意识形态与乌托邦》(1930 年)、《资产阶级历史哲学的开端》(1930年)、《黑格尔与形而上学问题》(1932 年)、《真理问题》(1935 年)、《批判理论》(1968年)、《传统理论和批判理论》(1970 年)、《工具理性批判》(1967 年)、《过渡中的社会》(1972 年)、《社会哲学研究》(1972 年)、《理性之蚀》(1947 年)、《启蒙辩证法》(与阿多诺合著,1947 年)等。

霍克海默的思想受到康德、叔本华伦理生命哲学的影响,后来他又研究并吸收了黑格尔、马克思的历史—社会理论,在晚年还接受了弗洛伊德精神分析哲学方法。总体而言,霍克海默的社会哲学思想和批判理论始终围绕两条主线展开:一是对现实社会问题的批判性研究,二是对传统意识形态理论尤其是当代实证主义哲学方法的激烈批评。正如《批判理论》英译本导论作者斯坦利·阿罗诺维兹所说的,霍克海默在致力于两条战线的细致的批判中,既批判传统科学的对象,又批判其研究方法。霍克海默通过批判经验主义和实证主义以及当代形而上学流派,论述了批判理论的哲学基础。他通过分析工具理性或技术理性的起源和危害,考察了现代文化的商品化虚假特征和妥协性质;通过研讨极权主义及法西斯主义所表现出的社会现象,批判地考察了当代资本主义社会的经济结构和意识形态上层建筑,以及资本主义社会结构得以维系的各种中介性的心理—文化根源。[①] 霍克海默推崇马克思主义的批判理论,通过对社会批判理论的系统论述,与阿多诺共同提出了"启蒙辩证法""文化工业"等影响深远的理论观点,从而确立了法兰克福批判学派的基本理论方向。

在法兰克福学派社会批判理论发展历史上,霍克海默起到了重要的开创和奠基作用。20 世纪 30 年代他为社会批判理论制订了纲领并确定了研究方向。不论是在德国

---

① 马克斯·霍克海默:《批判理论》,李小兵等译,序言第 9—10 页。

或西欧,还是二战流亡美国期间,在 20 世纪 30—60 年代之间,社会批判理论始终都保持了霍克海默制定的原初纲领和方向,鲜明地展示着原初的理论特色和思考维度。"批判理论代表一种新马克思主义方向的声望,主要奠基于霍克海默在 30 年代的文章中对批判理论的阐述之上。"①

《批判理论》是霍克海默的主要代表作,该书收录了他在 20 世纪 30—40 年代发表的系列理论研讨的文章,整部文集可以看作法兰克福学派所倡导的批判理论及其方法的纲领性文献。这些文章对确立霍克海默的思想基础,以及奠定整个"西方马克思主义"的哲学理论基础起到了重要作用。该著中涉及宗教、科学、政治、经济、哲学、社会、文化、家庭、艺术等诸多社会现象的理论分析,是法兰克福学派对这些现象在理论上的经典表述,也影响到了马尔库塞、哈贝马斯等法兰克福学派后期学者对社会的批判性考察。1937 年霍克海默发表了被称为社会批判理论宣言的《传统理论与批判理论》,同年又与马尔库塞发表了《哲学与批判理论》,从而确立了"批判理论"的重要内涵和意义,并指出了"批判理论"与以往的"传统理论"在思维方法、逻辑结构和社会结构等方面存在的各种不同,由此批判理论也得以确立。"批判理论"是霍克海默用以区别传统理论的专门术语,它主要指用历史—社会方法对现实社会经济、文化现象做类似马克思当年在《资本论》中所做的那种批判考察,它的主要特点是要明确批判理论与当代各种其他社会研究及哲学方法的界线,尤其注重与实证主义方法的区别。

霍克海默主要针对随着近代科学主义发展起来的实证主义理论而提出批判理论。他认为,批判理论与传统理论最大的区别是它的总体性特征,具体则包括整体性和历史性两个方面。整体性指的是批判理论研究处于特定处境和特定语境中的人,历史性是指批判理论研究人的处境和语境的历史变动,以及人本身的生成过程。因此,批判理论把自己看作一种新"哲学",批判理论的功能就表现在这种新哲学的功能中。霍克海默指出,新哲学的理论的功能就是批判,所谓批判,其实也就是近代笛卡尔以来的怀疑精神。"无论科学概念还是生活方式,无论流行的思维方式还是流行的原则规范,我们都不应盲目接受,更不能不加批判地仿效。哲学反对盲目地抱守传统和在生存的关键性问题上的退缩。哲学已经担负不起这样的不愉快任务:把意识的光芒普照到人际关系和行为模式之上,而这些东西已根深蒂固,似乎已成为自然的、不变的、永恒的东西。"②霍克海默强调的批判精神就是反对近代科学的工具理性主义对人的精神的异化,特别

---

① 罗伯特·戈尔曼主编:《新马克思主义研究辞典》,中央编译局当代马克思主义研究所译,社会科学文献出版社,1989,第 195 页。

② 马克斯·霍克海默:《批判理论》,李小兵等译,第 243 页。

是对人的精神的片面化。

由此,霍克海默强调批判理论的总体性特征。在他看来,批判理论的对象是人的生命活动展开过程中所形成的整个世界。相对于科学和技术的片面性,哲学更突出整体性。他明确地将技术进步和人类精神的提升加以区分:"无论是科学的成就,还是工业技术进步都不直接等同于真正的人类进步。"反之,因为"很明显,尽管有科学和工艺的进步,人类在身体、情感和智力的决定性的点上都会枯竭"。甚至他振聋发聩地提醒人们:"科学和技术仅仅是现存社会整体的组成部分,尽管它们取得了所有那些成就,其他要素,甚至社会整体本身可能都正在倒退。人类很可能正变得越来越发育不良和不幸,个人可能被摧残,国家可能被引向灾难。"显然,霍克海默深深感受到了现代工业文明的技术主义对人类文化精神的戕害。因此,他认为哲学必须要通过自身而不是依赖于科学,从而给人的生活做出解释:"当科学仍然能参考那些已给出的、能为它指明道路的事实时,哲学则必须求助于自身,求助于自己的理论活动。其对象的规定与其纲领的适合程度,远远超过具体科学,即使在具体科学被理论问题和方法论问题这样深深吸引着的今天也是这样。"①

从马克思主义的实践理论出发,批判理论一方面坚持把理论与实践联系起来,主张理论本身就是一种实践,或至少是实践的一个环节。另一方面要求从总体上把握人类的生命活动。霍克海默的批判理论所强调的整体性和历史性结合的总体性,既包括空间上的"整体性",也包括时间上的生成,也就是"历史性"。② 一方面,"整体性"不仅指人的全部生命活动,即使就生活的某方面,也应当从与整体联系进行考察。如人的存在就包括知、情、意的统一,同样作为精神层面的意识形态也是如此。霍克海默指出:"每种思想模式,每种哲学的或其他文化的任务,都从属于特定的社会团体,都与后者一起产生,并和它的存在血肉相连。每种思维方式都属于'意识形态'。"另一方面,批判理论还有"历史性"的特征:"我们必须更深入地去洞察它们,并把它们从带有决定的历史进程中揭示出来,社会集团应该从历史的决定性进程中得到解释。"因此,哲学"必须拥有一种对历史进行理解的理论"。③ 因此,既然人的全部生命活动包括思想和行动两个方面,那么对于历史也就应当既从理论,要从实践中去理解整体性,而近代科学引发的工具主义,则片面地突出了科学和技术的作用,从而忽视了人的整体性。霍克海默认为,批判理论的提出,就在于强调"哲学的真正社会功能在于它对流行的东西进行批判。……这

---

① 马克斯·霍克海默:《批判理论》,李小兵等译,第245—246页。
② 同上,第254页。
③ 同上,第248—249页。

种批判的主要目的在于,防止人类在现存社会组织慢慢灌输给它的成员的观点和行为中迷失方向。必须让人类看到他的行为与其结果间的联系,看到他的特殊的存在和一般社会生活间的联系,看到他的日常谋划和他所承认的伟大思想间的联系"①。也就是说,通过对人类精神的自我救赎,从而超越所谓的工具理性主义。

最后,霍克海默对"批判"的含义做了总结,他认为,就批判而言,"我们指的是一种理智的、最终注重实效的努力,即不满足于接受流行的观点、行为,不满足于不假思索地、只凭习惯而接受社会状况的那种努力。批判指的是那种目的在于协调社会生活中个体间的关系,协调它们与普通的观念和时代的目的之间的关系的那种努力,指的是在上述东西的发展中去追根溯源的努力,是区分现象和本质的努力,是考察事物的基础的努力,简言之,是真正认识上述各种事物的努力"②。霍克海默坚信,今天批判理论的任务,就是确保在未来从理论中派生出的思维能力和行动能力不再消失,甚至在某个即将到来的和平时期中,也不再消失,在这种时期中,日常惯例或许倾向于允许整个这一问题被忘却。批判理论的任务还在于继续斗争,从而防止人类由于目前的可怕事件而彻底沮丧:防止人类对社会的有价值的、和平和幸福的倾向丧失信心。③ 无疑,霍克海默通过对资本主义文化的批判,勾勒出了旨在取代资本主义文化的现代乌托邦,他期待回到人的"本真"文化,从而把人从资本主义的文化工业生产的奴役中彻底解放出来。

二、阿多诺与文化工业理论

西奥多·阿多诺(1903—1969),是德国著名哲学家、美学家、社会学家,也是法兰克福学派第一代主要代表人物,社会批判理论的奠基者。他1921年进入法兰克福大学攻读哲学、心理学和音乐,1924年获博士学位。阿多诺深谙现代音乐,他的音乐批判理论在法兰克福学派社会批判理论中享有盛誉。他著述丰富,涉猎广泛,主要研究领域为哲学、美学。其主要著作有《启蒙辩证法》(1947年)、《新音乐哲学》(1949年)、《多棱镜:文化批判与社会》(1955年)、《否定的辩证法》(1966年)、《美学理论》(1970年)等。

阿多诺和霍克海默在批判理论研究密切合作,共同完成《启蒙辩证法》,其中提出了批判理论影响深远的"文化工业"(culture industry)概念,他们自己也声称"我们两个人

---

① 马克斯·霍克海默:《批判理论》,李小兵等译,第250页。
② 同上,第255—256页。
③ 同上,第257页。

的精神气质虽然有所差别，但在《启蒙辩证法》中却融为一体了，并且成为一种共同的生命因素"①。批判理论基于对近代启蒙运动的反思，从而批判了现代工业文明对人的影响，其中文化工业批判是最为主要的内容。霍克海默和阿多诺认为，以倡导科学主义为鹄的启蒙运动，实际上是技术对人的奴役，他们认为"启蒙对待万物，就像独裁者对待人"。因为科学熟知万物，因此才能制造万物，于是万物便顺从科学的意志，在此意义上，于是"神话变成了启蒙，自然则变成了纯粹的客观性"。② 因此，作为人类精神生产的文化，也自然成为工业化的产物和附庸，这就是霍克海默和阿多诺提出文化工业概念的基本逻辑前提。

马克思主义唯物论观点认为，精神生产只是整个社会生产的特殊部门。物质劳动和精神劳动的分工出现以后，它才成为独立的生产部门，精神生产服从物质生产的"普遍规律"。但是20世纪上半叶，随着大众媒介的发展，文化生产也得以蓬勃发展。现实背景是文化进入大规模生产阶段，成千上万的人都在观看同样的电影和电视节目，通过电台和录音聆听相同的音乐，阅读相同的报纸和杂志。显然，文化工业产品占据了绝大多数个体的日常生活。霍克海默和阿多诺认为："因为在今天，文化给一切事物都贴上了同样的标签。电影、广播和杂志制造了一个系统。不仅各个部分之间能够取得一致，各个部分在整体上也能够取得一致。甚至对那些政治上针锋相对的人来说，他们的审美活动也总是满怀热情，对钢铁机器的节奏韵律充满褒扬和赞颂，不管是在权威国家，还是在其他地方，装潢精美的工业管理建筑和展览中心到处都是一模一样。"③因此，文化的产业化生产却使精神生产失去了马克思、恩格斯所讲的独立性，甚至连知识分子也被同化到资本主义制度中。因此，面对以大众媒介为主的大众文化占领人们日常生活的大部分，精神生产失去自主性的现实境况，批判理论对文化工业的反思自然就提上日程。文化的产业化或"文化工业"的形成，对阿多诺生活于其中的西方世界的破坏，使得阿多诺有切肤之痛，这也迫使他同霍克海默一起对文化的产业化进行分析和批判。

首先，霍克海默和阿多诺把矛头直接指向近代启蒙运动，认为文化工业代表着启蒙理性主义盲目发展所造成的典型后果。因此，对文化工业的批判，也就意味着对以垄断为特征的晚期资本主义社会的弊端进行诊断和反思。在他们看来，所谓文化工业，如前

---

① 马克斯·霍克海默、西奥多·阿多诺：《启蒙辩证法——哲学断片》，渠敬东、曹卫东译，上海人民出版社，2003，新版前言第1页。

② 同上，第6页。

③ 同上，第107页。

所述,就是由"电影、广播和杂志制造的一个系统",这个系统的逻辑不是以自由生产为目的的艺术的逻辑,而是直截了当地"把自己称作是工业"。他们认为,正是"在垄断下,所有大众文化都是一致的,它通过人为的方式生产出来的框架结构,也开始明显地表现出来。……暴力变得越来越公开化,权力也迅速膨胀起来,电影和广播不再需要装扮成艺术了,它们已经变成了公平的交易。为了对它们所精心生产出来的废品进行评价,真理被转化成了意识形态。它们把自己称作工业"。在此其中,所谓"技术用来支配社会权力的基础,正是那些支配社会的最强大的经济权力。技术合理性已经变成了支配合理性本身,具有社会异化于自身的强制本性"①。可见,批判理论对文化工业的否定逻辑十分清晰,这就是垄断资本。由资本垄断到技术支配,技术支配的合理性变成能够支配社会一切的合理性本身,具有了社会异化于自身的强制本性。直至文化的工业化,文化工业的技术通过祛除社会劳动和社会系统的区别,实现了标准化和大众生产。因此,它们完全按照工业生产的标准来设计自身,文化被物化,而且它的消费也成了一种物化的行为,消费者消费文化工业,消费者同时又生产消费,这就是文化工业的循环逻辑。于是,人们的精神世界完全受到资本的控制,从而消除了对资本主义进行批判的潜在能力。通过文化工业,当代资本主义世界的"大众文化"形成了,从而把文化物化的可能性变成了必然性。霍克海默和阿多诺,特别是阿多诺充分利用哲学、心理学、社会学和经济批判,深入分析了文化工业是如何通过标准化和图式化、通过操纵消费者的心理结构来对消费者的思考能力施加影响,从而维护当前社会状况的。

其次,就文化工业的产品本身而言,主要体现为同质化和可预见性等特征。其一是同质性。电影、广播和杂志构成了一个体系,生产出来的东西从整体到局部都是千篇一律的,所有的大众文化都差不多。作为标准化的产品,文化工业的产品是按照严格的规范程序制造出来的,从流行歌曲到电视剧,从电影到推理小说,甚至搞笑的技术、效果、幽默讽刺的方式,都是按照一定的格式考虑被设计出来的,这种程式化的创作直接导致了文化工业产品的同质化。更为严重的是,在这些标准、规范、程式之下,文化工业还潜藏着一种深层的运作模式,即图式化(schematization),这是确保文化工业成功操纵消费者的最重要的策略之一,它取消了人们对任何可能替代当前社会现状的方案的思考。其二是可预见性。只要看一部电影的开头,就可以知道其结局;只要听流行音乐的前几个音符,就能知道后面的曲调是什么样的。当技术理性统治文化工业时,流水线上的文化产品则具有标准化、模式化的"虚假程式"。他们认为,"文化工业的发展使效果、修饰

---

① 马克斯·霍克海默、西奥多·阿多诺:《启蒙辩证法——哲学断片》,渠敬东、曹卫东译,第108页。

以及技术细节获得凌驾于作品本身的优势地位"。① 由此,文化工业让艺术家失去了独立自主性,让作家失去个性,流行歌曲、电影、电视剧等文化产品都被类型化。整齐划一的文化工业生产所带来的最明显后果就是个性的丧失和风格的瓦解。他们只能无可奈何地感慨,所谓美的艺术"也是在商品中形成的"。

霍克海默和阿多诺通过康德的"图式"理论来说明文化工业对审美个性的解构。康德认为,个人通过"图式"在各种各样的感性经验和理性的概念之间建立联系;但是,工业却替代了人的这种能力,文化工业已经将消费者"图式化"了,能够直接对消费者的意图做出筹划,并借此方式使其与理性概念联系起来。无疑,所谓依靠直觉为主体提供世界表象的途径,已经被文化工业所替代。文化工业通过消灭主体性的差异,也预先排除了人类个性。即通过这些固有的"概念工具"的强迫接受,这种对个体认知差异的排除结合了对自然的暴力性调整和同质化。对于他们来说,这种"图式"最终是在工业社会中实现了它的"真正本性"。文化工业的"图式化"预先处理抹杀了消费者的自主性、自发性和个体性,因而导致消费者接受能力的退化。文化工业通过"图式化"运作,力图限制消费者思考或鼓励他们不加思考地遵照媒体中所提供的类似方式去理解自己的体验,从而促进消费者对当前流行的行为标准的顺从,以确保个体不至于偏离社会所接受的行为方式,确保人类行为始终维持在社会可接受的范围内。②

最后,文化工业使得的文化产品的使用价值已经被交换价值所替代,客体的内在价值均通过交换才能获得。文化工业的产品并不具备艺术的特质,不是人类自由创作精神的真实体现,也不能反映人类的创造性本质。对此,霍克海默和阿多诺认为,"在商品的神性面前,消费者变成了温顺的奴隶",文化工业的产品形成了文化商品的拜物教。流行音乐是阿多诺批判的重点对象之一。他认为作为文化工业的音乐作品丧失了艺术欣赏性,成为商品的符号形式,并造成"音乐拜物教"对人的异化。对于文化工业制造的产品,阿多诺特别强调了其中隐含的"欺骗性"的特征,并对其进行了猛烈的抨击。文化商品模糊了艺术和现实的界限,让受众沉迷在真假难辨的幻觉之中,电影则是最佳案例。文化工业在标准化、同质化的基础上,又滋生出各种虚假的风格和个性,似乎每个接受者都可以按照自己趣味,按照自己的个性去选择。文化产品通过使用不同的商标或通过提高表面的差异,如包装等来创造出这种独特性或新颖性的假象。这种伪个性化不过是其标准化和同质化的掩饰而已,它掩盖了文化工业的压迫性质,并给人以一种

---

① 马克斯·霍克海默、西奥多·阿多诺:《启蒙辩证法——哲学断片》,渠敬东、曹卫东译,第 112 页。
② 汪民安主编:《文化研究关键词(修订版)》,江苏人民出版社,2020,第 400 页。

虚假的满足感。在文化工业那里,文化成了娱乐,娱乐本身成了人们的理想。娱乐再造了幸福感,压制了反思。文化工业许诺人们能从烦恼中解放出来,然而并不提供现实的解放,相反,它只是使人们从思考和否定中解放出来。事实上,文化工业的有效性在于它与本我的联合,就是说,它通过制造效果给消费者提供充分的快感,最终能够有效地防止人们思考任何替代当前社会现状的方案。

总之,法兰克福学派批判理论认为,人类文化中本身存在肯定性和否定性两个方面,肯定性方面总是把现存社会的合理性作为自己的基点,否定性方面则把推翻现存社会作为自己的基点。阿多诺认为文化批评是社会的"面相术",就是指通过文化批评可以看到社会的发展趋势。但是,资本主义文化工业中普遍存在的标准化、同质化的趋势,恰恰呈现出压抑性、操纵性、意识形态性的特征,从而使得文化的否定性被消解,文化不再具有启蒙思想所倡导的自由和解放的意义。由此,所谓文化的个性主义成为幻象。

三、本雅明与机器复制时代

瓦尔特·本雅明(1892—1940),出生于德国富裕的犹太家庭,接受过良好的家庭和学校教育,先后在弗莱堡大学、慕尼黑大学、柏林大学和瑞士伯尔尼大学研究哲学、文学和心理学,并获得了博士学位。他在第一次世界大战期间,受当时思潮的影响从而接受了马克思主义,为了躲避纳粹迫害长期流亡,最终在法国与西班牙边境逃亡中自杀身亡。本雅明性格忧郁内向,有种难以摆脱的孤独和疏离感。他的论著在生前不为人知,在去世后由于阿多诺的整理和出版才引起了人们的普遍关注。作为批判学派的思想家,本雅明提出了"机器复制时代的艺术"的问题,引发了对大众文化的深刻反思。其主要著作和论文有《德国浪漫主义批评的概念》(1920年)、《德国悲剧的起源》(1928年)、《弗朗茨·卡夫卡》(1934年)、《作为生产者的作者》(1934年)、《机械复制时代的艺术作品》(1936年)、《论波德莱尔的几个问题》(1939年)、《启迪》(1969年)、《发达资本主义时代的抒情诗人》(1973年)等。

"机器复制"是本雅明基于批判理论文化工业概念,重点就大众文化和大众媒介发展对艺术影响的理论探讨。机器复制的概念最早是在本雅明1936年发表的论文《机器复制时代的艺术作品》中提出的。他提出机器复制概念的核心意义在于探究批判理论着力否定的文化工业中所隐含的"技术"因素,也就是通过艺术的物质性,如何实现艺术所具有的批判性的意义和价值。简言之,本雅明对机械复制的分析强调了由于艺术的物质性和技术性因素,从而把艺术评价的标准从道德与政治意义转移到了艺术制作和艺术接受上来。他之所以提出机器复制的艺术问题,与当时激进的艺术批判理论有关。这些观点坚持把艺术当作政治道德和宣传的工具,因此,许多艺术家和批评家为了政治而放弃了对艺术本身内在精神的追求。由此,本雅明试图从技术入手,探究艺术如何摆脱被法西斯主义所利用的问题,从而探寻艺术自身革命的路径。

首先,对于机器复制中的"复制"概念的含义而言,本雅明所指的复制即拷贝,是指将作品重新制作一份或者多份的行为,如他认为中国印刷术是在文献领域造成翻天覆地变化的机械复制技术。在他看来,所有的艺术作品其实都是可以复制的。但是20世纪前后出现的以照相、电影为代表的现代复制技术,却与传统的铸造与制模、木刻、镂刻与蚀刻乃至石印术等复制技术不同。在这里,本雅明就区分了手工的复制和技术的复制。技术复制比手工复制更独立于原作,同时使得原作的摹本超过原作的境界,这两个原因最终导致了传统艺术的危机和最终解体。那么,问题也就产生:机器复制造成传统艺术危机的根源是什么呢?本雅明随之提出了"灵光(aura)"的概念。他认为,传统艺术的主要特点,在于它被生产时的即时即地性、独一无二性,这样生产的艺术作品充满了所谓"灵光"。但是,技术复制的出现却消灭了艺术作品中的"灵光",抹掉了它的"本真性"。[1] 如达·芬奇的原作《蒙娜丽莎》是有"灵光"的作品,正是在这一点上,该作品就决定了它和所有对它进行模仿复制的作品之间的区分。但是,由于技术的介入,完美的机器复制使得这样的关系已不复存在,因为技术复制已经抽空了真品、原作的意义,使得人们无法区分原作和复制品的差异。因此,本雅明指出:"当代艺术越是投入可复制性,即越不把原作放在中心的位置,就越是可以期待较大的作用。"[2]"被复制的艺术作品在更大程度上变成为可复制性而设计的艺术作品。例如,人们可以用一张底片复制出许多张照片,而要鉴别出哪张是'真品'则是毫无意义的。"[3]显然,本雅明所要表达的核心观点是:随着机械复制时代的来临,艺术中的"灵光"将不复存在,也就意味着传统艺术的没落。在这里,本雅明是否针对技术对艺术的影响,从而宣告了艺术本身的没落呢?显然不是,他其实宣告的是技术时代的机器复制艺术的来临。

其次,本雅明通过对传统艺术与机器复制艺术的特征的区分,从而提出了技术时代大众文化的价值问题。本雅明认为,传统艺术侧重于作品的膜拜价值(cult value),复制艺术则侧重于作品的展示价值(exhibition value)。前者追求的是"灵光"的效果,而后者

---

① 赵勇:《整合与颠覆:大众文化的辩证法——法兰克福学派的大众文化理论》,第138页。
② 瓦尔特·本雅明:《机械复制时代的艺术作品》,王才勇译,浙江摄影出版社,1993,第24页。
③ Walter Benjamin. *Illuminations*. trans. Hany Zohn, Fontana Press, 1992, p.218.

则追求的是震惊效果(shock effect)。但是,随着照相、电影等技术复制手段的出现,反而使得"展示价值第一次向膜拜价值显示了自身的优势"。[1] 这也就意味着膜拜价值一统天下的局面已不复存在,展示价值开始在人们的生活中扮演起重要的角色。在本雅明看来,传统艺术需要人们聚精会神地全身心投入欣赏,而技术复制艺术在人们随意的状态下即可接受,因此,传统艺术是少数人的艺术,而复制艺术是大众的艺术。既然如此,在对艺术作品的接受过程中,当从膜拜价值中解放出来后,艺术作品的展示价值也随之增加,各种复制技术极大地强化了艺术品的展示价值,展示价值的绝对优势给作品带来了全新的功能。同时这种随意的、消遣式的接受状态,使得大众拥有了广泛参与、欣赏艺术作品的机会和权利,但这也使得传统的所谓贵族化的审美话语霸权陷入困境。正是在这个意义上,本雅明指出:"在历史的转折关头,以视觉方式,即单纯的沉思冥想,人类的感知机制所面临的任务是根本无法完成的。必须在触觉接受的引导下,通过逐渐养成习惯,才能完成这些任务。"[2]这里本雅明要强调的是艺术接受中人的感官的全方位参与,也是麦克卢汉的"媒介是人的延伸"理论的起点。由此,本雅明提出了重要的观点——艺术作品的机械复制性,在历史上第一次把艺术品从对权威、仪式和膜拜的附庸状态中解放出来。也就是在宣告了传统艺术衰落的同时,本雅明同时宣告了一种"全新艺术"的到来,认为这是人类文明史的一般历程,从而为艺术接受开启了一个崭新的、多元的阐释空间,使得文化在不同语境下、出于不同目的而发挥不同的作用。其实,这种观点背后,正是本雅明针对纳粹艺术的政治宣传而展开的论述,也正是技术复制的生产方式,才能够使得大众能够摆脱那些被统治阶级强迫接受的艺术作品。

事实上,和法兰克福学派思想家对文化工业所持的强烈批判态度不同,本雅明认为,正是技术的变革对艺术生产和对艺术作品的接受发生重大影响。技术逻辑将会结束独裁的特权,最终带来共产主义的自然平等,技术复制消灭的是传统艺术的权威主义、精英主义等不自然的逻辑。机械复制性有着积极的、进步的效果,不断发展的技术复制能为社会革命带来巨大潜能,因为它使得大众有可能从文化的垄断中解放出来。显然,本雅明对于文化工业的态度与阿多诺截然不同,因此引发了两人之间的争论。阿多诺认为技术生产的电影、广播、录制工业等新的艺术,其核心是由资本和意识形态动机所左右的权力控制的构成部分。阿多诺也批评本雅明的技术乐观主义,忽视了文化工业中所隐含的深层的阶级关系。其实他们的差异更多在于观察问题的角度不同,而

---

[1] Walter Benjamin. *Illuminations*. trans. Hany Zohn, Fontana Press, 1992, p.219.

[2] Walter Benjamin. *Illuminations*. trans. Hany Zohn, Fontana Press, 1992, p.233.

非观点本身。通过对技术与文化的关系分析,本雅明看到的是技术对大众的解放,而阿多诺看到的是技术对大众的奴役。

四、马尔库塞与"单向度的人"

赫伯特·马尔库塞(1898—1979),是德裔美籍哲学家、美学家和社会批判理论学者、法兰克福学派主要成员,被誉为"新左派哲学家"。他1922年获哲学博士学位,1933年进入法兰克福社会研究所,曾在哥伦比亚、哈佛、加利福尼亚等大学任教。马尔库塞的哲学思想深受黑格尔、海德格尔和弗洛伊德等人的影响,同时也受马克思早期著作的很大影响。从20世纪50年代开始,马尔库塞对当代资本主义社会进行分析和揭露,主张把弗洛伊德主义和马克思主义结合起来,成为弗洛伊德主义的马克思主义的重要代表人物。马尔库塞一生勤勉创作,他的著作学科视野宽广、专业性强,被认为是极具思辨意义的作品,主要著述有《理性与革命》(1941年)、《爱欲与文明——对弗洛伊德思想的哲学探讨》(1955年)、《单向度的人》(1964年)、《文化与社会》(1965年)、《反革命与造反》(1972年)、《批判的哲学研究》(1973年)等,还有其他论著、论文、谈话录等近百种。

马尔库塞多元的知识结构和对时代变化的敏锐感知能力,这使得他在研究中深刻看到资本主义工业文明背景下人的生存状态。有学者认为,作为法兰克福学派的核心成员,他对法兰克福学派的主流观点既有继承与发展,又有偏离与独创,并与阿多诺和本雅明的思想构成了丰富而又充满矛盾的对话与潜对话的关系。而马尔库塞晚年对"审美之维"的选择与皈依,在很大程度上又象征着与法兰克福学派第一代思想家的共同归宿。从这个意义上说,马尔库塞既是让法兰克福学派浮出水面的关键性人物(因为正是通过他那种相对通俗化的阐述,才使得法兰克福学派的密码语言走向了社会乃至公众),也是让法兰克福学派在历史舞台上谢幕的结局性人物。[①] 第二次世界大战后,马尔库塞并没有随法兰克福社会研究所返回德国,而是选择留在了美国继续从事研究工作。1964年发表的《单向度的人》是马尔库塞最负盛名的一部力作,主要批判现代资本主义社会把既有物质需要又有精神需要的双面的人,变成了完全受物质欲望支配的"单向度的人",使具有批判功能的哲学成了与统治阶级利益协调一致的"单向度"的思想[②]。其理论内涵可从以下几个方面展开阐释。

[①] 赵勇:《整合与颠覆:大众文化的辩证法——法兰克福学派的大众文化理论》,第261—262页。
[②] 陈学明、张双利、马拥军、罗骞等:《二十世纪西方马克思主义哲学》,人民出版社,2012,第299页。

首先，马尔库塞所谓的"单向度的人"的含义，指的是当代工业社会对人的个性的压制和异化。马尔库塞这里使用的"向度"（dimension）一词，又可译作"方面"和"维度"，"向度"在汉语中包含着价值取向和评判尺度的意思。所谓"单向度的人"，是指丧失否定、批判和超越的能力的人，这样的人不仅不再有能力去追求生活，甚至也不再有能力去想象与现实生活不同的另一种生活，而这也正是发达工业社会极权主义特征的集中表现。[①] 因此，马尔库塞的核心观点，其实指的是当代工业社会是一个新型的极权社会，因为它成功地压制了这个社会中的反对派和反对意见，压制了人们内心中的否定性、批判性和超越性的各种"向度"，从而使这个社会成了"单向度"的社会，使生活于其中的人变成了"单向度的人"。马尔库塞的"单向度"主要针对黑格尔哲学中的肯定性和否定性"双向度"而言的。他认为，在当代社会即他所称的发达工业社会中，所谓"双向度"中的否定性向度被整合收编，从人们的视野中消失，只剩下了肯定性向度，由此成为"单向度"社会。因此，该书的副标题为"发达工业社会的意识形态研究"，也就是针对工业社会中人的生活状态的不完整性而展开的。

其次，就马尔库塞的"单向度"批判理论而言，具体是从对"单向度"的社会、"单向度"的思想的批判，以及在此基础上解决"单向度"的方案三个方面展开的，也就是通过对当代资本主义社会的根本问题、当代哲学的根本问题的批判，从而提出解决这些问题的"革命新理论"。这三个部分对应的核心问题也就是人的存在、人的意识、人的存在和意识关系的现实方案。具体而言，马尔库塞的"单向度"理论的主要内容包括下述方面。第一，"单向度"的社会，即现代资本主义社会的状态，具体指的是被"一体化的社会"。所谓一体化就是丧失否定性、不再能够自我超越的社会。在马尔库塞看来，"单向度"社会形成的根本原因，就是资本主义社会鼓励人们单纯追求物质享受而导致的。这种现代西方社会中所推崇的、实质是违背人的本性的高生产、高消费的生活，造成了人们"虚假的需求"，而这些都是统治阶级通过各种宣传手段制造出来的，使人们相信这就是自己的生活，从而导致个体与整个社会制度一体化的现象。统治者的统治不再仅仅是，或者说不再首先是维持某些特权而已，而好像是在维持全体人的利益。这种通过制造"一体化"来维持统治的形式就是"资本主义统治的新形式"，亦即"工人阶级与资本主义制度一体化"。马尔库塞说："如果他们阅读同样的报纸，这种相似并不表明阶级的消失，而是表明现存制度下的各种人在多大程度上分享着用以维持这种制度的需要和满足。"[②]

---

① 赫伯特·马尔库塞：《单向度的人——发达工业社会的意识形态研究》，刘继译，上海译文出版社，2006，序言第2页。

② 同上，第9页。

第二,"单向度"的思想,即对现代哲学的批判。马尔库塞通过对现代欧美社会的实证哲学、语言分析哲学的批判,认为当代哲学存在以形式逻辑为基础的肯定性弊端,并从黑格尔辩证逻辑的立场出发进行了批判。他认为,"双向度"社会与"单向度"社会对立的哲学根源,主要在于辩证思维与形式思维的冲突。第三,马尔库塞基于马克思辩证逻辑理论,通过对劳动价值论、科学技术与生产力等问题的讨论,从而提出了自己关于"革命新理论"的观点,为"单向度"社会的改造提出方案。

需要指出的是,马尔库塞对"单向度"社会的批判,重点是从资本主义社会的本质展开的,但他认为大众媒介在其中起到了推波助澜的作用。"发展单向度思想是由政策的制订者及其新闻信息的提供者系统地推进的。它们的论域充满着自我生效的假设,这些被垄断的假设不断重复,最后变成令人昏昏欲睡的定义和命令。"[1]他进而认为,这种对社会的思想的垄断主要是通过对"社会话语全面管理"来实现的:"社会宣传机构塑造了单向度行为表达自身的交流领域。该领域的语言是同一性和一致性的证明,是有步骤地鼓励肯定性思考和行动的证明,是步调一致地攻击超越性批判观念的证明。在流行的演说方式中,双向度的、辩证的思考方式同技术性行为或社会'思想习惯'之间的差异十分明显。"[2]也正是通过话语操纵,那些远离事实的"魔术似的、专横的、礼仪的要素"充斥于言语和语言之中,社会话语失去了到达真理和事实的中介手段,而变成被操控的工具。这也是马尔库塞对于资本主义意识形态控制的大众媒介的真相的揭露和无情的批判。

第三节
哈贝马斯的公共领域与交往行为理论

尤尔根·哈贝马斯(1929—　)是当代西方重要的理论社会学家、哲学家,在德国乃至欧洲、北美的哲学和社会学领域有着广泛的影响,是法兰克福学派第二代思想家中最

---

[1]　赫伯特·马尔库塞:《单向度的人——发达工业社会的意识形态研究》,刘继译,第 14 页。
[2]　同上,第 82 页。

杰出的一位。他先后在德国哥廷根大学、瑞士苏黎世大学和德国伯恩大学学习哲学、历史学、心理学、文学、经济学等,1961—1964 年任海德堡大学哲学教授,1964—1967 年任法兰克福大学哲学—社会学教授、法兰克福大学社会研究所所长,1971—1983 年任德国普朗克研究院科技世界生活条件研究所所长,1983—1994 年任法兰克福大学哲学—社会学教授,1994 年退休。哈贝马斯的著作非常丰富,几乎每本著作的出版都被视为思想界的大事。其主要著述有《公共领域的结构转型》(1962 年)、《理论与实践》(1963 年)、《知识与兴趣》(1968 年)、《晚期资本主义的合法性问题》(1973 年)、《交往行为理论》(1981 年)、《交往行为理论(补充与论证)》(1984 年)、《现代性的哲学话语》(1985 年)、《后形而上学思维》(1988 年),以及《在事实与规范之间》(1994 年)、《包容他者》(1996 年)、《真理与论证》(1999 年)等。

哈贝马斯研究范围十分广泛,在哲学、社会学、政治学、传播学领域均有重要建树。他提出的"公共领域""交往行动理论"等重要概念成为西方传播思想中的重要理论,并产生了深远影响。

一、哈贝马斯的公共领域理论

公共领域(public sphere)理论是哈贝马斯在其早期的《公共领域的结构性转型》(1962 年)提出,随后就成为在不同学科中具有重要影响的理论,在传播思想和理论中也具有重要意义。所谓公共领域,在哈贝马斯看来,就是指一种介于市民社会中日常生活的私人利益与国家权力领域之间的机构空间和实践。其中作为个体的公民聚集在一起,共同讨论他们所关注的公共事务,形成某种接近于舆论的一致意见,并组织对抗武断的、压迫性的国家与公共权力形式,从而维护社会总体利益和公共福祉。① 在哈贝马斯看来,所谓理想的公共领域,就是特定社会舆论的形成机制,它能够使得人们之间进行公开和合理的辩论。面谈、信件往来和其他书面交往形式,杂志、报纸、广播和电视等大众传播媒介,包括目前社会公众普遍使用的互联网等都是公共领域的媒介。公共领域应当对所有人敞开,而一致意见应当通过提供更好论据的力量来获得,而不是通过自然力量的运用或权力压迫获得。无疑,哈贝马斯对公共领域的关注也凸显了民主政治和交往理性观念在其思想中的基础地位。

具体而言,哈贝马斯提出的"公共领域"理论主要包括四个方面的含义:第一,社会

---

① 汪民安主编:《文化研究关键词(修订版)》,第 99 页。

公共领域。家庭是第一个社会公共领域,它联系起了私人主体性和社会。文学公共领域是第二个社会公共领域,各种文学沙龙、咖啡馆、图书馆、读书会、展览馆、剧院、音乐厅等成为人们聚集的地方,人们从中获得集体的认同。其中最重要的文学公共领域是18世纪发展起来的艺术和文化批评杂志,其形成发展的原因主要在于公众启蒙意识的强化。第二,政治公共领域。它首先出现在英国,主要体现在英国书报检查制度的废除后,各种大众报刊的普及,随后在欧洲得以发展。人们对报刊的广泛阅读也影响了政治,报刊成为具有政治批判意识的公众的批判机制。第三,世界公共领域。哈贝马斯提出后民族结构理论,认为现代工业社会是超越现有的民族国家体系的跨国政治和经济治理结构,培育和形成包容所有世界公民的全球政治公共领域,亦即世界公民社会。第四,虚拟公共领域。它指的是建立有助于集体认同和个人认同的网络虚拟空间。[①] 对此,哈贝马斯并未专门展开论述。由此可见,哈贝马斯主要是基于人们的日常社会交往和政治参与,以及大众媒介的发展来讨论公共领域问题的,因此,大众媒介是公共领域形成的重要社会机制。但是哈贝马斯随后又认识到,随着资本主义的发展,公共领域遭到了政治领域和商品经济领域的双重侵蚀。因此,他讨论的重点又转移到公共领域的重建上来,他强调了大众传播对于公共领域建构的意义,提出通过改善人们交往和传播的合理性来实现社会变革,以及公共领域重建的观点。

哈贝马斯认为虽然古希腊的城邦社会是公共领域的雏形,但是真正的资产阶级公共领域大约兴起于18世纪,并且以大众传媒的普及作为标志。公共领域的出现使得个体与群体在历史上第一次能够拥有政治舆论力量,直接表达他们的需求与利益,同时影响到政治实践。也就是说资产阶级公共领域的出现,使得能与国家权力相对抗的公共舆论成为可能。但是,随着晚期资本主义大规模的经济生产,跨国公司以及私人经济生产领域和国家中的大量官僚机构的形成,大众媒介的民主功能自18世纪以来不断下降,特别是垄断资本主义形成后,公共领域被意识形态所操纵,并被资产阶级利益所控制,公共领域话语不是讨论而是被管理,公众因此也从文化批判走向文化消费。人们越来越工具性地而不是交往地彼此发生关联,从而出现了"生活世界的殖民化",公共领域失去了讨论和辩论社会问题的有效功能,公共领域由此出现解体并走向衰落。因此,在哈贝马斯看来,公共领域转型成为必然,而转型的方向就是重归西方启蒙传统,重归理性主义精神。

20世纪80年代以后,公共领域与大众传播媒介的问题得到普遍关注。英国学者彼

---

① 曹卫东:《思想的他者》,北京大学出版社,2006,第114—117页。

得·达伦格指出,现代社会的文化环境有三大特点:一是认同多元化,二是社会关系表面化,三是符号环境媒介化。他认为所有这三点都与电视和公共领域有关。[①] 今天互联网、手机等新兴媒体对公共领域的形成,无疑产生了更为重要的影响。美国全球化的传媒战略、欧洲的传媒政策的改革、第三世界国家电视工业的兴起,以及互联网为基础的全球化发展、所谓的地球村的形成,都使得传播理论研究必须要关注现代社会公共领域问题。此外,大众传播媒介在西方自由主义观念看来,是民主社会的基本组成部分:大众媒介是独立、客观和价值中立的,它在监督和批判的同时行使参与权,在社会民主政治中扮演着重要的角色。但是,媒介市场化使得传统的国家、媒介与公众的结构关系受到了挑战。因此,大众媒介如何发展,如何继续保持政治参与作用的问题仍待研究。在此背景下,哈贝马斯的公共领域的结构转型理论无疑也引发了普遍关注。

总之,哈贝马斯的公共领域理论批判的核心在于,就是资本主义最初作为资产阶级公共领域的催生力量,现在却又亲手摧毁了公共领域。哈贝马斯公共领域理论的核心是民主政治,其根本特征在于公共领域能够避免国家和市场对社会的控制。然而资产阶级民主下的大众传播媒介并没有摆脱国家和市场的控制,反而阻碍了政治民主的运行,这也体现了哈贝马斯公共领域思想极富批判性的地方。

二、哈贝马斯的交往行为理论

哈贝马斯提出的"交往行为理论"是其通过对以往"交往"范畴的综合研究,从而提出的有关主体和主体间交往行为的理论。哈贝马斯提出该理论的目的,一方面试图用"交往范式"取代马克思的"生产范式",另一方面期望用"交往理性"(communicative rationality)代替以主体为取向的意识哲学的"传统理性",从而实现双重超越。[②] 哈贝马斯在对"公共领域""认识与兴趣"等理论的讨论中,就已经强调了公开的讨论和辩论在政治合法化方面所起到的作用。同时,他也意识到,人类社会的发展不仅在于通过工具理性实现对自然的控制,还在于通过有效的交往行为,从而维持人类复杂的社会群体,交往理性因而被看作工具理性被有效应用时的补充。[③] 因此,他在其《交往行为理论》(1981年)中,通过对语言使用的分析对传统的理性进行了批判,从而提出交往行为理

---

① Peter Dahlgren. *Television and the Public Sphere: Citizenship*, *Democracy and the Media*. Sage Publication,1995, p.72.

② 曹卫东:《思想的他者》,第103页。

③ 安德鲁·埃德加:《哈贝马斯:关键概念》,杨礼银、朱松峰译,江苏人民出版社,2009,第25页。

论,其目的在于通过人类交往层面探索理性的本质提出规范交往行为的准则,并试图促成社会系统与生活世界两者之间的相互关联,完成人类未竟的现代性事业。哈贝马斯的交往行为理论主要包括交往行为、生活世界和交往理性三个核心概念。

首先,交往行为理论的逻辑起点,是哈贝马斯基于语用学理论对以语言为主体的话语活动的分类和三个世界的划分。就哈贝马斯所谓的"交往"(communication)概念而言,其实和传播学理论中的"传播"概念同属一个词,本意指的就是人与人之间相互联系与沟通活动。马克思和恩格斯把交往概念引入哲学和社会学领域,使之上升为特定的概念和范畴,但在具体使用中与传播学中的概念内涵有所差异,内涵更为宽泛,主要指的是哲学意义上的交往理论,随后在哲学和社会科学领域发展成为"交往理性"概念。因此,为了明晰交往理性中的"交往"概念内涵,哈贝马斯在《什么是普遍语用学》(1976年)中首先区分了四类话语活动,并从语言哲学视角提出"三个世界"的划分概念。其中四类话语活动包括:① 交往性的或互动的话语活动;② 断言式的或认识式的话语活动;③ 自我表达的或表达式的话语活动;④ 规范调节的话语活动。与此相对应,其中后三类话语活动分别涉及的是"客观世界""主观世界"和"社会世界",而第一类话语活动则直接涉及语言,并通过语言而间接联系于其他三个世界。就此而言,后三类话语活动可以归并起来,与第一类话语活动相并列。① 简言之,第一类是交往性话语(实际上对应的是哈贝马斯提出的"生活世界"的概念)。第二类包括认识式话语—客观世界、表达式话语—主观世界、调节性话语—社会世界。

显见的是,从语言活动的角度看,交往性话语活动是语言性的,而其他三类话语活动则是立足于语言进行的,因此,交往性话语活动就成为其他三类话语活动的基础。就此而言,语言则成为三个世界的共同基础。哈贝马斯就认为,语言是相互关联的三个世界的媒介物,每一个成功的语言行为都存在下列三重关系:"(1)话语与作为现存物的总体性的'外在世界'的关系。(2)话语与作为所有被规范化调整了的人际关系之总体性的'我们的社会世界'的关系。(3)话语与作为言说者意向经验之总体性的'特殊的内在世界'的关系。"②哈贝马斯在这里继承了西方哲学的话语—"逻各斯"传统,并在《交往行为理论》中,通过西方近代提出的"认知—工具理性"回溯到古希腊的"理性"概念,并把它发展为交往理性概念。他进而认为,"交往理性"所涉及的"世界"谓之"生活世界",同时他根据波普尔关于物质世界、精神世界和客观思想世界"三个世界"的观点,

---

① 陈学明、张双利、马拥军、罗骞等:《二十世纪西方马克思主义哲学》,第 355 页。
② 尤尔根·哈贝马斯:《交往与社会进化》,张博树译,重庆出版社,1989,第 69 页。

将从生活世界分化出的三个领域称为"客观世界""主观世界"和"社会世界"三个世界，分别涵盖的是传统哲学中的真、善、美三个领域。

在此基础上，哈贝马斯又归纳出四类社会行为，通过分析"四种社会学行为概念中行为的世界特征和合理性"，从而区分了四类社会行为（行动），并分别阐述了其与不同世界的关联。这四类社会行为具体包括：① 目的行为，旨在实现某种目的，分为工具行为和战略行为，中心范畴是行为计划；② 规范调节行为，指的是一个社会集团的成员以共同价值观为取向的行为，核心范畴是遵守规范；③ 戏剧行为，指的是行为角色通过向作为观众的其他人提供的角色形象，其核心范畴是自我表演。与此同时，这三类行为是与前文所述的后三类话语活动相对应的。第四类社会行为则是"交往行为"，它与交往性的话语活动相关，是主体间通过符号协调的互动，以语言为媒介，通过对话达到人与人之间的相互理解和协调一致。社会行为的核心范畴是"相互理解"，而"交往行为"则反思地、间接地与客观世界、社会世界和主观世界联系起来。① 综而言之，哈贝马斯一方面继承了哲学史上的真、善、美三个领域的划分，另一方面，通过他的四类话语活动和四类社会行为的划分，指出所谓"交往行为"是其他行为的基础，而语言则是三个世界的基础。这其中隐含的基本逻辑是，"交往行为"使其他一切行为成为可能，"语言"使人与三个世界的关联成为可能。

其次，哈贝马斯通过对"生活世界"概念的界定，将其与"交往性的话语活动""交往行为"本身相关联。如前所述，生活世界统摄其他三个世界。在哈贝马斯看来，所谓"生活世界"，并非指说话者和行为者与三个世界中的任何一个世界的关系，而是行为参与者之间通过对三个世界的解释、沟通而达到相互理解、取得一致意见的关系。哈贝马斯说："我首先引入生活世界概念，用来作为沟通过程的相关概念，交往行为的主体总是在生活世界的视野内达成共识。……通过解释，交往共同体的成员把客观世界及其主体间共有的社会世界与个人以及（其他集体的）主观世界区分开来，世界概念以及相关的有效性要求构成了形式因素，交往行为者可以用它们把各种需要整合的语境与他们自身所处的明确的生活世界协调起来。"②他认为，任何一种沟通都是主体间为了相互承认语境而相互合作解释过程的一部分。可见，"生活世界"概念所表现的是所有人共同生活于其中的世界，也与"语言"处于同一层次，因为只有语言沟通才具有这个特征，这些都成为哈贝马斯交往行为理论中处于基础地位的概念。③ 哈贝马斯所认为的生活世界，

---

① 尤尔根·哈贝马斯：《交往行为理论（第一卷）》，曹卫东译，上海人民出版社，2018，第113—124页。
② 同上，第97页。
③ 同上，第97—102页。

其自身不仅包含文化、社会和个性三个层次，同时也构成交往行为的背景。此外，生活世界是相互理解的"信念储存库"，进而构成客观世界、社会世界和主观世界成为可能的前提条件。因此，生活世界是构成哈贝马斯的三个世界的基础。

最后，哈贝马斯论述了交往行为理论的"交往理性"概念。从古希腊哲学的理性概念开始，关于理性的探究不绝于史，哈贝马斯则继承了马克斯·韦伯的目的—工具理性概念，针对他自己提出的"四类社会行为"的观点，认为每种社会行为都有其有效性要求，它们各自的有效性包括：目的行为—真实性、规范调节行为—正当性、戏剧行为—真诚性、交往行为—可理解性。与此同时，与四种社会行为的有效性相对应的是四种理性：真实性—理论理性、正当性—实践理性、真诚性—审美理性、交往行为—交往理性。对于交往理性，哈贝马斯更愿将其称为"交往（沟通）合理性"。将它们归总起来看，则显得更为明晰，它们分别是：① 目的行为—真实性—理论理性；② 规范调节行为—正当性—实践理性；③ 戏剧行为—真诚性—审美理性；④ 交往行为—可理解性—交往理性。那么，这里的问题也就出现了，哈贝马斯所说的交往理性，和其他层次的理性是什么关系？是否和其他层次的理性处于并列地位呢？其实不然，因为在他看来，如同生活世界是其他世界的基础、交往行为是其他社会行为的基础，那么交往理性也是其他三类理性概念的基础。他认为交往理性是一种语言性的、与哲学中主体间性相对应的、程序性的合理性概念。因此，它就具有语言性、主体间性和程序性三个特征。这里要注意的是，交往理性特别具有"程序性"特征。哈贝马斯所谓的程序性特征，指的是对其他行为的有效性的统摄，即能够保证它们的有效性。所谓目的行为、规范调节行为和戏剧行为各自的真实性、正当性和真诚性的有效性要求，并非完全能够自我保证，如此一来，就有必要通过"沟通"实现这些有效性。因此，"沟通"行为是使其他社会行为成为可能的行为。由于不在这些有效性本身的层面上，而是在这些有效性之外来沟通这些有效性，因此，交往理性就是纯粹程序化的。不管是在对象化、客观化的认识领域，还是在道德实践领域，或审美评判领域，都是从程序化的交往合理性实现有效性要求的。借助于交往理性的程序性特征，实际上交往理性使得其他层面的理性成为可能，因此具有某种意义上的基础统摄性特征。

总之，哈贝马斯基于韦伯"现代化就是理性化的过程"的观点，基于交往行为理论，将交往理性概念提升到人类实现理性化的必由途径的重要位置。因此，哈贝马斯认为所谓理性化过程，应当是交往理性本身意义上的理性化，而不是其他理性意义上的理性化。交往理性层次的理性化，具体表现为整个生活世界的理性化，而传统意义上的理论理性、实践理性和审美理性层次的理性化则被哈贝马斯称为系统的理性化。他认为，迄今为止理性化过程不是以整合的方式，而是以分化的方式进行的，即不是交往理性意义上的理性化，而是其他理性意义上的分化的理性化。哈贝马斯把这种片面的理性化、把系统对生活世界的侵凌，称之为"生活世界殖民化"。故此，哈贝马斯期望通过交往理性进而实现理性化的整合，这既包括生活世界的合理化，又包括系统合理化。至此，哈贝马斯为人类社会发展构建了新的"乌托邦"式的理想模式。在他看来，现代社会的理想模式，应是以自由和平等的公民共同体为基础、民主地自我组织起来的"规范"社会，这个社会只有通过基于交往合理性的协议一致性，才能实现人类的全面解放。他认为，真正的理想社会，只有建立在以主体间性为基础的交往理性基础上才是可能的，这个未来的理想社会不再是目的合理行为的共同体，而是"无限制的交往共同体"，它是由非强制性意愿形成的较高水平的主体间性提供的。在这个交往社会里，没有暴力的共同生活使个人的自我实现和自主权有了可能。① 至此，哈贝马斯的交往理性在其思想中的地位和意义就一目了然了——哈贝马斯所谓理想社会"乌托邦"，其实就是基于主体间性的交往理性基础上的生活世界的合理化。

因此，哈贝马斯关于公共领域和交往理性的论述，都涉及西方现代社会大众媒介发展的现实，这些理论都是针对大众媒介的发展对人们现实生活的影响而展开论述的。这些理论都从更为宏观的角度，探讨以大众媒介为主的人类传播行为对于人类社会发展的基本意义，特别是通过对近代启蒙运动以来形成的科学主义的反思，从而批判性地反思以现代工业文明为基础的大众媒介在现代社会中对人们的文化的影响，对于从批判的、宏观的视角审视大众媒介，无疑具有重要的理论意义。对于哈贝马斯而言，为了完成启蒙以来的现代性的未竟事业，必须重建公共领域，重建生活世界，最终这个任务就落实到了交往理性上。

总体而言，传播批判理论涉及的范围十分广泛，其中对于大众媒介与大众文化的批判，以及人类传播交往行为等问题的考察都建立了重要的维度。哈贝马斯曾总结第一代社会批判理论的主要包括后自由社会的统一形式、家庭社会化和自我发展、大众媒介和大众文化、沉默的抗议的社会心理学、艺术审美理论和实证主义批评和科学批判等。显然，针对大众媒介和文化的批判占有重要的位置，涉及政治、经济、艺术、审美、大众文化等各个方面。无论是霍克海默、阿多诺通过建立批判理论体系，针对现代工业文明的全方位批判，还是他们对文化工业的反思及批判，以及马尔库塞的"单向度"社会和哈贝马斯的公共领域、交往行为理论等传播批判理论，都成为传播批判理论的重要理论基

---

① 陈学明、张双利、马拥军、罗骞等：《二十世纪西方马克思主义哲学》，第361、363页。

础,其后无论是文化研究、传播政治经济学、传播技术批判、媒介制度批判等理论的形成,都离不开法兰克福批判学派的理论框架和影响。

法兰克福学派对美国及世界传播研究的影响也是深远的。从某种意义上说,美国20世纪60年代有关大众文化意义的讨论,也就是对法兰克福学派文化批判思想的积极回应。20世纪60年代产生于英国的传播学批判学派侧重于从政治经济学的角度和从文化研究的角度探讨传播问题,也受到了法兰克福学派思想的影响。从更广泛的意义来说,进入20世纪70年代以来,欧洲传播学研究运用制度结构的宏观分析方法,对以美国为代表的传统经验学派展开了批判,其中法兰克福学派的有关思想仍然是不可回避的切入点。就此而言,法兰克福学派的存在形成了对美国经验主义的传播学研究的挑战,而这种挑战无疑拓宽了传播学的研究视野。

法兰克福学派的社会批判理论是对欧洲笛卡尔以来的近代科学主义传统的反思和批判。归纳起来看,社会批判理论的核心,就是批判以征服、支配自然为出发点,以科学知识万能、技术理性至上主义为特征的工业文明主导的文化精神,而其核心在于马克斯·韦伯所说的工具理性即技术理性。社会批判理论所针对的并强烈加以批判的正是科学主义至上的资产阶级现代性。正如霍克海默所指出的:"传统理论,即借助于继承来的概念和判断手段对材料进行的批判性考察,发挥着肯定的社会作用。这些概念和判断不但是在日常专业活动中进行的事实与理论形式之间的相互作用,而且也在极简单的心灵那里起作用。在这种脑力劳动里,当代人类存在形式的需要和目标、经验和技能、习惯和趋向都尽了自己的力量。正像物质生产工具一样,概念和判断工具不但可能是当代文化总体的一部分,而且也可能是更正当、更分化、更和谐地组织起来的文化总体的一部分。"[1]这种"传统理论"也正是现代资本主义社会结构与技术发展的产物。因此,批判理论的目的就是对这种"传统理论"进行否定性批判,从而对资本主义的技术理性进行否定。当然,法兰克福批判理论的局限性也是显而易见的。其批判拘囿于意识和精神领域的理论分析,缺乏充分的实证和经验依据,只是理论的批判而不是批判的实践,这也是他们屡遭诟病的主要原因所在。而且,他们将针对意识形态的批判,转换为对于某些可能产生消极影响的部门的批判,为此甚至不惜把意识形态的内涵无限扩大,将现代科技、现代理性也包括进来,却因此而忽视了对一般意识形态的正面探索。不过,随着法兰克福学派批判理论的不断发展,特别是哈贝马斯提出的社会批判理论应该超越意识哲学范式而促成语言学转向后,社会批判理论在道德哲学、政治哲学等方面也

---

① 马克斯·霍克海姆:《批判理论》,李小兵等译,第196—197页。

有广阔的发展余地,这对于传播批判理论发展而言具有积极的意义。

【本章延伸阅读】

1. 马丁·杰伊:《法兰克福学派史(1923—1950)》,单世联译,广东人民出版社,1996。

2. 马克斯·霍克海默:《批判理论》,李小兵译,重庆出版社,1989。

3. 马克斯·霍克海默、西奥多·阿多诺:《启蒙辩证法——哲学断片》,渠敬东、曹卫东译,上海人民出版社,2003。

4. 汉娜·阿伦特编:《启迪:本雅明文选》,张旭东、王斑译,生活·读书·新知三联书店,2008。

5. 赫伯特·马尔库塞:《单向度的人——发达工业社会的意识形态研究》,刘继译,上海译文出版社,2006。

6. 尤尔根·哈贝马斯:《公共领域的结构转型》,曹卫东、王晓珏、刘北城、宋伟杰译,学林出版社,1999。

7. 尤尔根·哈贝马斯:《交往行为理论》,曹卫东译,上海人民出版社,2018。

8. 张锦华:《传播批判理论》,台湾黎明文化,2003。

9. 安德鲁·埃德加:《哈贝马斯:关键概念》,杨礼银、朱松峰译,江苏人民出版社,2009。

10. 汉诺·哈特:《传播学批判研究:美国的传播、历史和理论》,何道宽译,北京大学出版社,2008。

第八章

文化研究理论

　　文化研究(cultural studies)在西方学术界有特定内涵,主要指的是一种新兴的研究文化(the study of culture)的方式和取向。虽然以往人类学、历史学、文学研究、人文地理学及社会学等学科都已引入了文化研究,但是,作为新兴的研究领域,文化研究主要指的是 20 世纪 60 年代以来,以英国伯明翰大学当代文化研究中心为主导,并在雷蒙·威廉斯、理查德·霍加特、E. P. 汤普森、斯图亚特·霍尔等文化研究学者的推动下开创的当代文化研究。文化研究针对当代西方社会大众传播媒介迅速发展的社会现实,立足马克思主义、结构主义和符号学、女权主义、后现代和后殖民主义等理论,依托文学研究、社会学、历史学、语言学、人类学、心理学、传播学等相关学科,通过对大众媒介和大众文化,以及大众社会的关注,从而使文化研究从传统的经典研究领域转向大众文化研究,并形成了文化研究的理论和方法。因此,文化研究理论不仅成为重要的理论,同时也是重要的研究方法,英国文化研究与北美实证研究、法兰克福批判研究等共同成为西方传播思想史中重要的理论构成。

第一节
文化研究的理论内涵

文化研究理论与文化理论(cultural theory)、文化批评(cultural criticism)等概念不同,与文化的研究(the study of culture)也不同,与传统的文学研究、社会学和人类学已经形成的"文化分析"(cultural analysis)等也不尽相同。更为重要的是,它的研究对象还不仅限于文化。① 通常意义上的文化研究,主要指的是以英国伯明翰学派(The Birmingham School)开创的当代文化研究理论和方法,以及在此基础上发展起来大众文化理论和文化批评研究。当代文化研究通过融合各个学科的优势,形成了跨学科研究的优势。有学者也认为,文化研究作为一种学术思潮,其基本特征是:第一,注重当代文化研究;第二,注重大众文化研究,特别是大众媒介为主的大众文化;第三,注重被主流文化所排斥的边缘文化和亚文化研究,如资本主义社会中的工人阶级亚文化、女性文化及被压迫民族的文化经验和文化身份等;第四,注重与社会保持密切的联系,关注文化中蕴含的权力关系及其运作机制、文化政策的制定和实施等;第五,注重跨学科、超学科甚至是反学科的态度与研究方法。② 就理论和研究范式而言,文化研究除英国文化研究外,还包括新马克思主义、法国结构主义与后结构主义、欧美后现代主义以及后马克思主义等理论。研究内容则主要涉及与大众媒介相关联的大众文化的各个方面,并形成了如阶级、身份认同、亚文化、通俗文化、女性文化等丰富的分析概念体系。文化研究无疑已成为具有跨学科理论视野和研究方法取向的重要研究领域。

一、英国伯明翰大学当代文化研究

文化研究理论主要是在英国伯明翰大学当代文化研究中心(The Centre for Contemporary Cultural Studies,CCCS)的推动下发展起来的大众文化研究和文化批判理论。伯明翰大学当代文化研究中心于1964年成立,由理查德·霍加特担任首任主任,并于1972年发表首期《文化研究工作报告》,宣布"将文化研究纳入理性的地图",由此

---

① 陆扬、王毅:《文化研究导论》,复旦大学出版社,2006,第109页。
② 罗钢、刘象愚:《文化研究读本》,中国社会科学出版社,2000,第1页。

致力于从"大众"和"消费"文化中将"流行文化"凸显出来,作为文本模式及日常生活实践加以研究,自此便拉开了文化研究的序幕。

由他们所开辟的文化研究方向和学术成果被后人称为"伯明翰学派",或称为英国文化研究学派(British Cultural Studies)。该学派的主要奠基人是理查德·霍加特、雷蒙·威廉斯、E. P. 汤普森、斯图亚特·霍尔,此外还有约翰·费斯克、菲尔·科恩、戴维·莫利、迪克·赫伯迪格等主要成员。因为学科方向调整等问题,2002 年 6 月伯明翰大学当代文化研究中心被校方关闭,但伯明翰文化研究学派作为一个具有象征性意义的符号始终存在,伯明翰文化研究的理论遗产以及学术影响力并未终结,而且持续不断地对整个学术界产生广泛而深远的影响。[1] 该研究中心的影响后来从英国扩展到北美和澳大利亚以及世界其他国家,在世界学术范围内掀起了文化研究的学术风潮。[2]

英国文化研究的兴起有其社会历史背景和学术自身发展的原因。就其社会发展背景而言,20 世纪 50 年代,二战后英国社会重建并快速发展,大众媒介的发展为社会大众提供了丰富的文化产品。此时英国也发展成为福利国家,大众社会兴起,加上美国大众文化的大举"入侵",从而形成了新的文化生态。由此英国知识分子也开始产生忧虑,文化的商品化不仅使英国社会美国化,还影响英国公众的文化意识,对英国的传统文化也会造成威胁。此外,由于受到当时国际政治环境的影响,英国文化研究也深受英国马克思主义"新左派"思潮的影响。就学术发展而言,英国历史上就有近代文化主义思潮、剑桥文学批评理论的传统。从马修·阿诺德强调文化的精英主义,到以 F. R. 利维斯为代表的文学与文化批评的利维斯主义,近代英国文化研究形成了以精英主义文化为传统的经典研究范式。他们都强调文化是为少数人所拥有的高雅文化,从而批判大众文化,否定工人阶级文化。然而,他们开创的文化研究传统,却成为孕育伯明翰文化研究学派形成的丰饶土壤。面对英国当代文化发展的现实状态以及其背后隐含的社会价值等问题,英国固有的传统文化研究范式和文学批评等传统理论,已然无法解释和回答这些由大众媒介引发的英国社会文化的新变化,于是伯明翰文化研究学派便应运而生。因此,有学者就认为,英国伯明翰文化研究学派的文化主义理论范式既是对英国近代文化与文明传统的继承、突破与超越,同时又是英国第一代"新左派"共同的理论旨趣和学术追求,体现了人道主义的马克思主义重视人的能动创造的文化维度和实践维度。[3]

---

① 颜桂堤:《文化研究:理论旅行与本土化实践》,人民出版社,2020,第 93 页。

② 杰夫·刘易斯:《文化研究基础理论(第二版)》,郭镇之、任丛、秦洁、郑宇虹译,清华大学出版社,2013,第 77 页。

③ 陶水平:《文化研究的学术谱系与理论建构》,社会科学文献出版社,2019,第 311 页。

英国文化研究学派也正是在这样的社会文化背景下形成的。对此,斯图亚特·霍尔认为,文化研究早期学者霍加特的《识字的用途》、威廉斯的《文化与社会》《漫长的革命》,以及汤普森的《英国工人阶级的形成》等经典著述是文化研究形成时期的标志性研究成果。霍尔认为,它们不是为了建立一个新的学科而撰写的教科书,而是为了回应时代和社会的现实需要而写作的著述,更多的是对于社会现实问题的回应,属于早期新左派关于"学术政治"的议程。它们与传统学术产生分裂,并为开展一种新的研究和实践领域开辟了空间。霍尔认为,这些著述一方面"重写"或"改写"了传统美学和艺术理论作为完美理念文化的内涵,另一方面突出了作为整体的生活方式的人类学意义上的文化。[①] 要言之,这些文化研究奠基之作,彰显了独特的文化主义方法。

作为伯明翰文化研究学派创始人的霍加特、威廉斯、汤普森等学者,大多数出身于英国工人阶级家庭,同时也是英国"新左派"成员。他们对于当时殖民主义和帝国主义在新的经济和政治条件下的新发展、民主社会中的种族主义、与权力相关的文化和意识形态问题,以及消费资本主义对工人阶级及其文化的影响等问题,不仅有深切观察,同时也有直接的经验感受。于是,他们对文化研究的内涵与外延、主体与价值、文化研究关键概念、文化观念和方法等各个方面有了新的认识,这些认识既是对传统文化主义的延续和继承,更是对传统文化主义学术话语的超越,从而为英国文化研究开辟了当代文化研究的新领域。在他们所开辟的文化研究新理论中,他们特别强调了文化与社会日常生活的联系,以及与工人阶级的社会实践和共同经验的联系,强调了平民阶级的文化实践和意义创造,并把工人阶级的日常生活和文化与商业文化加以区分,彰显了人民大众作为日常生活主体的意义,改写和扩展了文学批评的文本研究方法,开启了文化研究的社会学、人类学方向,从而为伯明翰文化研究学派奠定了理论基础和研究范式,由此则最终形成了文化主义研究范式。该研究范式突出特征在于,主要以文学批评、社会学、历史学和人类学为基础,用民族志、经验观察、个案研究等方法研究普通民众的日常生活,用文学批评的文本解读方法研究大众文化。

在大众传播研究方面,英国文化研究与美国结构功能主义传播研究范式不同,重点并不在于对大众传播效果的考察,其目标主要是从人类学和话语分析的思路出发,探索人们在大众文化和大众媒介活动中的日常经验。文化研究通过借鉴法国结构主义、语言学研究理论和马克思主义理论,将文化看作语言和意识形态关系的传播复合体,认为

---

① 斯图亚特·霍尔:《文化研究:两种范式》,孟登迎译,载陶东风、周宪主编:《文化研究(第14辑)》,社会科学文献出版社,2013,第304页。

文本、文本的意义和文化彼此相互作用,互相建构,其中必然反映的是权力与知识的社会性差异,威廉斯、霍尔等的研究就将大众媒介视为一种政治过程和语言系统。特别是在霍尔的引领下,伯明翰文化研究不断扩大文化研究的现实对象,同时也不断扩展新的研究方法。此外,伯明翰文化研究学派在大众文化和大众媒介理论方面与法兰克福学派也有着很大的不同。在对待以大众媒介为主的大众文化的态度上,法兰克福学派的霍克海默、阿多诺等学者基本持"批判到底"的态度。他们断言大众文化就是标准化、模式化、伪个性化、守旧性与欺骗性为特征的伪文化,并以为统治阶级服务、整合大众为最终目的。而伯明翰学派的许多学者却重视受众的解码立场的灵活性。他们认为大众文化有一个双重支点,即大众文化总不可避免地包含着控制和对抗的双向运动,是被支配阶级与支配者的统治阶级进行协商、斗争的领域,是实施霸权和反抗霸权的场所。很显然这也与法兰克福学派的批判理论形成了鲜明的对比,显得更具有积极的意义。

20 世纪 80 年代后期,英国文化研究出现了后现代主义转向,强调愉悦、消费和一致性的个体建构。从这些视角出发,相关研究认为大众媒介文化为一致性、愉悦和权力提供了基本的现实素材,从而使观众通过对其文化产品的消费来建构"流行"品位。此后,英国和北美文化研究学派从前期的社会主义与革命政治学转向了后现代媒体文化、消费文化的批判视角,其研究重点逐渐转移到观众、消费和接受上,并重点关注文本生产、消费以及文本在传媒产业中被创造的整个过程。① 其中迪克·赫伯迪格有关青年文化的人类学研究,戴维·莫利关于电视观众的民族志研究,以及安吉拉·麦克罗比关于女性主义与文化研究,都拓展了文化研究的理论视野。

二、文化与大众文化的定义

英国文化研究为了建构相关理论基础,对已经形成的基本概念进行梳理和界定,在对这些概念的含义演变的探究中,也形成了文化研究的理论取向和研究逻辑。特别是威廉斯的相关研究,对文化、大众文化以及文化研究等最为基础性的概念进行了专门的分析。对这些基本概念的界定,实际上也就阐明了文化研究理论基本的规定性。

首先,威廉斯在总结了各类文化的定义后,提出了文化研究理论关于文化的界定。威廉斯把 18 世纪以来对"文化与社会"的讨论归纳为两条路线的论争,认为是以"和谐的完美"为特征的"有机社会"(过去)路线,还有社会主义乌托邦(未来)的路线。由此,

---

① 章辉:《英国文化研究与主体结构之路》,《甘肃社会科学》2016 年第 2 期。

他在《文化与社会(1780—1950)》中首次全面阐述了文化观,认为文化概念在社会转变的关键时期也发生了变化。"文化"概念的含义由最初专指从自然转向人的发展,衍生出对人的教化,到了 19 世纪则完全具有独立性,转义为一种自在之物的"文化"。

威廉斯认为,文化的"第一个含义是心灵的普遍状态或习惯,与人类完美的观念有密切联系。第二个意思是整个社会智性发展的普遍状态。第三个意思是艺术的整体状况。到了 19 世纪末产生了第四个意思:包括物质、智性、精神等各个层面的整体生活方式"[1]。在他看来,在文化含义本身的变迁中,记录和反映了人们对社会、经济、政治生活变革的重要认识。因此,文化概念本身就是一幅特殊的地图,借助它可以对种种历史变革的本质进行探索。文化概念从以往仅仅指心灵的状态或习惯,或者说一些智性和道德活动,发展到目前则包括了整个生活方式。这里威廉斯从文化概念基本含义入手,实际上提出了文化研究的基本路径和方向,其中就包含通过文本的意义去观察社会变迁的特征。因此,他认为文化研究学派的这种转变具有普遍而深远的意义。特别是针对英国文化研究中的近代传统和利维斯主义而言,他将"文化"的概念最后定义为"物质、知识与精神构成的整个生活方式",无疑这是最具颠覆性的,这使得文化研究从文本和艺术本身解放出来,从而拓展到鲜活的现实社会实践层面、信仰体系和社会制度上来。同时,社会学研究中的部分主题也进入文化研究的视野,从而使得文化从局限于"经典文学"文本的领域扩展到更具普遍总体性意涵的"社会生活"本身。正是经霍加特、威廉斯、汤普森等人开创性地将左翼的利维斯主义文学批评方法和新唯物史研究方法结合起来,运用于当代文化与社会生活领域,才使得以大众日常生活文本为批评分析对象的"文化研究"的诞生成为可能。

威廉斯后来又在《关键词:文化与社会的词汇》中对文化概念做了完善,并将其含义的演变概括为三个层次,具体包括:① 独立、抽象的名词,用来描述 18 世纪以来思想、精神与美学发展的一般过程;② 独立的名词,不论在广义还是狭义方面,用来表示一种特殊的生活方式,关于一个民族、一个时期、一个群体或全体人类;③ 独立抽象的名词,用来描述关于知性的作品与活动,尤其是艺术方面如音乐、文学、绘画与雕刻、戏剧与电影等。[2] 显然对于文化概念的界定成为一种学术研究取向的标志,它所表征的是文化与人类、与社会的密切关联,揭示文化与人类社会进程的关系、与人类社会整体的联系。正如美国学者塞缪尔·菲利普斯·亨廷顿所认为的,文化概念分别在 20 世纪 40—50 年

---

① 雷蒙·威廉斯:《文化与社会(1780—1950)》,高晓玲译,吉林出版集团,2011,第 4 页。
② 雷蒙·威廉斯:《关键词:文化与社会的词汇》,刘建基译,生活·读书·新知三联书店,2005,第 106 页。

代和 80 年代两次引起人文及社会科学的极大关注,其原因在于文化已然成为人们理解社会、分析社会间差异、解释各个社会的经济与政治发展之间联系的关键要素。[①] 因此,文化研究对于文化本身概念的界定,其目的就在于为文化研究拓展新的方向和领域。

其次,文化研究关注的重点在于大众文化(popular culture)。因此,威廉斯等学者对大众文化的概念也进行了界定和讨论。威廉斯提出:"大众文化不是源自大众对自身的认同,而是因为其他人对大众身份认同出现的。大众文化仍然带有两种旧有的意涵:一是低层次的文化产品。如大众文学,大众出版物,以区别于高品位的出版物。二是刻意制作出来以博取娱乐的文化产品。如有别于严肃的民主新闻的大众新闻,或大众娱乐作品。它还有更现代的含义,那就是指为许多人所喜爱的文化产品。其实这一点在许多方面与传统的两个意义有所重叠。近年来出现的含义,事实上指的是大众为自身所生产的文化形式,作为文化形态,显然它的这个含义与上面几种都有所不同。虽然,大众文化的概念不断替代过去所谓的民间文化的含义,但它含有很重要的现代意识在里面。"[②]不难看出,威廉斯实际上是在给颇有被"污名化"的大众文化正名。从他对大众文化词义的解释中就会发现,早期大众文化的含义,是和精英文化相对立的文化形式,并非来自大众的自觉,而是来自大众之外的认同,显然像传统的民间文化一样;大众文化因为是面向大众的,所以体现的是品位不高、娱乐化等的特征,其主要目的是为了迎合普通大众的喜好。

英国文化研究学者约翰·斯道雷对"大众文化"概念做了全面探究,并对其各种不同的含义进行了梳理、辨析和归纳,从而总结了"大众文化"的六种不同的定义内涵。[③]第一,大众文化是"广受欢迎,或者众人喜好的文化"。该定义着眼于量的定义,它强调了受众在数量上的绝对优势,但它的缺点也在于量的标准不好把握。也正如斯道雷所说的:"除非我们定一个基数,大于这个基数就是流行文化,小于这个基数的只是文化,我们会发现广受欢迎或众人喜好的东西包括太多,这样的流行文化定义实际上毫无用处。"[④]因为许多被"权威认可的高雅文化"在数量上也大得惊人,可见量的指标本身不足以为流行文化提供恰当的定义。第二,大众文化是高雅文化(high culture)之外的"剩余的文化"。这种定义认为大众文化"泛指达不到高雅文化标准的文化作品与文化实践",这实际上包含的是价值评价。高雅文化就是形式复杂、深奥难懂的文化,并因此把大众排除在外,所以它也是一种等级化的排除。这种定义方式注重大众文化与高雅文

---

① Samuel P. Huntington. *Forward*. In Lawrence E. Harrison and Samuel P. Huntingdon (eds.). Culture Matters How Values Shape Human Progress. Basic Books, 2000, pp.13 - 14.
② 雷蒙·威廉斯:《关键词:文化与社会的词汇》,刘建基译,第 356 页。
③ 约翰·斯道雷:《文化理论与大众文化导论(第七版)》,常江译,北京大学出版社,2019,第 5—15 页。
④ 同上,第 6 页。

化的明显区别,但忽略了两者之间的复杂关系。很多文化形式都经历了从流行文化到高雅文化的转化过程,而有些高雅文化形式也是极为流行的,也具有极大的观众数量。第三,流行文化(popular culture)即大众文化(mass culture)。这种定义把二者等同,认为"为了满足大量消费而大批量生产的文化,其观众是没有鉴别力的消费者"。斯道雷认为,这种观点主要从批判或否定意义上理解流行文化,无视它可能具有的积极意义,而且带有强烈的怀旧色彩,怀念失落的"朴真社会"与"民间文化"。这种观点源于法兰克福学派和阿尔都塞的结构主义马克思主义,以及右翼的利维斯主义,前者认为大众文化威胁了工人阶级的传统生活方式,后者则认为大众文化威胁到了贵族的高雅文化。第四,大众文化是"为人民的文化"(culture of the people for the people)。这个定义强调大众文化是人民自己创造并为人民的,类似于"民间文化"的界定。这种定义"浪漫地"把工人阶级的文化看作对抗资本主义社会的文化,肯定了人民的抵抗能力,但未能指出这种创造的来源问题。斯道雷认为:"不管我们多么坚持这个定义,事实依旧是,人民不能自发地利用他们自己制造的原材料来制造文化。不管流行文化是什么,确定无疑的是,原材料是商业提供的。"[1]这个定义显然把前现代时期的那些自发的非商业化的流行文化排除在大众文化的范围之外。第五,大众文化是从属群体与统治群体之间相互斗争的场所。这种理解大众文化的方式是葛兰西式的,即把大众文化看作社会中从属群体的抵抗力与统治群体的整合力之间相互斗争的场所。这个定义明显受到葛兰西"文化霸权"概念的影响,所以又称为"新葛兰西主义"。这样的视野既不把大众文化理解为强制文化,比如法兰克福学派那样,也不把它天真地理想化为自下而上的自发的人民文化,该定义强调大众文化不是一种文化实体,而是各种文化力量"交战的场所"。这种界定大众文化的方式,在20世纪70年代后受到西方大众文化研究界越来越多的学者的青睐,因为它既克服了简单化的乐观主义,也克服了简单化的悲观主义。第六,大众文化指消融了"高雅文化"和"大众文化"、艺术与商业之间界限的文化类型。这种理解大众文化的角度是后现代主义的,把握住了大众文化与高雅文化间相互融会、相互渗透的趋势,但也引起了各种各样的论争。

斯道雷总结的英国文化研究中的大众文化概念,涵盖了文化研究对大众文化研究的各个领域。概括起来看,对于大众文化研究的视角和方法,霍尔重点总结为"文化主义"和"结构主义"两种范式。在霍尔看来,文化主义把"经验",即"活生生的领域"作为研究的基础,将意识形态和文化定义为集体性的。结构主义强调的是,所谓"经验"不能

---

① 约翰·斯道雷:《文化理论与大众文化导论(第七版)》,常江译,第11页。

被定义为任何东西的基础,认为意识形态和文化"不仅仅是集体性的,而且是个体创造的,它们是无意识的结构"。[1] 文化研究学者托尼·本内特也认为,文化主义"赞扬大众文化是真实表达了社会受集团或阶级支配的兴趣和价值观",热衷于"工人阶级的'生活文化'或'生活方式'的研究",而结构主义则把大众文化视为一种"意识形态的机器"和索绪尔式的"语言"系统,特别关注电影、电视和通俗文学的文本分析,但常常忽略了"制约着这些文本形式生产或接受的条件"。[2] 这样两种主要的理论分析逻辑,与上述斯道雷对大众文化定义内涵的归纳一道,共同构成了对于大众文化理论的阐释,也成为传播批判理论对于大众文化研究的视角和方法。

总之,随着社会的发展变迁,大众文化本身的命运与地位的变化,对于以大众传播媒介为主要形式的大众文化研究的现实意义也发生了根本的转变。以往的理论重点在于对大众文化价值内涵的缺失、审美的贫乏,以及意识形态的文化霸权等内涵的否定性批判,而当下的理论则重点阐释大众文化所蕴藏的新的审美诉求、文化趣味以及政治参与的潜能。人们越来越明确地认识到,大众文化并不是精英文化的对立面,也不是消费主义和享乐主义的代名词,它在提供娱乐消遣的同时,也体现了一种不同于精英文化的美学诉求和文化品位。大众文化既不是主流文化的附庸,也不是意识形态的代言人。作为当代文化的主导形态,大众文化在满足社会的凝聚与整合需要的同时,也显示了批判的功能,从而展现出不同的审美取向和文化意义。

第二节
文化研究学派的主要传播理论

英国伯明翰当代文化研究中心的报告中明确提出,文化研究的目标和重点主要在于回应 19 世纪以来的"文化与社会"争论,特别是针对工业革命和资本主义发展中"现

---

① 斯图亚特·霍尔:《文化研究:两种范式》,孟登迎译,载陶东风、周宪主编:《文化研究(第 14 辑)》,第 317 页。

② 托尼·本内特:《大众文化与"转向葛兰西"》,载陆扬、王毅选编:《大众文化研究》,上海三联书店,2001,第 63—64 页。

代性"问题的语境从而展开理论探索。因此,当代文化研究中心的理论取向和方法论资源主要有三个方面内容:一是英国传统文学,包括从阿诺德到利维斯的脉络,并特别强调利维斯开创的"细察学派",以及经过"新左派"霍加特和威廉斯改造后的文学批评方法的独特价值。二是美国大众传播学,包括默顿、拉扎斯菲尔德、贝雷尔森、施拉姆和克拉伯关于传播理论的经典著作,这些经典理论和方法都已经普遍进入研究中心的研讨课程。三是欧洲古典社会学。研究中心在 1966 年开始广泛涉猎欧洲古典社会学,并通过 19—20 世纪的社会思想史和政治语境,重新审视从圣西门到帕森斯的各种社会学思想的理论发展脉络。① 那么,无疑这份报告已经明确提出了文化研究的重点问题。

研究报告也明确提出了文化研究的方法路径,认为文化研究的方法首先源自"利维斯主义"的文学批评方法,同时也吸收了社会学科的分析方法,从而形成了独特的"综合研究风格"。具体而言,文化研究的过程包括三个环节:首先,对文本材料(包括"社会文本")的内容和结构、态度和假设、潜在价值和显在价值进行批评分析式的充分阐释;其次,关注文本材料的社会效果,这更多是对美国传播学效果研究方法的批评性借鉴;最后,在特定的社会文化语境中对文本材料进行文化意义的阐释。② 由此可见,英国文化研究通过文本的文化意义"阐释"维度,以及利用社会学理论和方法资源,从而探究文化与社会的问题。

英国伯明翰文化研究学派的早期成员,由于大多出身于中下层或工人家庭,且在政治主张上以马克思主义"新左派"为主,所以采取与以往精英知识分子不同的态度去对待、研究大众文化,并力图重估大众文化的价值。其研究内容主要涉及大众文化及与大众文化密切相关的大众日常生活,分析和批评的对象广泛涉及电视、电影、广播、报刊、广告、畅销书、儿童漫画、流行歌曲,乃至室内装修、休闲方式等。在这些众多而分散的研究内容中,大众媒介始终是他们的研究焦点,尤其是对电视的研究极为关注。在研究方法上,除了上述经典研究方法之外,文化研究以使用多种方法而著称,包括理论分析、批判性调查、解构主义、文本研究、经验研究和政策研究等。早期文化研究使用的方法受美国传播学研究影响,但在霍尔领导时期,吸收了阿尔都塞和葛兰西的观点,转向媒介的意识形态功能分析等多元化方法。

---

① 宗益祥:《英国文化研究的"韦伯转向"——基于〈1965—1966 年中心报告〉的思想史探微》,《福建论坛》(人文社会科学版)2021 年第 12 期。
② 同上。

一、霍加特与文化的用途

理查德·霍加特(1918—2014)是当代英国影响深远的思想家和文化批评家,英国当代文化研究的主要奠基人之一,先后在赫尔大学、莱斯特大学、伯明翰大学任教。霍加特在 1964 年成立英国伯明翰大学当代文化研究中心,并担任该研究中心的第一任主任,1968 年成为联合国教科文组织副总干事。他受到英国利维斯主义文化传统影响,将文学批评中的文本细致分析方法应用到文化研究中。霍加特的研究重点为现代文化与流行文化,研究领域跨越文化研究、社会学、文学等多个领域,并在研究中应用利维斯所倡导的人类学"民族志"方法。他于 1957 年完成的《文化的用途:工人阶级生活风貌》,被公认为英国文化研究中"文化主义"的经典著述,产生了重要影响。其主要著述还有《当代文化研究:一种文学与社会研究的路径》(1969 年)、《我们现在的生活方式》(1995 年)等。

霍加特出生在英格兰的工人阶级家庭,在北部利兹地区的工人社区长大,在利兹大学英文系读书期间,受到了利维斯主义的影响。与伯明翰大学当代文化研究中心的其他学者相似,霍加特长期从事成人教育,对社会中下层阶级非常熟悉。《文化的用途:工人阶级生活风貌》作为文化研究的经典之作,探讨了工人阶级文化和大众文化之间的关系,以及大量生产的流行文本所"强加"的"外在"文化。霍加特试图从"日常生活"的角度,再现 20 世纪 30 年代利兹工人阶级生活的真实生活场景,并力图探究他们如何应对大众文化兴起所带来的挑战。他面向大多数工人的生活,将视点集中在工人阶级中"普通的多数人",而不是"有目的的、政治性的、虔诚的、自我完善的少数人"。① 同时,出身于工人阶级家庭的背景也使他能够"从内部解读文化"。该著作为研究英国工人阶级文化生活的著述,正是霍加特以半自传体方式书写的他曾经所处阶级的经历,其中深深地打上了霍加特童年生活经历的浓重烙印。霍加特进入大学后,他的身份既置于原有的工人阶级家庭社区,又处在大学校园及中层阶级社会,这两个世界、两种身份差异之间产生巨大反差。因为受到两种不同文化差异的强烈冲击,霍加特自己也有深深的孤独感,对于人们因环境变化而产生的身份认同、文化认同的危机深有感触。因此,霍加特试图在理论上探究重建工人阶级的阶级意识与文化观念的途径。无疑,在霍加特的文本中,工人阶级语言被表征为一种独特文化的组成元素,而非单纯的学术研究对象。对此,威廉斯这样评价说:"显而易见,现实主义小说日益衰亡,声名狼藉,我们正因

---

① Richard Hoggart. *The Uses of Literacy*. Transaction Publishers, 1998, p.22.

此蒙受损害。既然我们都深知自己乃生活在社会里的个体,这一传统理应复兴。有效的批判工作、社会观察和思想分析能够进行,然而,最终除了凭借更加传统的想象方式之外,我不知道该如何充分地调和事实和感觉的世界。"①

具体而言,霍加特的《文化的用途》分为两个部分:前半部分描述20世纪30年代霍加特青年时代的工人阶级文化的基本状况;后半部分描述20世纪50年代开始,这些工人阶级的文化如何面临各种大众娱乐的新形式,特别是美国大众文化的侵蚀。霍加特怀着深厚的感情,通过自己的记忆,从民族志的视角有声有色地回忆了20世纪30年代工人阶级往昔生活的美好时光,对自己的生活的童年和家庭予以重构。对于工人阶级的城市文化,霍加特写道:城市中"就像有一个中产阶级的城市中心,也有一个工人阶级的城市中心。它们在地理上是联成体的,它们互为重叠,具有相互协调的生活。可是,它们同样具有互不相似的独特气氛。工人阶级的中心属于所有的群体,每一个群体各取所需,所以形成了它自己的小中心,比如有声有色的街道、流行店铺[诸如威利(Wooley)、伍尔沃思(Woolworth),都是工人阶级民众所爱的]、电车站、大小市场、娱乐场所,以及形形色色喝茶小歇的地方。"②霍加特认为,工人阶级的文化是家庭和邻里的集体文化,侧重口头传统,有最好的英国清教风俗习惯,突出个人和具象事物。这样的文化属于工人阶级,而不属于那些凌驾于他们之上的雇主、公务员、教师和地方长官等。③ 但是,对于20世纪50年代后工人阶级的文化生活,霍加特充满了失望和批判。他发现,那是一种既堕落又光彩夺目、既野蛮又魅力异常,在道德上则一无是处的生活。不仅如此,事实上它还威胁他年少时代所经历的那一种更积极生动、有更多合作精神、付出多少也得到多少的娱乐传统。显然,在五光十色大众文化新形式的冲击下,原有的文化已经明显是日薄西山、气息奄奄。霍加特深感忧虑地感叹,他们形成了一个令人忧虑的集团,这倒不是说在工人阶级民众里他们就是典型所在。兴许他们当中大多数人在眼界上要低于一般水准,比起其他人来,更难以抵御他们时代处心积虑的大众潮流。他们没有目标,没有志向,没有保护,没有信仰。因此,对于美国流行音乐、自动点唱机和流行小说等这些新兴的大众文化,霍加特无疑十分抗拒。他认为,不但这些文本是肤浅的,而且它们对工人阶级及其文化造成了威胁和破坏,如美国的点唱机文化形成了一种诱惑而分心的情境,使青少年远离其工业与都市工人阶级文化的深层传统。④ 由此可见,霍加特对

① R. Williams. *Fiction and the Writing Public*. Essays in Criticism(4),1957, p.428.
② Richard Hoggart. *The Uses of Literacy*. Transaction Publishers, 1998, p.144.
③ 陆扬、王毅:《文化研究导论》,复旦大学出版社,2006,第141页。
④ 杰夫·刘易斯:《文化研究基础理论(第二版)》,郭镇之、任丛、秦洁、郑宇虹译,第78页。

20 世纪 50 年代大众文化的忧虑,重点也在于忧虑美国式的大众文化将会侵蚀年轻人的精神面貌。他认为这是一种漫无目的的享乐主义,它导致的与其说是将人们的趣味低俗化,不如说是将人们的趣味过分刺激起来,从而麻木它以至最终扼杀它。霍加特在怀旧的乡愁中,肯定了传统的工人阶级的大众文化,而批判了他认为充满堕落的美国式的大众文化。

对于工人阶级的大众文化,与利维斯主义不同,霍加特认为大众文化并非全部是所谓“坏文化”,他所不断追慕的工人阶级的大众文化是“好文化”。而在利维斯主义那里,这恰恰是被大肆声讨的低俗“坏文化”。显然,霍加特在肯定工人阶级的大众文化的同时,无疑隐含着对利维斯文化精英主义立场明显的否定。霍加特进而认为,工人阶级的文化是极具韧性的文化,它不但能够抵制商业性大众文化的媚俗风习,而且能够改变大众文化,使之为我所用。霍加特虽然没有明确说明,但是他的意思很清楚:大众文化是因普通工人大众使之成为通俗流行的文化;文化不是对日常生活的一种逃避,相反,日常生活本身是趣味盎然的。霍加特关于英国工人阶级日常生活和精神世界的客观描写,对当时学术界所建构的与政治运动相联系的模式化、呆板单一的工人阶级的形象表征形成了有力的冲击。霍加特也在提醒人们,工人阶级并不是一成不变的整体,而是会随着社会和文化的发展而发生物质和精神层面的共同变化的。[1]

霍加特的研究通过记忆的民族志方法,从而将个人经验凝聚为文化理论,有助于人们再次聚焦于“自下而上”的文化概念和文化研究路径。其中的意义在于,那些看似碎片化的、特殊的,来自社会底层群体的象征与日常生活实践的文化看似没有任何“意义”,但在这些文化形态中,恰恰具有深广的社会和文化“意义”。作为英国当代文化研究的发轫之作,霍加特的研究开辟了文化研究的重要理论领域和研究方法,奠定了英国当代文化研究的基础。

二、威廉斯的文化研究

雷蒙·威廉斯(1921—1988)是马克思主义文化理论家、文学批评家,英国文化研究的主要奠基人之一。他的文化研究在英国乃至世界范围内产生了重要影响。威廉斯毕业于剑桥三一学院,是当时该校为数极少的工人阶级出身的学生,战后至 1961 年曾任

---

[1] 周丹:《英国文化研究向“阶级”视点的回归及启示——从理查德·霍加特〈文化的用途〉谈起》,《四川大学学报》(哲学社会科学版)2016 年第 6 期。

教于牛津大学的成人教育班,1974年起在剑桥大学耶稣学院担任戏剧讲座教授,直至去世。威廉斯1945年主编《政治与文学》,开始关注文化问题,被誉为"战后英国最重要的社会主义思想家、知识分子和文化行动主义者"。威廉斯分别完成于20世纪50、60、70年代的《文化与社会:1780—1950》(1958年)、《漫长的革命》(1961年)和《马克思主义与文学》(1977年)三部著作,贯穿了威廉斯马克思主义文化理论研究的辉煌时代,是马克思主义文化研究的代表性著作,特别是《文化与社会:1780—1950》产生了重要影响。威廉斯的其他著述还有《现代悲剧》(1964年)、《乡村与城市》(1973年)、《电视:科技与文化形式》(1974年)、《关键词:文化与社会的词汇》(1976年)、《写作、文化与政治》(1989年)等30余部。

威廉斯在剑桥大学学习英国文学批评,无疑也受到利维斯主义的影响,但是作为平民子弟的威廉斯,深切体验到了被精英阶层占据的大学的不平等,在牛津大学从事成人学院文学教育工作时,也深感传统文学批评对大众文化的轻视。正如他后来所言:"我非常了解我在写作过程中反对那些右派:艾略特、利维斯和围绕他们形成的整个文化保守主义。这些人已经预先把持了这个国家的文化与文学。"①也正因如此,出于对传统文学批评的狭隘保守视野和精英主义立场的批判,威廉斯与霍加特、汤普森等人共同开创了文化研究这种新的学术传统。从而走向与利维斯的精英主义不同的方向。因此,威廉斯在《文化与社会:1780—1950》《漫长的革命》《马克思主义与文学》等论著中通过对"文化"概念的考察,立足于大众文化研究的视野,对"文化"概念重新进行了界定,并提出了文化的"感觉结构""文化唯物主义"等重要文化研究概念与理论,这些理论观点充分展现了威廉斯对马克思主义文化理论的丰富和拓展。

首先,威廉斯提出文化研究对"文化"概念的新认识。威廉斯从不同视角探讨了文化概念及其复杂的历史演变过程,提出了文化研究理论中对文化内涵的认识。早在《文化与社会:1780—1950》中,威廉斯就通过文献解读方式,系统梳理和探析了自18世纪后期到20世纪前半期200余年间文化观念的演进史,并重点分析了英国近代自著名美学家伯克到英国现代著名作家奥威尔等,包括40余位英国思想家、作家、批评家的文化观,通过梳理近代英国文化变迁史,从而揭示了文化的社会生活本体性。同时,威廉斯通过文化人类学的视角,把文化视为"整体的生活方式"和"社会的意指实践",从而拓展了文化的概念内涵。在《漫长的革命》中,威廉斯又总结了"文化"的三种定义:其一,作为理想的、绝对的、形而上的文化;其二,作为文献的、智性的、想象的文化;其三,作为

---

① 雷蒙·威廉斯:《政治与文学》,樊柯等译,河南大学出版社,2010,第96页。

社会整体的生活方式的文化。它们对应的形态分别是"被精选的文化""被记录的文化"和"亲历的活文化"。① 威廉斯认为,上述三种文化分类各有千秋,但它们之间相互补充,构成一个真正复杂的综合体、一个整体的复合的文化观念。但是,威廉斯指出:"我更乐意把文化理论定义为对整体生活方式中各种因素之间关系的研究。"所以,威廉斯进而认为,"对文化进行分析,是试图去发现作为这些关系的综合体的组织的性质。在这个语境中分析某些特定的作品或制度,也就是要分析它们基本的组织类型,分析构成整体组织各个部分的这些作品或制度所体现的各种关系。在这种分析中,一个关键词是'模式':任何一种有效的文化分析都以发现一些独具特征的模式为起点,而一般文化分析所关注的正是这些模式之间的关系,这些模式有时揭示了迄今仍被割裂开来思考的各种活动之间所存在着的意想不到的同一性和相似性,有时也暴露了某些意想不到的断裂②。这一观点也是后续关于文化的"感觉结构"和"文化唯物主义"概念的逻辑起点。

在对文化的认识中,威廉斯也指出,既然文化是人们整体生活方式,那么,文化自然就是由人们的日常生活构成的,由此他提出"文化是日常的"观点:"文化是日常的,这是个重要事实。……这些都要通过人类社会的制度、艺术和学问来进行表达。一个社会的形成过程就是寻求共同意义与方向的过程,其成长过程就是在经验、交往和描述的压力下,通过积极的辩论和修正,在自己的土地上书写自己的历史。"③同时,威廉斯也从"文化与社会"为视角的文化理论研究路径和方法,为大众文化研究提供了非常重要的立足点。威廉斯对于文化含义的拓展、对文化和社会关系的探究,从而使得名不见经传的工人阶级文化、通俗文化,以及大众媒介文化等领域的研究合法地进入英国大学的学术视野,为文化研究奠定了最为重要的理论基础和方法论取向,其重要意义是不言而喻的。有学者也认为,威廉斯的《文化与社会》是英国文化研究发展史上最重要的作品之一,代表了对文学与政治之间关系研究的成熟。④ 它使得文化从文本和艺术拓展到当下鲜活的实践、信仰体系和社会制度上来,社会学研究中的部分主题也由此跃入文化研究的范围,文化研究从比较狭隘的"经典文学"领域扩展到更具普遍总体性意涵的"社会生活"本身。⑤

---

① 雷蒙·威廉斯:《漫长的革命》,倪伟译,上海人民出版社,2022,第 62 页。
② 同上,第 68—69 页。
③ 雷蒙·威廉斯:《文化是平常的》,载雷蒙·威廉斯:《希望的源泉:文化、民主、社会主义》,祁阿红、吴晓妹译,译林出版社,2014,第 4—5 页。
④ 杰夫·刘易斯:《文化研究基础理论(第二版)》,郭镇之、任丛、秦洁、郑宇虹译,第 80 页。
⑤ 宗益祥:《英国文化研究的"韦伯转向"——基于〈1965—1966 年中心报告〉的思想史探微》。

其次,威廉斯提出文化研究的"感觉结构"的观点。他通过对"感觉结构"概念的理论化的思考和阐述,使之从文学作品分析的关键词转向对社会文化意义分析的核心概念。他认为,既然文化作为整体生活方式存在,那么文化必然与人们社会日常生活的表意实践密切相关,文化也就是表征实践所建构的意义之网,是一种被实现、被分享、被争夺的表意系统。正是这些日常生活实践中不同的生活方式和日常经验感知,构成了特定的文化情感模式,对此威廉斯称之为感觉结构(structures of feeling)。

感觉结构是威廉斯文化研究最重要的关键词之一。它指的是人们在特定时期体验,并被表征在这个时期的各种文化形式中的整体生活方式。在《漫长的革命》中,威廉斯对感觉结构进行了阐释,认为感觉结构是对社会心理学中的"社会性格"和文化人类学的"文化模式"等概念范畴的替代,并以此来描述类似于时代精神和社会性格之类的微妙难言的东西。威廉斯认为,感觉结构正是这样"一种特殊的生活感觉,一种无须表达的特殊的共同经验","就是一个时代的文化:它是一般组织中所有因素带来的特殊的、活的结果"。① 显然,在威廉斯看来,感觉结构指的是一种特定时代社会成员的生活感受,或无法言表的生活经验,感觉结构表征、生成为文化形态。威廉斯认为,无论是文献记录的文化、选择性文化或亲历的文化,都直接或间接与这个时代社会成员的感觉结构有关。"我想用感觉结构这个词来描述它:'结构'这个词所暗示的,它稳固而明确,但它是在我们活动中最细微也最难触摸到的部分发挥作用的。在某种意义上,这种感觉结构就是一个时代的文化:它是一般组织中所有因素带来的特殊的、活的结果。"②威廉斯认为,感觉结构并不专属于个体或个人,而是以同样的方式被共同体的很多人所拥有,存在于社会的整体生活方式之中。那么,正如有学者所认识到的,一方面,这种"结构"意味着人们的感觉或经验不是任意的或脱离特定历史与社会条件的;相反,在特定的时间和空间范围内具有稳固而明确的共通性,从而为社会主体间的互动提供了文化前提,并在一定程度上成为可以被理性所把握的对象。另一方面,也更为重要的是,威廉斯强调了感觉结构的可变性和流动性,尤其是不同代际之间感觉结构的变化。与一个社会的主控群体通过教化来复制、维系和主导的社会性格,或特定文化群体通过社会化来复制的文化模式不同,不同代际的人们会产生不同的属于其时代个性的独一无二的感觉结构。用威廉斯的话来说:"新的一代以自己的方式对它所继承的那个独一无二的世界做出反应,在很多方面保持了连续性……同时又对组织进行多方面的

---

① 雷蒙·威廉斯:《漫长的革命》,倪伟译,第 71 页。
② 同上,第 70—71 页。

改造……最终以某些不同的方式来感受整个生活,把自己的创造性反应塑造成一种新的感觉结构。"①因此,只有身处特定时代的活文化中的人才能真正把握这种文化的感觉结构,而后人或这一文化之外的人只能通过记载这种活文化的文献来间接把握这种感觉结构。②

总体而言,威廉斯的感觉结构概念具有结构性或确定性、普遍性或共同性、历史性或传承性,以及对抗性等特征。威廉斯对感觉结构概念的认识,也是对英国近代"文化与文明"传统中的"审美经验"概念的批判性继承和超越,并不断丰富与发展的过程,同时也应用到文化研究中的结果。感觉结构理论的提出,实际上使得威廉斯的"作为社会整体的日常生活"的文化概念具备了明确的理论基础,同时把传统的以个体主观感受作为文化主体的研究视角,拓展到以整个社会共同体成员的感知经验为主体。威廉斯也使用该概念来分析文化现象。其后感觉结构理论成为理解人们经历的文化生成和文化形式的重要方式和关键理论,成为文化分析的重要工具,具有很高的理论阐释价值。

最后,威廉斯提出文化研究的"文化唯物主义"观点。他认为,必须在物质生产和物质条件的背景下,通过人们日常生活的表征和实践来理解文化。这被威廉斯称为"文化唯物主义",亦即倡导在历史唯物主义的语境中来研究特定的物质文化和文学生产。威廉斯作为工人阶级出身的学者,将自身的经历和感受,以及社会中经历的事件引入自己的学术研究范畴,因此,其学术成果与社会发展紧密关联。他立足于自身的身份认同,对社会主义运动和马克思主义思潮进行了独到的研究和探讨,由此在其著作《马克思主义与文学》中提出了文化唯物主义理论。

威廉斯的文化唯物主义理论,是基于英国文化主义和马克思主义,以及在现代语言符号学等理论思潮的影响下,将它们加以整合而提出的。基于语言符号学思想,威廉斯认为,一切社会实践都是由符号因素与物质因素共同构成的,具有符号意义和物质实践双重属性。语言绝非对物质现实的单纯反映或表现,而是人对现实的一种把握能力。他说:"语言作为实践意识,既被所有的社会活动(包括物质生产活动)所渗透,也渗透到所有的社会活动之中。"③因此,语言也是一种社会物质性的实践活动和生产方式。从这个认识出发,威廉斯的文化唯物主义关注基于语言符号表意的文化生产,文化生产相关的文学创作或社会化写作都是一种社会物质实践活动和生产方式。因此,文化唯物主

---

① 雷蒙·威廉斯:《漫长的革命》,倪伟译,第71页。
② 黄典林、李杭洋:《感觉结构与传播唯物主义:雷蒙德·威廉斯的传播观及其方法论意义》,《福建师范大学学报》(哲学社会科学版)2022年第2期。
③ 雷蒙·威廉斯:《马克思主义与文学》,王尔勃、周莉译,河南大学出版社,2008,第38页。

义更加关注文本的生产及其实践环境,重点分析的是文化的"所有的意指化形式"。在此基础上,威廉斯把文化唯物主义作为在意义生产的物质手段及条件中,分析意义形成和传达形式的手段。他同时也认为,葛兰西的文化霸权理论,是解释文化的生产性和能动性的合适理论框架。

有学者指出,在文化唯物主义理论背景下,威廉斯认为文化研究的内容包括:第一,艺术和文化生产的机制,即艺术和文化生产的工艺和市场形式;第二,文化生产的形构、培育、运动及分类;第三,文化生产的模式,包括物质手段和文化生产的关系,以及产品的文化形式;第四,文化的身份认同及其具体形式,包括文化产品的特性,文化的审美目的,以及生成和传达意义的特定形式;第五,文化在时间和空间上的再生产,即体现特定传统的意义和实践的再生产,它所涉及的是社会秩序和社会变革,进而在特定表意系统的物质基础上,来构成那个特定的传统。① 这里威廉斯延续了文化是"一种整体的生活方式"的观点,从而把普通人的日常行为生活、观念状态、感觉经验等作为文化研究的分析文本。所谓文化研究,就是探寻一切人的生活实践以及意义世界的活动。

威廉斯终生关注社会主义、女性主义、生态主义运动,并与文化研究加以结合。这些活动的政治内涵都凸显在威廉斯的全部著作上,他始终关注那些因主流文化话语和政治话语的压制而缄默失语的人们和事物。在后期著作中,威廉斯还致力于研究艺术的形成与环境,以及如何通过意识形态和制度起作用的社会条件与社会关系等问题。②

三、汤普森与英国工人阶级文化研究

E. P. 汤普森(1924—1993)是英国著名的历史学家、作家、社会主义者。汤普森进入剑桥大学时加入了英国共产党,在第二次世界大战中应征入伍,后来成为独立的马克思主义者,政治上主张社会主义的人道主义。汤普森积极投入政治活动,曾参与起草"1968 年五一宣言"反对工党实行右转政策,在 20 世纪 70 年代积极投入和平主义运动,成为欧洲反核运动的领导人之一。汤普森的著作除《英国工人阶级的形成》(1963 年)之外,还有《威廉·莫里斯:从浪漫主义到革命》(1955 年)、《辉格党人与猎人》(1975

---

① 陆扬:《"文化主义"述评》,《三峡大学学报》(人文社会科学版)2004 年第 5 期。
② R. Williamson. *Culture*. Fontana,1981,pp.26 – 30.

年）等，此外还有《18世纪英国下层民众的道德经济》（1971年）、《理论的贫困》（1978年）等时政论文、时事评论等，最后收入《约定俗成》（论文集，1991年）中。《英国工人阶级的形成》使得他与霍加特、威廉斯一起成为英国文化研究的代表人物之一。汤普森主张人道主义，关切文化历史情境，关注工人阶级的经验以及文化的多元性。他的这些理论主张和研究方法无疑充分体现了文化主义的研究模式。

汤普森的里程碑式的著作《英国工人阶级的形成》阐释了文化理论与政治学之间实质性和批判性的联系。该著提出的主要论点是：阶级是一种关系，而不是某种存在的东西；阶级是社会和文化形成的，阶级意识就是体现在传统习惯、价值体系、思想观念和组织形式等文化形态中的阶级经历。立足于阶级与文化的视角，汤普森试图通过描述普通人的生活以及它们的社会与政治环境，从工人阶级历史阶段的视角和经验出发，按照资本主义发展的历史进程阐释工人阶级的生活状况与文化形态。因此，汤普森认为这本书可以看作英国工人阶级从步入青春到早期成熟的传记。汤普森自己也说："我这本书至少对理解阶级有所贡献。我相信，阶级是社会与文化的形成，其产生的过程只有当它在相当长的历史时期中，自我形成时才能考察，若非如此看待阶级，就不可能理解阶级。"①

汤普森认为，他研究的是一个工人阶级形成发展的鲜活生动的过程。工人阶级并不是像太阳一样准时升起在地平线上的，它是在自己形成的过程中展示自身的。因此，汤普森特别指出了他对于"阶级"概念的理解。汤普森强调他所说的"工人阶级"是单数而不是复数，因为复数的"工人阶级"是一个描述性词语，是许多互不相干的现象联合在一起的松散联盟，所以很难界定。至于"阶级"，是一种历史现象，而不是一个结构，甚至一个范畴。因此，阶级是发生在人类关系之中的历史现象，它把一批各自相异、看来完全不相干的事结合在一起，它既被包括在原始的经历中，又被包括在思想认识中。由此，汤普森认为，阶级是在人与人的相互关系中确实发生的，而且可以证明已经发生的某种东西。

阶级既然是在历史关系中形成的，那么也是在动态发展中形成的。汤普森说："当一批人从共同的经历中得出结论（不管这种经历是从前辈那里得来还是亲身体验），感到并明确说出他们之间有共同利益，他们的利益与其他人不同（而且常常对立）时，阶级就产生了。"汤普森立足于马克思主义理论认为，阶级主要由生产关系所决定，人们在出生时就进入某种生产关系，或在以后被迫进入。在这个过程中，阶级意识就形成了，而

① E. P. 汤普森：《英国工人阶级的形成（上）》，钱乘旦等译，译林出版社，2013，第4页。

文化则是阶级意识的反映。"阶级觉悟是把阶级经历用文化的方式加以处理,它体现在传统习惯、价值体系、思想观念和组织形式中。"①这里汤普森很清晰地阐述了他对阶级与文化内在关系的观点。由此,汤普森依据马克思主义理论的基本概念,明确地将阶级定义为"社会与文化形成"的观点。他进而假定:权力的差异有助于但并非决定了阶级文化的形成。工人阶级的尊严与自由,也和反抗行为一样,是自我决定的。汤普森认为工人阶级并非一个受压迫的、迟钝的社会组合,而是有被压迫的能动性的,由此构成动态、复杂、混合的社群。工人阶级不仅是被决定的,其自身也有决定能力。

对于那种把阶级视为"一种东西",仿佛它具有一种实体的存在的观点,汤普森认为这根本就不是马克思的本意。他认为阶级是一种关系,而不是实体,也没有理想的阶级利益和阶级意识。因此,英国工人阶级的生机和活力,也正就在它的形成过程本身,而工人阶级的经验,必须在历史理解之中得到阐释。汤普森说:"我想把那些穷苦的织袜工、卢德派的剪绒工、'落伍的'手织工、'乌托邦式'的手艺人,乃至受骗上当而跟着乔安娜·索斯科特跑的人都从后世的不屑一顾中解救出来。他们的手艺与传统也许已经消失,他们对新出现的工业社会持敌对态度。这看起来很落后,他们的集体主义理想也许只是空想,他们的造反密谋也许是有勇无谋。然而,是他们生活在那社会剧烈动荡的时代,而不是我们。他们的愿望符合他们自身的经历。如果说他们是历史的牺牲品,那么他们现在还是牺牲品,他们在世时就一直受人诅咒。"②实际上,这也正是汤普森所说的英国工人阶级形成的内在逻辑。他们通过自身的经验证明他们理想的合理性,即便成了历史的牺牲品,但是他们的形象也是长存不朽的。这显然也反映了汤普森的文化观——汤普森坚持文化总是存在于冲突和斗争之中。

总之,汤普森的工人阶级文化理论全面否定了利维斯主义关于高雅文化与底层文化的二分法,③极大地丰富了马克思主义阶级文化理论,并以"自下而上"的视角抨击了精英主义文化观,指出工人阶级文化具有其进步性,增强了工人阶级实现自我解放的信心,开创了其独特的工人阶级"形成"理论与历史书写范式。其理论的主要特点在于辩证地看待文化意识形态概念,从而考察文化对英国工人阶级形成的深刻影响。就理论基础而言,汤普森的工人阶级文化理论主要有三个思想来源:一是继承了马克思主义的阶级文化理论,否定了经济决定论,强调用文化经验是阶级形成的主要途径;二是对英国文化传统及文化研究的继承与推进,汤普森不仅抨击利维斯的精英主义文化观,同时

---

① E. P. 汤普森:《英国工人阶级的形成(上)》,钱乘旦等译,第 2 页。
② 同上,第 5 页。
③ 杰夫·刘易斯:《文化研究基础理论(第二版)》,郭镇之、任丛、秦洁、郑宇虹译,第 83 页。

也批判威廉斯文化概念,在此基础上提出文化是整体的斗争方式,在与安德森的争论中,也阐述了工人阶级的革命传统;三是对葛兰西文化领导权理论、卢卡奇的历史与阶级意识等马克思主义理论的借鉴,并基于马克思主义和英国文化传统对英国工人阶级文化的发展做出自己的探究。

四、其他文化研究理论

文化研究的早期理论对于大众媒介与社会之间关系的分析,大多数集中于文本的生产方面,重点关注的是文本生产中社会、政治、经济、文化等因素的影响。随着当代大众传播媒介的迅猛发展和社会媒介化,当代文化主要也是由广播、电视、电影、互联网和移动终端等大众传播媒介、新媒体等媒介形态为主构成的。同时大众传播理论也为文化研究提供了现实路径和方法,如果要更为完整地理解大众文化,不仅要立足于早期文化研究的理论视野对文本及文本生产进行分析,同时还要对文本消费过程进行探究。无疑,建立在消费资本主义之上的独特的电视文化等大众传播媒介,为产品、服务和信息消费个体附加了重要的象征价值。也就是说,资本主义及其交换方式将某种特定的意义植入其物质的与非物质的这些"人造"媒介产品之中。正如文化研究所看到的,所有的大众文化都负载着意义,但是,只有大众文化产品中的某些方面才与权力、意识形态等直接相关。文化研究学者刘易斯也指出,当代文化研究不再区分高雅文化与大众文化,文化研究已经发展出独特的文本分析方法,也就是将文本置于历史的、物质的和文化的背景之中加以考察。因此,文化研究不认为意义是文本所固有的内容,也不认为意义是将文化艺术提到高于生活其他方面的因素。文化研究将文本当作文化本身发展的记录,这些记录不可能与生产和消费它们的环境与条件分离。因此,文化研究认为文本基本上且不可避免地植根于社会习俗、制度过程、政治和经济等,对意义的理解不可能脱离文本存在的更广阔的文化生产、流通与文化作用的环境。[①] 因此,有关文本分析、文本受众分析等文化研究,通过借助后结构主义与后现代主义等理论,为大众文化的文本、受众分析提供了不同的研究视角和方法。其中戴维·莫利的电视研究、约翰·费斯克的大众文化研究、麦克罗比的女性主义文化研究等,都具有独特的理论视角和分析方法。

第一,戴维·莫利的受众民族志研究。戴维·莫利是英国伦敦大学戈德史密斯学院首席教授,主要研究领域包括大众传播和媒介文化,是英国文化研究尤其是大众媒介

---

① 杰夫·刘易斯:《文化研究基础理论(第二版)》,郭镇之、任丛、秦洁、郑宇虹译,第27页。

研究领域的重要人物。他思想非常活跃,具有经济学、社会学、传播学等跨学科学术背景,他的研究涉及受众研究、电视文化消费研究、新传播技术的家庭使用等领域,在欧美及第三世界国家中具有广泛的影响。他针对英国电视节目《全国(新闻)》《家庭电视》等进行的受众研究在西方学术界具有广泛影响。

首先,莫利对受众的开创性研究结合了伯明翰文化研究学派的经验主义与霍尔的编码/解码理论模式。他早期对杂志风格的英国电视时事节目《全国(新闻)》的研究在文化研究发展史成为重要的标志性研究成果。当时美国文化分析受到如克里福德·格尔茨等人类学家和各种现象学社会理论的影响,英国文化研究则倾向于通过发展更富于思辨的文本方法与文学和社会学的谱系融合。莫利的研究试图探究新闻文本以及文本接受与意识形态之间的关联。莫利通过对《全国(新闻)》的文本与受众研究,试图揭示真实的社会主体接受或者拒绝解读新闻的程度差异。莫利的研究发现,不同的社会经济群体与文本的偏好接受之间,并无明显的或直接的联系。各种社会群体在解读同一个文本时,其实使用了比研究者设计假定更为复杂的信源。其中接受模式、多种文化传统、政治忠诚和体制性/专业性话语等背景因素,都可能与文本解读相关;如有色族裔青年文化、工党政治、专业主义和资产阶级的教育观点等,都可能在解读文本的过程中产生影响。[1]

其次,莫利对家庭电视进行的研究重点是家庭生活中权力的运作(尤其是性别)对电视收视实践的影响。在《家庭电视》(1986年)中,莫利不再重点关注文本与读者互动而产生意义的行为与那些主导意识形态之间的关系,他将研究集中于个体家庭成员之间的互动、争议和为自己创造意义的方式。莫利把电视研究置于日常生活的例行事务方面,以及家庭与公共领域交织而成的网络中进行观察。他认为,"全国性"的时间能直接传递进入私人领域,这样一来就从时间上印证了所有受众都已成为同步"时区"或者国家共同体中的一分子。莫利在此借用了安德森的民族国家是"想象的共同体"的概念,认为这样的共同体是用一些特殊的话语构建而形成的。广播电视节目在把群众转变成人民和民族再演变成一个国家过程中,起到了关键性的作用。同时,他认为,应当关注"家庭生活的私人空间是如何通过社会化的建构,从而和政治生活接合在一起的",而"作为横跨私人/公共领域的电视,实际上是一种特殊的话语,将家庭和国家的生活接合起来"。因此,他把电视理解为一种仪式,其功能是构建家庭生活,并且提供参与到民族共同体中的符号模式及消费和生产的行动模式。因此,看电视作为一种行为,是在意

---

① 杰夫·刘易斯:《文化研究基础理论(第二版)》,郭镇之、任丛、秦洁、郑宇虹译,第186页。

识形态领域内运作的一个过程。不过,看电视不应仅仅被理解为一种"纯粹的仪式",也不应该只是意识形态的传递,它其实是在两个层面上同时运作的。

第二,约翰·费斯克的大众文化研究。约翰·费斯克是当代文化研究特别是大众文化研究影响卓著的人物,他曾在英国、澳大利亚和美国多所大学任教,曾在美国威斯康星州麦迪逊大学任信息传达系教授,著有《强权行为,强权著作》(1993年)、《理解大众文化》(1989年)、《阅读大众》(1989年)、《电视文化的影响》(1987年)等著作。费斯克的研究涉及大众文化、通俗文化,以及电视研究等领域,重点探究美国社会如何创造了文化的意义,研究诸如种族和不同媒体的问题等。

关于大众文化的研究,费斯克由于对于大众文化的肯定性解读,被称为"庶民文化的乐观者"。费斯克对大众文化的理解有别于法兰克福学派的批判理论立场,研究视角十分新颖。他把定义大众文化的权利转移到了大众自己手里,这样的解读是对旧有的解读视角的"叛逃",本身就有对大众传播理论的"大众解读"的含义,也正契合了电子时代的大众文化的发展趋势,也是对大众文化的"建构主义"视角的评价。因此,费斯克对大众文化研究划分为了三种视野:一是肯定大众文化,却没有将它放在权力模式中考察。该视野中的大众文化研究,不过是在礼仪的意义上对社会差异的管理,并从这些差异中产生出最终的和谐。费斯克称之为精英式人文主义的民主观,它只不过是将民族国家的文化生活从高雅趣味移位到大众之中。二是将大众文化严格放置在权力模式中,但它过于强调宰制的力量,以至于一种真正的大众文化无从谈起,我们所见的只是一种群氓文化,是混混沌沌被动接受文化工业强加下来的消费文化模式,而这模式直接对立于大众自身的利益。该视野对于大众的看法过于消极。三是视大众文化为斗争的场所,这也正是费斯克自己所提倡的视野。但在承认主导和宰制力量的权力时,它更注重大众的抵御和不合作策略,并从中探究大众的活力与创造力。[1] 费斯克认为,大众文化不等于文化工业提供的产品,亦即那些文化商品:"因此,大众辨识力不仅仅是从既存的文化资源的库存中去选取与扬弃的过程。它更是对选择出的意义加以创造性使用的过程,在持续的文化再生产过程中,文本和日常生活被富有意义地连接起来。大众辨识力所关注的并非质量之批判,而是相关性之感知。它所关注的与其说是文本,不如说是文本可以被如何加以使用的方式。因此,它并不尊崇文本。文本和日常生活之间所具有的相关性使大众参与文本的文本性。读者是文化生产者,而非文化消费者。"[2]费斯克

---

① 朱立元主编:《当代西方文艺理论(第2版)》,华东师范大学出版社,2005,第473页。
② 约翰·费斯克:《理解大众文化》,王晓珏、宋伟杰译,中央编译出版社,2001,第179页。

认为,正是这活力与创造力,使社会主导阶层始终感觉到存在收编大众的压力。总之,大众文化就是瞄准霸权,旨在颠覆既定的政治和文化秩序。正是基于这个立场,费斯克对大众及大众文化进行了重新定义和批判。

首先,费斯克提出大众文化的快感理论。快感理论是费斯克文化研究的主要理论范畴。他不是从文化生产或是文本,而主要是从大众对文本接受的层面解读大众文化,认为大众具有对抗宰制的能动性,由此他从"快感"的分析中对大众文化进行了积极的理解。费斯克先将文化产品和文化工业区分开来,认为文化产品只是一种社会文化的物质性表现,而其后的大众文化是一种社会意识的存在。他强调大众对文化产品运用的行为本身才是真正的大众文化。也就是说,大众不一定能掌握大众文化产品的生产,但是大众对于所能得到的反映统治阶级意识形态,或者是契合大众文化需求的文化产品的使用过程,构成了大众文化的核心。这样的大众文化在费斯克看来就是"有什么用什么"的艺术。因此,吸引大众的不是已经存在的文化产品,而是这些文化产品可以成为大众进行创造运用的材料,吸引力依然在创造性方面。大众对于文化产品的创造性运用才是大众文化的真正内涵,由此费斯克探讨大众自身的创造性文化和由此带来的快感。

费斯克试图在霍尔模式的基础上建立通俗文化理论。他认为权力集团批量复制的文化产品和"民众"的抵抗性意义生产活动有质的差异。通俗文化并不是文化工业生产的,而是消费行为产生的。费斯克借用了法国社会学家米歇尔·德塞图的"文化偷猎"概念,认为消费行为是弱者的一种战术,是不受生产者规约的意义生产行为,从而完全抛弃了霍尔的主导性解读模式。费斯克由此认为,民族资本主义向全球资本主义的转变,意味着生产制度更加遥远,为受众的抵抗留下了空间。权力集团生产的信息越多,就越没有能力控制社会主体对信息的各种阐释。由此,费斯克提出"快感的社会主义"理论。认为权力集团的文本缺乏多义性,追求真理和客观性,而民主主义的文本应当追求生产符号意义而带来的快感,由此和权力集团的符号生产进行对抗。费斯克具体分析了新闻生产的三种方式:严肃性的、替代性的和通俗性的。他认为,严肃性报刊同时生产着"客观事实"和"意识形态";替代性的报刊则传播各种激进观点,是边缘性的权力集团成员对统治者的批判;通俗小报则要比严肃大报更鼓励受众的批判态度。煽情主义的新闻报道的意义不在于是否真实,而在于对官方的真理体制的对抗态度。根据费斯克的观点,左派报刊应拒绝"说教",而要给人以快感。他认为这种快感可以抵抗社会的主流价值和意识形态的诱惑。

其次,费斯克还提出电视的"两种经济"理论。所谓两种经济,一是"金融经济",二是"文化经济",这其中流通的是意义和快感。如以电视文化产业为例,作为文化商品或者文本的电视,正是在上述两种平行的、半自主的经济活动中生产和销售的运行过程。费斯克指出,在资本主义社会中,电视节目作为商品,在这两种并行且共时的经济系统中生产和发行,其中金融经济重视的是交换价值,流通的是金钱,而文化经济重视的是使用价值,流通的是"意义、快感和社会认同"。从这一理论出发,费斯克认为,观众既是消费者又是生产者。观众在观看,即消费电视节目的时候,同时也作为节目意义的生产者而存在。这样,资本主义就从工作和生产世界扩展到了休闲领域,人们通过观看电视参与到了商品化的过程中。这些观点,虽显得有些片面,但仍具有重要的启发意义。

第三,安吉拉·麦克罗比和英国的文化女性主义研究。麦克罗比是伦敦大学戈德史密斯学院传媒教授,英国著名媒介文化理论家、女性主义学者,同时也是一位媒体评论家,长期密切关注流行文化、当代媒体实践与女性主义的发展。她的研究领域主要包括青年女性、社会阶级、大众文化、亚文化及时尚等,对青年日常行为中的文化产品、英国时尚设计者的生活及劳动形态也多有涉猎。麦克罗比的《女性主义的后果:性别、文化于社会变迁》(2008年)中描述过去20年间女性主义难以阻挡的消亡过程,在《创造性:在新文化产业中谋生》2015年等著述中,她的研究活动集中在女性主义、女性气质与新自由主义等领域。[1] 麦克罗比作为霍尔在伯明翰的合作者,为伯明翰文化中心的政治研究引进了有力而明确的女性主义视角,从而挑战了中心本身对阶级、意识形态和文化主义的主导路径。伯明翰大学当代文化研究中心在20世纪60—70年代发展出独特的"文化与意识形态"研究的范式,探究文化中特定利益集团相对于其他集团的物质和意识形态权力,这种强调对当代文化分析的演变影响很大,霍尔也认为伯明翰大学当代文化研究中心的任何研究都从未离开政治问题。麦克罗比的早期著作是关于性别和青年文化研究的,她的研究框架是围绕阿尔都塞的意识形态理论展开。她通过案例研究说明,文本、受众和媒体业界是如何互动以产生特定含义和意识形态效果的。在关于青少年杂志《水手》(Jackie,1978年)的研究文章《杂志〈水手〉:浪漫的个人主义及十几岁少女》中,她探讨了针对性别中立读者牢牢嵌入流行文化的工人阶级父权制意识形态。麦克罗比以资本逻辑和反工会主义政治的特征,定义出版者汤普森集团。麦克罗比指出,杂志的生产者有意识地"以女性气质、休闲和消费的标准"[2],极力生产一种社会文化秩

---

① 常江、史凯迪:《安吉拉·麦克罗比:流行文化导致性别平等的幻象——重返伯明翰的女性主义政治》,《新闻界》2018年第10期。

② A. McRobbie. *Jackie: An Ideology of Adolescent Femininity*. In B. Waites, T. Bennet and G. Martin, eds. Popular Culture: Past and Present, Croom Helm, 1982, p.87.

序。也就是说,这些年轻女性经过不断接触理想化的女性形象,完全"被驯服"而接受父权制对于她们自己及其女性气质的思维方式,"读者被囚禁于其间的厚重意识形态砖块之中"。①

麦克罗比通过对后结构主义及其心理分析在女性主义文化分析的应用,认为后结构主义理论范式为女性主义研究提供了意义和认同的视角,进而可以在女性主义文化研究中,分析那些无意识层次已知的、可能作用的各种因素之间更为复杂的关系,从而为意义、权力和身份的分析提供广阔的话语空间。无疑这种研究范式的转变是有重要意义的。

第三节

斯图亚特·霍尔的文化与传播理论

斯图亚特·霍尔(1932—2014)是英国社会学教授、媒介与文化研究学者,英国新左派马克思主义思想家、理论家,英国文化研究学派的主要奠基人之一,曾任伯明翰大学当代文化研究中心主任,被誉为"文化研究之父"。霍尔 1932 年出生于英国前殖民地牙买加首都金斯顿,其父生长于中下层资产阶级的有色族裔家庭,其母则来自拥有英国血统的中产阶级家庭。1951 年,霍尔获得罗德奖学金,去英国牛津大学墨顿学院留学,取得文学硕士学位。此后,他开始参与创办为适应战后英国文化变迁而成立的《大学与左派评论》,后该刊物被合并为《新左派评论》,1958 年霍尔担任该刊编辑。1961 年,霍尔在伦敦大学切尔西学院教授电影、媒体、大众文化研究等课程,在此期间开始了其漫长的学术研究生涯。1964 年,他接受霍加特的邀请,担任英国伯明翰大学当代文化研究中心代理主任,并于 1968 年至 1979 年正式担任中心主任,1979 年卸任离职,成为英国开放大学社会学系教授,1997 年退休并为荣誉教授。霍尔的研究涉及媒介文化、族群文化、青年亚文化、全球后现代文化等多个文化研究领域,拓宽了文化研究的研究疆域,极大地推动了文化研究的跨学科发展。霍尔的主要著述有《电视讨论中的编码和译码》(1973 年)、

---

① A. McRobbie. *Feninism and Youth Culture: from Jackie to Just Seventeen*. Macmillan, 1991, p.141.

《文化、传媒与"意识形态"效果》（1977 年）、《文化研究：两种范式》（1980 年）、《解构"大众"笔记》（1981 年）、《"意识形态"的再发现：媒介研究中被压抑者的回归》（1982 年）、《意识形态与传播理论》（1989 年）、《文化身份与族裔散居》（1994 年）、《文化、传媒、语言》（1980 年）。此外，黄卓越、戴维·莫利主编了中文版《斯图亚特·霍尔文集》（2022 年）。

霍尔开启了学术研究工作政治化的先河，致力于媒介与大众文化研究，在文化研究领域拥有主导地位和杰出成就，迄今为止尚未有人能够超越他。陈光兴和戴维·莫利在《斯图亚特·霍尔：文化研究批判访谈录》开篇就指出："在 20 世纪 80 年代中期，英国文化研究，尤其是斯图亚特·霍尔的著作，作为人文科学和社会科学中的形式主义和实证主义范式的替代选择，其影响开始超出国界，他尤其在美国学术界产生了巨大影响。"①格兰特·法雷德形容霍尔为"文化研究的化身……政治上被普遍神圣化（地方性政治化）的代言人，走在身份政治研究最前沿的通俗的理论家"②。

霍尔在《文化研究及其理论遗产》中写道："我文章标题是'文化研究及其理论遗产'，这表明我要对过去进行回顾，要通过回头一瞥的方式来考察和思考文化研究的现在和未来。"他在回顾中不仅厘清了文化研究的理论谱系和遗产，而且也阐明了自己的学术贡献。有学者认为，霍尔在两个方面为文化研究做出的重要贡献且是无人能够取代的：其一，为文化研究的发展贡献了大量的理论资源和研究方法。他的著述不仅异常丰富，而且涉的领域也非常广，包括从通俗文学研究到当代大众传媒，从工人阶级的日常生活到青年亚文化，从种族研究到性别政治，从监控危机到符号表征等。霍尔不仅为我们的思考提供了概念性框架和新观点，同时也指明了学术研究可以并且应该怎样做的方法。其二，培养了大量文化研究人才，极大地扩展了文化研究的影响力。霍尔担任伯明翰大学当代文化研究中心主任期间，培养了菲尔·科恩、托尼·杰斐逊、保罗·威利斯、迪克·赫伯迪格、安吉拉·麦克罗比、约翰·克拉克、劳伦斯·格罗斯伯格、约翰·斯道雷、戴维·莫利、陈光兴等大量优秀的人才和知名学者，这些优秀的文化研究学者成为当代文化研究发展的推动人物，他们继承了霍尔的文化研究思想并不断拓展出女性主义、青年亚文化、受众研究理论等新领域。可以说，他们是伯明翰文化研究学派和霍尔思想的重要传播者和发扬者。霍尔所培养的大量文化研究人才充当了文化研究的使者，将文化研究传播到了世界各大洲，从而产生了重要的国际影响。③

① David Morley and Chen Kuan-Hsing, eds. *Introduction*, *Stuart Hall: Critical Dialogues in Cultural Studies*, Routledge, 1996, p.1.
② 张亮、李媛媛：《理解斯图亚特·霍尔》，北京师范大学出版社，2016，第 152 页。
③ 颜桂堤：《文化研究：理论旅行与本土化实践》，人民出版社，2020，第 93 页。

有学者认为,霍尔的学术研究领域极其广泛,主要聚焦点有大众媒介、意识形态、文化霸权与大众文化、种族与后殖民、亚文化、现代性与差异政治、新自由主义等等。霍尔以"有机知识分子""不敢保证的马克思主义者"和"独立左派"的政治言说作为文化诉求,强调文化研究的实践性。[①] 黄卓越的研究认为,至少有六个概念术语可以作为霍尔的学术遗产,具体包括:"霸权"(hegemony)、"接合"(articulation)、"编码与解码"(encoding/decoding)、"流散"(diaspora)、"多元文化主义"(multiculturalism)和"撒切尔主义"(Thatcherism)。[②] 颜桂堤的研究认为,霍尔的文化研究主要有三个关键词:"抵抗""开放性"和"接合"。作为葛兰西意义上的有机知识分子,霍尔始终坚持对当代资本主义体制和权力的"抵抗",积极介入社会进行批判性发言;他认为面对处于时代变迁中的社会文化,应该摆脱僵硬的研究方法,适时而变,以灵活的方式寻找有效的分析问题、解决问题的路径与方法;接合指向的是接合理论,是霍尔重点阐释与建构的一个重要理论概念,为我们思考种族问题、文化认同、身份政治、本土化实践等提供了重要的理论资源和研究视角。[③] 当然,作为文化研究的领军人物,霍尔无论是在文化研究,还是政治理论等方面的思想贡献无疑都十分丰富。

一、文化研究的两种范式

霍尔与霍加特、威廉斯以及汤普森不同,他并不遵循英国工人阶级的传统,而且对霍尔而言,伯明翰文化研究理论将如此多的人群、社群、仪式和实践的特殊经验集合为一个(而且明显是英国的)象征系统之中的偏好,似乎过度简化,即将更广泛的政治议题纳入文化研究的做法损害了伯明翰文化研究理论雄心的有效性。[④] 因此,有学者认为,仅从霍尔的背景出发,应将他放置于伯明翰文化研究学派的理论与分析活动之外——他的背景使他作为社会一员的地位边缘化。[⑤] 葛兰西关于霸权与有机知识分子的观念使得霍尔得以采用战斗、斗争以及主导等概念检验媒介文本,也使他能够将媒介研究的触角伸入到不受制于媒介阶级于结构的文化分析之中。1980 年,他在《文化研究:两种范式》中回顾总结了文化研究最具影响力的"文化主义"与"结构主义"两种原创

[①] 张谡:《作为意指实践的文化:斯图亚特·霍尔的文化表征理论及其评价》,《外语研究》2018 年第 2 期。

[②] 黄卓越:《斯图亚特·霍尔的遗产》,《中国图书评论》2014 年第 4 期。

[③] 颜桂堤:《文化研究:理论旅行与本土化实践》,人民出版社,2020,第 29—30 页。

[④] S. Hall. *Cultural Studies and Its Theoretical Legacies*. In D. Morley and K. H. Chen, eds, Stuart Hall: Critical Dialogues in Culture Studies, Routledge, London. 1996, p.270.

[⑤] 杰夫·刘易斯:《文化研究基础理论(第二版)》,郭镇之、任丛、秦洁、郑宇虹译,第 84 页。

性范式。

"文化主义"是英国文化研究的切入点。威廉斯、霍加特和汤普森三人被视为"文化主义"的奠基者,他们都强调了文化之"普通"的特性,对英国工人进行了阶级文化的分析。在雷蒙·威廉斯看来,"文化"需要重新被审视,"文化是对一种特殊生活方式的描述,这种描述不仅表现一书和学问中的某些价值和意义,而且也表现制度和日常行为中的某些意义和价值"。在此意义上,他认为"文化分析就是阐明一种特殊生活方式、一种特殊文化隐含或外显的意义和价值"①。文化主义是文化研究的"文化唯物主义",其核心在于对文化研究的基础"文化"概念的重新认识,并反对传统意义上高雅文化/低俗文化的二元对立,从而建立一种新的文化观,亦即文化就是"普通的",就是人们的日常生活。

"结构主义"范式是在文化研究中文化主义范式衰微的背景下发展起来的,主要是在以阿尔都塞为代表的"结构主义马克思主义"影响下形成的。阿尔都塞对马克思意识形态理论重新做了阐释,提出了"意识形态国家机器"的概念,认为意识形态实际上是一套"再现"(representations)系统。阿尔都塞的意识形态理论强调的是"宰制的结构",在这种结构中,"意识形态将个人'召唤'为主体,它促使这些意义成为主体经验",而"主体是人文学者某种超越式的假设,主体被'去建构',而且被视为意识形态实践的必然产物"②。但霍尔主张马克思主义的结构主义范式应该追溯到列维-斯特劳斯,"正是列维-斯特劳斯的结构主义挪用了索绪尔以后的语言学范式,为'各类研究文化的人文(科)学'的范式提供了一种全新的前景,并可能使其展现出一种科学的、严格的全新范式"③。因此,结构主义范式不仅可以追溯到将语言与文化联系起来的结构人类学家列维-斯特劳斯,同时还有提出语言学"能指—所指"范式的索绪尔。结构主义为文化研究提出了另外的研究路径和范式。

但霍尔认为,就目前的文化研究状况而言,无论是"文化主义"还是"结构主义"范式,它们"都不足以将文化研究构造成一个有明确概念和充分理论根据的领域"④。尽管这两种范式都在一定程度上对经济基础与上层建筑之间关系的研究有了新的突破,但是面对日益复杂的社会发展,对一系列政治问题的解决则暴露了"文化主义"和"结构主义"的无力感。因此,寻求新的理论范式和批判武器成为文化研究的迫切要求。而霍

---

① 雷蒙·威廉斯:《漫长的革命》,倪伟译,第63页。
② 劳伦斯·格罗斯伯格:《文化研究的重访与再版》,唐维敏译,载陈光兴、杨明敏编:《Cultural Studies:内爆麦当奴》,台北岛屿边缘杂志社,1992,第35页。
③ 斯图亚特·霍尔:《文化研究:两种范式》,孟登迎译,载陶东风、周宪主编:《文化研究(第14辑)》,第314—315页。
④ 同上,第318页。

尔则认为,葛兰西的理论则成为文化研究新的知识资源,为文化研究提供了更明晰的概念体系,无疑为文化研究开拓出了新路。

二、解构大众

对于文化研究中的"大众文化"问题,霍尔认为,其中如何认识"大众"(popular)则存在很多问题。在"大众"上遇到的问题几乎与在"文化"上遇到的一样多,两个概念放到一起,则困难尤显得大得惊人。① 与"文化"概念的复杂性相同,大众文化研究中的"大众"也是异常复杂的概念,那么,就需要对"大众"概念进行解析。霍尔围绕对"大众"的定义,系统分析了大众文化的不同定义。在阐述了大众文化本身发展的历史阶段后,霍尔对"大众"做了三个层次的解构。霍尔指出,所谓对于大众的界定,具体包括三个层次:第一,市场化定义。某些事物被称为"大众的",是因为大量的人听它们、买它们、读它们、消费它们,而且似乎也尽情地享受它们,由此形成了关于大众概念的"市场"或商业定义。第二,人类学定义。大众文化指"大众"在做或者曾经做过的一切事情。它接近大众概念的"人类学"定义——"大众"的文化、社会习惯、风俗和民风,总而言之,指所有那些标志着大部分人的"特殊生活方式"的东西。第三,权力关系定义。这也是霍尔本人加以肯定的定义,即用关系、影响、抗衡等等延绵不断的权力关系的张力来界定"大众文化",集中探讨的是大众文化与权力统治文化之间的关系。换言之,它把文化形式和文化活动的领域看成是变动不居的,然后考察使统治文化和被统治文化之间的关系得以表征的那个过程。显然,霍尔在这里试图指出的问题焦点,就是文化间的关系和霸权问题。

霍尔应用马克思主义的方法解构"大众",具体而言,是从阶级的角度阐释统治阶级意识形态文化控制,以及与被统治阶级反抗文化控制之间的斗争和妥协的过程,这正是葛兰西霸权理论的文化认知过程。正因为如此,如前所述,霍尔在探究文化研究的两种范式时,将目光转向了葛兰西的文化理论。因此,霍尔反对法兰克福学派单纯把文化工业看作精神鸦片的观点,而强调文化霸权控制和反控制的双向运作。就"大众"的第一个定义即商业的定义而言,霍尔指出,如果说20世纪文化工业的文化产品果真如人所言,是为大众所广泛消费的,那么毋庸置疑,这大众里面是有着广大的劳动人民。问题

① 斯图亚特·霍尔:《解构"大众"笔记》,和磊译,载黄卓越、戴维·莫利主编:《斯图亚特·霍尔文集》,中国社会科学出版社,2022,第481页。

是：包括广大劳动者在内的消费群体，是否一定就如法兰克福学派所界定的那样，完全是被操纵、被欺骗的"文化傻瓜"，从而沉溺在统治阶级派定下来的"虚假意识"之中呢？① 霍尔在这里其实表明了他的立场，并做出了否定性回答。他并不认为上述观点可以作为对文化关系的一种全面描述维持很长时间。而如果将它视为对于工人阶级和社会主义的大致描述，它就更加短命。因为归根到底，把大众视为完全被动的外围力量，根本就不是社会主义的观点。霍尔认为，"大众"（通俗）这个概念与"阶级"概念之间有着非常复杂的关系。他说："一个阶级和一个特定的文化形式或实践之间并没有一对一的关系。术语'阶级'和'大众'是深度关联的，但它们不是绝对可以互换的。原因很明显。没有完全独立的'文化'会在一种历史的固定不变的联系中，典范性地附属于特定的'整个'阶级，尽管有明显不同和可变的阶级文化建构。阶级文化往往在同一个斗争领域相交和重叠。"②霍尔不认为大众就是被动的、被控制的对象，在他这里赋予了大众能动性的意义。

三、编码/解码

霍尔对于电视话语的编码/解码研究，是文化与媒介研究中的重要理论。与结构功能主义传播研究模式不同，霍尔通过对电视的文本研究以及电视观众的民族志研究，使用了结构主义、符号学和意义生产的研究范式。这也是对霍尔在大众文化和大众媒介研究中从"阶级"和"统治与反抗"定义大众观念的进一步阐释。英国文化学者约翰·斯道雷甚至认为霍尔的"编码/解码"理论是一个里程碑，标志着西方文化研究的新起点，他说道："如果我们要寻找一个文化研究从利维斯左派、'悲观的'马克思主义、美国传媒模式及文化主义与结构主义脱颖而出的奠基时刻，那恐怕就是霍尔《电视话语的编码解码》的发表。"③

霍尔使用"编码/解码"来分析电视意义的生产与传播的过程，借助于马克思主义关于生产、流通、消费和再生产的概念，通过"生产"和"消费"两个概念描述电视生产和传播过程中的两个环节。他认为电视话语的意义生产与传播存在同样的过程，这个过程分为三个阶段，从而形成了电视话语解读的三种方式。霍尔从文化研究的角度发展出

---

① 陆扬、王毅：《文化研究导论》，第 154 页。

② 斯图亚特·霍尔：《解构"大众"笔记》，和磊译，载黄卓越、戴维·莫利主编：《斯图亚特·霍尔文集》，第 493 页。

③ John Storey. Cultural Studies and the Study of Popular Cuture. (Third edition). Edinburgh University Press, 1996. p.9.

西方传播思想史

358　　　　　　　　　　　　　　　　　　　　　　　　　　西方传播思想史

"编码"与"解码"的关系理论。在霍尔看来,文本话语完全植根于文化的语境,而语境却是由权力和霸权的关系所决定的。霍尔这种对文本和语境的分析方法,实际上也在试图解决他对于文化研究的两种范式对立和冲突的问题。也就是说,霍尔在研究范式上,试图将阐释特定文化细节的文化主义和对阐释作为权力来源的意识形态和结构的结构主义结合起来。[1]

20 世纪 70 年代起,葛兰西的"霸权"概念被引入英国文化研究之中,引发了对大众文化的重新思考,从而产生了文化研究的"葛兰西转向"。[2] 葛兰西的理论被改造为文化研究,意在克服阿尔都塞意识形态理论的局限性。霍尔与伯明翰大学当代文化研究中心的其他学者认为,葛兰西的理论是分析意识形态与权力作用的更为灵活的一种方法,具有特殊的价值。[3] 霍尔认为,葛兰西的霸权和有机知识分子理论为建构和抗拒权力提供了解释的便利:"葛兰西为我们提供了一套更明晰的术语,他用这些术语将很大程度上'无意识的'、既定的文化'共通感'范畴同那种更为积极的、更有机的意识形态联系在一起,这种意识形态能够干预共通感的基础和大众传统,并能够通过这些干预将男女大众组织起来。"[4]在此基础上,霍尔区分了电视话语意义生产的过程。

第一,制作者意识形态架构中的编码过程。霍尔将大众传媒的生产过程视为"编码"。"信息传播过程中的产品、生产和流通实践有其特殊性,与其他类型的生产不同。电视生产实践和结构的'对象'是信息的生产:一种记号载体,或者说像其他任何一种交流或者语言形式一样,是某种在话语的聚合关系链(syntagmatic chains)中通过符码(codes)的操纵而组织起来的特殊记号载体。在确定的时间里,生产装置(apparatus)和结构是在'语言'规则所构成的符号载体形式中运行的。'产品'正是以这种'表象形式'(phenomenal form)被传播的。"[5]在这里,我们可以将"编码"理解为传播者将自己要传递的讯息或者意义转换为语言、声音、文字或其他符号(语言、文字、图像等)的活动。同时霍尔指出:"编码与解码的诸多环节是确定的环节,尽管二者与作为整体的传播过程相比仅仅是相对自治的。"它表明编码者或者解码者同时受其他客观的因素的影响,具体包括知识框架、生产关系结构、技术基础结构等因素。编码者进行信息建构前必然

---

① T. Bennett. *Hegemony*, *Ideology*, *Pleasure*: *Blackpool*. In V. Beechey and J. Donald, eds. Subjectivity and Social Relations, Open University Press, 1986.

② 颜桂堤:《文化研究:理论旅行与本土化实践》,人民出版社,2020,第 61 页。

③ 杰夫·刘易斯:《文化研究基础理论(第二版)》,郭镇之、任丛、秦洁、郑宇虹译,第 64 页。

④ 斯图亚特·霍尔:《文化研究:两种范式》,孟登迎译,载陶东风、周宪主编:《文化研究(第 14 辑)》,第 321 页。

⑤ 同上,第 284 页。

会受到其他一些因素的制约,主要包括信息媒介的制度和实践方面。在信息内容符码化之前,编码者还要对即将编码的信息有足够的了解。因为"如果在实践中没有讲清楚意义,就不会具有任何作用"。在信息符码化的制作过程中,编码者的知识背景、对实践意义的理解都会对语言最后的编码产生影响。但是值得注意的是,客观的因素虽然对编码者有所限制,但编码者最终所编码的意义都会和主流霸权所指涉的意义大致吻合。

第二,社会关系架构下的传播过程。在霍尔看来,媒介制作者完成编码之后,其所形成的话语文本进入流通领域,还将受到各种社会关系的制约。编码过程完成后,还需要通过一些传播媒介将编码信息表现出来。霍尔指出,"体制结构及其生产的体制结构和网络、它们的常规组织事务和技术基础设施等,都是生产节目所必需的"。正是通过这些客观的技术因素的运作,编码信息才能被制作成传媒节目。在这个阶段,电视的话语占据了主导地位,各种话语结构以一个有意义的话语形式生产已编码的信息。霍尔认为:"生产启动了信息,因此,从某种意义上讲,流通就是从这里开始的。当然,生产过程从头至尾都在意义和观念的框架内。与常规的生产事务相关的实用知识,如技术技能、职业观念、机构知识、各种定义与假定、对受众的预设等,都会通过生产结构为电视节目设定框架。"但是,霍尔还是强调,"尽管电视的生产结构可以产生电视信息,但是这些结构却没有构成一个封闭的系统,它们也不过是社会-文化和政治体系中一个被区分出来的部分,需要从更为广泛的社会-文化和政治系统中获取话题、处理方法、议题、事件、受众形象和'情境定义'(definitions of situation)"[1]。该生产结构也就是前面提到的开放的符码体系,而媒体制作者和观众都可以参与进来。

第三,受众对符号话语的解码过程。霍尔认为,当编码阶段完成,传媒文本通过媒介形态传播到达受众时,会产生非常复杂的感知、认知、情感、意识形态或者行为结果,霍尔将此称为"解码"。"正是这一套解码意义在'产生效应'、发挥影响、娱乐受众、说教或者说服他人,并产生复合的概念性、认知性、意识形态性或者行为性后果。"[2]解码是编码的逆转换,是信息的再生产过程,本身就阐释并体现着信息传播的意义,解码者对信息进行理解分析,就是信息的解码过程。霍尔认为,话语生产的机构-社会关系必须进入并通过语言的模式,产品才能"实现"其完整性,在信息产生"效应"(无论怎么定义它),或者满足"需求",或者被"使用"之前,它们都必须首先是一种有意义的话语,并且可以被有意义地解码。但是,编码者与解码者对于文化"文本"的意义并不是完美对接,

---

① 斯图亚特·霍尔:《电视话语里的编码与解码》,张道建译,载黄卓越、戴维·莫利主编:《斯图亚特·霍尔文集》,第285页。
② 同上,第286页。

甚至会出现误读与错位。这主要是因为编码者和解码者的身份不同,知识结构、思想认识、价值观等因素也不尽相同。所以,在解码者解读编码者编码的信息时,无法保证能够真正地理解编码者最初设定这个信息的本意,即便是解码者体会到了编码者在编码中设定的信息的内涵,也并不一定能够真正地从思想和认识上认同编码者的观点。由此就形成了霍尔的三种解码立场:主导-霸权立场、协商的立场和对抗的立场。第一种主导-霸权立场指受众完全接受编码者符号的内涵意义,这可能是编码者愿意达到的最理想状态。第二种协商的立场,指受众的解码包含了"相容因素"和"对抗因素"的混合;受众认同主导意义的同时,以协商的立场解读符合自身社会地位的规则。第三种是对抗的解码,指受众解码生成的意义与编码者传达的主导意义背道而驰,呈现一种截然相反的状态,并以自己选择的符码重新进行解构。

霍尔的编码/解码模式对大众媒介文化研究有着两方面的理论贡献。一方面,编码/解码模式显示了与它之前的媒体研究中两大研究范式的融合,在超越实证主义"发送者—信息—接收者"的线性传播模式的同时,又颠覆了法兰克福学派的消极受众论,将话语、符号、权力、社会关系等引入媒介研究,标志着英国文化研究开启了建立在结构主义、符号学概念基础上的马克思主义传播理论的新纪元。另一方面,霍尔的三个"假想的立场"为媒介研究的民族志受众分析提供了理论框架。英国文化学者莫利就采用霍尔模式,对"全国新闻"节目进行了民族志受众分析。此外,澳大利亚文化研究学者洪美恩的"看《达拉斯》"的研究也堪称运用霍尔模式进行受众分析的经典之作。

总体而言,英国伯明翰学派的文化研究是文化研究理论的核心和动力,而马克思主义、女权主义、结构主义符号学和后结构主义,以及后现代和后殖民主义,则被认为是文化研究的四大理论支柱。一般认为,文化研究与文学、人类学、社会学和传播学等学科紧密相关。但是文化研究涉猎的领域则宽广得多,心理学、语言学、政治学、政治经济学、历史学、音乐学、哲学、地理学、教育学,甚至工商管理学中,都可以看到文化研究的影子。文化研究理论吸收了各种学术传统,综合各种理论为己所用,同时也借助和改造其他领域的术语和概念,如性别(gender)、全球化(globalization)、权力(power)、快感(pleasure)、意识形态(ideology)、文本(text)、表征(representation)、霸权(hegemony)、接合(articulation)等。因此,文化研究并不存在单一的学科来源,不仅研究文化,也探讨与文化有关的不同问题,故此文化研究扩展到政治、经济、传媒及科技等领域。其研究常用不同的方法,研究者的政治立场也极不相同。文化研究更多地偏向社会意义的生产、流通和消费,因此更多地和权力(power)、表征(representation)和身份认同(identity)等问题密切相关。

英国伯明翰文化研究学派从四个方面开拓了文化研究的新视域：第一，他们对"文化"进行了重新定义，打开了文化研究的广阔空间；第二，大众传媒与积极受众理论；第三，亚文化研究；第四，开拓了工人阶级文化研究、女性主义文化、种族、身份认同等众多理论维度。[①] 其中，英国文化研究在两个重要方面对后世研究产生影响：其一是研究问题多种多样，尤其是对青年亚文化和电视新闻节目的研究；其二是强烈的政治倾向，注重文化在社会阶级关系再生产中扮演的角色，强调文化和权力的关系。当代社会互联网等新科技对人类日常生活带来的冲击和影响，不仅重塑人们的生活，也重塑人们的意识和思维方式，这些都可以毫无疑问地被纳入文化研究的视野。

【本章延伸阅读】

1. 马修·阿诺德：《文化与无政府状态》，韩敏中译，生活·读书·新知三联书店，2002。

2. 理查德·霍加特：《识字的用途：工人阶级生活面貌》，李冠杰译，上海人民出版社，2018。

3. 雷蒙·威廉斯：《文化与社会(1780—1950)》，高晓玲译，吉林出版集团，2011。

4. 雷蒙·威廉斯：《关键词：文化与社会的词汇》，生活·读书·新知三联书店，2005。

5. E. P. 汤普森：《英国工人阶级的形成》，钱乘旦译，译林出版社，2013。

6. 黄卓越、戴维·莫利主编：《斯图亚特·霍尔文集》，中国社会科学出版社，2022。

7. 斯图亚特·霍尔：《表征：文化表象与意指实践》，徐亮、陆兴华译，商务印书馆，2003。

8. 杰夫·刘易斯：《文化研究基础理论》(第 2 版)，郭镇之、任丛、秦洁、郑宇虹译，清华大学出版社，2013。

9. 克里斯·巴克：《文化研究：理论与实践》，孔敏译，北京大学出版社，2013。

10. 罗岗、刘象愚主编：《文化研究读本》，中国社会科学出版社，2000。

11. 陆扬、王毅：《文化研究导论》，复旦大学出版社，2007。

12. 杨击：《传播文化社会：英国大众传播理论透视》，复旦大学出版社，2006。

---

① 颜桂堤：《文化研究：理论旅行与本土化实践》，人民出版社，2020，第96—97 页。

第九章

传播政治经济学

　　传播政治经济学是广义的西方传播批判学派的重要研究领域。所谓传播政治经济学，就是以政治经济学理论为框架，研究传播活动中的所有权、信息生产、流通和消费过程中政治经济因素影响的传播理论学派。从总体上看，西方传播政治经济学主要以马克思主义政治经济学为基础理论，同时吸收了制度经济学、新马克思主义政治经济学观点以及法兰克福学派的批判理论，从西方社会的现实出发，将传播组织置于广泛的政治经济背景中，通过考察传播组织与政治、经济权力机构的相关作用，进而揭示政治、经济与信息传播的权力控制关系，特别是经济权力关系对大众传播的生产、分配和消费的影响，从而探究资本主义生产方式下，为私人集团所控制的、以追逐利润为目标的商业性大众媒介对公共利益、公民权利、社会民主等的侵蚀和破坏。

　　传播政治经济学研究主要有北美和欧洲两个分支。其中北美研究学派开创了传播政治经济学的研究方向，主要关注媒介产品的生产过程、媒介活动中国家权力运作、信息及文化产品不均衡流动等问题。欧洲研究学派注重理论建构，并在法兰克福学派的影响下更关注文化工业问题，在对传播活动的分析中，更强调对阶级权力及阶级斗争的研究。研究所涉及的领域比较广泛，涉及文化社会学、传播政治学等领域。北美研究学派以达拉斯·斯麦兹、赫伯特·席勒、文森特·莫斯可等为代表，欧洲研究学派则以尼古拉斯·加汉姆、格雷厄姆·默多克、彼得·戈尔丁、阿芒·马特拉等为代表。

第一节
传播政治经济学的形成和特征

传播政治经济学以政治经济学理论为框架研究传播活动,它继承了社会批判理论的分析思路和方法,着重探讨西方传播体制的经济结构和市场运行过程,从而揭示文化工业的复杂性和通过资本实现的文化活动对社会过程的影响,试图阐释传播活动中所隐含的社会权力控制关系。传播政治经济学理论在北美、欧洲和第三世界国家都产生了很大的影响,其中以加拿大和美国的学者为代表的北美和以英国、法国学者为代表西欧两个区域的研究尤为突出,代表了西方传播政治经济学的发展的总体方向,也为剖析资本主义社会大众媒介生产关系提供了宏观理论基础。

首先,马克思主义政治经济学以资本主义生产方式和生产关系为研究对象,揭示了资本主义社会的经济运动规律。马克思主义政治经济学从商品的基本特性出发,揭示了劳动、商品的两重性,发现和证明了资本主义生产的本质就是剩余价值的生产,不断追求剩余价值就是资本的本性。马克思主义政治经济学不仅全面分析了资本剥削雇佣劳动的实质,而且阐明了资本主义社会发生、发展和灭亡的客观规律。唯物史观与马克思主义政治经济学密切相关,物质生活的生产方式制约着整个社会生活、政治生活和精神生活的过程。因此,马克思的政治经济学和唯物史观对于传播政治经济学最直接的影响,在于关注大众媒介所处的社会政治经济特征,重点关注谁究竟在拥有媒介、控制媒介、经营媒介的问题,传播政治经济学将大众传播活动置于媒介所有体制、媒介信息生产过程及其媒介内容以及社会的宏观影响之中。传播政治经济学者赵月枝就指出:"从对技术的社会性和政治本质的揭示,到对信息、传播和文化在资本主义再生产过程中不断上升地位的分析,从对私人资本主导和以牟利为动机的资本主义传播体制与民主政治之间的矛盾的展露及对资本主义国家角色的批判,到对传播体系内外从生产到消费领域的控制与反控制斗争的研究,国外传播政治经济学者在西方冷战社会科学的压制性学术逆境中以'反主流'的姿态崛起,围绕信息、传播、文化与政治经济权力的互构关系发展出了一整套学术话语体系。"[①]基于马克思主义的历史唯物论,传播政治经

---

① 赵月枝:《传播政治经济学手册》中文版导读,载格雷厄姆·默多克、珍妮特·瓦斯科、海伦娜·索萨:《传播政治经济学手册》,传播驿站译,华东师范大学出版社,2022,第1页。

济研究话语以分析社会关系的整体性,关注长时段的社会"转型、变迁与矛盾"的历史性,关注什么是"良好社会"的明晰规范性价值取向,以及"知行合一"的实践特性而独树一帜。

其次,法兰克福学派的批判理论也是西方传播政治经济学的重要理论来源。法兰克福学派通过对发达工业社会进行全方位的批判,深刻揭示了现代人的异化和现代社会的物化结构,特别是意识形态、技术理性、大众文化等异化的力量对人的束缚和统治,其中对传播政治经济学影响最大的就是文化工业批判。霍克海默和阿多诺认为,资本主义制度以其强大的极权统治和高度的物质文明,将各个社会阶层同化到现存制度之中,这种同化不仅表现在物质领域,而且渗透到人的心理、意识之中,文化工业便是这种同化的产物。文化工业的生产是建立在消费需求基础上的,其产品会造成消费者主题思考反思和批判意识的匮乏。总体来说,文化工业理论不仅揭示了西方国家中文化、媒介作为产业的本质,而且强调了它们在资本主义制度下的意识形态功能,这对传播政治经济学的直接影响就是使它不但关注资本主义大众传播媒介作为一个经济组织的运作过程及其特征,而且关注传播活动对社会的影响,特别是意识形态功能。

一、传播政治经济学理论的形成

不同于大众传播研究的美国主流结构功能主义经验学派,传播政治经济学理论将大众传播媒介放在更为广阔的历史、经济和社会背景下探究其内涵。传播政治经济学研究着眼于宏观传播活动和媒介的研究,涉及的理论领域十分广泛:"它传承了以'法兰克福学派'为代表的马克思主义文化批判的学术精髓,试图将传播现象放在一个更广泛的历史、经济和社会背景下来研究,探讨媒体和传播体系如何强化、挑战或影响现有的阶级与其他社会权力关系。"[1]可见,传播政治经济学理论研究的重点是传播与政治、经济之间的关系。特别是经济权力关系对大众传播的生产、分配和消费的影响。"传播政治经济学的创始人之一的斯麦兹认为,应该关注宏观的大众媒体与社会的关系,即关注大众媒介作为一种经济力量对社会的影响以及社会政治、经济权力机构对大众传播活动的作用,强调以一种'历史的''制度的'方法来研究传播现象。"[2]

从社会背景来看,正如传播学作为一个独立的学科与20世纪40年代在美国诞生

---

① 赵月枝:《传播与社会:政治经济与文化分析》,中国传媒大学出版社,2011,第6页。
② 刘晓红:《西方传播政治经济学研究》,上海人民出版社,2007,第32页。

一样,西方传播政治经济学在美国的率先兴起也与美国的大众传播业的发展状况有密切的关系。作为两次世界大战的真正获利者,美国的传媒不仅没有受到战争的破坏,反而愈加繁荣昌盛。二战后,美国的大众媒介已经成为利润丰厚的产业。在20世纪40年代,美国报业垄断格局基本形成,报业集团已经控制了全国一半以上的日报发行,一城一报的比重占全国80%以上。20世纪30—40年代,美国的商业广播已经形成了美国广播公司、哥伦比亚广播公司、全国广播公司三足鼎立的局面,特别是二战以后,电视业在美国迅速崛起,大众传播业的竞争进一步加剧。商业媒介为了在竞争中获取更多利润,不顾公共利益,甚至对美国政治进程进行干预和操纵。这些大众媒介的发展现实使得一些激进学者开始关注大众传播组织与社会政治经济机构的关系,他们从宏观角度出发,研究大众传播组织的控制与生产对其传播内容及社会的影响。作为"传播政治经济学的先锋",斯麦兹自己的学术背景和经历也直接影响了传播政治经济学的产生。斯麦兹先后在美国中央统计委员会、劳工部和预算局工作,试图从社会心理学、实验心理学、政治学和社会学解读二战期间的各种媒介现象,但发现无论是主流经济学还是传播实证研究都存在很大缺陷,因此研究传播活动是理解经济的必要因素,而关注社会权力关系的政治经济学对于理论传播过程也是必要的,因为传播过程体现了人与人之间的社会关系。这种出发点直接促使他在传播与政治经济学之间建立了联系,在宏观的政治经济背景中对传播活动进行研究,并着力分析政治经济权力机构与传播组织的相互作用及其影响。1948年斯麦兹来到成立伊始的伊利诺伊大学传播研究学院从事学术研究。1960年他在《新闻学季刊》上发表了《论传播政治经济学》,这篇论文被广泛认为是传播政治经济学领域的奠基之作。

　　传播政治经济学在斯麦兹等人的开创性研究基础上,根据其发展的历史背景、发展状况、研究主题等方面的演变,可以分为三个阶段:一是初创时期,从20世纪40年代末至60年代中期。二是蓬勃发展期,从20世纪60年代中期至80年代末。三是反思时期,从20世纪90年代至今。[①] 初创时期的传播政治经济学派在20世纪30—40年代的反法西斯主义理论与实践,以及50—60年代以来的第三世界民族解放运动和西方激进社会运动的影响下,传播研究的政治经济取向开始出现。此时主要的学者有斯麦兹、赫伯特·席勒等,主要的成果是对大众媒介与国家、媒介与公共利益、媒介企业生产过程等研究。

　　20世纪60年代,传播政治经济学开始进入蓬勃发展期,作为该学派发源地的北

---

　　① 刘晓红:《西方传播政治经济学研究》,上海人民出版社,2007,第31页。

美研究成果丰硕。这一时期除了斯麦兹外,赫伯特·席勒、托马斯·古贝克、珍妮特·瓦斯科、文森特·莫斯可等学者的研究成果大量涌现。其中著名的研究成果有斯麦兹的《传播盲点:西方马克思主义的盲点》(1977年)、《依附之路:传播、资本主义、意识形态与加拿大》(1981年)、赫伯特·席勒的《大众传播与美利坚帝国》(1969年)、《思想管理者》(1973年)、《传播与文化控制》(1979年)、《信息与经济危机》(1984年)、托马斯·古贝克的《国际电影产业:1954年以来的西欧与美国》(1969年)、丹·席勒的《如何思想信息?》(1988年)、珍妮特·瓦斯科的《电影与金钱:对视传系统和信息技术的批判》(1982年)等等。早期的研究问题在这一时期也得到了进一步的深入与拓展。如斯麦兹对媒介产品本质的探讨在20世纪70年代末就逐渐发展成熟,形成了著名的"受众商品理论"。在国家与大众传播的关系方面,学界不仅研究了美国的广播电视业、电信业中国家权利的运作,还考察了军队对大众传播的使用,如席勒对于大众传播与美帝国的研究。另外,对媒介机构与生产过程的研究也已经深入,主要是20世纪70年代后期开始关注媒介集中和跨行业整合所带来的社会后果,如席勒对于信息与经济危机的研究等。

欧洲的传播政治经济学研究也迅速崛起。20世纪60年代末到70年代初,芬兰、英国、法国、挪威等地的一些欧洲学者开始关注传播政治经济学研究,出现了零星的研究成果。随着政治经济学研究的深入,20世纪70年代中期,一批颇具理论影响的成果已经完成,其中代表性的有默多克与戈尔丁的《论大众传播政治经济学》(1974年)、《资本主义、传播与阶级关系》(1979年),默多克的《关于西方马克思主义的盲点:答达拉斯·斯麦兹》(1978年)、《大型企业与传播工业的控制》(1982年)等。从整体上看,欧洲传播政治经济学与北美的研究一样继承和运用了马克思主义理论研究传播活动,但由于欧洲与背景在政治经济社会背景、研究传统上的不同,欧洲的研究与北美在研究的侧重点上存在一定的差异。对此,莫斯克也指出:"北美与欧洲的政治经济学研究在主题和方法上呈平行发展,尽管有不同之处,但只是强调的重点不同,而非基础理论不同。"①

经过20世纪70—80年代的蓬勃发展,90年代以来传播政治经济学的发展进入了以反思和拓展为核心的研究阶段。此时世界政治经济格局发生了深刻的变化。东欧剧变、民主德国与联邦德国统一、苏联解体,社会主义阵营迅速收缩,世界政治两极格局结

---

① 文森特·莫斯可:《传播:在政治和经济的张力下——传播政治经济学》,胡正荣译,华夏出版社,2000,第98页。

束。另外,第三世界开始崛起。全球政治格局的变动使得大众传媒领域也产生了很大变化。发达资本主义国家的广播电视、电信业的私有化、商业化呈现出全球化的趋势。跨国公司、跨国媒介集团迅速发展,从以美国为主导转向多元化。互联网等新技术为传播行业的发展带来深刻的变革,电子媒介领域竞争加剧,媒介融合不断深化。20 世纪90 年代以来的传播政治经济学研究体现出以下几个特征:首先,面对世界政治经济格局发生的重大变化及其给世界传播业所带来的影响,研究结合世界传播业的形势对原有的研究话题进行了深入的探讨和反思,具体参见罗伯特·麦克切斯尼的《电信、大众媒介与民主:控制美国广播权的斗争》(1993 年)深化了政府与媒介关系的研究;瓦斯科的《信息时代的好莱坞:超越银幕》(1994 年)、赫伯特·席勒的《看不见的危机:媒介的集团控制对灭国和世界意味着什么》(1996 年)进一步探讨了媒介集中的后果问题。其次,北美传播政治经济学普遍关注信息传播新技术的社会意义,探讨是谁在控制新技术,谁是新技术的受益者,社会公众与民主是否是信息新技术的自然结果等问题,具体参见赫伯特·席勒的《信息高速公路强盗》(1993 年)、《电子高速公路通向哪里?》(1994 年)、莫斯可的《公民权与技术社会》(1998 年)等研究成果。欧洲学者则关注媒介私有化对媒介内容、公共领域的影响,如戈尔丁和默多克的文化、传播与政治经济学等的研究。

　　同时,欧洲的研究也迅速崛起,以英国莱斯特大学大众传播研究中心默多克和戈尔丁等学者为代表的欧洲学者对传播政治经济学进行了深入研究。此外,法国传播学者阿芒·马特拉对传播政治经济学研究做出了重要贡献。再次,有部分学者开始尝试开辟新的研究方向,强调运用批判的历史取向,结合种族、性别等因素来拓展政治经济学等研究视野,如曼殊纳特·彭达库的《政治经济学与民族志:一个印度村庄的转型》(1993 年)等。总体来说,进入 20 世纪 90 年代的传播增值经济学开始走向成熟,不但进一步深化了以前的研究,而且在不断拓展新的研究方向。该时期研究已经涉及媒介产品本质的研究、信息及文化产品的不均衡流动、传播中的阶级关系及斗争等。随着全球社会发展中的冷战结束、经济全球化、媒介文化市场全球化深刻变化等现实,以及不断遭遇的后结构主义、后福特主义、后现代主义、女权主义等理论挑战,传播政治经济学在 20 世纪 90 年代进入反思时期,在结合全球发展思考一些研究话题的同时,也开始反思自身理论的发展,结合世界发展深入探讨传播业的发展、研究传播新技术对社会的影响、考察媒介私有化对媒介内容的影响等研究议题发展迅速,如席勒、莫斯可、默多克、戈尔丁等人都在寻求贴近变化的现实的研究问题,并且取得了丰富的研究成果。

二、传播政治经济学理论的特征

传播政治经济学从马克思主义的基本理论立场出发,研究社会权力关系与传播生产、流通、消费的相互建构。"从总体上看,西方传播政治经济学主要以马克思主义政治经济学为基础,同时吸收了制度经济学、新马克思主义政治经济学观念以及法兰克福学派的文化工业理论,从西方社会发展的现实出发,将传播组织置于广泛的政治经济背景中,通过考察传播组织与政治、经济权力机构的相互作用,来揭示政治经济权力关系,特别是经济权力关系对大众传播的生产、分配和消费的影响,批判了在资本主义生产方式下,为私人所有权控制的、以追逐利润为目标的商业媒介对公共利益、公民权、社会民主的损害。"[1]传播政治经济学的研究,基于政治经济学的理论范畴,用政治经济学的理论来阐释和批判媒介在现实世界中所产生的影响。这样的阐释和批判大多基于马克思主义的政治经济学理论,关注资本和权力在传播中的作用,从早期观察一个社会内资本和权力在媒介上的运作到关注国际传播中的资本及权力关系,以及全球传播不平等的现象等。传播政治经济学派将传播放在人类发展、社会进步、民主自由等层面上加以考察。

传播政治经济学的中心议题是传媒业必须建立维护公共利益、公共领域以及普遍服务于社会公众的基本原则,其基本理论是政治制度、经济制度决定着媒体的运作和功能发挥。因此,在广义上,传播政治经济学的核心问题可以被归结为两个:其一,分析政治经济压力和限制对大众传播与文化实践的影响,以及在资本主义制度下资本是如何左右大众传播的内容与形式的。其二,研究传播产业在信息化全球资本主义资本积累过程中不断上升的地位。[2] 由此,资本是政治经济分析的重点,在资本主义世界,权力的来源也是资本。初始的政治经济研究大多集中在一个国家、一个社会之内,关注其中的资本与传播的关系。而后随着资本在世界范围内的流动以及由此而来的全球化,研究开始在世界范围内关注资本与传播的关系。需要指出的是,资本对传播的控制经历了一个变动的过程:即经由媒介的私有化(私人资本对传播的控制)——国家在传播中的扩张(国家资本及其他权力对传播的控制)——世界传播发展的不平衡(世界资本及其权力对传播的控制)。因此,传播政治经济学理论的兴起,也有客观的现实基础:一是

---

① 刘晓红:《西方传播政治经济学研究》,第13页。
② 赵月枝:《传播与社会:政治经济与文化分析》,第6页。

20 世纪 30—40 年代的反法西斯主义理论与实践;二是 20 世纪 50—60 年代以来第三世界民族解放运动和西方激进社会运动对世界发展不平等的经济文化体系,以及西方资本主义社会内部对不平等的社会关系的反思和批判。

就传播政治经济学的理论基础而言,莫斯可提出了传播政治经济学的三个逻辑起点,即商品化(commodification)、空间化(spatialization)和机构化(structuration)。在这样的三个逻辑起点的背后,包含着资本和权力的运作机制。他进而认为,对于这样的运作机制在社会发展中所起到的作用是需要阐释和批判的。传播政治经济学的研究具有四个特点:"历史分析;广泛的社会整体理解;道德哲学(价值观,社会良好秩序);社会干预(即实践)。"①其研究是在广泛的社会历史视域内进行的,媒介是社会政治经济文化的重要组成部分,与教育、宗教、家庭等一样发挥着重要的作用。此外,有学者对传播政治经济学的基础理论和方法论基础、广告及其对媒体结构、内容和受众的塑造,以及媒体所有权,国家和其他社会力量对传播体系的影响,还有国际视角和论题,传播民主化的主体、场域和过程等方面进行了全面介绍。还有学者把传播政治经济学分析模式分为四个相互关联的组成部分,包括情景化(contextualizing)、图绘(mapping)、衡量/评估(measuring/evaluating)和实践/干预(praxis/intervening)。这些基本的分析视角和方法,构成了传播政治经济学分析的基本框架,对于这些基本理论,可以结合具体研究内容,从不同视角切入加以应用。② 总之,传播政治经济学提倡去媒介中心化,认为媒介只是一种背景与语境,主张把传播作为一个更广阔的社会整体中的一个方面加以考察,对权力运作以及控制机制进行图绘表现,描摹政治经济权力中心与传播权力中心的相互构建关系,然后站在一定价值基础上对传播机构和过程进行衡量与评估,最后实现研究理论发现的现实运用。

传播政治经济学此外还借鉴了制度经济学的历史观和整体观,关注国家、企业等权力组织与大众传播组织的相互作用,斯麦兹的经济学立场也是基于制度经济学的。此外,新马克思主义政治经济学的一些思想也影响了西方传播政治经济学研究。实际上,新马克思主义与马克思主义的主要区别在于:马克思主义政治经济学强调从分析企业的所有权入手来分析传播企业的生产活动,而新马克思主义则强调从媒介企业与资本主义经济体制相互制约的角度来分析传播生产活动。③

---

① 郭镇之:《传播政治经济学之我见》,《现代传播》(中国传媒大学学报)2002 年第 1 期。
② 赵月枝:《传播与社会:政治经济与文化分析》,第 9 页。
③ 刘晓红:《西方传播政治经济学研究》,第 20 页。

第二节
北美传播政治经济学研究

北美传播政治经济学理论的代表人物是达拉斯·斯麦兹和赫伯特·席勒两位奠基人,随后发展出了多个研究领域,包括古贝克、瓦斯科的电影政治经济学研究,吉特林、J. 阿特休尔、本·巴格迪基恩的媒体政治经济学研究,奥斯卡·甘迪、丹·席勒的信息政治经济学研究,麦克切斯尼的互联网政治经济学研究,以及杰哈利的广告政治经济学研究,等等。[①] 北美传播政治经济学开辟了不同于传统的经验研究的路径,并在世界学术范围内产生重要影响,从而形成北美传播政治经济学的学术传统。斯麦兹和赫伯特·席勒也是传播政治经济学兴起的关键人物。

一、斯麦兹的受众商品理论

斯麦兹 1907 年出生于加拿大,其后获得加利福尼亚大学经济学博士学位,这为他以后的研究视角创新打下了基础。有学者认为,"斯麦兹在加州伯克利接受了广博的经济学知识的教育。尽管当时在学术界,保守的经济学派占上风,但是在伯克利,制度学派和马克思主义的观点也是研究生课程的重要组成部分。斯麦兹在学校里专心研究经济史和理论史,他对政府工作报告和文件很感兴趣,认为它们提供了进行政治经济分析的重要条件"[②]。斯麦兹先后在美国政府各个部门任职,曾担任联邦通讯委员会的首席经济学家。1948 年,斯麦兹在伊利诺伊大学传播研究院任职,开设了全美乃至全世界的第一门传播政治经济学课程。1951 年,他在长期理论研究的基础上首次提出"受众商品理论"(audience commodity thesis),1957 年作为加拿大皇家弗勒委员会的成员,对加拿大广播电视的政策、内容和效果进行研究。斯麦兹积极参与社会活动,曾到过智利、中国、日本、英国和许多东欧国家。其主要论著有《论传播政治经济学》(1960 年)、《传播:西方马克思主义的盲点》(1983 年)、《电视解除管制与公共利益》(1989 年)、《有了自行车之后,要什么?》(1994 年)、《电子传播的结构与政策》(1957 年)、《依附之路:传播、

---

① 陈世华:《北美传播政治经济学研究》,社会科学文献出版社,2017,第 199 页。
② 郭镇之:《传播政治经济学理论泰斗达拉斯·斯麦兹》,《国际新闻界》2001 年第 3 期。

资本主义、意识和加拿大》(1981年)等。

总体而言,斯麦兹的研究属于政治经济学取向的解释性研究。在其研究中,他关注的主要有国家与媒介的关系问题、媒介政策与公共利益的关系问题,借以批判大众媒介对国家政治活动的干预、政府对大众媒介对利用等。斯麦兹通过对美国广播电视、通信卫星的所有权问题的讨论,批判了媒介私有权问题,认为媒介私有权威胁到了公共利益。他还通过电子媒介企业的运作研究了媒介企业生产过程、媒介的产品本质等问题。此外,在大众媒介的产品本质是什么的问题上,斯麦兹将注意力从通常人们所关注的播放时间、新闻报道等转向受众,试图从媒介、受众、广告商的关系中揭示大众媒介产品的本质问题。

斯麦兹的研究强调了制度经济学取向,开创了传播政治经济学研究领域。他强调要研究社会内部权力过程的所有方面,包括生产、分配、消费,以及资本和国家在传媒产业中的角色。尽管人们批评传播政治经济学过分关注产业结构而忽视了媒介的内容、意义和消费,但是斯麦兹的研究不仅没有忽视文本,而且还考察了替代性消费战略对媒介和传播生产中存在的支配趋势进行反抗的可能性。他提出的"受众商品理论"是具有重要影响的传播政治经济学理论,该理论在1951年瓦萨(Vassar)学院消费者联盟研究所的会议发言中首次提出,之后又得到了补充、发挥和完善。

斯麦兹首先提出这样的问题:大众传播媒介的功能究竟是什么? 作为资本主义生产的组成部分,大众传媒生产和出售着什么? 换言之,对于一般意义上的商品生产,什么是大众传媒的商品形式? 斯麦兹在与欧洲马克思主义文化学者进行思想交锋的"盲点辩论"(blindspot debate)中,阐明了"受众商品理论"。他认为,"欧洲的批判研究片面关注传媒内容在资本主义社会的再生产中所扮演的意识形态作用,因此,忽略了传媒业在资本主义社会中所起的关键性的经济作用,忽略了垄断和消费资本主义阶段的大众媒体如何将受众制造成为商品,而这正是西方马克思主义传播学中的'盲点'"[1]。马克思指出资本主义社会是商品化的社会,大众媒介也是商品社会的一部分。一般来说,商业媒体的商品是广告版面或者是广告时段,也有人认为是报纸的内容或者是电台的节目等等。而斯麦兹认为大众传播媒介的主要商品是受众的注意力,媒介公司的使命其实是基于受众的注意力将受众集合并打包出售。这就解释了媒介版面或者时段的价值来源,并深刻地指明了广告客户与媒介公司之间的关系,给媒介行业找到了赖以存在的经济基础。这也就回归到了马克思主义的经济基础与上层建筑的论述。

---

① 曹晋、赵月枝:《传播政治经济学的学术脉络与人文关怀》,《南开学报》(哲学社会科学版)2008年第5期。

斯麦兹进一步指出了受众在消费媒介产品时,在看似媒介的"免费午餐"的消费中也在创造价值,这种价值最终通过购买商品时付出的广告附加费来实现。但在这其中也隐含着不公正与剥削的关系,即受众创造了价值但未能得到经济的回报,反而需要为此承担经济后果。由此,斯麦兹对商业媒介的运作完成了一次批判的分析,践行了马克思主义立场对媒介分析的基本要求,即"历史唯物主义者对大众传播系统应该提出的首要问题,是它们在服务于资本时有什么样的经济功能,从而试图理解它们在资本主义生产关系的延续中扮演什么角色"[①]。

　　但是斯麦兹的观点受到了尖锐的批评,被认为是庸俗政治经济学。批评者认为他将意识形态降低到了经济基础的位置。他的受众观也被认为是经济决定论在媒介领域的翻版,被主张积极主动受众论的学者反对,比如"使用与满足理论"竭力试图证明受众具有主动性,而并非只是斯麦兹所说的"商品"。此外,斯麦兹还是一位著名的媒介活动家和媒介思想的践行者,他几乎参与了当时美国和加拿大的所有主要的广播电讯政策的研究与制定,见证了两国传媒事业制度的发展。他还积极参与了呼吁建立世界信息传播新秩序(NWICO)的运动,该运动对全球传播事业发展产生了重要而积极的影响。斯麦兹曾到达过中国,他在对中国的传播事业进行了肯定的同时,也提出了自己对消费主义进入中国并日益影响中国媒介的担忧。

二、席勒的文化帝国主义理论

　　赫伯特·席勒(1919—2000)是美国著名传播学者,长期从事美国传播和文化产业的批判性研究,被誉为20世纪最具原创性和影响力的媒体分析家。席勒1919年出生于美国纽约工人家庭,在大萧条中度过了中学和大学。由于他的父亲在大萧条时失业,他深感失业不仅会造成经济困顿,还是对人性和个体自我尊严的摧残。得益于政府的扶助政策,席勒进入了纽约城市大学,就读于经济学专业,1940年毕业于纽约城市大学,获社会学学士学位,1941年获哥伦比亚大学硕士学位。1942年至1945年,第二次世界大战期间他在美国军队服役,1946年至1948年担任美国军事占领西德的政府公务员,这段经历被席勒称为"真正的社会科学教育"。1948年至1960年,他获得纽约大学经济学博士学位,期间在纽约城市大学和布鲁克林的普拉蒂学院讲授经济

① Dallas W. Smythe. *Communications: Blindspot of Western Marxism*. Canadian journal of political and social theory, 1977, Vol.1 (3), pp.1 - 27.

学,1961年就职于伊利诺伊大学教授经济学,1966年至1967年在伊利诺伊大学新闻学院讲授传播政治经济学,1970年起在加利福尼亚大学工作20余年直到退休。席勒的著述主要有《大众传播与美利坚帝国》(1969年)、《思想的管理者》(1973年)、《传播与文化控制》(1976年)、《天知道:财富500强时代的信息》(1981年)、《信息与危机经济》(1984年)、《文化公司:公司接管公共表达》(1989年)、《信息不平等:正在加深的美国社会危机》(1996年)、《生活在世界头号国家:一个美利坚帝国批判者的反思》(2000年)等。

席勒的传播政治经济学理论重点关注社会中传播资源的分配问题,他使用经济学方法分析大众传播在美国的帝国形成与维系中的中心地位,讨论政治、经济、军事权力对社会传播资源的控制及其对社会民主的影响。同时他也探究传播技术对社会的影响,试图说明特定的传媒技术是如何被军事和商业利益所建构的,此外也关注美国和世界其他各地民众争取社会和传播民主化的实践。

席勒的研究主要以第二次世界大战后,特别是20世纪60年代以来的美国国内外社会发展现实为背景,其研究最具代表性的特征就是将政治与经济权力纳入大众传播研究中。他将媒介置于美国社会乃至国际社会的权利互动这一广阔的视域下进行探究,尤其关注媒介私有权、媒介与政府权力互动的关系、跨国媒介与国家主权等问题。这些问题必然会触及西方社会,特别是美国社会的现实的媒介制度,而席勒的左翼政治立场决定了其学术批判的目标直接指向西方媒介的私有制。由此,他的这一立场使得其研究取向与美国主流传播研究格格不入。美国主流传播研究从功能主义、实证主义和行为主义传统中寻找理论支持,通常不去关注媒介背后的权力问题,而是在现有体制内探讨媒介与大众传播,并且热衷于从政府、传媒公司获取研究支持。席勒早期的研究就关注大众传媒制度和组织结构,他的《大众传播与美利坚帝国》则通过研究美国广播的发展史,揭示了美国社会的经济结构如何建构了传播结构,以及二战后美国的外交政策和统治精英的政治意识形态如何影响了传播政策。①

席勒的传播政治经济学研究的另一个重要特征,在于其著作和学术思想带有非常清晰而深刻的时代烙印,这与席勒对大众传播的研究始终着眼于社会现实角度密切相关。关注现实问题,从现实出发,这决定了席勒的著作具有鲜明的时代性。无疑席勒的研究是针对现实问题进行批判的,对于其《传播与文化控制》(1976年)他曾经提出:"我希望本书能够通过描述各国文化支配的方法、构成要素以及运行和扩张机制,最终提供

---

① 赵月枝:《传播与社会:政治经济与文化分析》,第14页。

一些关于地域文化支配的可能手段的一般认识。本书的写作意图就是以一种比较适中的方式援助这场斗争。"①正因为对社会现实问题的关注,他的传播思想总是随着社会现实变迁而不断变换,其传播理念集中表现在学术研究的焦点变迁中。从席勒的主要代表著作来看,他早期的研究焦点主要集中在美国国内政治权力体系与大众传播的互动,批判媒介中立的观点;20世纪70年代以后,逐渐将研究视野转向国际传播领域,考察国际背景下权力关系的互动;20世纪80年代以后,席勒的研究视野扩大到整个信息文化领域,着力分析与信息社会相关的系列问题;20世纪90年代以后,席勒开始关注互联网对大众媒介的影响等问题。总括起来看,席勒的传播政治经济学理论包括下述方面内容。

第一,信息生产与操纵理论。这是席勒对美国国内媒介权力问题的批判理论,席勒早期的研究对美国政府、公司对大众传播业的利用和干预进行了批判。在《大众传播与美利坚帝国》中,席勒专门阐述美国的国家权力机构对大众传播资源的占用及其与私人公司结成利益共同体。在《思想管理者》中,席勒分析了信息是如何演变为带有意识形态价值的商品,并结合美国社会现象分析了美国政府、私人公司如何操纵信息及其生产,批判地指出商业媒介制造内容所依赖的意识形态环境。因此,可以说美国国内的权力机构对信息生产的操纵是席勒最早关注的领域。

第二,文化帝国主义理论。这是席勒对国际传播领域的批判理论,20世纪70年代,席勒的学术取向转向国际传播领域的权力批判。他这一时期的著述不仅受到第三世界国家在国家传播领域斗争的影响,还对第三世界国家的斗争起到了非常重要的推动作用。席勒对国际传播领域的权力批判,主要是针对发达国家在信息传播领域的支配地位、支配方式及其对第三世界国家的影响展开的。

席勒通过对不平等的国际传播秩序的观察和分析,提出著名的"文化帝国主义理论"。他通过对美国大众传播的结构和政策的批评性研究,阐释了大众传播的结构与动力问题、美国的信息机构和产品如何被用于支持其在全球的帝国政治,并强调了美国在全球统治过程中发挥媒介-文化力量的作用。席勒指出,世界对文化、教育以及有意义的信息迫切的传播需求严重依赖于美国的传播机构与系统,并深受其影响。通过直接的经济控制以及间接的贸易和其他国家的仿效,大众传播已经成为美国世界权力扩张的决定性因素。新兴民族国家的文化空间被发达国家强势的世俗文化严重挤压,被迫接受该世界系统中核心权力的价值,并使其社会制度与这个世界系统相适应,这种文化

---

① Herbert I. Schiller. *Communication and Culture Domination*. International Arts and Science Press, 1976, p.4.

帝国主义是现代帝国主义总过程的一部分。[①] 席勒认为,文化帝国主义就是"在某个社会步入现代世界系统过程中,在外部压力的作用下被迫接受该世界系统中的核心权力的价值,并使社会制度与这个世界系统相适应的过程"。[②] 在席勒看来,文化帝国主义具有三个特点:"第一,它是以强大的经济、资本实力为后盾,主要通过全球市场而进行的扩张。第二,它是一种文化价值的扩张,即通过含有文化价值的产品或者商品的销售而实现全球性文化支配。第三,由于信息产品的文化含量最高(或者说信息本身就是文化产品),那么很明显,这种文化扩张主要是通过信息产品的传播而实现的。"[③]因此,以电影电视、报纸杂志、书籍等形式出现的文化产品或者服务所提供的不仅仅是消息和娱乐,同时也传播着价值观念和政治观点等,最终这样的信息传播会对接收信息者(国家、社会及个人)产生深刻的影响。

席勒关于文化帝国主义的论述是传播批判研究的经典理论,其观点也影响了他的儿子丹·席勒。丹·席勒则注重研究"信息时代的资本与控制"的问题。文化帝国主义理论立足传播的政治功能和经济功能,全面剖析了美国大众传播的组织结构与政策。席勒以其国际主义和人道主义的独立立场,紧扣现实问题,广泛地从企业和政府方面获取信息,批判地研究美国的信息机构和产品如何被用来支持其在全球的帝国政治,揭示美国全球统治过程中媒介-文化的作用,阐释美国文化帝国主义的发展和转变,美国大众传媒的功能及与政治、经济和外交的议程设置结构的关系等核心问题。

第三,信息社会的批判理论。20 世纪 80 年代,伴随着新技术的发展,信息社会理论在西方盛行,席勒将主要研究焦点转移到与信息向社会有关的问题上来,其中包括新技术、信息控制、信息经济、信息与社会等问题,这方面的代表作有《天知道:在财富五百强时代的信息》和《信息和危机经济》等。席勒认为,信息和传播系统对跨国资本的日常运作具有重要意义,信息技术不是中立的,技术是社会的产物,既不能自治,也不能中立。跨国公司是信息产业的主要推动者,因为信息产业帮助跨国公司消除了地理距离。以私有权为基础的、为公司所控制的信息社会并不能真正解决西方社会的危机。席勒指出,西方社会乃至整个世界面临着来自政治、经济、社会、环境等方面的危机。这种危机源于全球市场体系,它也在很大程度上导致了全球信息活动的激增,但对于普通民众而言,信息使用和获取的成本依然非常昂贵,信息经济仍然掌握在私人公司手中,社会的、民众的话语缺席的社会状况依然无法改变。只有民众的话语在政治社会生活中赢

---

① 邱金英:《简评赫伯特·席勒的文化帝国主义批判理论》,《文化学刊》2016 年第 5 期。

② Herbert I. Schiller. *Communication and Cultural Domination.* International Arts and Science Press, 1976, p.9.

③ 郭庆光:《传播学教程》,第 253 页。

得优先地位时,才会从根本上消除这种社会危机,而这依赖于民众对信息的广泛使用。

第四,文化工业的批判理论。对文化工业的批判也是席勒传播批判研究的重要内容。他在其著作《文化公司:公司接管公共表达》中,将研究视野扩展到建筑、公园、户外广告,博物馆、图书馆等场所,重新思考了文化工业的概念。"一个社会的经济生活不可能与文化内容相分离。他们共同代表着文化整体性……演说、舞蹈、戏剧、音乐、视觉艺术、造型艺术从早期就已经成为人类生活经验的重要的、实际上必要的特征。所不同的是,在工业资本主义时代,特别是在最近的发展过程中,为了达到向有支付能力的人销售的目的,不断地,成功地将人类创造力的基本表达与群体和社会起源相分离。"[1]席勒在历史的背景下分析了文化工业繁荣的因素,描述了其近期发展的趋势。席勒关注文化,并不把文化看作经济基础的派生物,他认为文化不只受到物质的限制,而且它本身就是物质存在。席勒反对全球媒介工业被私人公司所控制,主张建立不同于当代商业文化的文化形态,这其中的关键就是对文化工业的所有权问题要有清醒的认识,从而反对文化和信息垄断,确保社会公众对信息的合法使用。

第五,信息的全球化批判理论。20世纪80年代,随着跨国公司对全球市场的争夺越来越激烈,越来越多的国家和地区成为全球市场体系的组成部分,大众传播领域也成为全球市场经济的一分子。对此,席勒坚持其以往的学术立场,将研究视野转移到互联网技术及其应用等问题上,在此基础上对信息的全球化进行了尖锐的批判。席勒坚持历史的、整体性的观点,将信息全球化置于广泛的历史、政治、经济、社会背景中加以考察,指出信息全球化的本质就是全球信息环境的商业化、私有化;信息全球化不断扩展了跨国公司的力量,并不像有些人认为的那样能够消除贫富之间的信息差距、促进平等,相反却进一步加剧了不同国家和社会的不平等,扩大了贫富差距,给民族国家、民族文化、国际社会带来了很多消极影响,甚至削弱了国家主权。

席勒的研究界定了美国大众传播媒介的种种政治经济特征,同时关注世界范围内大众传播发展,对立足世界范围的传播批判思路的发展影响广泛。他将传播研究置于广阔的政治经济背景中,在宏观的层面上理解传播,将传播作为影响人类发展的重要因素纳入研究范畴。"信息、传播、文化产业,是席勒学术研究坚持始终而不变的兴趣所在"[2]。研究信息与经济的发展、传播与人类进步、技术与资本扩张等等领域时,席勒的视角是批判和冷峻的,在审视传播发展和人类进步的过程中,他始终保持着自己的警

---

[1] Herbert I. Schiller. *Culture*, *Inc.: The Corporate Takeover of Public Expression*. Contemporary sociology, 1990, Vol.19 (4), p.518.

[2] 郭镇之:《席勒——传播政治经济学的批判领袖》,《国际新闻界》2002年第1期。

惕。此外,席勒还是位积极活动型的学者,除了其著作被翻译为多种语言之外,他还多次对世界传播秩序进行评论,呼吁建立世界传播新秩序。他还多次访问其他国家,观察当地的大众传播问题并进行思考,也对中国的传播事业兴趣浓厚。同时他也培养了一批传播政治经济学领域的学者,推动了传播政治经济学的发展。

三、莫斯可与传播政治经济学

文森特·莫斯可是国际知名的加拿大传播政治经济学者,1975 年获得哈佛大学社会学博士学位,任职于加拿大皇后大学。莫斯可的研究主要集中在传播与信息技术社会、媒介政治经济学、传播政策、知识劳工社会学等领域。不同于斯麦兹和席勒等人,他所面对的是技术、制度等方面已发生巨大变化的传播现实环境。莫斯可最为重要的研究是对传播政治经济学理论进行了全面梳理和总结,其著作《传播政治经济学》(1996年)是传播政治经济学的基础性文献。莫斯可的主要著述还有《传播:在政治和经济的张力下》(1996 年)、《数字化崇拜:迷思、权力与赛博空间》(2004 年)、《信息社会的知识劳工》(2007 年)、《传播的劳作:世界的知识劳工会联合起来么?》(2008 年)、《获知:媒介劳工和全球价值链》(2010 年)、《马克思归来》(与克里斯蒂安·福克斯合著,2012年)、《云端:动荡世界中的大数据》(2014 年)等。

莫斯可通过对传播政治经济学理论的总结,针对传播政治经济学的理论框架,提出了传播政治经济学研究的主要的三个进程,即商品化、空间化和结构化,主张传播政治经济学与文化研究对话,兼容并蓄地回应文化研究与政策研究的挑战。基于其三个过程理论,他对传播商品的考察也分为三个层次,即媒介内容的商品化、受众的商品化、传播劳动的商品化。对于传播新技术,莫斯可认为,所谓"技术神话"是指人们相信技术能够克服生活中的许多问题,能够解决许多冲突。在某种意义上,现代技术正在取代宗教,甚至取代意识形态。但这种"技术神话"具有明显的局限性,技术不可能结束历史、地理、政治。因此,莫斯可提出了"控制论的商品"的概念,认为传媒和广告客户之间的交易是通过收听收视率行业进行的商品交换,而这种交换过程产生的商品是收听收视率这种信息性、资料性商品,而不是有形的商品形式。

莫斯可的传播政治经济学研究"强调从马克思主义的基本立场出发,研究社会权力关系与传播生产、流通、消费的相互构建"①。因此,莫斯可主张去媒介中心论,也就是说,

---

① 赵月枝:《传播与社会:政治经济与文化分析》,第 3—4 页。

传播政治经济学研究的重点，并非媒介本身，其基本理论在于政治制度、经济制度如何决定媒介的运作和功能的发挥。他的传播政治经济学理论分析了政治和经济的压力与限制，对传播及传媒文化实践的影响，莫斯可"强调政治经济结构性因素与劳动过程，尤其是经济因素对社会传播关系的影响，审视媒体所有权、资助机制与国家政策对传播产品的生产、流通、消费的影响"[①]，以及由此导致的资本或多或少左右传媒内容与形式等现象。与政治经济学理论相同，传播政治经济理论的研究议题，最终也还是放在真正的普通民众需要层面上。这些问题显然已经超越有关传媒科技和市场效益等技术性问题，而与传播内容与形式的人文主义关联起来，涉及公平正义、平等和社会公益这些社会层面的问题。

莫斯可认为传播政治经济学应该深刻揭示包括传播产品市场与消费过程的人类社会生活的全景，他认为，"政治经济学就是研究社会生活的控制和生存。控制特指在不断变化的环境中个体及团体成员的内部组织，而生存则意味着他们通过何种途径来创造社会再生产所需要的物质。控制过程大体是政治性的，因为他们形成了一个社会内各种关系的社会性组织。生存过程则主要是经济性的，因为他们涉及生产和再生产过程是如何发生的。我们需要将这两个方面共同置于具体的历史条件下去理解"[②]。这也为我们提供了一个能够审视社会整体的传播研究价值取向和传媒实践标准。传播政治经济学关于控制与生存，即政治与经济的交互作用和相互建构的基本观点，以历史的、整体的以及公共干预实现平衡和超越效率等技术性问题为四大原则，是传媒实践与传播学学科的科学发展观。这些观点使得莫斯可的理论已经超出了政治经济涉及的领域，而具有了人文主义的内涵。

第三节
欧洲传播政治经济学研究

英国传播政治经济学的代表人物主要有加汉姆、默多克和戈尔丁等学者，还有作为

---

① 赵月枝：《传播与社会：政治经济与文化分析》，第6页。
② 文森特·莫斯可、丹·席勒：《数字化崇拜：迷思、权力与赛博空间》，黄典林译，北京大学出版社，2010，序言第2页。

后起之秀的英国威斯敏斯特大学克里斯蒂安·福克斯等。其中加汉姆是中心人物,而戈尔丁和默多克对确定传播政治经济学的研究议题也颇具影响力,福克斯则代表了英国传播政治经济学研究新生力量,在"数字劳动"等领域卓有贡献。此外,法国学者阿芒·马特拉也对传播政治经济学进行了探讨。

一、加汉姆的传播政治经济学理论

尼古拉斯·加汉姆是英国传播政治经济研究的中心人物。加汉姆毕业于剑桥大学,目前为威斯敏斯特大学传播与信息中心主任。他的研究对英国传播政治经济学派具有开创意义,其主要著作有《电视业的结构》(1972年)、《论传播政治经济学》(1979年)、《资本主义与传播:全球文化与信息经济学》(1990年)、《电视经济学》(1998年)、《解放、媒介与现代性:关于媒介与社会理论的争论》(2000年)、《作为理论或意识形态的信息社会:信息时代批判视角下的技术、教育和职业》(2002年)等。此外,尼古拉斯·加汉姆还创立了传播政策研究会,以及著名传播研究杂志《媒介、文化与社会》。

加汉姆的研究重点在于"关注服务和技术领域内生产结构和象征性内容的消费。他的兴趣在于对'新''旧'媒体的研究,以及对正在兴起的社会结构、权力等级及合法性做出解释"①。他试图通过在媒介、文化与资本主义之间建立联系,解释媒介在意识形态控制中的作用和被控制着在其中的自主性问题,同时他也对媒介生产进行了经济学视角的论述。加汉姆所提出的核心理论观点是:大众文化的生产与销售是建立在物质基础上的。因此,他通过修正"经济基础/上层建筑"的基本模式,从而将媒介、文化与当代资本主义的发展联系起来,并以此来否定对于传播政治经济学理论的经济化约主义和经济决定论的批评。加汉姆认为,文化产品是唯物主义现象,它体现了资本主义发展过程中具体的历史阶段的现实,因此是可变的。通过对文化与经济之间关系的重新思考,加汉姆既试图解决文化研究的意识形态和自主性的问题,又保留对传统马克思主义理论的吸收。

加汉姆的学术立场与法兰克福学派有着密切的联系,但又有所不同,在继承法兰克福批判学派理论基础上推陈出新。在1979年发表的文章中,加汉姆指出,与后阿尔都塞主义倾向相比,他更赞同法兰克福学派对上层建筑与经济基础关系的基本立场。但

---

① 赵月枝:《传播与社会:政治经济与文化分析》,第15页。

加汉姆并未完全接受法兰克福学派的观点,对法兰克福学派的文化产业观持有一定的批判态度。在1983年的《文化的概念、公共政策与文化产业》论文中,加汉姆向主流文化研究者展现了一个极易被忽视的维度,即文化产业的建构与组成、文化流通业中的基本问题。这些认识不仅为文化政策的制订者提供参考,也弥补了大多数文化消费理论研究的不足,该研究后来成为文化产业研究的经典之作。加汉姆开宗明义地指出,将文化产业作为文化行为和公共文化政策分析的中心,则显示与传统文化研究者不同的立场。他提出了一个颇有意味的命题,即文化消费,特别是常见的大众文化,无论它是何种形态,都要消耗一定的时间。因此,它们都是基于对时间的控制的,都拒绝试图提高消费时间的生产。由此,对于大多数人而言,文化消费受到自由时间的限制也就顺理成章。

传统法兰克福学派对机械时代文化批量复制的文化产业进行否定性批判;与此不同,加汉姆认为作为文化产业的文化商品,其核心则充满了矛盾。一方面,文化商品有一种扩大市场份额的动力,有时这以获得受众的形式出现。另一方面,文化商品与其他商品不同,它们不会在消费过程中被损坏。但是,即使这样也难以保证产品的稀缺性,而这种稀缺与价格息息相关。文化产业的生产者通过多种方式限制介入,以制造出需求稀缺,从而实现文化产品利润的最大化。加汉姆由此提出,文化与媒介产品单位生产成本高,而批量生产使得单位成本大幅下降的特点,使得媒介文化产业的投资者倾向于增加受众数量来降低产品成本,即具有追求利润最大化的"利润导向"。这也导致文化产业中三个主要结构性趋势的形成,即所有权集中、国际化与多样化、跨媒体所有权。这三种趋势实际上都是在尽量扩大受众群体,从而将风险分散,以实现利益最大化。

二、默多克和戈尔丁的传播政治经济学理论

格雷厄姆·默多克和彼得·戈尔丁是英国莱斯特大学大众传播研究中心传播研究学者,也是英国传播政治经济学研究的代表人物。默多克和戈尔丁通过对英国和欧洲传媒业的自由化和市场化政策的研究,认为这种过分偏向市场化的文化政策使得大众传媒业的公共利益属性弱化。由此导致的结果是,新媒体技术在发展,可是人们的收入差距在加大,同时在大众传播享有权上的不平等亦在加剧。默多克积极参与了有关"受众商品论"的"盲点"辩论,作为争论中欧洲传播政治经济学的代表,默多克和戈尔丁批判了受众商品论的偏颇性。他们在对文化、传播和政治经济学进行探究时,他们认为传播政治经济学应围绕三大核心任务开展研究:其一,关注文化产品的生产,所谓意义的生产就是在行使权力;其二,分析文本,以显示媒体产品中的表征(representations)与其

生产和消费的物质现实之间的相关性;其三,评估文化消费,以显示物质与文化之间不平等的关系。① 默多克与戈尔丁合作的著述有《媒介的政治经济学》(1997 年)等。

默多克 1964 年进入伦敦大学伦敦经济学院攻读社会学,1967 年在苏塞克斯大学就读硕士,后进入莱斯特大学研究文化社会学,是该校大众传播研究中心的主要成员之一,1990 年在拉夫堡大学社会科学系建立传媒研究中心。默多克的主要著述有《大众传播与社会》(1977 年)、《传播与现代性》(2004 年)、《传播与批评》(2005 年)等,与其他人合著的有《传播政治经济学》(1997 年)、《拆除数字鸿沟》(2004 年)等,与他人合编的有《市场化时代的媒介》(2007 年)、《媒介与文化》(2008 年)、《研究传播:媒介与文化分析方法实用指南》(2008 年)等。默多克的主要学术兴趣在于文化社会学和文化政治经济学,其研究涉及大众媒介工业的组织,媒介关于恐怖主义、骚乱以及其他政治事件的报道、广告,以及媒介新技术的社会影响等。②

从 20 世纪 60 年代至今,默多克不断探究媒介和文化研究的理论前沿,特别关注西方社会的大众传媒政策并对其进行批判,是西方传媒理论界近几十年来最具影响力的学者之一。默多克反对 20 世纪 80 年代以来部分文化研究学者们过分夸大消费和"符号反抗"的象征作用,而坚持使用批判的政治经济学视角来看待新的文化消费现象。他指出,文化工业的独特功能在于生产一整套意义体系,多数普通人依据这套意义体系来理解他们自己的生活状况,以及选择他们的行动策略。但是人们不仅仅作为大众传媒产品的消费者,同时还作为政治共同体的成员存在,而与文化工业产生联系。由此,对于传播政策的研究,都不应该单纯立足于经济效益的立场,应该时刻要意识到文化工业的生产和传播政策的研究会直接影响社会民主政治的发展,这样,才有可能对当代文化与传媒工业做出正确的理解和决策。

彼得·戈尔丁也是英国传播政治经济学的重要代表人物之一,曾在曼彻斯特学习社会学并获伦敦大学校外学位,此后在莱斯特大学从事研究工作,是该校大众传播研究中心的主要成员之一,后为拉夫堡大学社会学系主任。戈尔丁还是欧洲科学基金会赞助的国际联合研究项目《变化中的媒介,变化中的欧洲》的负责人,兼任《欧洲传播学刊》编辑。戈尔丁的著作主要有《信息贫穷与政治经济学:媒介私有化时代的公民权》(1989 年)、《文化、传播与政治经济学》(1991 年)、《媒介研究与新媒介地图:欧洲传媒的双重危机》(1994 年)、《超越文化帝国主义:传播,全球化和国际新秩序》(与哈里斯

---

① 赵月枝:《传播与社会:政治经济与文化分析》,第15—16 页。
② 刘晓红:《西方传播政治经济学研究》,第203 页。

合著,1997年)、《媒介政治经济学》(与默多克合著,1997年)、《文化研究中的问题》(与福格森合著,1997年)等。

戈尔丁的"主要研究兴趣在于大众媒介社会学,尤其是媒介作为社会政策和公共政策的信息传输者及形象的塑造者在民主过程中扮演的角色"[1],同时也与默多克合作对大众媒介的经济和政治结构进行了研究。他主要研究大众媒介社会学和大众媒介经济和政治结构,以及媒介的经济结构对获取意识形态权力与文化权利的影响。

默多克与戈尔丁共同合作为英国传播政治经济学理论开拓了研究领域。他们的研究涉及传播政治经济学的大多数领域,同时也作为传播政治经济学的代表参与了政治经济学与文化研究及其他传播研究学派的论争。他们把传播活动视为一种经济活动,以生产、分配、流通、交换这种政治经济学的思路来观察大众媒介及其传播行为,考察了资本主义传媒工业"集中化"的现实背景,以及传媒文化产品的"商品化"过程,并以此为基础,揭示出西方社会现代性构成中,文化维度与社会政治和经济维度之间的相互决定、相互影响关系。[2]

20世纪70年代初期,默多克就开始提倡批判的大众政治经济学。他认为要认识和理解一个新的消费制度,不能只把它当成一种人们可以随意控制和掌握的象征体系,还应该把它看成一个物质的工业体系。在受众和消费者展示创造性的同时,媒体的所有权日趋垄断,文化生产日益商业化,公共领域逐渐被削弱。默多克认为,如果我们想认识和了解人们为什么会有各种各样的文化生活和进行这样或那样的文化消费,就应该从一些明确的物质层面的事实出发。

在1973年的《呼唤大众传播的政治经济学》中,默多克和戈尔丁吸收了马克思经济基础与上层建筑的理论模式,从经济结构和所有制关系来剖析大众传媒的内在矛盾。从研究大众媒介的所有权和控制权着手,他们认为,大众传媒是一种特殊的资本主义生产部门,始终遵循资本运作规律,以赢利为目的。他们的研究通过追踪记录传媒公司之间的吞并联合,分析了传播媒体的垄断趋势。他们强调,传媒产品同其他一般性生产与生活用品相比,具有其特殊性。这类产品对消费者及受众的思想和精神文化生活能够产生深刻和广泛的影响,甚至干预社会的政治和文化过程。在1982年的《大企业与传播产业的控制》中,默多克通过对英国8家主要私营电视台的所有权及控制现状进行调查,针对"所有权分散权"与"管理革命论"做了分析,发现大众传播产业的所有权和控

① 张国良主编:《20世纪传播学经典文本》,第576页。
② 黄晓钟、杨效宏、冯钢主编:《传播学关键术语释读》,四川大学出版社,2005,第304页。

制权集中在相对较少的经济和金融强势集团手中。他认为,所有权分散论用表面现象掩蔽事物的实质,真正控制当今大众传播媒体的仍是少数拥有大宗股票的大股东。所有权的表面分散并没有减弱反而强化了资本家对企业的控制。对于管理革命论,默多克借用马克思早年对股份公司中管理权与所有权分析趋势的预见,研究侧重于企业是什么人在控制的问题上,旨在说明权力中心管理者的意志如何决定着企业的未来走向。

默多克和戈尔丁并不认为大众媒介完全是统治阶级意识形态的传达工具和对被统治阶级进行控制的工具。他们将大众媒介产品和大众媒介所有权、控制权的关系,大众媒介与阶级权利的关系当作经过协调的、间接的关系,认为大众媒介的确在使不平等的社会秩序合法化方面起到了重要作用,但它们同这一秩序的关系却是复杂和多变的。

在文化研究领域,默多克和戈尔丁坚持使用批判的政治经济学视角来看待新的文化消费现象。他们认为,传播媒介不应该单纯立足于经济效益的立场,还应该提供多种多样的信息和服务,以及保障使用者反馈和参与的机制,而且要确保所有公民平等地使用其服务。文化工业的生产和传播政策事关民主状况的前途,传媒的私有化和市场化使传媒信息成为一种商品,对信息的使用变成一种消费,使用和消费信息是依赖于人们的购买能力的。他们通过分析英国家庭在电视、电话、录放机与家用计算机等的消费状况,发现物质不平等导致信息的不平等,并破坏了公民权的普遍性。此外,在广告对传播内容的影响方面,默多克认为,广告商为传播媒介提供了大部分收入,对传播内容起决定作用的是广告商而不是受众,资本以广告的形式有力而且有效地对传播内容进行干预。近年来,默多克和戈尔丁开始关注数字技术对大众传播行业的影响等问题。

三、马特拉的传播政治经济学理论

阿芒·马特拉(1936—　)是法国著名的批判传播学者,巴黎第八大学传播学教授,是与斯麦兹与赫伯特·席勒齐名的法语传播政治经济学者。他出生在比利时,在法国鲁汶大学获得法学与政治经济学博士学位,并在巴黎大学文理学院获得社会学研究生学位,1962年赴法国雷恩大学任教至今。早年在智利大学任教的经历使他被部分学者称为第三世界的传播学者。马特拉的著作颇丰,研究涉及文化、政治、大众媒介和传播历史及理论等。他是主要用法语写作的学者,但其视野宽广、立论新颖的独特学术风格使其具有世界性声誉。其主要著述有《如何解读唐老鸭》(1974年)、《传播与阶级斗争》(1979—1983年)、《跨国公司与第三世界》(1983年)、《传播与信息技术:拉丁美洲的自由选择》(1985年)、《国际广告:公共空间的私有化》(1991年)、《世界传播与文化霸权》（1992 年）、《绘制世界传播的地形图：战争、进步与文化》（1994 年）、《传播的发明》（1996 年）、《让世界联网》（2000 年）等。

马特拉的学术生涯集中反映了传播政治经济学的国际视野和实践性。他早先的研究与 20 世纪 70 年代初智利民众不满本国对美国的依附关系，以及智利民选社会主义政府的实践紧密相连。倘若说席勒从美国内部对文化帝国主义的制度机制进行分析批判，斯麦兹立足于美国的北方邻国加拿大，马特拉与道夫曼（Ariel Dorfman）在 1974 年的传播政治经济学研究《如何解读唐老鸭》中，则是站在美国的"后院"拉美对美国通俗文化中的帝国主义意识形态进行深刻解读。马特拉通过对西方马克思主义者有关传播问题的经典文献的总结整理，影响了一整代传播批判学者。同时，马特拉也对跨国媒体与第三世界，美国文化工业在国际市场中形成主导地位的机制，美国在国际传播文化政策中的主导地位，传播技术与社会等的关系，国际传播、战争、进步与主流发展模式，市场逻辑和文化多样性等问题进行了深入研究。马特拉的研究既与斯麦兹、席勒的文化帝国主义理论互为补充，又有第三世界变革的经验，还有法国与美国相对独立的传播文化实践作为研究背景，极大地丰富了传播政治经济学的理论视域。①

马特拉在 1992 年的《世界传播与文化霸权》中，重点阐述了国际传播的发展脉络，围绕着传播学的理论发展和国际关系中的传播应用等问题，包括近现代以来世界历史推动者的网络和战略历史，传播学发展过程中连续出现的思想、理论和学说的历史，揭示了传播的国际维度是如何形成、衍生并在技术和资本的推动下逐步扩散到全世界的。他认为，大众传播的全球化与经济和社会的全球化密切相关。因此，沿着历时性逻辑，马特拉所运用的概念分析主要包括三个维度：其一，战争对传播具有推动作用。战争对信息传播的功能性需求，先是出于缩短时空距离的需要，同时战争期间对鼓舞士气的要求也促进了宣传鼓动的发展，甚至衍生出心理战这个专门学科。其二，发展主义的神话使金融资本走向经济全球化，从面模糊了民族国家的边界，最终是跨国的信息传播新网络按照经济资本和文化资本的生产和分配重新分割世界。其三，信息文化尤其是视听文化的全球流动引发了文化身份和文化认同的危机。在商品化的标签下，跨国传媒集团用工业化方式推广的文化，成为全世界普遍的文化消费资源，而"消费者权利"成了文化传播的动力。

马特拉重点观察和批判了世界传媒强国的跨国媒体集团为了主宰其他民族的、地方的或群体的文化，从而在强制性传播活动中掀起的全球化运动。他认为，文化同化的

---

① 赵月枝：《传播与社会：政治经济与文化分析》，第 16 页。

恐惧和文化认同的希望自从传播工业化以后,就成为国际关系的重要因素,但文化同时受到社会、经济等因素的影响,因此,文化问题实际上也是经济问题和政治问题。跨国媒体集团所标榜的所谓"现代化的整合",虽然看似重视了信息接受者的权利,但却忽视了更加重要的问题:真正的信息传播应该是接受者和传播者之间的互动的对话过程。因而在信息交流的不平等背后,人们面临着各种各样难以解决的冲突和问题。

总之,正如有学者指出的,马特拉对传播的阶级分析主要是从马克思的历史唯物主义观点出发,分析意识形态在阶级斗争中的作用。虽然在社会中有占主流的意识形态,但这不是唯一的意识形态。社会构成的多样性,形成了意识形态的多样性。[①] 因此,意识形态不是对经济基础机械的直观反映,社会主体还具有能动性。于是马特拉认为,大众传播工具成为获取意识形态斗争的重要手段,因此,无产阶级应当采取灵活的手段,借助于大众媒介从而调动社会公众参与推动意识形态宣传以便取得最后的胜利。

四、福克斯的数字劳动理论

随着数字技术的飞速发展,数字技术也在不断改变人类的生产与生活方式。数字技术对于大众传播媒介的发展无疑具有革命性的影响。传播政治经济学基于政治、经济和文化的视角,从马克思的历史唯物主义和政治经济学批判理论出发,重新审视资本主义社会发展中的问题。劳动作为马克思主义政治经济学中的核心概念,无疑也是传播政治经济学理论的核心。也正是在此背景下,传播政治经济学针对数字技术的发展和劳动价值论等理论,提出了数字劳动(digital labour),借以探究资本主义生产关系中数字生产、流通、消费过程中的劳动价值论等问题,从而成为传播政治经济学研究的新领域。其中,福克斯的研究产生了重要影响。

克里斯蒂安·福克斯(1976—),英国威斯敏斯特大学传播学教授、传媒研究所所长,著名的青年马克思主义学者,是具有马克思主义学术研究传统的威斯敏斯特学派的后起之秀,曾担任欧洲社会学协会执行董事会成员、欧洲社会学协会研究网络主席等职务,同时也是开放期刊《传播、资本主义与批判》的联合主编和威斯敏斯特大学出版社丛书"批判性数字和社交媒体研究"的编辑。福克斯是非常活跃的马克思主义学者,他的主要研究领域是传播政治经济学,特别是关于数字生产与社交媒体批判研究,近年来主要从事互联网和社交媒体相关的批判研究。福克斯 2014 年的著作《数

---

① 朱振明:《传播世界观的思想者——阿芒·马特拉传播思想研究》,上海交通大学出版社,2011,第 75 页。

字劳动与卡尔·马克思》在西方学界引起了广泛而强烈的反响,成为当今数字媒体时代马克思主义关于数字劳动批判理论研究的重要著述。他在 2016 年的著述《信息时代的马克思:传媒研究视角的〈资本论〉(第 1 卷)解读》,被西方学界誉为"传媒版的《资本论》"。

福克斯堪称当代西方传播政治经济学派、西方马克思主义传播学的杰出学者。他的其他主要著述还有《互联网与信息时代的社会理论》(2008 年)、《媒体批判和信息研究的基础》(2011 年)、《互联网和监控:Web 2.0 时代和社交媒体的挑战》(2012 年)、《批判、社交媒体和信息社会》(2014 年)、《数字时代的价值与劳动反思》(2015 年)、《Facebook、Twitter 和 YouTube 时代的社交媒体、政治和抗议、革命、骚乱、犯罪和治安》(2015 年)、《社交媒体时代的文化与经济》(2015 年)、《马克思与传播政治经济学》(2015 年)、《数字资本主义时代的马克思》(2015 年)、《社交媒体批判导言》(2018 年)、《马克思主义:卡尔·马克思关于文化与传播研究的十五个关键概念》(2019 年)、《民族主义 2.0:社交媒体和假新闻时代的民族主义理论》(2020 年)、《数字资本主义》(2021 年)《马克思人文主义与传播理论》(2021 年)等。

关于数字劳动的概念,有学者研究认为,最早出现在意大利学者蒂齐亚纳·泰拉诺瓦的《免费劳动:为数字经济生产文化》中。他将数字劳动涵盖在"免费劳动"中,认为互联网中的"免费劳动"就是那些由知识文化消费而转化出的额外的生产性活动,此种活动被愉快地接纳的同时却又被无情地剥削。[1] 在更为广泛的界定中,数字劳动是普遍存在于发达资本主义社会中的免费劳动的一种具体表现形式,由此数字劳动者被戏称为网奴(net slaves)。随后围绕着谷歌、脸书等大型互联网公司主导的资本积累模式,对用户无偿劳动的分析与有关数字劳动的讨论则不断展开。这些讨论中,以福克斯的研究最具代表性。[2]

在传播政治经济学研究领域,从斯麦兹提出的"盲点"讨论开始,到莫斯可、加汉姆等学者的研究,都认为西方传播政治经济学对马克思政治经济学中有关劳动的研究尚不充分,对于资本主义社会中大众传播的复杂性也没有给予充分的重视。在新自由主义理论影响下,马克思主义理论的劳动价值论似乎被边缘化,成为所有社会科学的盲点。莫斯可指出,"劳动依然是传播和文化研究的盲点",为了文化研究的复苏,"劳动需要高高地置于议事日程或项目研究之中"。基于这样的认识,福克斯为克服当今西方传

---

① Tiziana Terranova. *Free Labor: Producing Culture for the Digital Economy*. Duke University Press, Social Text, 2000, Vol.18 (2), pp.33−58.

② 燕连福、谢芳芳:《福克斯数字劳动概念探析》,《马克思主义与现实》2017 年第 2 期。

播政治经济学研究的"劳动盲点"做出了不懈的努力和贡献。他特别在《数字劳动与卡尔·马克思》中论述了数字劳动问题,从而为数字劳动理论乃至传播政治经济学理论的当代发展做出了重要贡献。[①] 福克斯在论著中不但高度肯定了马克思思想的当代价值,而且引用了大量的马克思著作原文。对于数字劳动,福克斯指出,必须要将其放在马克思主义政治经济学的理论中,在马克思主义关于劳动的论述框架中,才能深刻理解数字劳动概念。总体而言,福克斯所谓的数字劳动概念,有广义与狭义之分:广义的数字劳动涵盖数字媒介技术和内容的生产、流通与使用所涉及的所有脑力与体力劳动;而狭义的数字劳动是以数字技术为终端的社交媒介领域内的用户劳动。

福克斯的《数字劳动与卡尔·马克思》探讨了数字劳动的马克思主义理论基础,同时在马克思主义生产方式视域下,主要针对信息和通信技术(ICT)行业的全球价值链生产方式展开数字劳动案例分析,此外,还讨论了马克思主义数字劳动批评理论体系建构及各种形式数字劳动的理论基础问题。

首先,福克斯所说的数字劳动,指的是对数字劳动广义的理解。这种意义上的数字劳动,是以行业而不是以职业定义为基础的,其目的在于强调剥削的共性、资本是广大工人的敌人,以及为了战胜资本主义的统治必须进行全球化和网络化的斗争。福克斯指出,这些信息和通信技术行业相关的案例中存在各种形式的数字劳动,它们的特征是"报酬,健康风险,身体、意识形态和社会暴力,压力,空闲时间,加班时间以及工人正在遭受的压迫和管制形式的程度在量上是不同的。但其共同点在于人类的劳动力受到某种方式的剥削,即以信息和通信技术企业在金钱上受益,而工人的生活、身心受到负面影响的方式剥削劳动力"[②]。福克斯并不是在职业类型上定义劳动,而是主要通过是否存在资本剥削的判断定义数字劳动。福克斯认为,数字劳动是数字媒体存在和应用所必需的总体劳动力的一个组成部分。

正如有学者指出的,福克斯的研究坚持马克思主义劳动价值理论的"生产领域中心论",并基于黑格尔辩证法重构了马克思劳动价值论,同时也继承了英国文化研究的政治经济学批判,以及传播政治经济学批判学派的受众劳动理论和受众商品理论,在此基础上提出了社交媒体时代的"互联网产消者商品"概念。因此,福克斯反对把生产力和生产关系绝对对立的观点,主张生产力和生产关系辩证统一的马克思主义观点,提出数字劳动置身于资本主义社会发展到"跨国信息资本主义社会"的当代阶段的社会背景。[③]

---

① 克里斯蒂安·福克斯:《数字劳动与卡尔·马克思》,周延云译,人民出版社,2020,序言第1—2页。
② 同上,第5页。
③ 同上,序言第3页。

福克斯指出，数字劳动中的资本剥削的实质，还表现在数字劳工不仅被数字媒体资本剥削，有时还同时被其他形式的资本剥削。因此，这些形式的劳动在多大程度上是数字劳动，也就在多大程度上同时是其他形式的劳动。这种情况正如马克思在分析资本剥削时所指出的，数字劳动中的剥削成为整个系统中的存在。福克斯指出："不同形式的数字劳动在数字劳动国际分工（IDDL）中联系了起来，在这种分工中，数字媒体的存在、使用和应用所需的所有劳动都是'分离开来的，孤立起来并列在一起'，并'渐渐地固定为系统的分工'①"。但是，福克斯紧接着指出："关于信息经济的研究，或者所谓的创意或文化产业的研究，人们主要关注资本方面的分析，而对劳动方面的研究相当缺乏。"②其中根本的原因，依然是对批评立场的忽视。基于此，福克斯通过数字劳动的个案分析，运用马克思的生产方式理论，并借用了经济学的"价值链"和数字劳动国际分工概念，分别从生产力和生产关系两个方面系统考察了信息和通信技术（ICT）行业全球价值链涉及的各种类型的数字劳动，比如数字奴隶制、原始积累和绝对剩余价值的生产、新帝国主义的劳动分工、工人贵族的劳动、泰勒制、家庭主妇式的劳动等各种类型的数字劳动。

此外，福克斯还提出了数字劳动批评理论体系的建构，其中包括绝对剩余价值和相对剩余价值的生产、商品拜物教、资本对劳动的形式吸纳和实质吸纳、生产方式、生产力、生产关系、玩劳动、原始积累、资本积累、新帝国主义、奴隶制、家庭主妇化、工人贵族、互联网产消者（商品）等概念系统。通过这些概念系统的建构，福克斯进行了具体的案例分析，从而从理论和现实两个层面揭示了数字劳动的实质。总之，福克斯的理论分析充分揭示了在数字信息时代马克思主义理论的魅力和价值。马克思主义劳动价值论、剩余价值论、唯物史观的劳动理论、生产方式理论、阶级理论、科学社会主义等思想对信息社会依然具有无穷的解释力。

综上而言，传播政治经济学研究从政治经济学的角度来考察传播现象，并遵循传统的马克思政治经济学理论，考察人类的生产方式及特定生产方式而形成的生产关系，以及生产资料的所有权和对财富的分配。因此，研究传播，就是考察人类传播活动中对传播所需要的生产资料的占有和控制、分配传播过程所制造的产品，以及占有、控制、分配的形式和由此形成的人的生产关系和社会关系。传播政治经济学理论对于文化帝国主义、国际传播中不平等的权力关系、数字劳动等现实问题的批判，以及对由跨国公司主

<hr>

① 马克思：《资本论（第1卷）》，中共中央马恩列斯著作编译局译，第392页。
② 克里斯蒂安·福克斯：《数字劳动与卡尔·马克思》，周延云译，人民出版社，2020，第6页。

导的传播全球化与民主问题的研究,都具有现实指导意义。传播政治经济学研究认为,跨国传媒公司在全球的扩张,更加导致信息和传播的不平等现状,而不是推进了所谓的政治民主化。传播政治经济学是新自由主义意识形态和政策取向的批判者,也是建立全球信息新秩序和使得全球媒介治理更趋民主化的推动者。传播政治经济学为传播批判理论系统观察和解释媒介、文化与政治、经济的内在关系,提供了现实的理论和方法视角。

传播政治经学的发展也是与其他学科不断融合发展的结果。20 世纪 90 年代以来,文化研究、女权主义、人类学、制度经济学等学派极大开阔了传播政治经济学的研究视野,这也使得传播政治经济学研究出现了新的变化。正如赫伯特·席勒所言:"如果一个人非常幸运,足以对自己分析和探索的领域做出选择,或者至少拥有小小的选择动机的话,那么,对我来说,就将试着做那种可以为改变世界做出贡献的中肯而且切题的研究。"①无疑,传播政治经济学也试图对改变世界的不平等而作出贡献。

【本章延伸阅读】

1. 达拉斯·W. 斯迈思:《依附之路:传播、资本主义、意识和加拿大》,吴畅畅、张颖译,北京大学出版社,2022。

2. 赫伯特·席勒:《大众传播与美利坚帝国》,刘晓红译,上海译文出版社,2006。

3. 文森特·莫斯可:《数字化崇拜:迷思、权力与赛博空间》,黄典林译,北京大学出版社,2010。

4. 尼古拉斯·加汉姆:《解放·传媒·现代性:关于传媒和社会理论的讨论》,李岚译,新华出版社,2005。

5. 丹·席勒:《传播理论史:回归劳动》,冯建三、罗世宏译,北京大学出版社,2012。

6. 格雷厄姆·默多克、珍妮特·瓦斯科、海伦娜·索萨:《传播政治经济学手册》,传播驿站译,华东师范大学出版社,2022。

7. 克里斯蒂安·福克斯:《数字劳动与卡尔·马克思》,周延云译,人民出版社,2020。

8. 姚建华编:《传播政治经济学经典文献选读》,商务印书馆,2019。

9. 曹晋、赵月枝主编:《传播政治经济学英文读本》,复旦大学出版社,2007。

10. 刘晓红:《西方传播政治经济学研究》,上海人民出版社,2007。

---

① 郭镇之:《席勒——传播政治经济学的批判领袖》。

第十章

传播技术批判理论

　　媒介的发展首先是通过各种技术手段来实现的,传播技术是媒介发展的基础。无论借助于什么样的中介形式使得媒介联系于受众,其基础始终离不开技术层面的发展。当代互联网等新技术的发展不断影响大众传播,新兴媒介不断出现,全球化的信息传播完全成为可能,社会媒介化、媒介社会化已然成为常态。因此,媒介技术与社会文化的关系研究,必然是传播批判理论需要探究的内容。

　　媒介技术发展不断改变传播的现实图景,立足于技术批判的立场,探究媒介、技术与社会文化的关系,成为传播技术批判的基本内容。传播批判理论对于媒介、技术与文化、社会的影响关系的研究,形成了媒介技术决定论、媒介技术霸权论、社会建构技术论等各种不同的观点和认识。自伊尼斯、麦克卢汉在20世纪50—60年代开始媒介与技术批判理论探究,传播技术批判理论不断探索,提出了许多媒介与技术批判理论的新领域和新视角,并回答了媒介技术的产生与发展、媒介技术的特征及作用、媒介技术与社会变迁、社会文化发展的内在关系等核心问题。特别是随着互联网的发展普及,有关互联网时代传播技术批判的研究更成为西方传播思想理论非常重要的研究领域。

第一节
传播技术批判理论的形成

传播技术批判理论重点是对媒介技术与社会、文化的影响关系进行不同层面的探讨。以往的研究一方面认为传播技术的革新对社会发展无疑具有革命性的积极意义，但是另一方面也认为，传播技术不仅影响媒介形态的发展，还与其他各种社会因素结合起来互相影响、互相作用，对媒介与社会文化产生全面的影响。概言之，传播技术、媒介与文化社会彼此交织在一起，共同作用并产生影响。因此，传播批判理论研究则形成了不同的观点和看法。传播批判对于媒介技术与社会文化的关系问题的研究，主要形成了媒介技术决定论、媒介技术霸权论和社会建构技术论等三种不同的观点。

第一，媒介技术决定论。媒介技术决定论的观点认为，传播技术独立产生作用，是推动社会发展进步的主要力量和原动力。特定的技术被发展和利用，从而带动了媒介形态和内容的变化，比如互联网、手机、人工智能等新媒介技术的普及，就是信息技术发展的必然结果。媒介技术决定论还认为，技术发展对媒介的意义并非都是正面的，同时也有负面的影响；传播技术对人类的文化发展甚至是有害的，如电视的出现破坏了传统家庭生活的和谐，数字化信息传播方式降低了人们严肃的思考能力，媒介的发达造成了人们生活的"娱乐化"乃至"娱乐至死"，互联网信息使得人们的阅读"碎片化"，社交媒体使得舆论出现"群体极化"等现象。媒介技术决定论重点强调了媒介技术发展带给人们的消极影响。

媒介技术决定论的前提是，认为媒介技术的发展自行实现的，媒介技术无所不能，受众无法进行反抗，也对此无能为力。技术越发展，媒介作为控制力量就会越强大，比如互联网更容易制造或传播谣言，更容易形成极端观点和情绪，也对人们的民主生活参与造成直接的影响。媒介技术决定论的核心在于立足人类文明的价值和立场，从而将技术视为人类文化的对立面，认为作为媒介发展的推动力的技术本身包含着破坏性的力量，需要引起传播批判理论的重点关注。

第二，媒介技术霸权论。媒介技术霸权论观点假设媒介技术是社会的经济、政治等力量作用的结果，而不是推动媒介发展的原因。法兰克福批判理论、传播政治经济学、文化霸权理论等技术否定主义都坚持这样的观点。处于社会统治地位的政治、经济力量决定了技术的使用和普及，技术成为社会控制的霸权。首先，传播技术的发展和使用程度是由社会的政治、经济所决定的。其次,传播技术也是社会压迫的工具;大众传播媒介提供文化产品,从而控制人们的思想和意识,统治阶级通过媒介技术实现了对社会公众的全面控制。由此,传播批判理论对于媒介娱乐内容、媒介所宣扬的消费主义观念进行反思和批判。

第三,社会建构技术论。社会建构技术论认为,技术和媒介的发展是互为因果的;技术是媒介发展的重要组成部分。同时,媒介技术的使用基于人们的选择,并非社会权力控制的结果。该观点认为媒介技术与社会文化之间的互动和影响的基本逻辑是:媒介技术具有自身的逻辑,同时它的发展也受到社会文化的影响,某些社会群体为达到自己的目的试图控制媒介技术,这是不可能的。其根本性的问题是,媒介是人们的文化观念形态,人们对媒介技术的发展具有直接主动的批判和反思的能力,社会公众不可能盲目地接受媒介信息。

在媒介与技术的批判理论中,围绕媒介与技术发展的关系问题,媒介技术决定论引发了研究者较多的关注,其中就包括媒介技术肯定论和媒介技术否定论等观点。媒介技术肯定论坚持认为技术是推进社会文化进步的重要力量,而媒介技术否定论则对于技术发展催生的媒介变化表现出更多的担忧和批判。

一、伊尼斯的传播技术批判理论

加拿大学者哈罗德·伊尼斯(也译作英尼斯,1894—1952)是传播技术批判理论的早期研究者,在加拿大学术界享有盛誉,其思想直接影响到了传播学者麦克卢汉。伊尼斯是经济史学家,他通过经济研究的视角,考察了技术与传播的发展之间的关系问题。在《帝国与传播》(1950年)、《传播的偏向》(1951年)等著作中,伊尼斯通过对传播媒介的物质存在形态的考察,提出了著名的"媒介偏向理论",认为存在着偏向于时间和偏向于空间的媒介形式,并且不同的媒介形态的存在都是试图对时间和空间限制的超越。因此,任何传播媒介都具有时间或空间偏向性,对于媒介的垄断成为帝国控制的主要手段。

伊尼斯首先考察国家如何通过传播媒介达到对思想、知识、文化等的控制和垄断。他认为,要理解这个问题,必须要认识媒介的时间和空间偏向的特征。所谓时间偏向的媒介,是指那些质地较重、耐久性强的媒介,如黏土、石头和羊皮纸等,它们适于克服时间传播的障碍,能够长久保存。而空间偏向的媒介,则是质地较轻、容易运送的媒介,如纸草纸、白报纸等,它们适于克服空间传播的障碍。因此,任何传播媒介若不具有长久保持的特性来控制时间,便会具有便于运送的特点来控制空间,二者必居其一。人类传播媒介发展史,就是由质地较重向质地较轻、由偏向时间向偏向空间的媒介的发展史,而且媒介发展与人类的文明进步协调一致。伊尼斯提到,用树枝在潮湿的黏土上书写符号,或者在石上刻画符号,这类媒介反映了人类远古时代的文明特征。树皮和纸草纸则反映了古埃及和希腊罗马时代的文明特点,羊皮纸是由罗马帝国到公元 10 世纪的通用媒介,纸和笔则是 15 世纪中叶的主要媒介,纸与手工印刷是文艺复兴至法国大革命(18 世纪)期间的重要媒介,19 世纪则是报刊、电影和广播、电视的大众传播媒介的时代。无疑,伊尼斯是在更为广泛的人类交往和传播意义上讨论不同媒介形态的。

伊尼斯还分析了不同偏向的媒介与古代帝国控制的关系。认为偏向时间的媒介是个人的、宗教的、商业的、特权媒介,强调传播者对媒介的垄断和在传播上的权威性、等级性和神圣性,但是,它不利于权力中心对边陲的控制。例如,使用黏土和石头媒介的权力中心就只能在小区域内行使权力,而无法对广阔无垠的领土进行有效管理。而偏向空间的媒介是一种大众的、政治的、文化的普通媒介,体现传播的世俗化、现代化和公平化。因此,它有利于帝国扩张、强化政治统治,增强权力中心对边陲的控制力,也有利于传播科学文化知识。例如,文字传播和公路系统就在较长时间内帮助罗马人维持了罗马这一大陆帝国的统治。印刷媒介的兴起,则摧毁了教会对传播的垄断,引发了宗教革命、文艺复兴和教育普及。但是,伊尼斯同时也认为,权力中心要想确保社会稳定,在现代社会过分倾向于使用偏向时间的媒介已不合时宜,正确的做法是保持媒介的时间偏向和空间偏向的平衡,使之取长补短、互动互助。

伊尼斯的上述理论考察和分析具有浓厚的经验描述的色彩,他将媒介置于物理存在的层面上,完全忽视了媒介其实具有丰富的社会文化内容的存在,在理论论述中也缺乏完整的内在逻辑,在其看似合理的描述中,其实对现实状态的解释依然不够深入和完整,甚至存在难以明确解释且互相矛盾的地方。但伊尼斯显然坚持技术决定论的因果分析模式,因此,他提出的技术对媒介发展的影响的观察视角,无疑也开拓了传播学研究的新思路,引发了其后的麦克卢汉、尼尔·波兹曼等人对媒介与技术的内在关系的进一步思考。

需要指出的是,对于传播技术批判理论的形成,有学者认为伊尼斯的理论观点深受芝加哥学派帕克的直接影响,甚至认为伊尼斯也属于芝加哥学派的学术领域。其原因是,一方面,伊尼斯在芝加哥大学师从托尔斯坦·凡勃伦修读政治经济学,并选修了帕克的课程。但芝加哥学派先驱们关于传媒技术与社会变革的宏观传播学思想雏形是否影响到媒介技术主义范式的形成,尚无法确定。另一方面,在芝加哥大学的学习中,芝加哥学派的理论主张也不可能不影响到伊尼斯。麦克卢汉评价道:"第一次世界大战后他到芝加哥大学求学时,遇到了一个最好的时期。涂尔干、韦伯和杜威的思想造就了一批经济学和社会学的新秀,他们是凡勃伦、米德和帕克。在20年代的芝加哥,他们创造了一种吸引和激励新秀的氛围。"按照麦克卢汉的说法,在芝加哥的学者中,伊尼斯对帕克的理论很有兴趣。尽管伊尼斯所学专业与社会学有一定的距离,但他却注意到了其他学生所没有注意到的帕克传播思想的精髓。"帕克的思想对伊尼斯的吸引力,似乎超过了它对其他学生的吸引力。"①伊尼斯是否接受了芝加哥学派的理论衣钵,其实无须争论。但非常重要的是,伊尼斯通过芝加哥学派的理论影响,确实意识到了技术发展与社会的内在关系。

二、麦克卢汉的传播技术批判理论

马歇尔·麦克卢汉(1911—1980)是20世纪加拿大媒介批判理论学者,提出了许多富于原创性的理论观点。麦克卢汉1933年在加拿大曼尼托巴大学获得文学学士学位,1934年获得硕士学位,此后到剑桥大学留学,继续文学方面的研究,1942年获得剑桥大学博士学位。麦克卢汉提出了"媒介即信息""媒介是人的延伸""热媒介与冷媒介""地球村"等有关传播批判的概念。这些看起来不合逻辑的概念,构成了麦克卢汉学说的主要内容,研究者不断对其概念进行阐释,并由此产生了重要的社会影响。但总体而言,麦克卢汉始终坚持技术决定论的理论路径,认为技术发展引发的媒介革命对人类社会生活的变迁具有决定性的意义。他的主要著述有《机器新娘》(1951年)、《古登堡星系》(1962年)、《理解媒介:论人的延伸》(1964年)等。

第一,地球村与部落化。麦克卢汉认为,随着卫星通信技术的出现、电视的普及,地球"越来越小",人类跨越了空间和时间的限制,使信息在瞬间即可传递到世界上的每个角落。因此,麦克卢汉提出地球已变成一个村庄的观点。电子信息使全球生活同步化,全球经济趋同、整合。此外,他还提出"部落化",认为人类社会的发展经历了从部落化、非部落化到重新部落化的历程,促成这种变化的就是媒介技术的变革。这样,麦克卢汉从媒介演化历史的角度去描述人类社会发展的历史。他将其总结为三种基本的技术革新,即拼音文字、16世纪的机械印刷、1844年电报的发明。由此,麦克卢汉认为是电子信息技术的革命使人重新回到部落化时代。

---

① 胡翼青:《再度发言:论社会学芝加哥学派传播思想》,第157页。

第二，媒介即讯息。麦克卢汉认为，就媒介而言，真正有意义的并不是媒介所提供给人们的内容，而是媒介本身。人类只有在拥有了某种媒介后，才有可能从事与之相适应的传播和其他社会活动。由此，媒介最重要的意义就是"影响了我们理解和思考的习惯"。对于社会来说，真正有意义、有价值的"讯息"，不是各个时代的媒体所传播的内容，而是这个时代所使用的传播工具的性质，以及它所开创的可能性和带来的社会变革。麦克卢汉特别强调了传播媒介所具有的性质对人类传播活动的影响。他强调媒介是社会发展的原动力，任何新媒介的产生都开创了人类感知和认识世界的方式。传播技术的革命改变了人类的感觉形式，也改变了人与人之间的社会关系，并创造出新的社会行为类型。对于媒介与社会形态的关系发展，麦克卢汉将其分为部落文化阶段（口头传播）、脱部落社会个人传播（印刷文字传播）和新部落文化阶段或电子文化阶段（地球村计算机、电视及其他电子传播媒介）三个阶段，最后使得人类又重新走进部落时代。

第三，媒介是人的延伸。麦克卢汉认为，技术的进步使人类更有效地生活和劳动，使媒介具有延伸人类五官的功能。例如，印刷品是眼睛的延伸，广播是耳朵的延伸，电视机是耳朵和眼睛的同时延伸，电话是声音和耳朵的延伸，电话是耳朵和声音的延伸，等等。他几乎把所有的媒介都视为人体的延伸。他还将作为人的延伸的媒介区分开来，如电子媒介是中枢神经系统的延伸，其余一切媒介（尤其是机械媒介）是人体个别器官的延伸。中枢神经系统把人整合成一个统一的有机体，电子媒介亦然。其他的媒介则延伸人的一部分感官，使人的感官失去平衡，使人支离破碎、单向发展。电子时代的人再不是分割肢解、残缺不全的人。由此，人类也不再不是分割肢解、残缺不全的大家庭。电子时代的人类再不能过小国寡民的生活，而必须密切交往。与此相反，机械媒介（尤其是线性结构的印刷品）使人专精一门、偏重视觉，使人用分析切割的方法去认识世界，因此在过去的机构时代里，人是被分割肢解、残缺不全的畸形人。从这些论述中，可以很清晰地看出麦克卢汉的媒介技术决定论观点。他很乐观地看到了新兴的电子媒介会整合解决人类所面临的所有问题，但现实是，技术是否会推进人类文明的进步还是未知数。

第四，"冷媒介"和"热媒介"。麦克卢汉根据人对媒介技术使用和介入的程度，还区分出"冷媒介"和"热媒介"两种媒介形态。"冷媒介"指的是所谓低清晰度的媒介，如手稿、电话、电视、口语等。因为它们的清晰度低，所以它们要求人深度参与、深度介入。"冷媒介"邀请人深度参与，因此它"兼收并蓄"。与之相反的"热媒介"剥夺人深度参与的机会，因此它"排斥异己"。

麦克卢汉的泛媒介理论、明确的媒介技术决定论观点，以及他标新立异的独特的论述方式，使得他的理论受到了很大的质疑。施拉姆评论说："他的论述方式使得他的观点难以捉摸。""所以麦克卢汉有意采用一种断续的写作方式,有人将其比作向四面八方散射的罗马式蜡烛。他很少充分展开论述任何观点,鄙视研究证据。……他的学术观点带有一丝寓言似的色彩,就像德尔菲的祭司一样,他发布的讯息可以作多种多样的解释,的确令人深思,然而许多时候对祈求神谕的人产生了很大的影响。"①因此,麦克卢汉的观点和思想如"冷媒介"与"热媒介"的区分、"媒介即讯息"、"媒介是人的延伸"等观点仍备受争议。就传播技术批判理论的视角而言,麦克卢汉的传播批判方法缺乏严谨的科学性,因此难以从逻辑上做出解释。

三、波兹曼的媒介技术否定批判理论

尼尔·波兹曼(1931—2003)是当代著名的美国传媒文化研究者和批评家,在纽约大学创建了媒体生态学专业,并担任纽约大学文化传播系主任,享有世界性的学术声誉,2003年波兹曼去世后,美国各大媒体发表多篇评论,高度评价他对后现代工业社会的深刻预见和对媒介文化的批评。波兹曼的传播技术批判理论集中在《娱乐至死》(1985年)、《童年的消逝》(1982年)和《技术垄断》(1992年)三部曲中。波兹曼立足于传播批判的立场,对现代大众传播媒介进行了分析。他曾受麦克卢汉"媒介即信息"的观点影响,提出了"媒介即隐喻"的论题。他的传播技术批判理论的主要观点可概括为媒介即隐喻理论、媒介变迁理论、对电视文化的批判以及技术垄断理论等方面。

第一,媒介即隐喻。在波兹曼看来,媒介具有"定义现实世界"的力量,即媒介影响、建构人们对现实的理解,并进而影响人们的社会行动,其中媒体形态的影响至关重要,因为人们对媒介形态的接受会塑造新的文化形态。波兹曼认为,文化传播中的媒介对于文化的形成有着决定性的影响。由此,媒介则成为现实隐喻。媒介作为形式对文化内容的改变具有重要的作用,而这种改变发生的真正根源在于"人类思维方式的转变"。波兹曼的"媒介即隐喻"的观点包含两层含义:其一,媒介的内容建构了世界。作为新闻的现实素材,通过媒介技术的传播使人们得以了解,并纳入自己的日常生活。这种"媒介隐喻"的关系替代人们自身对世界进行的分类、排序、构建、放大、缩小和着色,人们把自己包裹在语言形式、艺术形象、神话象征或宗教仪式之中,不借助于人工媒介,人们就无法了解任何现实事物。其二,不同媒介形态对思维方式产生影响,而思维方式的变化直接影响人类文化变化,思想表达的方式影响表达内容。"媒介即隐喻"就是要提

---

① 威尔伯·施拉姆、威廉·波特:《传播学概论(第二版)》,何道宽译,第126—127页。

醒人们注意到不同媒介环境对思维方式的影响。波兹曼认为,为了理解这些隐喻的功能,人们应该考虑到信息的象征方式、来源、数量、传播速度以及信息所处的语境。

波兹曼的"媒介即隐喻"包含着媒介认识论的观点,认为不论某种媒介最初的语境如何,它都有超越原初语境并延伸到新语境的能力,引导人们组织思想和总结生活经历,影响人们的意识和不同社会结构,影响人们对世界的认知、价值和情感评价。"媒介即隐喻"其实是媒介决定论的另一种表述方式。

第二,媒介变迁理论。在"媒介即隐喻"的理论基础上,波兹曼提出媒介变迁理论。如前所述,波兹曼认为媒介具有定义现实世界并塑造文化特征的能力。由此出发,波兹曼借助于历史学和人口学的资料,分析了媒介影响下人们的"童年"是如何消逝的问题,以阐述其媒介变迁理论。波兹曼认为,欧洲中世纪的口语传播时代没有童年概念,当时的社会文化以"口语文化"为主。印刷技术普及后,文字阅读成为主导性传播活动,因此,印刷媒介使得成人和儿童分化,使得童年的概念正式诞生。而电视媒介又使得儿童和成人分享来自电视的信息,童年便又"消逝"了。波兹曼虽然分析不同媒介形态对文化的影响,但他依然坚持媒介技术对社会文化的影响是决定性的观点。

第三,电视文化批判。波兹曼坚持媒介技术的发展引发媒介形态的变化,会直接影响人类文化的特征,由此他对电视文化进行了批判,从而分析电视对当代社会和文化的巨大冲击。波兹曼认为,20世纪电子媒介技术的发展,使得电子媒介以图像符号替代了传统媒介的抽象符号,从而使人类从以印刷文字为中心的"读文时代"转向以影像为中心的"读图时代"。由于图像消除了人们知觉与符号间的距离,消除了文字符号需要通过接受特定教育才能理解的间接性,相应地也消除了从符号的所指到能指之间的思维过程。电子媒介的这一"优势"使它不仅替代了印刷媒介的权威地位,还迅速地影响到人们的行为方式和生活习惯。人们越来越满足于不假思索地接受外来信息,越来越迷恋于直观地复制形象。波兹曼指出,电视图像已经成为当代支配性的传媒形式,电视包容了所有的话语形式,并迅速成为人们了解文化的主要方式。同时,电视媒介通过镜像文化创造出没有关联、没有语境、没有历史和没有任何意义的世界,在这样的世界里,人们用趣味性代替复杂而连贯的思想。电视的音像话语形式最易于展示的就是娱乐,因此,娱乐化成为人们文化的基本特征,于是人们开始了不经过大脑思考的"文化生活","娱乐"迅速成为满足人们视觉和听觉需要的最简捷的路径。波兹曼认为,电视的思维方式和印刷术的思维方式格格不入,电视对话会助长语无伦次和无聊琐碎,"严肃的电视"这种表达方式是自相矛盾的,电视只有一种不变的声音,就是"娱乐的声音",娱乐精神已经成为文化的核心。不管新闻还是宗教,政治还是教育,都成为娱乐的内容。娱乐是现实的主流,它成为电视上所有话语的超意识形态。

波兹曼不无担忧地指出,在娱乐化社会,公众话语都以娱乐的方式出现,并成为一种文化精神。政治、宗教、新闻、体育、教育和商业都心甘情愿地成为娱乐的附庸,其结果就是人类成了一个"娱乐至死"的物种。他悲观地认为,如果一个民族分心于繁杂琐事,如果文化生活被重新定义为娱乐的周而复始,如果严肃的公众对话变成了幼稚的婴儿语言,总而言之,如果人民蜕化为被动的受众,而一切公共事务形同杂耍,那么这个民族就会发现自己危在旦夕,文化灭亡的命运就在劫难逃。波兹曼对电视文化的深入批判,体现出了传播批判理论所具有的特定的批评立场和批判精神。

第四,技术垄断。波兹曼提出"媒介生态"概念,认为媒介生态学是将媒介作为环境的研究,也是对信息环境的研究,它所关注的是传播技术如何控制了信息传播的形式、数量、速度、分类以及方向等,信息结构如何影响人们的观点、价值和态度等。由此,媒介生态学关注的就是技术,特别是媒介技术发展对人类文化的影响问题,并由此阐发以技术为核心的媒介环境如何改变人类的思考方式和组织社会生活的方式。波兹曼所谓的"技术垄断",是指技术对人们的世界和生活所实施的独特控制,波兹曼认为技术垄断是文化的一种存在方式,也是思想的存在方式,技术被神化,文化要在技术中寻求认可和满足,并且听命于技术。在波斯曼界定的技术垄断文化中,技术突破了文化,变得无法驾驭,并试图将其倡导的精确、客观、效率等价值观强加在人类身上,进而向文化发出挑战,企图构建一种新的社会秩序,在这种建构中,必然要消解掉与传统有关的一切。在技术垄断文化中,技术成为颠覆人类的一切传统信仰,使文化生活的所有形式都屈从于技术至高无上的权威。波兹曼的技术垄断理论,深刻思考了技术主义对现代社会文化的消极影响,突出强调了传播批判理论对媒介技术主义的反思和批判。

对于波兹曼的传播技术批评理论,也有学者提出不同的观点。有学者认为,波兹曼所认为如今大众所谓"认知和知识水平"的倒退是由技术发展所导致的观点,但事实上,我们对错误意识形态和观念的接受,才是导致"技术使用"失控的主要原因,显然不在于技术本身。[①] 还有学者也认为,波兹曼将"受众"定义为"毫无区别的大众",而实质上这些人存在个体差异,应该根据年龄、社会阶层等因素做出进一步分析。同时他们也指出,波兹曼的"童年消逝论"只关注儿童和成人如何被媒介控制,但是忽略了他们对媒介的掌控,这明显存在局限性。[②] 当然,波兹曼对媒介环境学做出的贡献不可忽视,但是传

---

① David K. Nartonis. *An Answer to Neil Postman's Technopoly*. Technology & Society, 1993, Vol.13（2）, pp.67－70.

② T. Hoikkala, C. Tigerstedt, O. Rahkonen, J. Tuormaa. *Wait a minute, Mr Postman!—Some Critical Remarks on Neil Postman's Theory: Review Article*. Acta Sociologica, 1987, Vol.30, pp.87－99.

播技术批判理论试图用保存印刷文化的办法来抗衡电子技术革命的发展,将电子媒介与印刷文化完全对立起来,将精英文化与大众文化对立,将工具理性与价值理性对立,甚至将理性与感性对立,这种二元对立的研究范式无疑存在明显的缺陷。

第二节
传播技术批判理论的发展

随着媒介与技术批判理论的发展,传播批判理论对媒介与技术的反思性探究也不断多元化。基于技术主义、人文价值及社会文化等不同立场的传播技术批判理论,从不同的视角分析了媒介技术与社会文化之间复杂关系及特征,并提出了不同的理论观点,从而推动了传播技术批判理论的发展,丰富了传播批判理论。

一、梅罗维茨的媒介情境论

美国传播学者约书亚·梅罗维茨(1953—　)与保罗·莱文森都是波兹曼的博士生,在麦克卢汉、伊尼斯和波兹曼的传播技术批判的基础上,通过对社会学家戈夫曼提出的拟剧论的阐释,提出"情境决定论",并于20世纪80年代出版的《空间感的失落:电子传播媒介对人的社会行为的影响》中,提出了他的媒介技术批判理论。梅罗维茨认为,媒介并非仅仅是两个或两个以上环境中的人们之间进行交流的手段,它们本身就构成了媒介信息环境。

梅罗维茨传播技术批判理论的核心观点是"媒介情境"理论。基于麦克卢汉的"媒介即信息"的观点,借助于戈夫曼的社会情境理论,梅罗维茨认为,由各类媒介本身所构成的媒介情境也是信息系统,媒介信息环境与人们所处的自然和物质环境同样重要,每种独特的行为需要一种独特的情境。梅罗维茨的媒介情境论所指的情境,就是信息系统。构成信息系统的是"谁处在什么地点"和"什么类型的行为可被谁观察到"两种情形,或者说是以人们接触社会信息,包括自己和别人行为的信息的机会为核心。在这个信息系统内,信息不但在自然环境中流通,也通过媒介传播。因此,使用媒介所造成的信息环境如同现实的地点场所一样,都促成了信息流通的形式。梅罗维茨进一步认为,人们对媒介的使用行为,形成了不同的社会情境,从而形成了明确的界限。他使用社会学的观点来解释该理论,因为人们需要始终如一地扮演自己的角色,不同情境下人们则具有不同的行为。概而言之,媒介使用也成为人们建构不同社会情境的手段。显然,基于社会学的社会情境研究理论,梅罗维茨认为人们的媒介使用行为也是有目的地构建社会情境的重要影响因素。

在此基础上,梅罗维茨进而考察电子媒介技术对社会情境的影响,认为电子媒介促成了许多旧情境的合并。他指出,随着电子媒介技术的普及,由于其传播代码的简单性,媒介情境形式也发生了变化。长期以来,印刷媒介的传播要求受传者具有基本的读写技巧,电子传播媒介则与此不同。电视的电子信号展示日常生活的"视听形象",人们没有必要先看简单的节目,然后才能观看复杂的电视节目。梅罗维茨由此认为,由于电子传播媒介造成社会情境形式的变化,人们的社会角色也在发生变化,因此,以往界限分明的社会角色在电子媒介技术情境下失去了他们的边界。电子媒介技术的影响主要体现在三个方面:第一,它促成了不同类型的受众群的合并。电子媒介不仅使在自然、物理环境中群体传播的不同受众群趋向合并,还使许多世纪以来印刷媒介占统治地位造成的不同受众群趋向合并。第二,电子媒介还促成了原先接受情境、顺序和群体的改变。第三,电子媒介使原来的私人情境并入公共情境。电视使得人们可以观察到别人的私人行为,原来的私人情境成了公共情境,每个人都可能处于被公众观察之中。

梅罗维茨的传播技术批判理论把传播媒介看作社会环境的构成部分,提出将媒介情境与社会环境及变化联系起来分析的观点。他认为应该将媒介研究与社会研究有机结合,因为媒介与社会有密切的关系,媒介是社会环境的重要构成,社会环境制约人们对媒介的选择和使用,而媒介又对社会环境有巨大的影响力。同时,梅罗维茨还将受众的概念纳入媒介情境的分析之中,提出了"情境合并"等论点,从而突出了受众在整个传播过程中的重要意义,认为传播活动受到受众的类型、人数的多少等因素的制约,建立了媒介—受众—社会的传播技术批判分析模式。梅罗维茨的传播技术批判理论融合了伊尼斯、麦克卢汉和戈夫曼的不同理论观点,从而发展和推进了传播技术批判理论。

二、马克·波斯特的第二媒介时代理论

马克·波斯特(1941—)是西方马克思主义传播批判理论学者,1968年获得纽约

大学历史学博士学位,美国加州大学厄湾校区历史学系和电影与传播学系教授。他的研究涉及西方文化思想史、批判理论、新媒体研究等领域。波斯特的主要著述有《信息方式》(1990 年)、《第二媒介时代》(1995 年)、《文化史与后现代主义》(1997 年)、《互联网怎么了》(2001 年)等,编译有鲍德里亚的《生产之镜》《鲍德里亚文选》《政治理论与当代文化》等著述。波斯特的传播批判理论深受西方马克思主义、后结构主义理论的影响,他提出的"第二媒介时代"和"信息方式"是传播技术批判理论的核心概念,其思想来源是批判理论和后结构主义理论,具体如下。

第一,第二媒介时代理论。波斯特所谓的第二媒介时代,指的是以互联网为代表的,以受众介入融合模式、无作者权威为特征的双向互动的媒介时代。相应地,其在本质上与以单向传播模式为特征的第一媒介时代有着根本的差异。对于二者的差异,波斯特认为,所谓第一媒介时代,指的是以报刊书籍(纸质媒体)和广播电视媒体为主导的时代。波斯特称之为播放模式,也就是极少数人在说,大多数人在听的模式,比如电视、广播和电影。第一媒介时代是中心化传播方式,即通过有限的制作生产的内容向众多消费者传播,这种传播模式造就了传播者的权威地位和消费者的被动受众地位。而第二媒介时代是指以互联网及卫星通信技术与电视、电脑、电话等传播模式为主导的时代,这个时代集媒介产品制作者、销售者和消费者于一体,是对"交往传播关系的一种全新构建"。其中"制作者、销售者、消费者"的界限不再分明。相比于播放模式的第一媒介时代,第二媒介时代的本质特征是双向沟通和去中心化。从少数人说、多数人听的第一媒介时代转入所有人说、所有人听的第二媒介时代之后,人的主体性获得解放。

如果说,第一媒介时代对应于现代主义的理性传统,强调线性、有序、稳定、单向传播等特质的话,那么,第二媒介时代则对应于后现代主义的非理性,突出非线性、无序、不稳定、双向互动等特征。他将电子媒体时代的去中心化、分散化、多元化特点进一步明确为"双向的去中心化传播"。这是他根据西方社会理论和文化理论考察新的传播技术问题,对传统文化理论中的相关概念进行的批判性评价,从而对人与技术的关系进行的重新思考。

波斯特的传播批判理论深受阿多诺、本雅明等西方马克思主义批判理论的影响,特别是针对西方现实环境的日常生活批判理论,对波斯特传播技术批判产生直接影响。因此,波斯特的传播技术批判理论的核心,在于对电子媒介尤其是以互联网为代表的新媒体的批判。进而立足于后结构主义理论,波斯特提出第二媒介时代理论,与以印刷媒介为发端的大众媒介时代相区分,从而强调了互联网等新媒体对人类社会生活的影响和意义。波斯特由此认为,以互联网为标志的第二媒介时代,将给人类带来一个文化普遍重组的时代。而在这一新旧更迭的临界点,传统的社会批判理论已不能充分解释新出现的文化重组现象,需要一种对原有理论的批判和反思,并针对新的历史语境和新的交往传播方式建构一种新型的社会理论,以便能完整解释第二媒介时代普遍的文化重组的现实,并能进一步阐明对于文化变革的重要意义。

第二,信息方式理论。波斯特还探讨了由媒介技术所引发的人们的信息交流方式的变化,提出了信息方式理论,认为当代社会中通过电子媒介交流的方式不但改变了人们的思考方式,而且同时带来了社会形态的变化。对于媒介技术影响人们信息交流方式的研究,伊尼斯、麦克卢汉等学者就深入分析人类信息传播的各种形式和技术手段,探究了媒介技术的发展与社会变迁、文明发展的内在关系问题。由此,波斯特提出信息方式概念,用来描述电子技术影响下人们的交流方式,并阐释电子媒介交流的非同质性特征,特别是电视、互联网等交流方式对人类文化和社会产生的内在影响。

波斯特的信息方式理论借用马克思关于生产方式的理论阐述,并将其与马克思的生产方式理论相对照。马克思的生产方式概念包含两方面的含义:一是作为历史范畴。按照生产方式的变化可对历史进行分期,从而区别不同的生产手段与生产关系的结合形态。二是作为对资本主义社会特征描述的概念。生产方式强调经济活动对社会发展的主导地位,认为它是社会发展的终极决定因素。波斯特由此认为,在新的媒介技术发展的语境下,可按照信息交换的方式来进行历史分期,并赋予信息符号的文化交流在人类社会发展中的核心地位。

波斯特的信息方式理论的含义也包含两方面。其一,在美国和其他高度工业化的国家,符号的文化交流日益居于中心,日益成为社会生活中最重要的方面之一,甚至成为生产过程本身最重要的一个组成部分。信息方式就如同 19 世纪的生产方式一样居于社会关注的中心。其二,与马克思对生产方式变迁的关注一样,波斯特也关心信息交换方式的变化,20 世纪以来工业化的发展,使得文化客体、符号客体等形成了阿多诺和霍克海默等所讨论的文化工业。在文化工业中,信息交换的方式是单维的、独白式的和霸权性的。但是随着互联网的迅速发展,文化工业的信息交换方式也发生了相应的变化。在他看来,这个变化的总趋势,就是文化客体的生产者与其消费者之间的信息交换越来越非中心化了。总而言之,他之所以将"信息方式"与"生产方式"相比照,是因为他看到了文化问题正日益成为当代社会的核心问题。

波斯特将人类的信息方式的发展具体分为三个阶段。一是面对面的口头传播阶段,认为自我被包裹在面对面关系的总体性中,在语音交流中的某个位置上被建构。二是印刷传播阶段,自我被构建成一个行动者,处于理性/想象的自律性的中心。三是电子传播阶段,持续的不稳定性使自我去中心化、分散化和多元化。相对于此前口头媒介交换和书写媒介交换时代,在电子媒介交换时代里,语言与社会、观念与行动、自我与他者的关系都在发生改变。正是在第三个阶段,电子媒介把巨大的时空差异瞬间整合起来,使个体有了多重身份,呈现不稳定化、碎片化等特征。

三、斯各特·拉什的信息批判理论

斯各特·拉什是英国著名的社会学家和文化研究学者,英国伦敦大学戈德史密斯学院社会学教授、文化研究中心主任,曾任教于英国兰卡斯特大学,1998 年至今在伦敦大学戈德史密斯学院执教。斯各特·拉什的研究包括社会学、现代哲学、文化研究、身份认同、现代化等领域。拉什的主要著述有《组织化资本主义的终结》(与约翰·厄里合著,1987 年)、《后现代主义社会学》(1990 年)、《现代性和身份》(合编,1992 年)、《全球性现代性》(合编,1995 年)、《时间与价值》(合编,1998 年)、《另一种现代性,另一种理性》(1999 年)、《符号经济与空间经济》(与约翰·厄里合著,2006 年)等。他的著作《信息批判》(2002 年)基于批判理论的立场,围绕信息的概念,对后现代主义文化进行了批评和反思。

拉什通过考察信息时代的主要特征来展开其传播技术批判理论的分析,并强调以"信息社会"而非后现代社会、风险社会或晚期资本主义等概念来理解当前社会的发展。拉什认为,后现代主义主要是在讨论秩序、碎片化、非理性等问题,而信息的观念却同时讨论人们所经历的新秩序与失序,而且人们已清楚地看到所谓失序(非理性)其实往往是秩序(理性)的无心之果。信息作为一种观念是更好而且更有力的,因为它从一个统一的原则出发。因此,信息建构的是一个流动的、动态的、促进远距离实时关系的系统,它是"去嵌入""压缩时空"的系统。

拉什认为,目前人类正生活在一个"流动的、拔根的、时空压缩的实时关系"的信息时代。而信息社会的种种特征表明,如众所周知的安东尼·吉登斯等人所谓的"晚期现代",或大卫·哈维等人提出的"后现代"等概念实际上已经失去了阐释效力。在拉什看来,任何系统性的概念框架都无法将"信息"纳入其中,更不用说对信息社会的准确理解了。由此,拉什试图使用信息社会的概念来对西方后工业社会进行批判。他从符号的、讯息的、技术的和商业的层面对信息概念进行批判性阐释,将之诠释为即时的、漂浮的、零碎的、弥漫的、无理性和现实趋附的时代幽灵。他由此认为,"信息的主要性质是流动、去嵌入性(disembeddness)、空间压缩、时间压缩、实时关系"等方面。① 总体而言,拉什的信息批判理论对信息和信息社会的特征主要包括下述方面。

第一,信息社会是被缺乏现实底蕴的无根文化所统摄的,是一个被信息字节的混沌式组合所遮盖的非理性社会,也即"被蒙蔽的信息社会"。符号讯息的混沌式流动取代理性的现实思考,信息社会成为被符号流动所覆盖的无根文化网络。拉什说:"信息生产造出的产品——不是那些富含信息的物品与服务,而是很大程度上脱离控制的信息字节(byte)。"因此,其结果是高度的工具理性之因(比如信息技术)却结出了非理性的社会之果。"信息社会最大的矛盾是:以最高的知识与理性为生产要素所生产出来的东西,其无心之果竟是最极端的(也是信息性的)非理性的充斥与超载,这讲的就是被蒙蔽的信息社会。"②

第二,信息秩序就是各种符号讯息在人机接口之间的大批量即时流动,其海量的创意蕴含无限的机会,从而使理性以及理性批判失去从容反思的基础,成为受经济效应左右的符号讯息的添加或删改。拉什认为:"高度理性化和知识密集的生产导致了信息扩散和流动的准无政府状态,这种信息的失序产生了属于它自己的权力关系,这些权力关系一方面包括了信息字节直接的权力/知识,另一方面包括了在知识财产范畴内信息秩序的再造。"③

第三,信息逻辑的本质是反逻辑,就是各种文化符号与碎片的拼贴和不连续的网络连接。由于信息浓缩了时间与空间,其逻辑链条被多维的时空穿梭所打断。"它们被拉得太长、太远以至于无法与线性兼容,它们被拉得长到断成了许多碎片,空间上的联结和社会纽带断了,于是它们重新组构为非线性、不连续的网络联结。"因此,"一旦因果逻辑的可预期性被甩脱了,我们就被丢进了不可预期的后果逻辑里"。④ 而这种"后果逻辑"实质上就是商业讯息在资本空间的排列与组合、媒介符号在网络空间的瞬时存在。

第四,信息价值就是无关现实的符号价值,它转瞬即逝,没有任何历史和现实意义,只存在于"媒介场景"(mediascape)的即时和实时之中。在"信息化"的背景中,无孔不入的资本与无孔不入的媒介符号加速融合,积累原则与符号原则结成了可以相互替换的联盟和伙伴,共同编织着无所不包且无所不能的资本符号网络:"不仅是机器与物品,也不仅是文化与媒介,甚至连自然与生命本身也被信息化了。这种信息化的自然可能

① 斯各特·拉什:《信息批判》,杨德睿译,北京大学出版社,2009,第 14 页。
② 同上,第 15、124 页。
③ 同上,第 18 页。
④ 同上,第 38、37 页。

随后就要被当成知识财产注册专利,并被整合到全球资本的积累战略之中了。"媒介本身登上了生产权力的宝座,而生产、生活却都被平铺在媒介讯息的界面上,"不仅新闻纸和数码信息,连整个消费资本主义的都市都可以被理解为信息。在信息性都市里被严重品牌化的环境中,物品、生活方式和设计都是瞬息万变的,延续短、周转快"。信息价值成为"主要不是关于社会地位而是关于符号价值的转瞬即逝性,以及其无休止的、不停歇的无所不在",它"既不在过去也不在未来,而是只在实时之中"。[①]

  拉什关于信息的无根化、相对化、流动性等特征的阐释,产生了重要影响。传统社会学家往往从知识密集型产业或后工业时代的产品及服务来理解信息社会,这种理解往往忽视了信息压缩所造成的影响。对信息的本质认知误区的核心,是对麦克卢汉"媒介及讯息"的误解,即将"message"直接误读为"medium"。拉什认为,过去占主导地位的媒介是叙事、诗歌、论说、绘画,但如今则是讯息或通信。传统叙事、论说、绘画的内容是以一种具有线性逻辑特征的方式渐次呈现的,譬如《荷马史诗》或莎士比亚的戏剧甚至普希金的叙事诗,它们所描述的事件通常是有头有尾、合情合理的故事,情节因果相循、次第展开。但在当代媒介发展的现实中,信息处理的情况则完全不同,即便是论说中条分缕析、理据分明等一些最基本标准与法则,在信息化过程中也已变得无足轻重。拉什关于信息压缩的观点,对于新媒介环境下人们如何理解信息的含义提出了不同的视角。

第三节
互联网时代的传播技术批判理论

  随着信息技术的迅速发展,人类社会进入互联网时代,传播技术批判理论对于媒介技术的批判仍在继续,但是同时也有技术乐观者们不断涌现,他们用积极的眼光看待媒介技术的发展更迭,莱文森、桑斯坦就是两位有代表性的媒介乐观主义者。莱文森的乐观性在他的媒介理论中贯彻始终。桑斯坦则在乐观中带有批判取向,他对互联网呈现

---

  ① 斯各特·拉什:《信息批判》,杨德睿译,第 276、230、119、233 页。

出乐观主义态度的同时,也在思考算法/个人化信息推送带来的弊端。相较于莱文森而言,桑斯坦是更理性的乐观主义者。他们在现代社会由互联网带来的恐慌之中,提供给人们一种积极的观点,认为互联网尽管存在各种各样的问题,但是无疑为人类社会的发展带来巨大的积极力量。

一、莱文森的媒介进化论

保罗·莱文森(1947—)是美国著名的传播学者、媒介哲学家,被誉为"数字时代的麦克卢汉",认为人类有驾驭技术的能力。他是波兹曼的博士研究生,并与麦克卢汉保持着深厚的友谊,是媒介技术学派第三代的领军人物。他不仅是一位传播学教授,同时也是科幻小说家,在文学和传播学两方面成就斐然。同时他还是技术乐观主义者,曾任美国科幻小说研究会会长,屡获美国及世界级大奖和提名。他完美实现了科学文化与文学文化、精英文化与大众文化的结合。莱文森的研究成果非常丰富,他发表了百余篇论文,多半涉及传播和技术的历史与哲学方面的内容,其中比较重要、能体现其技术哲学思想的论文主要有《玩具、镜子和艺术:技术文化的变迁》(1977年)、《技术是宇宙演化的利刃》(1985年)、《枪支、刀具和枕头:论技术应用的中性》(1986年)、《代表人类:技术刀刃》(1996年)等。传播技术批判理论方面的著述主要有《思想无羁:技术时代的认识论》(1988年)、《学习赛博空间》(1995年)、《软性的刀刃:信息革命的自然历史和未来》(1997年)、《数字麦克卢汉》(1999年)、《真实空间:飞天梦解析》(2003年)、《手机:挡不住的呼唤》(2004年)等。此外,莱文森还发表过20多部科幻作品。

对于媒介技术的认识,莱文森立足于认识论立场探究人类媒介技术的发展,主张技术是人的思想的体现,是人根据自己的思想对外部世界的安排。[①] 因此,在他看来技术的本质就是物质世界和思想世界的结合。莱文森说:"每一种技术都是思想的物质体现,因此一切技术都是人的理念的外化。在外化中并通过外化,我们可以读到技术所体现的思想。"[②]正是在对技术作这种理解的基础上,莱文森建立起自己的技术媒介理论和技术哲学思想。莱文森创造性地提出了"媒介进化论"的观点,有学者就认为,"这一思想强调对媒介整体发展历史的关注,以及在宏观性和动态性两个维度上去解析媒

---

① 保罗·莱文森:《思想无羁:技术时代的认识论》,何道宽译,南京大学出版社,2004,第90页。
② 同上,第209页。

介'进化'的规律"。在其整体观点的引导下,莱文森提出"玩具、镜子和艺术""人性化趋势"和"补救媒介"三个重要理论,它们构成了莱文森独特的媒介理论体系的基石。① 有学者也通过对莱文森的学术思想的梳理,将其归纳为了三条媒介演进线路图。"他的媒介进化理论高扬'人性化趋势'的媒介演进大旗,强调人在媒介技术演进中的能动作用,清晰勾勒出三条媒介演进的线路图:'玩具—镜子—艺术'的技术演进线路、非完美主义的媒介补救线路、人类理性选择的媒介生存线路。"② 可见,莱文森立足于媒介技术乐观主义立场,循着技术人类学和认识论的视角,通过考察媒介技术发展的人性化演进思路,从而构成其学术理论脉络。下面对莱文森的传播技术批判理论分别加以阐释。

第一,玩具、镜子和艺术。莱文森在 1977 年的《玩具、镜子和艺术:技术文化的变迁》中阐述了"玩具—镜子—艺术"媒介技术演进的三阶段论观点。该观点是莱文森通过归纳电影技术的发展而总结出来的,显见的是,它针对影视艺术的解释是适用的,但是对于整体媒介技术演进的描述未必完全适合,亦即只适用于某一类别的媒介技术的演进趋势,而并非能解释媒介技术演进的全部内容。在莱文森看来,"玩具"阶段是媒介技术的初生阶段,"媒介招摇进入社会时多半是以玩具的方式出现。它们多半是一种小玩意。人们喜欢它们,是因为好玩,而不是因为他们能完成什么工作"③。莱文森指出,在这个阶段,感知经验是个人的、主观的、高度个性化的,而不是大众的,这些玩具常常在社会的边缘起作用。当人们逐渐适应,或者说习惯了新技术,人们的态度就会转换,并开始关注媒介传达的内容。对于媒介传达的内容与真实世界的关系,如同镜子中的映像和照镜子的人一样。这时媒介就可以复制现实生活,媒介技术就进入"镜子"阶段。当新技术被广泛运用于媒介和大众艺术时,新媒介就发展成了反映社会现实的镜子。到了最后的"艺术"阶段,就要求媒介"不但要能够复制现实,而且要能够以富有想象力的方式重组现实"④。莱文森认为电影就是成功进入到"艺术"阶段的媒介,因为蒙太奇、剪接技术和长短镜头等新技术为电影增添了感染力和艺术性。但是,并不是所有的技术都能实现以上三个阶段的演进,绝大多数技术都只能到达镜子阶段,只有少部分技术能到达艺术、生成艺术的阶段。

---

① 常江、胡颖、保罗·莱文森:《媒介进化引导着文明的进步——媒介生态学的隐喻和想象》,《新闻界》2019年第 2 期。
② 陈功:《保罗·莱文森的媒介演进线路图谱》,《当代传播》2012 年第 2 期。
③ 保罗·莱文森:《数字麦克卢汉:信息化新纪元指南》,何道宽译,社会科学文献出版社,2001,第 200 页。
④ 保罗·莱文森:《作为进化载体的信息技术》,何道宽编译,载《莱文森精粹》,中国人民大学出版社,2007,第 15 页。

莱文森认为,媒介技术依照这三个阶段演进背后的动力来源是人与社会需求的合力。莱文森 1999 年在《数字麦克卢汉》中对他的技术演进三阶段理论进行了进一步的阐释。他并没有简单地将技术的演进的动力归结到某一外部因素,在技术本身的内在驱动之外,更多的是社会、经济、文化的影响,以及与大众选择的合力结果。因此,在玩具、镜子和艺术的三阶段演化论中,前一个阶段向后一个阶段的演进都是多重因素合力的结果,归根结底这个合力是"人与社会需求"的合力。

第二,人性化趋势及其相关的媒介进化理论。莱文森在 1979 年的博士论文《人类历程回放》中首次提出"人性化趋势"(anthropotropic)的概念,这个单词是莱文森将"anthropot"和"tropic"两个语素拼合而成的。莱文森指出,在进化过程中,媒介的人性化越来越多,而人为性越来越少。无疑,莱文森所说的人性化趋势,主要指的是媒介技术与人的适应性,用来描述媒介技术在进化过程中表现出的一种逐渐符合人类需求特征,以及便于人类用它进行信息交流的倾向。

莱文森看来,媒介人性化有三个方面的具体表现:一是不断朝向人类感官的生理和谐,二是媒介必须满足便于人们交流的需要,三是功能聚合的复合媒介。莱文森对任何一种媒介特别是新兴媒介都持有肯定的态度,认为它相对于前一种旧媒介是朝符合人性的方向前进的。有学者就认为,媒介人性化发展的内涵具体体现在两个方面,一是人性化即是媒介的自然化,媒介获取外界信息必然具有真实的一面,与人类生活于其中的自然界特性保持一致;二是媒介符合人类在信息交流中感官平衡的需求。现代技术和媒介不是以取代自然能力的方式,而是以恢复和延伸自然能力的方式,使人类能够达到自然能力过去不能达到的领域。同时,在传播媒介的发展中,它们对现实的技术再现是以人类的感官感觉构建的现实作为基础的。① 可见,莱文森的观点中明显有麦克卢汉的影子,也就是说媒介的人性化,核心是媒介必然要适应人的自然演化的进路。

媒介发展的人性化趋势是技术乐观主义的具体体现,是对人的主体地位、主观能动性的强调,凸显媒介满足人类的能动需求。但是,人性化趋势不只是一个独立的概念,同时也是莱文森媒介进化论的主要理论支撑。莱文森也指出,媒介进化理论的核心是:"媒介以达尔文进化论的方式演进,人创造媒介(显然如此),而且选择媒介(用达尔文的话来说,就是选择环境)。我们的选择有两条标准:(1)我们想要凭借媒介来拓展传播,以求超越耳闻目睹的生物学局限。(2)人类在早期的延伸中,可能已经失

---

① 陈功:《保罗·莱文森的媒介演进线路图谱》。

去了某些生物学传播成分,我们想要重新捕捉住这些昔日的传播成分。换句话说,我们渴望回到我们昔日自然传播的故乡,虽然我们在延伸的过程中超越了这个故乡。"①在这个表述中,媒介进化论的观点表露无遗。也就是说,与早期芝加哥学派、麦克卢汉等学者对于媒介发展路径的看法相同,莱文森依然把媒介技术放置在人的自然演化发展进程之中。

通过莱文森的阐释,人性化趋势和媒介进化理论的关系则十分清晰。媒介进化理论是如同进化论一般的总体规律,在这个规律之中,人处在创造者和选择者的位置,而人们所遵循的创造和选择的原则就是"人性化趋势"。对于媒介技术发展而言,这个进化的过程是被动的,媒介是被创造、被选择的,而人在这个过程中是主动的,处在主体地位,人始终是媒介技术的掌控者。

第三,补救性媒介。莱文森在1988年的《思想无羁:技术时代的认识论》中首次阐释了"补救性媒介"的观点及内涵,认为任何一种后续发展的媒介,对前一种媒介都是一种补救措施,都是对过去的某一媒介或某一种先天不足的功能的补救或补偿。他说:"整个的媒介演化进程都可以看作是补救措施。因此,互联网可以看作是补救性媒介的补救性媒介,因为它是对报纸、书籍、电台和电话等等媒介的改进。"②对于补救性媒介的观点,莱文森从两个方面对补救性媒介进行解释,一方面,任何媒介都不是完美的,技术是人的思想的体现,但是,而作为思想之来源的人的心智不是完美的。"我们心智的非完美性,一定会渗透到我们的一切技术之中,正如它渗透到我们的理论中一样。"③另一方面,技术具有中立性和应用后果的不可预测性。莱文森认为,寻找一种固有好的或坏的属性的技术是徒劳无益的。"因为枪的好处是可以作为打猎的工具而使人们免于饥饿,但坏处是可以杀人。"总之,"一切技术都是刀子的翻版,既可用于好的目的,也可用于坏的目的"④。也就是说,一切技术的应用潜力和后果是不可预测的,这是一切技术固有的属性。可见,技术的不完美不仅在于其本身,也在于人的使用和选择。而在这样不完美的前提下,新的技术和媒介会是旧技术和媒介的补救。值得强调的是,媒介技术间的补救线路,无疑也是人在媒介演化过程中所进行的理性选择,不是技术自发而为的。但也正如莱文森之前提出的媒介进化理论,媒介将会按照人性化趋势进化,也将逐步补救之前的不完美。媒介技术的演化涉及人类文化的发展,因此,这其中隐含的理论恐怕

---

① 保罗·莱文森:《数字麦克卢汉:信息化新纪元指南》,何道宽译,第73页。
② 同上,第255页。
③ 保罗·莱文森:《思想无羁:技术时代的认识论》,何道宽译,第125页。
④ P. Levinson. *On Behalf of Human: The Technological Edge*. The World and I,1996, pp.300–313.

不仅仅在于进化层面。

　　总之,莱文森的理论中,无论是相对微观的"玩具、镜子和艺术"媒介演进观点,还是相对宏观的媒介发展人性化趋势以及补救性媒介的观点,其中关于人与媒介的适应性的思想核心是清晰的。总结起来看,莱文森强调媒介的进化功能,认为新的媒介相较于旧的媒介总是在进化发展中。此外,人的主观能动性在媒介进化的过程有很大的影响和作用。可见,莱文森的思想有着高度的内在一致性,他将媒介进化和人本主义两个核心要素贯穿理论的始终。

二、桑斯坦等的算法推荐批判理论

　　传播技术批判理论随着媒介技术的发展而发展。当互联网传播技术进入以算法推荐为主导,信息生产定制化、个性化分发的阶段,与之相关联的回音室(echo chamber)、信息茧房(information cocoons),以及过滤泡(the filter bubble)等概念则应运而生。其中回音室、信息茧房两个观点由哈佛大学法学院教授凯斯·R.桑斯坦提出,过滤泡概念由美国社会活动家兼作家伊莱·帕里泽提出。下面分别加以阐述。

　　桑斯坦(1954—　　)是美国哈佛大学法学院教授,曾是奥巴马竞选团队的法律事务顾问、奥巴马在芝加哥大学任教时的同事,美国艺术与科学院院士,美国律师协会分权与政府组织委员会副主席,美国法学院联合会行政法分会主席。桑斯坦的著作众多且涉猎广泛,但他大多数著述都在探讨法律和政治话题。也正因如此,他的著作既符合时代潮流具有观点热度,因其扎实的理论背景能够引人深思。回音室和信息茧房这两个观点分别来自桑斯坦在2001年的《网络共和国》以及2006年的《信息乌托邦》,在这两本著述中,桑斯坦将新的媒体环境、新的媒体问题带入他所擅长的政治、法律和民主的讨论中。回音室和信息茧房这两个观点提出后,很快引起了学界和社会层面的广泛讨论和认同。下面分别就这两个观点以及与之相似的过滤泡理论加以论述。

　　第一,回音室理论。作为政治学研究学者,桑斯坦立足于政治学理论考察媒介技术发展对人们的影响。正如《网络共和国:网络社会中的民主问题》的副标题所指出的,该书讨论的也正是网络社会中的社会民主发展的问题。因此,桑斯坦的讨论贯穿始终的是尼葛洛庞帝的"我的日报"(the daily me)所体现的观点,该观点主要强调的是人们信息生活的单一化问题。桑斯坦认为:"在未来某时,科技将能极大地帮助人们过滤他们所读所看所听。我们现在习惯的报纸、杂志和广播电视多已成为过去式,选第四频道还是第七频道这种想法将显得很古怪。在电视、计算机屏幕和网络的帮助下,你能订制报纸和杂志,也可以选择自己想看的电影、游戏、运动、购物和新闻节目。你将可以准确地看到想看的内容,无须在标题和正文里大海捞针。"①进入 21 世纪之初,尼葛洛庞帝的"我的日报"的预言给桑斯坦带来了许多思考。尼葛洛庞帝认为,在数字技术不断发展的情况下,在人们选择的方便程度和丰富程度的影响下,人们选择信息时只选择那些自己认为需要的信息,就像人们每天只订制属于自己的日报一样,人们生活在自己的信息世界之中。事实上,十几年之后,类似于"我的日报"式的信息推送已经成为人们从网络获得信息的普遍状态。桑斯坦对于"我的日报"的思考,重点在于个人化与民主之间的矛盾。"我的日报"这种信息获得方式所体现的是完全"个人化"的状态,是由个人自主选择的信息传播世界,人们可以精确地决定什么是他们想要的,什么是他们不想要的。而桑斯坦对此则提出了质疑:"不断壮大的个人控制力将如何影响民主? 网络、新形式的电视和传播媒体又将如何改变公民治理自己的能力? 一个运作良好的民主机制,或是个人自由本身,需要什么样的社会先决条件?"②

这些也正是桑斯坦想要反思的问题,亦即问题的核心在于新媒介技术对社会民主的挑战,回音室的概念也正是在这样的背景下出现的。事实上,桑斯坦也并未明确给出回音室的定义,但给出了基本的解释。回音室效应的基本含义是:"新科技,包括网络,让人们更容易听到志同道合的言论,却也让自己更孤立,听不到相反的意见。"③也就是说,受到算法推荐等信息分发技术的影响,人们极易形成特定信息偏好,也就是只关心自己需要关心的、只接受自己希望接受的那些信息,人们就像生活在回音室一样,听到的只有自己的回声,许多学者也以此作为参考来定义回音室概念。④

在提出回音室概念时,桑斯坦也探讨互联网与"群体极化"的关联。他认为,所谓群体极化,恰恰是回音室效应导致的。当人们处于他所描述的"志同道合的言论"的环境,也就是所谓的回音室中时,就已经埋下了极端化的种子,这"对于社会和民主都是潜在的威胁"。桑斯坦进而指出,"就某种程度而言,这种缺乏竞争观点的信息披露,将无可避免地导致群体极化"。⑤ 他进而强调了"互联网的过滤问题",正是这种技术化的信息过滤,使得人们对于信息选择的依赖性增强,从而形成回音室效应,进而导致群体极化。

---

① 凯斯·R. 桑斯坦:《网络共和国:网络社会中的民主问题》,黄维明译,上海人民出版社,2003,第 1 页。

② 同上,第 4 页。

③ 同上,第 48 页。

④ 有关回音室概念的研究有:胡泳:《新词探讨:回声室效应》,《新闻与传播研究》2015 年第 6 期。陈昌凤、仇筠茜:《"信息茧房"在西方:似是而非的概念与算法的"破茧"求解》,《新闻大学》2020 年第 1 期。丁汉青、武沛颖:《"信息茧房"学术场域偏倚的合理性考察》,《新闻与传播研究》2020 年第 7 期等。

⑤ 凯斯·R. 桑斯坦:《网络共和国:网络社会中的民主问题》,黄维明译,第 49 页。

回音室所带有的过滤属性,以及回音室可能诱发的群体极化现象对民主和社会的威胁,也正是桑斯坦看到的问题所在,这也是他批判回音室效应的原因所在。但是,总的来看,桑斯坦对于互联网或者说网络的态度依然是乐观的,他认为"和其他事物一样,互联网将成为民主的巨大同盟者","从民主的立场来看,互联网是利大于弊。在大多数方面,情况会变得更好而不是更坏"①。可见,桑斯坦批判的不是互联网技术,而是过滤信息的回音室效应,也就是极端个人化、封闭化的信息系统环境,当然这其中也少不了技术因素的影响。

第二,信息茧房。针对互联网对人们信息使用回音室效应,桑斯坦在《信息乌托邦:众人如何生产知识》中继续讨论这种现象,并提出"信息茧房"概念,试图进一步说明人们对于信息的片面选择所带来的影响。在《信息乌托邦》中,他重点要讨论的是人们之间如何通过协商(deliberation)达到传播效果最终可否实现的问题,特别是影响和干扰人们进行协商时可能会出现的问题。需要说明的是,桑斯坦所谓的"协商",类似于哈贝马斯提出的"交往理性"的概念,也就是人们面对不同意见和观点时,只有通过理性的协商交流,才能实现信息共享,从而达成共识。但是,正如桑斯坦看到的,互联网带来的信息片面化现象,使得协商难以达成。桑斯坦说:"我更多关注于协商,一种古老的交流形式,毫无疑问它也将与人类相伴始终。我强调,如果我们都想知道每个人知道的东西,协商就会充满陷阱。协商中的群体可能会犯致命错误,有时他们就像暴徒。我的主要目标之一是,勾画出危险,并表明如果我们不警惕他们就可能导致严重的麻烦。"②对于此问题,桑斯坦延续了他对互联网的乐观态度,他认为互联网不仅是获取许多人头脑里的想法等信息的新途径,也可以改善协商的问题。桑斯坦认为,各种互联网信息分发平台"有两个鲜明的优点:第一,它们向我们展示了获取许多人头脑里信息的新途径。第二,它们向我们展示,如何通过提高群体了解成员的信息的可能性,大大改善协商的旧方法"③。

但是,桑斯坦接着指出,在互联网给人们带来美梦的同时,信息茧房是藏在美梦背后的梦魇,它完全会阻碍人们正常交流的进行,使得协商难以实现。桑斯坦继续使用尼葛洛庞帝"我的日报"的预言提出信息茧房,也就是人们对于信息的选择,"核心问题涉及信息茧房:我们只听我们选择的东西和愉悦我们的东西的通讯领域"④。桑斯坦认

---

① 凯斯·R.桑斯坦:《网络共和国:网络社会中的民主问题》,黄维明译,第154页。
② 凯斯·R.桑斯坦:《信息乌托邦:众人如何生产知识》,毕竞悦译,法律出版社,2008,前言第1—2页。
③ 同上,前言第2页。
④ 同上,第8页。

为,无论是公司、政治组织,无论是私人还是公共机构,在信息选择时,一旦陷入信息茧房,就可能走向灾难。在互联网的时代,信息茧房就是互联网背后的巨大陷阱,落入这个陷阱之中,协商就根本无法发挥原本的作用。桑斯坦提出信息茧房概念,但其实他更关注的是互联网来带来人们可以自由交流的协商机会的同时,也隐含着信息茧房的陷阱。

桑斯坦对回音室和信息茧房这两个概念的定义十分相似,二者都源于桑斯坦对于尼葛洛庞帝"我的日报"类型的信息分发系统的问题的反思,而这样的信息系统就是个人化的、自我选择的系统,也就是我们今天所熟知的算法推荐。正如许多研究者指出的,桑斯坦认为预先选择个性化的算法推荐为信息茧房效应的必要条件,并将其作为批判的重点。回音室和信息茧房不仅基于共同的批判对象,二者的特征也十分相似。回音室和信息茧房都指的是意见相似的媒介环境,二者的所导致的结果也是相似的,同时桑斯坦认为二者最终都会破坏民主。基于这两个概念的高度相似性,不少学者将回音室和信息茧房等同看待。[①] 虽然桑斯坦自己并未对回音室和信息茧房(两个概念的差异进行论述),但是许多学者认为这两个概念依然存在明显的区别。有学者就提出二者讨论的是不同层面的信息,信息茧房更偏向个体接受同质化信息带来的认知影响,回音室(还有过滤泡概念)则偏向于个体在观点方面的认同,指人们在网络辩论中有选择地避免对立的争论,只听到自己认同的观点。[②] 也有研究者指出,回音室突出的是人们听到和自己类似的声音,也就是所谓回音,强调意见同质性造成的信息"窄化"。信息茧房仅指人们所营造的"束缚"的感觉,而未指明究竟是何种因素造成了信息接收窄化。[③] 由此可见,在桑斯坦的论述中,回音室更多强调个人主动进入或主动选择,而信息茧房更关注个人或群体被动的影响,人们处在茧房中,可能不是自己主动选择的,而是不知情或被动进入的。但仍需指出的是,桑斯坦提出的回音室和信息茧房的概念,目前还仅仅是理论假设,是对互联网信息分发的现象层面的描述,尚需进一步逻辑演绎和系统化探究。

第三,过滤泡理论。过滤泡概念作为与回音室和信息茧房十分类似的概念,经常一起被学者们讨论。它由美国互联网观察家和社会活动家兼作家伊莱·帕里泽 2011 年在 TED 的演讲中提出,用来指认一种"智能隔离状态":受技术媒介的影响,用户与不同的意见信息分离,被隔离在自己的文化或思想泡沫中。在此基础上,帕里泽出版《过滤泡:互联网对我们的隐秘操纵》著作。

---

① 丁汉青、武沛颖:《"信息茧房"学术场域偏倚的合理性考察》,《新闻与传播研究》2020 年第 7 期。
② 陈昌凤、仇筠茜:《"信息茧房"在西方:似是而非的概念与算法的"破茧"求解》,《新闻大学》2020 年第 1 期。
③ 丁汉青、武沛颖:《"信息茧房"学术场域偏倚的合理性考察》。

帕里泽针对互联网平台的信息定向分发,认为互联网的核心理念非常简单,就是给人们打造过滤泡式的信息世界。"新一代的网络过滤器通过观察你可能喜欢的事物——你实际做过什么或者和你相似的人喜欢什么——试图推断你的好恶。它们是预测引擎,不断创造和完善着一整套关于你的理论:你是谁,下一步会做什么,你想要什么。这些引擎一起为我们每个人打造了一个独特的信息世界,我称之为'过滤泡',这从根本上改变了我们接触观念和信息的方式。"①帕里泽认为,过滤泡通过三种方式控制人们的信息使用,具体包括:其一,孤立和隔绝。过滤泡里只有你自己一个人,共享信息是共享经验的基石,而过滤泡是一种离心力,将人们分拆拉开。其二,不可见。分发平台的立场是不透明的,人们无法确定搜索结果的依据,用户很容易误认为过滤泡的信息都是公正、客观和真实的,但事实并非如此。其三,强制性。用户使用信息的决策权在过滤程序,因为使用过滤泡可以提高网站的利润,因此会变本加厉。帕里泽指出,搜索引擎等工具可以随时了解用户偏好并过滤掉异质信息,从而为用户打造个性化的信息世界,但是,同时信息和观念的"隔离墙"也会筑起,从而使用户身处在一个"网络气泡"的环境中,进而阻碍多元化观点的交流。

对于回音室、信息茧房和过滤泡三个概念,有学者指出,回音室效应突出的是人们听到和自己类似的声音,也就是所谓回音,强调意见同质性造成的信息窄化。信息茧房仅仅营造出了束缚的感觉,而未指明究竟是何种因素造成了信息接收窄化,因而对于回音室和过滤泡而言,则比信息茧房更便于通过实证研究加以验证。过滤泡强调的是算法或社交关系人为提供一个过滤后的单色调信息环境,属于社会、技术因素导致的视野窄化。可见这三个概念之间总体相似,也有区别。

总体而言,无论是桑斯坦创造性地提出的回音室和信息茧房的概念,还是帕里泽观察到过滤泡现象,这三个概念有着高度一致的关注点,那就是单一、片面的信息/意见使用环境。而这个单一片面的环境也正是以桑斯坦和帕里泽为代表的互联网技术批判学者所要批判的对象,造成这种互联网信息使用环境的"罪魁祸首"正是以信息技术为基础的算法推荐。但有学者指出,算法推荐的诞生及流行存在合理性和必然性,智能算法分发的根本动因是应对"信息超载"危机。这种信息超载的状况,本质上也是传统信息处理范式的危机。② 无疑对于这类问题的讨论,还得回到批判学派的理论基础上去,即

---

① 伊莱·帕里泽:《过滤泡:互联网对我们的隐秘操纵》,方师师、杨媛译,中国人民大学出版社,2020,第8页。

② 喻国明、耿晓梦:《智能算法推荐:工具理性与价值适切——从技术逻辑的人文反思到价值适切的优化之道》,《全球传媒学刊》2018年第4期。

技术与人的关系的基本立场。但即便如此,算法推荐带来的弊端也引起了国内外学者们的普遍关注。回音室、信息茧房、过滤泡概念在互联网和算法推荐普及化的过程中被提出来,无疑也会推进算法和互联网规则的优化和进步。就媒介技术的批判也会反向助推技术的优化,推动解决人和技术、社会文化之间的问题,这也可以看出传播技术批判的意义所在。

【本章延伸阅读】

1. 哈罗德·伊尼斯:《传播的偏向》,何道宽译,中国人民大学出版社,2003。

2. 马歇尔·麦克卢汉:《理解媒介:论人的延伸》,何道宽译,北京大学出版社,2011。

3. 尼尔·波兹曼:《娱乐至死·童年的消逝》,章艳、吴燕莛译,北京大学出版社,2011。

4. 尼尔·波兹曼:《技术垄断:文化向技术投降》,何道宽译,北京大学出版社,2007。

5. 马克·波斯特:《信息方式》,范静哗译,商务印书馆,2000。

6. 斯各特·拉什:《信息批判》,杨德睿译,北京大学出版社,2009。

7. 斯科特·拉什、约翰·厄里:《符号经济与空间经济》,王之光、商正译,商务印书馆,2006。

8. 保罗·莱文森:《思想无羁:技术时代的认识论》,何道宽译,南京大学出版社,2004。

9. 凯斯·R. 桑斯坦:《信息乌托邦:众人如何生产知识》,毕竞悦译,法律出版社,2008。

10. 伊莱·帕里泽:《过滤泡:互联网对我们的隐秘操纵》,方师师、杨媛译,中国人民大学出版社,2020。

11. 石力月主编:《传播、技术与社会研究读本》,张韵、方师师等译,上海交通大学出版社,2020。

第十一章

结构主义、符号学与叙事学传播理论

人类的传播活动离不开符号。在传播活动中,信息是符号和意义的统一体,符号是信息的外在形式和载体,而意义则是信息的内容。从符号学的视角来看,人类传播活动则是传者和受者对符号进行编码、解码的过程。在文化研究方法取向上,英国文化研究学派以"文化主义"研究为主导,将大众文化视为社会文化活动的产物。而与此相对应的"结构主义"研究方法,则更多关注的是文本的"意义"及其意义生成的意指实践,重点在于通过探究文本内部的系统结构形态,阐释文本和社会文化的内在关系。因此,立足于意义建构理论,结构主义、符号学和叙事学理论则成为西方传播思想中结构主义研究取向的基础理论。此外,从芝加哥学派开始,特别是结构功能主义传播理论的研究中,结构主义是非常重要的理论基础。

结构主义、符号学和叙事学理论之间有紧密的联系,同时又有区别。可以说,在西方思想发展中,结构主义作为基础性理论,注重通过事物的基本构成和关系来认识事物。因此,在结构因素和关系的基础上形成了符号学和叙事学理论。这三者对于西方传播思想史的发展也产生了重要影响,对于传播结构、媒介符号以及媒介文本的叙事方式等方面的探究,构成了结构主义、符号学和叙事学传播理论的核心内容,也直接与文本内容生产、文本符号特征和文本叙事结构等具体问题相互关联。

第一节
结构主义及其理论形成

结构主义主要包括现代语言学理论、现代文艺批评理论和当代法国人文思想运动三个所指的意义范围。就现代西方思想史而言,结构主义主要指 20 世纪 60—70 年代法国的结构主义运动。该运动以其思想和著述的丰富性而产生重大影响,成为 20 世纪西方思想史的重要组成部分。① 具体而言,结构主义主要指的是一种思想和方法论体系,是"关于世界的一种思维方式",其核心思想认为,"事物的真正本质不在于事物本身,而在于我们在各种事物之间构造,然后又在它们之间感觉到的那种关系"。② 由此,注重事物"构造"和"关系"的思维方式是从整个结构主义思想的基本假设逻辑地推演出来,并渗透到结构主义传播思想的各个方面。就此而言,结构主义并非统一的学派,它的理论来源和基础是多种多样的,理论体系也呈现出复杂多元的特征。

一、结构主义理论的内涵

作为学术流派,结构主义虽然在不同的研究观点和取向上有很大的差异,但作为思想方法论体系仍体现出共同的特征,这些特征集中表现在对"结构"概念的理解上。对此,瑞士心理学家发生认识论的创始人让·皮亚杰和法国社会人类学家列维-斯特劳斯都有较为全面的论述。皮亚杰对"结构"的特征有三个基本概括,即结构有整体性、转换功能和自我调节功能。具体来讲,整体性是指结构整体中各构成元素之间存在有机联系,各元素在整体中的性质,不同于它单独存在时或在其他结构中时的性质。转换功能是指结构内部存在着具有构成作用的法律、法规等。自我调节功能是指在结构执行转换程序时,它有自身的调节机制而无须求助于结构之外,亦即结构相对地封闭和独立。③列维-斯特劳斯也对结构提出了四点说明:一是结构中任一成分的变化都会引起其他成分的变化;二是对任一结构来说,都有可能列出同类结构中产生的一系列变化;三是由结构能预测出当一种或几种成分变化时,整体会有什么反应;四是结构内可观察到的事

---

① J. M. 布洛克曼:《结构主义》,李幼蒸译,中国人民大学出版社,2003 年,第 1 页。
② 特伦斯·霍克斯:《结构主义和符号学》,瞿铁鹏译,上海译文出版社,1997,第 8 页。
③ 皮亚杰:《结构主义》,倪连生、王琳译,商务印书馆,1984,第 1—10 页。

实,应是可以在结构内提出解释的。① 由此可见,结构主义思想的总体特征,就是把现象处理为可以用有序化认识模式把握的结构形态,即在于人们面对纷杂繁复的社会现象并试图达到认识现象的目的,那么就需要首先建立有序化的认识模式。简言之,人们通过理论模式把认识对象概括和抽象成为结构形态,这种认识事物的模式或者是事物的形态其实就是结构。1997 年《大英百科全书》把结构主义定义为"对于社会、经济、政治、与文化生活的模式的研究。研究的重点是现象之间的关系,而不是现象本身性质"。如前所述,特伦斯·霍克斯也认为,结构主义基本上是关于世界的一种思维方式。结构主义研究通常把结构分为深层结构和表层结构,但一般所说的结构主要指的是深层结构。

结构主义在 20 世纪中后期的西方产生广泛影响,语言学、社会学、历史学和文学、艺术理论中的某些派别都涉及结构主义。就具体发展看,结构主义主要包括四个主要流派:其一,结构主义语言学派,主要指的是 20 世纪初形成的瑞士语言学派,主要代表人物是索绪尔。其后发展起来的还有布拉格语言学派,主要代表是罗曼·雅各布森;哥本哈根学派主要代表是路易斯·叶尔姆斯列夫;美国的描写语言学派,主要代表是弗朗兹·鲍阿斯。其二,瑞士的构成论和发生心理学派主要代表是皮亚杰,其三,美国的转换生成语法学派主要代表是乔姆斯基。其四,20 世纪 60 年代法国结构主义的各个学派。特别是 20 世纪 60 年代后,结构主义在法国取代存在主义成为有重要影响的思想潮流,结构主义方法被广泛地应用于语言学、社会学、心理学、历史学以及文学、艺术理论,也被用以解释马克思主义思想。法国结构主义的代表人物有列维-斯特劳斯、拉康、福柯、阿尔都塞、罗兰·巴特、德里达等人。当然,有学者也认为,结构主义不是传统意义上的哲学理论和思想流派,而是人文社科学者在各自专业领域应用的方法取向。福柯甚至认为,结构主义不是一种新方法,而是被唤醒的杂乱无章的现代思想意识。

二、索绪尔与语言学转向

结构主义理论思潮的形成和发展,与人们对于人类语言活动的认识分不开的。特别是 20 世纪以来西方思想史上发生的"语言学转向",成为结构主义、符号学和叙事学,以及解释学和接受理论等重要理论思潮的社会文化背景。

---

① 克洛德·列维-斯特劳斯:《结构人类学》,张祖建译,中国人民大学出版社,2009。

20 世纪西方哲学思想上发生的"语言转向",无疑是当代西方哲学思想发展的重要节点,从而使得语言成为哲学关注的核心。阿佩尔把西方哲学的发展总结为三个阶段:古代哲学注重的是本体论,近代哲学注重的是认识论,到了 20 世纪,哲学则注重的是语言。本体论要确定的是"什么东西存在"或"什么是实在的基本存在形式"。认识论要确定哪些东西是我们能认识的,我们是怎样认识这些东西的。从本体论到认识论,可以看作一种进展,我们不再独断什么东西存在,而是通过对人类怎样认识世界来确定什么东西存在。沿着这样的思路,我们也可以把语言哲学(意义理论)看作一种进展:我们在何种"意义"上能够认识存在——而"意义"的首要载体就是语言。所以,阿佩尔的说法既可以看作一种描述,也可以看作一种主张:也就是说,哲学的问题归根到底是对语言思考的问题。西方现代哲学发生的这种语言转向,最后使得西方主要的哲学流派都走向了通向语言的道路。① 本体论经由认识论而转向语言哲学后,现代西方哲学思想把近代哲学的基本问题,即思维和存在的关系问题转换为思维、语言、存在三者的关系问题,由此,语言成为现代西方哲学思想探究的核心问题。西方思想史发展的语言学转向,使得语言成为哲学的问题,其核心问题在于把哲学问题和科学问题剥离开来,把实证求真和概念思辨明确划界,进而从研究人类"语言"出发,探究语言哲学的问题,探究语言和世界的关系、语言或语词的意义等问题,为哲学的当代合法性找到基础。西方思想史之所以发生"语言学转向",其最为重要的方面,是对于西方近代思想中认识论的超越。

就西方思想的发展演变看,启蒙运动以来,特别是从 18 世纪到 20 世纪初以来,语言与哲学的关系始终是思想家们重点讨论的问题。关于语言的本质特征、语言的起源问题以及语言的多样性等问题,以洪堡特为代表的思想家通过研究语言问题,进而考察语言使用和人们思维的内在关系和影响。至 20 世纪上半叶,索绪尔的讲稿《普通语言学教程》(1916 年)出版,提出了丰富深刻的普通语言学理论观点,它通过对语言现象本质的把握,对语言的发展规律做出阐释。索绪尔的语言理论不仅是当时哲学思想中关于语言与世界关系的论述产物,也影响了其后哲学思想中关于语言与认识、语言与世界的关系的论述;索绪尔对后来各种语言学派的建立和发展产生了深刻影响,其后的布拉格学派、哥本哈根学派、美国结构主义语法等,都受其语言理论的影响。更为重要的是,索绪尔的理论还影响到西方哲学思想的走向,成为西方思想"语言学转向"的重要思想转折点。陈嘉映认为:"索绪尔不止是一个专家,他是一个名副其实的思想家。虽然索

---

① 陈嘉映:《语言哲学》北京大学出版社,2004 年,第 16 页。

绪尔本人并没有一般意义上的哲学著作，但他的语言学洞见不止为这门科学做出了贡献，而且对现代思想有深刻的影响。"①在这个前提下，索绪尔的语言哲学或者语言学的思想就有一个重要的出发点，即他同样也希望能够以对语言研究本身的思考来确立人们对世界的普遍认识。因此，语言被认为是表达思想的工具，哲学家们通过语言探究人们可以思维的世界，语言成为认识的基础，由此，认识论的重点落在了用来认识的语言本身之上。正是在宏观的西方思想发展的背景下，由索绪尔语言学理论引发的认识论的语言学转向，也成为结构主义、符号学和叙事学，以及解释学相关理论等思潮形成的重要基础条件。

索绪尔(1857—1913)是瑞士语言学家，现代语言学的重要奠基者，结构主义的鼻祖，被后世称为"现代语言学之父"。其代表作《普通语言学教程》对当代西方思想发展的语言学转向产生了深远影响。索绪尔从语言学理论出发，论述了语言发展的规律，进而对语言与世界关系的认识产生重要影响，他的研究也成为语言与认识、语言与世界关系论述的理论基础。

第一，索绪尔区分了语言和言语。索绪尔对结构主义发展的重要贡献就是他对语言和言语的区分。语言是指人们借以表达的系统、规范与惯例，是一种社会机制；而言语指的是个体言说的方式对语言的具体运用，是一种个人行为。在索绪尔看来，语言是在集体中才能完全存在的，并且是社会的，而言语则是个人的意志和智能的行为。语言被认为是言语活动表现的准则，而言语则被认为是在语言的共同基础上的实践。在此基础上，索绪尔概括了语言的特征，认为"它是言语活动事实的混杂的总体中一个十分确定的对象"，"语言和言语不同，它是人们能够分出来加以研究的对象"，"言语活动是异质的，而这样规定下来的语言却是同质的：它是一种符号系统"，"语言这个对象在具体性上比之言语毫无逊色，这对于研究特别有利"。② 为了阐明上述观点，索绪尔将总体性的语言比作国际象棋，我们可以将整个游戏的规则和具体的游戏过程区分开来：离开规则，游戏过程无法展开；可如果没有游戏过程，规则也无法呈现。因此，语言和言语的关系就是结构(structure)与表现(performance)的关系，表现的异质性(heterogeneity)完全由结构的同质性(homogeneity)所致。索绪尔在《普通语言学教程》中的这番论述并不是一种严格的概念定义，但却指出了语言和言语区分的一些关键之处。在指出两者之间的不同之后，索绪尔认为语言是一种表达观念的符号系统，进而提出了"符号学"的概

---

① 陈嘉映：《语言哲学》，第83页。
② 索绪尔：《普通语言学教程》，高名凯译，商务印书馆，1980，第36、37页。

念,提出需要对符号进行研究——语言学家的主要任务,在于探讨语言在人类符号构成系统中成为一个独特系统的原因。

第二,索绪尔提出符号的能指与所指概念。索绪尔认为语言由两部分组成。比如当人们写下"树"这个词的时候,我们既看到了"树"这个词在纸上的书写形状,同时又在我们头脑里勾勒出了"树"的概念或图像:一个树干与树冠。索绪尔将前者(字词形式)称为能指(signifier),将后者(概念)称为所指(signified)。能指和所指密不可分,共同构成了符号(sign)。因此,索绪尔指出,在语言学研究中"我们建议保留用符号这个词表示整体,用所指和能指分别代替概念和音响形象"①,虽然将能指与声音形象简单等同受到了一些批评,但索绪尔指出了符号在能指和所指上的区别:能指是我们感知的符号形象,譬如文字的外形、语言的发音等;所指则被认为是能指所指代的概念。索绪尔认为,能指和所指之间的关系是任意的。在此基础上,他指出了语言符号研究中的两个原则,即"能指和所指的联系是任意的""能指属听觉性质,只能在时间上展开,而且具有借自时间的特征"。② 因此,语言是"表达概念的符号系统",语言是由自我界定的,也就是说,语言是完整无缺的。语言是能"转换"的过程,即自身能产生新的方面,以对新的经验做出反应。语言又是自我调节的,是自我"包容"关系结构的最高范例。这个结构的组成部分只有在自己结构之内融为一体时才有意义。所以他说:"语言是由相互依赖的诸要素组成的系统,其中每一要素的价值完全是由另外要素的同时存在而获得的。"③因此,索绪尔指出,意义并不是在能指与所指的互相协调与互相关联中形成的,而是在差异和关系中产生的。也就是说,索绪尔提出的是一套语言的关系理论,世界上每一个词语并非都只有一个固定的意义,意义只存在于不同的差异之中。

索绪尔所说的语言的这两个原则虽然是基于语言学的,但是与符号学也有紧密联系。他指出,如果符号学研究包括那些以完全自然的符号为基础的表达方式,将自然的符号纳入符号学研究的领域,那么它的对象仍然是以符号任意性为基础的整体系统。任意性在索绪尔看来是人类语言的核心特征,语言符号或者更广义符号的能指与所指之间的联系是由惯例、规则或使用者之间的约定俗成所决定的。索绪尔这样的观点隐含的是对于符号及其指涉物之间关系的独特认知,两者之间的关系在索绪尔看来是人为的建构关系。

第三,索绪尔还提出语言的意义是在组合(combination)与选择(selection)的过程中

---

① 索绪尔:《普通语言学教程》,高名凯译,第102页。
② 同上,第102、106页。
③ 同上,第160页。

形成的,在水平方向上沿着毗邻轴(syntagmatic axis),垂直方向沿着聚合轴(paradigmatic axis)而产生。索绪尔认为,一个完整的句子由它的成分组合在一起的基础上产生,无论缺了哪个成分,全句的意义都不完整,索绪尔将这一机制称为语言的毗邻轴。此外,还可以通过添加新的成分的方式对意义进行扩展。新增加的成分就在语言的毗邻轴上做了意义的扩充,用新成分来替换句子中的旧成分也会使意义发生改变,而这种意义的变形在索绪尔看来就是遵循聚合轴完成的。句子的意义是在词语的组合与选择中被产生出来,这是因为符号和对象(referent)之间的关系也是约定俗成的。因此,我们所使用的语言并非只是对物质世界简单的反映,而仿佛是一张概念地图,为我们对外部世界的观察和体验设定了认识模式和规范。

第四,索绪尔对语言学的两种研究路径做出了划分:历时性方法分析路径既定的语言的历史变迁,共时性方法路径则对某一特定历史时期的语言加以考察。索绪尔指出,若想建立一门语言科学,就必须采用共时性的研究路径。结构主义的两个基本观点都来自索绪尔的语言学:首先,关注文本与实践之中包含的基本关系,以及使意义得以生成的"语法";其次,始终认为意义是在词句组合于选择的相互关系中形成的,决定性因素则是隐藏的结构。也就是说,结构主义将文本与实践视作语言来研究。结构主义的使命就是揭示意义的产生过程(言语行为)中蕴含的规则与惯例(结构)。

就西方传播思想而言,结构主义方法论的影响也为大多数学者所接受和运用。有学者就指出,结构主义方法论对传播学学术思想的影响主要有三个方面:首先,从对文学作品的研究出发,建立对叙事结构的分析,主要集中在对报刊的内容表达,对广告信息生产的研究上,这种针对表述的分析方法对传统主题分析法提出了挑战。其次,着力强化对视觉信息的分析,衍生出视觉传播符号学。在很长的一个时期,符号学是结构主义思想方法系列中最有影响力的操作系统,包括形象、姿势、有旋律的声音和其在习俗、仪式或者景观的实体组合,抑或是非意义的系统语言。至今人们还在用符号学的方法来研究广告语言和电视节目,并结合一些非符号学的新学术概念。最后,结构主义在法国崛起,还留下了两笔深厚的思想遗产——阿尔都塞的意识形态国家机器理论和福柯的监视装置理论。[①] 无疑,结构主义思想对于西方传播思想史的影响是深远的。不论是直接受到其影响的北美结构功能主义传播理论,还是英国文化研究学派,以及其他学派的传播思想的形成和发展,都可以从中看到结构主义的深刻影响。

---

① 陈卫星:《西方当代传播学学术思想的回顾和展望(上)》,《国外社会科学》1998年第1期。

第二节

传播符号学理论

符号学理论对于大众传播研究具有重要意义。在传播学研究中,符号被认为是"传播过程中为传达讯息而用以指代某种意义的中介","信息和符号的关系密不可分,可理解为内核和外壳。所谓符号化、符号读解或编码、解码之所以必要,就因为信息本身是看不见、摸不着的无形的'意思'或'意义',必须通过(寄载于)有形的符号来表现。它们的关系也可比喻为货物和载体。如果说'传播'是运输,'信息'是货物,那么'符号'就是运输工具。因此,凡研究传播、信息者,都不能不研究符号"。① 事实上,当今各国传播学界都越来越重视符号研究。作为一门新兴学科的符号学,不仅对传播学有重大影响,而且与哲学、语言学、文学、政治学、心理学、社会学、艺术学等许多学科都有密切的互动关系。费斯克也指出:"符号是物理性的,可由我们的感官接收。符号指涉它本身以外的某事物,符号依赖它的使用者将其辨识出它是符号。"②在符号学意义上,传播活动是讯息意义的产生过程,不论由编码者还是解码者产生,符号的意义并不是一个被包装在讯息里的、绝对的、静止的概念或含义。相反,意义是一个积极的过程。符号学家用创造、生产、协商等词汇来指代这一过程。意义则是符号、释义符和客体之间动态互动的结果:意义历史性地存在并且随时间而变。结构主义和符号学的发展对于西方传播思想史中传播理论产生直接影响,形成了传播符号学理论。

在对符号及意义的认识的基础上,符号学(semiotics or semiology)是作为对"符号"及对符号的研究而存在的。索绪尔提出:"我们可以设想有一门研究社会生活中符号生命的科学,它将构成社会心理学的一部分,因而也是普通心理学的一部分,我们管它叫符号学(Semiologie,来自希腊语 semeion'符号')。它将告诉我们符号由什么构成,受什么规律支配。"③费斯克认为,符号学的研究被认为有三大领域,"符号本身""由符号所组成的传播代码或系统""传播代码和符号依赖它们运作于其中的文化,而文化的存在和形成反过来又依赖于传播代码和符号的使用"。④ 索绪尔开创的符号学研究缘起于语

---

① 张国良:《传播学原理(第三版)》,第157页。
② 约翰·费斯克:《传播研究导论:过程与符号》,许静译,北京大学出版社,2008,第34页。
③ 索绪尔:《普通语言学教程》,高名凯译,第38页。
④ 约翰·费斯克:《传播研究导论:过程与符号》,许静译,北京大学出版社,2008,第33—34页。

言学,所以符号学的研究不可避免地需要进入语言学领域。索绪尔和皮尔士的研究是基础性的,其后如罗兰·巴特、皮埃尔·吉罗、C. K. 奥格登、I. A. 理查兹等人的研究对符号学研究的意义也十分巨大,当然索绪尔对于符号学的奠基作用是无可争辩的。人类使用符号进行交流并且注意到符号所具有的价值进而进行探索等活动或许已进行了几百年上千年,但符号学作为科学的研究范畴被提出,则需归功于索绪尔。罗兰·巴特师从索绪尔,被认为是将索绪尔语言学研究的主要观点成功地运用到文化符号研究方面并进一步发展的著名学者,他的研究对结构主义符号学影响很大。

一、皮尔士的符号学理论

查尔斯·桑德斯·皮尔士(1839—1914)作为美国实用主义哲学的先驱之一,也是现代符号学理论的主要倡导者。他的符号学思想和理论,不仅直接影响到美国符号理论学者查尔斯·莫里斯的符号学理论,还使现代符号学得以发展。就西方传播思想的发展脉络而言,皮尔士也影响了以米德、布鲁默为代表的芝加哥学派的"符号互动论"思想。

皮尔士的符号学思想是建立在康德认识论基础上的。康德认为,只有当杂多被还原为命题的统一时,才能获得知识,因为符号代表着它的对象,代表着对象的属性。皮尔士则借助于符号关系把实词应用于主词,来解决认识论的杂多同一的问题。因此,皮尔士注重分析人们认识事物意义的逻辑结构,把符号学范畴建立在思维和判断的关系逻辑上,注重符号自身逻辑结构的研究。他认为符号关系包括三个指向,即指向抽象观念、指向对象和指向解释者,这三个方面也构成了他对符号进行系统分类的基础。对于抽象观念、对象和解释者三者的关系,皮尔士做了这样的说明:"一个符号或者代表物是某种东西,它在某个方面或某种能力上对某个人来说代表某种东西。它向某个人说话,这就是说,它在这个人的心中产生一个相等的符号或者一个更加展开的符号。我把它所产生的这个符号称为对前一个符号的解释。这个符号代表某种东西,即它的对象。这个符号代表那个对象,但并不是就各个方面而言,而仅仅涉及一种观念,我有时把这个观念称为这个代表物的基础。"①

皮尔士还仔细考察了符号的分类问题,认为可以从三个方面对符号进行分类。首先,可以把符号本身分为一种纯粹的质、一个现实的存在者,以及一种普遍的规则。用

---

① Justus Buchler. *The Philosophy of Peirce: Selected Writings*. Routledge, 1940, p.99.

他自己的术语来说，也就是区分为"质的符号"（qualisign）、"单一的符号"（sinsign）以及"规律的符号"（legisign）。其次，还可以按符号与其对象的关系加以区分，这种关系包括符号自身具有的性质、符号与其对象在存在方面的关系，以及符号与其解释者之间的关系。用他自己的术语来说，就包括"图像"（icon）、"标记"（index）和"象征"（symbol）三类。图像指的是它仅仅通过它自身具有的某些性质而与它所指称的对象发生关系，不论对象是否实际存在，它都具有这些性质。诚然，图像只有在存在着那样一个对象的情况下才能作为符号发挥作用，不过这与它的那种作为符号而言的性质无关。他说："图像是那样一种符号，它具有某种使它成为有意义的东西的性质，尽管它的对象不具有实际的存在。"①标记是借助于对象对它的实际影响而与它所指称的对象发生关系。由于标记受到对象的影响，它必然具有某些与对象相同的质，从而得以与对象发生关系。他说："标记是那样一种符号，如果把它的对象移开，它便立即失去那种使它成为符号的性质。而如果没有解释者，它却不会失去这种性质。"②象征则是通过规律而与它所指称的对象发生关系，规律促使象征被解释为指称那个对象。因此，它本身是一种类型或规律，即规律符号，它是通过复制品发生作用的。不仅它本身是普遍的，它所指称的对象也具有普遍的性质。这种符号与解释者的存在有密切联系，他说："象征是那样一种符号，如果没有解释者，它就会失去使它成为符号的那种性质。"③最后，还可以按照符号的解释者用以表达符号的方式而把符号区分为作为可能性的符号、作为事实的符号以及作为理由的符号。用皮尔士自己的术语来说，这就是"音符"（rheme）、"信码"（dicisign）以及"论据"（argument）。对于它的解释者来说，"音符"是一个关于质的可能性的符号，换句话说，它被理解为代表某种可能的对象；"信码"是一种关于实际存在的事物的符号，因此它不可能是一个图像，因为图像没有提供任何根据，以便把它解释为指称一个实际存在的事物；"论据"是一种关于规律的符号。

此外，在符号学理论的基础上，皮尔士还讨论了意义理论。意义理论与他的符号学理论是紧密相连的，因为他认为观念、概念或命题的意义都是通过相应的符号表现出来的：符号体现它的对象的意义，意义通过符号、符号的对象以及符号的解释者这三者之间的符号关系体现出来。在意义理论上，皮尔士特别重视解释者的作用，认为只有通过研究符号的解释者，才能解决理智概念（intellectual concept）的意义问题。他认为一个符号所引起的感觉是符号的一种有意义的效果，我们可以把这种感觉解释为我们理解了这

① Justus Buchler. *The Philosophy of Peirce: Selected Writings*. Routledge, 1940, p.104.
② 同上。
③ 同上。

个符号的效果的证据。他把这种感觉称为"情绪的解释者"(emotional interpretant)。在某些情况下,这是一个符号所引起的唯一有意义的效果。但更加通常的情况是一种理智上的努力,他由此提出"逻辑的解释者"(logical interpretant)概念。他说:"在确定这种效果的性质之前,适宜于给这种效果一个名字,我将称之为'逻辑的解释者',而暂不确定这个词是否能扩大用于普遍概念的意义之外的事物,尽管它与后者是紧密相连的。"①在皮尔士看来,这种效果可能是一种思想,即一种精神上的符号。只要这种符号是一种理智的符号,它本身必然具有一个逻辑的解释者。

总之,作为实用主义者,皮尔士强调应从行动、实验中去把握概念或命题所能引起的实际效果,认为任何一个概念或命题的意义就是它们所引起的实际效果的总和。反之,凡是能引起一定实际效果或者行为习惯的概念或命题,则都是有意义的。同时,他还强调概念的意义赖以确定的过程不仅是实验操作的过程,还是逻辑的过程,也是二者的结合。皮尔士的符号学与符号意义理论,作为传播思想史的基础,在费斯克的传播符号学研究中被直接加以引用,从而建立传播符号学理论。

二、罗兰·巴特的符号学理论

结构主义学派发展到后期着重解决对结构概念发展的问题,学术重心也转移至法国,主要代表人物有罗兰·巴特和德里达。他们在继承了发生结构主义的结构再组织理论后,否认了结构的固定性,认为结构是一个不断发展的过程,例如对文学作品的评判、对社会现象的认识,都是现有的认识结构覆盖了先前的认识结构,没有稳定的认识结构,结构一直处于流动变化发展的过程中。法国结构主义学派使结构与历史这两个观点在结构主义的系统中得到了统一,但其对认识主观性的过度强调,又破坏了西方传统哲学对知识确定性的强调,以及早期结构主义对认识结构的强调。

罗兰·巴特(1915—1980)是法国作家、思想家、社会学家,法国最有影响的社会评论家和文学评论家之一,也是结构主义向后结构主义过渡的关键人物。巴特早期通过阐述语言结构的随意性对大众文化进行分析,有关符号学理论、结构主义,以及其他重要作品使他的理论在 20 世纪 70 年代广受关注,1976 年在法兰西学院担任文学符号学讲座教授,成为该讲座的第一位学者。罗兰·巴特的主要著述有《写作的零度》(1953年)、《神话学》(1957 年)、《论拉辛》(1963 年)、《符号学原理》(1964 年)、《批评与真

---

① Justus Buchler. *The Philosophy of Peirce: Selected Writings*. Routledge,1940,p.277.

理》(1966年)、《S/Z》(1970年)、《批评论文选》(1972年)、《文本的快乐》(1973年)、《恋人絮语》(1977年)等,他的著作深刻影响了人们对文学和文化的看法。

罗兰·巴特将索绪尔语言学理论的主要观点成功地运用到符号研究,形成了自己的一套理论。沿袭着索绪尔的理论,巴特的研究具有明显的结构主义特征,即着重探索一个文化意义是通过什么样的相互关系(即结构)被表达出来的。巴特在总结梳理索绪尔理论的基础上,立足结构主义的视角进行了创新,从而对符号学理论有所建树。在语言学是否作为独立完整的学科问题上,巴特在当时认为这个学科还有待建立和发展。在巴特的著作中,他将"符号学原理按照结构语言学分为四大类:(1)语言和言语。(2)所指和能指。(3)系统和组合。(4)直接意指(外延)和含蓄意指(内涵)"①。

在论述语言和言语的二元分类时,巴特指出这样的区分是索绪尔对语言学以及符号学的重要贡献。在解释这一对概念时,他提到了索绪尔语言研究中的多样性与杂乱性问题,并看到语言作为纯社会性对象时呈现的规律性,也就是语言社会系统。他认为对语言结构的定义就是"语言减去言语",这样的语言系统具有社会法规系统和价值系统双重身份,并被认为是一种社会性的契约,个人对它的影响作用微乎其微。而言语则是一种个别性的选择行为和实现行为。语言(语言结构)和言语两者都是在辩证中存在的,没有言语就没有语言结构,没有语言结构也就不存在言语。在巴特看来索绪尔的二分观点产生了不少问题,对此,他提出了自己的三个问题:语言结构与代码和言语与信息能否等同? 言语和组合之间的关系如何? 语言结构和相关性概念的关系如何? 并提出了自己的看法。随后他也探讨了个性语言、双重结构、符号学领域中的语言/言语分类等问题。巴特在语言和言语关系上的认识,多是对索绪尔观点以及其后的理论发展的梳理,并在此基础上提出对索绪尔观点的认同与补益之处。

在所指与能指概念上,巴特在对语言学的"记号"作为能指和所指的统一体的叙述之后,自然地认为符号学的"记号"同样也包括能指与所指两部分,进一步指出所指不是等同于事物,而是该事物的心理表象,而能指则是一个纯关系项,也就是只能在所指的相互关系中得到定义,即能指是一种中介物,必须具有一种质料。连接所指与能指之间的意指作用(signification)被认为是一种把"能指与所指结成一体的行为,这个行为的结果就是符号"②。意指作用在语言学中被认为是无理据性的,并在长期的社会历史进程中实现,然后作为一种"自然化"的规约存在,最后成为列维-斯特劳斯所说的先验任意

---

① 罗兰·巴尔特:《符号学原理》,王东亮等译,生活·读书·新知三联书店,1999,导语第6页。
② 同上,第39页。

性和后验非任意性的综合存在。在意指作用中,巴特区分了直接意指、含蓄意指以及主体间的互动三个层次,指出了"记号"被构成的不同模式,当然也包含着由意指功能所建立的能指与所指关系改变而"名不副实"的现象。巴特还介绍了索绪尔的"值项"的概念,认为记号(符号)的研究不应当只按其组成而应当按照环境来研究,意义通过意指关系和值项的双重制约作用才能得到确定。

系统和组合的关系是索绪尔语言学研究中的重要概念,巴特对这两个概念的论述也集中在语言学领域。他认为雅各布森关于隐喻主导地位和换喻主导地位的论述,使得这样的两个概念以及语言学的研究开始向符号学研究过渡,这两个概念被认为是自然语言的两个轴。在区分直接意指和含蓄意指两者时,巴特将表达平面(plan d'expression,E)、内容平面(plan de contenu,C)和意指关作用(R)三者的关系表达为 ERC。这样的一个 ERC 系统本身可变成另一系统的单一部分,由此形成由第一系统延伸而成的第二系统。第一系统被认为是直接意指,而第二系统就成了含蓄意指;含蓄意指层面的研究较少,是语言学和符号学研究需要关注的方面。这样的观点将符号学研究从狭隘的能指/所指构成符号这样的视界中转移出来,开始关注泛化意义上的能指/所指以及意指作用、值项。[①]

显然,巴特在索绪尔的语言学理论的基础上,已经开始了全新的符号学研究,他的视角不再局限于传统的语言学理论对语言与言语的辨析、微观的符号能指与所指关系的探究,开始关注符号背后的社会因素,将能指/所指之间的意指关系的重点转移到宏观的社会层面,对索绪尔的传承也在适时地发生着变化。巴特创建的理论又影响了他的学生克里斯蒂安·麦茨,后者是电影符号学的创始人之一。[②] 可以看出,巴特的符号学分析开始走向概念化的取向,即在主观界定的概念系统中去探究关系,而严重脱离了索绪尔对符号的分析,至少我们在索绪尔的概念中,还可以看到对象,但在巴特的理论中,似乎只有概念与概念的关系。

三、麦茨的电影符号学理论

从符号学理论角度而言,电影符号学属于应用传播符号学的分支,其理论基础和方法主要源于索绪尔以来发展起来的结构主义分析方法。作为电影符号学的创始人,克

---

① 罗兰·巴尔特:《符号学原理》,王东亮等译,第83—84页。
② 同上,第89页。

里斯蒂安·麦茨(也译为梅茨,1931—1993)继承了罗兰·巴特的符号学理论,并使用语言学、符号学原理对电影进行分析,对电影的意指系统进行解读,试图揭示电影作为表意系统的内在规律,探讨电影活动的深层结构和组织原则。麦茨电影符号学理论的核心观点认为电影是没有语言系统的语言。麦茨认为,影像作为电影的核心要素,没有类似语言中音素、语素那样的最小单位和离散性元素。同时,影像的能指和所指之间距离太短,没有语言中的第二分节,具有现实化的特点和不可分解性,因而不是索绪尔所说的语言系统,即不是语言学定义上的语言。但是,反过来看,镜头在意义和功能上类似语言中的陈述段,在这一层面上具有类似语言的系统和结构,因而电影又是一种类语言。因此,电影是没有语言系统的语言。麦茨立足于符号学与叙事学的理论观点对此加以论述。

第一,麦茨认为电影是靠影像来说话的:影像是一种语言,它能够表情达意,显然它与我们一般意义上的语言不同,是一种"形象化的语言":"当我们从符号学的观点去探讨电影时,无法避免摆荡在两个前提之间:电影是一种语言,但却是有别于一般口头的语言。"①在麦茨看来,语言和影像之间存在区别。首先,语言具有系统性和抽象性,而影像具有可理解性和实在性。语言本身构成了一个基本系统和结构,词语的意义并非独立存在,而是在系统结构内部产生的,并且依赖语义单位之间的相互关系来加以确定。语词的意义是不确定的和随意的,如果语言系统内部发生变化,语词的意义也会发生变化。相反,影像缺乏完整的符码系统,每个影像都代表一个完整、明确和独立的内容。影像不是在与其他影像的对立中获得意义,而是能从直接的反映中获得意义,它与现实的联系建立在相像和类似之上。其次,语言可以分解,而影像却不可分解。普通的语言可以从语义和语音两方面分解为更小的单位,例如词语、语素、音素、音位等,而电影也许只能分解成"一格"画面这样较小的单位,却无法再分解成更小的特殊单位。因此,麦茨认为,影像是电影符号学研究的切入点,电影的特性应该取决于影像的特性。

第二,麦茨通过详细分析电影符号作为特殊语言的特征,总结出了电影符号理论的主要观点。首先,电影是一种语言。这种语言并不单纯指蒙太奇效果,蒙太奇效果只是丰富的电影语言手段之一。其次,观众能够理解影像,是基于一种"心灵结构"或者"逻辑",它是电影叙事功能的基础。最后,电影的叙事功能,指的是电影讲故事的能力,它使电影成为一种语言。显然,麦茨在理解电影语言符号的特征时,将电影符号和本身的特征,以及与观众的互构性、电影的故事性等核心特征联系起来。因此,麦茨认为,电影

---

① 克里斯蒂安·梅茨:《电影的意义》,刘森尧译,江苏教育出版社,2005,第41页。

语言应该是 language(广泛意义上的语言系统),而不是 langue(狭义上的用于表情达意的语言),所以是一种"没有语言系统的语言"。① 其实,麦茨在这里无非是想强调,电影作为一种艺术符号表达形式,它具有自己的表意规则和内在结构,具有象征意义和表现本质,所以它是广义上的信息交流系统,但它又和人们日常使用的语言不同。电影语言符号缺乏完整的符码系统,不是我们一般意义上具有抽象系统和语法、词法的语言系统。

麦茨为了将电影语言的特殊性区分出来,对广义的"语言"(language)又做了进一步说明。在他看来,广义的语言包括三个类别:首先,是人类使用的声音文字语言系统。人类借此互相沟通,这类语言是高度组织化了的,如英语、法语等。其次,是指某种特定的、有内在的结构和规则系统。它与语言有相似之处,但又不是真正的语言,属于一种大家都认可的规则系统,如游戏规则、交通规则等。再者,缺乏组织或毫无语言学结构的语言,如花的语言、绘画的语言,甚至沉默的语言。麦茨看来,后两种语言与前一种语言不同,实际上是指的是一种隐喻层面的"语言"。显然,它们不是自然语言,但是有自己的表意方式和象征作用,而电影语言符号就是这样一种语言。

麦茨通过对电影进行语言学分析,最后指出电影语言是宽泛意义上的"类语言"的观点,认为电影是没有语言系统的语言,其本质在于从符号学角度区分了电影和语言之间的关系。进而说明了电影中没有语言学意义上的离散性单元,电影也缺少符合语法规则的标准。麦茨研究的意义在于,厘清了电影和语言之间的关系,为分析电影的意义呈现和信息表达提供了基本的前提。更为重要的是,麦茨通过论述电影不是一种纯正意义上的语言系统的观点,为借助于现代语言学、符号学等方法分析电影艺术提供独特视角,从而使得电影语言的属性更为明晰。如他关于电影没有第二分节的解释,从符号特性的角度解释了电影为什么比文学更具跨文化性的特征。在此基础上,麦茨进一步探索了电影表意的基本模式,提出叙事组合段理论,总结出电影的基本叙事结构类型等理论。显然,这些理论为更好地分析电影的基本表意方式和电影风格的形成等方面,提供了基本的理论路径,也为电影文本分析提供了新方法。

总之,麦茨通过语言学、符号学理论分析方式,对电影符号特性展开分析,揭示电影文本的叙事表意结构,建立了有别于经典电影理论的"电影科学"。他综合运用结构主义语言学、符号学与叙事学等人文学科的方法探究电影艺术传播,从而在认识论和方法论层面上极大地推进了电影理论,使电影研究得以摆脱传统的感受性意义解读的感性批评的局限,超越经验式、印象式的研究方法,使得电影理论具有了严格的科学性和理

---

① 克里斯蒂安·梅茨:《电影的意义》,刘森尧译,第41—45 页。

论深度。但是,对于结构主义符号学等方法的应用,麦茨自己也多次说明,语言学、符号学并非研究电影的唯一理想的方法,其意义主要在于对电影理论在研究方法、角度和思路上的拓展。就此而言,麦茨电影理论的贡献无疑是极为重要的。

四、梵·迪克的新闻话语分析理论

在结构主义和后结构主义思潮的影响下,西方传统的语言学理论受到了质疑和改变。话语理论学者萨拉·米尔斯就说:"结构主义和后结构主义理论家并不将语言仅仅视为一种表述的、透明的、交流的载体以及再现的形式,而是将其视为拥有自身规则和限制因素、拥有自身决定性效果的系统,这些规则、因素和效果影响到个体的思考和言说方式。"[1]因此,在结构主义理论视野中关于语言研究的话语理论成为主要方面。具体而言,当人们力图通过阅读由语言符号构成的文本,并在分析文本中的语言结构性因素时,就必须要考虑结构所构成、凸显的意义以及形成该意义所依赖的话语结构。二者共同成为理解语言的基础,即话语构成意义,意义依赖话语存在。换言之,话语结构受制于外在的权力结构,意义受制于话语的内在规定性。由此,结构和构成思想或知识的事件成为一组组对应关系。因此,通过话语结构分析探求文本的意义,成为结构主义、后结构主义、解构主义、符号学和女性主义等理论研究的重点。特别是福柯通过对话语的单位、对象的形成、陈述方式的形成、概念的形成、策略的形成、意见与结论、陈述的确定、陈述的功能和描述等方面对话语结构本身进行的全方位分析,从而使得话语分析产生广泛的影响。无疑,大众传播媒介本身作为公共话语,媒介文本是重要的文本类别。媒介不仅是交流信息,同时还建构意义。话语研究自然也成为探究媒介文本信息的跨学科的研究方法。因此,话语分析方法成为结构主义、符号学等理论对西方传播思想产生最直接影响的理论和方法。其中荷兰话语研究学者梵·迪克就针对新闻媒介的内容进行了话语分析研究。

托伊恩·A. 梵·迪克(1943—   )是荷兰阿姆斯特丹大学话语研究教授,早期研究文学语言学,很快转向"文本语法"和话语语用学,后与沃尔特·金什研究话语加工中的认知心理学。20 世纪 80 年代以来,梵·迪克主要针对报界的新闻报道的结构、制作和理解进行研究,同时,针对如课本、新闻报道、谈话、法庭话语和司法话语等各种话语类型中所具有的民族偏见表述进行分析,一方面是少数民族和第三世界人民具有偏

---

[1] Sara Mills. *Discourse*. Routledge, 1997, p.8.

见的话语结构、社会认知，另一方面是西方社会中"精英种族主义"（elite racism）的产生方式，并进一步探究话语中权力与意识形态的角色，以及社会中社会政治信仰的产生等问题。梵·迪克创办了《诗学》（Poetics）、《文本》（Text）、《话语和社会》（Discourse and Society）和《话语研究》（Discourse Studies）四种国际期刊，主要著述有《文本语法》（1972 年）、《文本与语境》（1977 年）、《话语中的偏见》（1984 年）、《话语与沟通》（1985 年）、《话语分析手册》（1985 年）、《沟通修辞》（1987 年）、《作为话语的新闻》（1988 年）、《新闻分析》（1988 年）、《话语与种族偏见》（1988 年）、《种族主义与新闻》（1991 年）、《精英话语种族主义》（1993 年）、《意识形态》（1998 年）等。

梵·迪克通过话语分析理论和方法，将话语研究和媒介内容研究结合起来，集中论述了当时作为大众媒介中最重要话语类型的报纸新闻。在他看来，新闻话语包括话语的文本结构、传播情境中及社会文化语境中新闻话语的产生与接收过程，以及涉及的多种形式的分析要素，包括符号、图示、风格、修辞、语境、宏观结构、观察过滤器、认知模式、解码、新闻价值、理解等内容，由此形成了新闻话语分析的基本理论方法。

第一，梵·迪克认为新闻话语是一种独特的话语类型。新闻话语分析的"目的是为分析新闻提出一种新的理论框架。这种方法的显著特征是把新闻主要当作一种文本或话语来进行分析"[①]。他认为，一方面，新闻话语与影视话语等其他媒介话语、官方会议话语、文学话语、法律话语、商业话语等不同。另一方面，新闻话语具有公共话语、意识形态话语、书面话语、叙事话语、认知话语、市场话语、非个人话语等多维特征。既然如此，对于新闻话语的分析就涉及跨学科、交叉性、独立性的特征。因此，梵·迪克的新闻话语分析，不仅立足于意识形态批评、结构主义、符号学研究取向，同时还融合了法兰克福社会批判理论、法国结构主义、英国语言学等理论，通过文本与语境对新闻结构加以解读，运用结构主义、符号学、语义学等现代话语理论，从而形成了新闻话语分析理论基本路径和方法，为新闻传播研究提供了不同的理论和方法视角。

第二，梵·迪克的新闻话语分析主要包括文本分析与语境分析。首先，文本分析指的是对新闻话语文本结构的分析，探讨文本描述的各种层次或视角，以及为清楚体现这些层次或视角特征所使用的单位或种类。与其他话语分析类型相比，这种分析能回答新闻结构具有什么特性这个重要问题。这种对新闻进行定性分析的方法包括文本语言学、叙事结构分析、文体学以及修辞学等。其次，语境分析是对制作和接收的认知过程，以及对语言使用和传播的社会文化因素进行探讨，具体涉及对大众媒体传播环境下的

[①] 梵·迪克：《作为话语的新闻》，曾庆香译，华夏出版社，2003，第 1 页。

新闻制作、新闻理解、新闻使用等过程内容的话语分析。前者对新闻话语的结构进行描述,后者将这些结构的描述与记者的认知、新闻话语再现事实的过程、社会文化因素等联系起来加以考察。对此,梵·迪克就认为:"媒体从本质上说,就不是中立的、使人们通晓常识的、理性的社会事件协调者,而是协助重构预先制定的意识形态。"①这里明显可以看出,他将马克思主义意识形态理论应用于话语分析,进而探究新闻文本和新闻语境之间的复杂关系,比如认知的有限性和社会的限制对新闻结构的影响,新闻的文本结构对新闻内容的理解和使用的影响等问题。

第三,梵·迪克通过话语"语篇"分析方法,概括新闻语篇的修辞框架。他认为,新闻话语的风格主要是由其功能决定的。他说:"像风格一样,新闻话语的修辞涉及的也是我们如何表达的问题。但新闻的风格在很大程度上受到了新闻是以公众、大众为传播对象的正式文体这个语境的各种因素的制约,而新闻中修辞手法和结构的运用则取决于传播目标和预期的传播效果。"②由此,他把新闻话语的修辞分成三大类劝服手段。首先,强调事件的真实性,主要通过:① 直接描述正在发生的事件;② 使用现场目击者的证词;③ 使用其他可靠来源,如权威、德高望重的人士和专业人士的证词;④ 表明准确性和精确度的信号,如关于人、事件等的数字;⑤ 使用直接引语,尤其是在涉及观点表达时。其次,在新闻事实之间建立联系,主要通过:① 提及先前的事件,把它们作为条件或原因,描述或预测后续事件,把它们作为可能或真正的后果;② 把新闻事实插入到人们相对熟悉的情境模型中去,可以让新的事件显得相对熟悉;③ 使用该领域广为人知的框架或概念;④ 设法把事实进一步组织进人们所熟悉的特定结构中,如叙事结构。最后,提供态度或情感方面的信息,具体有:① 如果事实涉及或能引起强烈的情感,就能得到更好地表述和留下更深的印象;② 引述不同背景或意识形态的人对事件的看法会增强事件的真实感,但通常情况下,那些和报道者意识形态相近的观点会被优先作为观点的来源。③

第四,梵·迪克的新闻话语分析是从源文本及对新闻加工过程开始的。所谓源文本,即文本处理术语的初级阶段,表明新闻文本的信息来源。新闻文本的信息来源有报告、声明、采访、会议、新闻发布会等多种话语形式,还有其他媒体信息、新闻公告、议会辩论、法庭审判、警方卷宗等。源文本的加工分析,主要在于探讨一系列风格各异的源文本,是如何被转换成最终不同版本形式的新闻文本的。梵·迪克认为,源文本分析能

---

① 梵·迪克:《作为话语的新闻》,曾庆香译,第 12 页。
② 同上,第 87 页。
③ 同上,第 87—88 页。

够准确地论述制度控制、经济利益控制、专业活动组织、日常新闻工作程序和新闻价值体系如何对新闻话语产生影响。梵·迪克认为，新闻话语的源文本分析中选择、概述、局部语义和风格的变化是最重要的方法，它们受到五个重要认知因素的控制，具体包括：① 该事件形势的主观认知模式，即输入文本事件的解释；② 记者对源文本的可信度、权威性等特征的认知模式；③ 新闻文本制作的目标和规划，包括新闻图式和宏观结构；④ 读者的认知模式；⑤ 制作语境的认知模式，包括新闻收集日常规范，交稿最后期限和互动限制等常识性知识和具体情况。[①]

第五，梵·迪克提出新闻话语加工过程的话语分析理论框架。他认为，总体而言，新闻制作的基本特征和话语制作、说话和写作等的特征是一致的，话语的制作和理解的基本特征也同样如此。也就是说，在用各种不同的方式处理话语时所涉及的所有认知过程，在很大程度上是相同或相似的。由此，新闻话语加工过程的理论框架分析主要包括解码、解释、建构、循环处理、宏观结构组成、超结构组成、情节记忆的再现、情境认知模式、知识和信念形成的学习、主观性等主要构成因素。通过新闻加工过程的话语分析，梵迪克从新闻话语分析的视角提出了新闻价值。不同于以往的经验研究，他通过新闻文本加以探究，具体包括新奇性、新近性、预设、一致性、相关性、反常性和反面性、接近性等特征，无疑通过对这些隐含在新闻文本中新闻价值的分析，从侧面也阐释了新闻选择的问题。

总之，梵·迪克立足于从认知角度研究新闻话语分析，不仅开辟了新的研究领域，同时还提出一致性理论和宏观规则理论。所谓一致性理论指的是一个陈述如何能获得他人的理解，即探究如何通过整体信息的组织使得人们形成连贯一致的信息认知。相对应的宏观规则理论指的是那些用来建立论述内部的命题整体结构，其核心在于传播者如何把个别命题结合在一起形成总体性的宏观概念。这些理论是梵·迪克新闻话语分析理论的重要贡献，同时新闻话语分析也成为西方传播思想发展中的重要理论维度。

五、费斯克的传播符号理论

索绪尔提出的结构主义、符号学理论以及其后的发展，对于西方传播思想史的发展具有特别的意义，主要体现在不断拓展了传播理论研究的视野和方法。对此，罗兰·巴特明确指出了作为以话语"意指实践"研究为重点的符号学与大众媒介之间的关联。巴

---

① 梵·迪克：《作为话语的新闻》，曾庆香译，第 123 页。

特说:"可以肯定的是,大众传播的发展在今日使人们空前地关注着意指的广泛领域,与此同时,语言学、信息学、形式逻辑以及结构人类学等学科所取得的成就,又为语义分析提供了新的手段。符号学在此种情势下呼之欲出,就不再是几个学者的异想天开,而是现代社会的历史要求。"显然,巴特在这里将大众传播空前发达的时代情景当成了讨论符号学的一种语境,如果按他所倡导的那样,将符号学理解成主要是研究所谓"意指实践"的问题,简言之,就是符号化过程或意义生产建构过程的学问,那么现代符号学理论旨趣就在很大程度上与大众传播息息相关了。所以他接着写道:"可以说,这里介绍的只是些初步成果,待今后在具体的工作中有所进展,我们希望逐渐扩大对大众传播的研究范围,与其他的研究工作结合在一起,为发展出对人类智性的普遍分析共同做出贡献。"[1]此外,英国学者霍克斯也提出相应的观点,他认为传播学研究可以把符号学和大众传播联系起来。在西方传播思想史研究中,传播符号学已经成为传播学理论的重要研究领域。

费斯克作为文化研究学派的重要学者,除了在大众文化理论有深入探究外,在文化研究的基础上,也结合结构主义符号学视角探究大众传播媒介理论。总体而言,费斯克的传播符号学理论主要集中于他的著述《传播研究导论:过程与符号》(1990年)中,其理论主要基于传播的传递观和符号观两个理论视角展开。

费斯克首先区分了传播研究领域的两种观点。并将它们总结为信息传递观和意义建构观。费斯克的研究重点是关于意义建构的问题。[2] 对于传递观,费斯克认为它视传播为信息的传递过程,关注的是传送者和接收者如何进行编码和解码,以及传递者如何使用传播媒介和渠道,进而探讨传播效果是否实现的问题。总体而言,它视传播为传者影响他人行为或心理状态的过程,因此,如果传播未达到预期效果,就是"传播失败",并且进而试图在传播过程的各阶段中,找出失败的原因,费斯克将其称为"过程论"。对于意义建构观,费斯克认为该观点视传播为意义的生产与交换,它关注的是信息以及文本如何与人们互动并产生意义。换句话说,意义建构理论关注的是文本的社会文化内涵。该观点借助于符号学中的"意指(signify)"等概念,试图说明传播是一种意指实践,简言之就是意义建构的过程。由此,传播过程中的信息误解、误读也是必然存在的,因为误解可能来自传者和受者的文化差异。因此,对于意义建构论而言,传播研究就是文化和文本研究,其主要的研究方法就是结构主义和符号学(semiotics)分析,分析符号的构成

---

① 罗兰·巴尔特:《符号学原理》,王东亮等译,引言第1—2页。
② 约翰·费斯克:《传播研究导论:过程与符号》,许静译,第1—2页。

及意义。对此,费斯克称其为"符号论"。他认为,过程观尝试结合社会科学,特别是心理学、社会学等领域的理论,并将传播定位为一种行为过程,而符号观则借助于结构主义、符号学、语言学等领域,并将传播定位为人们意指实践中的文化过程。

在此基础上,费斯克分析了"传递观"和"符号观"两种类型的传播观的异同。他认为这两种观点都以自身的视角来解释传播为何是通过讯息而产生的社会互动过程。传递观视传播为人们互相影响彼此行为、心理状态的社会互动过程,符号观则将社会互动视为是建构个体成为社会文化成员的过程。同时,这两个学派对于信息的构成要素也有不同的解释,传递观认为讯息通过传播过程而进行传输,许多研究者认为传播的意向是构成传播活动的重要因素。传送者的意向可能是明示的,也可能是暗示的,可能是意识的,也可能是无意识,但必须是可分析的。而信息是传送者所放置的,其形式也没有限制。而符号观则认为,信息是符号意义的建构,并通过传者与受者的互动而产生意义。传者虽然是信息的传送者,但是,其重要性已大不如前。该观点将强调的重点转移到文本身上,也就是文本如何被解读、建构意义的过程。受者的解读是发现意义的过程,并且发生在受者和文本的协调互动之中。当受者以其文化经验中的某些立场和角度去解读文本中的符码和符号时,它既包含了文本的原有意义的接受,也包含了对文本的延伸性理解。事实上,费斯克认为,人们只要观察不同的报纸如何报道同一事件,就能了解不同报社的世界观差异。所以不同文化社会经验的受众对于同一文本可能会产生不同的意义解读,但是,显然这也并不意味着传播过程是失败的。①

由此,费斯克认为,以结构功能主义取向为主的传播研究,重点强调的是传播结构和过程及其形成的各种不同的传播模式,由此建立基本的传播过程的结构模式,重点探究该过程中的传者、媒介、渠道、受者、效果及反馈等因素,在此基础上形成各种不同类型的传播模式理论。但是,费斯克认为,传播不仅是一个过程,同时还是一种意义的产生方式。对此而言,传播符号学的研究就非常有意义,费斯克认为这就使传播学研究有了新的重点:必须要将符号(sign)、意指化(signification)、图像符号(icon)、标志符号(index)、直接意指(denote)、含蓄意指(connote)等概念应用到传播理论研究中。费斯克在自索绪尔以来,包括罗兰·巴特、皮尔士、奥格登和理查兹等在内的学者的符号学理论基础上,提出了传播符号学研究的理论重点和方法路径。费斯克通过对传播符码的分类、传播意指实践的不同形式等理论的阐释,同时结合符号学分析、结构主义分析、经验主义分析和意识形态分析等不同理论维度,系统论述了传播符号学的理论和方法。

---

① 约翰·费斯克:《传播研究导论:过程与符号》,许静译,第3页。

可以说,通过这些论述,费斯克系统明晰地建立了传播符号学的基本理论和方法。

总体而言,传播符号学基于索绪尔、皮尔士、罗兰·巴特等结构主义和符号学的奠基者和先驱的理论,形成了传播符号学理论的基本分析逻辑和方法路径。语言、符号及其意义是被历史地、文化地、社会地创造出来的,这是符号学理论的核心观点。对此,索绪尔从宏观上揭示了人类语言构成的内部特征,从而为符号学研究奠定了基础。皮尔士则从微观层面分析了符号的构成和特征,罗兰·巴特、雅各布森等人从结构主义的角度对符号学深入推进。就传播符号学理论而言,不论是媒介文本的词汇域,或媒介文本的句法结构,在建构具有完整的媒介文本符号系统的过程中,符号结构则受制于社会、历史、文化等因素。因此,传播符号学的主要目标,在于集中探究媒介文本符号的具体所指意义和历史文化社会语境下的宏观意义,以及其内在的影响因素。

第三节
叙事传播理论

叙事学(narratology)也称叙述学,是在结构主义基础上发展起来的对叙事文本进行研究的理论,分为"经典叙事"理论与"后经典叙事"理论两个不同派别,通常指的是经典叙事学,即结构主义叙事学。经典叙事学是 20 世纪 60 年代以来兴起的以文学文本为重点的批评理论,它将结构主义、语言学研究引入文学文本分析。其理论渊源主要包括索绪尔的语言学理论、结构主义、俄国形式主义及新批评派理论等。具体而言,对经典叙事学产生直接影响的是结构主义和俄国形式主义,作为其直接理论来源的是列维-斯特劳斯的结构主义神话分析和普罗普的民间故事研究。结构主义叙事研究不同于传统的叙事理论对作品内容及社会意义的重视,立足于现代语言学结构主义理论,更注重作品的文本及其结构分析,即注重作品的共性分析,而不是具体的艺术成就分析。因此,经典叙事学主要研究作者与叙述人、叙述人与作品中的人物、作者与读者等的相互关系,以及叙述话语、叙述动作等内容。而后经典叙事学主要研究叙事结构特征与读者阐释相互作用的规律,探讨具体叙事作品的意义,注重跨学科研究,关注作者、文本、读者与社会历史语境的交互作用。

因此,从经典叙事学到后经典叙事学,从文本叙事本身到文本叙事的社会历史文化意义语境的探究,从文学文本叙事到各类不同文本的叙事研究,叙事学理论的应用也愈加广泛,对西方传播思想也产生了重要影响。在探究媒介文本叙事的基础上,叙事传播理论也成为西方传播思想和理论中的重要构成部分。特别是美国传播学者沃尔特·费舍尔通过对大众传播媒介文本的叙事研究,提出了媒介文本的"叙事范式"概念,不仅引发了叙事修辞学跨学科研究的潮流,同时还成为叙事传播学领域的典范性研究。

一、叙事学的含义

叙事学指"研究所有形式叙事中的共同叙事特征和个体差异特征,旨在描述控制叙事(及叙事过程)中与叙事相关的规则系统"。有学者把叙事定义为"用语言讲述一个或多个事件",如伯特认为叙事是"对一个或一系列事件的表述"[①]。而有学者则把它定义为对事件的任何表述,包括非语言的图画文本等。

关于"经典叙事"概念的主要含义,有学者对其做了较为全面的概括,认为主要有下述含义,具体包括:① 叙事是一种言语行为;② 叙事是一种符号活动;③ 叙事是一种语言表现;④ 叙事是叙事者生产的话语;⑤ 叙事是为了读者所组织起来并赋予意义的文字制品;⑥ 叙事是用语言表现出来的一件或一系列真实或虚构的事件;⑦ 叙事是人类交际最基本的表述手段;⑧ 叙事是人们将各种经验组织成有现实意义的事件的基本方式;⑨ 叙事是最核心、最基础的表达与理解方式;⑩ 叙事是一种文化理解方式;⑪ 叙事是一种推理模式,也是一种表达模式;⑫ 叙事是一种人类认知的基本模式等各类不同的界定。[②] 可见,对叙事内涵的界定包含了结构主义、语言学、符号学、意义理论等各个方面的内容。

从经典叙事理论的发展看,最早提出"叙事学"这个概念的是法国当代著名结构主义符号学家、文艺理论家茨维坦·托多罗夫。他于 1969 年发表的《〈十日谈〉语法》中提出"这部著作属于一门尚未存在的科学,我们暂且将这门科学取名为叙事学,即关于叙事作品的科学"的观点。此前罗兰·巴特的《叙事作品结构分析导论》、克洛德·布雷蒙的《叙事可能之逻辑》等论文,以及阿尔吉达斯·朱利安·格雷马斯的《结构主义语义

---

① 伯特·H. 阿波特:《剑桥叙事学导论(英文版)》,北京大学出版社,2007,第 12 页。
② 祝克懿:《"叙事"概念的现代意义》,《复旦学报(社会科学版)》2007 年第 4 期。

学》等著作,其实都是叙事学的奠基之作。作为文本分析的新方法,叙事学经过不断发展,具有了完整的理论体系。同样,对于媒介文本批评而言,叙事学理论也具有方法论的重要意义。

经典叙事学主要是以神话、民间故事、小说为对象的书面叙事文本的研究,简言之,就是关于叙事作品、叙述、叙述结构以及叙述性的理论。叙事学着重对叙事文本作结构主义的技术性分析,并以此为依据研究其他各类叙事文本。叙事学形成并发展起来后,媒介研究学者也使用叙事理论分析媒介文本,并注重研究各种文化是如何通过叙事再现自身,以及研究结构主义叙事模式对媒介文本的影响,包括它们所达到的传播效果。后经典叙事学理论则将叙事文本研究的范围从小说、民间故事等,广泛扩展到对电影、戏剧、漫画、新闻、日记、编年史等文本的研究,并拓展到对各种符号构成的媒介文本形式的分析,如对书面或口头语言、视觉形象、姿态和动作以及这些不同媒介组合文本的叙事学分析。

也有研究者把研究的重点放在叙事事件来界定叙事。G. 普林斯认为,"叙事是对至少两个互不包含或互不暗含的、非同步发生的事件的表述"。该定义的关键词是"事件",因为没有事件,叙事就无从谈起。但是,"叙事"与"故事"不同,"故事"是一个事件或一系列事件,而"叙事"是对事件的表述或话语性的再现,或者说是故事的媒体化、符号化的表述。① 那么,作为叙事事件的特征究竟为何? 有学者认为,至于"事件",并不一定是动态的,有时也可能是静态的。从结构来说,一个叙事必须由至少两个事件组成。② 单一的事件不能构成叙事,构成叙事的事件不是毫不相关的,而是属于同一主题或具有某种逻辑性、关联性的事件。从顺序上来说,叙事中的事件通常是按照时间顺序组织的。事件的时间顺序体现了它们之间的某种关联性或因果逻辑关系。有些事件虽然属于同一主题,但因缺乏清晰的顺序,也不能构成叙事。如果在其间添加表示时间关系的词语以使它们之间的关联性明晰起来,则可以构成一个叙事。同时,它们彼此互不包涵,且不是同时发生的事件。叙事的事件的真实性不是用可证实性来评判,而是用逼真性来评价的。③

对于叙事的特征,美国叙事学学者杰罗姆·布鲁纳全面地总结了叙事的十个特征,具体包括:叙事历时性(narrative diachronicity)、具体性(particularity)、意向状态内

① G. Prince. *Narrativehood*, *narrativeness*, *narrativity*, *narratability*. In John Pier & José Àngel Garcia Landa(eds.), Theorizing Narrativity. Walter de Gruyter, 2008, pp.17,19.

② S. K. Foss. *Rhetorical Crilicisnr*: *Exploration & Practice*. Long Grove, Waveland Press, 2004, p.334.

③ 邓志勇:《叙事、叙事范式与叙事理性——关于叙事的修辞学研究》,《外语教学》2012 年第 4 期。

涵性(intentional state entailment)、解释的创作性(hermeneutical composability)、经典性与违反(canonicity and breach)、所指性(referentiality)、体裁性(genericness)、常规性(normativeness)、情景敏感性与可协商性(context sensitivity and negotiability)和叙述增加性(narrative accrual)。① 对此,有学者对这些特征做了详细解释。"叙事历时性"是指叙事中的事件不是同时发生的,或者说是叙事中的事件是一段时间内发生的不同事件。"具体性"是指叙事是关于具体事物的叙事。"意向状态内涵性"指的是某一场合下人们的行为总是有意向性的,他们身上发生的事情应该与其当时的意向状态有关,如信念、愿望、价值、观点等。"解释的创作性"指的是叙事文本表达的意义与人们对该文本的阐释不一定相同,亦即一个叙事文本可能具有不同意义,或者说对相同的叙事文本,不同的人可能具有不同的理解。"经典性与违反"指的是有些发生的事情没有讲述的必要,讲了也未必像故事;它之所以是叙事,是因为它有必要性;但要有必要性,故事就必须违背某种隐含的经典脚本,或某种程度上偏离这种经典的脚本。"所指性"指的是叙事不是指涉"现实世界",而是它本身可能创造现实世界,它有自己的指涉世界。"体裁性"是指叙事不仅是一种本文样式,更重要的是它还是一种帮助人们理解事物的工具。"常规性"是指叙事作为一种话语形式是以传统的、或习惯性的期待为基础,但这种传统也可能会随着时代的变迁而变化。"情景敏感性和可协商性"指的是叙事的解释在很大程度上取决于情景,而这种对情景的敏感性使叙事话语成为一种行之有效的文化协商的工具,使社会的团结和人际间相互依靠成为可能。"叙事增加性"是指不同的故事可以拼凑起来组成一个整体,甚至组成一种文化或历史。这些叙事特征的概括,体现了从不同方面对叙事的描述,如事件发生和延续的时间、事件的内容、事件参与者的心理、叙事的接受者的理解,等等。这些对叙事的描述,显然对叙事本身的组构成分、组织原则、功能、叙事与情景的关系等进行了明晰的梳理。②

就历史发展看,对叙事的讨论早就开始。柏拉图对叙事做了模仿(mimesis)/叙事(diegesis)的二分法,这可以被看作叙事理论的发端。亚里士多德的《修辞学》中也对叙事问题进行了探究。18世纪随着小说的发展,对小说叙事的讨论则更加充分全面,从小说的内容到形式、小说的功能和读者的定位等问题都有所涉及。叙事学的基本范畴,如叙述视点、声音、距离等也都被讨论。其中关于叙述视点的讨论,成为小说叙事批评最为重要的视角和方法。

---

① J. Bruner. *The narrative construction of reality*. Critical Inquiry, 1991(18), pp.1 – 14.
② 邓志勇:《叙事、叙事范式与叙事理性——关于叙事的修辞学研究》,《外语教学》2012年第4期。

从思想渊源看,经典叙事学理论发端于 20 世纪 20 年代的俄国形式主义,其中普罗普所开创的结构主义叙事研究奠定了叙事学理论基础。叙事学理论最直接的影响来自普罗普的《民间故事形态学》,该研究被认为是叙事学的奠基之作。普罗普打破了传统按人物和主题对童话进行分类的方法,认为故事中的基本单位不是人物而是人物在故事中的"功能",由此从众多的俄国民间故事中分析出 32 个"功能"。① 其他俄国形式主义者如什克洛夫斯基、艾亨鲍姆等人提出的叙事作品的"故事"和"情节"之间的差异的认识,直接对叙事学的叙事作品结构层次划分研究产生影响。"故事"指的是作品叙述的按实际时间顺序的所有事件,"情节"则侧重指事件在作品中出现的实际情况,这些也直接影响了叙事学对叙事作品结构层次的划分。他们提出"故事"和"情节"的概念来指代叙事作品的素材内容和表达形式,大致勾勒出其后经典叙事学研究所聚焦的故事与话语两个层面,以此来突出研究叙事作品中的技巧。

普罗普的叙事学理论被法国人类学家列维-斯特劳斯(1908—2009)接受并传播到法国。借助于结构主义叙事学理论,列维-斯特劳斯则重点研究了神话中内在不变的因素的结构形式,并试图运用语言学模式发现人类思维的基本结构,对叙事学理论的形成做出了贡献。他所建构的结构主义与神话学不但深深影响人类学,对社会学、哲学、语言学等学科也产生深远影响。列维-斯特劳斯的主要著述有《忧郁的热带》(1955 年)、《结构人类学》(第一、二卷,1958、1973 年)、《野性的思维》(1962 年)、《神话学》(1964—1971年)等。这些著述是探究结构主义和叙事学理论的经典之作,为结构主义叙事学理论奠定了基础。

二、经典叙事学理论

经典叙事学亦即结构主义叙事理论的核心内涵,就是要发现文本的"深层结构",亦即在"故事底下找故事"。但是,这个视角在具体分析中又有差异,具体表现为两个方面:一是首先重点发现深层结构,再由"深层"反观"表层",如普罗普、列维-斯特劳斯、托多罗夫、格雷马斯等的研究;二是首先重点从文本/话语即表层结构逐渐进入"深层",以热拉尔·热奈特和罗兰·巴特等为代表。由此出发,经典叙事学理论建构了不同的分析研究取向和基本理论体系,主要包括下述方面。

第一,罗兰·巴特的符号叙事理论。基于结构主义、符号学理论,罗兰·巴特认为

---

① 伯格:《通俗文化、媒介和日常生活中的叙事》,南京大学出版社,2000,第28—29 页。

叙事学就是对叙事作品的研究,主要包括神话、传奇、寓言、故事、短篇故事、史诗、历史、悲剧和其他的人类的表达方式。他利用索绪尔的语言学来分析文学,认为文学只是一种语言,一种符号系统,重要的是不是它的信息,而是它的系统。同样,文学批评重组的不是作品的信息,而是它的系统,就像语言学家不去推论句子的意义,而是建立能够传达意义的正规机构。因此,文学批评不应去理解作品的意义或价值,而应探究产生意义的结构。作者的本意因此受到忽视——不是作者的意识或来自意识的言语行为,而是语言和结构产生意义。作为结构主义符号学理论的奠基者,罗兰·巴特为叙事学研究提出了纲领性的理论设想。

罗兰·巴特对叙事作品的结构进行分析。他把叙事作品分为功能层、行为层、叙述层三个描写层次,各层次上有单元分布关系,不同层次上有融合关系,如"功能"的确定必须取决于角色的意向或故事大体的"动向","动向"的作用、价值又须依它在整个"叙述"中的地位而定,任何语言单位可能结合到各个层次之中产生意义。在具体叙事分析中,罗兰·巴特在《S/Z》中,把巴尔扎克的短篇小说《萨拉辛》分解成 561 个词汇单位(lexies),即"解读单位"。其中,有些只有几个词,有些是几个句子,长短不一,每个单位都是一个分析主题。他创造性地提出了解释符码、行为符码、语义符码、象征符码、指示符码五个符码,从而在对巴尔扎克的作品进行了符号学叙事的分析。

第二,格雷马斯的结构主义语义学。格雷马斯在叙事学理论方面有非常重要的地位,他从索绪尔关于"语言"和"言语"的理论,以及雅各布森关于"二元对立"的概念出发,和罗兰·巴特共同研究哲学和语言学,并重点探究了叙事文本的语义结构。格雷马斯的主要著述有《结构语义学》(1966 年)、《论意义》(1970 年)、《论意义 II》(1983 年)等。对于叙事学理论,格雷马斯明确区分了深层语义机构和表层句法,表层句法又可分成叙事结构(表层结构)和语篇结构(表达结构)。叙事过程要经过一系列的转化,具体包括:横向转化,即从基本语义转化成基本句法;纵向转化,即从基本句法转化成表层叙事句法,再转化成语篇句法。格雷马斯认为,符号叙事学意味着转化的过程,即意义的产物。他在结构主义的二元对立基础上提出了"语义方阵",认为它是一切意义的基本细胞,语言或语言以外的一切"表意"都采取这种形式。"语义方阵"里面包含着主角和对象、指使者和承受者、助手与对头三对结构单位。这三对单位出现在所有叙事作品中,包括愿望、交流和矛盾三种关系。格雷马斯的理论可以看作对普罗普最初构想的一种发展和改进,他的主要目的是通过情节结构模式的建立揭示出叙事体深层结构所显示的意义。与普罗普不同的是,他把故事视为类似句子的语义结构,注重的是功能之间的关系而不是单个的功能。

第三,热奈特与叙事理论的发展。法国结构主义批评家热拉尔·热奈特在推动当代叙事理论迅速发展并走向成熟方面,具有重要的地位和意义。热奈特在吸收前人研究成果的基础上,建构出自己的叙事理论。

热奈特认为"叙事"包含故事、叙事和叙述行为三个层次的概念:故事是叙事话语中讲述或真实或虚构的事件;叙事指的是讲述一个事件或者一系列事件的口头或书面的话语,实际上是叙事者对"故事"加工后的完成形态,即叙事话语;叙述行为"并非指实际上的作者叙述,而是指一种虚构的或理论上的交流过程,即一个虚构的叙述人向一个或一些虚构的听述人传达叙述内容"。其实,叙事话语分析就是对叙事、故事和叙述行为相互关系的研究。热奈特吸收了托多罗夫的叙述话语研究成果,并对其予以修正,区分了三类故事问题:① 时间(order),指所述之事的时间次序,它分为"事实时序"和"叙述时序";前者指"故事"中这些事件"实际"发生的顺序,后者指在"叙事"(作品文本)中这些事件排列的顺序,时序主要指这二者之间,即故事的时间与叙事时间的关系。② 跨度(duration,又称"时限"),是指怎样压缩、删减或扩展所述之事中的一些事件,怎样概叙或停顿等。"故事"中事件的发展进程速度是"正常"的,而在"叙事"中却发生变化,"几十年的事"可以寥寥交代甚至一笔带过,"一个细小动作"却可以扩展开来或跨过相当久远的时间发生影响。③ 频率(frequency),是指一个事件在"故事"中发生的次数与在"叙事"中被叙述的次数之间的变化关系,包括同频式(事件发生次数等于事件被叙述的次数)、异频式(事件发生次数大于或小于事件被叙述的次数)等多种情况,如普鲁斯特在《追忆逝水年华》中把只发生了一次的事件叙述得好像重复发生的事件一样。④ 语式(mood,又称"语境"),是指叙事的方式,它又可被分为"距离"和"视角"。"距离"涉及叙述与它自己的材料之间的关系,热内特引用柏拉图的"纯叙事"与"纯模仿"两个概念,认为他们相当于英美小说中"讲述"(telling)和"展现"(showing)。"视角"(perspective,又称为"视点")指叙述人进行叙述的角度位置。热奈特为研究叙事话语建立了一个较为严谨和系统化的体系,是当之无愧的结构主义叙事理论的集大成者。

此后,叙事学理论从法国传播到欧洲大陆并发展到英美,其间发生了一些变化。如韦恩·布斯的《小说修辞学》、华莱士·马丁的《当代叙事学》、伊恩·瓦特的《小说的兴起》等是英美叙事学研究的重要成果。英美学者更多地从修辞技巧入手,研究比较直观和经验化。如布斯在《小说修辞学》中对"隐含的作者"和"声音"的探讨,不单纯从叙述语法的角度入手,而是以一种修辞学的观点进行了叙事学的分析,同样对叙事学理论的发展产生了重大意义。

三、叙事传播理论的形成

叙事研究通过叙事原理、原则与实践研究问题的交叉研究，最早出现在文学研究领域，主要分析虚构类文学文本的结构模式以及意义形成，随后发展成为跨越人类学、历史学、社会学、哲学、心理学、医学等诸多学科领域的多元研究理论和方法。从 20 世纪后半叶开始，叙事学家认识到人类叙事性活动的本体论地位，提出了叙事结构可能是位于语言或心理结构之外的分享人类经验的方式，以及叙事是"基本的人类心理模型"等内生性叙事理论。其后又发展出人类叙事本体论的观点，认为人类"倾向于将经验组织成叙事形式"，叙事是"一种组织和解释经验的先天图式"，以及叙事是文化和社会连续性的主要媒介与传递知识和思想的通用形式，叙事创造意义并建立和维持社会群体及其文化等叙事本体论观点。① 基于人类传播活动的认识，叙事研究将人类传播活动视为人类自身的存在方式，从而从叙事学角度论述人类传播活动的本体论意义，由此形成了叙事本体论的核心观点。该观点认为任何人类的传播活动，都是叙事故事的共享、生活中人类对彼此的故事进行审视，或达成一致或不能苟同的叙事元范式，从而将叙事学理论和人类传播活动密切关联起来，为叙事传播理论提供了思想和理论基础。

关于传播与叙事理论的研究，有学者概括总结了下述方面的内容：第一，作为本体论的叙事传播。该理论认为叙事是人在世界的存在方式，同时叙事中包含着社会和历史背景知识。该观点认为，就像人是理性的存在一样，人是会讲故事的存在，人的传播行为是叙事的、可解释的。该观点依据于更广阔的历史语境，从而将叙事阐释为人类在世界中的生存方式以及人类理解世界的方式。这其中主要以费舍尔的"叙事范式"理论为代表。费舍尔认为人天生就是讲故事的生物，或是"创造性地阅读和评价生活与文献文本的作者和合作者"。第二，作为认识论的叙事传播。该理论认为，叙事理论是有关认识论层面上的分析形式。其中 T. 奥布克专门分析了有关学术研究的叙事特征，并从研究对象、研究手段和研究结果三个方面出发，对那些用故事讲述的研究叙事做了分析，如传播研究中的半结构式访谈，本身就是丰富的叙事描述。此外，还有叙事研究者将学术研究报告本身也看作一种叙事建构，如 A. 博赫纳认为学术论文本质上是对研究过程进行叙事说明。由此，该观点认为叙事包含着人们认识世界的手段和途径。第三，

---

① 刘蒙之：《叙事传播：范式、理论及在新闻传播研究中的分析策略应用》，《广州大学学报（社会科学版）》2020 年第 5 期。

作为个体建构的叙事传播。该观点关注的是人际传播研究中的个体叙事,研究者通过收集、整理和描述个体对自己故事的讲述,进而考察这类叙事中人际关系的叙事结构、叙事内容,以及通过类型学视角分析个体叙事建构的特征。第四,作为关系过程的叙事传播。还有部分叙事研究从关系维度探讨叙事,通过对叙事听众的分析,分析这些听众成员,或关系同伴如何共同协商完成故事叙事本身,或如何共同协商他们的关系历史和现实状态。因此,将叙事看作关系过程的观点,通过关注"讲故事"既作为一种表演的行为或"建立"关系的行为,同时也是一种关系同伴之间联合讲故事的合作过程。①

四、沃尔特·费舍尔的叙事传播理论

沃尔特·费舍尔(1931—2018)是美国南加州大学传播学教授,曾任南加州大学安纳伯格传播学院院长。费舍尔在 1984 年的开创性研究《叙事作为人类传播范式:以公共道德为例》中提出了"叙事范式"的概念,②认为传播活动是人的基本社会活动,人类传播也就是一种叙事行为,因此人是叙事的存在,人的传播叙事是在广阔的历史语境中展开的,从而为传播叙事理论提供了研究视角。费舍尔关于传播叙事理论的主要研究论文有《走向充分理由逻辑》(1978 年)、《理性和充分理由逻辑》(1980 年)、《叙事作为人类传播范式》(1984 年)、《叙事范式》(1985 年)等。其著作《作为叙事的人类传播:走向理性、价值和行动的哲学》(1989 年)集中讨论了叙事传播理论。该著述随即引发众多研究者重新思考"传播"与"叙事"的关联性,并不断建构了传播研究的"叙事范式"(narrative paradigm)。③

叙事研究在传播学领域的重要进展,则是分析叙事效果及机制的叙事范式与叙事传播模式等理论。叙事传播理论(narrative communication)研究聚焦于个人如何确认他们听到的、经历的和相信的叙事具有真实性与说服性的问题。就费舍尔的叙事传播理论的研究而言,伽达默尔的解释学理论是其"叙事范式"理论建立的重要维度之一。费舍尔受到伽达默尔提出的"传播的过程不仅仅是行动,而是一种有目的的活动,一种符号的建立,通过它,我将我的意愿传递给他人。……这是一个生活共同体得以实现的生活过程"观点的影响,因此,费舍尔叙事范式理论核心论点认为,完美的交流、沟通和传

---

① 莱斯莉·A. 巴克斯特、唐·O. 布雷思韦特:《人际传播:多元视角之下》,殷晓蓉、赵高辉、刘蒙之译,上海译文出版社,2010,第 320—325 页。

② Walter R. Fisher. *Narration as a Human Communication Paradigm: the Case of Public Moral Argument.* Communication monographs, 1984, Vol. 51 (1), pp.1 – 22.

③ 臧国仁、蔡琰:《叙事传播:故事/人文观点》,浙江大学出版社,2019,第 34 页。

播之所以是完美的,是因为它满足了叙事理性的要求,为共同的信念和行动提供了可信任的切实可行的可靠基础。伽达默尔认为,如果人们的交流能够肯定参与者的信念和价值,那么交流则是良好的,不管他能够提供什么样的真理,这就构成了叙事范式的最基本的特征。① 其实,就其理论而言,这里就包含了伽达默尔所谓的"主体间性"的哲学主张。在他看来,真正的交流是建立在共享的理解之上的。伽达默尔指出:"语言只有在谈话中,也就是在相互理解的实行中才有其根本的存在。但这并不能理解成,似乎语言的目标已经由此而确定。相互理解(verständigung)并不是纯粹的活动,不是实现目的的行动,有如造出某种我可以把自己的意见告知他人的符号。毋宁说,相互理解根本不需要真正词义上的工具。相互理解是一种生活过程(lebensvorgang),在这种生活过程中生活着一个生命共同体。……因此,人类的语言就'世界'可以在语言性的相互理解中显现出来而言,必须被认作一种特别的、独特的生活过程。""世界是这样一种共同性的东西,它不代表任何一方,只代表大家接受的共同基础,这种共同基础把所有相互说话的人联结在一起。一切人类生活共同体的形式都是语言共同体的形式,甚至可以说:它构成了语言。因为语言按其本质乃是谈话的语言。它只有通过相互理解的过程才能构成自己的现实性。因此,语言绝不仅仅是达到相互理解的手段。"②实际上,费舍尔继承了伽达默尔对语言本体论肯定的观点,进而将以语言传播为基础的叙事也拓展到作为人类本体存在的重要位置。在此基础上,费舍尔讨论了"叙事范式"和"叙事传播模式"等理论问题。

第一,叙事范式理论。费舍尔指出,所谓"叙事范式是社会科学和人文学科思想交织而成的结构。它像其他人类行为理论一样,寻求解释人类是如何达成相信及这种行为的。它与社会科学和人文主义理论的不同之处在于,它不把叙事作为一种艺术、体裁或活动,而是作为一种范式。它超越了这些理论,提供了叙事理性的新逻辑,这个概念适用于所有形式的人类交流"③。显见的是,费舍尔把交流传播活动作为人类主要的社会行为,由此,他认为这种交流、传播和交往活动是依据特定的叙事范式而展开的。由此,为了论述"叙事范式"的概念,费舍尔首先提出了"叙事的人"(homo narrans)的概念,简言之,人本质上就是讲故事的存在。人因传播而存在,如何进行传播则是人的存在方

---

① Walter R. Fisher. *The Narrative Paradigm: An Elaboration.* Communication Monographs, 1985, Vol.52 (4), pp.347 – 367.

② Hans-Georg Gadamer. *Truth and Method.* Translated by Garpett Barden and John Cumming. the Crossroad Publishing Company, 1975, p.404.

③ Walter R. Fisher. *The Narrative Paradigm: An Elaboration.* Communication monographs, 1985, Vol.52 (4), pp.347 – 367.

式,故此所谓"叙事"亦即"讲故事"就是人的存在方式。他认为日常生活中几乎所有的传播都以提供事件或讲故事的形式运作,人类本质上就是讲故事的动物。① 和以往学者们对人的界定,比如亚里士多德的"人是逻各斯的动物"、卡西尔的"人是使用符号的动物""人是理性的动物"等观点类似,费舍尔立足于叙事传播理论视角,将"讲故事"作为人的本质特征,这也就构成了他的叙事范式理论的逻辑起点。

J. F. 克雷根和 D. C. 希尔兹把费舍尔关于叙事范式理论逻辑基础的人类传播、理性、叙事等问题的认识做了总体阐述。他们的这些总结构成了费舍尔叙事范式的理论基础,②具体包括: 其一,人类本质上就是"讲故事"的人,因为人类所有言说皆为叙事。其二,所有形式的人类传播皆为故事,叙事不仅用于讲故事,也用于争论观点、传达信息或提供解释。在日常生活中,人类是通过讲述故事而不是展示事实或是数字来传播的,即"无论发生时间为何,事物都可以用符号阐释并建构成为历史、文化、人物角色"等内容,只要应用叙事范式,任何文本都可视为故事形式。世界由一系列的故事构成,个体必须从中进行选择,以便在不断发展的过程中适应。其三,人类以"好故事"为其信仰或行动准则,人类传播的模式是"好的(说服)理由"(good reasons),"好的理由"判断由历史、成长经验、文化和人物特点等各种因素所决定。费舍尔认为传统意义上的"理性推理"(rational reasoning)无法解释人类如何接受真理、知识和真实,而应增加好的说服理由。其四,人天生就拥有叙事理性能力,叙事理性是由人作为叙事生物的本质决定的,从而能够评估自身的传播行为。费舍尔认为,判断故事真假能力出自天赋,属于人类的"实用智慧"。其五,在不断的创造过程中,人们选择不同生命片段以完成不同故事,从而缔造了文本真实性。不同形式的叙事彼此竞争,故事间也相互嵌入情节,环环相扣,但是任何故事背后都有作为大故事(grand story)的价值观。③

费舍尔继承了西方古希腊以来的修辞学传统,把修辞学理论中的"理性的言说"作为其叙事范式理论的论述基础。针对修辞学中对理性的言说的界定,费舍尔把人类传播活动总结为理性世界范式(rational world paradigm)和叙事范式(narrative paradigm)两种类型,借此从本质、宏观的视角界定人类叙事传播活动的本体论意义。④ 根据理性世

① Walter R. Fisher. *Narration as a Human Communication Paradigm: the Case of Public Moral Argument.* Communication monographs, 1984, Vol. 51 (1), pp.1 - 22.

② J. F. Cragan & D. C. Shields. *Symbolic Theories in Applied Communication Research: Bormann, Burke, and Fisher.* Hampton Press, 1995, p.95.

③ 臧国仁、蔡琰:《叙事传播: 故事/人文观点》,第 36—37 页。

④ Walter R. Fisher. *The Narrative Paradigm: In the Beginning.* Journal of Communication, 1985, Vol.35 (4), pp.74 - 89.

界范式,费舍尔认为,作为理性动物的人,其典型观点就是"理性的言说"。从柏拉图、亚里士多德的观点到近代西方理性主义思想所主张的,理性的言说都必须具备清晰明确的逻辑,必须要有严格的推理结构特征;特别是理性世界范式是普通人无法实现的,因为普通人必须学习逻辑推理,才能够具备理性论证的能力,也就是以严格逻辑和修辞方式进行传播和说服的能力;显然,那些没有受过这类教育训练的人,在建构意义、行使社会话语权方面处于劣势地位。①

因此,叙事的逻辑推理要求受众必须具有明确的论证能力,必须掌握逻辑和修辞方式。但是,费舍尔认为,这种理性言说观与现实生活的联系实际上并不紧密,因此不适合在日常的现实社会中应用。因为理性世界范式和叙事范式应该各司其职,理性世界范式使用逻辑和论证把握世界,而叙事范式则用来传播价值观、意义和伦理。这样,费舍尔重新定义了理性的内涵,并拓展了理性的外延,从而提出了"叙事理性"(narrative rationality)的理性观。他认为叙事理性比传统形式的逻辑理性更全面,能够更充分地解释和理解人类的生活经验。传统的理性观念只包含了论证等技术逻辑和修辞逻辑形式,忽视了叙事理性的价值和功能。但是,实际上在现实生活中,个体以叙事模式理解社会并在叙事框架下做出决定和行动,并不是完全依照证据、事实、论据、推理和逻辑等理性行为来进行的。②

费舍尔针对理性的言说,从作为言说的叙事入手,试图建构适合现实生活的理性叙事范式,因为他认为叙事是人类的普遍现象。他说:"任何说理,不论是社会的、正式的、法律的,还是其他的,涉及叙事。"③费舍尔认为,叙事是一切传播的基础,通过叙事行为,人类社会生活中抽象的规则、原则和概念获得了完全的可理解性。所有形式的人类传播从根本上可以看作故事,是对受时间、历史、文化和角色等方面影响的世界的解释。④因此,对于叙事理性,费舍尔认为其核心在于如何掌握"好的(说服)理由的逻辑"(the logic of good reason),好的(说服)理由不取决于一种形式,而是取决于好的(说服)理由的运用。好的(说服)理由要求人们在叙事修辞过程中用事实说话,倾听他人的意见,并愿意调整自己以适应对方,言语要站得住脚,不能强词夺理。因此,费舍尔认为理性不

① Walter R. Fisher. *Narration as a Human Communication Paradigm: the Case of Public Moral Argument*. Communication monographs, 1984, Vol. 51 (1), pp.1‐22.

② Walter R. Fisher. *Narration as a Human Communication Paradigm: the Case of Public Moral Argument*. Communication monographs, 1984, Vol. 51 (1), pp.1‐22.

③ 同上。

④ 刘蒙之:《叙事传播:范式、理论及在新闻传播研究中的分析策略应用》,《广州大学学报(社会科学版)》2020年第5期。

仅意味着人们要尊重说理(reasoning),还意味着人们要知道论辩问题的本质所在,掌握互动的基本规则。①

第二,叙事传播模式。在对叙事范式论述的基础上,费舍尔强调了"叙事范式的理性、价值与行动"的特征,作为生活传播实践的叙事范式更有可能影响人类的信念、评价、意图和行动。叙事范式基于普通人的生活经验,因此更容易被接受和理解。② 在论证了叙事范式所具有的本体论特征的基础上,费舍尔接着提出了"叙事理论模式"。他认为,叙事理性有其自身的逻辑,并通过"叙事可能性"(narrative probability)与"叙事忠实性"(narrative fidelity)两个因素才能实现。"叙事可能性"指的是将故事内部的结构、素材、人物完整串联的程度。"叙事忠实性"则与"好的(说服)理由逻辑"有关,指故事与真实经验的相符程度,特别指故事讲述对象认同其所传达的价值观念或与日常生活相符的程度。费舍尔认为,任何故事必须同时反映逻辑理性与价值理性,不合逻辑理性的故事可能因其符合价值理性而能够被接受;但是,如果两者都不符合则必然不能被接受。③

总之,费舍尔的叙事传播理论将人的本质界定为"讲故事的人",从而赋予叙事传播以本体论的地位,同时把叙事理性和逻辑理性相提并论,进而提出叙事范式理论和叙事理论模式等问题。费舍尔阐明叙事传播理论的基本意图在于,叙事作为人们交往和传播的修辞行为,其核心在于如何实现有意义的沟通,也就是真正的意义的共享。因此,叙事传播不仅仅是片面的说理方式,更是对人类日常传播经验的解释和说明,它是人的价值、情感和理性的综合运用。同时,费舍尔通过叙事来界定人类传播行为,也是对传播内涵的拓展。还需要指出的是,继费舍尔之后,叙事传播理论在政治传播、组织传播、论辩和演讲、人际传播、小群体传播、大众传播、健康传播、法律文本和辩论等领域,都得到了广泛的应用,为传播学科提供了系统观察、理解、分析媒介文本的方法体系,也充分显示了叙事传播理论的现实生命力。

【本章延伸阅读】

1. 索绪尔:《普通语言学教程》,高名凯译,商务印书馆,1980。
2. 克洛德·列维-斯特劳斯:《结构人类学》,张祖建译,中国人民大学出版社,2009。

① Walter R. Fisher. *Rationality and the Logic of Good Reasons*. Philosophy and Rhetoric, 1980, Vol. 13 (2), pp.121 - 130.
② Walter R. Fisher. *Narration as a Human Communication Paradigm: the Case of Public Moral Argument*. Communication Monographs, 1984, Vol. 51 (1), pp.1 - 22.
③ 臧国仁、蔡琰:《叙事传播:故事/人文观点》,第 35 页。

3. 特伦斯·霍克斯:《结构主义和符号学》,瞿铁鹏译,上海译文出版社,1997。

4. 罗兰·巴尔特:《符号学原理》,王东亮等译,生活·读书·新知三联书店,1999。

5. 克里斯蒂安·梅茨:《电影的意义》,刘森尧译,江苏教育出版社,2005。

6. 梵·迪克:《作为话语的新闻》,曾庆香译,华夏出版社,2003。

7. 约翰·费斯克:《传播研究导论:过程与符号》,许静译,北京大学出版社,2008。

8. 臧国仁、蔡琰:《叙事传播:故事/人文观点》,浙江大学出版社,2019。

第十二章

解释学、文本生产与受众传播理论

就 20 世纪的西方思想发展史而言，当代西方哲学思潮主要以分析哲学和大陆哲学为主。以维特根斯坦、罗素等为主的哲学家把分析方法看作最有效的哲学方法，认为哲学的根本在于把复杂的事物分解为简单的事物。以胡塞尔、海德格尔、伽达默尔、哈贝马斯等为主的大陆哲学则偏向于对历史文本做出非历史的阐释，重点关注历史理解有关的问题以及文本解释。与此同时，现象学和存在主义哲学则是现代欧洲大陆哲学的主流，它贯穿于整个 20 世纪，至今还在不断产生重要影响。特别是由胡塞尔开创的现象学哲学提出哲学对经验科学的超越的认识，主张"直接面对事物自身"，要对事物进行"本质还原"和"先验还原"，直达对事物的"本质直观"，从而认识事物的真相，坚持认为真理的探索应该进入到现实社会，进而关注人类真正的"生活世界"。在现象学思潮的影响下，海德格尔在继承了胡塞尔思想的基础上，对西方思想传统中反复思考的"存在"问题进行追问，主张哲学要关注人类自身和整个世界的存在状态，从而发展出以存在本体论为基础的存在主义哲学，这为其后建立在本体论基础上的哲学解释学、哲学人类学开辟了道路。也正是在这样的哲学思潮的全面影响下，由伽达默尔建立的解释学理论则实现了西方解释学思想和理论发展的超越，从而将西方解释学传统发展成为"理解本体论"意义上的解释学哲学理论。

伽达默尔的解释学理论汲取现象学和存在主义等哲学思想的理论和方法,构建起哲学解释学本体论。解释学理论从人与世界的基本存在经验出发,认为理解和解释是人与自然、人与人、人与社会之间的根本的交往形式,是人类原初的而又是最基本的生活经验,人们是在理解的关系中生活、交往和思想,理解是人类存在的基本事件和基本事实。由此,伽达默尔建立了以理解本体论为基础的哲学解释学。解释学主张真理并非现代科学主义所界定的那样,意味着确切性、明晰性和必然性,而是认为一切真理都建立在理解之上。解释学提出这种认识的目的,在于反对流行的科学主义和实证主义的确定论,进而强调人类哲学、历史、艺术等精神行为的真理性特征。此外,与分析哲学重点考察语言的逻辑功能不同,经由 20 世纪西方思想中"语言学转向"的影响,存在主义、哲学解释学理论也把人们用于理解途径和手段的语言形态,作为存在和理解的基础性问题,强调语言在解释现存世界、澄明人生存在方面的重要意义。正如海德格尔所说的"语言就是存在的家园",伽达默尔主张谁拥有语言谁就拥有世界,乃至结构主义将语言结构分析方法应用于人类社会研究等,无不说明语言、交流与理解问题在现代西方思想发展中的重要意义。[①]

对语言、交流以及人的存在、理解等问题的重视,为西方传播思想发展提供了宏观理论视域和背景。同样结构主义、符号学和叙事学传播理论也是从语言为起点讨论传播问题的。因此,建立在语言和理解基础上的解释学传播思想和理论,也通过对人类传播活动中语言和理解的阐释,从而使得解释学理论与受众接受、受众建构等传播学基础理论问题互相联系起来。解释学视域中的受众,不再被认为是被动参与到传播活动中的,而是积极主动地参与到传播的整体环节中,并且成为传播活动的建构者,甚至直接成为传播活动的主导者。随着当代媒介社会化的发展,受众接受在传播活动中具有了本体论的意义,对此解释学和接受理论无疑具有重要的影响。

[①] 黄颂杰主编:《西方哲学名著提要》,江西人民出版社,2002,第 13—14 页。

第一节

解释学理论的形成与发展

从西方思想发展看,解释学理论立足于本体论来考察人类理解问题,也并非始于伽达默尔,这其间经历了漫长过程。然而伽达默尔的解释学理论,则真正把理解本体论作为解释学的核心范畴,并且基于对语言的理解,提出交往、对话理论,强调人与人之间的交往和对话才是真正主体间相互理解、人与人之间达到共识的有效途径;交往和对话,乃至主体间的视界融合才是能够实现人们共享意义的可能性基础。

一、解释学理论的形成

所谓解释学(hermeneutics,或译为诠释学、阐释学)的希腊文 hermeneutike、拉丁文 hermeneutica 和德文 hermeneutik,它们的含义都是指关于传达、翻译、解释和阐明的学问或技艺。在古希腊时代,解释学和逻辑学、语法学、修辞学同样作为人文学科的辅助学科,旨在为那些卓越的经典文本提供理解与解释的工具,并在 17 世纪作为书名出现于 J. K. 丹恩豪尔的《圣经诠释学或圣书文献解释方法》(1654 年)。自此,解释学就作为关于理解与解释的方法或技艺流行开来。到了 19 世纪,经由弗里德里希·阿斯特和施莱尔马赫等人的努力,解释学成为一门理论或科学,其后经由狄尔泰、海德格尔和伽达默尔的努力,在 20 世纪从方法解释理论发展为重要的哲学流派。[①]

关于解释学的词源学意义,以海德格尔和伽达默尔的观点为代表的哲学解释学认为,解释学的希腊词是从词根 Hermes 引申而来的,而 Hermes 即赫尔默斯,是希腊神话中诸神的信使,他的任务是把诸神的意旨和命令传达给人间,故此赫尔默斯要理解或懂得诸神的旨意和指令,并能对其进行解释。因此,赫尔默斯一方面要能够理解诸神的意旨和命令,另一方面还要解释诸神的指令,把其中意义阐明出来。由此,解释学最基本的含义就是通过理解和解释,把一种意义关系从一个陌生的世界转换到我们所熟悉的世界。此外,德国宗教理论家 G. 艾伯林认为,解释学在古代希腊至少有三种意义指向,具体包括:其一,说或陈述,即口头言说;其二,解释或说明,即分析意义;其三,翻译或口

---

① 洪汉鼎:《当代西方哲学两大思潮(下册)》,商务印书馆,2010,第 431 页。

译，即转换语言。按照艾伯林的观点，解释学既可能指某种事态通过话语被诠释，又可能指被说的话通过解释被诠释，同时也可能指陌生语言通过翻译被诠释。但不论何种意义指向，其目的都在于有助于理解和促成理解。① 可见，不管是哲学意义上的阐释，还是理论方法层面上的说明，概言之，通过语言、交流的理解和阐释发展而来的解释学理论，所要探究的核心问题就是人们的理解何以可能，亦即人们如何达成理解和意见共享的问题。因此，围绕着语言展开的，并重点对人类的交流、传播和理解行为进行探究的解释学，无疑对于传播思想和理论的影响是重大的。由此，海德格尔就说"语言就是存在的家园"。② 语言不仅传播信息，同时又建构文化世界，形成人自己的世界，所谓"存在"就在语言中得到安顿。因此，语言不仅体现的是人与自然、人与社会的认识关系，而且也体现存在论意义上的存在关系。人在语言中完成了人和自然的感性体验，同时"当思把自己存在的说放到语言中去作为放在生存的住家之所的时候，思注视着存在的澄明"，人也在语言中感知和认识世界，正是在语言中，存在处于敞开的、无蔽的状态。③ 由此可见，作为传播形式的语言，以及通过传播达成的理解和意义共享，就具有了存在本体论的意义。

二、解释学理论的发展

解释学从最原初的古希腊信使神赫尔默斯的神话象征含义开始，作为古希腊人文教育的内容，以及中世纪神学家阐释经典的神学解释学，到近代专门作为文本含义理解的方法，经由施莱尔马赫和狄尔泰的发展，直至发展成为哲学解释学理论，其含义也在不断扩展，逐渐从作为局部的解释手段到基础方法论层面，进而上升到理解本体论为核心的哲学流派。可以说，从作为文本理解的技术，到严格意义上的哲学，解释学本身也经历了从方法到理论体系化的过程。④

作为如何理解和诠释经典文本的方法，中世纪的解释学主要是针对《圣经》等经典和法律文本的零散解读和解释，并未形成完整的系统的普遍方法。直至19世纪德国浪漫主义宗教哲学家施莱尔马赫开创性地建立了适用于所有文本解释的普遍解释学，由此完成了解释学发展历史上的"哥白尼革命"，使得解释学成为具有普遍意义的解释工

---

① 洪汉鼎：《当代西方哲学两大思潮（下册）》，第431—434页。
② 海德格尔：《海德格尔选集（上）》，孙周兴等译，第358页。
③ 同上，第403页。
④ 张彤：《西方解释学的历史演进及其最新发展》，《求是学刊》2006年第6期。

具和方法论。伽达默尔也说:"施莱尔马赫所发展的诠释学也是普遍的——这是一种很可能觉察到其限制的普遍性。他的诠释学实际上是考虑那些其权威性已确定的本文。在历史意识的发展中,这无疑是一个重要的阶段,它表明:对《圣经》和古希腊罗马古典文学的理解和解释现在完全摆脱了一切独断论的兴趣。"[①]在施莱尔马赫之后,狄尔泰对解释学理论发展起到了承前启后的作用,狄尔泰基于"生活本身就是我们的理想和评价的源泉,从生活本身去认识生活"的主张,从而构建人类的精神科学,就把经验知识与哲学思想结合起来。狄尔泰一方面继承施莱尔马赫的解释学思想,另一方面其理论又蕴含了新时代哲学的起点。狄尔泰通过对历史理性的批判,亦即对人类认识自身、历史和社会的能力的批判,由此提出历史世界是由人的精神所创造的世界观点,认为人自身就是一种历史的存在,探究历史的人就是创造历史的人,正是这种主体与客体的同质性才使得历史认识成为可能。对于精神世界如何客观化的问题,狄尔泰进而认为,体验就是内在世界与外在世界的客观化精神的中介,就是给予精神的客观化以意义。但是,历史世界并不仅仅是体验的联系,历史最终必须被理解成意义的联系,这种意义联系就像巨大又陌生的本文,只有通过解释学才能对它进行阐释。至此,狄尔泰就实现了从心理学到解释学的过渡。由此,"体验"概念构成了狄尔泰对客体的一切认识的认识论基础,并且生命本身通过流逝的时间性形成永恒意义,那么生命本身就解释自身,所以它自身就具有解释学结构,故而生命构成精神科学的真实基础。我们能够认识内在的人类世界,不是通过内省而是解释,通过对生命表现的理解。简言之,解释就是人们把握精神世界的必要程序和方法,这样狄尔泰就奠定了解释学作为精神科学和人文科学一般方法论的基础地位,并将解释学理论推进到新的阶段。此后,海德格尔与伽达默尔的解释学理论实现了解释学理论的本体论转向,使得解释学理论完成最后体系化的过程。

马丁·海德格尔(1889—1976)是德国哲学家,20世纪存在主义哲学的创始人和主要代表。海德格尔的哲学思想是胡塞尔以后当代西方哲学发展中的重要环节,也是了解西方当代思潮与文化中深层问题的关键,其思想对其后的萨特、梅洛-庞蒂、伽达默尔、阿伦特、福柯、拉康、哈贝马斯等思想家产生直接影响,并深刻地影响了当代西方思想和文化,其学说的影响超出了人文学科领域,延伸到社会文化的多个方面。海德格尔的主要著述有《存在与时间》(1927年)、《论真理的本质》(1930年)、《艺术作品的起源》(1936年)、《赫尔德林与诗的本质》(1936年)和《技术的追问》(1950年)等。

海德格尔在胡塞尔现象学的基础上对传统解释学思想有重大突破,在古典主义解

---

① 伽达默尔:《真理与方法(上卷)》,洪汉鼎译,上海译文出版社,1999,第255页。

释学向哲学解释学的本体论转向中具有重要贡献。伽达默尔认为,海德格尔的此在解释学,相对于狄尔泰之前的古典解释学发生了根本转向。[①] 当代法国著名解释学家保罗·利科也指出:"如果说,从古典解释学向一般解释学的转变,使文献考据问题从属于基本方法论,是第一次哥白尼式的革命。那么,从一般解释学到本体解释学的转向,使方法论问题从属于基本本体论问题,则是第二次哥白尼式的革命。"[②]无疑解释学的第二次哥白尼式革命是从海德格尔开始,最后由伽达默尔完成的。和狄尔泰的人文学科解释学不同,海德格尔试图探究哲学能够展示对任何存在着的人都合适的结构,也就是他自己所认为的生存性(existentialien)问题,这种生存性可以理解为狄尔泰"生命形式"的对应物。但是,海德格尔哲学的目标在于批判传统的形而上学本身。

有学者认为,狄尔泰对海德格尔的影响,主要体现在海德格尔从狄尔泰那里选取了三个基本的主题,并把它们联系起来形成体系,具体包括:其一,需要对人的存在的决定性特征进行的基本的哲学分析;其二,时间透视以及人的"历史性"的极端重要性;其三,对解释学方法的明确强调。[③] 概言之,这三个主题分别是"生存""时间性"和"解释学",而这也正是海德格尔早期哲学的基本议题。海德格尔在 1917 年后的几年间重点研究了狄尔泰和施莱尔马赫的思想,当时狄尔泰的一些重要著作尚未整理出版,但海德格尔尽可能地掌握了已经发表的作品。在早期弗莱堡讲座中,海德格尔采纳了狄尔泰生命哲学的"体验""生命关联""关联意义""生命经验""体验联系""作用联系""实际性"等基本概念。海德格尔以现象学的方法对狄尔泰的"生命"概念和解释学思想做了批判性转换,这也成为海德格尔解释学思想阐释的重要方面。[④]

海德格尔的解释学思想集中体现在《存在与时间》中。海德格尔要阐释的核心思想是"存在的意义"问题,为此他引入"时间性"的概念,并由此展开了对"此在"(Dasein,生活实际性)的分析。通过"此在"的"在世界之中"的生存方式分析,海德格尔随后引出"操心"(Sorge,烦)的概念,并由此开启彻底的凭空构成的生存境域,而生存境域则包括向死存在、听从良知、先行决断的状态,由此更为明确地体现出"此在"的实际生存本性。实际上,海德格尔通过对"此在"方式的存在论含义的阐释,进而阐释人的"历史性"问题的本来意义,以及对传统形而上学中"庸俗时间观"的批判。[⑤] 海德格尔在对"此在"

---

① 洪汉鼎:《当代西方哲学两大思潮(下册)》,第 493 页。
② 保罗·利科主编:《哲学主要趋向》,李幼蒸等译,商务印书馆,2004,第 54 页。
③ H. P. 里克曼:《狄尔泰》,殷晓蓉、吴晓明译,中国社会科学出版社,1989,第 313—314 页。
④ 孙周兴:《在现象学与解释学之间——早期弗莱堡时期海德格尔哲学》,《江苏社会科学》1999 年第 6 期。
⑤ 谢地坤主编:《西方哲学史(第七卷)》,叶秀山、王树人总主编,江苏人民出版社、人民出版社,2011,第 527—530 页。

的基本生存论建构之后,提出"领会"(Verstand,领悟)的概念:领会是"此在"的展开状态,涉及在世的整体。接着与领会有关的是解释学意义上的"先行理解"和"被抛"的概念。所谓"先行理解"概念,在海德格尔看来,解释从不是无前提地把握事先给定的事物,而是具有他所谓理解的先行结构,这就是所谓"先行理解"。先行理解包括先行具有(vorhabe)、先行视见(vorsicht)和先行掌握(vorgriff)三个要素。海德格尔说:"把某某东西作为某物加以解释,这在本质上是通过先行具有、先行视见与先行掌握来起作用的。"①这里就涉及解释学理论的核心。也就是说,解释并非对先行给定的东西所作的无前提的把握,在任何解释之前都必然有这种先入之见,它作为随着解释就已经"设定了的"东西是先行给定的。与此相关的是,海德格尔使用"被抛"概念,来说明我们是被抛向这个世界的。这个世界的文化背景、传统观念、人文环境、物质条件及其所在民族心理结构等因素就构成"先行具有",任何解释都需要从某个入手处展开。这种解释的特定角度和观点就是"先行视见",是人们在解释之前已经对某种概念方式表示赞同。海德格尔又指出"领会中的循环"的解释学概念,他认为,领会中的循环属于意义结构,它植根于有所解释的领会。"此在"本身具有一种存在论上的循环结构,这种循环不同于认识论上的循环,而是具有生存论性质的意义,是"此在"存在的根本特征。对此海德格尔就说:"决定性的事情不是从这个循环中脱身,而是依照正确的方式进入这个循环。"②这就构成了海德格尔的"解释学循环",也就是说,对存在的解释不是终点和结束,而是在解释中不断进入的过程。伽达默尔继承了海德格尔的解释学循环的思想,并加以系统地阐述,最后确立了作为本体论的哲学解释学。海德格尔在后期思想发展中,进而通过语言来考察解释和理解的问题,尤其是他所谓的诗性语言理论的提出,把语言和理解联系了起来。他认为,理解的先行结构总是有语言方式在场的,语言的双重性在于,非诗性语言仿佛来自过去,它被牢牢地封闭在时间的连续性中,使我们蔽于流俗之见而失去与事物的初始关联。诗性语言仿佛来自未来,它打断了时间的连续性,而在另一空间向度上使我们直接面对事物本身以领悟语言启示的原初意义。为此,海德格尔从早期的此在本体论解释学转向了后期对"诗语"的思考。这也可以说是对解释学由理解本体论向语言本体论的发展。

汉斯-格奥尔格·伽达默尔(1900—2002)是德国哲学家,自 1940 年起先后任莱比锡、海德堡、雅典和罗马科学院院士,德国哲学总会主席,国际黑格尔协会主席,在 1960

---

① 海德格尔:《存在与时间(中文修订第二版)》,陈嘉映、王庆节译,商务印书馆,2018,第 213—214 页。
② 同上,第 213—217 页。

年出版《真理与方法》后闻名于世，被誉为"德国人文科学首席使节"，是"以哲学表达西方命运"的哲学家。伽达默尔的其他著述还有《柏拉图的辩证伦理学——〈菲利布篇〉的现象学解释》（1931年）、《柏拉图的辩证伦理学和柏拉图哲学其他方面的研究》（1968年）、《柏拉图与诗人》（1934年）、《短篇著作集》（4卷本，1967—1977年）、《黑格尔的辩证法——五篇解释学研究论文》（1971年）、《我是谁，你是谁》（1973年）、《科学时代的理性》（1978年）、《黑格尔的遗产》（1979年）、《海德格尔之路——后期著作研究》（1982年）、《赞美理论》（1984年）等。

伽达默尔的思想集中于解释学、实践哲学领域。他认为自己的思想是对海德格尔此在解释学哲学的发展，而这又是与施莱尔马赫和狄尔泰传统解释学相联系，并且与黑格尔哲学进行综合的结果。伽达默尔继承海德格尔所开辟的从认识论到本体论的根本转向，从而使得作为方法论的解释理论转变成作为哲学的解释学。同时，伽达默尔将哲学解释学理论运用于社会、人生和政治问题之中，建立了"解释学的实践哲学"，从而使得西方悠久的解释学传统与实践哲学传统真正融合。伽达默尔通过对文本和世界意义的解释学理解，从而为人类精神科学的真理性、科学性及理性的批判性力量进行辩护，并为人类现代生活和未来发展重建实践哲学基础。随着解释学成为现代思想中的重要领域，伽达默尔在当代人文学科的发展及其对现代人类文明的理解上的贡献，以及由此带来的崭新的转变则显得非常重要。

伽达默尔的哲学解释学的核心思想，集中于探究人类一切理解活动得以可能的基本条件，试图通过研究和分析一切理解现象的基本条件，并发现人的世界经验，以及在人类有限的历史性存在方式中发现人类与世界的根本关系。为此，伽达默尔提出其基本论题，即理解是人类本身的根本存在方式。"我认为海德格尔对人类此在（Dasein）的时间性分析已经令人信服地表明：理解不属于主体的行为方式，而是此在本身的存在方式。本书中的'解释学'概念正是在这个意义上使用的。它标志着此在的根本运动性，这种运动性构成此在的有限性和历史性，因而也包括此在的全部世界经验，既不是随心所欲，也不是片面夸大，而是事情的本性使得理解运动成为无所不包和无所不在。"①伽达默尔明晰了其解释学理论的基本要点，其解释学理论也正是在这个逻辑基础上展开的。

伽达默尔的解释学首先提出"效果历史"（wirkungsgeschichte）概念，该概念涉及对历史传统的认识。伽达默尔继承了海德格尔关于人被"抛入"传统的认识，从而在存在

---

① 伽达默尔：《真理与方法（上卷）》，洪汉鼎译，第4页。

论意义上来阐明人的历史经验,进而认为作为历史的传统是先于我们的。因此,传统和成见不是需要克服的因素,恰恰是我们存在与理解的基本条件和必要前提。伽达默尔说道:"真正的历史对象根本就不是对象,而是自己和他者的统一体,或一种关系,在这种关系中同时存在着历史的实在以及历史理解的实在。一种名副其实的解释学必须在理解本身中显示历史的实在性。因此我就把所需要的这种东西称为'效果历史'。理解按其本性乃是一种效果历史事件。"①这里的"效果"不仅仅指历史实在对后来历史影响的效果,更是指对历史研究和认识的效果,是两者共同结合形成的"效果统一体"。因此,在伽达默尔看来,传统并不是像自然一样是给定的东西,它始终是我们的一部分,通过它的效果历史起作用。由此,解释学意义上的"理解",不应被看作一个主体的行动,而是将自己置于一个传统的过程中,在这个过程中过去与现在不断融合。理解是一个不断发现意义的过程,传统是我们理解的前提和基础,它虽然决定着我们,但我们也在不断地创造传统。因此,"效果历史"概念主要指传统在我们的理解中所起的作用。伽达默尔说:"在一切理解中,不管我们是否明确意识到,这种效果历史的影响总是在起作用。凡是在效果历史被天真的方法论信仰所否认的地方,其结果就只能是一种事实上歪曲变形了的认识。我们从科学史中认识到,效果历史正是对某种明显虚假的东西的不可辩驳的证明。"②效果历史意识使我们意识到我们的解释学"处境"(situation),因此,效果历史不仅是由进入历史研究对象的内容与方式决定的,也是由研究的具体过程和最终目的决定的。"效果历史意识首先是对解释学处境的意识。但是,要取得对一种处境的意识,在任何情况下都是一项具有特殊困难的任务。处境这一概念的特征正在于:我们并不处于这处境的对面,因而也就无从对处境有任何客观性的认识。我们总是处于这种处境中,我们总是发现自己已经处于某个处境里,因而要想阐明这种处境,乃是一项不可能彻底完成的任务。这一点也适合解释学处境,也就是说,适合于我们发现自己总是与所要理解的流传物处于相关联状态的这样一种处境。对这种处境的阐释,亦即进行效果历史的反思,并不是可以完成的,但这种不可完成性不是由于缺乏反思,而是在于我们自身作为历史存在的本质。所谓历史地存在,就是说,永远不能进行自我认识。"③在伽达默尔看来,解释学处境是一种特殊处境,它是不断变化的历史性主体去认识同样具有流动性的历史性客体的过程。实际上,这里就包含着解释学对理解的含义的界定:理解并非主观认识客观,或者是客观决定主观等二元对立的认识,这个过程

---

① 伽达默尔:《真理与方法(上卷)》,洪汉鼎译,第384—385页。
② 同上,第386页。
③ 同上,第387页。

就是"在处境中理解",亦即主客体融合的主体间性的理解状态。

伽达默尔由此提出了历史视界和当前视界融合的"视界融合"(horizontverschmelzung)概念：视界融合是动态的过程,它不断形成更大的视界,并以更大视界重新审视意义和效果。伽达默尔认为,在理解的处境中,理解一旦开始,理解者的"视界"(horizont)就进入了它试图要理解的历史的视界,随着理解的进展而不断扩大并丰富自己,这个过程就是视界融合,也就是理解的当前视界与过去视界相接触而不断融合的过程。只要理解在进行中,这个过程就不断展开,不断形成新的意义,这也就是伽达默尔所说的"意义永远向未来开放"的含义所在。在他看来,文本的意义不会穷尽,理解就是不断发现意义的无限的过程,这个认识为后续发展起来的读者接受理论奠定了基础。进而言之,就文本的意义理解而言,视界融合必然导致文本的视界和读者的视界两个视界的交互融合过程,理解文本不是发现意义,而是共享和创造意义。

总之,从施莱尔马赫到伽达默尔,解释学完成了从古典解释学发展到现代解释学的转变,从普通的文本阅读方法演进成为具有本体论意义的哲学解释学理论体系。伽达默尔的哲学解释学批判了现代科学方法论,充分认识到自然科学认识只是我们认识世界的许多方式之一,我们决不能以近代自然科学的认识和真理概念作为衡量我们一切认识方式的标准。精神科学的真理不等于自然科学的真理,在艺术的经验中、哲学的经验中和历史本身的经验中,精神科学的真理凸显出来。正如有学者所指出的,正是伽达默尔的解释学理论对精神科学的认识,有力地捍卫了人文科学的真理观。而其后的哈贝马斯利用精神分析理论和当代语言哲学的最新成果,把解释学内涵的反思和批判的维度彰显出来,这极大地丰富了解释学的哲学内蕴。[①]

三、解释学与传播理论

随着解释学理论的发展,解释学理论被广泛地应用到文学、历史学、法学、传播学等其他学科研究中。有学者研究认为,当代解释学理论发展主要形成了四大流派,即作者理论、解构理论、交往理论和文化理论。具体而言包括下述方面：其一,以 E. D. 赫施为代表的作者理论,把作者的用意和理解视作解释和认识文本的合法依据,认为意义总是由作者赋予的;其二,以德里达为代表的解构理论认为文本没有任何意义,因为言语是多义的,它们被理解的方式是不确定的;解释者对文本理解的约束仅仅来自文本内部,

---

① 张彤:《西方解释学的历史演进及其最新发展》。

外部的解释是没有限制的;其三,交往理论和文化理论是对这种读者无限自由的观点的否定,安伯托·艾柯就提出了"解释的限度"。以斯坦利·费什为代表的交往理论认为,解释群体的解释意义角色和法定地位决定了他们对文本的理解,这种角色也将随着群体的愿望而发生变化。而以乔治·格雷西亚为代表的文化解释学认为,文本的文化功能决定了合理的解释,而文化是一个不轻易被改变的、由社会发展出来的复杂系统,社会决定着文化,而不是由解释群体的亚文化系统决定着解释的激情。① 无疑,这些不同的观点构成了当代解释学理论的基本范畴。概括而言,解释学理论在文本理解的研究上,基本是从作者、读者、文化和社会等视角展开的,这些理论视角对于传播学理论分析传者、文本和受众,以及社会文化关系等具有重要意义。

解释学理论在文学文本的研究领域集中得到应用,形成了解释学意义上的文本和接受理论。解释学文学理论兴起于 20 世纪 60 年代,其后产生了广泛影响,与接受美学和 70 年代以后的解构主义理论都有直接关联。但是,长期以来,在西方思想发展中,对文学文本的研究忽视了读者及其阅读接受对文学研究的意义,而这个重要性意义在解释学文论和接受理论这里得到了明确的揭示与强调。就文学文本的分析而言,在解释学哲学理论影响下形成的解释学文论,也成为现代解释学理论重要构成部分。解释学文学理论揭示了文本理解与解释的本体论和生存论的意义,并且通过"历史性"和"时间性"等概念为文学文本的分析引入哲学思维,同时也为文学研究的读者接受立场及历史态度奠定了基础。在较为宽泛的意义上,文学文本的接受理论是解释学文学理论的构成部分,尤其以尧斯为代表的接受美学理论,更是强调了读者接受的中心意义。此外,解释学文学理论和接受美学,也富有启示性地尝试了从读者理解与接受的角度研究文学文本的意义的方法,并建立了一套新型的文学理论研究方法,实现了西方文学理论研究从所谓"作者中心""文本中心"向"读者中心"的转向。那么,对于文学文本的解释学理论的探究,事实上也与传播思想与传播学理论在文学领域中的具体应用有密切关系,就文学文本的解释学理论分析而言,集中在文学研究中对于文本作者、文本内容和读者解码以及由此引发的社会和文化背景的分析,这也是广泛意义上的信息传播由传者、文本到受众的构成过程。因此,围绕着文本意义生产和理解的解释学理论,无疑也成为传播学中文本生产、文本内容意义建构的重要研究领域。

由于解释学理论的影响,西方传播理论也将受众研究作为媒介理论研究的重点,探

---

① 欧阳康:《文本性、解释和解释学哲学——访美国解释学家乔治·格雷西亚教授》,《哲学动态》2004 年第11 期。

究受众在文本意义建构方面的积极主动性。因此,对于传播活动中的受众的考察,不仅要将其视为传播活动中信息传递的最终归宿和方向,而且还要看到,受众在传播活动中具有积极作用和意义建构作用,对媒介文本的内容生产具有深刻的影响。特别是随着互联网的发展、互动式媒介文本生产的形成,受众则成为传播行为的主动方和信息的起点。基于此,传播理论对受众的考察,重点在于受众如何成为积极主动的意义生产者和建构者,以及在此过程中,受众与媒介文本、媒介生产机制之间的内在构成性关系,进而考察受众如何成为传播活动中居于积极主动地位的潜在的信息意义的生产者。

在人们的传播活动中,受众作为传播主体,既是信息的接受者,又是信息的传播者。因此,处于传播活动过程中的受众,既是传播行为的最终目标和归宿,也是传播的主体和出发点。由于受众的构成、受众对信息内容、媒介形式及信息反应的多样性,大众传播研究在传播控制分析、内容分析、媒介分析、受众分析、效果分析等各个环节中都要考察受众的影响。有学者将受众研究理论的发展概括为效果研究、使用与满足研究、文学批评研究、文化研究和接受分析等五个领域,认为这些领域涉及人文学科和社会科学的不同方面。[①] 这些不同视角的受众研究理论,不仅充分体现出了受众研究的复杂性和多义性,实际上,在这个总结中,显然包含了解释学理论的视角。也就是说,在传播学理论对受众的认识演变中,明确地体现出由早期被动的受众到后期积极的受众的发展过程,而这种转变的背后,和解释学理论的影响不无关系。

第二节
文本生产理论

在广义的媒介研究中,文本的意义非常广泛,但凡能够帮助人们生产关于自身、社会和观念等意义的各种形态都可视之为文本。媒介文本则指的是一般意义上的媒介形态,即以具体物质形式为载体呈现出来的并能够被受众接受和解读、传播的内容和形式。媒介文本作为有意义的形式存在,文本内容的核心是文本的意义。也就是说,媒介

[①] 格雷姆·伯顿:《媒体与社会:批判的视角》,史安斌等译,清华大学出版社,2007,第83页。

文本的形式中,包含着媒介文本的意义。但是,就媒介文本的内容而言,媒介文本具有文本意义流动性的特点。从更深层次来看,对于媒介文本的意义生产而言,媒介文本的意义,不仅是媒介文本生产者赋予的,也是媒介文本在传播过程中,由受众接受并理解而形成的。媒介文本在其形式因素之外,还有对文本意义的解码及意义的理解。因此,从解释学理论出发的媒介文本意义生产研究的重点,一方面在于考察文本意义生产的影响因素,如生产机制、文化社会环境等;另一方面在于考察受众对文本意义的解读和接受的特征,探究受众如何参与到文本内容和形式的创造中,从而建构关于文本意义的不同解释。

一、媒介文本的意义生产

媒介文本包括两个方面,即媒介文本的形式和媒介文本的内容,亦即媒介文本的意义;二者共同构成了对于媒介文本理解的基础,成为考察媒介文本意义建构的视角。拉斯韦尔提出的传播的"5W"模式,其中就包含媒介传播什么内容,即"说什么"(says what)的问题。拉斯韦尔的传播模式从微观的信息传递的物质层面考察媒介文本内容,其模式中的"说什么"主要指的是传播讯息已有的固定内容,即物理层面的可视或可听的文本形式,至于这些内容是通过何种方式被传播,并如何被受众理解和建构意义,显然是被忽略了的。因此,媒介文本的意义生成,一方面是由媒介内容生产完成的,那么媒介生产中的生产机制和模式,自然会对媒介内容的意义形成产生影响,生产机制影响了媒介内容的选择和构成,媒介生产机制是决定媒介内容的产生的重要基础;另一方面,信息在传播过程中,不断被接受者阐释建构,并产生新的意义。进而言之,媒介文本的内容不仅取决于媒介的生产机制,同时受众以及与之相关的语境对文本意义的生产也起到了决定性的作用。

对于媒介文本意义的理解形成了如下基本观点。其一,文本的形式等于意义。早期的媒介影响理论、媒体与社会关系的决定模式以及结构主义的理论都提出了与之相关的认识,认为媒介文本承载者全部的文本意义,要么直接传递给受众,要么对受众产生某种影响。该观点将文本看作一成不变的意义载体:意义是固有的,是被生产者生产,以文本形式呈现,并灌输给受众的;受众也是被动地接受,没有任何主动性。其二,文本激发了受众意义。该种观点将媒介文本看作媒介生产者和受众之间的中介物,文本的意义在于获得受众的认同,同时可能引起与生产者完全不同的理解。因此,媒介文本可分为"作者文本"和"读者文本"。读者文本即为受众立足自身具有的接受范式或接受框架,从而建立完整的文本意义阐释。作者文本则是指激发受众反思的内容,从而使得受众对文本做出完全不同的阐释。如霍尔的编码/解码理论就是在此意义上理解媒介文本的。其三,文本意义是由受众建构的。该观点认为,所谓媒介文本的意义,完全是由受众自己建构起来的。受众对文本意义的理解具有绝对主导权,受众完全可以按照自己的理解去解读并建构文本意义。如费斯克关于电视受众意义的研究,就坚持受众在文本意义建构中的主动性,从而形成积极的受众的观点。

就媒介文本的意义而言,媒介文本具有特定结构,以及特定规范文本形态,显然存在其固有的内在意义,也并非完全由受众任意建构。同时,受众也不是完全被动的接受者,并不是没有任何批评和反思的能力,不是由文本的生产者任意生产、解释意义并强加给自己。由于媒介文本形式的差异,受众对意义的理解会产生差异。或者受众的差异,也引起了对文本意义的不同理解。可见,对于媒介文本意义形成的理解表现得非常复杂。因此,对于媒介文本意义的考察,传播理论应从媒介文本的形式结构、媒介文本的生成语境、媒介文本的意识形态、媒介受众的意义建构等各个不同层面和视角展开研究。

媒介内容生产是媒介文本意义形成的首要环节。媒介生产是复杂的信息选择、加工、制作和呈现的过程。就大众传播媒介所呈现的事件来看,世界上每时每刻发生着成千上万的海量事件,几乎每个人每一时刻都在进行着各种各样的活动,但是事实上真正进入大众传播视野的仅仅是极少量的部分事件。同样,对于影视作品、音乐、书籍等的内容理解,人们的选择过程也都源于某个观念取向,然后对其进行选择、编辑、加工,并经过许多转化,直到最后媒介文本意义的生成。因此,媒介内容生产过程中的事件或观点的选择就成为媒介文本意义生产研究的重点。进而言之,在媒介内容生产过程中,是什么人、什么机构在决定媒介事件或观点的选择,他们在选择时依据什么样的标准,这些则成为传播理论探究媒介内容生产的重要因素。在以往的媒介内容生产的传播研究中,"把关人"(gate keeper)理论和"制造新闻"(making news)等观点就对媒介内容生产的过程进行探究,也引起了传播理论研究的普遍关注。

二、"把关人"与媒介内容的选择

"把关人"理论已被广泛应用于解释媒介文本生产中的内容选择过程,特别是指某种特定的信息通过大众传播媒介而成为有影响的媒介事件。"把关人"理论认为,媒介在信息传播的过程中,具有重要的过滤作用。就新闻信息而言,通讯社决定发布的新闻,只占已发生的新闻事件的很小部分。而读者最后在媒体上接触到的新闻,又仅仅是通讯社发布的新闻的很小的部分。所以,受众(读者、听众、观众等)知道什么,不知道什么,媒介内容选择其实起到了决定性的作用。但是,事实上,媒介信息内容生产过程中的"把关"活动却包含着更加深广的内涵。除了对信息的选择之外,信息生产中的把关活动同时还包括媒介产品如何分配、如何流通等的决策过程。更进一步而言,如果将把关活动看作对媒介信息内容的封锁或给予的权力,那么,这种权力也就决定了受众的信息接近权的问题。正因为如此,媒介生产中的把关活动与受众的知情权之间便时刻存在着冲突。就受众而言,需要全面知情,而媒介生产的"把关人"则按自己的选择标准提供信息。因此,信息内容生产的选择应该以"把关人"还是以受众的需求为选择的标准,则成为媒介生产批评需要讨论的核心。理论上看,"把关人"的任何不同的选择结果,其实都是潜在的价值立场的体现。

"把关人"理论最早由传播学先驱人物勒温于1947年在解释传播者对信息筛选和过滤的过程时提出。勒温的"把关人"理论实际上指的是导致"把关人"做出决定的影响因素。勒温认为,影响把关的主要是个人的心理因素。1950年怀特通过对一家地方报纸的新闻编辑如何筛选新闻电讯稿所做的实证研究发现,这位编辑的把关作用是非常明显的。这位被怀特称之为"守门先生"(Mr. Gate)的编辑每天大约要从大量的新闻稿件中选出十分之一的稿件供报纸使用,而这些电讯稿取舍的决定因素,主要在于这名编辑本人对新闻价值和读者喜好的理解以及他个人的偏好。该报告首次为新闻传播中"把关人"的存在及作用提供了实证材料和证据,同时也为"把关人"概念的确立奠定了基础。

1955年哥伦比亚大学沃伦·布里德为了研究社会对新闻的控制,通过对120名报业工作人员的采访,研究了编辑内部的官僚机构和实际流程,在《新闻编辑部的社会控制》中指出:"记者必须以编辑的要求为最后的底线,消息最后的采用是通过主编或者负责人以及控制此媒体的政治机构决定的。并指出编辑方针是指体现在社论、新闻专栏、新闻标题中的取向,即在编辑和记者之间的工作流程是由编辑来决定的。记者虽然可以根据自己的去向来选择,却不能保证消息在媒体的实际被选择传播,他们必须首先了解编辑的思路和想法,或者和编辑讨论协商,从而决定选题或者方案。"[①]该研究深入到媒体机构内部,对新闻消息的最后被采用的过程做了探索,在实践意义上的社会学价值和心理学价值更值得我们重视。

麦克内利1959年通过对国际新闻流通过程的研究,提出"新闻流通的模式"。他研

---

① 李红艳:《守门人理论研究的新视角》,《新闻界》2005年第2期。

究发现,一个具有新闻价值的国际事件最终成为新闻,要通过包括记者、通讯社分社和总社的编辑部门、采用新闻单位的编辑等一系列"把关人"的关卡。有关这一事件的最终报道是这些"把关人"不断加工的结果,而新闻受众把自己看到或听到的新闻传递给他人时,也扮演了"把关人"的角色。这一系列"把关""守门"的行为决定了新闻的最终内容。巴斯 1969 年提出"双重把关"模式也同样是在研究新闻报道方式的基础上提出的。巴斯研究认为,怀特所谓的"把关人"与勒温的原意不符,因为勒温所指的"把关人"是小群体中的一员,直接握有某一物件是否允许被自己的这一群体所使用的决定权,而电讯稿编辑是在现成的新闻稿中进行挑选,并不是一个真正的"把关人"。巴斯从信源的角度即新闻产生的角度看问题,将新闻流动过程分为"新闻采集"和"新闻加工"两个阶段,他认为,真正的"把关人"是从事新闻采集的人或组织。[①] 在第一阶段,采访和编写新闻的记者和编辑更接近事件本身。而在第二阶段,在媒体总部处理新闻的编辑更多地受到媒体机构本身规则和价值的约束,以及面对其他新闻机构竞争的压力。因此,新闻的最终取舍是在双重把关的条件下完成的,是以不同的角度对新闻时性双重把关的结果。显然,巴斯的研究已经将媒介生产"把关人"的重心开始由个人转向媒介组织。

在上述研究的基础上,休梅克和斯蒂芬·里斯 1991 年的研究系统论述了影响大众传播内容生产的因素。休梅克和里斯的研究将"把关人"理论概括为五个层面,具体包括媒体工作者、媒体常规、组织机构、外在影响和社会意识形态等方面。在休梅克和里斯看来,新闻内容的形成是一个极为复杂的过程,新闻内容所反映的不仅仅是客观现实,也包括社会中不同的利益集团对客观现实的看法,是客观世界和主观世界结合的产物。阶级社会中存在的不平等直接影响到新闻的内容,在社会中占有统治地位的阶级总会利用手中的权力和资源对新闻内容施加更多的社会影响,从而使得本阶级的思想成为社会的主导性思想。这里休梅克和里斯关于新闻内容生产的论述,带有明显的批判理论学派关于意识形态理论的立场。

休梅克和里斯的研究所提出的有关媒介内容生产的影响因素,具有普遍意义,从而为媒介文本意义生产研究提供了基本的理论分析视角。同时他们将"把关人"理论引向媒介议程设置的研究和媒介社会学的研究方向,因而将其延伸到对人际传播、政治传播和组织传播等不同的传播过程,从而使得"把关人"理论的发展迈向更广阔和复杂的学科领域。

---

① 黄旦:《"把关人"研究及其演变》,《国际新闻界》1996 年第 4 期。

三、"制造新闻"与媒介内容的建构

关于媒介内容生产的研究,研究者在重点关注个人因素的"把关人"理论基础上,对媒介生产机制中的组织因素也进行了分析,由此形成了建构主义媒介理论,重点探究媒介生产机制如何影响并建构了媒介内容。美国传播学者盖伊·塔克曼于1978年完成著述《做新闻——现实的社会建构》,该著是媒介文本内容生产机制组织因素探究的经典著作,这部关于媒介生产机制研究的著作具有重要的现实意义。塔克曼立足于媒介社会学视角提出的"制造新闻"(making news)理论则具有代表性。"制造新闻"又称为生产新闻,是20世纪70年代以来传播学研究关于媒介内容意义生产研究的趋向,它延续了20世纪50年代以来研究者对媒介组织的性质和工作流程研究,以及从媒介效果到媒介内容特征的研究,还有组织的因素和引发这些特征原因等研究取向。

塔克曼是美国纽约市立大学社会学教授,在研究中提出"新闻是社会现实的建构"的观点。美国《新闻与大众传播季刊》将其著作评为20世纪新闻和大众传播研究名著。针对媒介文本内容生产,塔克曼试图回答的问题是:新闻工作者是怎样决定新闻是什么的?他们为什么只报道某些事实而不报道另外一些?新闻工作者是如何决定我们大家想知道什么的?通过分析,塔克曼指出,新闻生产的行为是现实本身的建构,而不是现实的图像的建构。"新闻是框架"(news as frame),指的是新闻活动把现实发生的事件通过建构转变为新闻事件。新闻是从日常生活中选取材料,然后加工成故事的。"新闻是框架"即新闻生产的行为是现实本身的建构,而不是现实的真实图像的反映。塔克曼认为新闻是一种框架建构。依据框架理论,塔克曼讨论了新闻生产过程中的生产主体、新闻工作者及其职业属性,并探究了新闻的时空安排、新闻生产的基本问题。

塔克曼首先提出"新闻是通往世界的一扇窗"的观点。人们通过新闻来了解世界,但是反过来讲,新闻是现实本身的建构,或者说是现实世界的框架。塔克曼认为"但是,就跟其他勾勒世界轮廓的框架一样,新闻框架或许也存在问题。透过窗口看到的景致取决于窗子的大小、窗格的多寡、玻璃的透明度,窗口正对的是街道还是后院。在观察者面前展开的场景,也取决于他/她站在什么位置,是远是近,是脖子扭到一边去,还是目光凝视前方,与环绕窗子的墙壁平行。塔克曼将新闻视为框架,探讨这一框架如何构成,新闻工作和新闻工作者又如何组织起来"[①]。这个关于"窗口"的比喻,与柏拉图关

[①] 盖伊·塔克曼:《做新闻——现实的社会建构》,李红涛译,中国人民大学出版社,2022,第7页。

于"洞穴"的比喻相同,它指出了新闻生产的目的不仅是传播知识,同时还有规范知识。媒介生产不仅提供关于世界的图像,还提供关于世界的看法和观点,大众传播媒介在报道事实的同时,也在传播自己的观点。塔克曼指出,新闻最终都是一种意识形态,新闻是被建构的现实。媒介生产是社会知识资源,同时又是权力资源。

塔克曼通过对"新闻价值"的分析,认为新闻价值是社会协商的结果,这也就决定了新闻选择并不是完全客观的。塔克曼从时间、空间的角度对新闻生产进行了分析,从空间视角认为新闻是一张网而不是一张毯,新闻生产的过程不是毯式的,这是因为新闻永远不可能面面俱到,囊括所有的社会事件。塔克曼把新闻生产过程比喻为网状结构,是因为新闻生产的角度、立场以及选材,如同网的大小、撒网的角度以及力度等,也就是说新闻在生产的过程中,新闻的组织机构,如编辑部门会通过分工合作精心布置一张看不见的大网。新闻媒体需要生产新闻,同时也需要判定哪些是需要被生产出来的新闻。这种网状结构同样影响着传媒业的发展,使新闻机构中存在着一张复杂的关系网。这张关系网制约每位编辑和记者,使他们有竞争又不至于破坏整个机构的运行,同时又保证了新闻的生产。

从时间视角,塔克曼也陈述了在截稿期的规定下,记者是如何对素材进行分类、加工,最终生产出新闻作品的。在具体的新闻生产流程中,塔克曼还进一步分析了新闻类型化、记者编辑的主动性、新闻专业主义、新闻消息源、新闻事实网以及新闻表述方法等之间的关系。在其著的结尾,塔克曼依然指出:"新闻讲述的是社会生活的故事,它是社会资源,知识之源,权力之源,也是通向世界的一扇窗。"①

塔克曼还提出"类型化"是新闻机构从事新闻生产的主要手段。塔克曼所谓的类型化,具体指的是新闻工作中记者和编辑提到的硬新闻、软新闻、突发新闻(spot news)、发展中的新闻(developing news)和连续报道(continuing news)五个新闻类别。这些不是对新闻简单化的概念分类,实际上是按照特定的框架原型生产出的新闻类型。塔克曼认为:"在类型化所对应的分类体系中,相关特征对解决眼前的实践任务或问题至关重要,它们就构成并扎根于日常活动之中。运用类型化这一术语,意味着将报道人的分类放回它们的日常情境,因为类型化镶嵌在使用场景和促成其使用的时机当中,也从这些场景和时机中获得意义。"②这种所谓的类型化,实际上指的就是通过新闻生产的工作语境对于新闻事件的建构。类型化是新闻工作中的生产新闻的范式,而不是新闻事件本来

---

① 盖伊·塔克曼:《做新闻——现实的社会建构》,李红涛译,第235页。
② 同上,第56页。

的分类,新闻人将自己的类型化嵌入实践性的任务当中,使得新闻工作的进程和潜在新闻事件的时间表保持一致。说到底,新闻类型不是着眼于新闻本身的特殊性的分类,而是首先考虑到新闻工作的便利性的分类,是实践者自身的需要。它不是脱离每天工作语境及其运用背景的科学抽象概念,而恰是在这样的工作语境和被不断运用的场合中才能获得自身的意义。由此,借助于类型化,本来在时间上无序的潜在新闻事件能够具有一个大致可行的生产图式,并与每天工作节奏保持呼应。塔克曼的目的也在于说明新闻即框架,而且是围绕日常工作的需要而展开建立的框架。

塔克曼关于新闻是现实的建构这一理论观点的基础,主要依据媒介"框架(framing)理论"展开的。该理论通常被认为是由美国社会学家戈夫曼首先提出的。戈夫曼在其著作《框架分析》中将"框架"概念作为研究人们解释日常生活的图式。根据他的观点,框架建构就是人们通过选择思考结构(框架)对事件进行主观解释并建构社会现实的过程。通过这个框架或图式,人们可以发现、了解、确认和区分信息或事件。"框架"不仅协助人们思考或整理信息,还是人们意识形态或刻板印象的来源。

美国社会学家吉特林探究了新闻生产与新闻框架的形成的关系。吉特林把框架概念应用到媒介生产研究中,并且对新闻框架提出了更为明确的界定。按照吉特林的观点,新闻框架就是"一种持续不变(over time)的认知、解释和陈述的图式,也是选择、强调和遗漏的稳定不变的范式"。此外,美国学者甘姆森(Gamson)也认为:"框架存在两层含义。第一层含义是指界限。第二层含义是指人们用以诠释社会现象的建构。前者代表了取材的范围,后者代表了显示意义的结构,是一种观察事物的世界观"。① 新闻组织机构在新闻实践中就是使用这些框架来报道新闻,反映社会并构建社会的。

塔克曼使用框架理论解释媒介生产机制,由此指出:"我运用戈夫曼的'框架即组织原则'的观点来分析新闻工作,有些人或许会觉得,这是自相矛盾。尽管戈夫曼曾指出,新闻揭示出经验相对于框架的脆弱性,但他也明确地警告说,他的研究关注的是经验的社会组织,而不是社会结构的组织。戈夫曼强调,经验的组织不可避免地与意义的生产连在一起。我试图将戈夫曼的研究带到其合乎逻辑的结论:意义的生产错综复杂地镶嵌在男男女女的活动当中,镶嵌在与其活动相关联、由他们生产和再生产、创造和再创造的制度、组织和专业之中。"②显然有些框架就成为大众媒介文本编码中一个重要的制度化部分,而且可能在受众解码的形成中也发挥着关键作用。媒介内容的生产其实就

---

① 余红:《网络时政论坛与舆论领袖研究——以强国社区"中日论坛"为例》,华中科技大学出版社,2010,第145—146 页。

② 盖伊·塔克曼:《做新闻——现实的社会建构》,李红涛译,第 2、3 页。

是"框架"建构的结果。塔克曼关于制造新闻的理论观点和研究,提供了全面考察媒介文本内容生产的理论基础,并探究媒介组织如何通过建构框架反映现实事件,进而建构社会的基本过程。

第三节
受众接受理论

读者与接受理论是文学文本内容分析的重要构成理论,其研究重点主要集中于文学领域。其理论核心在于从读者理解与接受的角度探究对文学文本的意义理解,从而使得文学研究从"作者中心"转向"读者中心"。就媒介理论的受众研究看,读者接受理论也可作为受众研究的理论基础。媒介理论中的所谓受众与接受理论,就是把受众置于整个传播活动过程的"主体"。由此,传播的主体存在是接受传播信息的受众,而传播的意义存在于受众对其所传之物的"理解",受众是居于主导地位的"积极存在"。就对读者地位的理解而言,接受理论对媒介理论的"积极的受众"研究具有重要的理论价值。

伽达默尔的解释学理论通过翻译现象说明文本意义理解的特征。伽达默尔认为,不同语言的翻译过程,实际上就是典型的文本理解过程。就翻译本身而言,对原作产生完全不同的翻译背后,就隐含预设的"视界",同时也存在着意义的重构,不仅是因为基于文化差异的解释背景不同,同时还有基于差异的意义理解不同。伽达默尔也认为,解释学对于意义形成的认识,就和翻译对于意义的理解相同,不仅在不同语言的翻译存在理解的问题,在同一语言环境中还存在意义理解的问题。伽达默尔说:"在对某一本文进行翻译的时候,不管翻译者如何力图进入原作者的思想感情或是设身处地把自己想象为原作者,翻译都不可能纯粹是作者原始心理过程的重新唤起,而是对本文的再创造(nachbildung),而这种再创造乃受到对本文内容的理解所指导,这一点是完全清楚的。同样不可怀疑的是,翻译所涉及的是解释(auslegung),而不只是重现(mitvollzug)。对于读者来说,照耀在本文上的乃是从另一种语言而来的新的光。对翻译所提出的'信'(treue)的要求不可能消除语言所具有的根本区别。尽管我们在翻译中力求'信',我们还是会面临困难的选择。如果我们在翻译时想从原文中突出一种对我们很重要的性质,那么我们只有让这同一原文中的其他性质不显现出来或者完全压制下去才能实现。这种行为恰好就是我们称为解释(auslegung)的行为。正如所有的解释一样,翻译也是一种突出重点的活动(überhellung)。"①因此,所有的文本接受就像翻译文本,总是无法完全与原文本实现完全的符合,而是重新解释和意义建构的过程。

一、接受理论的兴起和发展

受众与接受理论最初是在文艺批评领域建立和应用的。在西方 20 世纪的文艺批评理论中,接受理论是读者反应批评理论的更为宽泛的构成之一。读者反应批评源于美国文学批判理论,通常指所有以读者为中心的文学理论与批评理论,包括的范围很广泛,如现象学意识批评、解释学批评、结构主义和解构主义和接受理论等。

接受理论又称为接受美学,它不仅是一种文学理论,也是一种美学理论,兴起于 20 世纪 60 年代后期并在 70 年代达到高峰,主要代表人物是德国的汉斯·罗伯特·尧斯(1921—1997)和沃尔夫冈·伊瑟尔(1926—2007)等学者。在他们的接受理论理论形成发展中,受到伽达默尔的解释学理论的影响,他们的研究更强调文学接受的历史性问题。就接受美学而言,随着解释学理论的兴起,传统西方美学理论所探究的问题,如美的本质和艺术的本质等核心问题被逐渐搁置,美学研究开始转向以审美经验为中心的研究。基于审美经验的文学以及艺术和美学研究,则更关注读者及接受者在文学和艺术中的历史地位和现实意义。接受美学在现象学和解释学理论的基础上,建立了以读者的审美经验为中心的美学,直至后期走向唯读者导向的后现代主义美学。因此,接受美学基于对现象学美学和解释学美学的借鉴、接受和运用,最终实现了对作者主体的完全"放逐",实现了读者主体的最终"崛起"。由此,受众与受众的接受成为文学文本意义分析的中心,受众研究与接受理论得以全面建立,也成为媒介文本受众分析的理论来源。

接受理论主要代表人物尧斯和伊瑟尔都提出了自己关于"读者中心"的理论认识。尧斯受伽达默尔的解释学的影响,主张建立历史与美学统一的文学批评方法,强调读者接受的历史性,并对文学史做出了具体的历史性接受研究。伊瑟尔的思想受罗曼·英伽登(1893—1970)等人的现象学理论影响,主要致力于对文本结构内部的阅读反应机

---

① 伽达默尔:《真理与方法(下卷)》,洪汉鼎译,上海译文出版社,1999,第 492 页。

制做一般的现象学分析。在《阅读行为》序言中，伊瑟尔将尧斯的理论称为"接受研究"，将自己的理论称为"反应研究"。他认为接受研究强调"历史–社会学的方法"，反应研究则突出"文本分析的方法"。只有把两种研究结合起来，接受理论才能成为完整的学科。[①] 他们的理论虽然着眼于文学艺术性作品研究，但是，就把"读者接受"作为文本研究重心这一方法而言，对媒介理论研究具有明确的指导意义。对于媒介传播内容接受而言，以受众为中心，还是以传播者为中心，其重要性是有明显差异的。

二、受众接受理论

接受美学理论是在解释学和现象学美学理论的基础上形成的。伽达默尔将解释学引进美学研究，现象学美学流派的英伽登将艺术作品看作"意向性结构"，这些研究为接受美学的发展奠定了基础。接受理论的创始人尧斯和伊瑟尔将研究的注意力从传统的以"作者"和"文本"为中心的传统美学中转移出来，开始集中探讨研究"文本—读者"之间的关系。他们认为，对艺术作品来说，作品并不是已经完成了的审美事实，而只是一个"召唤结构"或"意向性结构"，真正的美或者审美的实现尚待读者积极地、创造性地参与才能最终完成。在这种接受的过程中，艺术和美的真正创造主体不是作者，而是读者。就此意义来看，对于媒介理论而言，大众传播过程中的受众也就成为意义创造的主体。尧斯的接受理论主要集中于文学史研究、三级阅读论和审美经验论等方面。

第一，尧斯提出了读者"期待视界"的概念，用来描述作为接受历史学的文学史。所谓"期待视界"，是指文学接受活动中，读者原先各种经验、趣味、素养、理想等综合形成的对文学作品的一种欣赏要求和欣赏水平，在具体阅读中，表现为一种潜在的审美期待。作为读者的"期待视界"是一个历史的、动态过程，"期待视界"的变化是文学发展的可能性所在。而"期待视界"实质上就是读者的审美期待。尧斯这里所言的"期待视界"，就媒介理论而言，指的是受众在接受信息过程中本身所具有的特征，如受众的文化、社会背景，知识结构、社会经验等，都可以成为文本解读的影响要素，都可以重新嵌入到对文本的接受中去。也就是说，受众在接受文本时都会基于"期待视界"建构意义。

第二，在对具体的阅读活动的探究中，尧斯提出了三级阅读论。所谓三级阅读论指的是读者的阅读过程可分为初级阅读、二级阅读和三级阅读三个阶段。在尧斯看来，初级阅读就是对文本的形式意象进行审美感受的过程，二级阅读的主要目的是意义的确

① 伊瑟尔：《阅读行为》，金惠敏、张云鹏、张颖、易晓明译，湖南文艺出版社，1991，第18页。

定,围绕文本统一性进行着部分与整体、部分与部分的意义关系调整,直到形成一个确实可以给整个文本以统一意义的潜在原则,即达到与形式一致的意义的完成。在此基础上进行的三级阅读将是对超越与突破作品现时意义的历史理论阅读模式。在此之后,阅读已经超越了原初文本的阅读,以文本为核心,扩散到其他文本,这将超越一般读者的阅读事实,进入阅读的历史维度的研究。这种微观的受众的文本接受特征的分析,对于媒介理论中受众的文本解读而言,同样具有理论指导性。

第三,尧斯还重点探究了审美经验论。尧斯把审美经验作为美学理论的核心,主要论述审美愉快的三个基本范畴,即创造、美觉和净化。在文学作品的主要角色与读者的关系上,尧斯还提出了联想模式、仰慕模式、怜悯模式、净化模式和反讽模式五种模式。尧斯的这些理论更接近文艺理论和审美理论,但是这些理论有一个共同的特征,也就是立足于读者的主导地位,从而对受众的文学阅读行为进行分析。当然,这是针对文学文本展开的受众阅读的理论研究。但对于大众传播媒介文本研究而言,受众对内容的解释和理论分析也可以从这些方面展开。

伊瑟尔的接受理论的主要思想来源是英伽登的现象学美学,其基本特征是用现象学的文本分析法对阅读过程中的"文本—读者"关系进行研究。他的理论分析倾向于微观层面的分析。其理论观点主要包括文本意义的生产、读者对文本阅读的过程研究,考察激发并控制"读者—文本"相互作用的条件等。

第一,伊瑟尔提出,文学作品的显著特征在于作品中所描绘的现象与现实中的客体之间不存在确定性关联。在他看来,一切文学作品都有某种程度的不确定性,读者由于个人的体验发现的也正是这些特性。作为读者有两种途径使不确定性标准化:或者以自己的标准衡量作品,或者修正自己的成见。作品在现实生活中没有完全一致的对应性。这种文本—读者开放性使它们能在不同读者的阅读过程中形成各种情景。

第二,伊瑟尔认为,文学作品的构成包括艺术家和审美两极。艺术家涉及作者创造的文本,审美则由读者的阅读所完成和实现。伊瑟尔由此认为文学作品的本质是"本文与读者的结合才产生文学作品,这种结合虽不可能精确地确定,但必定始终是实质性的,因为它并不被认为要么等同于本文的真实,要么等同于读者的个人意向"。文学作品作为审美对象,只有在阅读过程中才被动态地构成。伊瑟尔在文学作品的"实现"中描述了作者创作和读者审美相结合的情形。因此,在他看来,没有阅读,显然就没有作品。

伊瑟尔进一步讨论文本和读者两极的关系。在对文本的研究中,伊瑟尔首先提出的是文本的"召唤结构说",也即文学文本只有在阅读过程中才能转化为文学作品,文本的意义只有读者的参与才能得以现实地构成和变化。他同时认为,文本自身具有一系列的根本特征。例如,伊瑟尔提出了文本在结构上的"空白"和"未定点"的概念。文本作为"图示化的视野"仅仅作为框架存在,无论在哪一个层次和方向上都有很多"空白"和"未定点",有待于读者在阅读过程中填补和充实。所谓"空白",就是指文本中的未定点,亦即未实写出来的或明确写出来的部分,它们是文本已实写出的部分向读者所暗示或提示的东西。"空白"和"未定点"在伊瑟尔看来是一种达至文本与读者交流的可能性,允许人们把自己的经验和文本所欲传达的东西结合起来。当文本和读者进行交流的时候,"空白"和"未定点"总是趋于消失。"空白"和"未定点"可以看作一种对缺失的连接的"邀请",为读者参与文本向完整意义的文学作品的跨越做好了准备并提供了可能。

伊瑟尔对"文本召唤结构"和"读者创造性"两方面做了论述。文本作为召唤结构存在,预示着部分想象和意义的框架,而读者创造性则在框架中进行填充。在这个过程中,对于读者,伊瑟尔提出的是"隐含的读者"的概念。这一概念包含两层含义:一是隐含读者就是文本所具有的一种结构,这种结构向读者发出召唤,邀请读者对文本进行阅读;二是隐含的读者要求读者在阅读和接受活动中发挥积极的参与作用,使文本结构在阅读中得以具体化。"隐含的读者"是概念性的存在,伊瑟尔试图要说明的是本文结构与读者之间特定的能动关系。

第三,伊瑟尔重点探讨了面向读者的"阅读现象学"。伊瑟尔通过三个方面揭示和描绘一个具有动力学特征的阅读过程。首先,伊瑟尔从文学作品的句子入手,认为读者是循着句子提供的所指物而进入本文的,也随之接受本文提供的既定图景和意义框架,但是读者不是消极被动的存在,读者与图景和意义结构之间的关系是能动的。在这个过程中,文本的真正内容和意义才能得以形成。其次,伊瑟尔探讨了将文本的各种不同的方面、视点、图景凝聚在一起的力量。伊瑟尔指出,阅读中读者的种种期待被不断修改,现象被不断扩展,但读者总会有意无意地去把读到的一切在动态进展中逐步组合成一个首尾一贯的统一体,这是阅读中"完形"功能的重要体现。最后,伊瑟尔将读者的自我提高作为阅读过程的终点。文本结构营造的是一个陌生的环境,是一种在内容和形式上对读者既有结构的"否定性"影响;但同样,文本结构是一个开放的、"邀请"读者参与的结构,这一过程的结果必然是既有结构的破碎和新型结构的构建。

可见,伊瑟尔的读者接受理论始终围绕"文本—读者"间的动态关系,进而解释文学作品和读者接受之间的内在关联。伊瑟尔关于文学作品的文本—读者关系的分析,为媒介理论提出了分析受众和文本关系的视角,媒介理论在对文本—受众关系进行探讨时,完全可以运用这样的研究思路和方法。

总之,受众与读者接受理论虽然是在文学批评、美学研究中建立并加以运用的,但接受理论对文本、读者、意义等关系的逻辑分析,对于媒介理论受众研究具有明确的理论价值。因此,接受理论从文学批评和美学研究已经走向更为广泛的大众传播媒介文本与受众的研究。

第四节
积极受众理论

西方传播思想发展中对受众的认识,经历了由"盲从的大众"到"积极的受众"的转变。大众社会理论所认为的"大众"(mass)是 20 世纪现代工业化的产物,同时也是大众传播发展的结果。在大众社会理论中,大众被描述为一大群没有血缘、地缘关系的,由原子化的、孤立的个人所组成的相互依赖又彼此陌生的社会群体。这些所谓的大众具有规模大、分散性、匿名性和无根性的特点,既不同于有一定组织的社会群体,也不同于松散的群集,以及有政治自觉意识的公众。他们没有任何组织性,没有稳定的结构和社会规范,也缺乏为实现自身目的而行动的意愿和手段。可见,大众概念出现的早期,经常指的是那些易受意识形态和宣传影响的,对大众传播媒体的影响没有任何抵抗力的群体。对于受众的认识,传播学者丹尼斯·麦奎尔认为受众是社会环境和特定的媒介生产方式的产物。[①] 受众理论也经历了漫长的演变过程,受众对媒介的应用也具有鲜明的社会和环境特征。麦奎尔就此也认为,最早的受众是古希腊罗马公共演出或竞技场所的观众,印刷术产生后出现了阅读的受众,直至电影出现后真正意义上的受众才得以形成,然后是广播电视的发明,则更是扩展了受众的范围。因此,对于受众的不同作用和所处的地位的认识,则构成了传播理论中受众研究的重要方面。但是,早期的传播理论和大众文化研究认为受众在文化和传播系统中处于消极被动的状态,对于传播和文本意义的形成没有任何积极作用。

芝加哥学派的大众社会理论研究就将大众置于盲目被动的消极地位。其中作为对

---

① 麦奎尔:《受众分析》,刘燕南、李颖、杨振荣译,中国人民大学出版社,2006,译者前言第 11—12 页。

传播学产生了直接影响的代表人物赫伯特·布鲁默,最早使用"大众"概念框架来分析"受众"。布鲁默立足于更广泛的社会生活变迁的视角,将受众视为现代社会各种因素共同作用的结果,并称之为"大众",与此前的"群体""群集"和"公众"等概念区别开来。① 由此可见,大众或受众的形成,都与工业化城市化的发展、人们识字能力的普遍提高、交通运输的发达、信息传播的普及、社会的集中化程度等因素有关。大众传播研究视野中的受众,不仅人数众多、分布广泛、结构多元,还缺乏自我认同意识,也没有任何目的明确的组织性,不为自己行动,但却受外界的驱使。这类关于受众的研究,认为受众显然是没有任何组织性的"乌合之众",也就是极易被媒介操控的消极的受众。

在批判学派的视野中,大众也被认为是个性丧失、非理性和缺乏自我意识的"单向度的人"。批判学派对大众的论述,是建立在其文化精英主义立场之上的。但是,随着媒介的发展,所谓的"大众文化"与"精英文化"的对立则不断被突破和解构。作为边缘的文化在大众的认同、接受和消费中,逐渐成为社会的主流文化。而那些传统意义上的主流文化,又在大众的怀疑和拒斥中,走向社会的边缘。在大众传播媒介的影响下,媒介化社会已经形成。由此,"大众"显然已不再是盲从、粗暴、庸俗等的代名词。当代的以大众传播媒介为基础的大众社会文化,已不再作为精英社会的对立面而存在,研究者也无法基于精英主义的立场来描述媒介受众。

对于各种不同角度的受众研究,麦奎尔将其分为结构性受众研究、行为性受众研究和文化性受众研究三大传统。结构性受众研究通过对受众的基本构成特征的分析,探究大众传媒系统与个人媒介使用之间的关系等问题。行为性受众研究的重点是媒介效果研究,通过对受众媒介使用行为的分析,探究媒介对受众的影响。文化性受众研究包括批判理论、文学批评、文化研究和接受分析等,将受众放置在广泛的社会文化背景中加以批判性考察。这里麦奎尔所指的文化性受众研究则是媒介理论关于受众研究的重点领域。

一、积极的受众

在解释学理论和文化研究等理论的影响下,"积极的受众"的概念则从受众如何看待并使用媒介的角度对受众重新进行讨论,认为受众不仅是被动的接受者,同时还是主

---

① 麦奎尔:《受众分析》,刘燕南、李颖、杨振荣译,第8页。

动选择、建构媒介内容的积极的参与者。"积极的受众"的媒介理论强调,受众能够掌控媒介文本意义的生产,同时也能从文本中获得满足。由此,媒介研究中受众理论对受众属性的认识,从消极受众理论被动的、无抵抗能力的"受害者"的角色,转变为积极的、主动的文本内容"建构者"的角色。

虽然以法兰克福批判学派为代表的精英主义立场的受众理论否定受众的主动性特征,认为受众是无力的、消极的、愚昧的盲从的大众,但在批判学派的代表人物霍克海默、阿多诺、马尔库塞等人看来,大众社会中普遍存在着"控制""资本主义控制"等特征,大众社会是建立在资本主义之上的社会,因此,大众文化是在资本主义的范式中被"制造"与"消费"的。由此,作为资本主义生产关系下的大众或是大众文化的受众,不可避免被资本主义的生产生活方式所"异化",根本没有属于自己的文化创造和文化消费的"积极主动性"。由此,正如马尔库塞所提出的,受众成为缺乏理性的且没有自我意识的"单向度"的存在。

但与此同时,对受众的积极主动性认识的探讨却一直在进行,随着大众传播效果研究的不断深入,人们发现受众并非仅仅是消极的接受者。结构功能主义传播效果理论研究表明,大众传媒"控制"下的受众,也有自身的反抗方式,作为"原子式"存在的受众,面对大众传播的"魔弹"时并未应声而倒,而在接受信息时,在认知、态度、行为等层面表现出了不同的传播效果。因此,由于受众本身的差异,大众传播的效果实际是有限的,"有限效果论"就成为传播学效果研究的重要研究结论。以实用主义、经验研究和定量方法为特征的美国传播效果研究,认为"积极的受众"是确实存在的。但传播效果研究领域中的"积极的受众"是集中在中观和微观层面上的,经验主义方向的研究在逻辑上只能指向特定的、有限的范围,这就决定了以传播效果研究为支撑的"积极的受众"理论在对"消极的受众"进行批评时,缺乏有效的针对性。

英国文化研究学派的霍加特、斯图亚特·霍尔等学者基于文化分析的研究,对法兰克福批判学派的"文化工业""消极的受众"等理论进行了反思和批判。文化研究学派基于媒介意识形态功能研究的分析方法,借鉴美国大众传播效果研究的成果,为"积极的受众"理论体系的建立提供了基本理论视角。立足于媒介意识形态功能的分析方法,为批判"消极的受众"理论和建立"积极的受众"理论提供了重要的逻辑阐释框架。在具体分析中,文化研究以马克思主义理论为基础,对以往被贬抑的大众文化、工人阶级文化,从理论上重新进行积极的、肯定的评价和阐释。特别是文化研究学派在电视批评研究中发展出来的"积极受众论",成为媒介受众批评领域的重要理论。

二、积极受众理论

英国文化研究学派的"积极受众论"在媒介理论中具有重要的地位。为了探究积极的受众,文化研究首先为"通俗文化"正名,对以往文化研究的"精英主义"立场进行了批判。他们对以往文化研究中文化的"通俗"与"精英"的划分维度加以否定,将文化研究回归到其原始意义上来加以考察。对此,文化研究学派的霍加特、威廉斯等人的研究具有开创性意义,经由霍尔、莫利、费斯克等英国文化研究学者的继续深化,最后发展成为具有重要影响的积极受众媒介理论。

第一,霍加特提出的积极受众理论,主要是基于20世纪上半叶展开的有关精英文化、工人阶级文化和美国式大众文化的文化研究取向展开的。霍加特具体对20世纪30年代英国北部工业区工人日常生活进行考察,详细描述了工人阶级的公共文化。在他看来,这种公共文化体现在酒吧、报纸杂志、工人俱乐部、体育活动和所有私人的日常生活中,而其中家庭角色、性别关系和语言特色都能反映出社区的共同意识。基于这样的看法,霍加特对以往研究所认为的工人阶级的文化就是"野蛮的、愚昧的,对社会起破坏作用的"的观点加以反驳。霍加特对英国工人阶级文化给予肯定,认为工人阶级的文化也是文化的构成部分。霍加特对文化研究的界定,其目的在于通过对精英文化的霸权地位的否定,从而拓展文化研究的领域。霍加特试图证明二战前的英国工人阶级社区是具有传统的有机社会色彩的,其中包含着典型的工人阶级的"十分丰富多彩的生活"。大众娱乐的形式以及邻里和家庭关系的社会实践的联系构成了一种复杂的整体,其中的公共价值和私人实践是紧密地结合在一起的。① 总之,霍加特的理论开始展现"鲜活"的工人阶级文化,尽管"鲜活"可能只适用于他体验过的20世纪30年代的工人阶级文化。但在他的论述中,工人阶级文化的"鲜活"性,表明"文化工业"理论所描绘的"茫然的大众""消费资产积极营造的文化"的大众开始展现出内在的生命力。

第二,威廉斯通过对近代以来英国社会关于文化观念的演变的考察,把文化观念和社会的整个生活方式联系起来。他重构了"文化"与"文明"的概念,否定了把"少数文化"和"大众文化""资产阶级文化"和"无产阶级文化"对立起来的观点。他对文化的解读,使得大众传播研究中对于"受众"的定位也发生了巨大的变化。他重点通过文学研究的中观和微观考察,提出了宏观层面的受众的积极性理论。威廉斯这一受众研究的

---

① 杨击:《传播·文化·社会——英国大众传播理论透视》,复旦大学出版社,2006,第38—39页。

关键概念是"感觉结构",该概念贯穿于文学研究和文化研究的始终。对于"感觉结构"威廉斯并没有严格的定义,但其基本含义是"人们在特定地域、特定时期生活的总体、普遍的经验,它需要通过特定的物质载体被人们意识和交流"。由"感觉结构"概念引申开去,每个时代、每个地方都有其特定的"生活的总体、普遍的经验",对此也就需要特定的物质载体来表达。由此,文化的形态也就会各有差异。20世纪的社会现实意味着与此前迥异的"感觉结构",例如电影、广播、电视节目、流行音乐、报刊、小说这样的通俗文化取代经典文学,作为特定时期的"物质载体"来表现、表达时代的文化,则成为逻辑的和现实的必然。正是在感觉结构的逻辑论述上,威廉斯肯定了受众的积极地位。这样,威廉斯就为"工人阶级文化"和"大众文化"等诸如被当时所批驳为"反文化"的文化形态争取到了历史的必然地位。威廉斯进一步认为,大众文化有其自己积极主动的发展脉络,他认为从大众的语言表达、大众的戏剧表现、大众的文学书写等各个方面来考察,无论如何大众都具有作为创作和接受主体的积极性。大众不是被动的接受者,大众或是每个人在面对信息传播时,都有自己的积极主动性。

第三,霍尔的积极受众论。霍尔的受众研究理论,在实践观察和理论分析的基础上,首先颠覆了传统的大众传播研究所指向的"传播过程"的描述。在霍尔看来,传统的大众传播理论对"信息传递"的传播过程的描述,集中于信息交流的层面,而且没有形成一种将不同环节视为复杂关系结构的整体概念,霍尔认为这种对传播过程的描述必须要颠覆和改写。由此霍尔引入了马克思主义商品生产分析的理论与方法,把传播过程看作一种结构形态,包括相互联系但各不相同的环节,具体呈现为生产、流通、分配—消费、再生产等要素之间的结合。在此基础上,霍尔探讨了电视的传播过程。霍尔在编码/解码的受众模式中,明确了"积极的受众"的形象,即一种对大众媒介传播信息的多样解读,在编码/解码的过程中,受众的积极性得以充分体现。阿多诺等人理论中的作为"文化工业"消费者的受众,在霍尔的理论视野中,具有了对于自己所消费的"产品"的"加工能力",即受者是信息的另一个处理过程的开始,"积极的受众"开始得到广泛的重视与认可。显见的是,霍尔的积极受众理论对于电视文本意义理解的主动性,无疑与解释学理论的认识是完全一致的。

第四,莫利的电视受众研究。莫利作为英国文化研究的代表人物之一,致力于将霍尔的编码/解码模式进行解释、运用和发展。莫利研究重点是试图解释那些"被社会地定义了的个体受众群体",对电视的解读又是如何"被共享文化形构和实践所限定的"。莫利的受众研究融合了传播研究的经验学派的和批判研究学派,并对"受众话语"的概念进行界定和实证研究,后续的研究也不断证明"受众话语"对于"积极受众论"的基础性意义。莫利在接受霍尔的研究理论和方法的同时,更多的是在现实中验证霍尔的理论,并且补充霍尔在理论体系建构上的不足。在研究中,莫利提出了对"受众话语"的系统认识,提出"交叉话语(interdiscours)"的受众的意义阐释路径。他认为,话语主体是一个交叉话语,它是在主体本身的历史中,由话语实践跨越主体所产生的效果的产物。在交叉话语的传播中,莫利阐释了受众话语的主体性问题,并充分证明和支持了积极受众论。

积极受众理论发展至今,已然超越了电视研究的领域,进入了广泛的大众传播的研究领域,并被用来解释大众传播的过程、效果等各个方面。受众积极性的凸显,要求媒介理论研究注重受众因素的全局性影响。在受众积极性的理论阐释方面,目前的研究已结合社会学、传播学、心理学等各个学科知识展开,积极受众论已经成为西方传播理论研究的重要方向。

【本章延伸阅读】

1. 马丁·海德格尔:《存在与时间》(中文修订第二版),陈嘉映、王庆节译,商务印书馆,2018。

2. H. G. 伽达默尔:《诠释学:真理与方法》(修订版),洪汉鼎译,商务印书馆,2011。

3. 尧斯等:《接受美学与接受理论》,周宁、金元浦译,辽宁人民出版社,1987。

4. 伊瑟尔:《阅读行为》,金惠敏、张云鹏、张颖、易晓明译,湖南文艺出版社,1991。

5. 欧文·戈夫曼:《日常生活中的自我呈现》,冯钢译,北京大学出版社,2016。

6. 盖伊·塔克曼:《做新闻:现实的社会建构》,李红涛译,中国人民大学出版社,2022。

7. 丹尼斯·麦奎尔:《受众分析》,刘燕南、李颖、杨振荣译,中国人民大学出版社,2006。

8. 罗杰·迪金森等:《受众研究读本》,单波译,华夏出版社,2006。

9. 大卫·莫利:《电视受众与文化研究》,史安斌译,新华出版社,2005。

10. 利萨·泰勒、安德鲁·威利斯:《媒介研究:文本机构与受众》,吴靖、黄佩译,北京大学出版社,2005。

第十三章

后现代传播理论

    后现代主义（postmodernism）是 20 世纪中叶出现的世界性的文化思潮。后现代思潮起初是 20 世纪 50 年代出现在建筑领域的创新和争端，之后波及艺术、社会、宗教、政治等领域。后现代主义引发了哲学、社会学、神学、教育学、美学、文学等领域经久不息的论争，当代世界许多重要思想家都卷入了对后现代主义精神的理论阐释和关注。法国哲学家让-弗朗索瓦·利奥塔德在 20 世纪 80 年代提出了"后现代"的概念。后现代主义所具有的怀疑精神和反文化姿态，以及对传统的否定态度和价值解构的策略，使得它成为一种"极端"的理论，使其对资本主义的批判以彻底虚无主义的否定方式表现出来。① 随着后现代主义术语的确立，雅克·德里达、米歇尔·福柯、弗里德里克·詹姆逊、尤尔根·哈贝马斯、安东尼·吉登斯、鲍德里亚等后现代主义大师及其理论也不断得到认同。虽然他们自己普遍拒绝后现代主义者的身份认同，但是以反传统文化起家的后现代主义者本就置身于现代性的进程中，同时他们普遍主张后现代主义是晚期资本主义在思想和文化领域中出现的新现象，因此在他们的理论表述中或隐或显呈现出现代性价值取向。② 由

---

① 朱立元主编：《当代西方文艺理论（第 2 版）》，第 360 页。
② 耿庆伟：《后现代主义视域下的现代性反思》，《社会科学动态》2018 年第 10 期。

此,后现代主义作为资本主义后期的主要文化形态,是对现代主义在新的社会情况下的新反思和新发展,和当前西方的主流文化已经融为一体。后现代消解了精英主义和大众文化的界限,但同时将大众拉入消费主义的泥淖。后现代艺术丧失了批判性,顺应了消费需求,也成为商品经济的组成部分。

第一节

现代性和后现代主义

讨论后现代主义的问题必然需要联系到现代性的问题,因为后现代主义的主要存在基础就是对现代性的批判,同时现代性的问题也因为后现代思潮的批判而凸显。

一、现代性的问题

对于西方自启蒙运动肇始的现代性问题,学者们的研究也有不同的界定。有学者的研究认为,它主要包括三个方面:其一,吉登斯将现代性看作现代社会或工业文明的缩略语,认为它包括从世界观(对人与世界的关系的态度)、经济制度(工业生产与市场经济)到政治制度(民族国家和民主)的一套架构。他着眼于"从制度层面上来理解现代性",因此他的现代性概念主要指称在后封建的欧洲所建立、并在 20 世纪日益成为具有世界历史性影响的行为制度与模式。其二,哈贝马斯把现代性视为一项"未完成的设计",认为现代性旨在用新的模式和标准来取代中世纪已经分崩离析的模式和标准,来建构一种新的社会知识和时代,其中个人"自由"构成现代性的时代特征,"主体性"原则构成现代性的自我确证的原则。在哈贝马斯看来,现代性最为核心的问题,就是它的自我理解与自我确证的问题。其三,福柯将现代性理解为"一种态度",而不是一个历史时期,不是一个时间概念,认为"所谓态度,我指的是与当代现实相联系的模式,一种由特定人民所作的志愿的选择。最后,一种思想和感觉的方式,也就是一种行为和举止的方式,在一个和相同的时刻,这种方式标志着一种归属的关系并把它表述为一种任务。无疑,它有点像希腊人所称的社会的精神气质(ethos)。"这种现代性的"态度"或是"精神气质",福柯把它解读为一种"哲学的质疑",亦即对时代进行"批判性质询"的品格。① 可见,这三位思想家对现代性做出了各自不同的解读,吉登斯从社会学的角度将现代性等同于"工业化的世界"与"资本主义"制度,哈贝马斯和福柯则从哲学的角度出发,哈贝马斯将现代性看作源于理性的价值系统与社会模式,福柯认为现代性包含着一种批判精神。虽然他们对现代性的解读有所不同,但需要指出的是,不论是吉登斯、哈贝马

---

① 陈嘉明:《现代性与后现代性十五讲》,北京大学出版社,2006,第 4—5 页。

斯还是福柯,他们的理论最终都走向了后现代主义,对于现代性的界定是作为后现代性的对立面而成立的,由此也可以看出两者之间的关系。现代性作为早于后现代性发生的思潮,是在后现代性的批判与挑战中逐渐建构起明晰的概念界定的,无疑后现代性作为现代性的对立面,对其概念的界定也存在难度。因此,是否对现代性与后现代性划界的需要,以及后现代性是否真正存在一直是颇有争议的问题。

二、后现代主义的兴起

一般认为,后现代主义思潮是在 20 世纪 60 年代产生,经过 70—80 年代的发展,至 90 年代形成了全球性的影响。虽然后现代主义作为一种思潮形成只有几十年的时间,但后现代概念的出现却远早于这一思潮。美国学者斯蒂文·贝斯特和道格拉斯·凯尔纳曾专门对后现代概念做过知识考古学的研究。他们将"后现代"概念追溯到 19 世纪的绘画艺术,认为"迄今发现的最早的用法是在 1870 年前后,一个英国画家约翰·沃特金斯·查普曼的画作被描述为'后现代的'绘画"①。历史学家汤因比也曾将用这一概念形容 1875 年以来的西方历史,并把后现代看作西方文明走向衰落,现代的理性主义和启蒙精神发生崩溃的"动乱时代"。可见,后现代在概念使用中就含有一种创新前卫和理性崩坏、启蒙崩溃的二律背反的界定。由此,当后现代主义思潮在 20 世纪 60—70年代产生与发生后,其所涉及的领域也就呈现出兼容并包但又散乱的特征。以法国后现代思想家为代表,西方学者从各个领域开始涉及后现代的概念,有学者认为,"那时在不同文化领域、不同学科的内部和跨学科层次上,在哲学、建筑、电影研究及文学主题中,开始形成认可这一形式多样的社会、文化现象存在的要求"②。

对于后现代思潮的起因以及"后现代"的性质,学者们就形成社会动因说、后工业化或信息社会说、消费社会说、文化反叛说及叙事危机说等多种认识。③ 其一,社会动因说。该观点认为,法国 1968 年的"五月风暴"以及美国的黑人运动、反越战运动等西方世界的危机,宣告着一个旧的时期渐被埋葬,新的历史时期将要展开,"当我们听到至理名言时,我们想知道是谁在讲话;当理智的声音在发言时,我们往往会问是什么下意识的需要在起作用"④。旧的范式在痛苦坍塌,新的范式在痛苦建立,社会思潮在涌动。福

---

① 斯蒂文·贝斯特、道格拉斯·凯尔纳:《后现代理论——批评性的质疑》,张志斌译,中央编译出版社,2004,第 7 页。
② 史蒂文·康纳:《后现代主义文化——当代理论导引》,严忠志译,商务印书馆,2002,第 12 页。
③ 陈嘉明:《现代性与后现代性十五讲》,第 118—121 页。
④ 莫里斯·迪克斯坦:《伊甸园之门:六十年代的美国文化》,方晓光译,译林出版社,2007,第 264 页。

柯、利奥塔德、鲍德里亚、哈维等人都是基于这样的时代背景考察后现代主义的。其二，后工业化或信息社会说。该观点则认为，基于社会技术的变革带来社会"轴心原则"的变化，并由此带来社会形态的根本性变化。不论是丹尼尔·贝尔的《后工业社会的来临》《第三次技术革命》预示的"后工业社会"的图景，还是阿尔文·托夫勒的《第三次浪潮》的未来学视角，都在预示着社会的剧变，信息社会以及知识的生产消费状态成为后现代观察社会的基本视角。其三，消费社会说。这一直是鲍德里亚所关注的理论，他宣称在后现代社会主体已经落败，客体统治的时期已经开始。在后现代社会中，消费主义盛行，它支配着人的一切，形成全新的、公认的社会状况。其四，文化反叛说。该观点以丹尼尔·贝尔为代表。在《资本主义的文化矛盾》一书中，他指出"现代主义的真正问题是信仰问题"，西方的现代价值体系、信仰体系已经被摧毁了，社会的意义不再，后现代的对本能、冲动和意志的解放、对传统的价值和文化的反叛、对资产阶级的社会组织形式的背弃等，都预示着后现代主义将替代现代主义登上历史舞台。其五，元叙事危机说。利奥塔德关注的是后现代主义兴起带来的"'对元叙事的怀疑'、对那些曾经控制、界定和解释世界上所有不同形式的话语活动的普遍指导性原则和神话的怀疑"[1]。由启蒙时期的"解放叙事""辩证法""人类自由"等组成的元叙事给予了现代社会观念和行为以合法性。随着现代社会的进一步发展，元叙事面临着巨大的危机，元叙事受到后现代主义的攻击，承载意识形态的现代性叙事与后现代对这样的叙事的反对与背叛是两者之间的区别所在。

第二节
后现代主义文化与传播理论

后现代主义思潮影响到人文社会科学的各个领域。在西方传播思想的发展中，大众媒介是后现代理论重点关注的对象。对于媒介理论而言，媒介研究在后现代的语境下的审视与阐释也是多角度的。媒介的后现代性与社会的后现代性的关系，不仅仅是

---

[1]　史蒂文·康纳：《后现代主义文化——当代理论导引》，严忠志译，第 15 页。

一个部分与整体的关系。人们通过审视媒介从而阐释后现代思想的过程中,媒介是必不可少的建构力量。可以看出,媒介的后现代性与社会的后现代性大致是一个同构的过程,甚至有时媒介更有一种先锋示范的作用,媒介成为社会后现代性发展的前哨。因此,媒介研究则构成了后现代主义研究的重要领域和视角。福柯的权力与话语理论、詹姆逊的后现代主义文化理论,以及鲍德里亚的符号消费理论等,都涉及了媒介与文化社会的关系探讨。

一、福柯的话语与权力理论

米歇尔·福柯(1926—1984)是法国哲学家、社会思想家和"思想系统的历史学家",法兰西学院思想体系史教授。福柯对文学评论及其理论、哲学、批评理论、历史学、科学史(尤其是医学史)、批评教育学和知识社会学产生了很大的影响,被认为是后现代主义者和后结构主义者,甚至是后现代主义的重要启蒙思想家之一,但他自己则认为他继承了现代主义的传统。福柯的中学老师评价说:"我把我所认识的学哲学的年轻学生分为两类:一类,哲学于他们永远都是好奇的对象,他们向往认识宏大的体系、伟大的著作。而另一类,哲学于他们更多的是关心个体,关心生命的问题。笛卡尔代表第一类,帕斯卡尔代表第二类。福柯属于第一类,在他身上,人们可以感受到一种非凡的充满智慧的好奇心。"[①]福柯对西方文化进行了独到的观察与分析,批判了现代社会政治权力、知识和道德的虚伪本质,并从根本上否定了现代社会制度及其知识基础的正当性和合理性。福柯关注社会底层生活,创造和实践了一种哲学思考方式和生活方式,他的思想对整个法国和当代西方思想界影响深远。福柯的著述主要有《精神病患与人格》(1954年)、《疯癫与文明——理性时代的精神病史》(1961年)、《诊所的诞生——医学考古学》(1963年)、《雷蒙·卢塞尔》(1963年)、《事物的秩序——人文科学考古学》(1966年)、《知识考古学》(1969年)、《规训与惩罚》(1975年)、《性史》(1976年)等。

福柯很少论及现代性,而是倾向于使用"现代时期"的概念,并将现代性或者说现代时期定义为一种批判精神,但是这样的一种批判精神同样是使用在对现代性的批判之上的,由此福柯被认为是后现代哲学家,其思维方式被认为是后现代性的也就有了现实的依据。福柯的思想发展基本包括从精神治疗学和知识史的研究、解构和知识考古学研究、权力谱系学及规训和监狱史的研究到"自身"和"性"的问题研究的阶段。

---

① 王治河:《福柯》,湖南教育出版社,1999,第4页。

第一，在具体的研究方法上，所谓知识的考古学是福柯主要使用的方法之一，也是最为核心的方法。福柯所认为的知识考古学是一整套"器具"，但是这整套器具是累赘的、有着古怪装备的。福柯没有给出他关于考古学的确切的定义，但指出这样的一种方式之所以会产生，是因为他对诸如"书籍"，或者"作品"等话语单位产生了怀疑，并认为这些单位不像它们所表现的那样直接和明显。他在无法给出确切定义之后，为他所谓的考古学确立了几条基本原则，具体包括：其一，"考古学所要确定的不是思维、描述、形象、主题，萦绕在话语中的暗藏或明露的东西，而是话语本身，即服从于某些规律的实践"；其二，"考古学不试图发现连续的和不知不觉的过渡，这个过渡缓和地把话语同它前面的、周围的和后面的东西联系起来。……相反，考古学的问题是确定话语的特殊性，指出话语所发挥的规则作用在哪些方面对于其他话语是不可缺少的，沿着话语的外部的边缘追踪话语以便更清楚地确定它们，……对话语方式做出差异分析"；其三，"考古学根本没有被排在作品的主宰形态地位上，它不试图捕捉这一形态从无名的地位中脱颖而出的时机"；其四，"考古学不试图重建人们在说话的一瞬间的所思，所愿，所求，所感受，所欲的东西，它并不自己去搜集这个瞬间即逝的核心，在这种核心中，作者和作品互换同一性，在这种核心中思维在尚未蜕变的同一形式中与其本身十分接近，语言在话语的空间和连续的扩散中还未展开"①。这样的一整套器具没有单一化的效果，更注重多样化的效果。因此，福柯的考古学对唯一的真理不感兴趣，对普遍原则不感兴趣，对线性发展观不感兴趣，对同一性和连续性不感兴趣。它感兴趣的是"差异"，是"复杂多样性"，是"非联系性"，是"不同的基础、不同的创造、不同的修正"。因此，福柯将这样的一种研究路径和取向运用于医学史、人文科学、知识社会学等领域，并由此形成了自己的理论体系。但是，福柯认为，他提出的考古学理论试图研究的问题，包括"不连续性、断裂、界限、极限、序列、转换等概念的引入给整个历史分析提出的不仅是程序问题，也是理论问题。而这些问题正是我们要在此探讨的。然而我们也只是在一个特殊的范围中考察它们，即在那些界限如此不清、内涵如此模糊以至我们把它们称为观念史，或者思想史，或者科学史，或者认识论的学科中来考察它们"②。福柯试图探究的思想史的问题，在他看来与传统形成的思想史研究截然不同。

第二，在对知识考古的基础上，福柯开始探讨话语与权力的问题。"话语(discourse)"源于拉丁语"discursus"，在现代英语和法语中，"话语"具有"言谈""言说"的含义。"话

① 米歇尔·福柯：《知识考古学》，谢强、马月译，生活·读书·新知三联书店，1998，第152—153页。
② 同上，第20页。

语"作为一个术语首先出现在语言学中,在 20 世纪中叶逐渐从语言学领域扩展到其他领域,20 世纪 60 年代正式进入哲学领域。但在此之前,话语也以语言学、言语等形式与哲学建立了联系,如维特根斯坦、奥古斯丁等人都探讨过这样的问题,海德格尔、伽达默尔、德里达等人更是直接使用了"话语"的概念。福柯的话语理论在西方学者看来是结构主义的,和现象学有着密切的联系。在论述话语理论时,福柯联系考古学和权力,使自己的理论体系突显出来。在福柯看来,人类的一切知识都是通过话语获得的,脱离话语的东西是不存在的,话语建构着我们与世界之间的关系。话语在本质上是一种人类的重要活动,历史的文化由各种话语所构成。福柯认为,"在任何社会中,话语的产生既是被控制的、受选择的、受组织的,又是根据一些秩序而被再分配的,其作用是防止它的权力和他的危险,把握不可预测的事件"①。话语并不是自生自灭的,而是受到社会程序的制约的,而这些程序中最为人所知的是排斥(exclusion)程序。话语排斥的三种形式是"对性和政治的禁忌,理性话语对疯癫话语的区分和歧视,真理对谬误的约束和制约——都是从话语外部实施的,也即是说都是借助于体制和历史实施的,借助于权力和欲望实施的"。②

在话语的内部,福柯界定了评论原则、作者原则(冲淡原则)和学科原则三种原则。这些原则被认为是话语控制程序,是使话语自己的意义局限化的过程。此外,福柯还指出了第三种对话语的控制,这种控制并不针对话语本身,而针对说话的本体,有时说话的主体会被禁止进入某种话语领域,这样的话语领域只对部分说话的主体开放。由此,尽管对话语的控制处于不同层次和不同方面,福柯认为它在其中都是权力的体现形式。福柯对"系谱学"的研究方法的运用,是因为福柯反对自由主义和马克思主义"宏观权力"的观点,而要求分析多样的"微观权力"及其运作方式。在福柯看来,一切都是权力,在他对监狱、性、知识话语的分析中,权力一直是核心的观点。

第三,福柯提出"知识是权力""话语是权力"等观点对权力概念进行讨论,在有关"权力"的研究中具有革命性的意义。显然,在福柯的理论视域中,"权力"指的并不是一般政治学意义上的公民对政权的服从,也不是社会中的某一分子或者团体对另一分子或者团体的统治,更不仅是指物质上的或军事上的控制力量(但它们也是权力的构成要素),而是指一种众多力量的关系,概括地指广泛意义上统治者和被统治者之间的关系。对福柯而言,权力不是固定不变、可以掌握某种东西的,而是一种贯穿于整个社会

---

① 王治河:《福柯》,第 162—163 页。
② 汪民安:《福柯的界线》,中国社会科学出版社,2002,第 152 页。

的"能量流"。权力和知识的关系,亦即知识社会学,以及这种关系在不同的历史环境中的表现问题,是福柯研究理论的重点。福柯认为,历史由各种不同的"认识"构成,他将这个"认识"界定为特定文化内的特定形式的权力分布。因此,能够表现出来有特定的知识,则成为权力的一种来源。因为这样人们就可以有权威地说出别人是什么样的,以及他们为什么是这样的。福柯没有把权力看作一种特定的形式,而是将它看作使用社会机构来表现一种真理,从而将自己的目的施加于社会的特定方式。关于权力话语的研究,则构成了福柯理论的重要基础。

首先,福柯的权力观的革命性在于揭示出权力运行机制的生产性问题。按照福柯的阐释,所谓权力的生产性,是指权力致力于生产、培育和规范各种力量,而不是专心于威胁、压制和摧毁它们。在福柯看来,权力的运作无须借助于暴力,也无须借助于法律,而是借助于居于霸权地位的各种规范、政治技术,借助于对躯体和灵魂的塑造。可以说,福柯的权力概念具有明确的建构性,它不是手段和工具,而是生产性的过程。因此,福柯认为,权力机制深嵌于知识体系之中,并通过一整套精心组织起来的道德的、法律的、心理的、医学的、性的存在物,从而建构了主体。其次,福柯权力观的另一要点,是把权力看成分散的而不是确定的。在福柯看来,现代性的特征之一就在于现代权力是一种"多种多样的力量关系",它绝不可能在某个中心点上凝结或驻留,从而具有高度的不确定性。显然,福柯重点探究权力的运行机制,以及权力的分散性和不确定性等特征,对进一步研究权力问题开拓了更为广泛的思路,从而对他的权力研究理论也产生了重大影响,不但成为后现代理论的重要基础,而且对于媒介批评理论探究媒介话语权力也具有重要的理论指导意义。

第四,关于媒介话语权的问题,也是传播批判理论的探究的重要理论。其中福柯提出的"知识权力(knowledge power)"的概念被认为是社会规训的重要机制。在福柯看来,知识之中的权力或者说是权力对知识的控制,规训着现代社会中的每位个体。规训的概念被认为是从启蒙运动肇始的,规训的技术使得异常的人变为顺服和有用的人而重新嵌入社会。但不同于一般学者对权力的认识,也并非如学者对福柯的权力概念的误解,福柯的权力观是微观的、持续的、网状覆盖的,并且是生产性的,而不是压制性的。权力被认为无处不在,是一张广泛存在的、普遍发挥作用的关系之网。"虽然权力在人们身上的作用并不平等(即一些群体被权力的作用支配、剥削和虐待),然而权力作用与每一个人,不管他们是支配者还是被支配者",[1]由此,福柯权力的概念已经超越了传统

---

[1]　Geoff Danaher, Tony Schirato, Jennifer Webb. *Understanding Foucault*. SAGE Publications, 2000, p.85.

的权力观而进入一个"泛权力"的视野。

媒介本质上也是一种话语权力。在权力研究理论中,福柯指出权力依赖于话语发生作用,话语产生了权力,并且传递和强化了权力。在福柯看来,话语是权力的来源,决定了权力的延伸和发展。系统化的话语即为知识,福柯由此推论出知识在权力运作中的力量,权力产生新的知识,知识维护了权力。他指出,权力关系的建立和巩固得益于话语的生产、积累、流通和发挥功能。福柯认为,社会是一个总体化的强制力体系,如果仅仅把权力同法律和宪法、国家或国家机器联系起来,那就会把权力问题简单化。权力比法律和国家更复杂、更稠密、更具有渗透性。①

福柯把"权力"视为生产性过程,它把个体不断地构成和塑造为符合一定社会规范的主体。在这个过程中,福柯揭示出权力作用发生的机制,即权力是通过话语发生作用的,"话语传递着、产生着权力,它强化了权力"。② 他通过对性话语的研究揭露人类社会深处隐蔽着的权力关系,同时揭示出知识与权力之间的密不可分的依赖关系。话语之所以是权力得以实现的条件,是因为"通过话语和话语结构是我们把握现实的唯一途径"。福柯认为,权力已渗透到整个社会生活领域之中,行使着非强制性的、浸润性的但又极具影响的控制力。由此,大众文化研究学者费斯克也认为,"知识就是权力,知识的传播就是权力的社会分配的一部分",他甚至直接指出新闻就是一种话语权力,是一种建构"真实"的推理权力。就此意义来说,媒介权力其实是一种隐性的社会知识话语体系。

福柯对于话语和权力的论述在媒介之中得到了全景的体现。媒介不可避免地拥有和实践着自己的话语体系,也在经意和不经意之间体现着自己的权力。如果以"压制性"的观点看待媒介的话语和权力,那么媒介在社会控制机制中的作用是要重视的。如果以"生产性"的观点看待媒介的话语和权力,那么媒介如何在保持、激发和促进生命和社会的发展上发挥的作用更是意义重大。这就是福柯的理论在媒介问题上的重要启示。

二、詹姆逊的后现代主义文化理论

弗雷德里克·詹姆逊(又译为杰姆逊、詹明信等,1934—)是当今英语世界最重要

---

① 包亚明:《权力的眼睛——福柯访谈录》,上海人民出版社,1997,第161、228页。
② 米歇尔·福柯:《性史》,张廷琛、林莉、范千红译,上海科学技术文献出版社,1989,第99页。

的文学、文化理论家与批评家之一，被海登·怀特称为"西方最有影响的理论家之一"。研究者称他为后现代主义者、马克思主义学者等，并对他的后现代主义的文化理论、晚期资本主义的文化逻辑、马克思主义的辩证分析、政治无意识理论等进行了深入研究。但他自己认为"我是搞法国文学的，并不是研究美国问题的专家，我注意到的是世界范围内的后现代主义文化的发展，因此，可以说是个文化批评家"①。詹姆逊的主要著作有《萨特：一种风格的起源》(1961年)、《马克思主义与形式》(1971年)、《语言的牢笼》(1972年)、《侵略的寓言：温德姆·路易斯，作为法西斯主义的现代主义者》(1979年)、《政治无意识》(1981年)、《理论的意识形态》(1988年)、《晚期马克思主义》(1990年)、《可见的签名》(1991年)、《后现代主义、或曰晚期资本主义的文化逻辑》(1991年)、《地缘政治美学》(1992年)等。

作为后现代主义文化理论家，詹姆逊具有后现代思想家和西方马克思主义者双重身份。詹姆逊将资本主义及其生产方式分为三个发展时期，即市场资本主义、垄断资本主义和晚期资本主义即跨国资本主义。由此，詹姆逊认为怎样的生产方式和经济基础就会产生怎样的文化样态，而后现代主义就是晚期资本主义的产物。他认为后现代主义有两个特征：一是后现代主义是对现代主义的反对和逆反，二是后现代主义消解了高雅文化和大众文化之间的界限。因此，詹姆逊"一方面，站在后现代主义的立场上，认为后现代社会已经到来，传统的体系文化时代已经不复存在，单一的语言、概念和术语系统已经不合时宜，所以，他反对绝对主义、元叙事；另一方面，作为西方马克思主义者，他又对其他后现代思想家排斥总体性叙事的做法持反对意见"②。在詹姆逊看来，在后现代是否存在的问题上，已无争论的必要。他确定地认为后现代时期或者说后现代社会是存在的，并将它与"晚期资本主义"相对应起来。"在50年代末期到60年代初期之间，我们的文化发生了某种彻底的改变、剧变。这突如其来的冲击，使我们必须跟过去的文化彻底'决裂'。而顾名思义，后现代主义之所以产生，正是建基于近百年以来的现代(主义)运动之上；换句话说，后现代主义文化的'决裂性'也正是源自现代主义文化和运动的消退与破产。"③那么，詹姆逊是在怎样的现代性的基础上谈论后现代性的？这样的与现代性决裂的后现代性、后现代社会、后现代主义文化会有怎样的特征？作为西方马克思主义者在指出了后现代的来临后的对策是什么？对于这样的问题，詹姆逊都

---

① 杰姆逊：《后现代主义与文化理论》，唐小兵译，北京大学出版社，1997，第1页。
② 韩雅丽：《詹姆逊的后现代主义理论研究》，黑龙江大学出版社，2010，第29页。
③ 詹明信：《晚期资本主义的文化逻辑：詹明信批评理论文选》，陈清侨等译，生活·读书·新知三联书店，1997，第421页。

做出了包含自己的逻辑的完整的阐释。

第一,詹姆逊为后现代性的"反叛对象"现代性确立自己的存在。詹姆逊确信后现代性是存在的,后现代性存在于对现代性的反叛与决裂中。反叛和决裂的对象是需要明确的,由此反叛者和决裂者才有明确的存在,反叛和决裂的指向才能真正明确。詹姆逊认为,对现代性的理解是要与现代化联系在一起的,在这一点上他赞同吉登斯的观点,也对哈贝马斯的未完成的设计的现代性界定表示赞同。但他认为,现代性的建立终究是不可能不与资本主义联系在一起。现代性的发展有其完整的过程,同样的道理也适用于后现代性。现代性与后现代性在他看来是可以在资本主义的不同发展阶段分别加以界定的。他站在总体性思维的高度看待现代性和后现代性的问题。詹姆逊为现代性确立了四个基本准则:"断代无法避免","现代性不是一个概念,无论是哲学的还是其他的,它是一种叙事类型","不能根据主体性分类对现代性叙事进行安排;意识和主体性无法得到展现;我们能够叙述的仅仅是现代性的多种情景","任何一种现代性理论,只有当它能和后现代与现代之间发生断裂的假定达成妥协时才有意义"。① 这四条准则构成了詹姆逊对现代性的解释。

第二,在确立了现代性的基本要素之后,对后现代性的探讨也就具有了明确的指向性。詹姆逊的总体性的思维模式,决定了他将在资本主义发展的进程中探讨后现代性的问题,那么现代化、晚期资本主义、全球化等宏大的概念将不可避免地进入了他探讨的范畴。但詹姆逊对于后现代性的哲学的思索、形而上的认知,又决定了他在另一层面上理解后现代性的问题。他将后现代性与现代化的概念联系在一起,总结了后现代性的两种成就,包括"一是农业的工业化,也就是消灭了所有传统的农民;另一种是无意识的殖民化和商业化,亦即大众文化和文化工业"。② 詹姆逊既想如吉登斯界定现代性时一样为后现代性确立明确指标,又能跳出这样的目的,避免对一些重要信息视而不见。同时,受曼德尔学说的影响,詹姆逊将资本主义的发展区分为三个主要阶段,即市场资本主义、垄断式资本主义、晚期资本主义。与此相对应,詹姆逊认为,资本主义文化也有三种类型,即现实主义、现代主义和后现代主义。从符号学的角度,詹姆逊还对这样的三种文化逻辑的特征进行过分别的界定,即"规范解体(decoding)""规范重建(recoding)"以及"精神分裂的逻辑"。③ 在规范解体阶段,由再现的美学主宰,符号是自然的和自我有效的。在规范重建阶段,符号和它的指涉物之间出现分离。而到了第三阶段,符号的

<hr>

① 王逢振主编:《詹姆逊文集(第4卷)》,中国人民大学出版社,2004,第23、31、45、75页。
② 陈嘉明:《现代性与后现代性十五讲》,第262页。
③ 北京大学比较文学研究所编:《比较文学讲演集》,陕西师范大学出版社,1988,第33—34页。

任意性开始占统治地位,符号具有了自主性。当然,这样的界定只是在文化逻辑的意义上进行的,詹姆逊对于后现代主义的文化理论的界定,主要是建立在他对全球化、文化的空间化的认识基础之上的。

第三,在詹姆逊看来,他自己的理论与思想是建立在总体性思维的基础上的,后现代主义文化的把握在他那里是一种统一的、过程性的认知。在资本主义发展到全球化阶段之后,文化的全球化也就随之而来。但这样的文化全球化既是经济意义的,也不是经济意义的,因为经济的发展或者说资本的扩展与后现代的全球文化的形成,并非是引起与被引起的关系那么简单。全球化的经济和全球化的文化、后现代的经济和后现代的文化之间的关系是基于并且是超越这样的前提的。在詹姆逊看来,全球化是涵盖政治、经济、文化和社会等各方面的总体性的概念,全球化体现的是一个趋同的发展轨迹。由此,文化工业或者说是大众文化的兴起并对原有的精英文化、多样化文化的取代也就变得很好理解了。在文化的全球化问题上,此时对于媒介的探讨就有了现实的意义。但詹姆逊在这个问题上的观点显然是处于自我的矛盾之中的,一方面詹姆逊认为"全球化是一个传播性概念,交替地掩盖与传递文化或经济含义"①,但同时他也直接说明,仅仅使用传播的观点观察全球文化是不合适的,而且传播的全球化与世界的单一化或者多样化之间的关系,在他看来也是值得争议和讨论的问题。空间化的文化在詹姆逊看来就是过去与未来的时间概念被打破,人在后现代的社会中处于孤立的现在之中,此时的文化也是现在的和现时的,人和文化都呈现一种精神分裂的状态。詹姆逊通过对晚期资本主义阶段及全球化的讨论,建立了"超级空间"的概念,认为庞大的跨国公司占据着世界,信息媒体通过无中心的传播网络覆盖全球,跨国空间和超级空间同时建立,个体陷入其中无能为力。

在论述后现代性和后现代文化的同时,詹姆逊有时也直指后现代文化的病症以及其中隐含的二律背反。在詹姆逊看来,后现代文化的病症,主要体现为文化的商品化、文化的浅薄化、主体的灭亡、人类情感的消逝等问题。这样的病症是后现代主义所包含的深刻二律背反的必然结果,也就是"时间与空间""主体与客体""自然与人性""乌托邦与反乌托邦"的深刻冲突,在根本上决定了后现代文化在全面真实展现世界、情理兼备关怀自我、恰当合理体现人性、理性与情感并存,从而思考过去现在未来等的问题上的无能为力。这样的问题摆在如詹姆逊这样的西方马克思主义者面前时,他的回答也只是"听天由命"。詹姆逊说:"我提出了一个后现代主义的'模式',到底是否名副其实,

---

① 詹姆逊、三好将夫:《全球的文化》,马丁译,南京大学出版社,2001,第55页。

现在只得听天由命。"①但在茫然无措的同时,这也许是思索的契机与新的机会。

第三节
鲍德里亚的符号消费理论

让·鲍德里亚(1929—2007)是法国哲学家,现代社会思想大师,后现代主义理论家,对当代社会文化现象、资本主义的发展进行了后现代视角的批判,成为享誉世界的法国知识分子。鲍德里亚的主要著述有《物体系》(1968 年)、《消费社会》(1970 年)、《符号政治学批判》(1972 年)、《生产之镜》(1973 年)、《符号交换与死亡》(1976 年)、《末日的幻觉》(1976 年)、《仿象与拟真》(1981 年)等。

鲍德里亚思想深受马克思主义、索绪尔、列维-斯特劳斯等理论的影响。他早期思想传承了马克思主义,以后接受发展了符号学说,并创建了自己独特的后现代主义理论。20 世纪 80 年代以后,他对当代社会视域中主体与客体间新型关系的形而上学研究,又逐渐取代了他的后现代性理论。"对于资本主义消费社会的极端的描述,是在鲍德里亚那里出现的。曾经有人对鲍德里亚做出这样的评论:他发展出了迄今为止最引人注目的也是最极端的后现代性理论。他是立场最为鲜明的后现代思想家之一,被他的追随者称赞为后现代世界的'守护神'。"②对于鲍德里亚的后现代理论,还有学者评价道,如今西方世界受到了鲍德里亚式的词汇的狂轰滥炸,充斥着诸如"拟真"与"拟像""超真实"与"意义的内爆"等词汇,鲍德里亚俨然成了一股不可忽视的力量。但随着他的作品日益游戏化、含混其词和具有挑衅意味,他也变成了越来越捉摸不定和难以解说明白的人。③ 总体而言,鲍德里亚的后现代理论主要包括下述方面。

第一,鲍德里亚对资本主义社会"拟像"社会的阐释。鲍德里亚的后现代理论深刻影响文化研究理论以及媒介、艺术和社会的话语,他试图将传统的马克思主义政治经济学、符号学和结构主义加以综合,从而发展马克思主义社会理论。他对消费社会中主体

---

① 王逢振主编:《詹姆逊文集(第 4 卷)》,第 216 页。
② 陈嘉明:《现代性与后现代性十五讲》,第 334 页。
③ 理查德·J. 莱恩:《导读鲍德里亚(第 2 版)》,柏悟、董晓蕾译,重庆大学出版社,2016,第 2 页。

与客体之间的控制关系、商品化的资本主义社会中的日常生活，以及被组织到意指系统中的符号等，都进行了符号学理论的分析，这些分析对象涉及家庭环境、建筑、绘画以及媒体等各种现代日常生活现象。鲍德里亚将这些资本主义社会独有的"拟像"世界分成三个等级，即仿造、生产和拟真，这三者又历史性地关联于资本主义发展的三个时期和三种规律（三种秩序），即从文艺复兴到工业革命的时期与价值的自然规律、工业时代与价值的商品规律，以及今天受代码支配的时代与价值的结构规律。

鲍德里亚基于后现代的立场，探究超现实的由"拟像"构成的世界。他的"拟像"社会理论认为，拟像社会中虚拟模型和符号建构了人们的经验世界结构，并消灭了模型与真实之间的差别，人们对真实世界的体验以及真实的基础均已不复存在。在《宿命的策略》中，鲍德里亚描述了作为客体的大众、信息、媒体、商品等无限增殖，最终逃脱了主体的控制，从而实现了主客体之间的角色逆转。那么，在以代码为主体的当代社会，拟真是其基本特征。对此，鲍德里亚认为，所谓传统的现实在今天的拟真世界中全面崩溃了。他认为，拟真就是对于"复制的复制"："这也是现实在超现实主义中的崩溃，对真实的精细复制不是从真实本身开始，而是从另一种复制性开始的，如广告、照片等——从中介到中介，真实化为乌有，变成死亡的讽喻，但它也因为自身的摧毁而得到巩固，变成一种为真实而真实，一种失败的拜物教——它不再是再现的对象，而否定和自身礼仪性毁灭的狂喜：即超真实（hyperreal）。"①显然，他的理论改变了贯穿西方形而上学中的主体对客体的统治的基本观点，在他看来，这种统治已经结束，并建议个人应当向客体世界投降，并放弃主宰客体的观念，无疑这也是后现代主义对启蒙以来的西方思想的反叛。

第二，以拟像理论为基础，消费社会理论也成为鲍德里亚对后现代主义生活世界的界定。他认为，在这样的世界里，主体不可避免被客体统治。在消费社会环境中，人们受到物的包围，为物所诱惑和支配，人同时也被异化与物化了。鲍德里亚认为，随着消费社会的产生，消费取代了生产成为支配着整个社会结构的存在形式。在消费社会中，人们消费的并不是物的有用性，消费成为人们体现自己的社会地位与身份的过程，人们消费的是符号"意义"体系结构。

在鲍德里亚看来，消费社会是"作为新生产力的象征和控制的消费"占据主导的社会，"消费社会也是进行消费培训、进行面向消费的社会驯化的社会——也就是与新型生产力的出现以及一种生产力高度发达的经济体系的垄断性调解相适应的一种新的特

---

① 鲍德里亚：《象征交换与死亡》，车槿山译，译林出版社，2006，第105页。

定社会化模式"①。消费社会被认为是一种与新型生产力发展相适应的特定的社会化模式,这一模式被用来进行消费培训和进行面向消费的社会驯化。由此,消费社会"就是以'消费'来进行'社会驯化'的社会。"②显然,鲍德里亚的消费社会理论具有深刻的现实意义。

第三,鲍德里亚还将其理论视点从物的批判转向对符号的批判,进一步发展了异化理论。在鲍德里亚看来,物品或者商品在马克思主义的实用价值和交换价值的"二重价值"之外,还存在着第三价值,即"符号价值"。符号本是有价值的,鲍德里亚的符号价值观念是他所构建的消费文化的核心。他由物的消费推理到符号消费的领域,建立了以符号消费为主导的符号政治经济学体系,并从人们对"物"的消费行为中,观察到从表面上看是人选择商品,但表象之下实际上是物和商品对人的支配与异化的更深层含义。

首先,在消费社会中,消费的对象不再是物质性的物品和产品,而是处于"物体系"中的物品,这样的一个"物体系"规定着物体的意义与功能。物品只是这样一个意义与功能体系中的要素,物品不再由于它的物质性,而是由于它作为"个性化"的、处于符号差异系统中的意义对象被消费。这种所谓消费的意义的优越性,并非物质层面消费的优越性,而是一种绝对的特权意义的消费。与之紧密相连的事实就是,这种特权的凸显并非建立在声望和财富的符号之中,而是在其他地方,在决策、指导以及政治的和经济的权力所构筑的真实的领域之中。符号和人都在这一领域中被掌控,而这将把其他人,即那些较低阶层以及中产阶级也放逐到乐土的幻想中。其实,鲍德里亚这里所要阐明的是,以物的消费为载体的符号意义的消费,给予社会大众一种权力的幻想。因此,鲍德里亚立足于这样的观点,来解释商品如何作为客体成为主体追逐的对象:对客体的消费主宰社会,甚至连主体也作为符号化的对象,被抛入消费社会,从而成为商品被消费。客体作为符号被消费,消费异化为符号的消费,而符号消费的内在逻辑是"符号操作",其结果就是对真相的否定。

鲍德里亚这里所关注的符号并非只是负载某种意义的抽象记号,而主要是由物以及物性的特定"操持"方式所表征出来的差异性意指关系。"操持"指社会生活中人们获得物、使用物和摆弄物的某种特殊的在场方式。正是这种物的异质性的操持生成了新的表意符号关系,社会由此被符码化。在鲍德里亚视域中的社会生活,不是客观存在

①　鲍德里亚:《消费社会》,刘成富、全志钢译,南京大学出版社,2001,第73页。
②　夏莹:《消费社会理论及其方法论导论——基于早期鲍德里亚的一种批判理论建构》,中国社会科学出版社,2007,第142页。

的物,而是人通过物的"操持"表意和编码来建构社会。今天的消费主要不在于物品的物性功能,而在于差异性的符号。物的效用功能并非真正基于其自身的有用性,而是某种特定社会符号编码的结果。

其次,鲍德里亚认为,所谓消费的逻辑就是"符号和差异的逻辑",这个逻辑关系被与其他社会关系相混淆了。在原始部落中的象征交换关系中,物其实是无用的礼物。马克思所分析的使用价值和交换价值的经济关系体系,也就是当今资本主义的生产方式。人们不再关注物的使用价值,而着迷于神秘的抽象财富象征的"交换价值"。发展到今天,所谓的物的交换超越了物的有用性,这种价值关系通常与非经济层面的社会意义、声望和地位相关。因此,鲍德里亚对当代社会的物的价值做了重要的划分,即所谓四重逻辑关系的区分,即礼物的逻辑、实用的逻辑、市场的逻辑和地位的逻辑,即象征、器具、市场和符号。

因此,按照鲍德里亚的理解,符号消费并不仅仅是为了满足日常生活的需要,它更代表了消费者的一种"自我实现",或者是一种对"自我价值"的体现,同时也是"炫耀"。按照这种逻辑,消费不仅仅是物或商品的消耗或使用,更是为了标新立异、突显自己的与众不同。这一新的消费模式必然导致一种新的消费文化的形成。按照鲍德里亚的消费观点,消费及其人的社会活动只是一种表示符号能指的游戏,而消费的所指,也就是所消费物的功能性则越来越不被人们重视。鲍德里亚以车为例,人们只看到这辆车所代表的地位和权力,而忘记了最初发明车只是为人们的出行带来方便而已。饮食节目同样如此,通过做菜方式、试听效果等符号表达,人们选择"正确"的符号标签化自己,突显自己的个性,并不是仅仅为了学习做菜而已。

最后,鲍德里亚的符号消费观点论述由消费到异化的过程,并探究了媒介在其中的作用。从物的消费到符号消费,人们逐步失去了理性判断与选择的能力,成为受符号支配的奴隶,消费也不再是为了追求商品的使用价值;伴随着的人异化,消费也异化了。在鲍德里亚看来,消费社会中这种背离了使用价值的虚假消费,都是由媒介制造的。媒介被认为是以制造消费、诱导消费为本质而存在的,它所能提供的往往并非信息,而是信息泡沫。鲍德里亚认为:"传媒无意识取消了主体,使主体麻木,消解了高级艺术和低级艺术、深刻思想和肤浅思想、能指和所指的界限,它促使人们不假思索地参与和盲从。"①电子符码的出现与使用,在鲍德里亚看来更是造就了一个"超真实"的世界,在其中真实世界与虚拟世界不再有界限,假的比真的更真实,真和假都不复存在,任何领域

---

① 张天勇:《社会符号化——马克思主义视阈中的鲍德里亚后期思想研究》,人民出版社,2008,第47页。

都在"内爆",并在"内爆"中走向超领域。这种所谓的超领域,同时也是其他领域,任何领域存在的条件与基础也就成为虚无,无处不在而又不在任何一处,世界的状态在符号中重新回到混沌与不可知。由此,人成为"单向度"的人,世界成为"超真实"的建构,一切都在"内爆"中走向不确定性。

鲍德里亚对消费社会、符号消费理论的论述不仅局限于对消费的探讨上,对媒介在其中扮演的角色也远非局限在某些方面。从广义上看,符号的消费是在前现代社会和后现代社会、象征文化与符号文化等一系列对立的关系中展开的。在对马克思的商品"二重价值"理论的修正和对西方异化理论的发展中,他的理论试图超越唯物主义与唯心主义之争,从而进入对符号意义的讨论。对符号的生产和抽象的差异性社会关系的论述,使得他的思想既是对马克思主义立场的放弃,也是对传统的唯心主义的否定。

正如他的理论的产生背景所揭示的,鲍德里亚的符号消费理论是与对社会变革、工人阶级权力、社会意识形态等宏大问题联系在一起的。符号的消费在鲍德里亚看来是具有政治经济学批判意义的,亦即符号的功能可以和阶级的逻辑结合在一起,需求的起源或者说消费的动力是和意识形态密不可分的。符号的消费会带来拜物教,而拜物教的存在本来就是以意识形态为阐释基础的。艺术品的拍卖也是一种符号的交换,其中有挥之不去的权力与统治的色彩等等。就大众媒介而言,鲍德里亚在《符号政治经济学批判》中单列"媒介的挽歌"一章,将媒介与"策略""言说""颠覆""控制"等概念结合在一起。[①] 对于鲍德里亚而言,符号消费是在社会政治经济中得以构建和体现的,毋庸置疑,他的思想和理论是在社会政治经济的宏观背景中展开的。对传播理论而言,无疑也提出了后现代社会中媒介所具有的独特的社会作用和社会意义。

【本章延伸阅读】

1. 利奥塔德:《后现代状态:关于知识的报告》,车槿山译,生活·读书·新知三联书店,1997。

2. 斯蒂文·贝斯特、道格拉斯·凯尔纳:《后现代理论——批评性的质疑》,张志斌译,中央编译出版社,2004。

3. 米歇尔·福柯:《知识考古学》,谢强、马月译,生活·读书·新知三联书店,1998。

4. 詹明信:《晚期资本主义的文化逻辑:詹明信批评理论文选》,陈清侨等译,生活·读书·新知

---

① 鲍德里亚:《符号政治经济学批判》,夏莹译,南京大学出版社,2009,第161—183页。

三联书店,1997。

5. 鲍德里亚:《符号政治经济学批判》,夏莹译,南京大学出版社,2009。

6. 鲍德里亚:《象征交换与死亡》,车槿山译,译林出版社,2006。

7. 鲍德里亚:《消费社会》,刘成富、全志钢译,南京大学出版社,2001。

8. 陈嘉明:《现代性与后现代性十五讲》,北京大学出版社,2006。

第十四章

大数据、人工智能与人类传播

进入新世纪以来，以互联网为主的信息技术飞速发展。作为信息技术基础的数据随时随地介入、干预甚至控制着人们的日常生活。研究者也愈加清晰地认识到，数据对人们的生活产生了全面而深入的影响。由此，相关研究者提出"数据主义（dataism）"理论，认为数据（data）是信息社会中人们生活的中心，并且将会成为人类社会发展的核心要素。该理论指出，如果说人类社会经过了从早期原始的神秘主义到近代人文主义的飞跃，那么到今天则已经发展为数据主义主导的时代。[①] 对此，尤瓦尔·赫拉利也认为，按照数据主义的观点，如果把人类看作数据处理系统的发展过程，那么人类社会的发展阶段可以概括总结为认知革命、农业革命、工业革命和当下所处的数据革命时代；数据革命所带来的最终结果就是人类建立起"万物互联"（internet-of-all-things）的新世界。[②] 毋庸置疑，数据已全面嵌入当代人类社会生活，成为人类社会生活的基础。与此同时，伴随着数据时代的来临，与此有关的大数据、云计算、区块链、算法推荐、人工智能、5G、

[①] Kevin Kelly. *What Technology Wants*. Viking Press，2010；César Hidalgo. *Why Information Grows: The Evolution of Order*，*From Atoms to Economies*. Basic Books，2015；Howard Bloom. *Global Brain: The Evolution of Mass Mind from the Big Bang to the 21st Century*. Wiley，2001.

[②] 尤瓦尔·赫拉利：《未来简史》，林俊宏译，中信出版社，2017，第 347 页。

虚拟仿真等概念,也自然成为21世纪以来西方传播思想史和传播理论关注和讨论的重点。基于这些信息技术在新媒体发展中的普遍应用,有关新媒介技术形态的传播理论也成为西方当代传播思想和传播理论探究的重要领域。

数据革命推动数字社会的形成,数字化生存成为人们社会生活的常态。数据革命主导下的新媒体技术理论和实践应用,深刻影响和改变了人们的各类传播活动。信息的数字化成为数字社会发展的基础,数字化使得人类社会活动的各个方面都可以转化为数据。就信息传播而言,数据化使得信息的传播愈加快捷和普遍,尤其是随着移动通信工具技术的进步,人们可以随时随地把丰富多彩的日常生活呈现于互联网。从社交媒体交流到具体的衣食住行、医疗健康、情感世界等,人们日常生活实践与网络虚拟世界生活重叠共生。同时,人们在互联网上的虚拟生活实践又生产了海量的数据。这些海量的媒介信息不断产生、复制和传播,使得人们无时无刻不沉浸在信息世界的海洋之中。英国传播学者丹尼斯·麦奎尔很早就提出了媒介信息技术发展与数字化的问题,认为数字化是信息传播技术最为重要的方面。通过数字化的发展过程,所有的文本,即所有以编码和记录形式存在的象征性意义,都能够被转化为二进制元编码,并且可以采用同样的生产、分配、储存与传播过程。他认为在媒介机构所产生的潜在效果中,目前既存媒介之间在组织、分配、接收与管理形式上的"整合",已成为最受人们广泛关注的议题。就像人们今天看到的,许多不同的传统大众媒介形式通过数字化得以生存下来,不但保留了各自不同的特征,而且发展更加兴盛。对此,麦奎尔指出:一方面,"新电子媒介"可以被视为现存媒介新加入的一部分,而非对现有媒介的取代;另一方面,我们必须认识到数字化及整合可能带来的许多革命性影响。[①]

就实践层面看,数据革命使得人类传播活动越来越依赖于数据的参与、决策与执行。在数据革命主导的新媒介场景中,有关人类活动的大数据也产生了不可估量的价值。这些数据被政府、商业机构等充分开发利用,从而实现了社会化。由数据革命推动的人类传播活动的变迁,使得大数据思维、人工智能决策重新建构人类的传播活动、传播行为和传播观念,大规模生产、分享和应用数据的新时代正在开启。在此基础上,数据算法决策、人机互动、智能生活等新技术发展,都为研究者重新审视人类传播活动提供了新视角。在技术发展与人类社会生活需求的推动下,大数据、人工智能等新技术的应用则进一步重构人类社会的各个方面,传播学经典理论所提出的"媒介建构现实"的现实发展路径愈加明晰。在数据驱动的数字媒介传播场景中,无疑人类传播活动将面

---

① 丹尼斯·麦奎尔:《麦奎尔大众传播理论》,崔保国、李琨译,清华大学出版社,2010,第111页。

临更多新领域。但不可忽视的是,各类媒介平台通过算法为个人提供决策、带来高效与便利的同时,也正在削弱人的自主性以及对个人信息的控制权,进而带来歧视、侵犯个人信息等各类社会风险。总之,面对以数据革命为基础的数字化社会,以及媒介融合所产生的各类"新新媒介",人们需要对信息的处理和应用拥有全新的应对模式,才能具有更强的决策力、洞察力和流程优化能力,从而适应海量、高增长和多样化的信息社会,这也正是数据时代媒介发展研究的主题和重点。

第一节
大数据与传播

随着互联网技术的发展,智能手机、移动终端等新媒介形态不断出现,各类 App、社交网络服务,以及媒介分享平台等为生产、集成和分发各类信息提供了条件,人类信息的生产、传播和分享达到前所未有的便捷程度。同时,由千千万万的普通人生产的海量信息和知识,也不断被存储、传播和扩散。人们在享用数字化产品的同时,正进入全面数字化的时代。数字媒体技术的应用和普及,使得人们之间建立了更为广泛而紧密的联系。人们使用的电子邮件、通话记录、购物消费记录等信息都可能被相关机构以数据的方式记录储存下来。所有网络空间的各类信息都被保存在服务器中,乃至于人们的即时行踪、穿着打扮等都可能被手机供应商、商业机构所捕获并记录下来。人们的社会生活完全被这些数据库所记录的信息联系起来,数据无处不在,万物皆为数据。这些海量的数据背后隐含着巨大的信息内容,从而构筑起更为宽广的人类生活空间。由此,有关数字社会、大数据理论,以及大数据与传播理论与实践等问题,成为当代西方传播思想和理论关注的重点。

一、数字化生存

从 20 世纪末开始,计算机、互联网等新技术全面进入人们的生活,数字化、网络化、信息化使人的生存方式发生了巨大的变化。面对世纪之交信息技术高速发展的社会现实,美国学者尼古拉·尼葛洛庞帝于 1996 年出版《数字化生存》著作,其中明确提出并论述了"数字化生存"(being digital)的概念。尼葛洛庞帝是美国麻省理工学院教授、媒体实验室的创办人,同时是《连线》杂志的专栏作家,被西方媒体推崇为计算机、传播科技领域最具影响力的学者之一,并于 1996 年被《时代》周刊评选为当代最重要的未来学家之一。他关于数字化社会的理论观点和论述产生了重要影响,成为 21 世纪人类社会生活特征的经典表述。

尼葛洛庞帝指出,随着信息技术的发展,人类社会进入由数据构成的虚拟的、数字化的生存活动空间。在数字空间中,人们应用数字、信息技术从事交流、学习、工作等活动,这就是所谓数字化生存。他说:"在数字世界里,媒介不再是信息。它是信息的化身。一条信息可能有多个化身,从相同的数据中自然生成。将来,广播公司将会传送出一连串比特,像前面提到过的天气预报的情形一样,让接收者以各种不同的方式加以转换。观众可以从许多视角来看同样的比特。"①尼葛洛庞帝进而认为,数字时代意味着人们从工业化主导的原子世界生存进入比特世界,比特作为"信息的DNA"迅速取代原子而成为影响人类社会的基本要素。尼葛洛庞帝不仅提出了"数字化生存"的概念,还对于数字、信息技术对未来人类社会的影响做出了大量的预测。事实上,尼葛洛庞帝在20世纪末关于数字化对人类社会发展影响的预测,随着信息技术的不断进步,在今天几乎已全部变成现实。

尼葛洛庞帝关于人类数字化生存发展的论述,主要通过对人类社会发展不同阶段的对比而展开。他指出要了解"数字化生存"的价值和影响,首先就要思考比特和原子的差异。他说:"虽然我们毫无疑问地生活在信息时代,但大多数信息却是以原子的形式散发的,如报纸、杂志和书籍(像这本书)。我们的经济也许正在向信息经济转移,但在衡量贸易规模和记录财政收支时,我们脑海里浮现的仍然是一大堆原子。"②在他看来,就人类社会的发展过程而言,传统的世界贸易由原子之间的交换组成,但随着信息技术的不断推进,传统社会的一切都在发生急剧变化。由此他指出:"过去,大部分的信息都经过人的缓慢处理,以书籍、杂志、报纸和录像带的形式呈现;而这,很快将被即时而廉价的电子数据传输所取代。这种传输将以光速来进行。在新的形式中,信息将成为举世共享的资源。……从原子到比特的飞跃已是势不可挡、无法逆转。"③因此,尼葛洛庞帝明确提出,信息时代的比特世界与工业时代的原子世界遵循完全不同的法则。对于二者的区分,他认为:"工业时代可以说是原子的时代,它给我们带来了机器化大生产的观念,以及在任何一个特定的时间和地点以统一的标准化方式重复生产的经济形态。信息时代,也就是计算机时代,显现了相同的经济规模,但时间和空间与经济的相关性减弱了。无论何时何地,人们都能制造比特。"④对于数字时代和工业时代的根本区别,尼葛洛庞帝进而指出:"问题的关键是,原子不会值那么多钱,而比特却几乎是无价之宝。……信息高速公路的含义就是以光速在全球传输没有重量的比特。当一个个产业揽镜自问'我在数字化世界中有什么前途'时,其实,它们的前途百分之百要看它们的产品或服务能不能转化为数字形式。"⑤对于大众传媒而言,尼葛洛庞帝认为,在信息时

---

① 尼葛洛庞帝:《数字化生存》,胡泳、范海燕译,电子工业出版社,2017,第66页。
② 同上,第2页。
③ 同上,前言第59页。
④ 同上,第158页。
⑤ 同上,第3页。

代中,大众传媒的覆盖面一方面变得越来越大,另一方面又会越来越个人化,尤其是在后信息时代,他认为:"大众传播的受众往往只是单独一人。所有商品都可以订购,信息变得极端个人化。人们普遍认为,个人化是窄播的延伸,其受众从大众到较小和更小的群体,最后终于只针对个人。当传媒掌握了我的地址、婚姻状况、年龄、收入、驾驶的汽车品牌、购物习惯、饮酒嗜好和纳税状况时,它也就掌握了'我'——人口统计学中的一个单位。"①这俨然是对今天算法推荐的精准预测。因此,在尼葛洛庞帝看来,作为信息存储方式的比特自然就构成了数字时代的基础。他说:"比特究竟是什么? 比特没有颜色、尺寸或重量,能以光速传播。它就好比人体内的 DNA 一样,是信息的最小单位。比特是一种存在(being)的状态:开或关,真或伪,上或下,入或出,黑或白。出于实用目的,我们把比特想成'1'或'0'。1 和 0 的意义要分开来谈。……从个别的像素(pixel)中产生连续图像的原理,和我们所熟悉的物质世界的现象非常类似,只不过其过程更为精细而已。"②这些认识对互联网以及传播技术的发展产生了深远的影响。尼葛洛庞帝认为,比特没有重量、易于复制,并可以以极快的速度传播,因此在它传播时,时空障碍完全消失。原子只能由有限的人使用,使用的人越多,其价值越低,但是比特可以由无限的人使用,使用的人越多,其价值越高。以报纸、杂志传播为例,信息也许仍然是以原子传播的,但其真正的价值却在于以比特形式传播的内容。他说:"数字化的好处很多。最明显的就是数据压缩(data compression)和纠正错误(error correction)的功能,如果是在非常昂贵或杂音充斥的信道(channel)上传递信息,这两个功能就显得更加重要了。例如,有了这样的功能,电视广播业就可以省下一大笔钱,而观众也可以收到高品质的画面和声音。"③也正是在数字化的影响下,人类社会活动的各种形态正在迅速转变,形成一个以比特为思考基础的新格局。

就现实社会发展而言,尼葛洛庞帝关于数字化生存的理论,深刻而准确地总结了信息技术对人类社会产生的重要影响。随着数字技术的快速发展,互联网的不断普及和应用,基于数字技术的虚拟世界和人们活动的现实世界共同构成了人类生存的二维空间。在此发展背景下,无论个人、企业还是政府机构在数字化生存时代的所有行为模式都发生了巨大变化。总体而言,尼葛洛庞帝所论述的数字化生存理论的核心内容主要包括四个方面。第一,分权。随着互联网技术的发展,数字世界逐渐摆脱传统的中心集权的观念,实现去中心化,从而达到权力分散。第二,全球化。当经济越来越全球化、互

---

① 尼葛洛庞帝:《数字化生存》,胡泳、范海燕译,第 159 页。
② 同上,第 5—6 页。
③ 同上,第 6—7 页。

联网不断发展时,数字化办公室将超越国界,不受地域、时间、空间的限制。第三,和谐。互联网发展的结果,会促使前所未有的共同语言的形成,人们因此可以跨越国界、互相了解,并就共同关心的问题从不同角度加以分析,提出不同认识和观点。第四,赋权。数字世界的主体以年轻人为主,因此,在数字化、网络化时代,他们将被赋予更多的权利。总之,尼葛洛庞帝所主张的数字化生存理论,核心指向的就是现代社会中以信息技术为基础的人类新的生存方式。在这种数字化生存环境中,人们的生产方式、生活方式等都会出现全新的变化。就经济领域看,随着生产力、生产关系的数字化重构,人类经济活动走向全面数字化,社会的物质生产方式可能将被数字化所取代。同时,人们通过数字政务、数字商务等活动,使社会实现全面的数字化经济形态。就人们日常生活而言,人们通过网络学习、交流、游戏、购物、就医等途径,从而实现数字化生活。但是,人类的数字化生活方式,不仅是对现实生存的重构,更是对现实生存状态的延伸与超越。同时,更为重要的是,数字化生存作为人类全新的社会生存状态所引发的文化形态,可能将会彻底改变人类文化发展的走向。对此,尼葛洛庞帝说:"在数字化生存的情况下,我就是'我',不是人口统计学中的一个'子集'。……'我'包含了一些在人口学或统计学上不具丝毫意义的信息和事件。"[①]无疑,尼葛洛庞帝的这些看法,已然成为今天人类社会文化生活某种程度上的真实写照。正如该著的中文译者所言:"站在今天回望那个年代,或许我们可以真正理解到底什么是'数字化生存'。它意味着娱乐世界与信息世界充分融合,并且开始具备互动性;它意味着计算机在生活当中从不离场,而你时刻利用这种在场并以之为生活方式和态度;它构成一种平等主义现象,使人们更容易接近,并允许在一个大而空洞的空间内,听到小而孤独的声音;它令组织扁平化,打破传统的中央集权,把大一统的帝国分割为许许多多的家庭工业;它使网络真正的价值越来越和信息无关,而和社区相关。"[②]

二、大数据理论

随着数字化生存等信息社会理论不断发展,"大数据"(big data)理论和实践成为数字技术发展中的基础问题,同时也成为传播学理论讨论的焦点。大数据作为一种概念和理论思潮,最早由计算领域发端,之后逐渐延伸到科学和商业等各个领域。学界认

---

① 尼葛洛庞帝:《数字化生存》,胡泳、范海燕译,第 159 页。
② 尼葛洛庞帝:《数字化生存》译者序,胡泳、范海燕译,前言第 17 页。

为,该概念最早在 1998 年由美国高性能计算公司 SGI 的首席科学家约翰·马西在国际会议报告中提出。2007 年,数据库领域的先驱人物吉姆·格雷指出大数据将成为人类触摸、理解和逼近现实复杂系统的有效途径,并认为在实验观测、理论推导和计算仿真等三种科学研究范式后,将迎来数据探索的第四范式,后称之为"数据密集型科学发现",由此大数据也成为科研领域的重要问题。其后英国牛津大学维克托·迈尔-舍恩伯格和肯尼斯·库克耶于 2012 年出版《大数据时代》,[①]对大数据理论加以全面论述。维克托是牛津大学网络学院互联网治理与监管专业教授,也是耶鲁大学、芝加哥大学、弗吉尼亚大学、圣地亚哥大学、维也纳大学客座教授,被誉为"大数据之父""大数据商业应用第一人"。他早在 2010 年就在《经济学人》上发表了讨论大数据应用的前瞻性研究,成为最早探究大数据时代发展趋势的数据科学家之一。

所谓数据,狭义上指的是在计算机科学中所有能输入计算机并被计算机程序处理的符号介质,是用于输入电子计算机进行处理的具有一定意义的数字、字母等符号和模拟量等的通称。而广义上的数据,指的是以适于更好使用或处理的方式来表示或编码的信息或知识,它可以被测量、收集、报告及分析,能够使用图形或图像来显示。按照上述定义看,数据是伴随人类社会而出现的。从狭义的角度来看,数据从有计算机算起到现在也有 70 多年历史了,从摩尔定律的提出到现在也有 50 多年了。这几十年来,数据量和计算机处理能力都在持续增长。小到个人行为,大到宇宙空间,所有的人类活动和现象都可以被记录存贮为数据。关于数据本身的含义也在不断扩大。有学者指出,进入信息时代之后,"数据"的内涵开始扩大,"不仅指代'有根据的数字',还统指一切保存在电脑中的信息,包括文本、图片、视频等。20 世纪 60 年代软件科学取得了巨大进步、发明了数据库,此后,数字、文本、图片都不加区分地保存在电脑的数据库中,数据也逐渐成为数字、文本、图片、视频等的统称,也即'信息'的代名词"[②]。因此,现实中各个行业的各类不同的数据内容,构成了人类信息和知识的基础。

1989 年在美国底特律召开的第十一届国际联合人工智能学术研讨会上,与会者首次提出了"数据库的知识发现"(KDD)的概念。随后在 1991 年、1993 年和 1994 年都举行了专题讨论会,但都集中于数据统计、分析算法等技术层面的问题。直到 2008 年《科学》杂志发表了《大数据:PB 时代的科学》的文章,大数据概念才发展成为互联网信息技术行业的重要术语,并且快速向公共管理、电子商务、环境保护、医疗卫生、影视娱乐、

---

① 维克托·迈尔-舍恩伯格、肯尼斯·库克耶:《大数据时代》,盛杨燕、周涛译,浙江人民出版社,2013。
② 涂子沛:《数据之巅:大数据革命、历史、现实与未来》,中信出版集团,2019,第 299 页。

新闻传媒等行业普及。与此同时,美国在 2010 年推出《规划数字化的未来:美国总统科学技术顾问委员会给总统和国会的报告》,2011 年麦肯锡咨询公司的研究成果《大数据:下一个创新、竞争和生产率的前沿》等报告和研究结果公布后,大数据的概念便得以广泛传播。同时,美国政府在 2012 年出台"大数据研发计划",其目的在于提高人们从错综复杂的海量数据中获取有效信息的能力,引发了政府、商业组织及学术界的高度关注。该计划的实施使数据运用能力成为社会科学领域关注的焦点,也使得大数据概念得到更为广泛的关注,并成为信息科学研究的重要领域。

维克托·迈尔-舍恩伯格和肯尼斯·库克耶对于大数据理论的系统研究,成为大数据理论研究的重要基础。他们指出,随着人们对于数据的实践应用的发展,数据分析将从"随机采样""精确求解"和"强调因果"的传统模式演变为大数据时代的"全体数据""近似求解"和"只看关联不问因果"的新模式,从而引发科研和商业应用领域对大数据方法的广泛思考与探讨。首先,对于大数据本身而言,大数据最初并非一个确定的概念,而是指信息处理技术。他们指出:"最初,这个概念是指需要处理的信息量过大,已经超出了一般电脑在处理数据时所能使用的内存量,因此工程师们必须改进处理数据的工具。这导致了新的处理技术的诞生,例如谷歌的 MapReduce 和最初源于雅虎开源 Hadoop 平台。这些技术使得人们可以处理的数据量大大增加。更重要的是,随着一些可以消除僵化的层次结构和一致性的技术的出现,这些数据不再需要用传统的数据库表格来整齐地排列。同时,因为互联网公司可以收集大量有价值的数据,而且有利用这些数据的强烈的利益驱动,所以互联网公司顺理成章地成为了最新处理技术的领头实践者。它们甚至超过了很多有几十年经验的线下公司,成为新技术的领衔使用者。"[①]其次,他们认为,大数据时代的这些转变包括:第一,随机采样和全体数据。在大数据时代,人们可以分析更多的数据,有时候甚至可以处理和某个特别现象相关的所有数据,而不再依赖于随机采样。第二,精确求解和近似求解。人们研究的数据如此之多,以至于很难实现对精确度的要求,人们更偏向于忽略微观层面的精确度而提升宏观层面的洞察力。第三,因果关系与相关关系。大数据的普遍应用,使人们不再重点关注探究事物之间的因果关系,探究事物之间的相关关系更有价值,对于这种相关性的探究可以预计正在发生的事物的发展走向。在此基础上,他们进而指出,建立在相关关系分析法基础上的预测是大数据的核心,认为"大数据的相关关系分析法更准确、更快,而且不易受偏见的影响"[②]。

---

① 维克托·迈尔-舍恩伯格、肯尼斯·库克耶:《大数据时代》,盛杨燕、周涛译,第 8 页。
② 同上,第 75 页。

由此,他们也指出:"在大数据时代,这些新的分析工具和思路为我们提供了一系列新的视野和有用的预测,我们看到了很多以前不曾注意到的联系,还掌握了以前无法理解的复杂技术和社会动态。但最重要的是,通过去探求'是什么'而不是'为什么',相关关系帮助我们更好地了解了这个世界。"①无疑,大数据是指不用随机分析法这样的途径,而采用所有数据进行分析处理。就目前发展而言,人类社会已进入了数字云时代,计算机、手机的普及以及其存储能力和复杂算法的不断发展,使得数据量成指数型增长,从而也引发了巨大的数据处理需求,数据的存储量还在以更快的速度不断增长。因此,在信息就是金钱的时代,不断增长的数据量意味着新的经济机遇,大数据理论自然也就得到极大关注,并且深入影响了人类生活的各个方面。

三、大数据与传播研究理论

在大数据时代,传播学理论的发展也迎来了巨大的挑战与机遇。在新媒体技术的推动下,人们的社会生活中充斥着海量的信息,同时,大数据时代也使得信息的传播变得更加便捷。随着新的媒介技术工具的产生,以及企业、政府等社会机构开放部分数据,处于信息社会的新闻传媒行业也开始经历巨大的变革。此外,智能手机等移动设备的广泛使用,随时在线的各类社交媒体平台的信息生产、分享和传播,使得人们随时随地沉浸在各类信息之中。美国学者马尔科姆·R.帕克斯就认为,大数据方法和资源变得日益重要,它提供了其他方法无法获得的数据。在应用层面,大数据通常和大规模社会网络分析、自动化数据挖掘、可视化的数据呈现、计机辅助内容分析等紧密联系,成为新闻传播学研究领域常用的分析方法。② 可见,大数据不仅是新闻信息生产、分享和传播实践过程中必不可少的技术,还成为传播学重要的研究方法。大数据在媒介实践中的应用带来了侵犯隐私等一系列伦理和法律问题,这也成为信息传播研究领域的重要议题。有关大数据与传播理论的研究,学界重点探讨的是数据开放理论和实践,以及大数据作为研究方法在传播学中的具体应用等问题。

首先是关于数据开放的理论。数据本身并不创造价值,只有在流通过程中才具有价值。因此,数据开放和流通是数据实现价值的核心要素,也是信息传播理论关注的要点。只有数据开放和流通,大数据思维才能真正实现并发挥实际效能。由此,数据开放

---

① 维克托·迈尔-舍恩伯格、肯尼斯·库克耶:《大数据时代》,盛杨燕、周涛译,第83页。

② Parks, Malcolm R. *Big Data in Communication Research: Its Contents and Discontents.* Journal of communication, 2014, Vol.64(2), pp.355-360.

不仅是人们拥有知情权的基本要求,还对人类知识传播具有重要意义。

西方关于数据开放的理论研究可追溯到"自由文化运动"(free culture)。该运动早期发轫于文化和科学界,旨在推动科学文化知识的广泛传播,从而消除对于文化知识使用的限制,并让更广泛的人群参与文化知识的再创造。这些理论特别针对互联网空间的数据问题,逐渐形成了"开放存取运动"(open access),其旨在取消电子出版物的版权限制。这些"开放数据"(open data)等相关运动的兴起和理论发展至今已有数十年时间,目前主要集中于"政府数据开放"的问题。这些研究形成的基本观点和看法具体包括两个方面:一方面,从信息科学的视角出发,在数据层面和技术层面对"政府数据开放"展开研究;另一方面,从公共管理的视角出发,重点研究"政府数据开放"的政策和管理问题。这些研究逐渐形成了政府数据开放的标准及原则,并更多集中于数据本身的特征上。根据这些原则,公共数据满足下列条件时可称为"开放"的政府数据:第一,完整的数据,即所有公共数据都是可获得的,其中涉及隐私、安全和特别限制的数据除外;第二,一手的数据,即数据是从源头采集到的,而不是被整合过或修改过的;第三,及时的数据,即以尽可能快的速度发布数据,保证数据的价值;第四,可获得数据,即数据是可获得的,并尽可能扩大用户范围和用途种类;第五,可机器处理的数据,即数据拥有合理的结构,允许机器自动处理;第六,非歧视性的数据,即数据对所有人都可用,无登记要求;第七,非私人的数据,即数据是可获得的,无任何实体有排除他人使用的权力;第八,无须授权数据,即数据不受版权、专利、商标或贸易保密规则的约束,其中涉及隐私、安全和特别限制的数据除外。[①] 西方关于政府数据开放的理论研究已不断深入,不仅涉及数据开放的环境以及挑战的论述,同时还在实践层面上提出研究数据开放的分析框架、政策建议等问题。

政府信息公开的概念已为"政府信息资源增值利用"和"政府数据开放"提供了法律的基础。政府信息资源再利用和公共部门信息资源增值利用等提法,虽然强调了政府信息资源对社会的服务作用和增值效应,但仍要求社会使用政府数据的需要得到政府授权和许可。因此,政府信息资源对社会的开放仍是有条件、有特定对象和有限度的。此外,在这些提法中,所强调开放利用的对象是"信息",而非"数据"。这两者之间其实存在差异,信息可能是已被人为加工或解读过的数据,而数据则是一手的、原始的、更具真实性的存在。

---

① 徐慧娜、郑磊、特雷莎·帕尔多:《国外政府数据开放研究综述:公共管理的视角》,《电子政务》2013年第6期。

就实践层面看,2000 年开始欧美国家政府开始通过正式或非正式的渠道对社会公开数据。到了 2009 年以后表现得更为突出,尤其是随着美国奥巴马政府实施的《开放政府指令》的出台,得到联合国支持的"开放政府合作组织"(Open Government Partnership)的成立以及世界银行政府数据开放项目的推进,国际上掀起了新一代信息通信技术环境下研究"政府数据开放"的风潮。这些实践层面的举措,无疑给大数据在全球范围内的应用提供了保障。

其次是大数据对传播理论研究方法的影响。针对现实问题的实证研究是传播学的主要研究方法,以往的分析大部分建立在有限的样本数据分析基础之上。但是,随着大数据的应用,海量数据以及非结构化数据不断涌现,传统的分析方法显然已经不能适应大数据发展的现实。由此,为了应对大数据分析,计算科学和工程学发展出一系列算法来自动处理大规模数据,这些方法也正在被传播学科的大数据实证研究所应用。这些分析方法主要包括以下几种。第一,基于词典的文本分析工具(dictionary-based text analysis),这也是当前社会科学研究领域中最为流行、便捷的计算机辅助内容分析方法,可以根据词典中关键词所属类别自动对文本内容进行编码,并进而总结媒介数据内容的特征。[1]大数据文本分析与传统内容分析方法不同,除了具备传统内容分析方法的基本研究特征外,还可用于在线文本的议题分析、情感分析、语言风格分析等多项内容。第二,机器学习(machine learning),具体包括无监督的机器学习和有监督的机器学习,主要是指基于数据经验来识别提取数据类型、做出决策的算法。从本质上说,无监督的机器学习算法是试图识别数据中"隐藏的结构",最常用的工具是"潜在话题分析算法"(LDA)。有监督的机器学习能在监督训练过程中判别分类正确与否,先由人工编码一定规模的样本作为机器学习的范例,随后对人工编码结果进行信效度检验,再训练机器学习模型对文本进行自动分类。这些方法在新闻文本的内容分析方面已展开应用。第三,复杂社会网络分析,其复杂性主要表现为结构复杂、节点数目巨大、节点和链接会随着时间变化而产生或消失。在大数据实证研究中,社会网络分析常用于传播者之间的关系、传播议题之间的关系分析。对此有学者认为,从本质上说,大数据分析工具的使用是为了将非结构的大数据转化为结构化的小数据。在大数据实证研究中,一些研究者先通过机器学习等方式获得结构化编码数据后,再使用传统社会科学统计方法进行分析。此外,网络大数据同样包含了新闻传播研究所需要的大量结构化数据,如网页

---

① Guo, L; Vargo, CJ; Pan, Z; Ding, W; Ishwar, P. *Big Social Data Analytics in Journalism and Mass Communication: Comparing Dictionary-Based Text Analysis and Unsupervised Topic Modeling.* April 2016 Journalism & Mass Communication Quarterly, 2016, Vol.93 (2), pp.322–359.

访问量、社交媒体中的转发量、评论量、阅读量、点赞量、粉丝数等等,这些数据同样可以作为研究的基础性资料,并用以观察传播效果等问题。① 总之,大数据为新闻传播研究方法拓展了新领域,从而让研究者能够更为全面地描述、观察和分析人们的信息生产、传播和使用行为,也极大地推进了传播学理论发展,成为传播学研究中颇具发展潜力的领域。

四、大数据与新闻生产实践研究

大数据意味着超大规模的数据集合,这些数据超出了传统数据库软件分析工具对其内容收集、储存、管理和分析的规模。有研究者进而认为,大数据之"大"并不仅体现在其数据容量上,还体现在它凝聚了规模大、来源多样、增长速度快、价值密度低等特征的信息资产。因此,大数据是包含文本、图像、视频、音频等非结构化数据的海量信息数据集合。就此意义而言,从传播学理论的角度看,大数据带来的也正是全面"图景"的"社会媒介化"数据呈现。大数据时代不仅意味着人们生活中所拥有的海量信息或超大数据量,同时还意味着对数据的处理、分析、分享、挖掘等能力将得到前所未有的提升。同时,不同行业、不同领域的数据之间的交换与相互利用也变得非常频繁。② 就具体发展而言,对于大数据与新闻传播实践的探究主要集中在下述方面。

第一,大数据对新闻功能的扩展。随着大数据的应用,传统媒介不再成为人们获知信息的单一途径,多元化的社交场景与传播渠道为信息传播带来了极强的传播效应。大数据技术无疑对今天的新闻业带来前所未有的冲击和挑战,数据成为新闻报道最为重要的资源。因此,对于现实世界和互联网不断产生的海量数据的收集、遴选、挖掘和分析,自然就成为新闻从业者无法回避的挑战。这也使得在传统新闻形态的基础上,基于数据挖掘的数据新闻成为新的新闻传播形式。新闻报道不再局限于传统意义上的采访目击者、讲述事情发展经过,而是要对新闻事实进行深度解析,由数据驱动的深度报道成为新闻媒体行业发展的必然趋势。对此,维克托·迈尔-舍恩伯格认为:"大数据的真实价值就像漂浮在海洋中的冰山,第一眼只能看到冰山的一角,但其绝大部分都隐藏在表面之下。"③基于大数据的发展背景,新闻媒体行业的主要任务是从海量数据中提取有价值的新闻信息,从而提高传播的精确性、针对性和有效性。由此,新闻媒体不仅是

---

① 张志安、曹艳辉:《大数据与新闻传播研究:热点与反思》,《中国出版》2017 年第 10 期。
② 彭兰:《社会化媒体、移动终端、大数据:影响新闻生产的新技术因素》,《新闻界》2012 年第 8 期。
③ 维克托·迈尔-舍恩伯格、肯尼斯·库克耶:《大数据时代》,盛杨燕、周涛译,第 18 页。

信息的提供者,还承担着解读、分析和预测的重要功能。

第二,大数据对新闻生产方式的改变。传统的新闻生产完全是由人(记者、编辑等)主导的新闻报道工作,随着大数据的应用,目前部分新闻开始由计算机来完成。应用大数据手段可以进行新闻线索的获取、选题的挖掘等工作,而新闻记者、编辑所要做的工作,则是在计算机提供的线索基础上,进行更深层次的数据挖掘和意义解读。因此,他们的工作在陈述新闻事实的同时,还要兼顾对事实发生原因、影响因素及未来走向进行剖析。大数据等计算机技术融入新闻生产过程,既是大数据时代的必然趋势,也为传统新闻业转型提供了新的思路。

基于大数据技术的数据新闻作为数据驱动型新闻,必须要有专业的结构化数据库做支撑,才能保证新闻报道的客观性和真实性,以及更为深入的分析和解读。具体而言,新闻数据库的来源可以有多种渠道,具体包括:第一,公共数据,主要来自政府网站或工作报告、企业网站、科研机构和专业调研机构的公开数据等权威渠道;第二,媒体资料数据库,主要是媒体自身在长期的新闻报道中,积累起来的新闻报道素材和数据等信息;第三,受众的个性化数据,主要来自社交媒体和移动媒体,包括用户发布的内容及其所属类别、个性标签、社交关系、社交行为、加入的朋友圈和地理信息等等。这些个性化的多维数据能够深入以前新闻报道所无法抵达的行为分析、情感分析、心理分析和社会分析等层面。随着可穿戴设备、物联网等技术的发展,随时捕捉传感数据将成为可能,这将对数据分析和应用提出更大的挑战。基于这些众多的数据来源渠道,新闻生产可以建立高品质、结构化的专业数据库,从而使得大数据新闻报道具备良好的基础。①

总之,大数据不仅在现实应用层面的影响非常广泛,并解决了人们大量的日常问题,同时更与人们的社会文化生活息息相关,重塑着人们的生活、工作和思维方式。有学者就指出,在某些方面,大数据的发展使人们面临着一个巨大的挑战,比其他划时代创新引起的社会信息范围和规模急剧扩大所带来的影响更大。人们脚下的地面仿佛正在移动,过去确定无疑的事情正在受到质疑。因此,大数据需要人们重新讨论决策、命运和正义的性质。人们的世界观正受到相关性优势的挑战。拥有知识曾意味着掌握过去,现在则更意味着能够预测未来。② 大数据不仅仅是一个普通概念,更是社会文明发展的重要标志。

---

① 西蒙·罗杰斯:《数据新闻大趋势:释放可视化报道的力量》,岳跃译,中国人民大学出版社,2015,第2页。
② 维克托·迈尔-舍恩伯格、肯尼斯·库克耶:《大数据时代》,盛杨燕、周涛译,第126页。

第二节
人工智能与传播

随着大数据而发展起来的人工智能(artificial intelligence, AI),使得智能化机器在人类社会生活中得到应用,而且也成为信息科学、传播理论等研究的重要领域。在目前社会发展和学术语境中,人工智能成为重要的理论问题。

一、人工智能与智能传播

人工智能的概念内涵,广义上指机器智能,也就是包括目前大数据驱动在内的任何可以让计算机通过图灵测试的方法;狭义上主要指 20 世纪 50—60 年代开始的研究机器智能的方法。① 概言之,人工智能是涵盖了哲学、数学、经济学、神经科学、心理学、计算机工程、控制理论与控制论、语言学等多学科的交叉领域,旨在创造出能够模拟或超越人类智能的机器或系统。目前人工智能在计算机视觉、机器人、游戏、社交网络、电子商务、教育、医疗、法律等领域都得到了研究和应用,出现了各种各样的人工智能产品和服务,这些都改善了人类的生存质量和社会效率。人工智能概念最早在 1956 年由约翰·麦卡锡、马文·明斯基、纳撒尼尔·罗切斯特、克劳德·香农、赫伯特·西蒙、艾伦·纽维尔等在"达特茅斯夏季人工智能研究会议"上被提出,他们讨论了人工智能、自然语言处理和神经网络等问题。近年来人工智能不仅是学术研究重点,而且在翻译、文字、图片、音乐创作等领域也得到广泛应用。

美国学者斯图尔特·罗素和彼得·诺维格所著的《人工智能:现代方法》认为,人工智能就是针对"智能体"(intelligent agent)的研究,因此,他们指出:"我们将人工智能定义为对从环境中接收感知并执行动作的智能体的研究。每个这样的智能体都要实现一个将感知序列映射为动作的函数,我们介绍了表示这些函数的不同方法,如反应型智能体、实时规划器、决策论系统和深度学习系统。"②他们进而认为:"简而言之,人工智能专注于研究和构建做正确的事情的智能体,其中正确的事情是我们提供给智能体的

① 吴军:《智能时代:大数据与智能革命重新定义未来》,中信出版社,2016,第 46 页。
② 斯图尔特·罗素、彼得·诺维格:《人工智能:现代方法(第 4 版)》,张博雅、陈坤、田超、顾卓尔、吴凡、赵申剑译,人民邮电出版社,2022,前言第 1 页。

目标定义。这种通用范式非常普遍,以至于我们可以称之为标准模型(standard model)。它不仅适用于人工智能,也适用于其他领域。"①也有学者认为人工智能就是方法,如美国学者史蒂芬·卢奇、萨尔汗·M.穆萨、丹尼·科佩克认为:"人工智能是由人(people)、想法(idea)、方法(method)、机器(machine)和结果(outcome)等对象组成的。首先,组成人工智能的是人。人有想法,并把这些想法变成了方法。这些想法可以用算法、启发式方法、程序或作为计算骨干的系统来表达。最后,我们得到了这些机器(程序)的产物,我们称之为'结果'。每个结果都可以根据其价值、效果、效率等进行衡量。"②但对于人工智能,有学者根据对人类行为的复刻来定义,而另一些更喜欢用"理性"(rationality)来抽象正式地定义,直观上的理解是做"正确的事情"。进而,对于智能主题的定义也各不相同。有学者将智能视为内部思维过程和推理的属性,而有些人则关注智能的外部特征,也就是智能行为。加拿大学者大卫·L.普尔和阿兰·K.麦克沃斯认为:"人工智能是研究具有智能行为的基于计算的智能体的推理和分析的领域。"③在他们看来,所谓智能体(agent)的智能行动包括:第一,考虑到动作的短期和长期后果,什么是适合其情况和目标的;第二,灵活适应不断变化的环境和不断变化的目标;第三,从经验中学习;第四,鉴于其感知和计算方面的限制,可以做出适当的选择。因此,普尔和麦克沃斯指出:"人工智能的中心科学目标是了解使自然或人工系统中的智能行为成为可能的原理。具体包括对自然和人工智能体的分析、制定和测试关于构造智能体的假设、设计构建和试验计算系统等需要智能的任务系统。"④在罗素和诺维格看来,立足于人与理性以及思想与行为这两个维度,对于人工智能的界定有四个方面,具体包括:第一,基于图灵测试的类人行为;第二,基于认知建模方法的类人思考;第三,基于理性法则方法的理性思考;第四,基于理性智能体方法的理性行为。⑤ 这些不同的研究视角所使用的方法各自不同,如果追求类人智能,某种程度上更倾向于与心理学相关的经验科学,包括对真实人类行为和思维过程的观察和假设;而理性主义方法涉及数学和工程的结合,并更多与统计学、控制理论和经济学相联系。因此,学术界也将人工智能分为传统人工智能的方法和

---

① 斯图尔特·罗素、彼得·诺维格:《人工智能:现代方法(第4版)》,张博雅、陈坤、田超、顾卓尔、吴凡、赵申剑译,人民邮电出版社,2022,第5页。
② 史蒂芬·卢奇、萨尔汗·M.穆萨、丹尼·科佩克:《人工智能(第3版)》,王斌 、王鹏鸣、王书鑫译,人民邮电出版社,2023,前言。
③ 大卫·L.普尔、阿兰·K.麦克沃斯:《人工智能:计算agent基础(第2版)》,黄智濒、白鹏译,机械工业出版社,2021,第2页。
④ 同上,第3页。
⑤ 斯图尔特·罗素、彼得·诺维格:《人工智能:现代方法(第4版)》,张博雅、陈坤、田超、顾卓尔、吴凡、赵申剑译,人民邮电出版社,2022,第3—4页。

现代其他的方法(比如数据驱动、知识发现或者机器学习)。

　　人工智能并不仅仅是一种技术,它也是一种思想,甚至是一种哲学。人工智能的概念和发展受到了古今中外哲学思想的启发和影响,如柏拉图的理念论、笛卡尔的心灵机器论、莱布尼茨的符号逻辑、图灵的可计算性理论等。同时,人工智能也对哲学研究提出了新的问题和挑战,如人工智能是否具有意识、自由意志、道德责任等。人工智能不仅是一种对自然界和社会现象的模拟和解释,还是一种对人类自身和未来的探索和追求。对于人工智能的认识,以霍金为代表的否定性观点认为,完全的人工智能的发展可能将导致人类种族的终结。[①] 埃隆·马斯克也认为:"人工智能可能是我们最大的生存威胁,而我们正在用人工智能召唤恶魔。"[②]但不可否认的现实是,人工智能已直接影响了人们的社会生活。就实践层面看,2016 年由谷歌公司研发的计算机 AlphaGo 战胜世界围棋选手李世石,成为全球首个战胜围棋世界冠军的机器人。机器翻译、语音识别、虚拟现实、自动驾驶、人工智能机器人等不断出现,此外诸如"奇点爆炸""超级智能""数字永生"等有关机器智能的概念也不断出现,人工智能成为学术界、企业等高科技领域关注的主题,人们希望能够进入"通用人工智能"(artificial general intelligence, AGI)的时代。特别值得提出的是,2022 年底由美国人工智能研究实验室(Open AI)研发的ChatGPT(Chat Generative Pre-trained Transformer)问世,使得人工智能应用进入新阶段。ChatGPT 是人工智能技术驱动的自然语言处理工具,使用处理序列数据的模型,拥有语言理解和文本生成能力。它能通过连接大量的语料库来训练模型,这些语料库包含真实世界中的对话,使得 ChatGPT 具备了丰富的内容,同时还具有能够根据上下文进行互动的能力,从而使得人机交流与人类真实场景中交流的差异越来越小。此外,ChatGPT 还具有撰写邮件、视频脚本、文案、翻译、代码等功能。2023 年推出的 GPT‐4 作为多模态大模型,能够支持图像和文本输入以及文本输出,并且具有强大的识图能力,其文字输入限制也得到极大提升。它具备了更大的训练数量,能够支持多元的输出输入形式,以及更强的专业领域学习等能力。无疑,ChatGPT 将人工智能推进到了更高的发展阶段。在大数据与人工智能的相互融合下,人类的传播环境已经发生了根本性转变,从而构建了全新的媒介社会场景。这种变化不仅体现在新的信息环境的形成,还对信息选择、信息处理和信息意义的阐释取向等方面产生了全面影响。

　　基于大数据、算法等技术手段的人工智能,在人们日常生活中无处不在,从零售、生

　　① R. Cellan-Jones. *Stephen Hawking Warns Artificial Intelligence Could End Mankind*. BBC News ,Dec. 2,2014.

　　② M. McFarland,Elon Musk. *With Artificial Intelligence*, *We Are Summoning the Demon*. Washington Post,Oct. 24, 2014.

产、金融、运输到医疗、安全和日常社交,大数据积累学习下发展起来的人工智能算法被广泛应用于媒介实践中。以社交媒体为主的各类媒介平台,在算法驱动下精准地为每位独立的个体服务。新闻、外卖、美容、健身、购物,甚至人们的工作、交友、情感等都处于算法计算结果的建构之中。今天,李普曼所说的"媒介建构现实"已然在人工智能算法的驱动下逐渐稀释掉了其"虚拟"的特征,而形成了连接现实的真实的媒介场景。人工智能时代的科技阶段,算法控制的媒介所建构的现实已经超越了 C.赖特·米尔斯所提出的"二手世界"的概念。[①] 在算法驱动下,人们通过网络媒介应用置身于多种数字媒介传播场景建构的情境中。人工智能技术的发展极大地推进了媒介社会化发展,传播理论领域的学者们关于智能传播的讨论也不断展开。

就对媒介社会化的认识而言,美国学者约翰·杜海姆·彼得斯指出:"所有媒介都非表意,它们本身即存有。人们通过写信和电话保持联系首先是为了维护着他们的关系生态,其次才是为了互通消息。在人与人之间,各种媒介都在扮演着'元素型角色'。只有我们在将传播(交流)不只理解为信息发送时——当然发送信息是媒介极为重要的功能——也将其视作为使用者创造的生存条件时,媒介就不再仅仅是演播室、广播站、信息和频道,同时也成了基础设施和生命形态。"[②]因此,他认为,媒介是我们"存有"的基础设施,是我们行动和存有的栖居之地和凭借之物。他说:"媒介不仅仅是'关于'这个世界的,而且'就是'这个世界本身。"[③]因此,他提出了"元素型"媒介哲学的概念。在此意义上,彼得斯认为海洋、地球、火、天空等都可以被视为媒介,并从基础设施型媒介(如机场、公路、互联网等)、后勤型媒介(如货币、地图、历法、钟表、塔楼等)、铭刻型媒介(如身体与书写)等视角拓展了关于媒介的认识。就彼得斯的理论观点而言,万物皆为媒介,都具有交流和传播的特征。在西方传播学思想和理论中,对于媒介概念的讨论,包括微观和宏观不同层面的含义,彼得斯所理解的媒介含义则较为宽泛。事实上,随着技术的发展,媒介及其相关传播概念的内涵也在不断拓展。

人工智能的发展推动了传播学理论对于智能传播问题的讨论,特别是近年来随着人工智能生成内容(Al Generated Content, AIGC)技术的应用,人工智能技术对我们的生活产生了极为重要的积极影响。对于智能传播概念,传播理论中的讨论主要侧重于模拟人类表现的智能行为,主要指能够完成特定传播任务的算法程序。如电子邮件中的

---

① C. Wright Mills. *Power*, *Politics and People*. The Collected Essays of C. Wright Mulls. Oxford University Press, 1967, pp.405–406.

② 约翰·杜海姆·彼得斯:《奇云:媒介即存有》,邓建国译,复旦大学出版社,2020,第 17 页。

③ 同上,第 24 页。

用语提示、自动拼写纠正与翻译等这些能够辅助完成人际传播任务的特定智能技术,以及能够支持人类传播交流的人工智能技术等,并由此形成了以传播智能、传播机器人等为基础的人机传播理论,或是以智能伴侣社交机器人、工作机器人等具体的智能技术在人类社会交往中的智能化应用等领域。对此,有学者就认为,智能传播即指人工智能技术介入和参与的传播活动,具体包括以机器新闻生产为主的媒介内容生产,以算法推荐为主的媒介内容分发、使用等方面。同时,智能传播不仅包括以智能技术为中介的人类交往过程(不限于人际范围)及其影响,还包括人类与智能技术交往的人机传播过程(HMC)及其影响。①

根据学者的研究,近年来西方传播理论中有关智能传播的研究,主要集中于下述方面:第一,算法与权力、人工智能与信息消费、人工智能与新闻生产、智能机器人与人机传播、智能技术的社会性、人工智能与广告,以及智能技术的接受与回避等问题;第二,智能传播研究的核心概念包括算法、社交媒体、人工智能等实体概念,以及人机(机器人)交互、过滤气泡、可供性等理论概念,并由此形成了包括算法与社交媒体、个性化新闻、人工智能与社会的研究领域;第三,智能传播研究的知识基础领域,主要包括算法与平台、信息个人化、算法与新闻业、互动型机器人、人类对机器人的认知与交互、说服与商业传播、辅助型机器人等。② 可见,智能传播研究体现出明确的跨学科研究的特征,其理论视野不仅包括传播学理论,还由计算机科学、机器人学、语言学、自动化与控制、心理学、生物医学工程、文化研究、商学等其他诸多学科交叉共享,共同构筑了智能传播研究的理论。

总之,以大数据和人工智能技术为基础的数字媒介传播构建了新的人类活动领域,在人工智能技术的参与下,个人的工作生活等全方位的自主决策常常被算法参与推动完成。在此背景下,对于人工智能的消极影响的讨论也比较广泛,比如认为人工智能是技术黑箱,需要予以驯服。有学者就认为,自主性技术观念对于现代社会人类思想造成普遍的负面影响,由此形成技术失控论,认为技术以某种方式摆脱了控制,独立于人的指导而沿着自身进程前行。③ 美国学者帕里泽很早就讨论了基于人工智能的搜索引擎等个性化推荐引发的信息"过滤泡"问题,认为个性化过滤器会打破人们在强化现有想法和获取新想法之间的认知平衡。由此,有学者也提出了关于人对技术的驯化等人类

---

① 周葆华、苗榕:《智能传播研究的知识地图:主要领域、核心概念与知识基础》,《现代传播》(中国传媒大学学报)2021 年第 12 期。

② 同上。

③ 兰登·温纳:《自主性技术——作为政治思想主题的失控技术》,杨海燕译,北京大学出版社,2014,第 4 页。

如何更好地应用人工智能技术的观点,英国学者罗杰·西尔弗斯通认为,人对技术的驯化,既包括个人合理地利用技术满足自身的私人目的,同时也意味技术对人机能的拓展使得个体能够更好地参与到公共空间活动之中。对此,他认为,人对媒介技术的驯化主要包括四个阶段:第一,占有,指个体对技术的消费购买过程;第二,物化,指个体对技术进行实际处理的过程;第三,融入,指技术在被使用的过程中逐渐融入个体的日常生活,成为日常生活实践的构成部分的过程;第四,转化,指技术脱离私人生活范畴,重新"转化"并进入公共空间的过程。与此相同,个体对各种智能技术的驯化大致也会分为这四个阶段。[①] 有学者认为,西尔弗斯通将信息传播技术与个人实践之间的关系定位为"双重勾连",认为技术不仅是一种物品,在私人的使用中展现其工具性意义,同时还是一种媒介;也正是这种使用本身产生了新的意义,使技术使用者可以与公共空间发生联系。[②] 所谓技术失控的问题,往往出现在文学影视作品等艺术创作的科幻场景中,在目前的现实生活中,科技并未脱离人的控制。但不可否认人工智能对人的生活的深层影响,就现实来看,媒介应用技术机构以为个人提供决策把关为名,其实也消解了人们对智能算法的担忧。究其实,智能传播中的智能算法应用不是简单的机械选择,同时也源于人类欲望、需求与情感的逻辑。正因其背后有强大的人性逻辑的支撑,自然有学者提出对于人工智能的"算法独裁"的问题,认为算法作为计算机技术高度进步的结果,有可能会限制甚至剥夺个人的自由,会以效率、便利、娱乐等不同的诱因为基础,促使人们不断放弃自身既有的基本权利,从而干预人们的生活。[③] 由此而言,人工智能算法在媒介发展的应用中不断产生影响时,如何强化个人的自主性控制以防范技术对人的束缚,自然成为当代人类面临的重要问题。因此,西方传播思想史也在人工智能等技术批判理论的视角下重点讨论新媒体技术与人类关系的问题。

二、人工智能与传播的自主性及控制

人工智能及智能传播的影响不仅作用于个人决策,还越来越多地成为公共和个人决策过程的重要组成部分。尤其是在商业化媒介的实践应用层面,人工智能算法系统对那些能够进行大数据分析的群体进行有效控制,这无疑将会对个人、组织甚至整个社

---

① Silverstone, R. *Television and Everyday Life*. Routledge, 1994, pp.20 - 26.

② 戴宇辰:《"旧相识"和"新重逢":行动者网络理论与媒介(化)研究的未来——一个理论史视角》,《国际新闻界》2019 年第 4 期。

③ 彭兰:《算法社会的"囚徒"风险》,《全球传媒学刊》2021 年第 1 期。

会产生重大影响。

对于人工智能本身的特点,有研究者认为,作为开发客体的人工智能具有某些共同特征,包括拥有与人类智能相关的功能,能够通过对碎片化信息、信息集等进行系统化处理,并得到具有效用价值的数据、信息和知识。也有学者认为,作为计算机科学领域的算法概念,人工智能通常被用以描述一种有限、确定、有效的并适合用计算机程序来实现的解决问题的方法。就此而言,人工智能自身功能的提升与扩展主要基于算法的改进。而算法则是计算机科学的基础,是计算机科学研究领域的核心概念。① 简言之,人工智能算法已经成为逐渐代替人类进行决策、思考的一项计算机技术,而基于大数据的人工智能技术的实现,又是通过无数的数据信息不断比对、学习而提高完成的;它们二者相辅相成、不可分割。由此可见,基于大数据的算法在人工智能算法学习过程中,不可避免地会带来个人信息侵犯、算法歧视、人类自主性丧失等负面问题。这其中对于人类自主性的影响,成为人工智能算法研究首要关注的问题。

人类自主性问题,就其哲学意义看,本质上是一个将自由和控制结合在一起的政治概念或道德概念。自主即指人的自治与独立,不为外部法则或力量所支配。在康德的形而上学思想中,自主性是自由意志的根本条件,即自由意志遵守它赋予自身的道德法则的能力。这个法则并不基于个人利益或情感,而是基于理性原则。康德将这一概念与"他治性"相对照,所谓"他治性"指的是意志受外部法则(即自然的决定性法则)所支配的特征。因此,人类应该追求自身的终极目的,即永远不要把自己和他人当作手段,而应该视为目的本身。② 因此,自主性成为人类目的性的根本问题,自然和作为工具性的机器存在对立。就此,有研究者认为,机器固然具有一定的拟主体性,但机器并非脱离人独立存在的生产主体,而是作为人的辅助者、延伸者存在。人工智能媒介增强了人对外界的感知、连接与认识能力,同时无疑也增加了人被外界认知与控制的维度。③ 当然,不加规制的人工智能算法完全有可能有意或无意地操控个人信息甚至个人生活。研究者们也认识到,社交媒介平台和搜索引擎使用人工智能系统来引导、优先排序和过滤信息的方式,对信息自由权、言论自由、媒介多元化和一般政治话语产生了潜在的负面影响。④ 总之,这些理论研究通过重点关注在人工智能系统和人工智能算法把关下的诸多人类传播活动,考察那些由人工智能引发的诸多问题是否由于技术本身的特点而

---

① 塞奇威克、韦恩:《算法》,谢路云译,人民邮电出版社,2012,第 3 页。
② Immanuel Kant. *Critique of Practical Reason*. Trans. Lewis White Beck, Bobbs-Merill, 1956, pp.33 - 34.
③ 彭兰:《智媒趋势下内容生产中的人机关系》,《上海交通大学学报(哲学社会科学版)》2020 年第 1 期。
④ E. Pariser. *The Filter Bubble: What the Internet is Hiding from you*. Penguin Press, 2011.

被进一步加剧和放大。特别是因其复杂性、不可预测性和人工智能的部分自主行为,造成人工智能自身很难去核实程序是否符合法律规则。因此,受此影响的使用者也会缺乏有效手段去验证那些已经给定的人工智能决策及相关规则是否得到遵守。

毋庸置疑的是,人们可以更快和更有效地利用人工智能来参与许多类型的计算机决策。然而与此同时,其中存在一些根本性的问题。一方面,机器被大规模地给予自行决定的权利;另一方面,此类决策的复杂性及人工智能的自主性被忽视了。基于这些现实问题,许多研究者也认识到,对这些以机器为主导的应用程序的透明度、公平性、隐私和解释缺位等问题,尚需深入探究。目前,学术研究和公共政策制定通常在"数据伦理"或"人工智能伦理"的理论背景下探讨此类问题。基于此,欧盟制定的《通用数据保护条例》中,研究者们明确区分了自动化决策的有关伦理问题,并且相关讨论的焦点也开始转向特定的问题或问题集,其中对算法透明度,包括对特定决策是否享有"获得解释的权利"问题、偏见和歧视特定算法系统"社会—技术"应用的评估、数据驱动的媒介内容引擎等问题进行了重点讨论。[1] 这些研究内容已经明确地开始探究人工智能算法控制下的决策责任人缺失、参与度减少、正当程序申辩机会缺失等重要问题,这些问题都与人的自主性问题相关联,显然也是在以人工智能为主体的多种数字媒介传播场景中所引发的,而且是必须要关注的问题。

进而言之,随着传感器、人工智能算法与通过无线局域网技术(Wi-Fi)实现持续联网状态相结合,这些设备变得智能化的同时,也在制造人类活动的多种数字媒介传播。在市场化的商业实践应用语境中,人们越来越强调媒介的智能化特征。同时,以最大限度方便为卖点的智能媒介应用,也正在通过人工智能算法集成性整合,建构人们的个人数字档案,为人们定制出专属的"个人生活场景"。对于这种现实发展,有研究者也认为,人工智能算法就像黑洞,人们能清晰地感受到它的影响,但却无法对其内部一窥究竟。[2] 因此,研究者对于人工智能算法本质的阐释,在现实层面上就存在一定的模糊性与复杂性的特征。可以说,人工智能算法在现代社会人们的日常个人生活场景中无处不在,从管理、分类、约束、决策等多个方面影响社会整体运行。但与此同时,人工智能作为技术本身却往往被描述为高深莫测或难以捉摸的存在。由于其技术应用的抽象特征,人们并不能明确界定出实体对象或工作流程来解释算法的运行。[3] 但是,显见的是,

---

① 凯伦·杨、马丁·洛奇:《驯服算法:数字歧视与算法规制》,林少伟、唐林垚译,上海人民出版社,2020,第20页。

② Ian Bogost. *The New Aesthetic Needs to Get Weirder*. The Atlantic,2012,p.13.

③ 贾开:《人工智能与算法治理研究》,《中国行政管理》2019 年第 1 期。

就理论上看,人工智能算法技术作为统治工具的来源,其实已经潜在有效地影响了人们的思想和活动的各个方面。由此,不论是经由内在特质还是经由偶然条件,技术成为直接影响人们生活的外在力量,人工智能算法的影响无疑已经凸显出来。[1]

传播理论研究也认识到,在媒介内容生产、传播等应用实践中人工智能算法的广泛使用,已经完全可能取代人类的自主决策。人工智能技术对个人生活场景的过度介入,必然会导致其收集和分析人类各种细微的信息,以供其完成特定场景下对人的辅助决策、行为指导。但问题在于,人工智能算法系统本身并无法意识和预测其对人们生活、健康和财产等问题所产生的负面影响。因此,它不仅会对社会的基本价值观产生直接影响,甚至还会损害人类的基本权利,包括人的尊严和自决权、隐私和个人数据保护、言论和集会自由、不被歧视的权利、有效的司法救济和公平审判及消费者保护等等权利。因此,有研究者就认为,人工智能算法黑洞效应所产生的风险,特别是在与许多技术的结合中会进一步加剧和放大。但是,人工智能算法本身的复杂性、不可预测性和限制个人自主决策行为等问题,目前很难被现有的法律规范所约束。进而言之,无论是互联网的监管部门还是受影响的个人,可能都缺乏有效手段来验证个人的自主行为与决策等如何被算法所控制影响。

就公共性理论传统而言,各种形式的算法管制和决策执行都被期待具有公共性质,通常由政府等公共机构采用、颁布和执行。但是,显然今天的算法治理制度日益被视为平台经济或者媒介平台资本的一部分,即其已经具有明显的私人性质和商业属性。因此,有学者也认为,讨论技术在人类存在中的位置,要求的不只是关于技术如何好地或如何差地与"人类价值"相符的简单讨论。很显然,要保有人类个体自主决策控制权力,就不能放弃对算法的控制,正如勒内·杜波斯所言:"如果要避免技术的接管,使技术再次成为人们的仆人而不是主人,为更好和更值得追求的人类目标做出规划就成为迫切的要求。"[2]

三、人工智能决策对人类传播活动的影响

传播学理论研究已充分认识到人工智能决策对人类传播活动的影响,这些影响具体表现在权力赋予、商品化场景、伦理与法规等方面。

---

[1] 兰登·温纳:《自主性技术——作为政治思想主题的失控技术》,杨海燕译,第4页。

[2] René Dubos. *So Human an Animal: How We Are Shaped by Surroundings and Events*. Transaction Publishers, 1978, pp.231-232.

第一，人类传播中人工智能的权利赋予。有学者研究认为，互联网在很大程度上是一部情感机器。因此，互联网所建构的内容充满了与人的情绪相关的一切元素，电商平台的所有个人消费模式，无不充斥着情绪感染与情感互动下的消费行为。人们很容易忽视的问题是，那些能够深度吸引受众和生产者的数据客体，在很大程度上不是纯智识上的，而是带有叙事、审美、设计或趣味特征的。人们往往忽视大众媒介在传达图像、声音，以及构建社交领域时的感性作用，仅仅把研究的重点放在了对人工智能的技术特征的考察上。这其中的原因主要在于，早期的现代社会形成中，人们习惯于用工业—机械化范式，标准化的、强调纪律和控制的技术主义范式看待技术本身。① 但是，今天人们讨论人工智能算法的技术风险时，重点则要探究由算法所推进的数字媒介传播场景，以及导致这些场景形成的根源。

从理论上看，人工智能算法对于个人信息的获取权力，本质上是由用户在具体的传播场景中基于个人需求所赋予的。有学者的研究认为，有部分网络用户有着强烈的猎奇心理和个人领地意识，对符合自己口味的内容趋之如鹜。尽管受众选择信息的目的性和个性化大大增强，此时主体地位进一步凸显，但是，人工智能的权力的产生也恰恰在于对这部分用户的迎合。人们关注的大多数人工智能算法都需要组织数据以用于机器学习，而为了组织数据就产生了数据结构。作为计算机科学研究的核心对象，数据结构和人工智能算法的关系非常密切，它是算法的副产品或是结果。② 媒介场景中人工智能算法的应用数据结构直接源于个人信息的组成。在互联网消费、生活记录、云计算等数据生活场景中，个人信息被搜集后会以数据形式重新配置形成数据结构，进而用于商业化的需要。在这种环境连接和数据捕获的情景中，有学者认为"我们产生的不仅仅是我们参与的生活场景数据"，恰恰是由于人工智能记录了最微小和平凡的细节，这种参与本身也产生了数据，更确切地说这种数据就是元数据。③ 同时，就现实发展看，以生活辅助机器人为主的人工智能适用范围将会逐渐扩大，个人信息也将以更为主动的方式被提供给人工智能算法使用。而在此情形下，诸多法律或权利侵害的可能性问题将无可避免。

第二，人工智能主导下的商品化场景传播。学者们的研究也表明，在决策自动化、协助用户上网搜索信息方面，人工智能无疑做出了重大的贡献。但对于强人工智能的主张，研究者也提出了反思。庞大的网络信息的不断出现，直接影响人类自身的可认知极限。无论是在现实还是网络世界，人们的生活都充满着大量的不确定性。特别是移

---

① 安德雷亚斯·莱克维茨：《独异性社会：现代的结构转型》，巩婕译，社会科学文献出版社，2019，第170页。
② 吴飞、李含含：《算法权力的获得、运行隐患与规制》，《未来传播》2021年第28期。
③ N. Srnicek. *Platform Capitalism*. Polity Press, 2017.

动互联终端,以其价廉易得、便利高效的特点,成为不同社会群体寻求归属、进行社会交往的重要生活方式。智能媒介应用中的互联网购物成为人们日常生活的重要组成部分,人们在现实世界中衣食住行等需求也与互联网科技紧密结合。

在此过程中,互联网商业公司可以通过商业交易、合并等手段完成个人虚拟数据库与实体数据库的结合,最大限度地获取数据,从而无限扩大商业机构对公众不同场景的监控。可见,现代技术性的变化促使人类的空间认知与实践形成了一种新形式的消费转移。同时,沉浸式的空间体验带来互联网使用者的情绪与情感的投入互动,在网络的使用过程中也完成了认知的转型。现实消费与线上消费的根本差别在于消费的空间场景产生了变化。网络用户在极具情感性的消费场景中,以个人信息的交换为代价,从而在互联网消费场景下完成了个人信息商品化的过程。

这使得个人信息的商品化成为互联网经济发展以及互联网科技革新的重要动力源。企业以人工智能算法作为科技手段,广泛地搜集、使用用户个人信息,从而达到刺激消费与应需定价的目的。由此,在技术主导的时代,个人的主体性被不断地侵蚀,互联网服务提供商以便捷服务、科学处理等词语出现的"科学性"话语,不断剥夺人的自主控制权。这其中最为典型的就是"知情—同意"原则在互联网消费场景中的畸形适用。互联网服务提供商多会在用户使用该平台时弹出用户数据收集协议,大多以"提供优质服务"等话语对用户声明:为提供更好的服务,将会对用户的数据进行收集。这种做法看似平台遵守了"知情—同意"原则,告知消费者需要收集、如何收集、收集多少、如何使用等个人信息收集的具体事项,但是,在具体过程中,总会出现对消费者个人信息的过度搜集和过度分析的情况。消费者对平台利用算法对其个人信息进行过度搜集的侵权行为无从知晓,而这样的所谓"知情—同意"成为平台规避对个人信息过度收集和分析的责任的依据。

现实状况是,在以互联网消费为代表的数字媒介传播场景中,个体的自主决策过程与算法推荐,以及个人在直播间、平台软文等多种传播场景中的情感互动等混合起来。在这个过程中,个体往往在情感的互动中自主分享了部分个人信息以及个人的需求信息。由此,个体在消费过程中所产生的可识别的个人信息、消费行为信息、浏览行为信息等,完全被消费网络平台所收集和掌控。个人信息成为互联网消费数字媒介传播场景中的核心资源。在这些商品化场景中,信息主体对个人信息控制缺失无疑严重损害了个人权益。

第三,人工智能传播场景下的伦理与法规。人工智能的技术被嵌入多种新的媒介传播场景,网络消费在很大程度上依赖于数字媒介内容的展示与叙述,无处不在的视觉内容使得信息的传播可以承载充沛的情感能量。在直播间的主播与粉丝互动强化了彼此的情感依赖,粉丝的互动凝聚了他们的身份认同。不同的消费平台通过将收集的消费者个人信息以大数据的形式作为平台的算法分析内容,帮助企业基于人工智能算法共同定价,从而完成了从资源到资本的转换。在不同的数字媒介传播场景中,不仅个体的行为在为人工智能算法生产数据,个体的每个决策还在为人工智能算法提供分析的资源,进而使得作为本应拥有自主决策的个体成为双重数据生产者。数据被深度使用后可能产生如购买产品或服务的行为,人工智能算法由此作为必要条件和手段支撑这些数据价值的实现。

有学者研究认为,对于企业和消费者而言,数据分析一般是有价值的,因为其可以引领新产品和服务的开发、预测个人偏好、帮助定制服务、倡导个性化营销。但同时,有学者已开始讨论大数据分析的使用是否可能会损害消费者特别是低收入和低服务水平人群的合法权益。[1] 在消费场景中,人工智能算法不仅分析而且还积极地塑造迎合个体需求进而使其产生深度依赖的数字媒介传播场景。基于算法固有的自主性属性,在人工智能算法决策之下,个人自主性的丧失将会产生歧视性的价值判断。事实上,价格歧视已经在商业组织的影响下成为诸多消费场景中的现实。在算法经济的驱动下,互联网商务已具备诸多线下市场难以比拟的优越性。

就应用层面看,具有强大功能的互联网平台为人们省去了大量的搜索时间,降低了查询成本,消费者开始从情感上越来越依赖这些互联网平台提供的信息并做出消费决策。但是,有学者研究认为:"值得注意的是,利用人工智能算法技术操纵价格的危害并不仅仅体现在'显而易见的共谋'的场景之中,亦即企业利用大数据技术提升沟通调价的效率并强化价格监测力度、识别组织成员背叛的能力,真正的威胁源于那些做法更为隐蔽的共谋形式。问题在于,通过隐蔽手段而达成的共谋往往难以纳入'核心卡特尔'(Hard-core Cartel)的范畴,因而更容易逃脱法律的制裁。"[2]因此,尽管有相关个人信息保护、信息安全技术对个人信息安全的规范管理的法律法规,但是,公开透明和知情同意两个具体要求,在现实中却很难遵循。其原因一是消费者在明知具有价格差异的情况下,一般是会拒绝同意的,即"知情不同意";二是企业不愿公开,即目前所有被认为存在大数据价格歧视的行为,商业公司出于维护商誉和稳定客源的目的,即便其实际存在价格歧视行为,也都会否认价格歧视行为的存在。由此,有研究也认为,在算法共谋场

<hr>

① Mark Andrejevic, Mark Burdon. *Defining the Sensor Society. Television & New Media*. 2015, Vol. 16 (1), pp.19 - 36.

② 阿里尔·扎拉奇,莫里斯·E.斯图克:《算法的陷阱:超级平台、算法垄断与场景欺骗》,余潇译,中信出版社,2018,第52页。

景下,个体对于消费平台所建构的情感消费场景已经形成,此类平台已经成为"有效的垄断方式",并通过提取、分析和使用越来越多被记录的数据来完成商业算法的分析,这已经成为常态。使用该平台的用户越多,该平台对其他人来说就越有价值,因为它的数据收集能力也就能够不断扩大。[①] 其结果是,个人使用平台的次数越多,他们留下的数据就越多,服务就能变得越有针对性。同时,供应商使用平台的次数越多,平台可以提供的服务种类就越多,从而可以吸引更多的用户。用户和提供者越多地使用平台,情感交互的连接会发生得越多。因此,在这种互相依赖的关系中,通过收集获取更多的数据,用户和服务提供商对平台的使用便不断扩大。

对于人工智能算法对个人信息的侵害,应从技术控制与法律规制的角度加以控制。相关研究认为,应该在公共机构监管实施个人风险管控、媒介平台治理,以及针对算法实施全行业的技术性监控。就算法的规则属性来看,美国学者劳伦斯·莱斯格提出"代码即法律"的观点,主要意义在于回应网络自由主义者对于"网络乌托邦"的想象,并指出网络空间虽然能够避免政府干涉,但却被置于市场主体这只"看不见的手"的完美控制之下,而后者正是通过算法来塑造网络空间的运行规则并进而对人类社会产生影响的。[②] 因此,面对社会的数字化转型,与人工智能算法共存发展的时代,需要对数字媒介传播场景做出新的解释。显然,媒介传播场景不是单纯的技术规范空间,而是包含人们社交、生活、情感互动的多重意义以及文化共享的空间。个人的自主决策权在现实的生活中也常常受到主客体多元因素的影响。无疑,人类的最终发展方向也正是追寻那些能提供消除更多不确定性的机制。因此,在数字媒介传播场景中,对于算法的参与决策也不能采取完全对立的观点。那么,在将其界定为人类的技术与文化相融合的视角下,随着人工智能技术的发展,使用算法进行决策的法律和政治含义必将逐渐超越治理问题,进而可能会集中于探究人工智能算法在人们生活中的意义和运用范围的问题。

概言之,人工智能领域全面进入数字传媒产业的发展现实,加之算法固有的不透明性,使得通过算法进行治理存在不容易被感知、难以确认责任的问题。关于"谁来治理网络"的理论问题,学者们也提出了不同的观点,包括代码、国家政府、各种国际体制、行业规范、工程联合会等主张。其中莱斯格提出"代码统治网络空间"理论,将网络体系架构孤立于网络行为约束之外,认为代码及代码设计者是权力的核心。他认为,网络空间由计算机代码所构筑或编制,本身就受到市场、法律、社会规范的影响,因此"代码即法

---

① 阿里尔·扎拉奇,莫里斯·E.斯图克:《算法的陷阱:超级平台、算法垄断与场景欺骗》,余潇译,中信出版社,2018,第52页。

② 劳伦斯·莱斯格:《代码2.0:网络空间中的法律(修订版)》,李旭、沈伟译,清华大学出版社,2018。

律"。莱斯格明确指出,代码建构了数字空间的规则,同样约束着人类行动。计算机代码本身与制度具有同样的规制效应。但是,代码规则的负面效应是,商业公司的逐利性会让规则朝着有利于盈利的方向偏移,进而影响代码规则在数字空间的公共性,亦即如果人们把法律作为人类公共性的产物,那么在数字空间中,代码会将法律的公共性引向为资本牟利。莱斯格的理论甚至将算法规则提升到了更高的规则层级,认为算法规则会给宪法带来挑战,对人的自由及基本权利造成负面影响,更不用说对制度、规制以及公共政策等的影响。[①] 无疑该理论的提出为算法治理问题提出了研究方向和思路。

此外,关于人工智能算法的道德规制的研究,学者们也认为遵守道德规范、法律要求和社会价值观对于创造"信任生态系统"至关重要。同时,政府、科技公司和工业界制定的道德准则数量也呈指数增长,出现了数百种不同的道德人工智能准则,以至于研究人员不得不开发特殊的工具来提供关于这些准则的说明。[②] 总体而言,算法技术的背后始终是人在设计、操控,而关于技术性的程序规则如何融入相应的道德原则,则成为当前亟待讨论和研究的问题。但现实问题是,法律作为规范在单纯规制技术的背景下,无法提供解决的具体途径。其原因在于对算法而言,技术虽然也受到法律规制,但规则的制定大多依据算法技术本身,而无法规范到道德层面。因此,对于算法的法律规制研究认为,目前基于现有成文法的法律适用性研究说明法律的适用不可避免地会涉及社会伦理内容,因此,对于人工智能算法技术的法律规制也应考虑相关层面的问题。

第三节

新技术与人类传播

人类通过生产生活实践建构对世界的认知,新技术的出现离不开人类的实践活动。基于人类的生存与发展,任何新技术都会因人类自身的选择、应用而得以广泛传播,进

---

① 劳伦斯·莱斯格:《代码2.0:网络空间中的法律(修订版)》,李旭、沈伟译,清华大学出版社,2018,第6页。

② Jessica Fjeld, Nele Achten, Hannah Hilligoss, Adam Nagy, Madhu Srikumar. *Principled Artificial Intelligence: Mapping Consensus in Ethical and Rights-based Approaches to Principles for AI*. Berkman Klein Center for Internet& Society, 2020.

而改变人类生活。立足于安东尼·吉登斯的现代化发展理论,特杰·拉斯马森认为在现代网络社会中,新媒体会对社会整合产生不同性质的影响,并且新技术可以消除私人世界与公共世界、生活世界和组织系统世界之间的鸿沟;但同时,这些鸿沟也可能因为新媒体而扩大。因此,相比电视等传统媒介,应用互联网技术的新媒体在每个人的发展中产生了更直接的影响。就此意义而言,在现代化发展过程中,个体脱离社会之后,互联网等新媒体可以帮助人们重新回到社会。[①] 当然,这里主要指的是新技术的发展对于现代社会发展进程的影响,其含义也正如麦克卢汉认为的,新媒体实现了人类社会的重新部落化,使人类回归到部落团结的社会结构状态。实际上,技术与人类社会也是同步发展的,新技术的出现对于人类传播也会产生革命性的影响,并且通过传播,新技术也得以快速发展。

一、传播技术决定论

人类传播技术的发展能够激发人类文明的进步与物质创造的潜力。在传播技术发展理论中,从伊尼斯开始的技术学派就认为,媒介技术的改变会引发特定历史时期文明的演进。罗杰斯等学者提出,以人类早期书写手段的发明、15 世纪印刷术的发源、19 世纪中叶开始的电信传播世纪,以及 1946 年大型计算机的发明而开启的互动传播时代等历史演变为代表,任何时代的技术进步都会强化人类的生存与发展。在这个过程中,技术发展和人类文明进步之间具有明显的相互影响的特征,特别是随着时间的推移,技术的发展进步更迅速、传播更远、范围更为广泛,也产生更强的影响力。[②] 随着人类技术的不断进步,传播技术也具有越来越强的跨越时空的能力。因此,发展至今以大数据、人工智能为基础的新媒介技术也正在打破人类既往的空间认知与时间感知,带给人类全新的传播体验。由此,研究者也讨论了传播技术发展对人类传播活动的影响作用。

随着人类工业文明的发展,自 19 世纪末 20 世纪初,有关技术与人类社会发展问题的哲学思考也成为人们关注的领域。就广义的技术发展对人类的影响而言,主要形成了技术工具论、技术决定论和反技术论的不同观点。[③]

第一,技术工具论,也被称之为"技术工具论"或"技术工具观",认为人类为了满足自己的各种需求而创造了技术,从而认为技术是人类工具性的存在。事实上,技术本身

---

① 丹尼斯·麦奎尔:《麦奎尔大众传播理论(第六版)》,崔保国、李琨译,清华大学出版社,2019,第 117 页。
② 同上,第 84 页。
③ B. M.罗津:《技术哲学:从埃及金字塔到虚拟现实(中文版序)》,张艺芳译,上海科技教育出版社,2018,第 4—5 页。

所具有的工具性特征,广泛存在于人类社会生活的各个方面,从机器厂房的流水线到家用电器和智能家居等,无不如此。因此,研究者多偏向于从工具视角解读技术,该观点也被广为接受。但对于技术工具论,许多学者也进行了反思和批判,并提出不同观点。存在主义哲学家海德格尔曾对技术的工具主义进行了深刻反思。他认为,技术的工具性解读以及技术作为中性现象的阐释尽管符合常识,却不免偏离了技术的本质。他认为所谓的技术工具论实际上将人作为存在的意义彻底物化了,他说:"如果我们把技术当作某种中性的东西来考察,我们便最恶劣地被交付给技术了。"他进而认为"通行于世的关于技术的观念——即认为技术是工具和人的行为——可以被叫做工具的和人类学的技术规定"①,但也认为技术工具论尚需进一步追问,要真正从存在论的维度理解技术的工具性,因而"技术就不仅是手段。技术乃是一种解蔽方式。倘我们注意到这一点,那么就会有一个完全不同的适合于技术之本质的领域向我们开启出来。此乃解蔽之领域,亦即真理之领域"②。此外,德国哲学家斯宾格勒也反对技术工具论,他认为技术是生活方式,而不能简单地理解为工具。

第二,技术决定论。与技术工具论的观点相反,技术决定论认为,技术具有自身的特定规律与自主性,技术作为社会变迁的动力,能够支配人类社会的发展。马克思认为,技术的变迁体现了人类社会生产力的提高,而新的生产力又会促进生产关系的变化,从而推动社会的发展。在1847年的《哲学贫困》中,马克思就指出:"社会关系和生产力密切相关。随着新生产力的获得,人们改变自己的生产方式,随着生产方式即保证自己生活的方式的改变,人们也就会改变自己的一切社会关系。手工磨产生的是封建主为首的社会,蒸汽磨产生的是工业资本家为首的社会。"③人类社会的发展变迁与技术进步息息相关。对于技术决定论的讨论,主要有以奥格本为代表的强技术决定论,认为技术革新在社会变迁中起决定性作用,进而提出新技术发明在文化的某一部分造成的变化,势必要求与之相关联的其他部分做出调节以适应技术的发明。④还有以雅克·埃吕尔为代表的弱技术决定论,认为技术具有自主性,其理论观点包括:其一,技术发展有其内在的逻辑和规律;其二,技术对社会进行全面渗透,整个社会的技术化使得技术摆脱了社会的控制;其三,技术对人的全面影响,特别是对人的思想观念和思维方式的影响,使得人依赖于技术而难以控制技术。⑤但不论是强技术决定论者,还是弱技术决定

① 海德格尔:《海德格尔选集(下)》,孙周兴等译,上海三联书店,1996,第925页。
② 同上,第931页。
③ 马克思、恩格斯:《马克思恩格斯全集(第4卷)》,人民出版社,1958,第144页。
④ 参见奥格本:《社会变迁:关于文化和先天的本质》,王晓毅、陈育国译,浙江人民出版社,1989。
⑤ 参见陈昌曙:《技术决定论》,科学出版社,1999。

论者,都坚持技术对社会发展具有影响,只不过弱技术决定论更偏重人对技术的影响和控制。

第三,反技术论,反对将人与技术分割,而将人与技术看作一个统一体的两个部分。该观点由于目前尚没有清晰描述这个统一体,因而无法展开更进一步的分析和讨论,也很少被人们所接受。[①]

新技术通过不断模仿、复制、扩展和提升人类自身的某些机能,从而极大地扩展了人类社会活动的领域和范围。在此背景下,受技术决定论的影响,逐渐形成了传播技术决定论的理论观点,例如伊尼斯的传播偏向论、麦克卢汉的"媒介是人的延伸"等观点,以及其他学者提出的有关人类技术变迁影响传播活动的论点。伊尼斯通过对传播的偏向的叙述,强调媒介对人类社会以及人类文明的影响。他通过对埃及文明中莎草纸对石头以及象形文字媒介的挑战,认为媒介能影响文字与思想的传播,进而导致了社会的变革[②]。同时,对于麦克卢汉的观点中对于技术的强调,威尔伯·施拉姆也认为"麦克卢汉是技术决定论者。和伊尼斯一样,他把西方近代史解释为'建基于印刷文字的传播偏向与知识垄断的历史'"[③]。正如有学者指出的,麦克卢汉的最大功绩就在于充分认识到了媒介技术对于人类传播的重要意义。麦克卢汉把媒介置于一个广阔的历史、文化背景下加以考察,特别是强调指出了长期以来被人们忽视的媒介、技术(而非信息内容)本身对社会的独特影响,从而成为世界进入信息时代的思想先驱之一,大大拓宽了媒介研究的路径,为推动传播学的发展做出了重要的贡献。但同时,"我们需要有分析、有批判地对待他的理论,一是注意避免走向'唯技术论'(即过于夸大技术的力量,而无视或轻视其他社会条件的作用)的极端;二是否定其一些不合理、不科学的观点(如对文字印刷媒介的过度否定、对媒介'热''冷'的随意区分等)"[④]。因此,传播技术决定论的观点也不断受到人们的质疑。由此,对于媒介技术影响人类社会生活、文化的问题,更多的讨论则集中于技术与人类文明的互动层面。即便如此,传播技术决定论所认为的技术对于人们社会生活的影响,在大数据、人工智能领域已经得到了充分体现。

随着人工智能技术的发展,人工智能依赖机器学习,并通过拟化人类的思维形态的方式,为人的生活、工作和决策提供便利。这也正如法国哲学家雅克·埃吕尔所认为的,技术就是一个拟人化的概念。由于人类已经变得彻底技术化,技术从而也完全拟人

---

① 牟怡:《机器与传播:从计算机中介传播到人工传播》,上海交通大学出版社,2022,第8—9页。
② 哈罗德·伊尼斯:《传播的偏向》,何道宽译,中国人民大学出版社,2003,28—29页。
③ 威尔伯·施拉姆、威廉·波特:《传播学概论(第二版)》,何道宽译,中国人民大学出版社,2010,第127页。
④ 张国良:《传播学原理(第三版)》,复旦大学出版社,2021,第101页。

化了。人类已将其生命投入了大量的有关方法、技法、机器、理性等生产性的组织以及网络当中。从另一角度看，技术是人类的生命力，人类则属于技术，技术深度影响人类生活现实。就此而言，技术要不断发展，就必须立足于人类的身体、精神、意志和行动，使得技术与人类协调一致，否则他们也将会一同毁灭。[①] 这里，埃吕尔借助于技术有灵论的隐喻，把技术看作有感觉、能思考、做决定和发命令的主体。实际上，这关于技术的形象化描述，就包含着他对技术和人的关系的复杂性的认识，同时也一定程度地代表了西方思想中对于技术认识的观点。对此，有学者就认为："技术决定论是特定历史时期的一个特殊问题，在这一时期，技术变革的力量已得到释放，但对技术进行控制或引导的力量尚未发展成熟。"[②]因此，技术对人类发展的影响无疑是非常明确的，对人类传播活动的影响更是非常直接和迅速。

二、新技术对于人类传播的影响

从学术研究角度，人们将技术发展和传播媒介之间加以区分，但事实上，二者并非截然对立。正如麦克卢汉认为的，他所谓的"技术"包含最宽泛的含义，不仅包括作为机器的硬件，而且还包括一切形式的传播和信息处理，包括言语、文字、数学、计算和互联网等各类"语言"，如计算机被称为信息技术的事实就是如此。这也就说明媒介、语言和技术的区分仅仅是人为区别的概念。麦克卢汉进而认为，技术源于希腊语的 technologia，其含义是系统的处理，而 technologia 又源于古希腊语的 techne，其含义是艺术和"逻各斯"，"逻各斯"的含义是事物的本质和规律。[③] 因此，就此意义而言，所谓技术也就是人的本质属性的体现，也就是海德格尔所说的，技术就是一种"解蔽"存在的方式。就当代发展迅速的人工智能技术而言，人工智能事实上并不是人的智能，而是计算机生成的一种交流形式，它仅仅是模拟了人类智能的某些属性而已，就像好的书能模拟人的话语，给读者提供一种陪伴的方式。但是，由于书籍这一媒介与读者的互动有限，它没有被视为一种人工智能形式，甚至没有被当作"讲故事的人"。计算机是高精尖的通信技术，只要有完善的计算机程序语言，它就可以预料使用者可能输入的信息，从而模拟人类智能的某些形式。[④] 显然，就此而言，人工智能不是一种独立于人类的智能形式，而是人类智

---

① 兰登·温纳：《自主性技术——作为政治思想主题的失控技术》，杨海燕译，北京大学出版社，2014，第42页。

② Robert L. Heilbroner. Between Capitalism and Socialism. Vintage, 1970, p.163.

③ 罗伯特·洛根：《理解新媒介：延伸麦克卢汉》，何道宽译，复旦大学出版社，2012，第54页。

④ 同上，第468页。

能通过计算机这种人造物所进行的传播方式,计算机仅仅是信息储存和加工的媒介。因此,人工智能概念中所谓的使人的智能去人性化的观点,实际上就是把人的思维过程和人造物混为一谈,就其本质而言人工智能系统就是人造物。人造物当然不容纳智能,也不会有智慧,其功能只不过是人类智能的媒介。

但是,学者们也很清晰地认识到,尽管人工智能是为人所用的人造物,但其作为新技术在数字媒介传播场景中依然被作为技术手段,影响人的决策。就现实发展看,人工智能技术的兴起所影响的不仅包括公共生活,还包括私人生活场景。这其中对于个人的观察和预测,以及将个体生命信息转化为信息商品的做法已经变得非常普遍。数据的记录和存储越来越便捷和廉价,而且对于不同主体的数据,可以在无须付出较高成本的情况下获得,由此导致的直接问题是,在没有法律规制下保存数据比废弃数据更为廉价。① 就当代世界范围内数据的丰富性而言,这其中就需要算法对这些数据进行排序、检索、解释和决策,并使其成为现实发展的驱动力。正因如此,人们对于人工智能算法产生高度依赖,从而需要赋予人工智能算法重要的社会功能。就此意义而言,当人工智能算法成为决定人们日常生活的基本框架逻辑时,就得具备很高的数字编码能力,才能够使得算法实施决策和执行,这其实也充分体现了技术发展给技术自身所带来的挑战。

通过新技术获取数据的技术应用手段,已经完全融入人们日常生活的各个方面。以人工智能技术为分析工具的大数据信息获取无处不在,从而使得人们的日常活动和生活模式的每个细节都可能会被抓取。显然,低难度和低成本的数据捕获和存储使得人们日常生活中任何碎片化的存在都会被算法无一例外地收集到——这些数据收集,甚至还并不包括社交账号或自我跟踪等鼓励人们自我披露信息的情况。因此,各类媒介平台应用的日常生活场景已然成为产生大数据的关键点。如以人脸识别技术为代表的对人群进行轨迹追踪和监控技术,因其深度介入个人生活场景,从而使得人脸识别技术的必要性和正当性成为研究者关注的问题。从技术上看,只要有摄像头就可以不间断地、轻易地采集人脸信息。从应用上看,收集并使用人脸数据的工具和场景日益增加,比如拥有相册读取权限的软件、提供人脸解锁功能的手机厂商、进行身份验证和面部检测的各种金融类软件,甚至是办公楼里的刷脸出入系统等等,都是无处不在的摄像头,也是人们日常活动信息的采集者。这其中除了少数获得用户同意的软件或场景,大量场景下的人脸信息采集都是在人们不知情的状态下完成的。因此,数据采集中所隐含的各类侵犯个人权利问题,以及由此引发的个体生命安全、伦理等问题,都成为数据

---

① N. Srnicek. *Platform Capitalism*. Polity Press, 2017.

采集和获取中需要关注的理论和现实问题。

　　毋庸置疑，大数据、人工智能等新技术的发展正在改变世界。这种新技术的出现允许算法做出决策或影响决策，即以算法来代替人工决策。因此，目前人们普遍生存于数字媒介传播场景所建构的现实中，而大多数媒介应用服务都依赖于算法，从而在隐私、歧视、消费者保护、言论自由或公平审判权等方面造成潜在威胁。当然，作为社会主要行为规范的法律，也随着算法的出现而不断被增订或修正以适应新情况、新问题，反过来，算法本身也不断影响着法律的设计、适用和解释。对此，埃吕尔甚至悲观地认为"面对技术的自主性，人类的自主性不可能存在"①。在他看来，技术自主性与个人自主性无法调和，就是非此即彼的关系，因此，对于数字媒介传播场景中的个人自主性决策问题，从根本上看，依然应坚持立足人类存在的基本立场，从而对大数据、人工智能算法等新技术的规制与逻辑进行深入追问和探究。

【本章延伸阅读】

　　1. 维克托·迈尔-舍恩伯格、肯尼斯·库克耶：《大数据时代》，盛杨燕、周涛译，浙江人民出版社，2012。

　　2. 梅拉妮·米歇尔：《AI3.0》，王飞跃、李玉珂、王晓、张慧译，四川科技出版社，2021。

　　3. 雷·库兹韦尔：《机器之心》，胡晓姣、张温卓玛、吴纯洁译，中信出版社，2016。

　　4. 约翰·马尔科夫：《与机器人共舞》，郭雪译，浙江人民出版社，2015。

　　5. 兰登·温纳：《自主性技术——作为政治思想主题的失控技术》，杨海燕译，北京大学出版社，2014。

　　6. 阿里尔·扎拉奇、莫里斯·E.斯图克：《算法的陷阱：超级平台、算法垄断与场景欺骗》，余潇译，中信出版社，2018。

　　7. 劳伦斯·莱斯格：《代码2.0：网络空间中的法律（修订版）》，李旭、沈伟译，清华大学出版社，2018。

　　8. 安德雷亚斯·莱克维茨：《独异性社会：现代的结构转型》，巩婕译，社会科学文献出版社，2019。

　　9. 松尾丰、盐野诚：《大智能时代：智能科技如何改变人类的经济、社会与生活》，陆贝旎译，机械工业出版社，2016。

　　10. 凯文·凯利：《科技想要什么》，严丽娟译，电子工业出版社，2010。

---

　　①　兰登·温纳：《自主性技术——作为政治思想主题的失控技术》，杨海燕译，第6页。

参考文献

中文及中译文书目

阿尔都塞:《哲学与政治:阿尔都塞读本》,陈越编,吉林人民出版社,2003。

阿克顿:《自由与权力——阿克顿勋爵论说文集》,侯健、范亚峰译,商务印书馆,2001。

阿兰·库隆:《芝加哥学派》,郑文彬译,商务印书馆,2000。

阿里尔·扎拉奇、莫里斯·E. 斯图克:《算法的陷阱:超级平台、算法垄断与场景欺骗》,余潇译,中信出版社,2018。

阿利斯特·E. 麦格拉思:《基督教概论》,孙毅、马树林、李洪昌译,上海人民出版社,2013。

阿伦·布洛克:《西方人文主义传统》,董乐山译,生活·新知·读书三联书店,1997。

阿芒·马特拉、米歇尔·马特拉:《传播学简史》,孙五三译,中国人民大学出版社,2008。

阿瑟·伯格:《通俗文化、媒介和日常生活中的叙事》,姚媛译,南京大学出版社,2000。

阿瑟·O. 洛夫乔伊:《存在巨链——对一个观念的历史的研究》,商务印书馆,2019。

埃里克·麦格雷:《传播理论史:一种社会学的视角》,刘芳译,中国传媒大学出版社,2009。

艾伦·B. 科班:《中世纪大学:发展与组织》,周常明、王晓宇译,山东教育出版社,2013。

爱德华·策勒:《古希腊哲学史》,聂敏里、余友辉、詹文杰、余友辉、吕纯山译,人民出版社,2021。

爱德华·吉本:《罗马帝国衰亡史》,黄宜思等译,商务印书馆,1997。

安德雷亚斯·莱克维茨:《独异性社会:现代的结构转型》,巩婕译,社会科学文献出版社,2019。

安德鲁·埃德加:《哈贝马斯:关键概念》,杨礼银、朱松峰译,江苏人民出版社,2009。

安东尼奥·葛兰西:《狱中札记》,曹雷雨、姜丽、张跣译,中国社会科学出版社,2000。

奥尔波特:《谣言心理学》,刘水平、梁元元、黄鹂译,辽宁教育出版社,2003。

奥古斯丁:《忏悔录》,周士良译,商务印书馆,2015。

奥古斯丁:《论灵魂及其起源》,石敏敏译,中国社会科学出版社,2017。

柏拉图:《柏拉图全集(增订版)》,王晓朝译,人民出版社,2018。

柏拉图:《理想国》,郭斌和、张竹明译,商务印书馆,1986。

包亚明:《权力的眼睛——福柯访谈录》,上海人民出版社,1997。

保罗·莱文森:《莱文森精粹》,何道宽译,中国人民大学出版社,2007。

保罗·莱文森：《数字麦克卢汉：信息化新纪元指南》（第2版），何道宽译，北京师范大学出版社，2014。

保罗·莱文森：《数字麦克卢汉：信息化新纪元指南》，何道宽译，社会科学文献出版社，2001。

保罗·莱文森：《思想无羁：技术时代的认识论》，何道宽译，南京大学出版社，2004。

保罗·利科主编：《哲学主要趋向》，李幼蒸等译，商务印书馆，2004。

鲍德里亚：《符号政治经济学批判》，夏莹译，南京大学出版社，2009。

鲍德里亚：《象征交换与死亡》，车槿山译，译林出版社，2006。

鲍德里亚：《消费社会》，刘成富、全志钢译，南京大学出版社，2001。

北京大学比较文学研究所编：《比较文学讲演集》，陕西师范大学出版社，1988。

贝尔纳·米耶热：《传播思想》，江苏人民出版社，2008。

贝尔纳·斯蒂格勒：《技术与时间：爱比米修斯的过失》，裴程译，译林出版社，2000。

贝奈戴托·克罗齐：《历史学的理论与实际》，傅仁敢译，商务印书馆，1982。

彼·阿尔贝、弗·泰鲁：《世界新闻简史》，许崇山等译，中国新闻出版社，1985。

彼得·伯克：《欧洲文艺复兴：中心与边缘》，刘耀春译，东方出版社，2007。

彼得·伯克：《文化史的风景》，丰华琴、刘艳译，北京大学出版社，2013。

彼得·伯克：《意大利文艺复兴时期的文化与社会》，刘君译，东方出版社，2007。

彼得·盖伊：《启蒙时代：现代异教精神的兴起》，刘北成译，上海人民出版社，2015。

彼得斯：《交流的无奈：传播思想史》，何道宽译，华夏出版社，2003。

波拉克斯：《古希腊的智术师修辞》，胥瑾译，吉林出版集团有限责任公司，2014。

J. H. 伯恩斯：《剑桥中世纪政治思想史：350年至1450年》，程志敏、陈敬贤、徐昕、郑兴凤等译，生活·读书·新知三联书店，2009。

伯纳德特：《美之在：柏拉图的〈泰阿泰德〉〈智术师〉与〈治邦者〉》，柯常咏、李安琴译，华东师范大学出版社，2018。

伯纳德·威廉斯：《真理与真诚——谱系论》，徐向东译，上海译文出版社，2013。

伯特·H. 阿波特：《剑桥叙事学导论》（英文版），北京大学出版社，2007。

布莱恩·蒂尔尼、西德尼·佩因特：《西欧中世纪史》，袁传伟译，北京大学出版社，2011。

布鲁斯·麦科米斯基：《高尔吉亚与新智术师修辞》，张如贵译，吉林出版集团有限责任公司，2014。

J. M. 布洛克曼：《结构主义莫斯科—布拉格—巴黎》，李幼蒸译，中国人民大学出版社，2003。

曹卫东：《思想的他者》，北京大学出版社，2006。

查尔斯·弗里曼：《埃及、希腊与罗马：古代地中海文明》，李大维、刘亮译，民主与建设出版社，2020。

查尔斯·霍顿·库利：《社会过程》，洪小良等译，华夏出版社，2000。

陈光兴、杨明敏编：《Cultural Studies：内爆麦当奴》，台北岛屿边缘杂志社，1992。

陈嘉明：《现代性与后现代性十五讲》，北京大学出版社，2006。

陈嘉映：《语言哲学》，北京大学出版社，2004。

陈力丹：《马克思主义新闻观教程》，中国人民大学出版社，2010。

陈世华：《北美传播政治经济学研究》，社会科学文献出版社，2017。

陈学明、张双利、马拥军、罗骞等：《二十世纪西方马克思主义哲学》，人民出版社，2012。

程德林：《西欧中世纪后期的知识传播》，北京大学出版社，2009。

崔连仲等主编：《世界通史》，人民出版社，1997。

达里奥·卡斯蒂廖内、伊安·汉普歇尔-蒙克:《民族语境下的政治思想史》,周保巍译,人民出版社,2014。

大卫·瑙尔斯:《中世纪思想的演化》,杨选译,商务印书馆,2012。

大卫·休谟:《人类理解研究》,关文运译,商务印书馆,1957。

大卫·休谟:《人性论》,关文运译,商务印书馆,1980。

戴元光主编:《影响传播学发展的西方学人》,中国大百科全书出版社,2015。

丹尼尔·杰·切特罗姆:《传播媒介与美国人的思想:从莫尔斯道麦克卢汉》,曹静生、黄艾禾译,中国广播电视出版社,1991。

丹尼斯·麦奎尔:《麦奎尔大众传播理论》,崔保国、李琨译,清华大学出版社,2010。

丹尼斯·麦奎尔:《受众分析》,刘燕南、李颖、杨振荣译,中国人民大学出版社,2006。

德布雷:《媒介学引论》,刘文玲、陈卫星译,中国传媒大学出版社,2014。

德布雷:《普通媒介学教程》,陈卫星、王杨译,清华大学出版社,2014。

丁耘主编:《什么是思想史》,上海人民出版社,2006。

恩斯特·卡西尔:《启蒙运动的哲学》,李日章译,浙江大学出版社,2022。

菲利普·内莫:《古典与中世纪政治思想史》,张竝译,华东师范大学出版社,2021。

菲利普·沃尔夫:《欧洲的觉醒》,郑宇健、顾犇译,商务印书馆,1990。

费冬梅:《沙龙:一种新都市文化与文学生产(1917—1937)》,北京大学出版社,2016。

费夫贺·马尔坦:《印刷书的诞生》,李鸿志译,广西师范大学出版社,2006。

弗雷德里克·S.西伯特等:《传媒的四种理论》,戴鑫译,中国人民大学出版社,2008。

弗洛里安·兹纳涅茨基:《知识人的社会角色》,郏斌祥译,译林出版社,2000。

伏尔泰:《睿智与偏见——伏尔泰随笔集》,余兴立、吴萍选译,上海三联书店,1990。

伽达默尔:《真理与方法》,洪汉鼎译,上海译文出版社,1999。

盖伊·塔克曼:《做新闻——现实的社会建构》,李红涛译,中国人民大学出版社,2022。

高辛勇:《修辞学与文学阅读》,北京大学出版社,1997。

戈公振:《中国报学史》,生活·读书·新知三联书店,2011。

格奥尔格·耶里内克:《〈人权与公民权利宣言〉——现代宪法史论》,李锦辉译,商务印书馆,2013。

格雷厄姆·默多克、珍妮特·瓦斯科、海伦娜·索萨:《传播政治经济学手册》,传播驿站译,华东师范大学出版社,2022。

格雷姆·伯顿:《媒体与社会:批判的视角》,史安斌等译,清华大学出版社,2007。

格·施威蓬豪依塞尔等:《多元视角与社会批判:今日批判理论》,张红山、鲁路、彭蓓、黄文前、王小红译,人民出版社,2010。

葛怀恩:《古罗马的教育:从西塞罗到昆体良》,黄汉林译,华夏出版社,2015。

葛力:《十八世纪法国哲学》,商务印书馆,1979。

葛兆光:《中国思想史:七世纪前中国的知识、思想与信仰世界》,复旦大学出版社,1998。

宫承波、管璘:《传播学史》,中国广播影视出版社,2014。

郭庆光:《传播学教程》,中国人民大学出版社,1999。

哈罗德·拉斯韦尔:《世界大战中的宣传技巧》,张洁、田青译,中国人民大学出版社,2003。

哈罗德·伊尼斯:《传播的偏向》,何道宽译,中国人民大学出版社,2003。

哈罗德·伊尼斯:《帝国与传播》(第三版),何道宽译,中国大百科全书出版社,2021。

N. G. L. 哈蒙德：《希腊史：迄至公元前 322 年》，朱龙华译，商务印书馆，2017。

海德格尔：《存在与时间》（中文修订第二版），陈嘉映、王庆节译，商务印书馆，2018。

海德格尔：《海德格尔选集》（上、下），孙周兴等译，上海三联出版社，1996。

韩雅丽：《詹姆逊的后现代主义理论研究》，黑龙江大学出版社，2010。

汉娜·阿伦特编：《启迪：本雅明文选》，张旭东、王斑译，生活·读书·新知三联书店，2008。

汉诺·哈特：《传播学批判研究：美国的传播、历史和理论》，何道宽译，北京大学出版社，2008。

何勤华主编：《外国法制史》（第六版），法律出版社，2016。

何信全：《哈耶克自由理论研究》，北京大学出版社，2004。

何雨：《社会学芝加哥学派——一个知识共同体的学科贡献》，社会科学文献出版社，2016。

和磊：《葛兰西与文化研究》，中国社会科学出版社，2011。

荷马：《奥德赛》，陈中梅译，北京燕山出版社，1999。

荷马：《荷马史诗》，罗念生、王焕生译，人民文学出版社，2003。

赫伯特·马尔库塞：《单向度的人——发达工业社会的意识形态研究》，刘继译，上海译文出版社，
    2006。

黑格尔：《历史哲学》，王造时译，上海书店出版社，1999。

黑格尔：《哲学史讲演录》，贺麟、王太庆译，商务印书馆，1983。

亨利·皮雷纳：《中世纪的城市》，陈国樑译，商务印书馆，2006。

洪汉鼎：《当代西方哲学两大思潮》，商务印书馆，2010。

胡曙中：《美国新修辞学研究》，上海外语教育出版社，1999。

胡翼青：《传播学科的奠定：1922—1949》，中国大百科全书出版社，2012。

胡翼青、吴越、李耘耕：《西方传播学术史手册》，北京大学出版社，2015。

胡翼青：《再度发言：论社会学芝加哥学派传播思想》，中国大百科全书出版社，2007。

胡翼青、张军芳：《美国传播思想史》，复旦大学出版社，2019。

怀特海：《过程与实在：宇宙论研究》，李步楼译，商务印书馆，2011。

黄安年等主编：《美国史研究与学术创新》，中国法制出版社，2003。

黄颂杰主编：《西方哲学名著提要》，江西人民出版社，2002。

黄晓钟、杨效宏、冯钢主编：《传播学关键术语释读》，四川大学出版社，2005。

黄卓越、戴维·莫利主编：《斯图亚特·霍尔文集》，中国社会科学出版社，2022。

霍布斯：《利维坦》，黎思复、黎廷弼译，商务印书馆，1985。

C. W. 霍莱斯特：《欧洲中世纪简史》，陶松寿译，商务印书馆，1988。

E. 加林：《意大利人文主义》，李玉成译，读书·新知·生活三联书店，1998。

蒋方震：《欧洲文艺复兴史》，商务印书馆，1921。

蒋孔阳、朱立元主编：《西方美学史》，上海文艺出版社，1999。

杰夫·刘易斯：《文化研究基础理论》（第二版），郭镇之、任丛、秦洁、郑宇虹译，清华大学出版社，
    2013。

杰姆逊：《后现代主义与文化理论》，唐小兵译，北京大学出版社，1997。

凯伦·杨、马丁·洛奇：《驯服算法：数字歧视与算法规制》，林少伟、唐林垚译，上海人民出版社，
    2020。

凯瑞·帕罗内：《昆廷·斯金纳思想研究：历史·政治·修辞》，李宏图、胡传胜译，华东师范大学出版

社,2005。

凯斯·R.桑斯坦:《网络共和国:网络社会中的民主问题》,黄维明译,上海人民出版社,2003。

凯斯·R.桑斯坦:《信息乌托邦:众人如何生产知识》,毕竞悦译,法律出版社,2008。

康德:《纯粹理性批判》,邓晓芒译,人民出版社,2004。

康德:《历史理性批判文集》,何兆武译,商务印书馆,1990。

康德:《任何一种能够作为科学出现的未来形而上学导论》,庞景仁译,商务印书馆,1997。

R. G. 柯林武德:《历史的观念》,何兆武、张文杰译,中国社会科学出版社,1986。

克里斯蒂安·福克斯:《数字劳动与卡尔·马克思》,周延云译,人民出版社,2020。

克里斯蒂安·梅茨:《电影的意义》,刘森尧译,江苏教育出版社,2005。

克里斯托弗·罗、马尔科姆·斯科菲尔德:《剑桥希腊罗马政治思想史》,晏绍祥译,商务印书馆,
　　2016。

克里斯·威克姆:《罗马帝国的遗产:400—1000》,余乐译,中信出版集团,2019。

克琳娜·库蕾:《古希腊的交流》,邓丽丹译,广西师范大学出版社,2005。

克洛德·列维-斯特劳斯:《结构人类学》,张祖建译,中国人民大学出版社,2009。

昆体良:《昆体良教育论著选》,任钟印选译,人民教育出版社,2001。

昆廷·斯金纳:《近代政治思想的基础》,奚瑞森、亚方译,商务印书馆,2002。

莱斯莉·阿德金斯、罗伊·阿德金斯:《古代希腊社会生活》,张强译,商务印书馆,2016。

莱斯莉·A. 巴克斯特、唐·O. 布雷思韦特:《人际传播:多元视角之下》,殷晓蓉、赵高辉、刘蒙之译,
　　上海译文出版社,2010。

兰德尔·柯林斯、迈克尔·马科夫斯基:《发现社会:西方社会学思想述评》(第8版),李霞译,商务印
　　书馆,2014。

兰登·温纳:《自主性技术——作为政治思想主题的失控技术》,杨海燕译,北京大学出版社,2014。

劳伦斯·莱斯格:《代码2.0:网络空间中的法律(修订版)》,李旭、沈伟译,清华大学出版社,2018。

雷吉斯·德布雷:《普通媒介学教程》,陈卫星、王杨译,清华大学出版社,2014。

雷蒙·威廉斯:《马克思主义与文学》,王尔勃、周莉译,河南大学出版社,2008。

雷蒙·威廉斯:《漫长的革命》,倪伟译,上海人民出版社,2022。

雷蒙·威廉斯:《文化与社会:1780—1950》,高晓玲译,吉林出版集团,2011。

雷蒙·威廉斯:《希望的源泉:文化、民主、社会主义》,祁阿红、吴晓妹译,译林出版社,2014。

李彬、曹书乐主编:《欧洲传播思想史》,复旦大学出版社,2016。

李强:《自由主义》,吉林出版集团有限责任公司,2007。

李岩:《媒介批评:立场、范畴、命题、方式》,浙江大学出版社,2005。

李艳玲:《西欧中世纪的大学与社会》,东方出版社,2020。

李志强:《先秦和古希腊语言观研究》,学苑出版社,2008。

H. P. 里克曼:《狄尔泰》,殷晓蓉、吴晓明译,中国社会科学出版社,1989。

理查德·J. 莱恩:《导读鲍德里亚(第2版)》,柏愔、董晓蕾译,重庆大学出版社,2016。

理查德·韦斯特、林恩·H. 特纳:《传播理论导引:分析与应用(第6版)》,刘海龙、于瀛译,中国人民
　　大学出版社,2022。

梁启超:《清代学术概论》,东方出版社,1996。

刘海龙:《大众传播理论:范式与流派》,中国人民大学出版社,2008。

刘海龙：《宣传：观念、话语及其正当化（第二版）》，中国大百科全书出版社，2020。

刘海龙：《重访灰色地带：传播研究史的书写与记忆》，北京大学出版社，2015。

刘建明：《马克思主义新闻观基础理论》，清华大学出版社，2010。

刘明翰主编：《欧洲文艺复兴史》，人民出版社，2008。

刘少杰：《国外社会学理论》，高等教育出版社，2006。

刘晓红：《西方传播政治经济学研究》，上海人民出版社，2007。

刘旭光：《欧洲近代艺术精神的起源：文艺复兴时期佛罗伦萨的文化与艺术》，商务印书馆，2018。

刘亚猛：《西方修辞学史》，外语教学与研究出版社，2018。

刘易斯·A. 科塞：《社会思想名家》，石人译，上海人民出版社，2007。

卢梭：《论人类不平等的起源和基础》，李常山译，商务印书馆，1982。

卢梭：《论语言的起源：兼论旋律与音乐的摹仿》，洪涛译，上海人民出版社，2003。

卢梭：《社会契约论》，何兆武译，商务印书馆，1963。

卢梭：《一个孤独的散步者的梦》，李平沤译，商务印书馆，2012。

陆扬、王毅：《文化研究导论》，复旦大学出版社，2006。

陆杨、王毅选编：《大众文化研究》，上海三联书店，2001。

路易·阿尔都塞：《哲学与政治：阿尔都塞读本》，陈越译，吉林人民出版社，2003。

罗伯特·戈尔曼主编：《新马克思主义研究辞典》，中央编译局当代马克思主义研究所译，社会科学文
　　献出版社，1989。

罗伯特·洛根：《理解新媒介：延伸麦克卢汉》，何道宽译，复旦大学出版社，2012。

罗伯特·默顿：《论理论社会学》，何凡兴、李卫红、王丽娟译，华夏出版社，1990。

罗伯特·默顿：《社会理论和社会结构》，唐少杰、齐心等译，译林出版社，2006。

罗伯特·E. 帕克等：《城市：有关城市环境中人类行为研究的建议》，杭苏红译，商务印书馆，2020。

罗伯特·E. 帕克：《移民报刊及其控制》，陈静静、展江译，中国人民大学出版社，2011。

罗布·斯通斯主编：《核心社会学思想家（第 3 版）》，姚伟、李娜译，上海人民出版社，2020。

罗丹、冯棠、梦华：《法国文化史》，北京大学出版社，1997。

罗刚、刘象愚主编：《文化研究读本》，中国社会科学出版社，2000。

E. M. 罗杰斯：《传播学史：一种传记式的方法》，殷晓蓉译，上海译文出版社，2012。

罗兰·巴特：《符号学原理》，王东亮等译，生活·读书·新知三联书店，1999。

罗曼·罗兰：《卢梭的生平和著作》，王子野译，生活·读书·新知三联书店，1993。

罗纳德·斯蒂尔：《李普曼传》，于滨、陈小平、谈锋译，中信出版社，1982。

罗素：《西方哲学史》，马元德译，商务印书馆，1976。

洛厄里、德弗勒：《大众传播效果研究的里程碑（第三版）》，刘海龙译，中国人民大学出版社，2009。

洛夫乔伊：《存在巨链——对一个观念的历史的研究》，张传有、高秉江译，商务印书馆，2019。

洛克：《论宗教宽容》，吴云贵译，商务印书馆，1982。

洛克：《人类理解论》，关文运译，商务印书馆，1997。

洛克：《政府论》，叶启芳、瞿菊农译，商务印书馆，1964。

马丁·杰伊：《法兰克福学派史（1923—1950）》，单世联译，广东人民出版社，1996。

马丁·路德：《马丁·路德文选》，马丁·路德著作翻译小组译，中国社会科学出版社，2003。

马基雅维利：《君主论》，李盈译，天津教育出版社，2004。

马克·波斯特:《第二媒介时代》,范静晔译,南京大学出版社,2000。

马克思、恩格斯:《马克思恩格斯全集》,中共中央马恩列斯著作编译局译,人民出版社,1982。

马克思、恩格斯:《马克思恩格斯选集》,中共中央马恩列斯著作编译局译,人民出版社,1995。

马克思:《资本论(第1卷)》,中共中央马恩列斯著作编译局译,人民出版社,2004。

马克斯·霍克海默:《批判理论》,李小兵等译,重庆出版社,1989。

马克斯·霍克海默、西奥多·阿多诺:《启蒙辩证法——哲学断片》,渠敬东、曹卫东译,上海人民出版社,2003。

马歇尔·麦克卢汉:《理解媒介:论人的延伸》,何道宽译,译林出版社,2011。

迈克尔·埃默里、埃德温·埃默里、南希·L. 罗伯茨:《美国新闻史:大众传播媒介解释史(第九版)》,展江译,中国人民大学出版社,2009。

迈克尔·舒德森:《发掘新闻:美国报业的社会史》,陈昌凤、常江译,北京大学出版社,2009。

迈克尔·舒德森:《新闻的力量》,刘艺娉译,华夏出版社,2011。

梅拉妮·米歇尔:《AI3.0》,王飞跃、李玉珂、王晓、张慧译,四川科技出版社,2021。

梅谦立:《哲学家的雅典基督徒的罗马:教父时期与中世纪神学研究》,中国社会科学出版社,2012。

弥尔顿:《论出版自由》,吴之椿译,商务印书馆,1958。

弥尔顿:《为英国人民声辩》,何宁译,商务印书馆,1958。

米歇尔·福柯:《性史》,张廷琛、林莉、范千红译,上海科学技术文献出版社,1989。

米歇尔·福柯:《知识考古学》,谢强、马月译,生活·读书·新知三联书店,1998。

米耶热:《传播思想》,陈蕴敏译,江苏人民出版社,2008。

J. S. 密尔:《代议制政府》,汪瑄译,商务印书馆,1982。

莫里斯·迪克斯坦:《伊甸园之门:六十年代的美国文化》,方晓光译,译林出版社,2007。

尼尔·波兹曼:《技术垄断:文化向技术投降》,何道宽译,北京大学出版社,2007。

尼尔·波兹曼:《娱乐至死·童年的消逝》,章艳、吴燕莛译,北京大学出版社,2011。

尼尔·波兹曼:《娱乐至死》,章艳译,广西师范大学出版社,2004。

尼科洛·马基雅维里:《佛罗伦萨史》,李活译,商务印书馆,1982。

帕特里克·贝尔特:《二十世纪的社会理论》,瞿铁鹏译,上海译文出版社,2002。

潘知常、林玮:《传媒批判理论》,新华出版社,2002。

培根:《培根论说文集》,水天同译,商务印书馆,1958。

培根:《新工具》,许宝骙译,商务印书馆,1984。

培根:《学术的进展》,刘运同译,上海人民出版社,2007。

皮亚杰:《结构主义》,倪连生、王琳译,商务印书馆,1984。

乔纳森·H. 特纳:《社会学理论的结构(第7版)》,邱泽奇、张茂元等译,华夏出版社,2006。

乔治·霍兰·萨拜因:《政治学说史》,盛葵阳、崔妙因译,商务印书馆,1986。

乔治·H. 米德:《心灵、自我与社会》,赵月瑟译,上海译文出版社,2005。

邱小平:《表达自由——美国宪法第一修正案研究》,北京大学出版社,2005。

让-诺埃尔·卡普费雷:《谣言:世界最古老的传媒》,郑若麟译,上海人民出版社,2018。

让-皮埃尔·韦尔南:《希腊思想的起源》,秦海鹰译,北京大学出版社,2012。

塞奇威克、韦恩:《算法》,谢路云译,人民邮电出版社,2012。

色诺芬:《回忆苏格拉底》,吴永泉译,商务印书馆,1984。

史蒂文·康纳：《后现代主义文化——当代理论导引》，严忠志译，商务印书馆，2002。

斯蒂文·贝斯特、道格拉斯·凯尔纳：《后现代理论——批评性的质疑》，张志斌译，中央编译出版社，2004。

斯各特·拉什：《信息批判》，杨德睿译，北京大学出版社，2009。

斯塔夫里阿诺斯：《全球通史：从史前史到21世纪》，吴象婴、梁赤民、董书慧、王昶译，北京大学出版社，2006。

斯坦利·巴兰、丹尼斯·戴维斯：《大众传播理论：基础、争鸣与未来（第五版）》，曹书乐译，清华大学出版社，2014。

宋继杰：《逻各斯的技术：古希腊思想的语言哲学透视》，清华大学出版社，2013。

索绪尔：《普通语言学教程》，高名凯译，商务印书馆，1980。

塔纳斯：《西方思想史——对形成西方世界观的各种观念的理解》，吴象婴、晏可佳、张广勇译，上海社会科学院出版社，2007。

A. E. 泰勒：《柏拉图——生平及其著作》，谢随知、苗力田译，山东人民出版社，1996。

汤姆·斯丹迪奇：《从莎草纸到互联网：社交媒体2000年》，林华译，中信出版社，2015。

E. P. 汤普森：《英国工人阶级的形成》，钱乘旦等译，译林出版社，2013。

陶东风、周宪主编：《文化研究（第14辑）》，社会科学文献出版社，2013。

陶水平：《文化研究的学术谱系与理论建构》，社会科学文献出版社，2019。

特伦斯·霍克斯：《结构主义和符号学》，瞿铁鹏译，上海译文出版社，1997。

涂纪亮：《美国哲学史》，武汉大学出版社，2007。

托马斯·R. 马丁：《古希腊简史：从史前到希腊化时代》，杨敬清译，上海三联书店，2011。

W. I. 托马斯、F. 兹纳涅茨基：《身处欧美的波兰农民》，张友云译，译林出版社，2000。

托伊恩·A. 梵·迪克：《作为话语的新闻》，曾庆香译，华夏出版社，2003。

瓦尔特·本雅明：《机械复制时代的艺术作品》，王才勇译，浙江摄影出版社，1993。

汪民安：《福柯的界线》，中国社会科学出版社，2002。

汪民安主编：《文化研究关键词（修订版）》，江苏人民出版社，2020。

汪子嵩、范明生、陈村富、姚介厚：《希腊哲学史》，人民出版社，2014。

汪子嵩、王太庆编：《陈康：论希腊哲学》，商务印书馆，2011。

王德峰编：《梁启超文选》，上海远东出版社，2011。

王逢振主编：《詹姆逊文集》，中国人民大学出版社，2004。

王焕生：《古罗马文艺批评史纲》，译林出版社，1998。

王晓朝：《罗马帝国文化转型论》，上海辞书出版社，2017。

王晓朝：《希腊哲学简史：从荷马到奥古斯丁》，上海辞书出版社，2017。

王治河：《福柯》，湖南教育出版社，1999。

威尔伯·施拉姆、威廉·波特：《传播学概论（第二版）》，何道宽译，中国人民大学出版社，2010。

威尔·杜兰特：《历史上最伟大的思想》，王琴译，中信出版社，2009。

维克托·迈尔-舍恩伯格、肯尼思·库克耶：《大数据时代：生活、工作与思维的大变革》，周涛译，浙江人民出版社，2012。

魏艳芳：《法兰克福学派的大众文化多维度批判》，天津人民出版社，2016。

文德尔班：《哲学史教程》，罗达仁译，商务印书馆，1987。

文森特·莫斯可:《传播:在政治和经济的张力下——传播政治经济学》,胡正荣译,华夏出版社,2000。

文森特·莫斯可、丹·席勒:《数字化崇拜:迷思、权力与赛博空间》,黄典林译,北京大学出版社,2010。

文森特·莫斯可:《数字化崇拜:迷思、权力与赛博空间》,黄典林译,北京大学出版社,2010。

文森佐·费罗内:《启蒙观念史》,马涛、曾允译,商务印书馆,2018。

沃尔特·厄尔曼:《中世纪政治思想史》,夏洞奇译,译林出版社,2011。

沃尔特·李普曼:《幻影公众》,林牧茵译,复旦大学出版社,2013。

沃尔特·李普曼:《舆论》,常江、肖寒译,北京大学出版社,2018。

吴春华:《西方自由主义政治思潮研究》,中国社会科学出版社,2018。

吴晓群:《希腊思想与文化》,上海社会科学院出版社,2009。

西奥多·格拉瑟主编:《公共新闻事业的理念》,邬晶晶译,华夏出版社,2009。

西奥多·夏兹金、卡琳·诺尔·塞蒂纳、埃克·冯·萨维尼:《当代理论的实践转向》,柯文、石诚译,苏州大学出版社,2010。

西蒙·罗杰斯:《数据新闻大趋势:释放可视化报道的力量》,岳跃译,中国人民大学出版社,2015。

西塞罗:《图斯库路姆论辩集》,顾枝鹰译,华东师范大学出版社,2022。

西塞罗:《西塞罗全集》,王晓朝译,人民出版社,2007。

希伦·A. 洛厄里、梅尔文·L. 德弗勒:《大众传播效果研究的里程碑(第三版)》,刘海龙等译,中国人民大学出版社,2009。

夏帕:《普罗塔戈拉与逻各斯:希腊哲学与修辞研究》,卓新贤译,吉林出版集团有限责任公司,2014。

夏莹:《消费社会理论及其方法论导论——基于早期鲍德里亚的一种批判理论建构》,中国社会科学出版社,2007。

谢立中:《走向多元话语分析:后现代思潮的社会学意涵》,中国人民大学出版社,2009。

徐大同主编:《西方政治思想史》,天津教育出版社,2005。

许正林:《欧洲传播思想史》,上海三联书店,2005。

雅各布·布克哈特:《意大利文艺复兴时期的文化》,何新译,商务印书馆,1979。

雅克·德里达:《马克思的幽灵》,何一译,中国人民大学出版社,1999。

亚里士多德:《形而上学》,吴寿彭译,商务印书馆,1959。

亚里士多德:《修辞学》,罗念生译,生活·读书·新知三联书店,1991。

亚里士多德:《亚里士多德全集》,苗力田译,中国人民大学出版社,1990。

亚里士多德:《政治学》,吴寿彭译,商务印书馆,1965。

颜桂堤:《文化研究:理论旅行与本土化实践》,人民出版社,2020。

杨击:《传播·文化·社会——英国大众传播理论透视》,复旦大学出版社,2006。

杨周翰:《十七世纪英国文学》,北京大学出版社,1985。

杨祖陶、邓晓芒:《康德〈纯粹理论批判〉指要》,湖南教育出版社,1996。

姚君喜:《媒介批评理论与方法》,北京师范大学出版社,2014。

叶秀山、王树人总主编:《西方哲学史》,江苏人民出版社、人民出版社,2011。

伊恩·莫里斯、巴里·鲍威尔:《希腊人:历史、文化和社会》,陈恒、屈伯文、贾斐、苗倩译,格致出版社、上海人民出版社,2014。

伊·拉卡托斯:《批判与知识的增长》,周寄中译,华夏出版社,1987。

伊莱·帕里泽:《过滤泡:互联网对我们的隐秘操纵》,方师师、杨媛译,中国人民大学出版社,2020。

伊丽莎白·罗森:《西塞罗传》,王乃森、王悦、范秀琳译,商务印书馆,2019。

伊瑟尔:《阅读行为》,金惠敏、张云鹏、张颖、易晓明译,湖南文艺出版社,1991。

伊·伊·安东诺维奇:《美国社会学》,范国恩、张鸿志译,商务印书馆,1981。

应奇:《从自由主义到后自由主义》,生活·读书·新知三联书店,2003。

尤尔根·哈贝马斯:《公共领域的结构转型》,曹卫东、王晓珏、刘北城、宋伟杰译,学林出版社,1999。

尤尔根·哈贝马斯:《公共领域的结构转型》,曹卫东、王晓珏、刘北城、宋伟杰译,学林出版社,1999。

尤尔根·哈贝马斯:《交往行为理论》,曹卫东译,上海人民出版社,2018。

尤尔根·哈贝马斯:《交往与社会进化》,张博树译,重庆出版社,1989。

于海:《西方社会思想史(第三版)》,复旦大学出版社,2011。

余碧平:《中世纪文艺复兴时期哲学》,人民出版社,2011。

余红:《网络时政论坛与舆论领袖研究——以强国社区"中日论坛"为例》,华中科技大学出版社,2010。

约翰·邓恩:《民主的历程》,林猛等译,吉林人民出版社,2003。

约翰·杜翰姆·波德斯:《对空言说:传播的观念史》,邓建国译,上海译文出版社,2017。

约翰·杜威:《公众及其问题》,本书翻译组译,复旦大学出版社,2015。

约翰·杜威:《经验与自然》,傅统先译,商务印书馆,2015。

约翰·费斯克:《传播研究导论:过程与符号》,许静译,北京大学出版社,2008。

约翰·费斯克:《理解大众文化》,王晓珏、宋伟杰译,中央编译出版社,2001。

约翰·高德特:《法老的宝藏:莎草纸与西方文明的兴起》,陈阳译,社会科学文献出版社,2020。

约翰·麦克里兰:《西方政治思想史》,彭淮栋译,海南出版社,2003。

约翰·梅里曼:《欧洲现代史:从文艺复兴到现在》,焦阳、赖晨希、冯济业、黄海枫译,上海人民出版社,2016。

约翰·密尔:《论自由》,许宝骙译,商务印书馆,1959。

约翰·斯道雷:《文化理论与大众文化导论(第七版)》,常江译,北京大学出版社,2019。

约翰·西奥多·梅尔茨:《十九世纪欧洲思想史》,周昌忠译,商务印书馆,2017。

臧国仁、蔡琰:《叙事传播:故事/人文观点》,浙江大学出版社,2019。

詹明信:《晚期资本主义的文化逻辑:詹明信批评理论文选》,陈清侨等译,生活·读书·新知三联出版社,1997。

詹姆斯·凯瑞:《作为文化的传播:"媒介与社会"论文集(修订版)》,丁未译,中国人民大学出版社,2019。

詹姆逊、三好将夫:《全球的文化》,马丁译,南京大学出版社,2001。

张国良:《传播学原理(第三版)》,复旦大学出版社,2021。

张国良主编:《20世纪传播学经典文本》,复旦大学出版社,2003。

张锦华:《传播批判理论:从解构到主体(增修版)》,台湾黎明文化,2013。

张亮、李媛媛:《理解斯图亚特·霍尔》,北京师范大学出版社,2016。

张汝伦:《思考与批判》,上海三联书店,1999。

张天勇:《社会符号化——马克思主义视阈中的鲍德里亚后期思想研究》,人民出版社,2008。

张玉书编选：《海涅选集》，人民文学出版社，1983。

赵敦华：《基督教哲学 1500 年》，人民出版社，2005。

赵敦华：《中世纪哲学十讲》，复旦大学出版社，2020。

赵勇：《整合与颠覆：大众文化的辩证法——法兰克福学派的大众文化理论》，北京大学出版社，2005。

赵月枝：《传播与社会：政治经济与文化分析》，中国传媒大学出版社，2011。

郑超然、程曼丽、王泰玄：《外国新闻传播史》，中国人民大学出版社，2000。

周葆华：《效果研究：人类传受观念与行为的变迁》，复旦大学出版社，2008。

朱迪斯·M. 本内特、C. 沃伦·霍利斯特：《欧洲中世纪史（第 10 版）》，杨宁、李韵译，上海社会科学院
出版社，2007。

朱光潜：《西方美学史》，人民文学出版社，1963。

朱立元主编：《当代西方文艺理论（第 2 版）》，华东师范大学出版社，2005。

朱振明：《传播世界观的思想者——阿芒·马特拉传播思想研究》，上海交通大学出版社，2011。

中文及中译文论文

白红义：《作为"理想型"的媒介社会学经典创立者：重访韦伯与帕克》，《现代传播》（中国传媒大学学
报）2020 年第 12 期。

曹晋、赵月枝：《传播政治经济学的学术脉络与人文关怀》，《南开学报》（哲学社会科学版）2008 年第
5 期。

曹志平、邓丹云：《论科学主义的本质》，《自然辩证法研究》2001 年第 4 期。

常江、胡颖、保罗·莱文森：《媒介进化引导着文明的进步——媒介生态学的隐喻和想象》，《新闻界》
2019 年第 2 期。

常江、史凯迪：《安吉拉·麦克罗比：流行文化导致性别平等的幻象——重返伯明翰的女性主义政
治》，《新闻界》2018 年第 10 期。

陈昌凤、仇筠茜：《"信息茧房"在西方：似是而非的概念与算法的"破茧"求解》，《新闻大学》2020 年
第 1 期。

陈昌凤：《新闻史研究的社会学转向——再读〈发掘新闻：美国报业的社会史〉》，《新闻春秋》2016 年
第 3 期。

陈端洪：《政治法的平衡结构——卢梭〈社会契约论〉中人民主权的建构原理》，《政法论坛》（中国政
法大学学报）2006 年第 5 期。

陈功：《保罗·莱文森的媒介演进线路图谱》，《当代传播》2012 年第 2 期。

陈金锋：《媒介与权力：詹姆斯一世时期的印刷媒介管制》，《济南大学学报》（社会科学版）2014 年第
4 期。

陈静静：《参考与表达——论罗伯特·E. 帕克的传播思想》，《国际新闻界》2012 年第 11 期。

陈力丹：《自我传播与自我传播的前提》，《东南传播》2015 年第 8 期。

陈世华：《达拉斯·斯麦兹的传播思想新探》，《南昌大学学报》（人文社会科学版）2014 年第 3 期。

陈卫星：《西方当代传播学学术思想的回顾和展望（上）》，《国外社会科学》1998 年第 1 期。

陈一：《雷蒙·威廉斯传播思想及其生成脉络简述》，《新闻大学》2009 年第 1 期。

陈怡：《试论杜威经验的方法对传统经验概念的重建》，《哲学研究》1999 年第 3 期。

陈勇：《咖啡馆与近代早期英国的公共领域——哈贝马斯话题的历史管窥》，《浙江学刊》2008年第6期。

陈月明：《消解"主流"：多元的传播学术图像——读两位马特拉的〈传播学简史〉》，《新闻界》2009年第4期

陈韵昭：《传的周折》，《新闻大学》1982年第5期。

陈韵昭：《传学浅谈》，《新闻大学》1981年第1期。

陈韵昭：《传与传播》，《新闻大学》1982年第2期。

程德林：《论西欧中世纪后期基于文字媒介的知识传播》，《图书馆理论与实践》2012年第7期。

褚潇白：《修辞之恶——论奥古斯丁〈忏悔录〉对修辞学的批评》，《文艺理论研究》2012年第4期。

邓炘炘：《面对时代挑战的大学新闻教育——专访南加利福尼亚大学新闻系主任帕克斯教授》，《新闻大学》2008年第1期。

邓志勇：《叙事、叙事范式与叙事理性——关于叙事的修辞学研究》，《外语教学》2012年第4期。

丁汉青、武沛颖：《"信息茧房"学术场域偏倚的合理性考察》，《新闻与传播研究》2020年第7期。

丁俊杰：《简论弥尔顿的出版自由思想》，《现代传播》（中国传媒大学学报）2002年第5期。

杜廷广：《阿克顿史学思想初探》，《史学史研究》2008年第1期。

方师师、於红梅：《詹姆斯·W.凯瑞版本的芝加哥学派及其建构》，《国际新闻界》2010年第12期。

方熹、朱必法：《从"本体论"到"伦理学"：西方形而上学的本真转向》，《学术探索》2014年第1期。

高照明：《论洛克自由思想的基本要素》，《南京社会科学》2011年第7期。

葛瑞瑞：《浅谈中世纪宗教绘画艺术赏析》，《今传媒》2015年第5期。

耿庆伟：《后现代主义视域下的现代性反思》，《社会科学动态》2018年第10期。

郭小安、甘馨月：《"戳掉你的泡泡"——算法推荐时代"过滤气泡"的形成及消解》，《全球传媒学刊》2018年第2期。

郭宇飞：《从奥古斯丁的〈论基督教教义〉看中世纪修辞》，《重庆科技学院学报》（社会科学版）2011年第14期。

郭镇之：《传播政治经济学理论泰斗达拉斯·斯麦兹》，《国际新闻界》2001年第3期。

郭镇之：《传播政治经济学之我见》，《现代传播》（中国传媒大学学报）2002年第1期。

郭镇之：《席勒——传播政治经济学的批判领袖》，《国际新闻界》2002年第1期。

何道宽：《媒介环境学辨析》，《国际新闻界》2007年第1期。

何道宽：《异军突起的第三学派——媒介环境学评论之一》，《深圳大学学报》（人文社会科学版）2007年第6期。

何梦祎：《媒介情境论：梅罗维茨传播思想再研究》，《现代传播》（中国传媒大学学报）2015年第10期。

胡百精、杨奕：《欲望与认同：二十世纪早期的群体传播思想——基于特洛特群体心理和行为研究的重述与讨论》，《国际新闻界》2017年第10期。

胡锦山：《罗伯特·帕克与美国城市移民同化问题研究》，《求是学刊》2008年第1期。

胡易容：《帕洛阿尔托学派及其"元传播"思想谱系：从神经控制论到符号语用论》，《国际新闻界》2017年第8期。

胡泳：《新词探讨：回声室效应》，《新闻与传播研究》2015年第6期。

黄旦：《"把关人"研究及其演变》，《国际新闻界》1996年第4期。

黄旦：《美国早期的传播思想及其流变——从芝加哥学派到大众传播研究的确立》，《新闻与传播研究》2005 年第 1 期。

黄旦：《增发新的"性情"：关于新闻传播思想研究的对话》，《新闻记者》2017 年第 11 期。

黄典林、李杭洋：《感觉结构与传播唯物主义：雷蒙德·威廉斯的传播观及其方法论意义》，《福建师范大学学报》（哲学社会科学版）2022 年第 2 期。

黄晖：《疯癫的沉默与理性的独白——解读福柯的〈疯癫与文明〉》，《法国研究》2010 年第 1 期。

黄晖：《福柯的知识考古学理论剖析》，《法国研究》2006 年第 2 期。

黄骏：《传播是观念的交通：查尔斯·库利被忽视的运输理论及其当代启示》，《新闻与传播研究》2021 年第 3 期。

黄卓越：《斯图亚特·霍尔的遗产》，《中国图书评论》2014 年第 4 期。

贾开：《人工智能与算法治理研究》，《中国行政管理》2019 年第 1 期。

江天骥：《科学主义和人本主义的关系问题》，《哲学研究》1996 年第 11 期。

姜红：《舆论如何是可能的？——读李普曼〈公众舆论〉笔记》，《新闻记者》2006 年第 2 期。

居延安：《传学的若干研究课题——1980—1981 年研究项目》，《新闻大学》1982 年第 2 期。

柯泽：《帕克社会学理论中的传播思想及其反思》，《武汉大学学报》（人文科学版）2013 年第 3 期。

孔洪刚：《芝加哥学派传播思想的特点与渊源》，《当代传播》2011 年第 5 期。

劳伦斯·葛林、陈汝东：《文艺复兴时期关于亚里士多德〈修辞学〉的论争：传播理论的跨文化解读》，《福建师范大学学报》（哲学社会科学版）2007 年第 2 期。

雷雨田、刘兴仕：《马丁·路德宗教改革的特点及其意义》，《广州大学学报》（社会科学版）2002 年第 1 期。

李芳睿：《雅典城邦的交流》，硕士学位论文，内蒙古大学，2010。

李红艳：《守门人理论研究的新视角》，《新闻界》2005 年第 2 期。

李宏图：《思想史研究应基于文本的历史性阐释——以约翰·密尔〈论自由〉中文译本为个案》，《探索与争鸣》2020 年第 10 期。

李宏图：《西方思想史研究方法的演进》，《浙江学刊》2004 年第 1 期。

李敬：《帕克：人文生态学视角中的新闻报刊与社会"同化"进程》，《国际新闻界》2011 年第 11 期。

李敬：《文化解释学的考察：网络语词文本的生成与传播》，《社会科学》2015 年第 8 期。

李晓燕、甘锋：《杜威传播思想的再审视及其当代价值的再评估》，《新闻界》2018 年第 10 期。

李醒民：《迈向科学的人文主义和人文的科学主义》，《中国政法大学学报》2013 年第 4 期。

李秀香：《人文主义语言观与西方修辞学研究》，《黑龙江教育学院学报》2016 年第 4 期。

李媛媛：《杜威的实用主义"经验"论》，《外国美学》2009 第 1 期。

李智：《人类交流发生和早期发展的基本逻辑——以古希腊口语传播的历程为视角》，《厦门大学学报》（哲学社会科学版）2010 年第 3 期。

刘东莱：《我们忽略了什么？——英尼斯传播思想的再发现》，《湖北大学学报》（哲学社会科学版）2011 年第 3 期。

刘放桐：《杜威的经验概念重释》，《江海学刊》2013 年第 1 期。

刘海龙：《连续与断裂：帕克与传播研究芝加哥学派神话》，《学术研究》2015 年第 2 期。

刘洪一：《圣经的叙事话语》，《外国文学研究》2006 年第 6 期。

刘家林、赵爽：《传学东渐简述》，《东北师大学报》（哲学社会科学版）2013 年第 3 期。

刘蒙之:《叙事传播:范式、理论及在新闻传播研究中的分析策略应用》,《广州大学学报》(社会科学版)2020年第5期。

刘娜、黄顺铭、田辉:《"舆论"与"共同生活":罗伯特·E.帕克新闻思想中两个被忽视的关键词》,《国际新闻界》2018年第7期。

刘娜、黄顺铭、田辉:《"舆论"与"共同生活":罗伯特·E.帕克新闻思想中两个被忽视的关键词》,《国际新闻界》2018年第8期。

刘润忠:《试析结构功能主义及其社会理论》,《天津社会科学》2005年第5期。

陆扬:《"文化主义"述评》,《三峡大学学报》(人文社会科学版)2004年第5期。

毛峰:《娱乐至死的物种:波兹曼的媒介哲学》,《现代传播》(中国传媒大学学报)2005年第2期。

梅谦立、汪聂才:《奥古斯丁的修辞学:灵魂治疗与基督宗教修辞》,《中山大学学报》(社会科学版)2013年第4期。

梅琼林、连水兴:《传播思想史:范式与流变——兼评许正林〈欧洲传播思想史〉》,《学习与探索》2011第1期。

孟建伟:《科学与人文主义——论西方人文主义的三种形式》,《自然辩证法通讯》2005年第3期。

弭希荣:《两希文化融合的历史根源》,《社会科学战线》2002年第4期。

缪朗山:《论智者派的起源和性质》,载《外国哲学(第4辑)》,商务印书馆,1983,第1—25页。

欧阳康:《文本性、解释和解释学哲学——访美国解释学家乔治·格雷西亚教授》,《哲学动态》2004年第11期。

彭兰:《社会化媒体、移动终端、大数据:影响新闻生产的新技术因素》,《新闻界》2012年第8期。

彭兰:《算法社会的"囚徒"风险》,《全球传媒学刊》2021年第1期。

彭兰:《智媒趋势下内容生产中的人机关系》,《上海交通大学学报》(哲学社会科学版)2020年第1期。

邱金英:《简评赫伯特·席勒的文化帝国主义批判理论》,《文化学刊》2016年第5期。

芮必峰:《健全的社会与健全的传播——试论弗洛姆的传播思想》,《安徽大学学报》2003年第1期。

芮必峰:《人际传播:表演的艺术——欧文·戈夫曼的传播思想》,《安徽大学学报》2004年第4期。

盛国荣、葛莉:《数字时代的技术认知——保罗·莱文森技术哲学思想解析》,《科学技术哲学研究》2012年第4期。

石磊、李慧敏:《传播思想史书写范式与维度》,《西南交通大学学报》(社会科学版)2019年第4期。

石义彬、林颖、吴鼎铭:《媒介技术史视角下的西方新媒体传播思想图谱》,《新闻界》2014年第5期。

宋连胜、晋伟:《柏拉图的修辞哲学思想》,《学术交流》2017年第5期。

孙显蔚:《从古典自由主义到新自由主义——洛克和罗尔斯自由观念评析》,《教学与研究》1999年第10期。

孙周兴:《在现象学与解释学之间——早期弗莱堡时期海德格尔哲学》,《江苏社会科学》1999年第6期。

田薇:《西方中世纪宗教文化形态的三大起源》,《清华大学学报》(哲学社会科学版)2000年第3期。

王冰:《浅议柏拉图的传播思想》,《青年记者》2008年第29期。

王芳:《斯金纳思想史研究中的修辞理论》,《理论导刊》2009年第10期。

王华:《"透过玻璃看到的明亮世界"——刘易斯·芒福德传播思想及其学科价值》,《国际新闻界》2012年第11期。

王金礼：《作为知识的新闻：杜威、帕克与"夭折"的〈思想新闻〉》，《学术研究》2015 年第 3 期。

王锟：《寻求"精英思想"与"民众观念"的统一——对中国思想史的一些思考》，《南京大学学报》（哲学·人文科学·社会科学版）2005 年第 2 期。

王荣堂：《对于北美"独立宣言"与法国"人权宣言"的理解与分析》，《历史教学》1959 年第 7 期。

王晓朝：《论古希腊修辞学的发展与朴素辩证思维的诞生》，《杭州大学学报》1992 年第 2 期。

王养冲：《十八世纪法国的启蒙运动》，《历史研究》1984 年第 2 期。

王怡红：《在历史的作用下认识传播研究的临界点——读〈再度发言论社会学芝加哥学派传播思想〉》，《国际新闻界》2008 年第 1 期。

王颖吉：《威廉·詹姆斯对大众传播研究的影响——以李普曼和帕克为中心的研究》，《当代传播》2009 年第 6 期。

王锺陵：《自文艺复兴以来西方思想的总体走向及对 20 世纪西方思想与文论的总概括与展望》，《苏州大学学报》（哲学社会科学版）2013 年第 4 期。

位迎苏：《文化视域中的传播研究——评雷蒙·威廉斯的传播思想》，《新闻界》2010 年第 1 期。

吴飞：《传播学的反思要正视芝加哥学派的传统——兼评胡翼青的〈再度发言：论社会学芝加哥学派传播思想〉》，《当代传播》2008 年第 5 期。

吴飞、李含含：《算法权力的获得、运行隐患与规制》，《未来传播》2021 年第 28 期。

吴静：《波兹曼媒介技术思想研究》，硕士学位论文，南京大学，2013。

吴静：《弥尔顿出版自由思想的矛盾性解读》，《国际新闻界》2022 年第 2 期。

吴世永：《俗语与白话：全球化中的语言突围——但丁〈论俗语〉与中国、印度白话文学观之比较》，《学习与探索》2004 年第 3 期。

吴予敏：《功能主义及其对传播研究的影响之审思》，《新闻大学》2012 年第 2 期。

伍先禄：《培根的语言观及其影响》，《外语学刊》2009 年第 4 期。

武掌华、夏新华：《论洛克自由思想的逻辑路径》，《海南大学学报》（人文社会科学版）2015 年第 2 期。

萧琦：《沙龙与法国大革命》，《历史教学问题》2006 年第 2 期。

徐慧娜、郑磊、特雷莎·帕尔多：《国外政府数据开放研究综述：公共管理的视角》，《电子政务》2013 年第 6 期。

徐培汀：《什么叫传学？》，《新闻记者》1984 年第 3 期。

徐生权：《传播学：追溯柏拉图还是抗击柏拉图？——从一本书的大陆、台湾两个译本的差异说起》，《国际新闻界》2019 年第 5 期。

燕连福、谢芳芳：《福克斯数字劳动概念探析》，《马克思主义与现实》2017 年第 2 期。

杨慧琼：《肉身即媒介——论基督教的核心传播思想》，《国际新闻界》2011 年第 5 期。

杨建娟、吴飞《理解"生活在别处"的"边际人"——兼谈帕克的底层关怀意识》，《新闻界》2012 年第 10 期。

杨生平、李鹏：《试论伽达默尔效果历史理论》，《世界哲学》2018 年第 3 期。

杨寿堪：《杜威反传统的经验自然主义哲学——〈经验与自然〉基本思想述评》，《人文杂志》2003 年第 5 期。

杨寿堪：《人文主义：传统与现代》，《北京师范大学学报》（人文社会科学版）2001 年第 5 期。

杨思文、黄晓军：《马基雅维里〈君主论〉的政治传播思想评析》《南昌大学学报》（人文社会科学版）2015 年第 5 期。

杨中举:《帕克的"边缘人"理论及其当代价值》,《山东师范大学学报》(人文社会科学版)2019年第4期。

姚静:《多元民族修辞的沿袭与创新——试论奥古斯丁基督教修辞理论的建构》,《佳木斯职业学院学报》2018年第10期。

姚君喜:《传播的意义》,《现代传播》(中国传媒大学学报)2006年第5期。

殷晓蓉:《传播学历史维度的特点》,《新闻记者》2016年第3期。

殷晓蓉:《杜威进步主义传播思想初探》,《杭州师范大学学报》(社会科学版)2009年第5期。

殷晓蓉:《麦克卢汉的传播思想与当今时代——纪念麦克卢汉诞辰100周年》,《新闻记者》2011年第11期。

殷晓蓉:《社会转型与杜威的传播思想》,《新闻大学》2008年第3期。

于可、王敦书:《关于城邦研究的几个问题》,《世界历史》1982年第5期。

余友辉:《西塞罗修辞学视野下的政治哲学》,《同济大学学报》(社会科学版)2005年第5期。

俞璟璐:《欧美大众传播研究的传统、特点与发展趋势》,《新闻大学》1985年第9期。

喻国明、耿晓梦:《智能算法推荐:工具理性与价值适切——从技术逻辑的人文反思到价值适切的优化之道》,《全球传媒学刊》2018年第4期。

袁波:《基督教的传播与罗马帝国统治者的因应对策》,《世界宗教研究》2011年第3期。

袁继富:《马基雅维利政治学说论析》,《理论研究》2007年第5期。

袁艳:《当地理学家谈论媒介与传播时,他们谈论什么?——兼评保罗·亚当斯的〈媒介与传播地理学〉》,《国际新闻界》2019年第7期。

曾水英:《洛克自由观析论》,硕士学位论文,吉林大学,2005。

曾裕华:《论智者学派的历史地位》,《江淮论坛》1999年第6期。

张继亮:《西方观念史上的"两个上帝"——读洛夫乔伊的〈存在巨链〉》,《甘肃行政学院学报》2012年第4期。

张继亮:《约翰·密尔思想言论自由理论新诠》,《武汉大学学报》(哲学社会科学版)2017年第1期。

张军芳:《共享与参与:杜威的传播观辨析》,《学术研究》2015年第5期。

张军芳:《经验社会学路径下的传播研究——论罗伯特·E.帕克的传播研究》,《现代传播》(中国传媒大学学报)2006年第2期。

张昆:《自由与控制:柏拉图传播思想初探》,《国际新闻界》1997年第1期。

张楠:《重识李普曼:新闻传播思想的价值与局限》,《新闻界》2012年第11期。

张岂之:《试论思想史与哲学史的相互关系》,《哲学研究》1983年第10期。

张世耘:《弥尔顿的自由表达观的世俗现代意义》,《国外文学》2006年第4期。

张仕颖:《马丁·路德与人文主义》,《世界宗教研究》2017年第1期。

张谡:《作为意指实践的文化:斯图亚特·霍尔的文化表征理论及其评价》,《外语研究》2018年第2期。

张彤:《西方解释学的历史演进及其最新发展》,《求是学刊》2006年第6期。

张勇军:《美国传播学批判研究的语境、范式与影响——解析汉诺·哈特的〈传播学批判研究:美国的传播、历史和理论〉》,《华中传播研究》2016年第1期

张执中:《从哲学方法到历史方法:约翰·波科克谈如何研究政治思想史》,《世界历史》1990年第6期。

章辉：《英国文化研究与主体结构之路》，《甘肃社会科学》2016 年第 2 期。

赵吉惠：《试论中国思想史的研究对象与方法》，《西北师大学报》（社会科学版）1984 年第 2 期。

赵晓珊：《麦茨的电影符号学及其意义》，《文艺研究》2008 年第 10 期。

郑鸿升：《俗语不俗——论但丁对俗语的辩护》，《安徽大学学报》（哲学社会科学版）2016 年第 2 期。

郑忠明：《人际传播与大众传播的整合：罗伯特·E. 帕克的符号互动论》，《新闻与传播研究》2022 年第 5 期。

郑忠明：《思想的缺席：罗伯特·E. 帕克与"李普曼-杜威争论"——打捞传播的知识社会学思想》，《新闻与传播研究》2019 年第 7 期。

周丹：《英国文化研究向"阶级"视点的回归及启示——从理查德·霍加特〈文化的用途〉谈起》，《四川大学学报》（哲学社会科学版）2016 年第 6 期。

周龙飞：《北美独立战争的历史枢纽》，《书屋》2016 年第 11 期。

周晓虹：《芝加哥社会学派的贡献与局限》，《社会科学研究》2004 年第 6 期。

周怡：《社会结构：由"形构"到"解构"——结构功能主义、结构主义和后结构主义理论之走向》，《社会学研究》2000 年第 3 期。

朱志荣：《论但丁的俗语观》，《外国文学研究》2001 年第 3 期。

祝建华、吕继红：《近年来国内有关西方传播学的研究概况》，《新闻大学》1983 年第 6 期、

祝克懿：《"叙事"概念的现代意义》，《复旦学报》（社会科学版）2007 年第 4 期。

庄曦、石义彬：《商品化语境下的媒介反思——达拉斯·W. 斯迈思传播思想探究》，《中国图书评论》2013 年第 8 期。

宗益祥：《大众社会、媒介批评与银幕暴力：〈通俗艺术〉与青年霍尔的传播思想》，《新闻界》2021 年第 5 期。

宗益祥：《英国文化研究的"韦伯转向"——基于〈1965—1966 年中心报告〉的思想史探微》，《福建论坛》（人文社会科学版）2021 年第 12 期。

英文文献

A. Gumucio-Dagron, T. Tufte（eds.）. *Communication for Social Change Anthology: Historical and Contemporary Readings*（New Jersey：Communication for Social Change, 2006）.

Adam Kuper. "The Historians' Revenge", *American Ethnologist*, No.12（Mar. 1985）.

Alan B Cobban. *The Medieval English Universities: Oxford and Cambridge to c. 1500*（London：Taylor and Francis, 2017）.

Alister E. McGrath. *Luther's Theology of the Cross: Martin Luther's Theological Breakthrough*（New York：John Wiley & Sons, 1991）.

Alvin Boskoff. "Theory in American Sociology：Major Sources and Applications," *Journal of extension*, No.18（Apr. 1970）.

Antonio Gramsci. *Selections from the Prison Notebooks*（Paris：International Publishers, 1971）.

B. Berelson. "Communication and Public Opinion," in W. Schramm（eds.）, *Communications in Modern Society*（Illinois：University of Illinois Press, 1948）.

B. Waites, T. Bennet and G. Martin（eds.）. *Popular Culture: Past and Present*（London：Croom Helm,

1982).

Belman, Sheldon lary. *The Idea of Communication in the Social Thought of the Chicago School* (Illinois: University of Illinois at Urbana-Champaign ProQuest Dissertations Publishing, 1975).

Ben Bagdikian. *The Media Monopoly*. 6th ed. (Boston: Beacon Press, 2004).

Bernard R. Berelson, Paul F. Lazarsfeld and William N. McPhee. *Voting: A Study of Opinion Formation in a Presidential Campaign* (Chicago: University of Chicago Press, 1954).

Brett Gary. "Communication Research, the Rockefeller Foundation, and Mobilization for the War on Words, 1938 - 1944," *Journal of Communication*, No.46 (Mar. 1996).

C. Lee. *Media Imperialism Reconsidered: The Homogenizing of Television* (California: Sage Publishing, 1981).

C. Wright Mills. *Power, politics, and people: The collected essays of C. Wright Mulls* (Boston: Oxford University Press, 1967).

Carl Patrick Burrowe. "From Functionalism to Cultural Studies: Manifest Ruptures and Latent Continuities," *Communication Theory*, No.6 (Jan. 1996).

Cary J. Nederman. "A Duty to Kill: John of Salisbury's Theory of Tyrannicide," *The Review of Politics*, No.50 (Mar. 1988).

CCCS. *Third Report (1965.11 - 1966.9)*. University of Birmingham, November, 1966.

Charles Camic. "Reputation and Predecessor Selection: Parsons and the Institutionalists," *American Sociological Review*, No.57 (Apr. 1992).

Charles H. Cooley. *Human Nature and the Social Order* (New York: Charles Scribner's Sons, 1902).

Charles H. Cooley. *Social organization: a study of the larger mind* (New York: Charles Scribner's sons, 1927).

Charles H. Cooley. *Social Process* (Illinois: Southern Illinois University Press, 1966).

Charles H. Cooley. *The Theory of Transportation* (New York: The American Economic Association, 1894).

Charles Van Doren. *A History of Knowledge: past,present,and future* (New York: Birch Lane Press, 1991).

Christopher Simpson. "Elisabeth Noelle-Neumann's 'Spiral of Silence' and the Historical Context of Communication Theory," *Journal of Communication*, No.46 (Mar. 1996).

Comte. *System of Positive Polity* (New York: Longmans Green, 1875).

D. Lerner. *The Passing of Traditional Society* (New York: The Free Press, 1958).

D. Morley and K. H. Chen (eds.). *Stuart Hall: Critical Dialogues in Culture Studies* (London: Routledge, 1996).

Daley Patrick. "The Limitations of Functional Analysis in Mass Communications Research," *The Journal of Communication Inquiry*, No.5 (Jan. 1979).

Dallas W. Smythe. "Communications: Blindspot of Western Marxism," *Canadian Journal of Political and Social Theory*, No.1 (Mar. 1977).

Daniel J. Czitrom. *Media and the American Mind: From Morse to McLuhan* (Carolina: The University of North Carolina Press, 1982).

David Crowley & Paul Heyer. *Communication in History: Technology, Culture, Society* (London: Longman, 1991).

David K. Perry. *American Pragmatism and Communication Research* (Mahwah: Lawrence: Erlbaum, 2001).

David L. Swanson. "Political Communication Research and the Uses and Gratifications Model a Critique," *Communication Research*, No.6 (Jan. 1979).

David Morley and Chen Kuan-Hsing. *Stuart Hall: Critical Dialogues in Cultural Studies* (London: Routledge, 1996).

David O. Brink. *Mill's Progressive Principles* (Oxford: Clarendon Press, 2013).

Daya Kishan Thussu (eds.). *Electronic Empires* (London: London Arnold, 1998).

D. K. Nartonis. *An Answer to Neil Postman's Technopoly*. Technology & Society, 1993.

Dominick Lacapra, Steven L. Kaplan. *Modern European Intellectual History: Reappraisals and New Perspectives* (New York: Cornell University Press, 1982).

Donald N. Levine, Elwood B. Carter, Eleanor Miller Gorman. "Simmel's Influence on American Sociology," *American Journal of Sociology*, No.84 (Apr. 1976).

E. Barnes. *An Introduction to the History of Sociology* (Chicago: University of Chicago Press, 1948).

E. Goffman. *Frame Analysis: an Essay on the Organization of Experience* (New York: Harper and Row, 1974).

E. L. Robert, Faris. *Chicago Sociology: 1920 - 1932* (San Franciscoi: Chandler Publishing Company, 1967).

E. McCombs, D. L. Shaw. "The Agenda-setting Function of Mass Media," *Public opinion Quarterly*, No.36 (Feb. 1972).

E. Noelle-Neumann. "Return to the Concept of Powerful Mass Media," in *Studies in Broadcasting*, Radio & TV Culture Research Institut.

E. Noelle-Neumann. *The Spiral of Silence: Public Opinion-Our Social Skin* (Chicags: University of Chicago Press, 1993).

E. Pariser. *The filter bubble: What the Internet is Hiding from you* (London: Penguin Press, 2011).

E. Rogers. *Modernization among Peasants: The Impact of Communication* (New York: Holt Rinehart and Winston, 1969).

E. S. Munson, C. A. Warren (eds.). *James Carey: A Critical Reader* (Minnesota: University of Minnesota Press, 1997).

Edward Grant. *Planets, Stars & Orbs: The Medieval Cosmos 1200 - 1687* (Cambridge: Cambridge University Press, 1994).

Edward Shils (eds.). *Remembering the University of Chicago: Teachers, Scientists, and Scholars* (Chicago: University of Chicago Press, 1991).

Elihu Katz. "Lazarsfeld's Map of Media Effects," *International Journal of Public Opinion Research*, No.13 (Mar. 2001).

Elihu Katz. "Rediscovering Gabriel Tarde," *Political Communication*, No.23 (Mar. 2006).

Elizabeth L. Eisenstein. *The Printing Press As an Agent of Change: Communications and Cultural Transformations in Early-Modern Europe* (Cambridge: Cambridge University Press, 1980).

Elizabeth L. Eisenstein. *The Printing Revolution in Early Modern Europe* (Cambridge: Cambridge University Press, 2005).

Eric Alfred Havelock, Jackson P. Hershbell. *Communication Arts in the Ancient World* (New York: Hastings House, 1978).

Eric W. Rothenbuhler. " Argument for a Durkheimian Theory of the Communicative," *Journal of Communication*, No.43 (Mar. 1993).

Erving Goffman. *Asylums: Essays on the Social Situation of Mental Patients and Other Inmates* (New York: Anchor Books, 1961).

Erving Goffman. *Behavior in Public Places: Notes on the Social Organization of Gatherings* (New York: Free Press, 1963).

Erving Goffman. *Encounters: Two Studies in the Sociology of Interaction* (Indianapolis: Bobbs-Merrill, 1961).

Erving Goffman. *Frame Analysis: An Essay on the Organization of Experience* (Boston: Northeastern University Press, 1986).

Erving Goffman. *Gender Advertisement* (New York: Harper & Row,1979).

Everett C. Hughes. *The Sociological Eye: Selected Papers* (New Jersey: Transaction Publishers, 1984).

Everette E. Dennis, Ellen Wartella. *American Communication Research: The Remembered History* (New Jersey: Lawrence Erlbaum Associates,1996).

F. Cragan, D. C. Shields. *Symbolic Theories in Applied Communication Research: Bormann, Burke, and Fisher* (New York: Hampton Press, 1995).

F. Lazarsfeld, B. Berelson and H. Gaudet. *The People's Choice: How the Voter Makes up His Mind in a Presidential Campaign* (Columbia: Columbia University Press, 1944).

F. M. Stark. " Harold Innis and the Chicago School," *Journal of Canadian studies*, No.29 (Mar. 1994).

Faris. " Robert E. Park, 1864 – 1944," *American Sociological Review*, No.9 (1944).

Francis Bacon. *The Advancement of Learning* (Boston: Oxford University Press, 2000).

Francis Bacon. *The New Organon* (Cambridge: Cambridge University Press, 2000).

G. Weimann. " The Influentials: Back to the Concept of Opinion Leaders?," *Public opinion quarterly*, No.55 (1991).

Geoff Danaher, Tony Schirato, Jenn Webb. *Understanding Foucault* (London: Sage Publications, 2000).

Geoffrey Scarre. *Mill's On Liberty* (London, New York: Continuum International Publishing Group, 2007).

George Creel. *How We Advertised America: The First Telling of the Amazing Story of the Committee on Public Information That Carried the Gospel of Americanism to Every Corner of the Globe* (New York: Harper & Brothers, 1920).

George Gerbner. " Toward ' Cultural Indicators': The Analysis of Mass Mediated Public Message Systems," *AV Communication Review*, No.17 (Feb. 1969).

George H. Mead. *Mind, Self and Society: From the Standpoint of a Social Behaviorist* (Chicago: The University of Chicago Press, 1962).

George Kateb. *A Reading of On Liberty. John Stuart Mill: On Liberty* (New Haven: Yale University Press, 2003).

Gertrude Himmelfarb. *On Liberty and Liberalism: The Case of John Stuart Mill* (New York: Alfred A. Knopf, 1974).

Goodspeed, Thomas Wakefield. *A History of the University of Chicago: The First Quarter Century* (Chicago:

University of Chicago Press, 1972).

Gordon W. Allport, Leo Postman. "An Analysis of Rumor," *Public Opinion Quarterly*, No.10 (Apr. 1946).

Guy Golan, Thomas Johnson, Wayne Wanta. *International Media Communication in a Global Age* (London: Taylor and Francis, 2009).

H. I. Schiller. *Mass communication and American Empire* (Boston: Beacon, 1971).

H. M. Kepplinger. "Political Correctness and Academic Principles: A Reply to Simpson," *Journal of Communication*, No.47 (Apr. 1997).

Hans-Georg Gadamer. *Truth and Method.* Translated by Garpett Barden and John Cumming (New York: The Crossroad Publishing Company, 1975).

Hastings Rashdall. *The Universities of Europe in the Middle Ages* (Boston: Oxford University Press, 1936).

Herbert Blumer, Philip M. Hauser. *Movies, Delinquency, and Crime* (London: Macmillan, 1933).

Herbert Blumer. *Symbolic Interactionism: Perspective and Method* (New Jersey: Prentice Hall, 1969).

Herbert Blumer. *The Movies and Conduct* (London: Macmillan, 1933).

Herbert I. Schiller. *Communication and Cultural Domination* (New York: International Arts and Science Press, 1976).

Herbert I. Schiller. "Culture, Inc.: The Corporate Takeover of Public Expression," *Contemporary sociology*, No.19 (Apr. 1990).

Ian Bogost. *The New Aesthetic Needs to Get Weirder* (Boston: The Atlantic, 2012).

Immanuel Kant. *Critique of Practical Reason.* Trans. Lewis White Beck (Indianapolis: Bobbs-Merill, 1956).

Immanuel Wallerstein. *The Modern World System: Capitalist Agriculture and the Origins of the European World-Economy in the Sixteenth Century* (Pittsburgh: Academic Press, 1974).

Iris Douskou, Athens. *The City and Its Museums.* Athens, 1982.

J. Lull. *Culture in the Communication Age* (London: Routledge, 2001).

J. T. Klapper. *The Effects of Mass Communication* (New York: Free Press, 1960).

J. Galtung. "A Structural Theory of Imperialism," *Journal of Peace Research*, No.2 (1971).

James Curran. *Mass Communication and Society* (London: Hodder & Stoughton Ltd, 1977).

James S. Coleman. "Social Theory, Social Research, and a Theory of Action," *The American Journal of Sociology*, No.91 (Jun. 1986).

James S. Coleman. "The Structure of Society and the Nature of Social Research," *Knowledge*, No.1 (Mar. 1980).

James W. Carey. *Communication as Culture: Essays on Media and Society* (London: Routledge, 2008).

James Westfall Thompson. *The Medieval Library* (Chicago: The University of Chicago, 1936).

Jane Addams. *Twenty Years at Hull-house* (Florida: New American Library, 1960).

Jefferson Pooley, Elihu Katz. "Further Notes on Why American Sociology Abandoned Mass Communication Research," *Journal of Communication*, No.58 (Apr. 2008).

Jeffrey C. Alexander. "Beyond the Epistemological Dilemma: General Theory in a Postpositivist Mode," *Sociological Forum*, No.5 (Apr. 1990).

Jennife Platt. "Functionalism and the Survey: The Relation of Theory and Method," *The Sociological Review*, No.34 (Mar. 1986).

Jerome Bruner. "The Narrative Construction of Reality," *Critical inquiry*, No.18 (Jan. 1991).

Jessica Fjeld, Nele Achten, Hannah Hilligoss, Adam Nagy, Madhu Srikumar. *Principled Artificial Intelligence: Mapping Consensus in Ethical and Rights-Based Approaches to Principles for AI* (Boston: Berkman Klein Center for Internet & Society, 2020).

John Dewey. *Democracy and education: an introduction to the philosophy of education.* Myers Education Press, 2018.

John Dewey. *Experience and Nature* (London: George Allen & Unwin, 1925).

John Dewey. *The Collected Works of John Dewey: 1925 – 1927, Essays, Reviews, Miscellany, and the Public and Its Problems* (Illinois: Southern Illinois University Press, 2009).

John E. Murdoch, Edith D. Sylla. *Science in the Middle Ages.* University of Wisconsin Press, 1978.

John Gray. *Mill On Liberty: A Defence* (London: Routledge, 1996).

John M. Robson. *Collected Works of John Stuart Mill: Autobiography and Literary Essays* (Ontario: University of Toronto Press, 1981).

John Pauly. "James Carey: In Praise of the Popular," *Popular communication*, No.5 (Jan. 2007).

John Peters. *Speaking into the Air* (Chicago: The University of Chicago Press, 1999).

John Pier, José Àngel Garcia Landa(eds.). *Theorizing Narrativity* (Berlin: Walter de Gruyter, 2008).

John Stuart Mill. *On Liberty and Other Writings* (Cambridge: Cambridge University Press, 1989).

John Stuart Mill. *On Liberty.* In Collected Works of John Stuart Mill (Ontario: University of Toronto Press, 1977).

Jonathan H. Turner. *The Structure of Sociological Theory.* 4th Edition (Jaipur: Rawat Publications, 2002).

Judith N. Shklar. *Men and Citizens: A Study of Rousseau's Social Theory* (Cambridge: Cambridge University Press, 1985).

Justus Buchler. *The Philosophy of Peirce: Selected Writings* (London: Routledge, 1940).

Karin Knorr Cetina, Theodore R. Schatzki, Eike von Savigny. *The Practice Turn in Contemporary Theory* (London: Routledge, 2001).

Kurt Lewin. "Frontiers in Group Dynamics: II. Channels of Group Life, Social Planning and Action Research," *Human relations*, No.1 (Feb. 1947).

L. Bryson. *The Communication of Ideas* (London: Harper and Brothers, 1948).

Lawrence E. Harrison and Samuel P. Huntingdon (eds.). *Culture Matters How Values Shape Human Progress* (New York: Basic Books, 2000).

Lesley Smith and Benedicts Ward. *Intellectual Life in the Middle Ages—Essays Presented to Margaret Gibson* (Ohio: Hambledon Press, 1992).

Lessig. *Code: And Other Laws of Cyberspace* (New York: Basic Books, 1999).

Lewis A. Coser. *Masters of Sociological Thought: Ideas in Historical and Social Context.* Harcourt Brace Jovanovich, 1971.

Lippmann. *Public Opinion* (New York: Free Press, 1922).

Louis Althusser. *Lenin and Philosophy and Other Essays* (New York: Monthly Review Press, 1971).

Luther Lee Bernard. *Schools of Sociology* (Texas: Southwestern Political and Social Science Quarterly, 1930).

M. Schudson. "The Lippmann-Dewey Debate and the Invention of Walter Lippmann as an Anti-Democrat 1986 – 1996," *International Journal of Communication*, No.2 (2008).

Mark Andrejevic, Mark Burdon. "Defining the Sensor Society," *Television & new media*, No.16 (Jan. 2015).

Max Weber. *The Protestant Ethic and the Spirit of Capitalism* (Shanghai: Shanghai Foreign Language Education Press, 2004).

McClish. "A Kind of Eloquence of the Body: Quintilian's Advice on Delivery for the Twenty-First-Century Rhetor," *Journal for the History of Rhetoric*, No.19 (Feb. 2016).

McRobbie. *Feninism and Youth Culture: from Jackie to Just Seventeen* (London: Macmillan Publishers Limited, 1991).

Michael Davis. *Areopagitica and of Education* (London: Macmillan Publishers Limited, 1963).

Michael H. Harris. *History of Libraries in the Western World* (New Jersey: Scarecrow Press, 1984).

Michael Kammen (eds.). *The Past before Us: Contemporary Historical Writing in the Unite States* (New York: Cornell University Press, 1980).

N. Srnicek. *Platform Capitalism* (Cambridge: Polity Press, 2017).

Nimrod Reitman. "Nature Morte: In Search of the Lost Mother in Dante's de Vulgari Eloquentia," *Parallax*, No.18 (Mar. 2012).

Nora C. Quebral. "What Do We Mean by Development Communication?," *International Development Review*, No.15 (Feb. 1973).

Norman J. Wilson. *History in Crisis? Recent Directions in Historiography* (London: Prentice Hall, 1999).

P. J. Tichenor, G. A. Donohue, C. N. Olien. "Mass Media Flow and Differential Growth in Knowledge," *Public Opinion Quarterly*, No.34 (Feb. 1970).

P. Jean Frazier, Cecilie Gaziano. "Robert E. Park's Theory of News, Public Opinion, and Social Control," *Journalism Monographs*, No.64 (1979).

P. Vallone, L. Ross, M. R. Lepper. "The Hostile Media Phenomenon: Biased Perception and Perceptions of Media Bias in Coverage of the Beirut Massacre," *Journal of Personality and Social Psychology*, No.49 (Mar. 1985).

Paul F. Lazarsfeld. "Remarks on Administrative and Critical Communications Research," *Zeitschrift für Sozialforschung*, No.9 (Jan. 1941).

Paul R. Kolbet. *Augustine and the Cure of Souls: Revising a Classical Ideal* (Michigan: University of Notre Dame Press, 2010).

Peirce Edition Peirce Edition Project. The Essential Peirce: Selected Philosophical Writings (1893 – 1913) (Indiana: Indiana University Press, 1998).

Peter Dahlgren. *Television and the Public Sphere: Citizenship, Democracy and the Media* (London: Sage Publication, 1995).

Phillips Davison. "The Third-Person Effect in Communication," *The Public Opinion Quarterly*, No.47 (Jan. 1983).

Quentin Skinner. *Vision of Politics* Vol.1(Cambridge: Cambridge University Press, 2002).

R. Williams, "Fiction and the Writing Public," in *Essays in Criticism* (Boston: Oxford University Press,

1957).

R. Williamson. *Culture* (London: Fontana, 1981).

Ralph H. Turner. "Introduction to Robert E. Park on Social Control and Collective Behavior," *American Sociological Review*, No.34 (Jun. 1969).

Randall Collins. "Jeffrey Alexander and the Search for Multi-Dimensional Theory," *Theory and Society*, No. 14 (Jun. 1985).

Raymond Williams. *Culture and Society 1780－1950* (New York: Happer & Torch books, 1958).

Raymond Williams. *Key Words: A Vocabulary of Culture and Society* (Boston: Oxford University Press, 1976).

René Dubos. *So Human an Animal: How We Are Shaped by Surroundings and Events* (New Brunswick: Transaction Publishers, 1978).

Richard Hoggart. *The Uses of Literacy* (New Brunswick: Transaction Publishers, 1998).

Robert E. Park, Ernest W. Burgess, Robert J. Sampson. *The City: Suggestions for the Investigation of Human Behavior in the Urban Environment* (Chicago: University of Chicago Press, 2019).

Robert E. Park, Ernest W. Burgess. *Introduction to the Science of Sociology* (Chicago: The University of Chicago Press, 1921).

Robert E. Park. "Human Migration and the Marginal Man," *The American Journal of Sociology*, No.33 (Jun. 1928).

Robert E. Park. "News and the Power of the Press," *American Journal of Sociology*, No.47 (Jan. 1941).

Robert E. Park. "News as a Form of Knowledge: A Chapter in the Sociology of Knowledge," *American Journal of Sociology*, No.45 (May. 1940).

Robert E. Park. "Notes on the Origins of the Society for Social Research?," *Journal of the History of the Behavioral Sciences*, No.18 (Apr. 1982).

Robert E. Park. "Reflections on Communication and Culture," *American Journal of Sociology*, No.44 (Feb. 1938).

Robert E. Park. "Sociology and the Social Sciences," *American Journal of Sociology*, No.26 (Apr. 1921).

Robert E. Park. *The Immigrant Press and Its Control* (New York: Harper & Brothers, 1922).

Robert E. Park. "The Natural History of the Newspaper," *The American Journal of Sociology*, No.29 (Mar. 1923).

Robert K. Merton. *Social Theory and Social Structure* (New York: Free Press, 1957).

Robert L. Heilbroner. *Between Capitalism and Socialism* (London: Vintage, 1970).

Robert T. Craig. "Communication Theory as a Field," *Communication theory*, No.9 (Feb. 1999).

Ross Posnock. *The influence of William James on American Culture* (Cambridge: The Cambridge Companion to William James, 1997).

S. H. Steinberg. *Five hundred years of printing* (New Castle: The British Library & Oak Keoll Press, 1996).

S. K. Foss. *Rhetorical Criticism: Exploration & Practice* (Long Grove, Ill: Waveland Press, 2004).

S. L. Belman. *The Idea of Communication in the Social Thought of the Chicago School.* Un-published Dissertation at University of Illinois at Urbana-Champaign, 1975.

Sara Mills. *Discourse* (London: Routledge, 1997).

Sharon Erickson Nepstad. "The Continuing Relevance of Coser's Theory of Conflict," *Sociological Forum*, No.20 (Feb. 2005).

Shearon Lowery, Melvin L. De Fleur. *Milestones in Mass Communication Research Media Effects* (London: Longman, 1983).

Simonson Peter. "The Serendipity of Merton's Communications Research," *International Journal of Public Opinion Research*, No.17 (Mar. 2005).

Stephen W. Littlejohn. *Theories of Human Communication* (Cambridge: Wadsworth Publishing, 2007).

Steven J. Diner. *A City and Its Universities: Public Policy in Chicago, 1892 – 1919* (Raleigh: University of North Carolina Press, 1980).

Steven R. Brown. "Structural and Functional Information," *Policy Sciences*, No.35 (Mar. 2002).

T. Parsons. *The Structure of Social Action* (New York: McGraw-Hill, 1937).

T. V. Smith and Leonard U. White (eds.). *An Experiment in Social Science Research* (Chicago: University of Chicago Press, 1929).

Talcott Parsons. *The Structure of Social Action* (New York: Free Press, 1949).

Tiziana Terranova. "Free Labor: Producing Culture for the Digital Economy," *Duke University Press*, No.18 (Feb. 2000).

Tommi Hoikkala, Ossi Rahkonen, Christoffer Tigerstedt, Jussi Tuormaa. "Wait a Minute, Mr Postman: Some Critical Remarks on Neil Postman's Childhood Theory," *Acta Sociological*, No.1(1987).

W. K. C. Guthrie. *A History of Greek Philosophy, Volume 1, The Earlier Presocratics and the Pythagoreans* (Cambridge: Cambridge University Press, 1991).

W. Schramm (eds.). *Mass Media and National Development: The Role of Information in the Developing Countries* (California: Stanford University Press, 1964).

Walter Benjamin. *Illuminations.* trans. Hany Zohn (London: Fontana Press, 1992).

Walter R. Fisher. *Human Communication as Narration: Toward a Philosophy of Reason, Value, and Action* (South Carolina: University of South Carolina Press, 1989).

Walter R. Fisher. "Narration as a Human Communication Paradigm: The Case of Public Moral Argument," *Communication Monographs*, No.51 (Jan. 1984).

Walter R. Fisher. "Rationality and the Logic of Good Reasons," *Philosophy and Rhetoric*, No.13 (Feb. 1980).

Wayne Dennis. *Current Trends in Social Psychology* (Pennsylvania: University of Pittsburgh Press, 1948).

Wilbur Schramm. *Communications in Modern Society* (Boston: Oxford University Press, 1946).

Wilbur Schramm. *The Beginnings of Communication Study in America: A Personal Memoir.* Steven H. Chaffee, Everett M. Rogers(eds.) (London: Sage Publications Inc, 1997).

Wright Mills. *Power, Politics and People. The Collected Essays of C. Wright Mulls* (Boston: Oxford University Press, 1967).

Zachary S. Sapienza, Narayanan Iyer, Aaron S. Veenstra. "Reading Lasswell's Model of Communication Backward: Three Scholarly Misconceptions," *Mass communication & society*, No.18 (May. 2015).

阿尔贝蒂	Alberti
阿尔比恩·W. 斯莫尔	Albion W. Small
阿尔弗雷德·诺夫·怀特海	Alfred North Whitehead
阿尔吉达斯·朱利安·格雷马斯	Algirdas Julien Greimas
阿尔文·托夫勒	Alvin Toffle
阿兰·库隆	Alain Coulon
阿兰·K. 麦克沃斯	Alan K. Mackworth
阿历克西·德·托克维尔	Alexis de Tocqueville
阿利斯特·麦格拉思	Alister McGrath
阿伦·布洛克	Alan Bullock
阿芒·马特拉	Armand Mattelart
阿瑟·O. 洛夫乔伊	Arthur O. Loverjoy
J. 阿特休尔	J. Altschull
埃德温·埃默里	Edwin Emery
埃尔斯沃斯·法里斯	ellsworth Faris
埃弗里特·休斯	Everett Hughes
埃里克·麦格雷	Eric Maigret
R. V. 埃里克森	R. V. Ericson
G. 艾伯林	G. Ebeling
艾里克·哈夫洛克	Eric Havelock
艾伦·纽维尔	Allen Newell
爱德华·策勒	Eduard Zeller
爱德华·吉本	Edward Gibbon
安伯托·艾柯	Umberto Eco
安布罗西乌斯	Ambrosius
安东尼·吉登斯	Anthony Giddens
安东尼·吉登斯	Anthony Giddens
安吉拉·麦克罗比	Angela McRobbie
T. 奥布克	T. Orbuch
W. F. 奥格本	W. F. Ogburn
C. K. 奥格登	C. K. Ogden
奥斯卡·甘迪	Oscar Gandy
A. 巴弗拉斯	A. Bavelas
R. F. 柏里斯	R. F. Bales
保罗	Paul of Tarsus
保罗·R. 科伯特	Paul R. Kolbet
保罗·拉扎斯菲尔德	Paul Lazarsfeld
保罗·莱文森	Paul Levinson
保罗·利科	Paul Ricoeur

保罗·威利斯	Paul Willis
鲍姆加登	Baumgarten
贝尔纳·斯蒂格勒	Bernard Stiegler
贝卡里亚	Beccaria
贝内迪克特斯	Benedictus
本·巴格迪基恩	Ben Bagdikian
本尼狄克	Benedictus
彼·阿尔贝	P. Albert
彼得·伯克	Peter Burke
彼得·达伦格	Peter Dahlgren
彼得·盖伊	Peter Gay
彼得·戈尔丁	Peter Golding
彼得·诺维格	Peter Norvig
R. A. 彼得森	R. A. Peterson
波埃修斯	Boethius
波考克	J. G. A. Pocock
波伊提乌	Boethius
伯纳德·贝雷尔森	Bernard Berelson
H·伯特·阿波特	H. Porter Abbott
A. 博赫纳	A. Bochner
博林布罗克	Bolingbroke
查尔斯·库利	Charles Colley
查尔斯·赖特	Charles Wright
查尔斯·E. 梅里亚姆	Charles E. Merriam
查尔斯·莫里斯	Charles Morris
查尔斯·桑德斯·皮尔士	Charles Sanders Peirce
茨维坦·托多罗夫	Tzvetan Todorov
达拉斯·斯麦兹	Dallas Smythe
大卫·哈维	David Harvey
大卫·李嘉图	David Ricardo
大卫·里斯曼	David Riesman
大卫·曼宁·怀特	David Manning White
大卫·L. 普尔	David L. Poole
戴维·莫利	David Morley
J. K. 丹恩豪尔	J. K. Dannhauer
丹尼尔·贝尔	Daniel Bell
丹尼尔·勒纳	Daniel Lerner
丹尼·科佩克	Danny Kopec
丹尼斯·麦奎尔	Denis McQuail

赫伯特·马尔库塞	Herbert Marcuse
赫伯特·斯宾塞	Herbert Spencer
赫伯特·西蒙	Herbert Simon
赫伯特·席勒	Herbert Schiller
E. D. 赫施	E. D. Hirsch
黑兹尔·高德特	Hazel Gaudet
亨利·皮雷纳	Henri Pirenne
华莱士·马丁	Wallace Martin
P. H. 霍尔巴赫	P. H. Holbach
霍华德·贝克尔	Howard Baker
吉戈二世	Guigo Ⅱ
吉姆·格雷	Jim Gray
杰弗里·C. 亚历山大	Jeffery C. Alexander
杰哈利	Sut Jhally
杰罗姆·布鲁纳	Jerome Bruner
N. 卡茨曼	N. Katzman
卡尔-奥托·阿佩尔	Karl-Otto Apel
卡尔·波普尔	Karl Popper
卡尔·格吕堡	Carl Grünberg
卡尔·霍夫兰	Carl Hovland
卡洛·金兹伯格	Carlo Ginzburg
D. 卡特赖特	D. Cartwright
凯斯·R. 桑斯坦	Cass R. Sunstein
R. G. 柯林武德	R. G. Collingwood
科拉克斯	Corax
科鲁乔·萨吕达提	Coluccio Salutati
克劳德·香农	Claude Shannon
J. F. 克雷根	J. F. Cragan
克里福德·格尔茨	Clifford Geertz
克里斯蒂安·福克斯	Christian Fuchs
克里斯蒂安·麦茨	Christian Metz
克里斯蒂安·沃尔弗	Christian Wolff
克里斯托福罗·贾尔达	Christophoro Giarda
克洛德·布雷蒙	Claude Bremond
肯尼思·库克耶	Kenneth Cukier
孔多塞	Condorcet
M. 库恩	M. Kuhn
库尔特·格拉赫	Kurt Gerlach
库尔特·勒温	Kurt Lewin

昆廷·斯金纳	Quentin Skinner
A. R. 拉德克利夫-布朗	A. R. Radcliffe-Brown
拉斯姆森	Rasmussen
M. R. 莱珀	M. R. Lepper
莱斯比纳斯	Lespinasse
莱斯特·F. 沃德	Lester F. Ward
L. 莱辛格	L. Lessig
C. 赖特·米尔斯	C. Wright Mills
朗贝尔夫人	Mme. de Lambert
朗布依埃夫人	M. de Rambouillet
劳伦斯·格罗斯伯格	Lawrence Grossberg
劳伦斯·莱斯格	Lawrence Lessig
勒内·杜波斯	René Dubos
雷吉斯·德布雷	Régis Debray
雷蒙·威廉斯	Raymond Williams
理查德·布茨	Richard Butsch
理查德·霍加特	Richard Hoggart
理查德·斯蒂尔	Richard Steele
I. A. 理查兹	I. A. Richards
F. R. 利维斯	F. R. Leavis
林肯·斯蒂芬斯	Lincoln Steffens
刘易斯·A. 科塞	Lewis A. Coser
卢瑟·李·伯纳德	Luther Lee Bernard
路易斯·沃思	Louis Wirth
路易斯·沃斯	Louis Wirth
路易斯·叶尔姆斯列夫	Louis Hjelmslev
罗伯特·埃兹拉·帕克	Robert Ezra Park
罗伯特·达恩顿	Robert Darnton
罗伯特·金·默顿	Robert King Merton
罗伯特·克雷格	Robert T. Craig
罗伯特·赖特	Robert Wright
罗伯特·麦克切斯尼	Robert McChesney
罗布·斯通斯	Rob Stones
罗杰尔·夏蒂埃	Roger Chartier
E. M. 罗杰斯	E. M. Rogers
罗杰·西尔弗斯通	Roger Silverstone
罗兰·巴特	Roland Barthes
罗曼·罗兰	Romain Rolland
罗曼·雅各布森	Roman Jakobson

罗曼·英伽登	Roman Ingarden
罗纳德·斯蒂尔	Ronald Steel
L. 罗斯	L. Ross
罗斯	Edward Alsworth Ross
罗斯·波斯洛克	Ross Posnock
洛伦佐·瓦拉	Lorenzo Valla
马丁·杰伊	Martin Jay
马尔科姆·R. 帕克斯	Malcolm R. Parks
马尔奇安努斯·卡佩拉	Martianus Capella
马克·波斯特	Mark Poster
马克斯·霍克海默	Max Horkheimer
马克斯·米勒	Marks Mill
马克斯韦尔·麦库姆斯	Maxwell McCombs
B. 马利诺夫斯基	B. Malinowski
马文·明斯基	Marvin Minsky
马歇尔·麦克卢汉	Marshall McLuhan
马修·阿诺德	Matthew Arnold
玛丽·H. 鲁奇	Mary H. Ruge
玛丽女皇	Queen Mary
迈克尔·埃默里	Michael Emery
迈克尔·舒德森	Michael Schudson
R. D. 麦肯齐	R. D. McKenzie
曼殊纳特·彭达库	Manjunath Pendakur
梅尔文·L. 德弗勒	Melvin L. DeFleur
米尔曼·帕里	Milman Parry
米开朗琪罗	Michelangelo Buonarroti
米歇尔·德塞图	Michel de Certeau
米歇尔·马特拉	Michele Mattelart
纳撒尼尔·罗切斯特	Nathaniel Rochester
南希·L. 罗伯茨	Nancy L. Roberts
尼尔·波兹曼	Neil Postman
尼葛洛庞帝	Nicholas Negroponte
尼古拉·布瓦洛	Nicolas Boileau
尼古拉斯·伯恩	Nicholas Bourne
尼古拉斯·加汉姆	Nicholas Garnham
E. 诺埃尔-纽曼	E. Noelle-Neumann
欧内斯特·W. 伯吉斯	Ernest W. Burgess
欧文·戈夫曼	Erving Goffman
欧文·贾尼斯	Irving Janis

帕梅拉·休梅克	Pamela Shoemaker
帕特里克·贝尔特	Patrick Baert
佩里·安德森	Perry Anderson
皮埃尔·吉罗	Pierre Guiraud
皮亚杰	Jean Piaget
G. 普林斯	G. Prince
普罗迪科斯	Prodicus
齐格蒙特·鲍曼	Zygmunt Bauman
乔纳森·H. 特纳	Jonathan H. Turner
乔治·柏克莱	George Berkeley
乔治·贝克莱	George Berkeley
乔治·格雷西亚	Jorge Gracia
乔治·赫伯特·米德	George Herbert Mead
乔治·萨拜因	George Sabine
乔治·文森特	George George
琼·休伯	Jean Huber
让-弗朗索瓦·利奥塔	Jean-Francois Lyotard
让-皮埃尔·韦尔南	Jean-Pierre Vernant
让·饶勒斯	Jean Jaurès
热拉尔·热奈特	Gérard Genette
若弗兰	Geoffrin
G. A. L. 萨尔顿	G. A. L. Sarton
萨尔汗·M. 穆萨	Sarhan M. Musa
萨拉·米尔斯	Sara Mills
塞缪尔·菲利普斯·亨廷顿	Samuel Phillips Huntington
沙夫兹博理	Shaftesbury
史蒂芬·卢奇	Stephen Lucci
斯蒂芬·柯林尼	Stefan Collini
斯蒂芬·W. 李特约翰	Stephen W. LittleJohn
斯蒂芬·里斯	Stephen Ress
斯蒂文·贝斯特	Steven Best
斯各特·拉什	Scott Lash
N. 斯梅尔瑟	N. Smelser
斯塔夫里阿诺斯	L. S. Stavrianos
斯坦利·阿罗诺维兹	Stanley Aronowitz
斯坦利·费什	Stanley Fish
斯坦利·沙克特	Stanley Schachter
斯图亚特·霍尔	Stuart Hall
斯图尔特·罗素	Stuart Russell

苏珊·朗格	Susanne Langer
P. A. 索罗金	P. A. Sorokin
塔尔科特·帕森斯	Talcott Parsons
汤姆·斯丹迪奇	Tom Standage
E. P. 汤普森	E. P. Thompsom
唐纳德·肖	Donald Shaw
特杰·拉斯马森	Terje Rasmussen
G. M. 特里维廉	G. M. Trevelyan
特伦斯·霍克斯	Terence Hawkes
托德·吉特林	Todd Gitlin
托尔斯坦·凡勃伦	Thorstein Veblen
托马斯·阿奎那	Thomas Aquinas
托马斯·艾克尔	Thomas Archer
托马斯·古贝克	Thomas Guback
托马斯·霍布斯	Thomas Hobbes
托马斯·杰斐逊	Thomas Jefferson
托马斯·卡莱尔	Thomas Carlyle
托马斯·莫尔	Thomas More
托马斯·潘恩	Thomas Paine
托马斯·威尔逊	Thomas Wilson
托尼·本内特	Tony Bennett
托尼·杰斐逊	Tony Jefferson
托伊恩·A. 梵·迪克	Teun A. Van Dijk
R. P. 瓦伦	R. P. Vallone
瓦罗	Varro
威尔伯·施拉姆	Wilbur Schramm
威尔·杜兰特	Will Durant
威廉·艾萨克·托马斯	William Isaac Thomas
威廉·泊金斯	William Perkins
威廉·冯特	Wilhelm Wundt
威廉·甘姆森	William Gamson
威廉·雷格厄姆·萨默	William Graham Summer
威廉·雷尼·哈珀	William Rainey Harper
威廉·萨姆纳	William Sumner
威廉·托马斯	William Thomas
威廉·詹姆斯	William James
韦恩·布斯	Wayne Booth
维尔纳·桑巴特	Werner Sombart
维克托·迈耶-舍恩伯格	Viktor Mayer-Schönberger

约翰内斯·古登堡	Johannes Gutenberg
约翰·斯道雷	John Storey
约翰·斯图亚特·密尔	John Stuart Mill
约翰·沃特金斯·查普曼	John Wathins Chapman
约翰·西奥多·梅尔茨	John Theodore Merz
约瑟夫·艾迪生	Joseph Addison
约瑟夫·克拉伯	Joseph Klapper
约书亚·梅罗维茨	Joshua Meyrowitz
詹姆斯·格雷克	James Gleick
詹姆斯·W. 凯瑞	James W. Carey
詹姆斯·密尔	James Mill
詹姆斯·J. 墨菲	James J. Murphy
珍妮特·瓦斯科	Janet Wasko
朱迪丝·施克莱	Judith Shklar
朱迪斯·贝内特	Judith M. Bennelt

后记

编著一部完整、全面的西方传播思想史,是我长期以来萦绕心头且挥之不去的夙愿。2001 年在复旦大学获得美学博士学位后,我在博士后阶段跟随复旦大学张国良老师进入传播学领域的学习和研究。在此过程中,我不断认识到传播、交流、交往、理解、意义等概念不仅是属于学术研究的重要范畴,还与人们日常行为息息相关,在我们的现实生活中具有十分重要的地位。在人们的行为中,哪里没有交流和传播? 我们何尝不是在理解自我、他人、世界的过程中建构存在的意义? 无疑,这些问题是传播学基础理论研究需要审视的问题。但是,长期以来它们并未在传播学理论研究中得到足够的重视。西方传播学理论的研究很少关注传播思想发展的历史,鲜有将其放置于整个西方思想发展的社会文化大背景中加以考察。

作为与言谈、思考、所思、所谈、理性、论证、尺度等含义密切关的"逻各斯(logos)"概念,是西方思想演变中的重要概念和中心议题。西方思想中对于"逻各斯"的认识,也是关于语言与实存问题讨论的开始。广义上看,传播与交流无疑是"逻各斯"的题中应有之义。从古希腊人提出"人是会说话的动物"的命题,直至亚里士多德的《解释篇》《修辞学》《诗学》等论著中对语言问题的哲学思考,就奠定了西方思想中语言本体论的重要理论基础。20 世纪以来西方思想演变的关键阶段,语言学转向成为西方思想发展中的重大事件。围绕着语言问题,英美分析哲学和大陆哲学中的存在主义、解释学等思想流派,都试图通过对人类语言的不同理解进而建立他们的思想体系。围绕语言与理解,哲学解释学则直接建构了理解本体论,当代思想家哈贝马斯更是基于语用学研究直接把交往当作其哲学的核心议题。如此可知,以语言(或是广义的"逻各斯")为核心的人类传播、交流行为,无疑是西方思想整体发展拼图中不可或缺的一个模块。但是,现实情况是,自传播学诞生以来长期的学术研究传承,中更多关注现实层面的各类问题,重点探究如何利用技术手段和工具理性去回答解释现实社会问题,而对于其思想基础内涵的抽象思辨则多有忽视。就此而言,立足于西方思想史发展的大背景,探究和解释西方传播思想形成和发展的内在逻辑、特征以及其发展趋向,不仅是传播学建立自身稳固的理论基础的必需,也是完成西方思想史发展整体拼图的必需。

但是,真正面对这些问题的讨论、思考和回答,却异常困难,充满艰险!传播学作为严格的学科体系,从施拉姆最早提出建立该学科理论体系以来,不过半个多世纪的发展历程。但是,面对浩如烟海、群星闪耀的西方思想历史长河,要从中搜检、整理传播思想发展的脉络和线索,显然是一场不自量力的冒险之旅。问题接踵而至:首先面对的问题是体系建构,何为传播思想?如何建立独立的西方传播思想史理论体系?如何梳理传播思想发展的脉络?面对海量的文献资料,如何去有效解释?如何本着历史真实的态度取舍、阐释各个历史时期的主要人物和他们关于传播理论的思想及观点?还有如何清晰归纳西方传播思想史整体的发展线索,形成完整的逻辑思路?甚至具体的语言文字表述、写作风格如何一以贯之,并且表述得生动准确、严谨明晰?诸如此类的问题,显然是写作本书时必须要面对并要试图解决的问题。其难度之大,可想而知!

为了早日实现本书的写作计划,从 2008 年开始,我就开始尝试给上海交通大学媒体与传播学院的硕士研究生开设"西方传播思想研究"选修课程。2012 年开始,媒体与传播学院博士生课程改革后,我又尝试给博士研究生开设"西方传播思想史"专题研究课程。在此期间,不断积累资料、思考理论架构,并广泛听取同行专家,以及参与课程的同学的意见和建议;同时通过组织课堂讨论、写作阅读笔记,尝试让博士研究生们提出各种想法、建议和写作方案,并提供给大家课堂讨论。这样,集腋成裘、聚沙成塔,十多年的打磨修订,逐渐形成了本书的基本框架和写作思路。2018 年"西方传播思想史"课程有幸入选上海交通大学研究生院双一流课程建设计划项目并获得资助,随着课程建设计划的不断推进,完成本书的写作任务更显得迫在眉睫了。2019 年初步完成部分初稿后,本书又获得了上海交通大学文科建设处"人文社会科学成果文库"专著出版项目计划的资助,并与上海交通大学出版社签订了出版协议,原计划在 2020 年最后定稿出版。同时,我也将本书的写作计划与承担的国家社科基金重大项目结合起来,并作为文化传播研究的基础理论组成部分。2022 年春天,沪上疫情突发。随后大半年时间我主要居家写作,其间进度虽然缓慢,但在上课等其他事情之外,能够全力写作,并未曾间断。随着每章节内容的逐步推进,本书慢慢显出眉目,2022 年上半年便完成了大部分初稿。随后半年,云开疫散,遂全力以赴、日夜奋战,投入到本书的写作中。最终在 2023 年 3 月,本书呱呱落地,终于告一段落。当写完最后一个字时,已是惊蛰子夜时分,此时此刻,轻轻播放了一首音乐,聊以慰藉。

总体而言,本书的总体思路、内容架构、写作规范等皆由我提出,所有文责皆由我负责。在写作过程中,我指导的部分博士和硕士研究生同学陆续参与了本书的写作过程,其中白如金、陈雅乔、郭廉卿、綦天哲、沙克尔江、张舒欣等同学帮助查阅、整理相关文献,搜检并提供了部分研究资料。我的博士生、华东政法大学传播学院的刘展副教授参与撰写了第十四章内容的初稿,在读博士研究生董婳婳、任禹衡两位同学也参与了部分章节的订正、修改工作。在此对各位同学的辛勤工作,表达我最诚挚的谢意!

本书完成的过程中,上海交通大学研究生院、文科建设处和媒体与传播学院的领导、同仁给予最大限度的帮助和关怀,从课程开设、项目立项到出版资助,无不给予全力支持,感激之情,无以言表。还有各位尊敬的师长、前辈和同仁也不断关心本书的写作进度。恩师张国良教授始终关心本书写作的进展,截稿之日,将书稿发给张老师,老师欣然答应作序,提掖晚辈之情,令人感动不已。媒体与传播学院单世联教授、李本乾教授、葛岩教授、郭良文教授、徐剑教授等前辈师长、同仁也不吝赐教,在此致以深深的谢意!上海交通大学研究生院学科建设办公室陈兵主任、文科建设处何屹峰、孔繁翀等老师,对本书的完成也提供了帮助,在此也表示深深的感谢!上海交通大学出版社吴雪梅副编审作为本书的责任编辑,从开始满怀期望,到后来耐心等待,其间不断打电话、发微信询问书稿进度情况,讨论书稿细节。但书稿不断拖延,至今想来亦惭愧不已。在吴老师坚持不懈的督促鼓励下,本书终于得以完成,在此也致以深深的谢意!

癸卯惊蛰,新芽初发,清风凛然,寒意犹存。半夜结稿之际,倏然忆及于右任先生的诗句:"不信青春唤不回,不容青史尽成灰。低回海上成功宴,万里江山酒一杯。"面对浩瀚的学术海洋,吾辈精卫衔枝,刑天舞戚,些微寸功,欲图扛鼎,只为愚公移山,壮心未已而已!

是为记。

通渭 姚君喜
2023 年 3 月 6 日惊蛰
于上海交通大学